신체손해사정사 2차시험 대비

의학이론

전진경 지음

가온금융보험교육학원

머리말

신체손해사정사 시험을 준비하시는 수험생 여러분, 반갑습니다.

2014년 신체손해사정사 제도가 시행된 이후 12번의 시험을 치렀습니다.

2025년 시험은 기존의 출제 형식에서 벗어나, 근력등급과 의식수준의 나열이 아닌, 주어진 상태의 근력등급과 의식수준을 작성하는 문제가 출제되었습니다.

이런 유형의 문제는 채점이 용이하다는 장점이 있지만, 정확한 답안을 작성하지 못하는 경우 부분 점수조차 받을 수 있는 여지가 없어 수험생에게는 다소 불리한 형식인 것 같습니다.

"COPD 단계와 흡연", "사구체 여과율 단계와 신대체요법" 등 한 문항에 난이도 높은 문제와 평이한 문제를 같이 배치하여 난이도를 조절한 것으로 보입니다.

새로운 출제 경향에 맞추어 시험을 준비해야겠지만 기존에 자주 출제되던 골절 합병증과 질병 위험요인도 여전히 중요하여 학습 범위가 늘어났습니다.

손해사정 업무를 하면서 제일 먼저 접하는 것은 상해 또는 질병의 진단서입니다. 그런 점에서 의학이론은 신체손해사정사가 되기 위한 첫걸음이자 기본이 되리라 생각합니다. 비록 범위가 넓지만, 시험장에서뿐만 아니라 자격증 취득 후 실무에서도 반드시 필요한 내용들이니, 넓은 범위와 두꺼운 책에 지레 겁먹거나 포기하지 마시기 바랍니다.

2002년 3종 대인, 2010년 4종 대인, 2014년 신체손해사정사에 순차적으로 합격한 저의 학습 노하우와 27년간의 보상 실무 경험을 이 교재를 통하여 함께 공유하고자 합니다. 이 교재에는 2005년부터 2025년까지 21년간 출제된 기출문제를 포함하였으며, 주제별로 기출문제 연도를 표시하여 출제 경향을 파악하기 쉽도록 구성하였습니다. 또한, 44회와 45회에 해부 문제가 출제된 것을 고려하여 다양한 해부 사진을 포함하였으며, 판독지에서 자주 볼 수 있는 의학용어도 포함하였습니다.

의학이론은 처음부터 외우려고 하지 마시고 소설책을 읽듯이 편안하게 천천히 여러 번 읽어보시기 바랍니다. 그 다음에는 각자의 방법으로 서브 노트를 정리해 보시는 것도 좋을 것 같습니다.

이 책을 보시는 분들 모두에게 행운이 함께 하여 신체손해사정사 자격증을 취득하시기 기원합니다.

2025년 10월 의학이론 강사 전진경 드림

의학이론

PART 01 상해(TRAUMA)편
CHAPTER 01 의학이론 기초

1. 해부학적 용어 ··· 2
2. 뼈의 기초 ··· 5
3. 인체의 뼈 ··· 9
4. 두개골 *기출 22년* ··· 11
5. 체간골 *기출 20년* ··· 13
6. 추골(vertebrae body) *기출 22년* ··· 15
7. 상지의 뼈 *기출 21년* ··· 16
8. 손의 뼈 *기출 17년* ··· 18
9. 하지의 뼈 ··· 19
10. 골반뼈 *기출 22년* ··· 21
11. 발을 구성하는 뼈 *기출 09년* ··· 22
12. 족부의 구분 *기출 16년* ··· 23
13. 활막 관절(synovial joint) *기출 15년* ··· 24
14. 움직임(movement)에 관한 해부학적 용어 *기출 08년* ··· 27
15. 상하지 3대 관절 ··· 28

CHAPTER 02 외상의 기초

1. 외상(trauma)의 정의 ··· 29
2. 영상검사 ··· 30
3. 골절의 분류 ··· 34
4. 골절을 시사하는 대표적인 증상 및 징후 *기출 11년* ··· 36
5. 불안정성 골절(unstable Fx) *기출 19년* ··· 37
6. 병적 골절(pathologic Fx) *기출 09년 · 16년* ··· 38
7. 골다공증(osteoporosis) *기출 15년 · 16년 · 23년* ··· 39
8. 노인 골절 ··· 40
9. 새로운 골절과 오래된 골절(fresh Fx vs old Fx) *기출 05년* ··· 41
10. 피로골절(fatigue Fx, stress Fx) *기출 09년 · 14년* ··· 42
11. 개방성 골절(open Fx) *기출 09년 · 18년* ··· 43
12. 소아 골절 *기출 19년 · 25년* ··· 45
13. 골절의 치유(healing process of the fracture) *기출 06년* ··· 47
14. 손상인자(injury variables) *기출 10년* ··· 49
15. 골절 치유인자(variables of the healing) *기출 23년* ··· 50
16. 골절 치료의 원칙 ··· 51
17. 비수술적 치료 ··· 51
18. 부목고정(splint) *기출 11년 · 14년 · 18년* ··· 53
19. 응급 수술을 요하는 손상 *기출 12년 · 24년* ··· 54
20. 관혈적 정복 및 내고정술(OR/IF) ··· 55
21. 관혈적 정복 및 외고정술(OR/EF) ··· 57

CHAPTER 03 골절 합병증

1 골절 합병증 *기출 07년* ········· 58
2 지방색전증후군(FES) *기출 12년* ········· 60
3 가스괴저(gas gangrene) *기출 14년* ········· 62
4 파상풍(tetanus) ········· 64
5 정맥혈전색전증(VTE) *기출 05년·25년* ········· 65
6 기타 전신 합병증 ········· 68
7 무혈성 괴사(AVN) *기출 13년·18년·23년* ········· 70
8 구획증후군(compartment syndrome) *기출 10년·14년·17년·23년* ········· 71
9 관절강직(ankylosis) *기출 15년·19년·20년·21년* ········· 73
10 골절 탈구와 동반되기 쉬운 신경 및 혈관 *기출 08년·18년·24년* ········· 74
11 부정유합, 변형(deformity) *기출 15년·18년·23년·24년* ········· 75
12 지연유합, 불유합 *기출 07년·13년* ········· 77
13 파행(limping gait) *기출 24년* ········· 78
14 관절염(arthritis) *기출 19년·20년·22년·24년* ········· 79
15 골수염(osteomyelitis) ········· 82
16 재골절, 재탈구 ········· 83
17 복합부위 통증증후군(CRPS) ········· 84

CHAPTER 04 상지 손상

1 회전근개(rotator cuff) *기출 20년* ········· 85
2 견관절 탈구(humeroscapular joint dislocation) *기출 17년* ········· 87
3 관절와순 손상(labral injury) ········· 89
4 견관절의 주요 인대 ········· 90
5 견관절 통증 유발 질환 ········· 91
6 어깨충돌증후군(shoulder impingement syndrome) ········· 92
7 유착성 관절낭염과 석회성 건염 ········· 93
8 흉곽출구증후군과 근막동통증후군 ········· 94
9 쇄골 골절(clavicle fracture) *기출 18년* ········· 95
10 상완골 근위부 골절(proximal humerus Fx) *기출 19년* ········· 96
11 상완골 간부 골절(humerus shaft Fx) ········· 98
12 상완골 원위부 골절(distal humerus Fx) ········· 99
13 주관절 손상(elbow injury) ········· 100
14 소아의 주관절부 손상 ········· 101
15 요척골 골절(radius & ulna Fx) *기출 16년* ········· 102
16 요척골 골절 탈구 *기출 17년* ········· 103
17 원위 요골 골절(distal radius Fx) ········· 104
18 수근 주상골 골절 ········· 105
19 삼각 섬유연골 복합체(TFCC) *기출 21년* ········· 106
20 드꿰르벵병(De Quervain's disease) ········· 107
21 수지 건 손상 ········· 108
22 손목과 손의 해부 ········· 109

의학이론

CHAPTER 05 하지 손상

1. 골반골 골절(hip bone Fx) ··· 110
2. 고관절 탈구(hip dislocation) ··· 111
3. 비구 골절 합병증 *기출 16년* ··· 113
4. 소아 고관절 이상 *기출 18년* ··· 114
5. 대퇴 골두 골절(femur head Fx) ··· 115
6. 대퇴 경부 골절(femur neck Fx) *기출 15년* ··· 116
7. 대퇴 전자부 골절 ··· 117
8. 대퇴골 간부 골절(femur shaft Fx) ··· 118
9. 대퇴 원위부 골절(distal femur Fx) *기출 16년* ··· 119
10. 슬관절 구조 ··· 120
11. 슬내장증(IDK) *기출 15년* ··· 122
12. 슬개골 골절(patella Fx) ··· 123
13. 전방 십자인대 손상(ACL injury) *기출 14년·20년* ··· 124
14. 후방 십자인대 손상(PCL injury) *기출 17년* ··· 126
15. 내외측 측부인대 손상(MCL LCL injury) ··· 127
16. 반월상 연골 손상(meniscus injury) *기출 23년* ··· 128
17. 슬관절 탈구(knee dislocation) ··· 130
18. 장경대증후군(iliotibial band syndrome) ··· 131
19. 햄스트링 손상(hamstring injury) ··· 132
20. 경골 골절 ··· 133
21. 족관절 과부 골절(medial or lateral malleolus Fx) *기출 22년* ··· 134
22. 족부 인대 *기출 21년* ··· 135
23. 종골 골절(calcaneus Fx) *기출 22년* ··· 136
24. 거골 골절(talus Fx) ··· 137
25. 아킬레스건 손상(achilles tendon injury) ··· 138
26. 족저근막염(plantar fasciitis) ··· 139
27. 무지외반증(hallux valgus) ··· 140

CHAPTER 06 두부 손상

1. 두부의 해부 ··· 141
2. 뇌(brain)의 구조와 기능 ··· 143
3. 뇌신경(cranial nerve) *기출 05년* ··· 145
4. 의식(consciousness) *기출 22년·25년* ··· 147
5. 두부 손상의 기초 ··· 148
6. 두부 손상 검사 *기출 25년* ··· 150
7. 근력 평가(muscle test) *기출 14년·20년·25년* ··· 152
8. 경막상 혈종(EDH) ··· 153
9. 경막하 혈종(SDH) ··· 154
10. 만성 경막하 혈종(chronic SDH) ··· 155
11. 뇌실질내 출혈(ICH) *기출 21년* ··· 156
12. 그 외 두개강 내 손상 *기출 22년* ··· 157

13 두개골 골절(skull Fx) ··· 158
14 기타 뇌손상 ··· 160
15 식물상태(vegetable state) ··· 162
16 뇌사(brain death) *기출 25년* ··· 163
17 두부 손상의 후유증 ·· 164

CHAPTER 07 척수 및 신경 손상

1 신경계(nervous system) ·· 165
2 척수(spinal cord) ··· 168
3 척수 손상(spinal cord injury) ·· 169
4 척수증후군(spinal cord syndrome) ·· 171
5 척수신경(spinal nerve) *기출 06년* ·· 172
6 마미증후군(cauda equina syndrome) *기출 17년* ·· 174
7 상지의 말초신경(peripheral nerve) ·· 175
8 수근관증후군(carpal tunnel syndrome) ··· 178
9 기타 신경 포착 증후군 ··· 180
10 하지의 말초신경 ·· 181
11 족근관증후군(tarsal tunnel syndrome) *기출 15년* ·· 182
12 말초신경 손상 예후 *기출 19년* ··· 183
13 말초신경 손상 진단 ·· 184

CHAPTER 08 척주 및 기타 부위 손상

1 척주(spine) ··· 185
2 척추 염좌(spinal sprain) ·· 187
3 추간판 탈출증(HIVD) ·· 187
4 추간판 탈출증의 이학검사 ·· 192
5 추간판 탈출증의 주요 증상 *기출 24년* ··· 193
6 추간판 탈출증 수술 ·· 194
7 척추 골절(spinal Fx) ··· 195
8 압박골절(VCF) *기출 20년* ··· 196
9 압박골절 변형각 *기출 21년* ··· 197
10 압박률 및 기타 측정법 ·· 198
11 척추 골절 치료 ·· 200
12 퇴행성 척추 변화 ·· 201
13 척추 전방 전위증(spondylolisthesis) *기출 21년* ··· 202
14 척추관 협착증(spinal stenosis) ··· 203
15 기타 척추 질환 ·· 204
16 요통 증후군(back pain syndrome) ·· 205
17 외상후 스트레스 증후군(PTSD) ··· 206
18 치아 손상 ·· 207
19 기타 감각계 손상 ·· 208
20 화상(burn) ·· 209
21 흉복부 손상(chest & abdominal injury) ·· 211

의학이론

PART 02 질병(DISEASE)편

CHAPTER 01 대사성 질환
1. 대사(metabolism)의 기초 ··· 214
2. 고혈압(HTN)의 분류 ··· 215
3. 이차성 고혈압(secondary HTN) ··· 216
4. 고혈압의 치료 *기출 14년* ··· 217
5. 당뇨병(DM) *기출 25년* ··· 218
6. 당뇨병 진단 기준 *기출 06년·14년·20년* ··· 220
7. 당뇨병 합병증 *기출 22년* ··· 221
8. 이상지질혈증(dyslipidemia) ··· 222
9. 대사증후군(metabolic syndrome) *기출 07년·13년·23년* ··· 223
10. 죽상동맥경화증(atherosclerosis) *기출 08년·23년* ··· 224
11. 통풍(gout) ··· 225
12. 비만(obesity) ··· 227

CHAPTER 02 심혈관계 질환
1. 심혈관계 기초 *기출 25년* ··· 228
2. 허혈성 심장질환(ischemic heart disease) *기출 18년* ··· 230
3. 급성 관동맥증후군 *기출 24년* ··· 233
4. 협심증과 급성 심근경색 비교(AP vs MI) ··· 236
5. 원발성 심근병증(primary cardiomyopathy) *기출 17년* ··· 237
6. 급성 흉통(acute chest pain) *기출 19년* ··· 238
7. 부정맥(arrhythmia) ··· 239
8. 대동맥 박리(aortic dissection) ··· 240
9. 팔로 4징후(TOF) ··· 241
10. 기타 심장질환 ··· 242

CHAPTER 03 중추신경계 질환
1. 중추신경계 기초 ··· 243
2. 뇌졸중(stroke) ··· 244
3. 치매(dementia) *기출 18년·22년·24년* ··· 247
4. 파킨슨병(Parkinson's disease) ··· 250
5. 기타 뇌질환 ··· 252

CHAPTER 04 소화기계 질환
1. 소화기계(digestive system)의 기초 ··· 253
2. 역류성 식도염(reflux esophagitis) ··· 257
3. 위십이지장의 염증 및 궤양 ··· 258
4. 헬리코박터 파일로리(Helicobacter pylori) ··· 260
5. 기타 소화기계 질환 ··· 261
6. 간 및 담낭 기초 ··· 263
7. 간염(hepatitis) ··· 265
8. 간경변증(liver cirrhosis) *기출 16년* ··· 267

- 9 Child-Pugh scoring system *기출 12년·21년* ··· 268
- 10 지방간(fatty liver) ·· 269
- 11 담낭 및 담관 질환 ··· 270
- 12 복통(abdominal pain) ··· 271

CHAPTER 05 내분비 및 호흡기계 질환

- 1 내분비계(endocrine system) 기초 ·· 272
- 2 뇌하수체 종양(pituitary tumor) *기출 18년* ·· 274
- 3 쿠싱증후군(Cushing's syndrome) ·· 275
- 4 갑상선 기능항진증과 기능저하증 ··· 276
- 5 기타 내분비계 질환 ··· 277
- 6 호흡기계(respiratory system) 기초 ·· 278
- 7 폐쇄성 폐질환과 제한성 폐질환 ·· 280
- 8 만성 폐쇄성 폐질환(COPD) *기출 23년* ·· 281
- 9 기관지 천식(bronchial asthma) ·· 282
- 10 BODE index *기출 11년* ·· 284
- 11 결핵(tuberculosis) *기출 16년* ·· 285
- 12 수면 무호흡증(sleep apnea) *기출 21년* ·· 286
- 13 폐렴(pneumonia) ·· 287

CHAPTER 06 비뇨기계 및 생식기계 질환

- 1 비뇨기계(urinary system) 기초 ·· 288
- 2 급성 콩팥병(AKD) ··· 291
- 3 만성 콩팥병(CKD) *기출 17년* ·· 292
- 4 신 대체요법(renal replacement therapy) *기출 25년* ························· 293
- 5 요로 결석(urolithiasis) ·· 294
- 6 비뇨기계 염증성 질환 ··· 296
- 7 요실금(urinary incontinence) ··· 297
- 8 생식기계(reproductive system) 기초 ··· 298
- 9 양성 전립선비대증(BPH) ·· 300
- 10 여성 생식기계 질환 ··· 302

CHAPTER 07 조혈계 및 면역계 질환

- 1 조혈계 기초 ··· 304
- 2 빈혈(anemia) ··· 306
- 3 중증 재생불량성 빈혈(severe aplastic anemia) *기출 17년* ············· 309
- 4 면역계(lymphatic system) 기초 ··· 310
- 5 자가면역질환(autoimmune disease) ··· 311
- 6 류마티스관절염(RA) *기출 10년·24년* ·· 312
- 7 루푸스(SLE) ··· 314
- 8 대상포진(herpes zoster) *기출 15년* ··· 316
- 9 베체트병(Behcet's disease) *기출 17년* ··· 317
- 10 가와사키병(Kawasaki's disease) *기출 22년* ·· 318

CHAPTER 08 감각신경 및 기타 질환

의학이론

1 두통(headache) *기출 14년* ·· 319
2 자살(suicide) *기출 20년* ·· 320
3 삼차신경통(trigeminal neuralgia) ·· 321
4 안면신경 마비(facial nerve palsy) ·· 322
5 현훈(vertigo) *기출 19년* ·· 323
6 메니에르병(Meniere's disease) ··· 324
7 백내장(cataract) *기출 23년* ·· 325
8 녹내장(glaucoma) ··· 326
9 황반변성(macular degeneration) ·· 327
10 바이러스성 감염 질환 ·· 328
11 사이토카인 폭풍과 에크모 ·· 329
12 후천성 면역결핍증(AIDS) ·· 329
13 인플루엔자(influenza) ··· 330
14 법정 감염병 ··· 331
15 가을철 고열성 질환 *기출 16년* ··· 332
16 식중독(food poisoning) ··· 333
17 피부질환 ··· 334
18 하지 정맥류(varicose vein) ·· 335
19 아프가점수(APGAR score) *기출 19년* ··· 336
20 공황장애(panic disorder) ·· 337
21 통증 척도(pain scale) ··· 338
22 흡연(smoking) ·· 338

CHAPTER 09 종양의 기초

1 종양의 기초 ··· 339
2 양성 종양과 악성 종양 *기출 06년 · 20년* ······································ 341
3 암의 정의와 진단 확정 *기출 05년* ·· 342
4 발암기전 ··· 343
5 암 진단 ··· 344
6 행동양식 분류 행태 코드 *기출 22년* ·· 346
7 암 선별검사 및 국가 암 검진사업 *기출 09년 · 14년 · 20년* ········ 347
8 병기(stage) *기출 05년 · 08년 · 19년* ··· 348
9 종양 표지자(tumor marker) *기출 21년* ·· 349
10 암 치료 ··· 351
11 항암화학요법(chemotherapy) ·· 353

CHAPTER 10 종양 각론

1 위암(stomach cancer) ·· 354
2 대장암(colon cancer) *기출 21년* ·· 357
3 간암(hepatoma, liver cancer) *기출 16년* ·· 359
4 췌장암(pancreatic cancer) ··· 362
5 담낭암, 담관암(gallbladder cancer, cholangio carcinoma) ··········· 364
6 폐암(lung cancer) ··· 366

7 갑상선암(thyroid cancer) *기출 24년* ·· 368
8 유방암(breast cancer) *기출 05년·15년·23년* ································· 370
9 자궁경부암(uterine cervical cancer) *기출 15년* ···························· 373
10 난소암(ovarian cancer) ··· 375
11 전립선암(prostate cancer) ··· 376
12 혈액암(hematologic malignancy) ·· 377
13 악성 림프종(malignant lymphoma) ·· 380
14 조혈모세포 이식술 ··· 381
15 뇌종양(brain tumor) ··· 382
16 피부암(skin cancer) ·· 384
17 방광암(bladder cancer) ·· 385
18 5대 고액 치료비 암 ·· 387
■ 자주 나오는 의학용어 ·· 388
■ 부록 기출문제(제37회~제48회) ·· 391

의학이론

[기출문제 분포]

	해부	골절 탈구, 합병증	기타 외상	질병	암
14년 37회	• 근력등급	• 피로골절 • 부목고정 • 구획증후군 • 가스괴저	• 전방십자인대	• 두통 red flag • 당뇨병 진단 기준 • 고혈압 치료	• 암 선별검사 조건
15년 38회	• 활막관절	• 관절강직 • 부정유합 • 족근관증후군 • 대퇴 경부 골절	• 슬내장	• 골다공증 • 대상포진	• 유방암 고위험군 • 자궁경부암 위험요인
16년 39회	• 중족부	• 병적 골절 • 골다공증성 골절 • 요척골 골절 합병증 • 비구 골절 탈구 합병증 • 대퇴원위 관절내 골절		• 가을철 고열성 질환 • 결핵 검사법 • 간경변증 합병증	• 간암 위험요인
17년 40회	• 수근부	• 구획증후군 • 마미증후군 • 갈레아찌골절 • 견관절 탈구 정복법	• 후방십자인대	• 만성 콩팥병 • 중증 재생불량성빈혈 • 베체트병 • 원발성 심근병증	
18년 41회		• 골절 탈구 신경 손상 • 관절내 골절 부정유합 • 무혈성 괴사 • 개방성 골절 치료 원칙 • 부목고정 장점 • 쇄골 골절 수술 적응증		• 소아 고관절 질병 • 허혈성 심질환 • 치매 원인 감별진단	• 뇌하수체 종양
19년 42회	• 수동운동	• 소아 각형성 • 외상성 관절염 • 불안정성 골절 • 상완골 사분골절 탈구	• 말초신경 손상	• 아프가 점수 • 현훈 • 흉통 원인 질환	• 암 병기
20년 43회	• 체간골 • 근력평가	• 회전근개 파열 • 운동 제한 관절염	• 전방십자인대 • 압박골절	• 당뇨병 • 자살 고위험군	• 양성종양 악성종양 • 국가 암 검진사업
21년 44회	• 상지 구조	• 발목 손상 • 관절운동 제한	• 척추전방전위증 • 척추 변형각 • 뇌실질내 출혈	• 수면 무호흡증 • child pugh	• 결장직장 용종 • 종양표지자
22년 45회	• 골반골 • 경추골	• 퇴행성 관절염 • 종골 골절 • 삼과 골절	• GCS, 두부 출혈, 두개골	• 당뇨 미세혈관합병증 • 가와사키병 • CDR 세부 영역	• 행동양식 행태 코드
23년 46회		• 대퇴골두 무혈성 괴사 • 중수골 회전 변형 • 골절 치유인자 • 구획증후군	• 반월상 연골 • 골다공증성 골절	• 죽상 동맥경화증 • 대사증후군 • 백내장 • COPD, PFT	• 유방암
24년 47회	• 파행 • 응급 처치 수술	• 대퇴 간부 골절 변형 • 퇴행성 관절염 • 신경 손상	• 추간판탈출증	• 류마티스관절염 • 치매 원인 질환 • 급성 관동맥질환	• 갑상선암 형태
25년 48회	• 소아 골절	• 심부 정맥 혈전증	• 근력 등급 • 의식 GCS • 병적 반사 • 뇌사 판정 기준	• COPD • 당뇨병 위험요인 • 신부전, 신대체 요법 • 심장 판막	

PART 01

상해(TRAUMA)편

CHAPTER 01 의학이론 기초

1 해부학적 용어

1) 해부학적 자세(anatomical position)

인체의 부위와 구조를 명료하게 표시하고, 통일되게 기술하기 위한 표준자세를 해부학적 자세라고 한다. 양발을 일직선이 되게 모은 채 똑바로 서서 눈은 수평면을 바라보고, 양팔은 **손바닥을 앞으로** 하여 자연스럽게 늘어뜨린 자세를 말하며, 모든 위치와 방향의 기준이 된다.

2) 해부학적 면(anatomical plane)

(1) **전두면**(frontal plane) = **관상면**(coronal plane) : 인체를 앞뒤로 나누는 면
(2) **시상면**(sagittal plane) : 인체를 좌우로 나누는 면
 - **정중시상면**(mid sagittal plane)은 좌우를 균등하게 나누는 면
(3) **횡단면**(transverse plane) = **수평면**(horizontal plane) : 인체를 상하로 나누는 단면

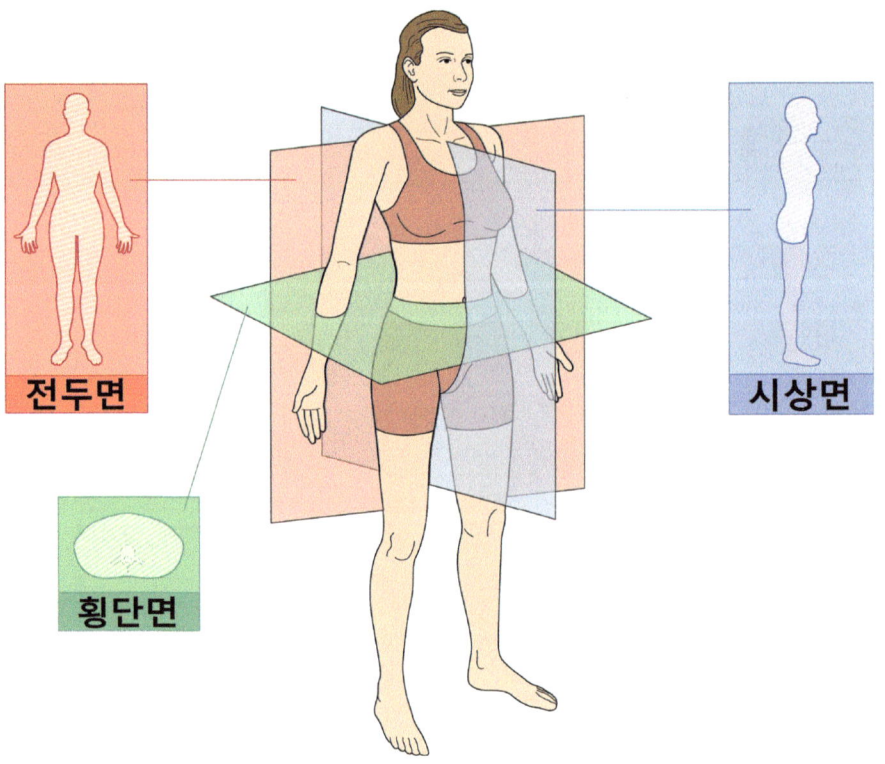

3) 해부학적 위치(anatomical location)

(1) **전**(Ant, anterior, ventral) : 신체나 장기의 앞면
(2) **후**(Post, posterior, dorsal) : 신체나 장기의 뒷면
(3) **상**(Sup, superior) = **두**(cranial) : 서 있는 자세에서 머리 쪽
(4) **하**(Inf, inferior) = **미**(caudal) : 서 있는 자세에서 발 쪽
(5) **내측**(Med, medial) : 정중면을 기준으로 몸의 중심에 가까운 쪽
　전완부에서는 척골측, 하퇴부에서는 경골측
(6) **외측**(Lat, lateral) : 정중면을 기준으로 몸의 중심에서 먼 쪽
　전완부에서는 요골측, 하퇴부에서는 비골측
(7) **근위**(proximal) : 몸통에 가까운 쪽
(8) **원위**(distal) : 몸통에 먼 쪽
(9) **장측**(palmar) : 손바닥 쪽
(10) **저측**(척측, plantar) : 발바닥 쪽
(11) **배측**(dorsal) : 손등 쪽, 발등 쪽
(12) **심층**(deep) : 신체나 장기에서 더 깊은 곳
(13) **천층**(superficial) : 신체나 장기에서 표면에 가까운 얕은 곳

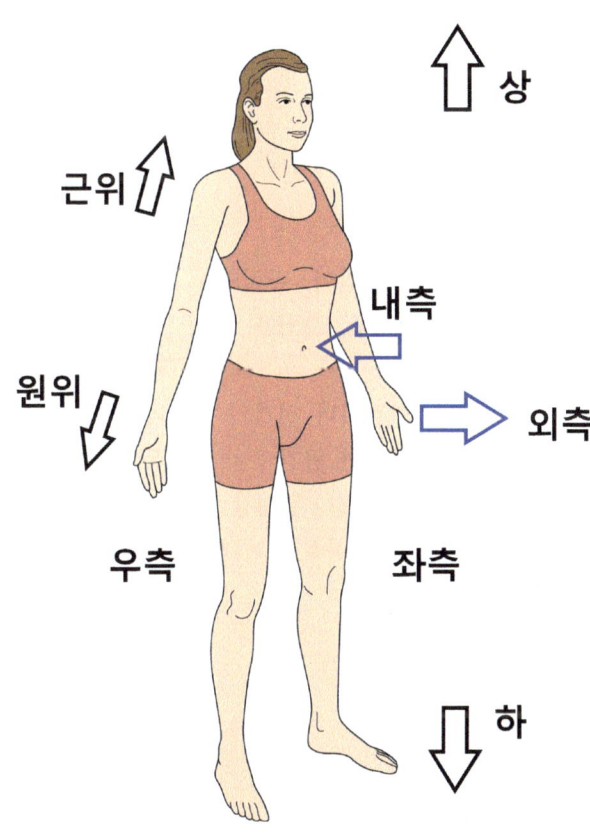

의학이론

4) 해부학적 구조 관련 용어 - 볼록하거나 돌출된 부분에 관한 용어

(1) **돌기**(process) : 표면에서 많이 튀어나온 부분 예 극돌기, 횡돌기
(2) **과**(condyle) : 관절면을 가진 골단부의 뭉툭한 돌기 예 대퇴 외과, 경골 외과
(3) **극**(spine) : 날카롭고 가느다란 돌기 예 견갑골 극

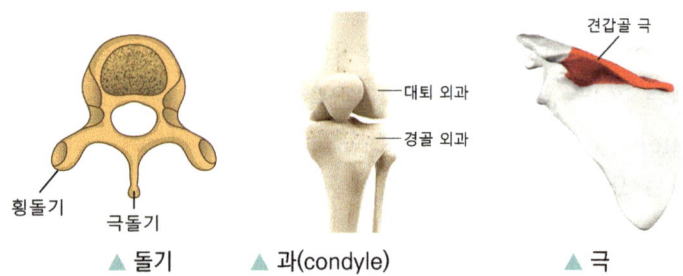

▲ 돌기   ▲ 과(condyle)   ▲ 극

(4) **전자**(trochanter) : 매우 큰 돌기 예 대퇴 대전자, 소전자
(5) **결절**(tubercle) : 혹처럼 부풀어 오른 돌기 예 상완골 대결절, 소결절
(6) **과**(malleolus) : 경비골 원위부 말단이 비후된 돌기 예 족관절 내과, 외과

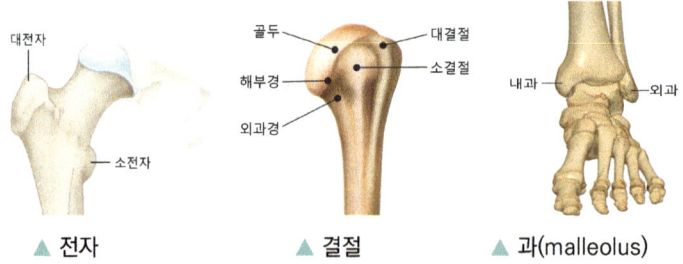

▲ 전자   ▲ 결절   ▲ 과(malleolus)

5) 그 외의 용어

(1) **와**(fossa) : 오목하게 들어간 곳 예 안와, 관절와
(2) **구**(sulcus) : 좁고 긴 고랑 예 대뇌구, 소뇌구
(3) **이랑**(gyrus) : 융기된 부분
(4) **공**(foramen) : 면에 뚫린 구멍. 혈관이나 신경의 통로가 된다. 예 추공, 추간공
(5) **동**(sinus) : 두개골 안의 공기를 포함한 공간 예 부비동, 상악동, 전두동
(6) **강**(cavity) : 체내의 넓은 공간 예 복강, 두개강
(7) **관**(canal) : 윤곽이 명확한 벽을 가진 통로 예 척추관, 비루관

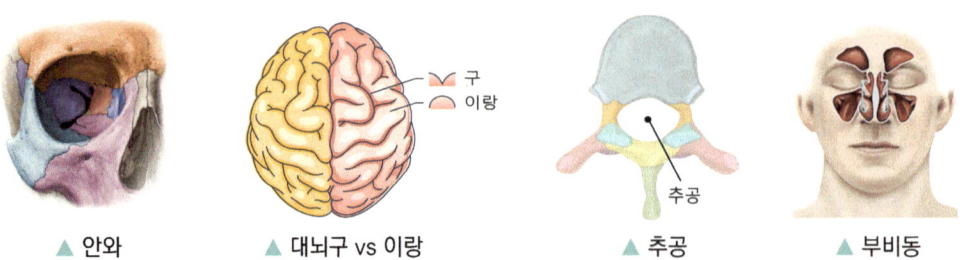

▲ 안와   ▲ 대뇌구 vs 이랑   ▲ 추공   ▲ 부비동

2 뼈의 기초

1) 뼈(bone)의 기능

(1) **지지기능**(support) : 인체의 모양을 지탱해 주는 뼈대 역할
(2) **보호기능**(protection) : 체강을 만들어 뇌, 척수, 폐, 심장 등 기관을 보호한다.
(3) **운동기능**(movement) : 연골, 인대, 근육과 함께 관절을 형성한다.
(4) **조혈기능**(hemotopoiesis) : 적색골수에서 혈액을 생산한다.
(5) **저장기능**(reservation) : 무기질(칼슘, 인, 나트륨, 마그네슘)과 지방을 저장한다.
(6) **내분비기능**(endocrine) : 혈당조절과 지방 대사에 관여하는 호르몬(osteocalcin) 분비

2) 뼈의 기본 구조

(1) **골막**(periosteum) : 뼈의 표면을 싸고 있는 섬유성의 막으로 X - 선에는 찍히지 않는다.
   ① 세 개의 층(외층, 중간층, 내층)으로 구성되어 있고, 내층에 골모세포(osteoblast)가 존재하여 신생골 형성에 관여한다.
   ② 혈관이나 지각신경이 많이 분포하여 뼈의 영양이나 감각을 관리하고 있다. 뼈에 외력을 가했을 때 통증을 느끼는 것은 골막에 분포하는 지각신경이 자극되기 때문이다.
   ③ **뼈의 두께 성장에 관여**하고, **골절 발생 시 뼈조직의 재생과 증식, 골절 치유의 재형성에 관여**한다.
   ④ 소아의 골막은 성인 골막보다 두꺼워 골 형성이 빠르고 골절 치유 기간이 짧다.

(2) **골질**(bony tissue) : 골조직의 세포간질을 형성하는 물질
   - 뼈는 무기질(석회질)과 유기질(아교질)로 구성되어 있다. 무기질은 뼈에 견고한 힘을 주고 유기질은 뼈에 탄력성을 준다.
   ① **치밀골**(피질골, compact bone) : 골막에 싸여있는 두껍고 단단한 층
      a. 볼크만관(volkmann)이 있어 신경과 혈관의 통로가 된다.
      b. X - 선에서 규칙적이고 연속성을 갖춘 골구조로 나타난다.
   ② **해면골**(망상골, spongy bone) : 골의 안쪽에 분포하는 얇은 벌집 모양의 구조
      a. 불규칙한 골소주들이 서로 얽혀서 그물 모양을 이루는 부분으로 그 속에 골수(bone marrow)가 들어 있다.

(3) **골수**(bone marrow)
   - 골수강 안에 있는 골의 조직 중 부드러운 조직으로, 조혈기능을 가지고 있는 적색골수와 조혈기능을 가지고 있지 않은 황색 골수가 있다.
   ① **적색골수 : 적혈구, 백혈구, 혈소판 등 혈액을 만드는 기능**을 한다. 혈색소 때문에 붉게 보인다. 유아는 모두 적색골수지만 성인은 사지 장골 골단의 해면골과 척추, 늑골, 흉골, 골반에만 적색골수가 남아 있다.
   ② **황색골수** : 나이가 들어감에 따라 적색골수는 황색 골수로 바뀐다. 조혈능력이 없는 **지방조식세포로 구성**되어 있어 황색으로 보인다. 성인의 장골은 거의 황색골수이다. 성인의 장골 골절 시 황색골수에서 유리된 지방조직이 지방색전증을 유발할 수 있다.

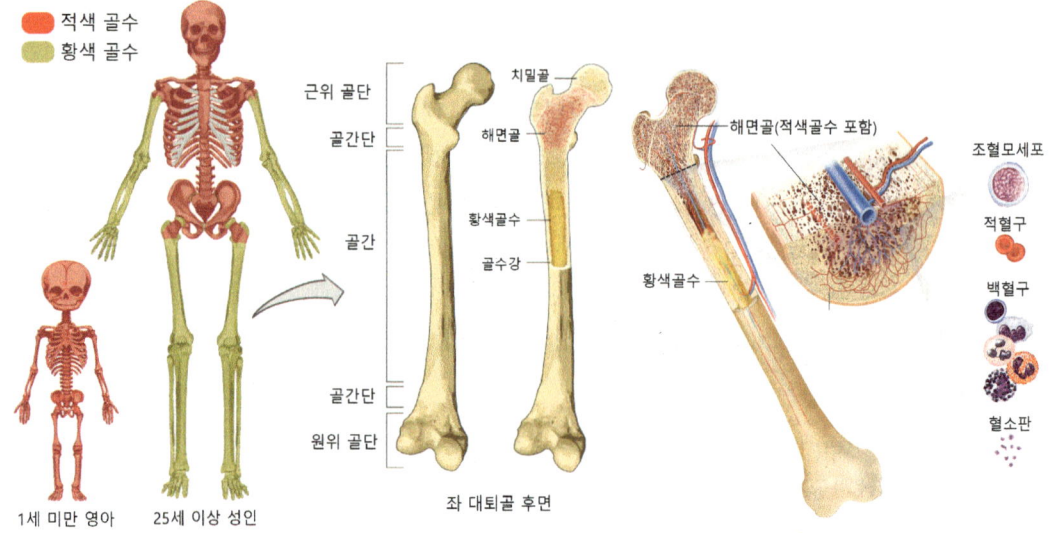

(4) **연골**(cartilage)
① **초자연골**(유리연골, hyaline cartilage) : 굴곡성이 있고 약간의 탄성이 있으며 명확한 섬유질을 갖지 않는 연골로 깨끗한 유리질 형상이다. 예 사지관절, 늑연골, 비연골
② **탄성연골**(elastic cartilage) : 탄성섬유로 구성되어 쉽게 굽어진다. 예 후두덮개, 귓바퀴
③ **섬유연골**(fibrous cartilage) : 다량의 콜라겐 섬유가 함유되어 있으며 단독이 아닌 관절연골이나 결합조직과 연결되어 존재한다. 예 추간원판연골, 치골결합, 악관절
④ **성장판연골** : 장관골의 골단과 골간단 사이에 존재하며 뼈의 길이 성장에 관여한다.

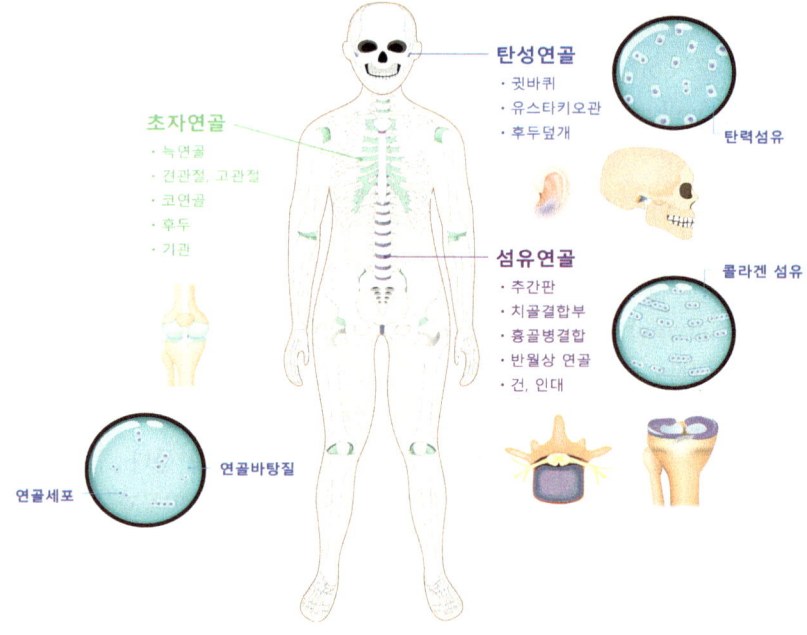

3) 뼈의 형태별 분류

(1) **장골**(long bone) : 긴 축을 가진 뼈로 내면에 골수강을 형성하고 있어 장관골(tubular bone)이라고도 한다. 예 **상완골, 요골, 척골, 대퇴골, 경골, 비골**

(2) **단골**(short bone) : 넓이와 길이가 비슷하며 골수강이 없는 짧은 뼈로 장골에 비해 운동범위가 제한적이다. 예 **수근골, 족근골**

(3) **편평골**(flat bone) : 골수강이 없으며 내외면이 치밀골로 되어 있고, 사이에 해면골이 발달한 납작한 뼈로 연골 과정 없이 직접 골조직이 만들어진다. 예 **전두골, 두정골, 후두골, 견갑골, 늑골**

(4) **불규칙골**(irregular bone) : 구조가 복잡하며 형태가 불규칙한 뼈 예 **접형골, 사골, 척추골**

(5) **종자골**(sesamoid bone) : 관절연골이나 건으로 싸여있는 씨앗 모양의 뼈 예 **슬개골**

(6) **함기골**(pneumatic bone) : 뼛속에 공간을 형성하여 공기를 지니고 있는 뼈로 두개골만 존재한다. 예 전두골, **상악골, 사골, 접형골, 측두골**

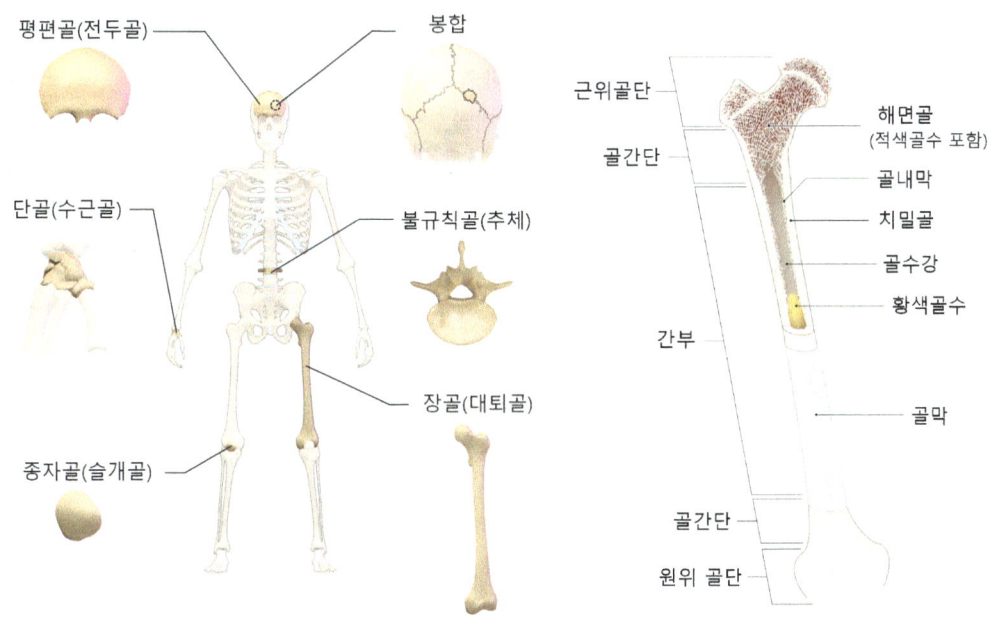

4) 장골의 구조

(1) **관절연골**(articular cartilage) : 관절면에 있는 연골로 관절부의 탄성, 완충대를 형성한다.

(2) **골단**(epiphysis) : 장골의 양쪽 끝부분이다. 근위 골단과 원위 골단으로 구분된다.

(3) **골간단**(metaphysis) : 골단과 골간 사이에 위치하며 해면상의 망상골로 구성된다.

(4) **골간**(diaphysis) : 근위 골간단과 원위 골간단 사이에 위치하는 뼈의 줄기 부분으로 해면골이 거의 없이 단단한 피질골에 싸여있다.

5) 하버시안계(골원)

(1) 골의 기본 단위를 하버시안계(Harversian system) 또는 골원(osteon)이라 한다.
(2) 하버시안계 중앙에 하버시안관(Harversian canal)이 있고, 하버시안관 안에는 한 개의 동맥과 두 개의 정맥 및 신경섬유가 지나간다.
(3) 하버시안관 주위에는 골세포(osteocyte)들이 둘러싸고 있고, 볼크만관(Volkmann's canal)이 하버시안관을 연결한다.
(4) 뼈를 형성하는 세포들 : **골원성세포**(osteogenic cell) → **조골세포**(골모세포, osteoblast) → **골세포**(osteocyte) → **파골세포**(osteoclast)

6) 뼈의 성장(bone growth)

(1) **연골내 골화**(길이 성장, 간접골화, endochondral ossification) : 골단과 골간단 사이에 있는 골단연골(성장판)에서 연골을 만들고, 이 연골이 골로 변화하는 골 형성 과정
    예) 대퇴골 등 거의 대부분 뼈의 길이 성장
(2) **막내 골화**(굵기 성장, 직접골화, intramembranous ossification) : 연골 과정을 거치지 않고 골막에서 골피질 표면에 골질이 증식하여 뼈가 두꺼워진다.
    예) 편평골, 불규칙골, 쇄골 외측 1/3, 두개골, 견갑골, 장골 체부
(3) 골 성장 정지 연령 : 남자 17~20세, 여자 15~18세

7) 골의 재형성

평생 골형성(조골세포에 의해 새로운 골형성)과 골흡수(파골세포에 의해 낡은 뼈 흡수)과정이 반복되며 평형이 유지된다.

> **용어해설** 볼프의 법칙(Wolff's law) : 골의 재형성은 물리적 힘이나 미세 전기자극에 의해서도 일어나며, 스트레스를 많이 받는 부위에서는 골의 생성이 일어나고, 부하를 적게 받는 부위에서는 골흡수가 일어난다는 주장

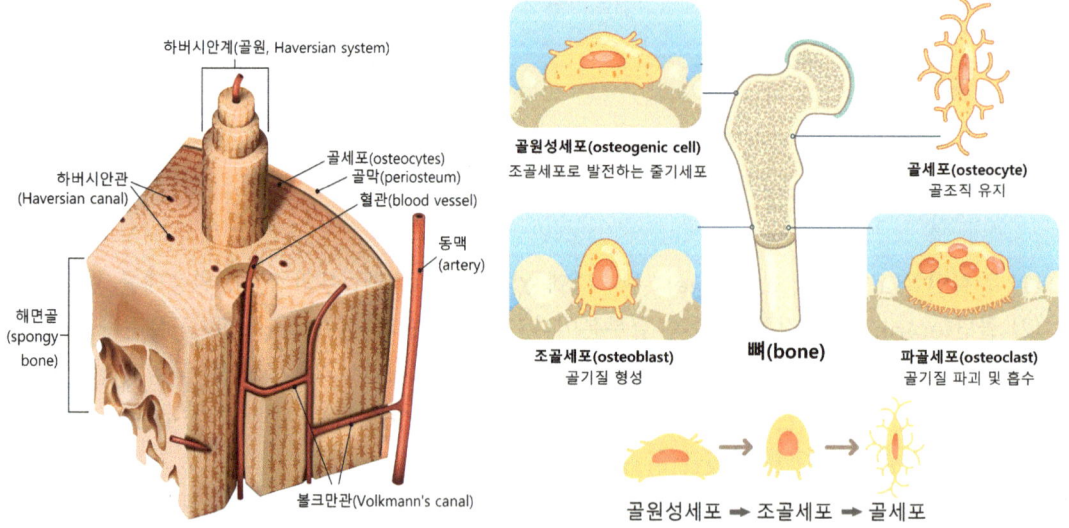

3 인체의 뼈

인체의 골격은 **206개**의 뼈로 구성되어 있다. 성장과 순응 및 재생이 이루어지는 구조물로 인체 특유의 체격을 형성하고 지지하며, 기관 보호, 수동적인 운동, 골수에서의 혈액 생산, 칼슘이나 인 등의 무기질 저장소로 이용되고 있다.

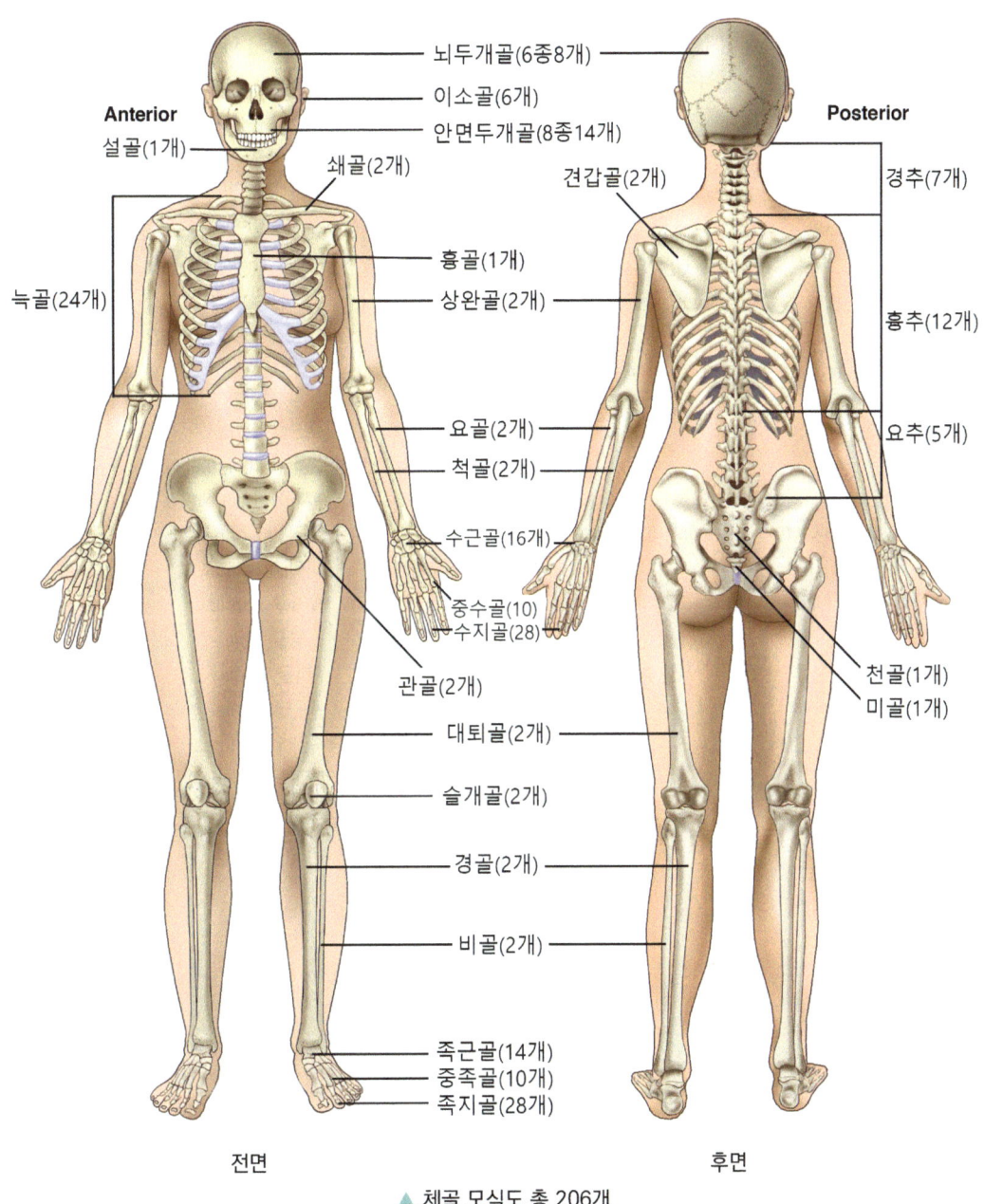

▲ 체골 모식도 총 206개

의학이론

분류		명칭	개수
몸통 골격 Axial skeleton	두개 skull (29개)	뇌두개골 cranium 6종	8개
		안면두개골 facial bone 8종	14개
		설골 hyoid bone	1개
		이소골 ear ossicles 3종	6개
	척주 vertebral column (26개)	경추 cervical vertebra	7개
		흉추 thoracic vertebra	12개
		요추 lumbar vertebra	5개
		천추 sacrum	1개
		미추 coccyx	1개
	흉곽 thorax (25개)	흉골 sternum	1개
		늑골 ribs	24개
사지 골격 appendicular skeleton	상지대 shoulder girdle (4개)	견갑골 scapula	2개
		쇄골 clavicle	2개
	상지 upper extremity (60개)	상완골 humerus	2개
		요골 radius	2개
		척골 ulna	2개
		수근골 carpal	16개
		중수골 metacarpal	10개
		수지골 phalanx	28개
	하지대 pelvic girdle (2개)	관골 hip bone	2개
	하지 lower extremity (60개)	대퇴골 femur	2개
		슬개골 patella	2개
		경골 tibia	2개
		비골 fibula	2개
		족근골 tarsal	14개
		중족골 metatarsal	10개
		족지골 phalanx	28개
합계			206개

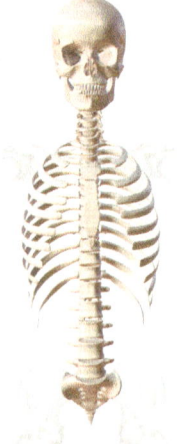

체간골격 ▶

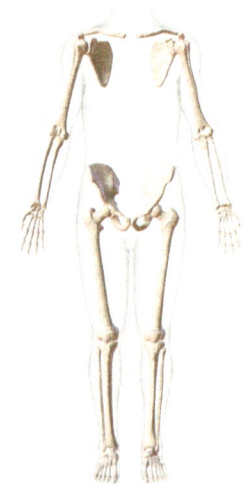

◀ 사지골격

4 두개골 기출 22년

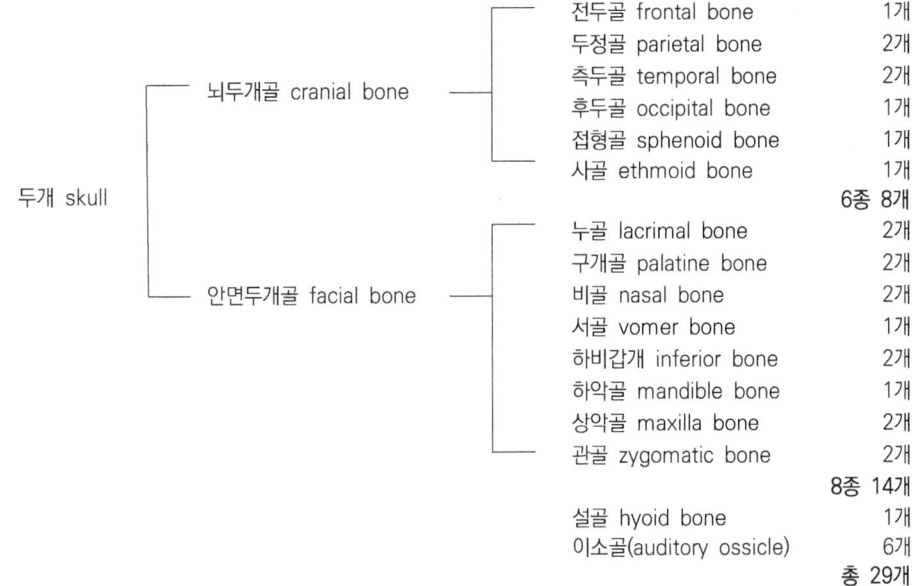

		전두골 frontal bone	1개
		두정골 parietal bone	2개
	뇌두개골 cranial bone	측두골 temporal bone	2개
		후두골 occipital bone	1개
		접형골 sphenoid bone	1개
두개 skull		사골 ethmoid bone	1개
			6종 8개
		누골 lacrimal bone	2개
		구개골 palatine bone	2개
		비골 nasal bone	2개
	안면두개골 facial bone	서골 vomer bone	1개
		하비갑개 inferior bone	2개
		하악골 mandible bone	1개
		상악골 maxilla bone	2개
		관골 zygomatic bone	2개
			8종 14개
		설골 hyoid bone	1개
		이소골(auditory ossicle)	6개
			총 29개

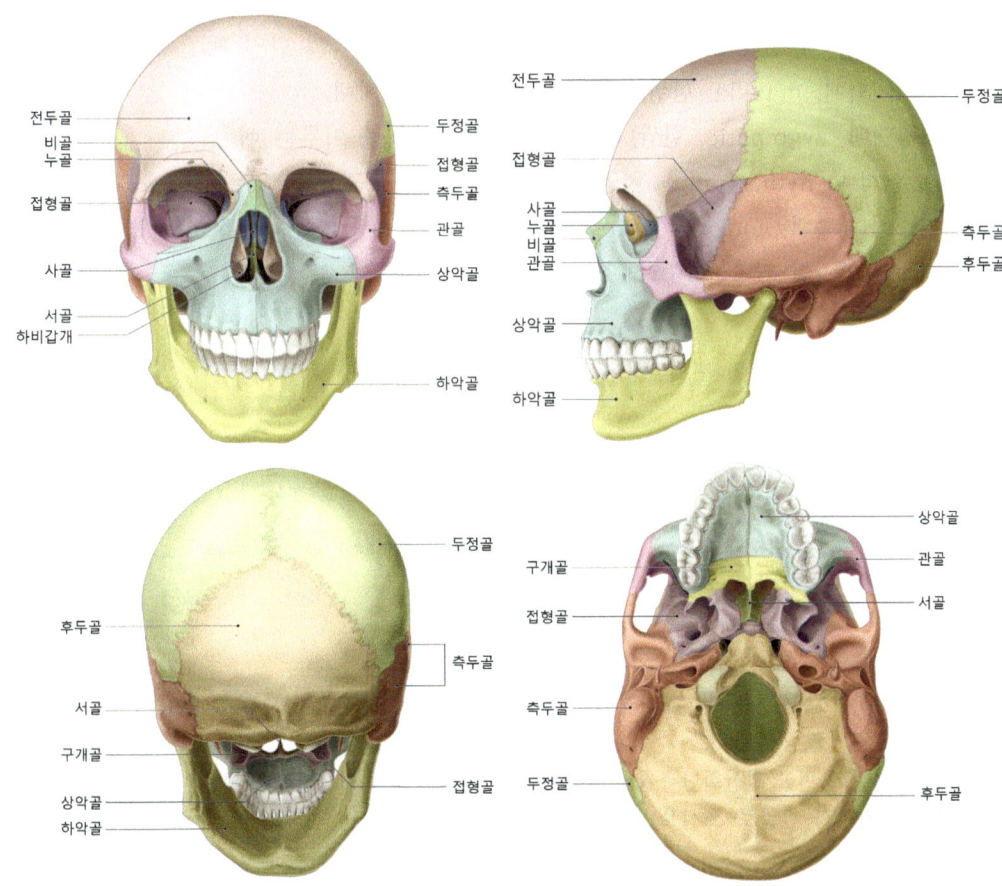

> 의학이론

1) 뇌두개골(cranial bone) 6종 8개

(1) **전두골**(이마뼈, frontal bone) : 머리 앞부분에 위치. 이마와 안와 상벽, 비강 상벽 구성
(2) **두정골**(윗머리뼈, parietal bone, 한쌍) : 정수리 부분에 위치하는 사각형의 편평골
(3) **측두골**(관자뼈, temporal bone, 한쌍) : 머리 좌우 측면과 바닥에 위치하는 평형 & 청각기의 중요 부분을 수용
(4) **후두골**(뒤통수뼈, occipital bone) : 머리 뒤쪽과 바닥에 위치하는 마름모 모양의 뼈
(5) **접형골**(나비뼈, sphenoid bone) : 머리 바닥의 중앙에 위치하는 나비 모양의 함기골
(6) **사골**(벌집뼈, ethmoid bone) : 안구와 비강 사이의 머리 바닥 앞쪽에 위치

2) 안면두개골(facial bone) 8종 14개 `암기` **누구비서 하하상관설 이소**

(1) **누골**(눈물뼈, lacrimal bone, 한쌍) : 안와 내측벽 앞쪽에 있는 직사각형의 얇은 골판
(2) **구개골**(입천장뼈, plate bone, 한쌍) : 접형골과 상악골 사이에 위치하는 L자 형의 뼈
(3) **비골**(코뼈, nasal bone, 한쌍) : 비강의 전상벽을 구성하는 직사각형의 뼈
(4) **서골**(보습뼈, vomer bone) : 비중격 아래쪽 정중시상선에 위치하는 쟁기 모양의 뼈로 위는 사골과 아래는 상악골과 연결된다.
(5) **하비갑개**(아래코선반, inferior nasal conchae, 한쌍) : 비강 외벽의 조개껍질 모양의 뼈
(6) **하악골**(아래턱뼈, mandible) : 아래턱을 이루는 말굽 모양의 단일 뼈
(7) **상악골**(윗턱뼈, maxilla, 한쌍) : 안면 중앙에 있는 윗턱뼈
(8) **관골**(광대뼈, zygomatic, 한쌍) : 볼의 튀어나온 부위를 이루는 뼈

> `참고` 설골(혀뼈, hyoid bone) : 혀와 후두융기 사이의 설근 안에 있는 U자 모양의 작은 뼈
> `참고` 이소골(귓속뼈, auditory ossicle, 좌우 3개씩, 총 6개) : 중이 안쪽 고막과 전정창 사이에 있는 인체에서 가장 작은 뼈(추골, 침골, 등골)

3) 안와골을 구성하는 뼈

전두골, 접형골, 사골, 누골, 구개골, 상악골, 관골

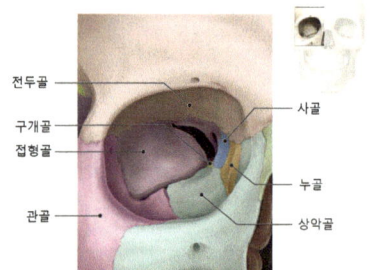

> 📖 **기출문제**

50세 남자가 공사 현장에서 머리 및 얼굴 부위를 기계에 수상하여 응급실에 이송되었다. 아래의 질문에 답하시오. (10점) `기출` **22년**

(3) 다음은 시행한 안면골 전산화단층촬영 결과지이다. 결과지에서 골절된 두개골을 이루는 뼈의 이름을 두 가지만 찾아서 한글로 쓰시오. (각 2점)

> Fracture of Lt. occipital bone, Rt. zygomatic bone, nasal bones, both maxillary bones.

5 체간골 기출 20년

체간골은 흉곽과 척주로 구성된다.

> 참고 교과서적으로 체간골은 두개골과 흉곽 및 척주를 의미하지만, 제3보험 개정 장해분류표의 체간골은 "어깨뼈, 골반뼈, 빗장뼈, 가슴뼈, 갈비뼈"를 의미한다.

1) 흉곽을 구성하는 뼈

흉곽은 12개의 흉추와 12쌍의 늑골, 1개의 흉골로 구성되며 이들에 둘러싸인 내부의 공간이 흉강이다. 흉강에는 심장, 폐, 식도, 기관 등의 장기들이 수용되어 있다. 흉곽의 상구는 제1흉추, 제1늑골, 흉골병으로 이루어져 있으며, 하구는 제12흉추와 제12늑골 및 검상돌기로 이루어져 있는데 여기에 횡격막이 부착되어 흉강과 복강의 경계가 된다.

(1) **늑골**(갈비뼈, rib) : 흉곽의 외측벽을 구성하는 12쌍의 뼈로 앞쪽은 늑연골로 흉골과 연결되고, 뒤쪽은 흉추와 연결된다.
  ① **진늑골**(true ribs) : 1~7번 - 흉골과 늑연골로 바로 연결된다.
  ② **가늑골**(false ribs) : 8~10번 - 7번 늑골의 늑연골에 붙어서 흉골과 연결된다.
  ③ **부유늑골**(floating ribs) : 11~12번 - 흉골과 연결되지 않는다.
(2) **흉골**(복장뼈, sternum) : 흉부 앞쪽에 있는 편평골로 늑연골에 의해 늑골과 연결된다.
(3) **흉추**(등뼈, thoracic vertebra) : 흉부 뒤쪽에 위치하며, 늑골과 연결된다.

2) 척주를 구성하는 뼈

성인의 척주는 26개의 추골과 각 추골 사이의 섬유연골인 추간판으로 구성되며 두개골과 골반을 연결하는 기둥 역할을 하며, 척추관을 형성하여 내부에 척수를 보호한다.

(1) **경추**(목뼈, cervical vertebra) : **7개**
(2) **흉추**(등뼈, thoracic vertebra) : **12개**
(3) **요추**(허리뼈, lumbar vertebra) : **5개**
(4) **천추**(엉치뼈, sacrum) : **1개**(출생 시 5개였던 천추가 성인이 되면서 하나로 융합)
(5) **미추**(꼬리뼈, coccyx) : **1개**(출생 시 3~6개였던 미추가 성인이 되면서 하나로 융합)

3) 체간골의 기능

(1) **지지기능**(support) : 인체의 모양을 지탱해 주는 뼈대 역할을 한다.
(2) **보호기능**(protection) : 흉곽을 형성하여 폐와 심장을 보호한다.
(3) **운동기능**(movement) : 늑간인대의 수축과 이완에 의해 호흡이 가능하게 하고, 척추체간 운동으로 직립 보행이 가능하게 한다.
(4) **조혈기능**(hemotopoiesis) : 흉골의 적색골수에서 혈구를 생성한다.
(5) **저장기능**(reservation) : 무기질과 지방을 저장한다.

> **기출문제**
>
> 체간골은 흉곽과 척추체로 이루어져 있다. 흉곽과 척추체를 구성하는 뼈의 이름을 서술하고(7점) 체간골의 기능을 서술하시오(3점). 기출 20년

> 의학이론

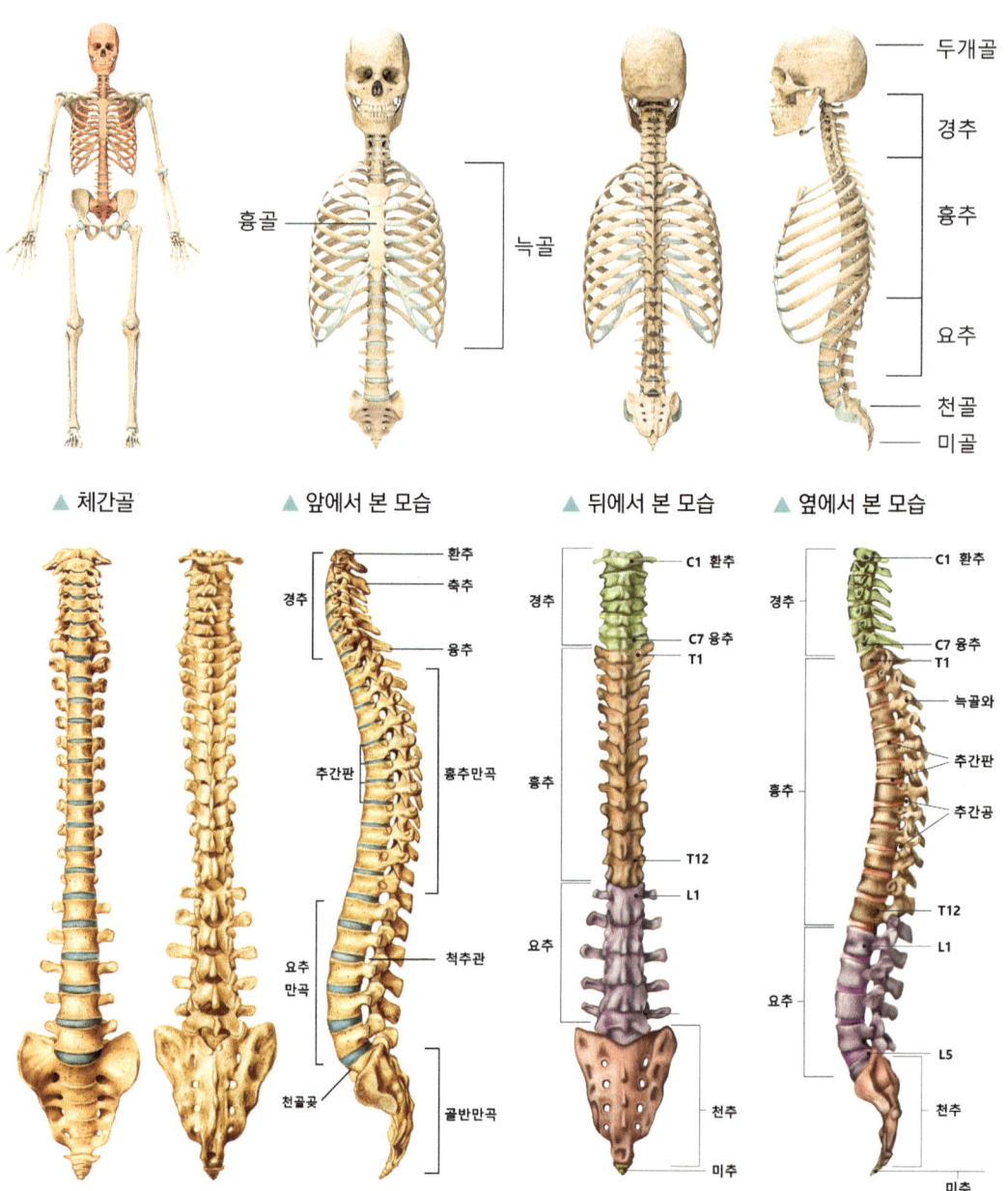

▲ 체간골　　▲ 앞에서 본 모습　　▲ 뒤에서 본 모습　　▲ 옆에서 본 모습

제3보험 연관학습

3보 제3보험 약관상 체간골은 어깨뼈, 골반뼈, 빗장뼈, 가슴뼈, 갈비뼈를 말한다.

3보 어깨뼈나 골반뼈의 뚜렷한 기형(15%) : 20° 이상 각 변형 or 천장관절 또는 치골문합부가 분리된 상태로 치유되었거나 좌골이 2.5㎝ 이상 분리된 부정유합 or 여자에 있어 정상분만에 지장을 줄 정도의 골반의 변형이 남은 상태

3보 빗장뼈, 가슴뼈, 갈비뼈, 어깨뼈의 뚜렷한 기형(10%) : 20° 이상 각 변형

6 추골(vertebrae body) 기출 22년

추체, 추공, 추궁, 좌우 횡돌기, 극돌기, 상하관절돌기 한쌍씩으로 이루어져 있다.

(1) **경추**(cervical vertebrae, 7개)
① 특징 : 추체는 작고 추공은 크다. 횡돌기는 짧고 횡돌기 끝에 횡돌기공이 있어 추골동맥과 정맥의 통로가 된다. 굴곡, 신전, 측굴, 회전운동이 가능하다.
② **제1경추**(환추, atlas) : 후두골과 관절을 이룬다. 추체와 극돌기가 없는 고리 모양으로 두개골을 받치고, 고개를 끄덕이는 운동을 담당한다.
③ **제2경추**(축추, axis) : 추체 위쪽에 치아 모양의 치돌기가 있어 머리의 회전운동에 관여한다.
④ **제7경추**(융추, prominens) : 극돌기가 매우 크고 갈라져 있지 않아 융추라고 부른다. 목 뒤에서 쉽게 만져지기 때문에 추골을 산정하는 기준이 된다.

(2) **흉추**(thoracic vertebrae, 12개) : 가장 전형적인 추골의 형태로 늑골과 연결되는 것이 특징이다. 굴곡, 신전, 회전운동이 가능하다.

(3) **요추**(lumbar vertebrae, 5개) : 다른 추골에 비하여 크고 무겁다. 횡돌기는 퇴화하고 극돌기는 크고 넓적하며 수평에 가깝다. 굴곡, 신전, 측굴 운동이 가능하다.

(4) **천추**(sacrum) : 5개의 뼈가 성인이 되면 1개로 융합된다. 골반 뒷부분 형성

(5) **미추**(cocyx) : 3~6개의 뼈가 성인이 되면 1개로 융합된다. 욕창이 잘 생기는 부위

기출문제

다음은 경추의 해부학 및 구조에 대한 설명이다. 다음 빈칸을 순서에 맞게 채우시오. (각 2점, 총 10점)
경추는 굴곡, (①), 외측굴곡 그리고 (②) 운동이 가능한 총 (③)개의 경추골과 이들을 연결시키는 근육, 인대 및 추간판으로 구성된다. 이중 상부 2개의 경추는 하부의 경추와 형태 및 운동의 양상이 서로 사뭇 다르다. 제1경추인 (④)는 추체와 극돌기가 없는 환상구조로 짧은 전궁과 긴 후궁에 의해 연결된 두 개의 외측과로 구성된다. 제2경추인 (⑤)는 경추골 중 가장 큰 체부를 갖고 체부의 상부에는 발생학적으로 제1경추의 추체에 해당하는 치돌기가 존재한다. 기출 22년

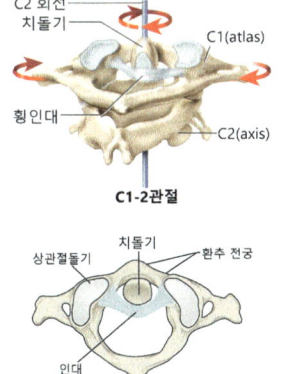

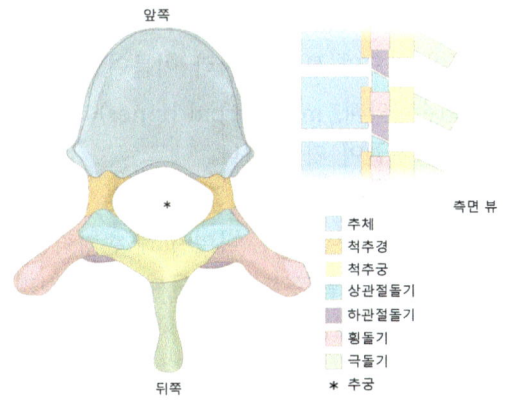

7 상지의 뼈 기출 21년

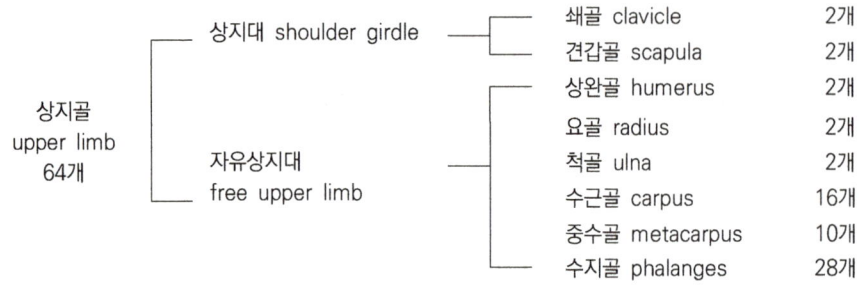

1) 상지대(shoulder girdle)
(1) **쇄골**(빗장뼈, clavicle) : 흉골과 견갑골을 연결하는 S자 모양의 뼈로 팔을 몸통에 고정
(2) **견갑골**(어깨뼈, scapula) : 흉곽 뒤쪽 제1~8 늑골 사이에 위치하는 역삼각형의 편평골

2) 자유상지대(free upper limb)
(1) **상완골**(위팔뼈, humerus) : 상지골 중에서 가장 긴 뼈이다. 상단은 반구상의 상완 골두가 견갑골의 관절와와 견관절을 형성한다. 상완 골두 하방의 잘록한 곳을 해부경이라고 하며, 그 외측에 대결절, 전방에 소결절이라는 융기부에 근육이 부착된다. 하단의 중앙부에 전면의 구상돌기와와 후면의 주두와라는 깊은 홈이 있는데 주관절의 굴곡과 신전 시 각각 척골 상단의 구상돌기와 주두가 들어가는 곳이다.
(2) **요골**(노뼈, radius) : 전완의 외측을 구성하는 뼈로 상단보다 하단이 더 굵다. 상단에는 요골두가 위치하고 요골두 아래 오목한 부분을 요골경이라고 한다. 하단에는 외하방으로 경상돌기가 돌출해 있고 내측 단의 척골절흔이 척골두와 만난다.
(3) **척골**(자뼈, ulnar) : 전완의 내측을 구성하는 뼈로 상단에는 전상방으로 돌출한 구상돌기와 후상방으로 돌출한 주두가 있고, 그사이에 형성된 활차절흔으로 상완골 활차와 관절한다. 하단에는 경상돌기가 아래로 뻗어 있으며 외측의 척골두가 요골과 만난다.
(4) **수근골**(손목뼈, carpal bones) : 손목에 있는 8개의 짧은 뼈로 근위와 원위에 4개씩 2열로 구성되어 있으며 모양에 따라 이름이 지어졌다.
(5) **중수골**(손바닥뼈, metacarpal bones) : 손바닥을 이루는 5개의 뼈로 제1중수골이 가장 굵고, 제3중수골이 가장 길다.
(6) **수지골**(손가락뼈, phalangs) : 첫째 손가락은 2개의 수지골로 구성되고, 근위에서부터 중수지관절과 지관절이 있다. 나머지 네 손가락은 3개의 수지골로 구성되고, 근위에서부터 기절골, 중절골, 말절골로 부른다. 둘째부터 다섯째 손가락의 관절은 중수지관절과 제1지관절(근위 지관절) 및 제2지관절(원위 지관절)이다.

> 제3보험 연관학습
> **3보** 첫째 손가락의 뚜렷한 장해(10%) : 중수지관절 또는 지관절의 굴신운동영역이 정상의 1/2 이하
> **3보** 다른 네 손가락의 뚜렷한 장해(5%) : ① 제1, 제2지관절의 굴신운동영역을 합산하여 정상의 1/2 이하, ② 중수지관절의 굴신운동영역이 정상의 1/2 이하

신체손해사정사 2차 시험대비

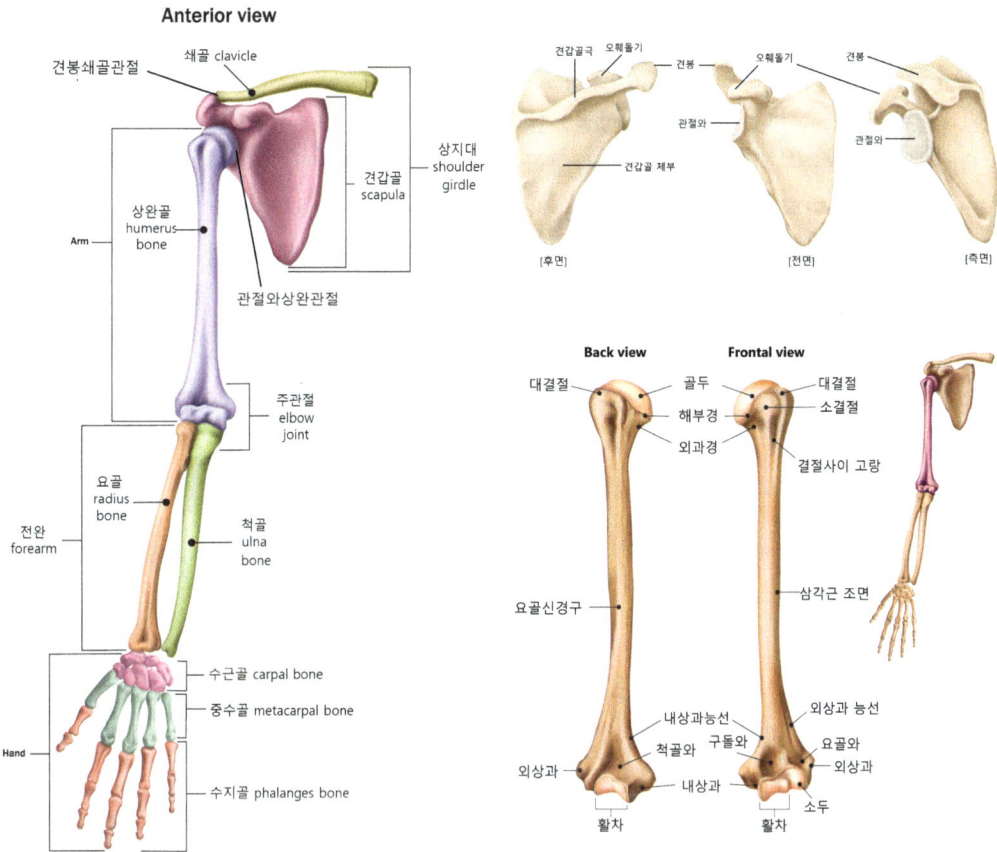

기출문제

다음은 상지의 구조를 표시한 그림이다. 아래의 질문에 답하시오. (10점)
기출 21년

(1) ①, ②, ③, ④, ⑤ 각 숫자에 해당하는 뼈의 이름을 작성하시오. (5점)
(2) 점선으로 표시된 각 숫자 ⑥, ⑦, ⑧에 해당하는 관절의 이름을 작성하시오. (견관절, 완관절이 아닌 구체적인 명칭을 쓰시오) (3점)
(3) 상지의 주요 관절 중, 삼각 섬유연골 복합체 병변(TFCC, triangular fibrocartilage complex)이 발생하는 관절은 어느 관절인가? (2점)

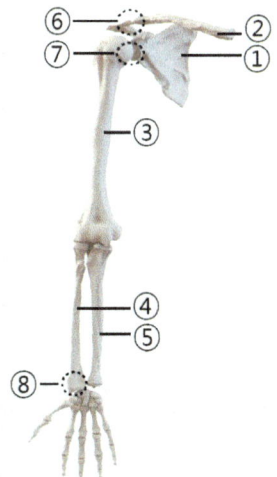

8 손의 뼈 기출 17년

1) 손을 형성하는 뼈의 명칭과 개수
  (1) **수근골**(손목뼈, carpal bone) : **8개** 암기 **주월삼두대소두구**
   ① 근위열 : 요측부터 **주상골, 월상골, 삼각골, 두상골**
   ② 원위열 : 요측부터 **대능형골, 소능형골, 유두골, 유구골**
  (2) **중수골**(손바닥뼈, metacarpal bone) : **5개**, 1~5번 중수골까지 각 1개씩
  (3) **수지골**(손가락뼈, phalanx) : **14개**, 1번 수지 2개, 2~5번 수지 각 3개씩

2) 가장 흔히 골절되는 뼈
  주상골 골절이 가장 흔하다. 주상골 골절은 수근부 손상 중 원위 요골 골절 다음으로 흔하고 수근골 골절 중 60%에 해당한다. 주상골은 전방과 후방에서만 혈액 공급이 이루어지고 80%가 관절면으로 이루어져 있어 골절 시 **무혈성 괴사**가 잘 발생한다.

기출문제

수근부를 이루는 8가지의 뼈를 기술하시오. (각 1점, 총 8점) 이 중 가장 흔하게 골절되는 뼈를 기술하시오. (2점)
기출 17년

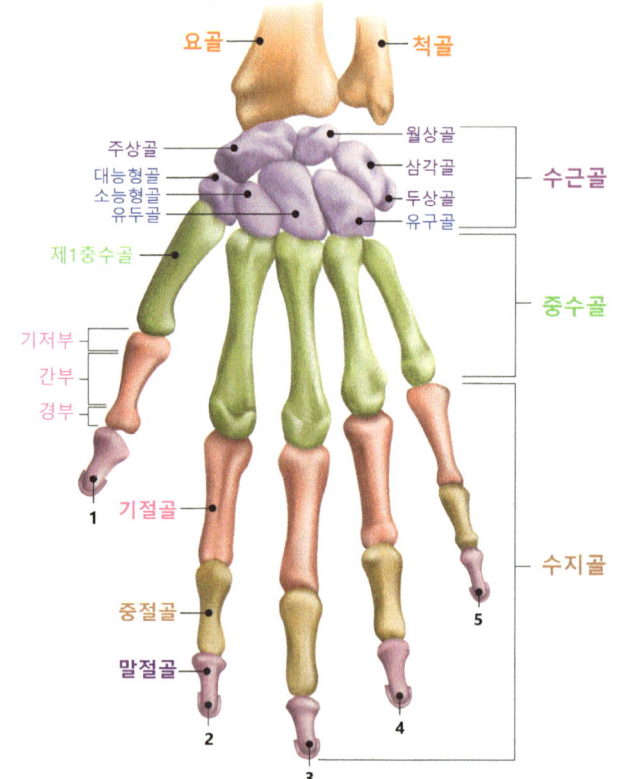

- **주상골(손배뼈)** : scaphoid
- **월상골(반달뼈)** : lunate
- **삼각골(세모뼈)** : triquetrum
- **두상골(콩알뼈)** : pisiform
- **대능형골(큰마름뼈)** : trapezoid
- **소능형골(작은마름뼈)** : trapezium
- **유두골(알머리뼈)** : capitate
- **유구골(갈고리뼈)** : hamate

9 하지의 뼈

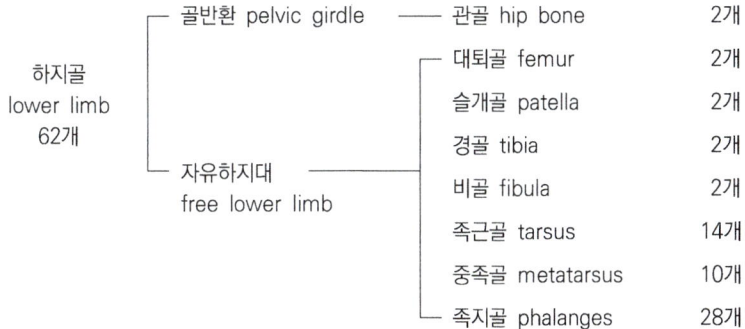

1) 관골(볼기뼈, 무명골, hip bone)
골반환은 **두 개의 관골**(장골, 좌골, 치골이 모여서 구성)과 **천골, 미골**로 구성된다.

2) 자유하지대(free lower limb)
(1) **대퇴골**(넓적다리뼈, femur) : 인체에서 가장 긴 뼈로 상단의 대퇴골두는 관골구와 만나 고관절을 형성한다. 대퇴골두 아래에는 잘록한 대퇴 경부가 있고 경부 외측에 대전자, 후하방에 소전자가 돌출되어 있다.

(2) **슬개골**(무릎뼈, patella) : 대퇴사두근 건 안에 싸여있는 인체에서 가장 큰 종자골로 삼각형 모양의 평편골이다.

(3) **경골**(정강이뼈, tibia) : 하퇴의 내측을 구성하는 뼈로 상단에는 양쪽으로 내과와 외과가 돌출되어 있고, 상면 중앙에 돌출된 과간 융기에 전후십자인대가 부착되어 있다. 하단 내측에는 내복사뼈가 돌출되어 있고, 외측의 비골 하단과 아래쪽의 거골과 함께 족관절을 형성한다.

(4) **비골**(종아리뼈, fibula) : 하퇴의 외측을 구성하는 뼈로 상단에는 비골두가 경골과 만나고, 하단에는 외복사뼈가 돌출되어 있다.

(5) **족근골**(발목뼈, tarsal bones) : 발목을 이루는 7개의 뼈로 근위 족근골 3개와 원위 족근골 4개로 구성된다.

(6) **중족골**(발바닥뼈, metatarsal bones) : 발바닥을 형성하는 5개의 뼈로 제1중족골이 가장 굵고, 제2중족골이 가장 길다.

(7) **족지골**(발가락뼈, phalangs) : 첫째 발가락은 2개의 족지골로 구성되고, 근위에서부터 중족지관절과 지관절이 있다. 나머지 네 발가락은 3개의 족지골로 구성되고, 근위에서부터 기절골, 중절골, 말절골로 부른다. 둘째부터 다섯째 발가락의 관절은 중족지관절과 제1지관절(근위 지관절) 및 제2지관절(원위 지관절)이다.

> 제3보험 연관학습
> 3년 첫째 발가락의 뚜렷한 장해(8%) : 중족지관절과 지관절의 굴신운동 합계가 정상의 1/2 이하
> 3년 다른 네 발가락의 뚜렷한 장해(3%) : 중족지관절의 신전운동 범위가 정상의 1/2 이하

의학이론

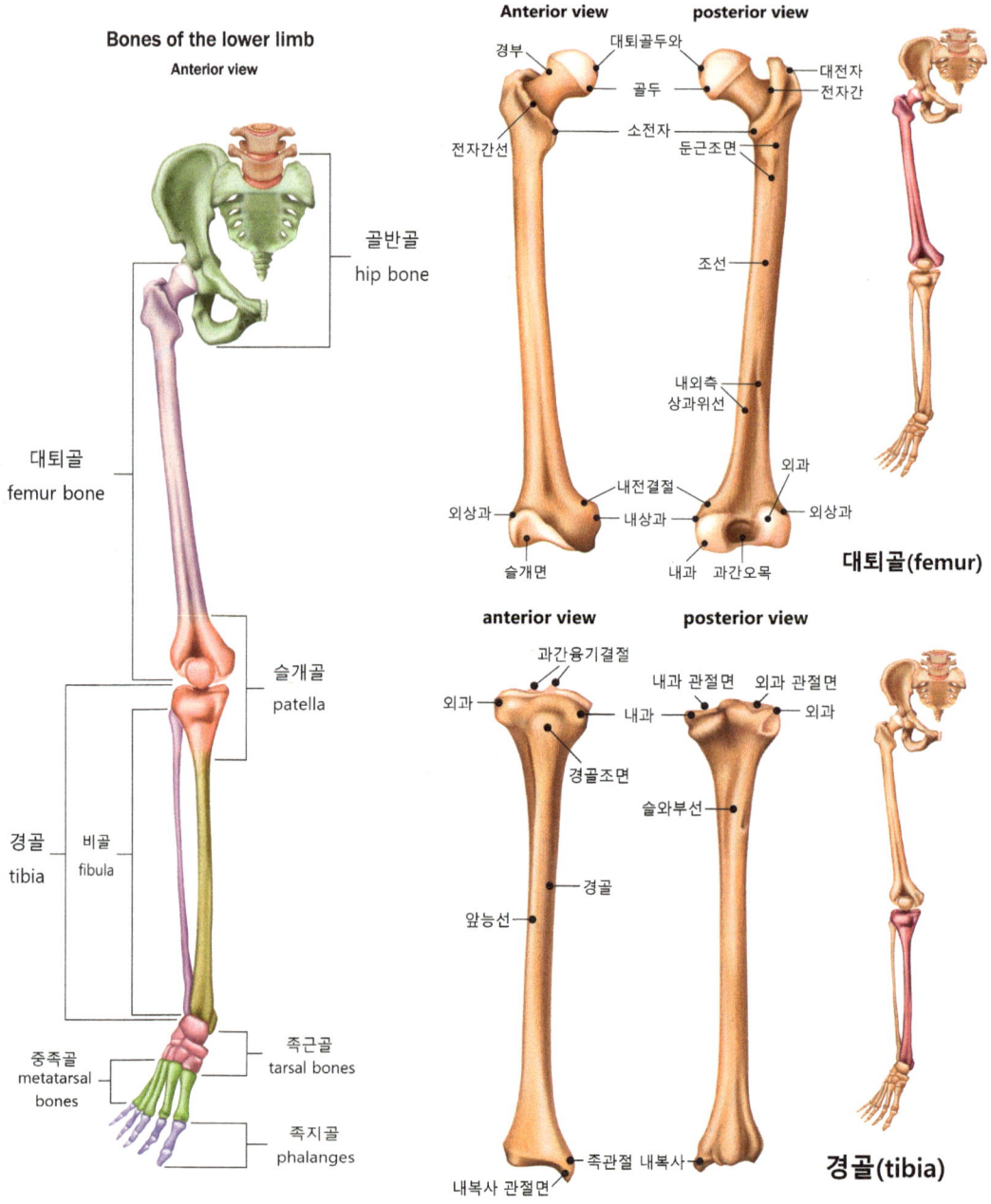

10 골반뼈 기출 22년

좌우의 **무명골**(장골, 좌골, 치골이 모여서 구성)**과 천골 및 미골로 구성**된 환형의 골격

(1) **장골**(엉덩뼈, ilium) : 무명골 상부의 뼈로 천골과 만나 천장관절을 구성한다.
(2) **좌골**(궁둥뼈, ischium) : 무명골의 후하방의 뼈로 장골 하방에 이어지는 뼈
(3) **치골**(두덩뼈, pubis) : 좌골 앞쪽의 뼈로 치골결합(문합부)에 의해 좌우 무명골이 결합
(4) **천골**(엉치뼈, sacrum) : 골반의 뒷부분, 요추 아래에 위치하는 역삼각형 모양의 뼈
(5) **미골**(꼬리뼈, coccyx) : 천골 아래에 위치하는 꼬리뼈
(6) **비구**(관골구, acetabulum) : 골반환의 양 옆에 위치하는 반구형의 구조물로 대퇴골두와 만나 고관절을 형성한다. 장골 2/5, 좌골 2/5, 치골 1/5이 Y자형으로 연골에 의해 결합되어 있다가 18~20세 경에 골융합이 일어난다.

기출문제

다음은 골반에 대한 기술 및 골반을 정면과 측면에서 그린 그림이다. 아래의 질문에 답하시오. (10점/ 영문 및 국문의 의학용어 모두 작성 가능하나 정확한 용어를 사용할 것) 기출 22년

골반골은 두 개의 무명골, 천골과 미골로 이루어졌으며, 후방에는 두개의 무명골이 천골과 (①)을 형성하고, 전방에는 양측의 무명골이 (②)을 형성한다. 무명골은 (③), (④), (⑤) 총 세 개의 뼈가 융합하여 이루어진다.

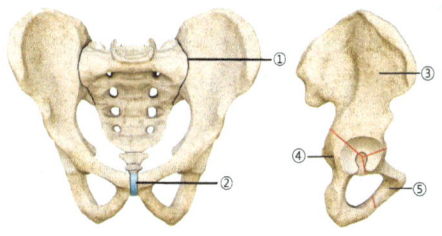

(1) ①, ② 각 숫자에 해당하는 관절의 이름을 쓰시오. (각 2점)
(2) ③, ④, ⑤ 각 숫자에 해당하는 뼈의 이름을 쓰시오. (각 2점)

제3보험 연관학습

3보 골반뼈의 뚜렷한 기형(15%) : ① 천장관절 또는 치골문합부가 분리된 상태로 치유된 경우, ② 좌골이 2.5cm 이상 분리된 부정유합 상태, ③ 여자에 있어서 정상분만에 지장을 줄 정도의 골반 변형이 남은 상태, ④ 20° 이상 각변형, ⑤ 미골의 70° 이상 각변형

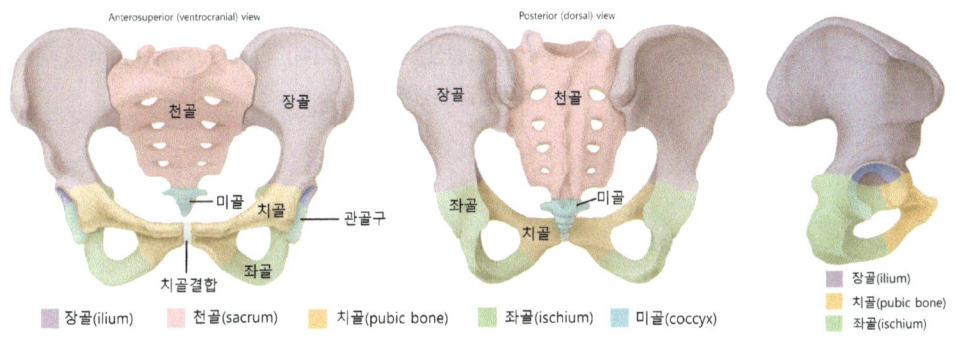

의학이론

11 발을 구성하는 뼈 기출 09년

1) 정의

발은 인체의 가장 아랫부분 족관절부터 발가락까지를 이르며 체중을 부하하는 정적 기능과 보행을 가능하게 하는 동적 기능을 동시에 가지고 있다. 발을 구성하는 뼈는 총 26개로 족근골, 중족골, 족지골로 구분된다.

2) 구조

(1) **족근골**(발목뼈, tarsal bone) : 발목을 형성하는 뼈, 7개 암기 거종주설설설입
  ① **거골**(목말뼈, talus) : 경골 및 비골과 만나 족관절을 이룸. 무혈성 괴사가 호발하는 뼈
  ② **종골**(발꿈치뼈, calcaneus) : 거골 아래에 위치하며 발뒤꿈치를 이루는 뼈로 족근골 중에서 가장 크고 뒤쪽에 돌출된 종골 융기에 종골건(아킬레스건)이 부착한다. 수직 압력 손상 시 척추 압박골절과 동반되어 골절되는 경우가 흔하다.
  ③ **주상골**(발배뼈, navicular) : 거골 앞쪽에 위치하는 배 모양의 뼈
  ④ **설상골**(쐐기뼈, cuneiform) : 족근골의 원위열에 위치하며 내측, 중간, 외측 설상골이 각각 제1, 2, 3중족골과 만난다.
  ⑤ **입방골**(입방뼈, cuboid) : 족근골의 원위열에 위치하며 제4, 5중족골과 만난다.
  참고 3개의 설상골과 입방골이 5개의 중족골과 만나서 리스프랑관절을 형성한다.

(2) **중족골**(발허리뼈, metatarsal bone) : 발바닥을 형성하는 뼈, 5개
  중족골 아래에 일정한 만곡인 족궁을 형성하여 보행 시 충격을 흡수한다.

(3) **족지골**(발가락뼈, phalanges) : 발가락을 형성하는 뼈, 14개
  1족지 2개, 2~5족지 각 3개씩, 기절골, 중절골, 말절골로 구성된다.

기출문제

발을 구성하는 뼈들의 명칭을 열거하시오. (10점) 기출 09년

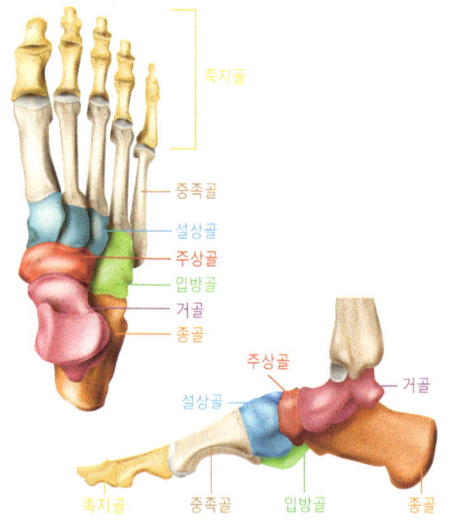

- **거골(목말뼈)** : talus
- **종골(발꿈치뼈)** : calcaneus
- **주상골(발배뼈)** : navicular
- **내측 설상골(안쪽 쐐기뼈)** : medial cuneiform
- **중간 설상골(중간 쐐기뼈)** : intermediate cuneiform
- **외측 설상골(바깥 쐐기뼈)** : lateral cuneiform
- **입방골(입방뼈)** : cuboid

12 족부의 구분 기출 16년

1) 전족부
(1) **족지골 14개**(1족지 2개, 2~5족지 각 3개씩)와 **5개의 중족골**로 구성
(2) 모지구와 가로 아치 부분을 형성하며, 지면에 발의 힘을 전달하는 역할
(3) 전족부 질환 : 무지외반증, 무지강직증, 지간신경종

2) 중족부
(1) **주상골, 입방골, 외측 설상골, 중간 설상골, 내측 설상골**로 구성
(2) 발바닥의 **족궁**을 형성하여 전후 균형을 잡고 발이 받는 충격 분산과 체중 지탱 역할
(3) **리스프랑관절**(족근중족관절, TMTJ, tarsometatarsal joint) : 3개의 설상골 및 입방골과 중족골이 만나서 이루는 관절
(4) **족저근막** : 종골에서 시작하여 발바닥 앞쪽으로 5개의 가지를 내어 발가락 기저부에 붙는 두껍고 강한 섬유 띠다. 발의 아치를 유지하고 충격을 흡수하며 체중이 실린 상태에서 발을 들어 올리는 데 도움을 주어 보행 시 발의 역학에 중요한 역할을 한다.
(5) 중족부 질환 : 편평족, 요족, 족저근막염, 족근관증후군 등을 포함한 발바닥 통증

  용어해설 편평족(평발, flat foot) : 족궁이 정상보다 낮은 상태
  용어해설 요족(cavus) : 족궁이 정상보다 높은 상태

3) 후족부
(1) **종골, 거골로 구성**
(2) 발뒤꿈치 부분에 위치하며, 직립과 보행을 안정시킨다.
(3) **횡족근관절**(쇼파트관절, Chopart joint) : 거골, 종골, 주상골, 입방골이 만나는 관절
(4) 후족부 질환 : 아킬레스건염 등 뒤꿈치 통증

기출문제
발에서 중족부에 해당되는 골구조물을 쓰시오. (5개) (10점) 기출 16년

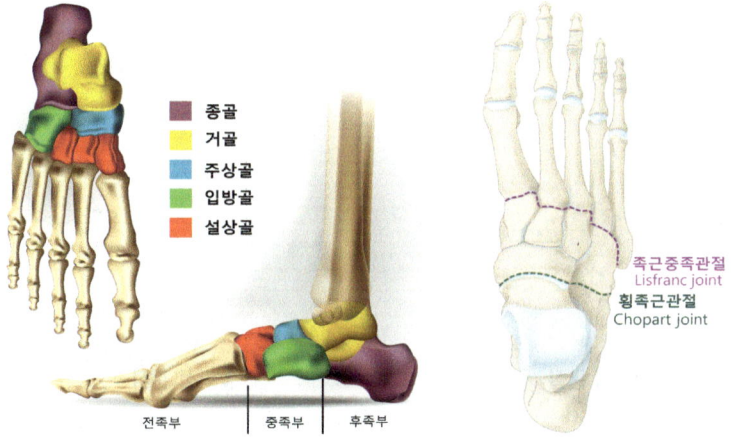

13 활막 관절(Synovial joint) 기출 15년

1) 관절의 정의

뼈와 뼈가 만나는 부분을 관절이라고 부르는데, 운동학적으로는 가동관절을 말한다. 가동관절은 척추와 사지의 각종 운동의 축으로 작용하며, 그 운동의 동력에 따라 근육 수축에 의한 능동적 운동이 가능하게 한다.

2) 관절의 구성

(1) **관절**(joint) : **2개 이상의 뼈가 서로 연결되는 부분**
(2) **인대**(ligament) : **뼈와 뼈를 잇는 끈 모양의 강한 섬유성 결합조직**으로 관절의 운동 및 억제 기능을 한다.
(3) **근육**(muscle) : **운동을 위하여 가느다란 근섬유가 여러 개 모인 것**
(4) **건**(tendon) : **근육을 뼈에 부착시키는 중개역할을 하는 섬유성 결합조직**으로 강하지만 유연성이 없는 콜라겐 띠

3) 운동성에 따른 관절의 분류

(1) **섬유성 관절**(fibrous joint) : 뼈와 뼈 사이가 섬유성 결합조직으로 연결된 부동관절
　예 하경비인대결합, 두개골 봉합, 치아치조골 봉합
(2) **연골성 관절**(cartilaginous joint) : 뼈와 뼈 사이가 연골에 의해 연결되는 일부 가동관절
　예 추간판, 치골간 결합, 늑흉골간
(3) **활막성 관절**(synovial joint) : 뼈와 뼈 사이에 일정한 공간이 있어 운동이 자유로운 가동관절이다. 관절연골로 덮인 두 골단이 서로 마주하고 있으며 관절낭으로 둘러싸인 관절강 안에 윤활유 역할을 하는 활액이 들어있다. 예 대부분의 사지 관절

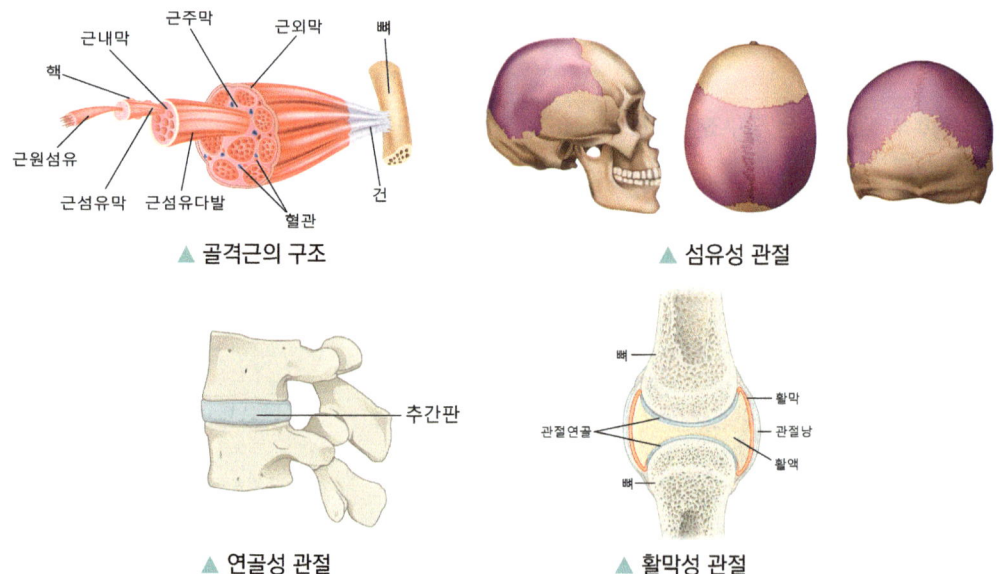

▲ 골격근의 구조　　▲ 섬유성 관절

▲ 연골성 관절　　▲ 활막성 관절

4) 활막관절

(1) 정의 : 관절 내에 일정한 공간이 있고, 그 안에 활액이 있어 운동이 자유로운 관절
(2) 구성
① **관절연골**(articular cartilage) : 서로 마주하는 두 뼈의 끝부분은 관절연골로 덮여 있다. 혈관과 신경이 없고 탄성이 좋은 조직이다.
② **관절낭**(articular capsule) : 결합조직으로 구성된 바깥층은 인대에 의해 보강되고, 관절 내 구조물은 활막으로 덮여 있다. 활막 안쪽 융모가 활막과 관절면 사이의 유착을 방지한다.
③ **활액**(synovia) : 활액은 관절낭 내에 있는 맑고 점성이 있는 액체이다. 관절연골면 사이의 마찰계수를 줄이는 윤활유 역할을 하고, 충격을 흡수하며, 확산을 통해 영양을 공급한다.

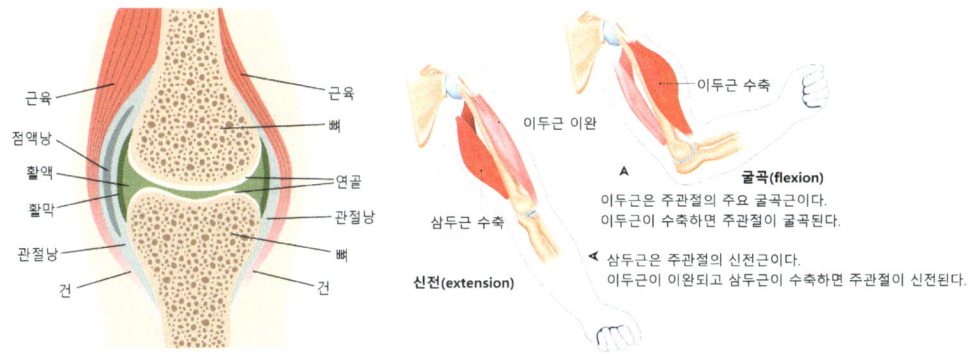

5) 활막관절의 분류

(1) **구상관절**(ball & socket joint) : 한 면은 공 모양, 다른 면은 오목한 소켓 모양의 관절로 굴곡, 신전, 내전, 외전, 내회전, 외회전 운동이 가능 예 **고관절, 견관절**
(2) **과상관절**(condyloid joint) : 타원형의 두 관절면의 한쪽은 볼록하고 나머지 면은 오목하다. 굴곡, 신전, 내전, 외전 운동이 가능하다. 예 **요수근관절, 중수지관절**
(3) **경첩관절**(hinge joint) : 한쪽은 볼록 나와 있고, 다른 쪽은 들어간 모양의 관절로 수평축을 따라 한 면으로 굴곡과 신전만 가능하다. 예 **상완척골관절, 지간관절, 슬관절**
(4) **환축관절**(pivot joint) : 수직으로 된 원주축이 환상의 면과 만나서 구성된 관절로 회전운동이 가능하다. 예 **제1-2경추간 관절, 상요척관절**
(5) **안장관절**(saddle joint) : 말안장에 앉은 것처럼 한 관절면에서 볼록면과 오목면을 둘 다 가지고 있다. 굴곡, 신전, 내전, 외전 운동이 가능하다. 예 **대능형골-1중수골관절**
(6) **평면관절**(plane joint) : 관절을 이루는 뼈의 관절면이 납작하여 좁은 범위에서 미끄러지는 운동만 가능하다. 예 **흉쇄관절, 족근주상골-설상골관절**

📖 **기출문제**

활막 관절(Synovial joint)에 대하여 설명하시오. (10점) 기출 15년

의학이론

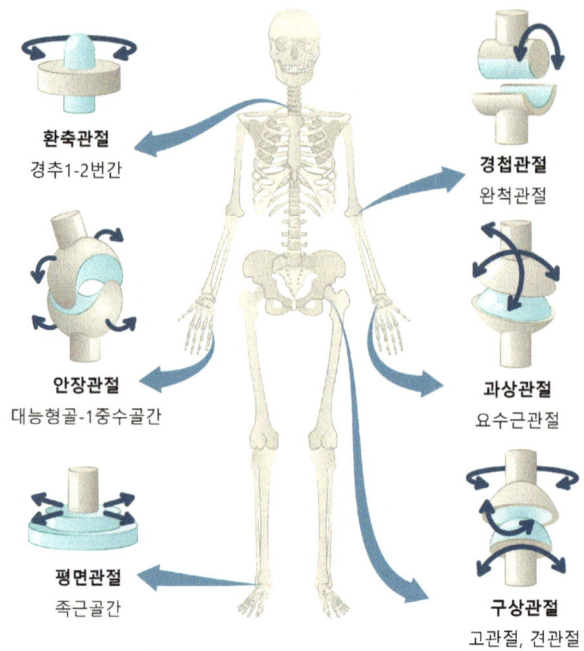

▲ 활막 관절의 종류

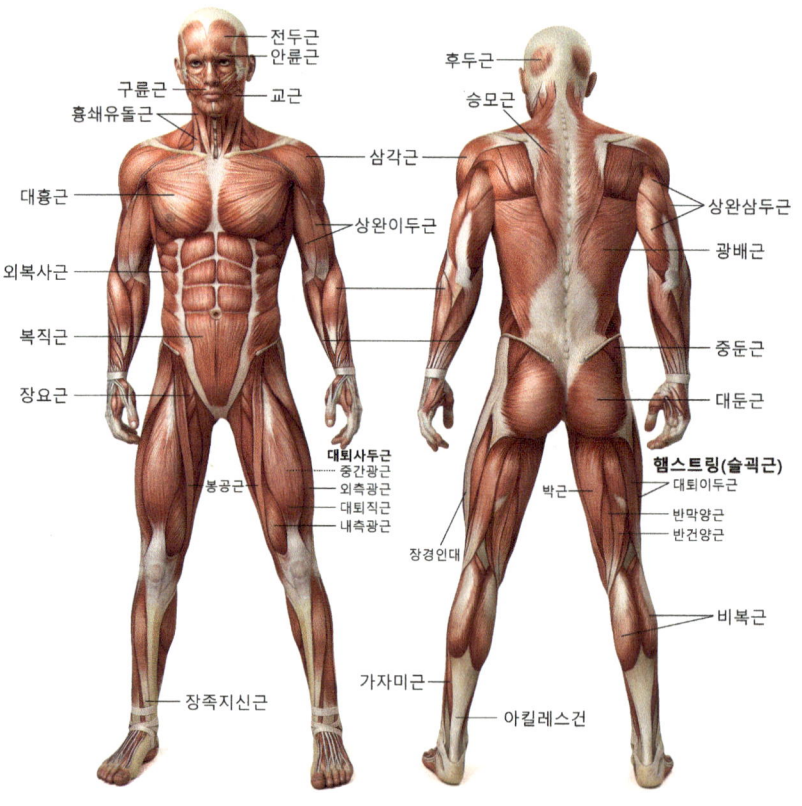

▲ 인체의 근육

14 움직임(movement)에 관한 해부학적 용어 기출 08년

(1) **굴곡**(flexion) : 시상면을 따라 굽어지면서 각이 작아지는 운동
   척주는 전방으로 굽는 것, 상완은 전방으로 굽는 것
(2) **신전**(extension) : 시상면을 따라 펴지며 각이 커지는 운동
   척주는 후방으로 펴지는 것, 상완은 후방으로 펴지는 것
(3) **과신전**(hyper-extension) : 신전운동이 정상 운동범위보다 많이 되는 것
(4) **내전**(adduction) : 몸의 장축에 가깝게 하거나 사지를 체간에 가깝게 하는 운동
   손가락에서는 제3 수지가 기준, 발가락에서는 둘째발가락이 기준이 된다.
(5) **외전**(abduction) : 몸의 장축에서 멀어지거나 사지를 체간에서 멀어지게 하는 운동
(6) **내회전**(internal lotation) : 장축을 중심으로 안쪽으로 도는 운동
(7) **외회전**(external lotation) : 장축을 중심으로 바깥쪽으로 도는 운동
(8) **회선**(circumduction) : 굴곡, 신전, 외전, 내전, 회전운동이 연속되어 원추를 그리는 운동
(9) **회내**(pronation) : 손바닥을 뒤 또는 아래로 향하게 하는 전완부 운동
(10) **회외**(supination) : 손바닥을 앞 또는 위로 향하게 하는 전완부 운동
(11) **내번**(inversion) : 발바닥을 몸의 정중면으로 향하게 하는 발의 운동
(12) **외번**(eversion) : 발바닥을 몸의 바깥쪽으로 향하게 하는 발의 운동
(13) **배측 굴곡**(dorsal flexion) : 손등이나 발등 쪽으로 굽히는 운동
(14) **장측 굴곡**(palmar flexion) : 손바닥 쪽으로 굽히는 운동
(15) **저측 굴곡**(plantar flexion, 척굴) : 발바닥 쪽으로 굽히는 운동

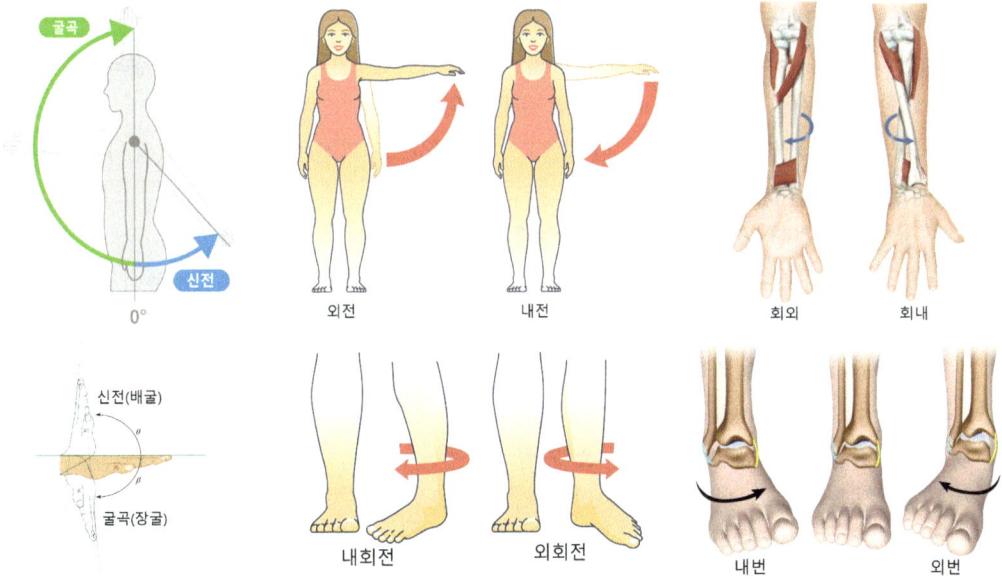

기출문제

신체 부위의 움직임에 관한 해부학적 용어를 10가지 열거하시오. (10점) 기출 08년

> 의학이론

15 상하지 3대 관절

1) 상지의 3대 관절

(1) **견관절**(어깨관절, shoulder joint)
   ① 구성 : **견갑골 관절와 & 상완 골두**
   ② 특징 : 전형적인 구상관절로 인체 관절 중 운동범위가 가장 넓지만, 관절을 보강하는 인대가 허술하여 탈구가 자주 일어난다.
   ③ 운동범위(500°) : **굴곡**(앞위올리기 150°), **신전**(뒤올리기 40°), **내전**(모으기 30°), **외전**(옆위올리기 150°), **내회전**(안쪽 돌리기 40°), **외회전**(바깥쪽 돌리기 90°)

(2) **주관절**(팔꿈치관절, elbow joint)
   ① 구성 : **상완골 하단 & 요골 상단 & 척골 상단**
   ② 특징 : 경첩관절과 환축관절이 합쳐진 것
   ③ 운동범위(310°) : **굴곡**(150°), **신전**(0°), **회내**(80°), **회외**(80°)

(3) **손목관절**(손목관절, wrist joint)
   ① **구성 : 요골 원위단 & 척골 원위단 & 수근골 근위열**
   ② 특징 : 한 면은 구형이고, 다른 면은 얕은 소켓 모양인 과상관절
   ③ 운동범위(180°) : **장굴**(손바닥쪽 굽히기 70°), **배굴**(손등쪽 굽히기 60°), **요사위**(요측 굴곡 20°), **척사위**(척측 굴곡 30°)

2) 하지의 3대 관절

(1) **고관절**(엉덩이관절, hip joint)
   ① 구성 : **골반 비구 & 대퇴 골두**
   ② 특징 : 체중부하와 체중 전달의 기능을 하며, 기능상 운동범위보다는 관절의 안정성이 더 중요한 구상관절로 견관절 다음으로 운동범위가 넓다.
   ③ 운동범위(180°) : **굴곡**(100°), **신전**(30°), **내전**(30°), **외전**(40°), **내회전**(40°), **외회전**(50°)

(2) **슬관절**(무릎관절, knee joint)
   ① 구성 : **대퇴 하단 & 경골 상단 & 슬개골**
   ② 특징 : 인체 내에서 가장 큰 관절이지만, 골구조로 보아서는 매우 불안정하여 슬관절의 안정성을 위해 인대와 근육들이 주위에 분포하고 있다.
   ③ 운동범위(150°) : **굴곡**(150°), **신전**(0°)

(3) **족관절**(발목관절, ankle joint)
   ① **구성 : 경골 하단 & 비골 하단 & 거골**
   ② 특징 : 경골 내과와 비골 외과와 함께 격자 모양을 이루고, 경비골 원위부의 강한 경비인대 결합으로 안정성이 보강된다.
   ③ 운동범위(110°) : **배굴**(발등쪽 굽히기 20°), **척굴**(발바닥쪽 굽히기 40°), **내번**(안쪽 뒤집기 30°), **외번**(바깥쪽 뒤집기 20°)

CHAPTER 02 외상의 기초

1 외상(trauma)의 정의

급격하고 우연한 외래의 사고로 인해 신체에 손상을 입게 되는 것으로 질병과 구분되는 개념

1) 외상 관련 용어

(1) **자상**(stab) : 칼이나 송곳 같은 날카로운 것에 찔린 상처
(2) **창상**(hack) : 칼 등의 날카로운 것에 살이 베어 떨어지는 형태의 상처
(3) **열상**(laceration) : 창상에 비해 경계가 너덜너덜한 형태로 크게 찢어진 상처
(4) **찰과상**(abrasion) : 넘어지거나 긁히는 등 마찰에 의해 피부 표면에 수평으로 생긴 상처
(5) **타박상**(contusion, 멍) : 둔탁한 것에 맞아서 조직 심부가 압좌되어 생긴 손상
(6) **긴장**(strain) : 건(tendon)이 과신전되거나 근육(muscle)이 심하게 긴장된 상태
(7) **염좌**(sprain) : 관절에 정상 운동범위 이상의 힘이 작용하여 관절을 보호하고 있는 인대나 관절낭이 늘어지거나 잘린 상태
(8) **골절**(fracture) : 뼈나 골단판의 연속성이 완전 혹은 불완전하게 소실된 상태
(9) **탈구**(dislocation) : 관절의 완전 파열이나 붕괴가 일어나 서로 접촉해 있던 관절연골면의 접촉이 완전히 손실된 상태를 말하며, 완전 탈구와 불완전 탈구로 구분한다.

2) 진단의 3단계

(1) 1단계 - 문진 : 환자의 주관적 증상, 병력, 가족력, 사회력, 외상력 등을 묻고 듣는 단계
(2) 2단계
  ① 시진(inspection) : 환자의 안색, 피부색, 체형, 자세, 걸음걸이, 근육 상태, 관절 가동범위, 움직임 등을 눈으로 보고 상태를 파악하는 방법
  ② 청진(auscultation) : 청진기를 이용해 심장음, 호흡음, 장음 등을 듣고 파악하는 방법
  ③ 촉진(palpation) : 환자의 신체를 직접 만져 보면서 상태를 파악하는 방법
  ④ 타진(percussion) : 손이나 도구를 이용하여 신체의 표면을 두드려 보고 반향음을 듣거나 건 반사를 확인하는 방법
(3) 3단계 : 혈액검사, 이학검사, 영상검사 등

의학이론

2 영상검사

1) 단순 X-선 검사(단순 방사선 검사)

X-선을 인체에 투과하여 얻은 영상으로 방사선 흡수량에 따라 음영이 다르게 나타난다. 뼈는 희게, 공기는 검게 보인다.

용어해설 촬영 방법에 따른 용어
- AP(anterior → posterior, 전후면), PA(posterior → anterior, 후전면)
- Obliq(oblique, 사면, 옆으로 비스듬히 촬영), Lat(lateral, 측면)
- Town's view(두부 후전면), open mouth view(입을 크게 벌리고 촬영)

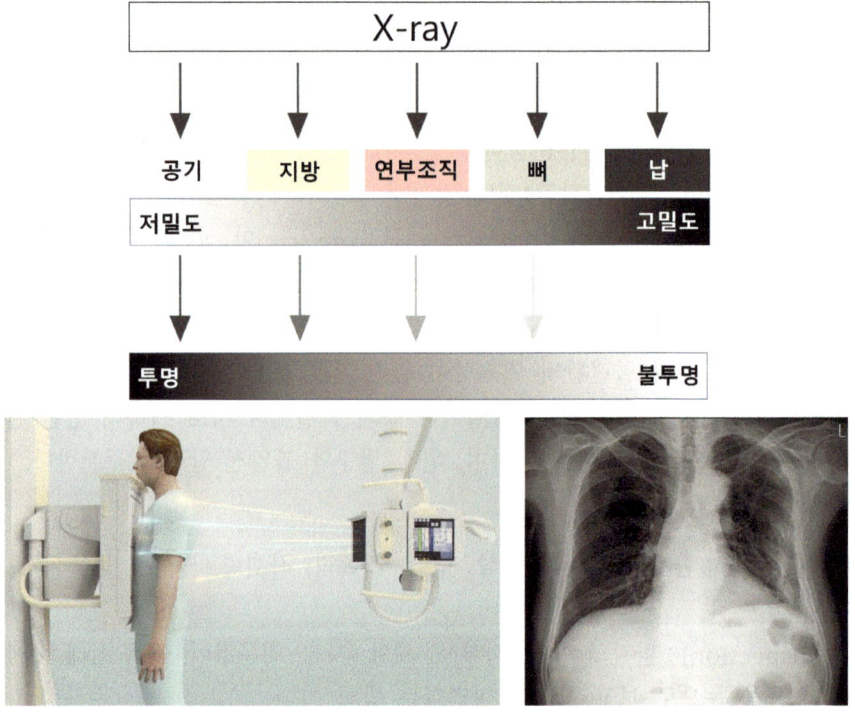

2) 전산화단층촬영(CT, computed tomography)

인체를 **X-선에 노출**시킨 후 **컴퓨터를 이용해** 각 조직의 **상대적 X-선 흡수계수**를 계산하여 그레이스케일의 단면 영상으로 재구성한 검사이다.

높은 흡수계수 조직은 고음영(흰색)으로, 낮은 흡수계수 조직은 저음영(검은색)으로 나타난다. 단순 X-선 촬영에 비해 구조물이 겹쳐지는 것이 적어 구조물과 병변을 좀 더 명확히 볼 수 있다는 장점이 있지만, 단순 X-선 촬영에 비해 방사선 피폭량이 많다.

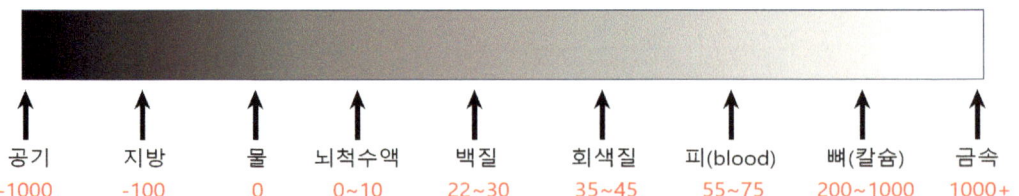

3) 자기공명영상(MRI, magnetic resonance image)

사람을 **강력한 자장 속에 눕힌 후 고주파를 발생**시켜 신체 부위에 있는 **수소원자핵**을 공명시킨 다음, 각 조직에서 나오는 **신호의 차이**를 측정하여 컴퓨터를 통해 재구성 및 영상화하는 기술이다. 수소원자핵 밀도, 반복시간, 에코시간, 혈류에 의해 음영이 결정된다. CT에 비해 촬영 시간이 길지만 CT와 달리 방사선을 이용하지 않고 해상력이 정밀하며 뇌간부나 척수에서는 CT보다 선명한 화상을 얻을 수 있다.

연부조직 대조도가 뛰어나고 해부학적 구분이 명확해 뼈 및 연부조직의 종양, 근, 건, 인대의 파열, 연골판 손상 등의 진단에 광범위하게 이용된다.

MRI T1, T2 강조영상 비교

	T1 강조영상	T2 강조영상
원리	짧은 반복시간(TR)과 에코시간(TE)	긴 반복시간(TR)과 에코시간(TE)
필름상 구분법	TR 500ms 이하, TE 20ms 이하	TR 2000ms 이상, TE 60ms 이상
장점	• 해부학적 구조 파악에 용이하다. • 조영제 증강효과를 잘 나타낸다. • 만성 출혈 확인에 유용하다.	• 조직 간 대조도가 T1보다 뚜렷하다. • 추간판 내 수핵과 섬유륜의 구분이 쉽다. • 급성, 아급성 출혈 확인에 유용하다.
물(뇌척수액, 부종)	저신호(검은 색)	고신호(흰색)
지방	고신호(흰색)	고신호(흰색)
피질뼈/ 공기	무신호(아주 검은 색)	무신호(아주 검은 색)
백질/ 회색질	백질이 회색질보다 밝음	회색질이 백질보다 밝음

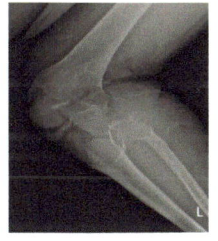
▲ 슬관절 단순 X-선

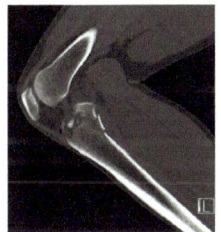
▲ 좌 슬관절 CT

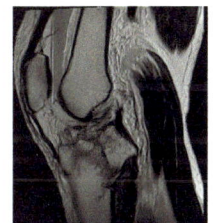
▲ 좌 슬관절 MRI

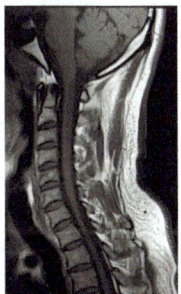
▲ T1 강조영상

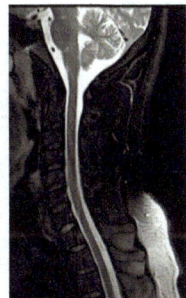
▲ T2 강조영상

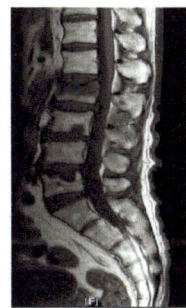
▲ T1 강조영상

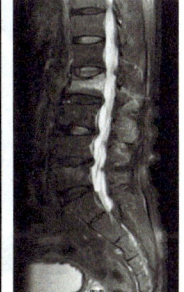
▲ T2 강조영상

의학이론

4) CT와 MRI 비교(CT vs MRI)

(1) 검사방법
① CT : 환자를 X-선에 노출시킨 후 컴퓨터를 이용해 각 조직의 X-선 흡수계수를 그레이스케일의 단면 영상으로 재구성한 검사
② MRI : 강한 자장을 형성하여 체내 수소원자핵의 분포를 영상으로 나타내는 검사

(2) 음영
① CT : 높은 흡수계수 조직은 고음영, 낮은 흡수계수 조직은 저음영으로 나타난다.
② MRI : 수소원자핵의 밀도와 반복시간 및 에코시간, 혈류에 의해 결정된다.

(3) 해부학적 단면
① CT : 횡단면을 얻을 수 있고, 최근 3D CT로 삼차원 영상을 얻을 수 있다.
② MRI : 환자의 자세 변화 없이도 다양한 영상면을 얻을 수 있다.

(4) 영상의 특징
① CT : 미세골절, 석회화된 병변, 급성 뇌출혈 등에서 MRI보다 정확하다.
② MRI : 연부조직 대조도가 뛰어나고, 해부학적으로 복잡한 조직의 구조 관찰이 용이하며, 비출혈성 병변의 진단에 CT보다 유용하다.

(5) 장단점
① CT
  a. 장점 : MRI 검사가 어려운 환자에게 이용할 수 있고 MRI에 비해 저렴하며 검사 시간이 5~10분으로 짧다.
  b. 단점 : 단시간에 많은 방사선에 노출되고, 조영제 과민반응, 신장 부담 등의 위험이 있다.
② MRI
  a. 장점 : 방사선에 노출될 위험이 없고, 혈관의 상태를 촬영할 수 있다.
  b. 단점 : 신경자극기, 뇌동맥류 클립, 생명유지장치 등을 부착하고 있는 환자는 검사가 불가능하고, 공기나 인체 내 이물질이 있는 경우 영상이 저하되며, CT에 비해 비용이 비싸고 촬영 시간이 길다.

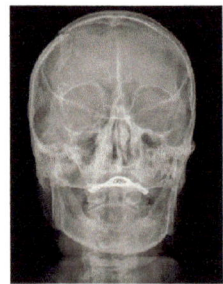 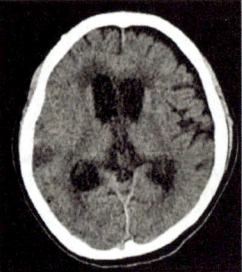 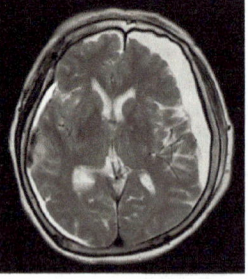 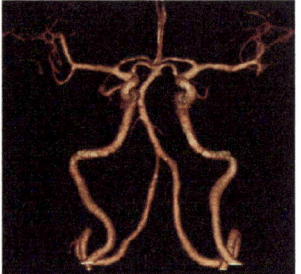

▲ 단순 X-선검사   ▲ 뇌 CT   ▲ MRI   ▲ MR angio

5) 초음파(ultrasonography)

초음파는 인간의 청력 한계(20kHz)를 넘는 **고주파 음파(2~20MHz)를 이용하여 음파를 보내고 내부 구조와 장기의 에코를 수신하여 시각화하는 영상검사방법**이다. 매체의 밀도가 높으면 에코 강도가 커지고 시각화된 구조의 밝기가 밝아진다.

* 도플러 초음파(doppler ultrasound) : 혈관 등 움직이는 구조의 흐름 방향이나 속도를 시각화한 초음파

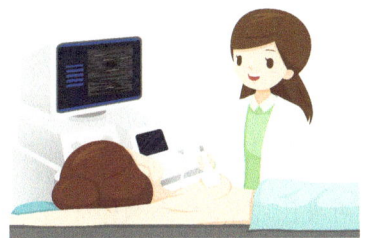 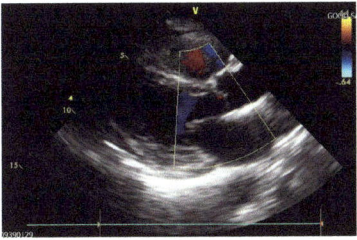 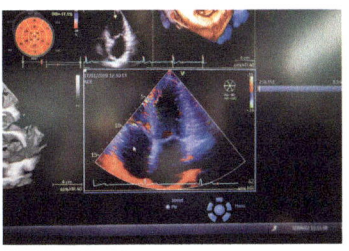

▲ 초음파 ▲ 도플러 초음파

6) 골밀도 검사(BMD, bone mineral density)

(1) 정의 : 뼈의 양을 골밀도라고 하는 지표로 측정하고 이를 **정상인의 골밀도와 비교하며 얼마나 뼈의 양이 감소 되었는지를 평가하는 검사**

(2) 검사 대상
① 골다공증 환자는 1년에 한 번씩 정기적으로 실시 권장
② X - 선 검사에서 골다공증이 의심될 때, 척추 압박골절 소견이 있을 때
 - 골다공증 환자에서 골절이 가장 흔히 발생하는 요추와 대퇴 경부 검사

(3) 판단

$$T\ score = \frac{본인측정\ 값 - (20, 30대\ 평균\ 값)}{표준편차}$$

$$Z\ score = \frac{본인측정\ 값 - 동일\ 연령\ 집단의\ 평균\ 값}{표준편차}$$

7) 골주사 검사(bone scan)

(1) 정의 : 반감기가 짧은 **동위원소**(주로 99mTc - MDP 이용)에 뼈와 친화성 있는 물질을 결합시켜 정맥 주사 후 2~4시간 뒤 **조영제 침착 정도를 영상화**한 것

(2) 검사 대상 : 악성 골종양, 골절, 골수염, 관절염

(3) 판단
 - 외상 후 24시간이 지나면 95%에서 비정상 소견이 발견되고 65세 이상이거나 골다공증이 심할 때는 72시간이 지나야 나타나는 일도 있어 3일 후에 촬영한다.
 - 사고 후 3개월 이내 촬영한 골주사 상 조영 증강 소견 없으면 100% 진구성 골절로 확증할 수 있다.

| 의학이론

3 골절의 분류

1) 골절의 정의
뼈의 연속성이 완전 혹은 불완전하게 끊어진 상태

2) 골절의 분류

(1) **해부학적 위치**에 따른 분류
  ① **부위**에 따라 : 골단, 골간단, 골간, 관절내 골절
  ② **명칭**에 따라 : 대퇴 골두, 대퇴 경부, 대전자, 소전자, 외과, 내과, 과상부 골절
  ③ **간부 골절 위치**에 따라 : 근위부, 중간부, 원위부 골절

(2) **골절의 정도**에 따른 분류
  ① **완전골절**(complete Fx) : 피질골의 양쪽 연속성이 모두 끊어진 경우
  ② **불완전골절**(incomplete Fx) : 피질골의 한쪽 연속성만이 파괴된 경우 예 녹색줄기

(3) **골절 면의 방향**에 따른 분류
  ① **횡상 골절**(transverse Fx) : 골절면이 골의 장축에 대하여 직각을 이루는 골절로 장관골에 직접 외력이 작용하거나 슬개골에 간접적인 견인력이 작용했을 때 발생한다.
  ② **사상 골절**(oblique Fx) : 사선으로 된 골절로 나선상 골절보다 골절선이 짧고 둥글다. 간접 외력이 각형성을 일으켰을 때 발생한다.
  ③ **나선상 골절**(spiral Fx) : 사상 골절에 비해 골절면이 넓고 골절선이 길며 골단이 예각을 이룬다. 간접 외력이 회전 골절을 일으켰을 때 발생한다.
  ④ **종상 골절**(longitudinal Fx) : 골절선이 뼈의 장축을 따라 형성된 골절

(4) **골절편의 수**에 따른 분류
  ① **단순 골절**(simple Fx) : **골절편이 2개**인 골절
  ② **분쇄 골절**(comminuted Fx) : 2개 이상의 골절선이 만나 **골절편이 3개 이상**인 골절
  ③ **분절 골절**(segmental Fx) : **별도의 완전한 두 골절이 한 뼈에 동시에 존재**하는 골절

(5) **개방창 동반 여부**에 따른 분류
  ① **폐쇄성 골절**(closed Fx) : 골절편이 피부 밖으로 노출되지 않은 골절
  ② **개방성 골절**(open Fx) : 연부조직의 손상으로 인해 골절된 뼈가 피부 밖으로 노출되거나 외기와 통하는 골절

(6) **골절의 안정성**에 따른 분류
  ① **안정성 골절**(stable Fx) : 일단 정복되면 재전위를 일으키는 경향이 적은 골절
    예 횡상 골절, 짧은 사상 골절
  ② **불안정성 골절**(unstable Fx) : 일단 정복되었더라고 쉽게 다시 전위되는 골절
    예 긴 사상 골절, 나선상 골절, 분쇄 골절

(7) **전위 여부**에 따른 분류
  ① **비전위 골절**(nondisplaced Fx) : 뼈의 위치가 어긋나지 않은 경우
  ② **전위 골절**(displaced Fx) : 완전골절이며 뼈의 위치가 어긋난 경우

(8) 간접 외상에 의한 골절
① **견열 또는 견인골절**(avulsion or tension Fx) : 건이나 인대에 부착되어 있던 뼈가 떨어져 나가는 경우
② **압박골절**(compression Fx) : 추락 등 수직 압력에 의한 골절로 척추골에서 흔하다.
③ **피로골절**(stress Fx) : 반복되는 부하를 견디지 못하여 발생하는 골절
④ **회전골절**(rotational Fx) : 장관골의 장축에 대한 회전과 장축에 평행하는 압력이 동시에 작용하면 장축에 45°로 골절선이 생긴다.

(9) 직접 외상에 의한 골절
① **타박골절**(tapping Fx) : 적은 힘이 순간적으로 좁은 면적에 작용할 때 일어난다. 보통 횡상골절이 생기며 경비골이나 요척골 중 하나만 골절된다.
② **압좌골절**(crushing Fx) : 많은 힘이 광범위한 면적에 가해졌을 때 발생하는 골절로 광범위한 연부조직 손상을 동반하고 분쇄골절이나 횡상골절을 일으킨다. 상지에서는 요척골이 같은 높이에서, 하지에서는 경비골이 같은 높이에서 골절을 일으킨다.
③ **관통골절**(penetrating Fx) : 흔히 총상과 같이 큰 힘이 좁은 면적에 가해질 때 일어나는 골절로 힘의 속도에 따라 뼈와 연부조직에 주는 손상의 정도가 달라진다.

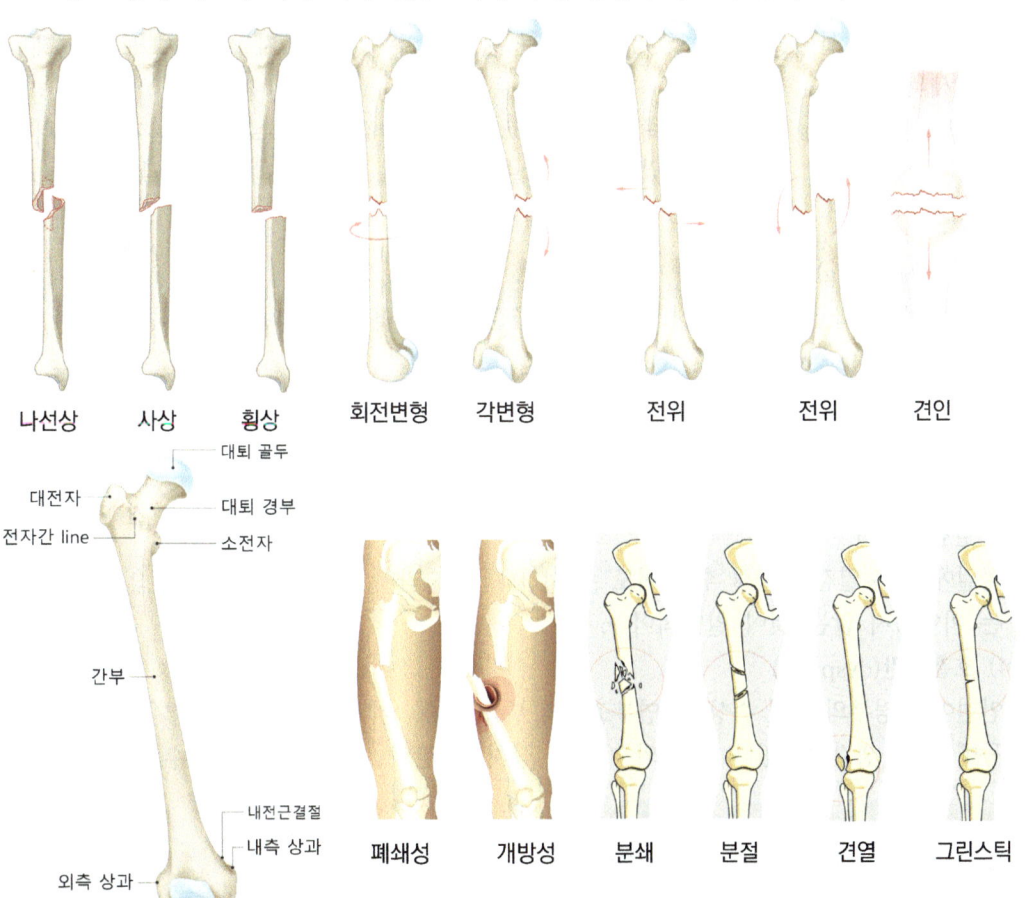

> 의학이론

4 골절을 시사하는 대표적인 증상 및 징후 [기출] 11년

1) 국소증상

(1) 동통(pain)과 압통
골절이 일어나면 심한 동통이 생기고 골절된 부분을 움직이면 통증이 심해지며 골절 부위에 예리한 압통이 있다.

(2) 종창(swelling)
골절부를 중심으로 출혈이나 삼출액 등에 의해 종창이 발생하고, 수상 후 수십 분 후에 눈에 띄기 시작해서 2~3일 후가 가장 심하다.

(3) 변형(deformity)
골절에 의해 골절단이 어긋나 굴곡, 함몰, 단축 등의 변형이 일어난다.

(4) 비정상적 운동(abnormal movement)
골절 부위를 움직이면 비정상적인 움직임이 일어난다.

(5) 염발음(마찰음, crepitus)
골절단이 서로 맞부딪쳐서 소리가 나는 상태를 말한다.

(6) 기능장애(disturbance)
상지 골절 시 물건을 들 수 없거나 어깨를 움직일 수 없고, 하지 골절 시 보행이 제한됨

(7) 자세의 변화
쇄골 골절 시 정상 팔로 다친 쪽을 떠받치고 머리는 골절된 쪽으로 돌리는 자세를 취한다. 제2경추의 치돌기 골절 시 누웠다가 일어날 때 손으로 머리를 받치면서 일어난다.

2) 전신증상

(1) 출혈(bleeding)
주로 개방성 골절에서 발생하고, 폐쇄성 골절은 내출혈이 일어나기도 한다.

(2) 쇼크(bleeding & shock)
출혈이나 극심한 통증에 의한 자율신경의 실조 상태로 보통 수 시간 내에 사라진다. 차고 끈적한 피부, 약하고 빠른 맥박, 혈압 저하가 관찰된다.

> [참고] lethal triad 시 예후 불량 : 산증, 저체온증, 혈액응고장애

(3) 열감(fever)
골절에 따른 열감은 골절 후 늦어도 수 시간 내에 사라지고 특기할 합병증이 없는 한 고열로는 이어지지 않는 것이 일반적이다.

(4) 호흡곤란(dyspnea)
안면이나 경부의 심한 손상 시 연부조직의 부종, 종창, 기관지내 이물, 기관지내 분비물 축적 등에 의해 생길 수 있다. 흉부의 개방성 상처, 긴장성 기흉 등이 생길 수도 있다.

> 📖 **기출문제**

골절을 시사하는 대표적인 증상 및 징후를 열거하시오. (10점) [기출] 11년

5 불안정성 골절(unstable Fx) 기출 19년

1) 정의

근육이나 인대 등이 손상되어 정상적인 기능을 하지 못하고 골절편이 흔들려 신경이나 혈관의 손상을 유발하고 구조상의 변형 가능성이 있으며, **일단 정복이 되었더라고 쉽게 다시 전위되는 골절**이다. 골유합이 될 때까지 정복 상태를 유지하기 어려워 수술적 치료가 필요하다.

2) 종류

(1) 척추의 불안정성 골절
  ① 진행하는 신경학적 이상
  ② 50% 이상의 압박률
  ③ 30° 이상의 후만각 또는 3.5㎜ 이상 전위
  ④ 전주와 중주의 동반 골절(방출성 골절)

(2) 골반환의 불안정성 골절

(3) 분쇄골절, 긴 사상 골절, 나선상 골절 : 주위 신경과 혈관, 근육 손상 동반

(4) 경추의 불안정성 골절
  ① 제1경추의 제퍼슨골절 : 제1경추의 방출성 골절
  ② 제2경추의 교수형골절 : 제2경추 양측 협부골절과 추체 앞부분 전방전위가 동반된 것
  ③ 제2경추의 치돌기 2형 골절
  ④ 25% 이상 압박, 11° 이상 또는 3.5㎜ 이상 전위

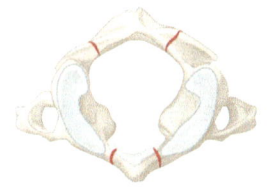
▲ 제퍼슨 골절

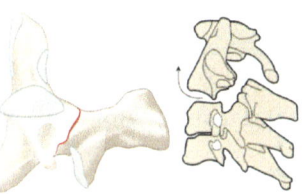
▲ 교수형 골절

▲ 치돌기 2형 골절

기출문제

불안정성 골절이란 무엇인가? (10점) 기출 19년

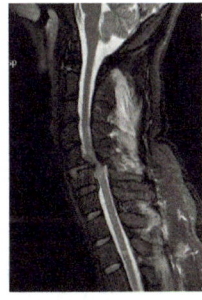
▲ 불안정성 척추 골절

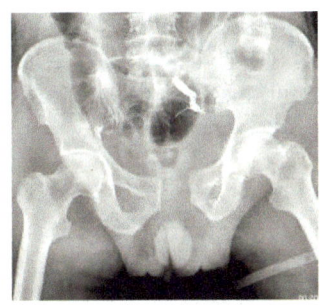
▲ 불안정성 골반 골절

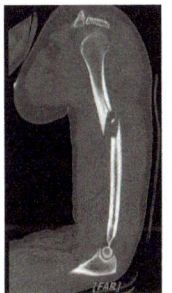
▲ 나선상 골절

6 병적 골절(pathologic Fx) 기출 09년·16년

1) 정의
골절을 유발하기에는 약한 힘이 골질환 등으로 **이미 약해진 뼈**에 작용하여 발생한 골절

2) 원인
(1) **골다공증**(osteoporosis) : 가장 흔한 원인이다. 뼈의 양이 감소하고 질적인 변화로 뼈의 강도가 약해져서 골절이 일어날 가능성이 높은 상태이다.
   참고 호발 부위 : 척추 압박골절, 대퇴 경부 또는 전자부, 상완골, 요골 원위부
(2) 양성 및 악성 골종양
(3) 골감염, 변형성 골염
(4) 방사선 조사
(5) **골연화증 및 구루병**(rickets) : 주로 비타민 D 결핍 때문에 발생하는 칼슘과 인의 대사장애와 뼈 발육에 장애가 발생하여 흉곽 모양이나 척추, 다리의 변형을 동반하는 질환으로 소아에서는 구루병, 성인에서는 골연화증으로 나타난다.
(6) 골형성 부전증, 섬유성 골이형성증
(7) **부갑상선 기능항진증** : 부갑상선호르몬인 파라토르몬은 혈중 칼슘 농도가 저하되었을 때 파골세포를 활성화시켜 뼛속의 칼슘을 분해하고 혈중 칼슘 농도를 일정하게 유지하는 역할을 하기 때문에 그 기능이 항진되었을 때 골다공증을 유발한다.
(8) 전신감염, 매독

3) 진단
사소한 외력에 의해 골절이 발생하였을 때 병적 골절을 염두에 두고. 병력, 가족력 등 문진과 이학검사 및 단순 방사선 검사뿐 아니라 원인 질환 확인을 위한 혈액검사, CT, MRI, 골주사검사, 생검 등을 시행한다.

4) 치료
우선적으로 원인 질환 확인과 그에 따른 치료가 필요하다. 병적 골절에서는 원인 질환이 치료되지 않으면 골절 치유도 지연된다.

기출문제
01 다음 골절을 설명하시오. 기출 09년 (1) 병적 골절, (2) 스트레스 골절, (3) 개방성 골절 (10점)
02 병적 골절의 원인이 되는 전신적 및 국소적 병변 5개 이상을 기술하시오. (10점) 기출 16년

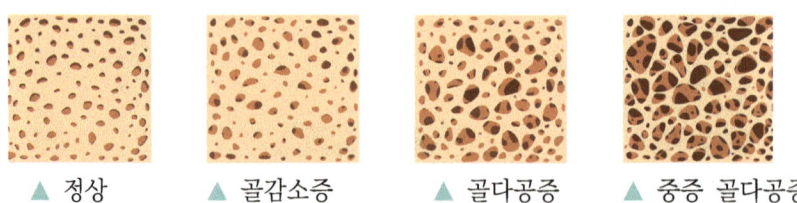

▲ 정상   ▲ 골감소증   ▲ 골다공증   ▲ 중증 골다공증

7 골다공증(osteoporosis) 기출 15년·16년·23년

1) 정의

골형성과 흡수 과정의 균형이 깨져서 **골 흡수 속도가 너무 빨라지거나 생성 속도가 느려져 생성량이 흡수량을 따라가지 못할 때 뼈**가 점점 엉성해지고 얇아져서 약해지는 것을 골다공증이라고 한다. 골량이 현저히 감소하여 체중이나 기계적인 압력에 대한 대항력이 약해지고, 저에너지 손상에도 골절이 쉽게 발생한다.

(1) **일차성 골다공증** : 다른 질환이 동반되지 않은 상태에서 발생하는 골다공증
  ① **1형 골다공증** : **폐경 후 에스트로겐 결핍**으로 발생하는 골다공증
  ② **2형 골다공증** : 연령 증가에 따라 발생하는 **노인성** 골다공증
(2) **이차성 골다공증** : 내분비질환, 유전성 질환, 약물, 알코올, 흡연 등에 의해 발생

2) 위험인자

(1) **여성** : 호르몬의 영향, 적은 운동량, 다이어트 등
(2) **노화 및 폐경으로 인한 빠른 골 소실** : 고령, 45세 이하 조기폐경
(3) **청소년기**에 칼슘 섭취가 적거나 운동 부족으로 골량이 충분히 형성되지 못하면 나이가 들어 골량이 조금만 감소해도 골다공증이 발생한다.
(4) **생활 습관** : 흡연, 과도한 음주, 과도한 카페인 섭취, 비활동성, 저체중, 저칼슘 식이
(5) **관련 질환** : 만성 간질환, 만성 신질환, 부갑상선 기능항진증, 당뇨병, 혈액종양, 비타민 D 대사장애
(6) **관련 약물** : 부신피질호르몬제, 항정신성 약품, 항응고제, 항경련제, 벤조디아제핀
(7) **가족력**

3) 진단 기준

일반적으로 50% 이상의 골량 감소가 있어야만 X - 선 촬영을 통해 진단이 가능하다.
이중 에너지 방사선 흡수법(DEXA, dual energy X - ray absorptiometry)을 통해 뼈의 양을 평가하여 T score(20~30대의 골밀도 평균값과 비교한 수치)에 따라 판단한다.

(1) **정상** : T score -1.0 이상
(2) **골감소증**(osteopenia) : T score $-2.4 \sim -1.1$
(3) **골다공증**(osteoporosis) : T score -2.5 이하

4) 골밀도검사 보험급여기준(고시 제2007-92호)

1) 65세 이상의 여성과 70세 이상의 남성
2) 고위험 요소가 1개 이상 있는 65세 미만의 폐경 후 여성 - BMI 18.5 kg/㎡ 이하의 저체중, 비외상성 골절의 과거력이나 가족력, 수술로 인한 폐경 또는 40세 이전의 자연폐경
3) 비정상적으로 1년 이상 무월경을 보이는 폐경 전 여성
4) 비외상성(fragility) 골절
5) 골다공증을 유발할 수 있는 질환(갑상선질환 등)이 있거나 약물을 복용 중인 경우

의학이론

기출문제

01 골다공증은 폐경 또는 노화에 의해 발생하는 흔한 대사성 질환으로 뼈를 구성하는 미세구조가 약해지고 손상되어 쉽게 골절이 생기는 질환이다. 기출 15년
   (1) 주(major) 위험인자 3가지를 약술하시오. (6점)
   (2) 예방을 위해서는 '이 시기'에 형성되는 최대 골량을 최고로 만드는 것이 중요하므로 '이 시기'의 영양이 매우 중요하다. '이 시기'는? (2점)
   (3) 고령자에서는 골절을 유발하는 가장 큰 요인이 '이것'이며 이를 예방하기 위하여 근력강화와 유연성, 균형능력을 키우는 것이 중요하다. '이것'은? (2점)

02 골다공증성 골절이 많이 발생하는 곳 3곳 이상을 기술하시오. (10점) 기출 16년

03 골다공증 골절은 작은 외상에 발생하는 골절을 의미한다. 흔히 발생하는 부위는 어디인가요? 4군데를 기술하시오. (각 2.5점) 기출 23년

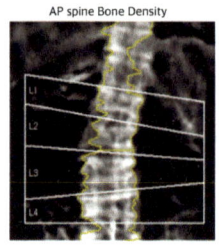
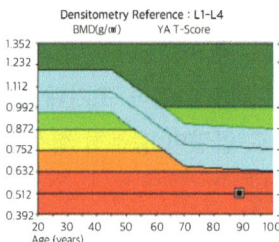

Region	BMD (g/㎠)	Young – Adult (%)	T – score	Age – Matched (%)	Z – score
L1	0.462	44	−4.9	65	−2.1
L2	0.508	46	−5.0	70	−1.9
L3	0.500	44	−5.3	65	−2.3
L4	0.555	49	−4.8	70	−2.0
L1 – L2	0.485	45	−5.0	66	−2.1
L1 – L3	0.492	45	−5.1	67	−2.0
L1 – L4	0.509	46	−5.0	67	−2.1

* 골밀도검사(BMD, bone mineral density) 결과 T score −5로 골다공증임을 알 수 있다.

8 노인골절

1) 특징
   (1) 골다공증 등의 원인으로 회복 속도가 느리다.
   (2) 성인병, 지병 등으로 합병증 발생의 가능성이 높다.
   (3) 골절 이후 신체적 퇴행과 노화가 촉진되고 사망률을 증가시킨다.

2) 위험 증가 요인
   (1) 뼈의 질량이 감소하는 골다공증
   (2) 신경계 퇴화로 신체 평형 능력의 감퇴, 시력 저하
   (3) 감각기능 약화로 넘어지려고 할 때 반사작용 저하로 낙상에 의한 골절 유발
   (4) 근골격계의 힘과 기능 저하, 보행 능력 감소
   (5) 배뇨장애에 따른 잦은 화장실 출입

3) 호발부위
   (1) **요골 원위부 골절** : 낙상 시 손을 짚으면서 발생
   (2) **요추 압박골절** : 엉덩방아를 찧거나 낙상 시 수직 압력에 의해 발생
   (3) **대퇴 경부 및 골반골 골절** : 앉았다가 일어나는 과정에서 넘어져서 발생

9 새로운 골절과 오래된 골절(fresh Fx vs old Fx) 기출 05년

1) 정의
(1) 새로운 골절(신선 골절) : 최근 외상에 의해 발생한 골절
(2) 오래된 골절 : 골절이 발생한 후 일정 기간이 지나 발견된 골절

2) 임상적 증상에 의한 구분
(1) **새로운 골절** : 골절부의 멍, 주변 연부 조직 부종과 압통, 근육 경련과 운동제한 동반
(2) 오래된 골절 : 일반적으로 무증상

3) 골주사 검사(bone scan)

> 참고 골격계 질환에 대한 예민도와 해상력이 높은 핵의학 영상검사로 반감기가 짧은 동위원소(주로 99mTc - MDP 이용)에 뼈와 친화성 있는 물질을 결합시켜 혈관주사한 후 감마스캔을 이용하여 동위원소의 침착정도를 촬영하는 검사방법이다. 신선 골절뿐만 아니라 감염, 종양, 잠재성 골절, 파제트병, 골전이 등 뼈의 대사회전율이 증가하는 병변을 찾는데 유용하다. 골모세포가 활성화되거나 국소혈류량이 증가하면 uptake가 증가하여 더 진하게 보인다.(hot spot = hot uptake)

(1) **새로운 골절** : 6개월~1년 이내 새로운 골절에서 **hot spot**(hot uptake)이 관찰된다.
(2) 오래된 골절 : hot spot이 관찰되지 않고, 혈류 감소 때문에 cold spot이 관찰된다.

4) MRI
새로운 골절에서 T1 강조영상에서 저음영, T2 강조영상에서 고음영의 해상을 볼 수 있고 출혈 또는 연부조직 부종이 동반된다.

5) X-선 검사
(1) **새로운 골절 : 골절선이 날카롭다.**
(2) 오래된 골절 : 골절선이 부드럽고 가골이 형성된 것을 볼 수 있다.
(3) **골다공증성 척추 압박골절의 경우 신선골절에서는 시간이 진행되면서 압박이 증가**하는 것을 확인할 수 있다.

기출문제
신선 골절과 오래된 골절의 감별진단방법을 기술하시오. (10점) 기출 05년

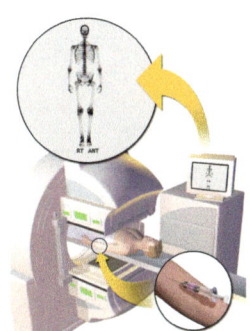

◀ 척추체와 천장관절, 치골 결합부에 hot uptake가 관찰된다.

10 피로골절(fatigue Fx, stress Fx) 기출 09년·14년

1) 정의
일정한 부위의 뼈에 **반복되는 부하**에 의해 점차 골질의 연속성이 중단되는 상태

2) 원인
정상적인 근육은 뼈에 가해지는 외력을 차단하는 역할을 하지만, 근육이 피로해져 정상 기능을 소실하면 뼈가 받는 힘이 커져 서서히 골절이 발생한다. 골절의 형태는 불완전 골절이고, 골피질면에 대하여 횡골절을 보이며 드물게는 완전 골절로 진행되기도 한다.

3) 호발 부위
(1) **장거리 행군 시 중족골 골절** : 가장 흔하다.
(2) **육상선수의 경골 골절** : 주로 젊은 운동선수, 발레 무용수, 군인들에게서 잘 발생한다. 서서히 진행하는 국소적 통증과 압통이 주 증상이고, 방사선 소견상 경골 앞쪽 피질골의 비후가 관찰되기도 한다. 경골 전방 구획증후군과의 감별진단이 필요하다.
(3) **노인의 대퇴 경부 골절**
(4) **투포환 등 던지는 운동을 많이 하는 경우 상완골 골절**
(5) **노 젓기나 골프 등을 많이 하는 경우 늑골 골절**
(6) **체조 선수의 척추 골절**

기출문제
01 다음 골절을 설명하시오. 기출 09년
   (1) 병적 골절, (2) 스트레스 골절, (3) 개방성 골절 (10점)
02 피로골절에 대하여 설명하고(2점), 호발하는 대표적 부위 4곳을 기술하시오(8점). 기출 14년

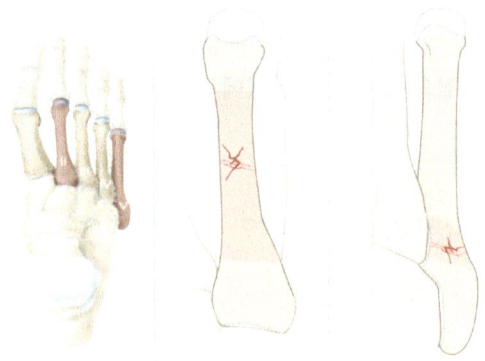

제2중족골 간부   제5중족골 기저부

11 개방성 골절(open Fx) 기출 09년·18년

1) 정의

   골절 부위가 개방창을 통하여 **외기와 연결**되어 있는 골절

2) 거스틸로 분류(Gustilo classification)

   창상의 크기, 연부조직 손상 정도, 오염 정도에 따라 세 가지 유형 분류

   (1) 1형 : 창상의 크기가 1㎝ 미만이고 **연부조직 손상이 경미**
   (2) 2형 : 창상의 크기가 1~10㎝이고 **연부조직 손상과 오염이 중등도**
   (3) 3형 : 창상의 크기가 10㎝ 이상이고 이물질이 많고 근육 손상이 심하며 골편의 전위가 심함
   - 3A : 뼈를 덮기 위한 **피판이 필요 없는** 경우
   - 3B : 노출된 뼈를 덮기 위해 **국소 피판 또는 원거리 피판이 필요한** 경우
   - 3C : 혈관 손상이 동반되어 **혈관 수술이 필요한** 경우

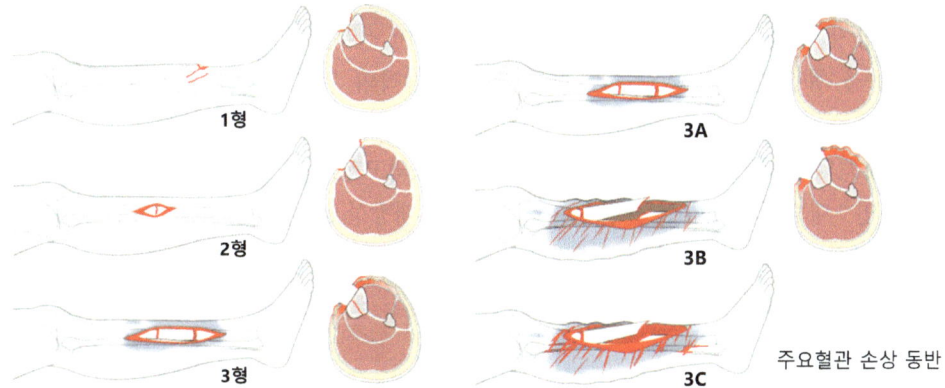

3) 원인

   (1) 날카로운 골절 편이 안에서 밖으로 피부를 뚫고 나온 경우
   (2) 외력에 의해 피부와 연부조직이 손상되어 밖에서 안으로의 골절 발생

4) 합병증

   (1) **지방색전증**
   (2) **파상풍, 가스괴저**
   (3) **신경 및 혈관 손상**
   (4) **골수염, 관절강직**
   (5) **지연유합, 불유합, 부정유합**

5) 치료 원칙

   감염 예방 : 창상 세척 및 변연절제술(debridement), 항생제 투여 → 연부조직 치유 : 연부조직 봉합술 또는 재건술 → 골절의 유합 : 골절의 고정 → 기능 회복 : 재활치료

6) 치료 단계

(1) 응급실에서의 초기 평가 및 응급처치
  ① 활력기능 평가, 정맥내 수액 경로 확보
  ② 소독거즈와 탄력붕대를 이용한 압박 지혈
  ③ 개방창에 대한 평가 및 생리식염수 세척, 멸균거즈 드레싱
  ④ 골절로 변형된 사지의 재정렬 및 부목고정 후 방사선 촬영
  ⑤ 항생제 조기 투여 및 파상풍 백신 접종

(2) 변연절제술 및 세척 등 연부조직에 대한 수술과 골절의 안정화를 위한 수술
  ① **변연절제술과 세척** : 외상 구역 확인을 위한 상처의 확장, 이물질 제거, 괴사조직 제거, 잔존 세균에 의한 감염 차단
  ② **창상봉합 시기 : 괴사된 조직이 완전 제거되며 종창이 호전된 때**
  ③ **골절의 안정화** : 연부조직의 비정상적 자극이나 운동을 감소시켜 신경, 혈관조직의 추가적 외상 방지, 통증 감소, 조기 보행을 가능하게 하여 심부정맥혈전증의 위험성 감소, 조기 관절운동을 통한 연골의 영양공급 향상 및 관절강직의 위험성 감소

(3) 고정
  ① 연부조직의 상태가 호전될 때까지 **일시적으로 외고정**이 좋다.
  ② **골 견인** : 대퇴골의 개방성 골절, 족관절의 심한 개방성 골절, 골반 혹은 비구의 개방성 골절 중 외고정기구가 적응되지 않는 경우 이용

(4) **피부와 연부조직의 재건술과 골조직 재건술**

(5) **재활치료**

기출문제

01 다음 골절을 설명하시오. 기출 09년
    (1) 병적 골절, (2) 스트레스 골절, (3) 개방성 골절 (10점)
02 개방성 골절에 대한 치료 원칙에 대해 기술하시오. (10점) 기출 18년

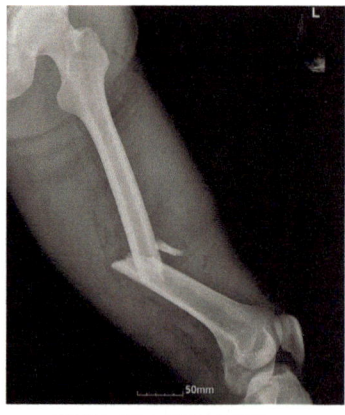 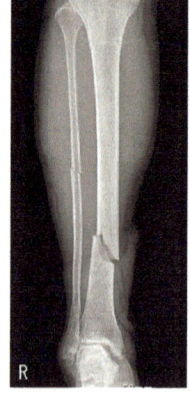

▲ 대퇴골 간부 개방성 골절   ▲ 경골 간부 개방성 골절

12 소아 골절 기출 19년·25년

1) 특징

(1) **다공성, 저무기질성** : 성인골보다 변형력과 굴곡력에 약하여 장력이나 압박력 등 작은 외력에도 골절이 쉽게 일어나고 탄력 소성변형이 쉽게 발생한다.

용어해설 소성변형 : 외력에 의해 연속적으로 변형하고, 외력을 제거해도 원형으로 돌아가지 않고 변형된 상태를 유지하는 것

참고 **녹색줄기골절**(green stick Fx) : 인장력을 받은 피질골은 완전히 골절되고 반대 측 피질골과 골막은 손상되지 않은 골절

참고 **융기골절**(torus Fx) : 주로 골간단 부위에서 뼈의 장축에 대한 압력에 의해 골피질이 불룩하게 올라오는 것

(2) **빠른 치유** : 혈류 증가, 왕성한 세포 활성화, 두텁고 강한 골막 – 골재형성이 빠름

(3) **성장판**(골단판, epiphyseal plate)**의 존재** : 소아의 장골에서 골단과 골간단 사이에 있는 얇은 연골판으로 뼈의 길이 성장에 관여한다. 성장판 손상 시 단축이 발생한다.

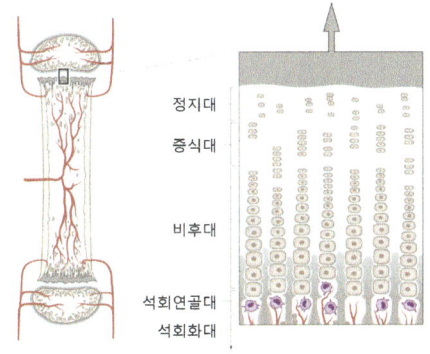

◀ 성장판의 구조
정지대 손상을 입었을 때 성장장애 등 합병증이 잘 생긴다.
비후대는 외력에 취약하여 골절이 잘 일어나는 구역이다.

예 대퇴골 원위부 외측 성장판의 손상이 발생하면 슬관절 외반변형 발생

(4) 골절 부위의 **과성장**(over growth) : 골절 시 혈류의 국소적인 증가는 오히려 성장을 촉진시켜 과성장이 일어나기도 하므로 장골의 골절에서는 중첩하여 정복하기도 한다.

(5) **자연교정력** : 어느 정도의 각형성이나 단축 변형도 재성형력이 있어 성장 과정에서 교정이 가능하다. 그러나, 회전 변형은 자연교정력이 없으므로 정확한 정복이 필요하다.

(6) **분만골절** 호발 부위 : **쇄골 간부, 상완골 근위부, 대퇴골 간부, 상완신경총 손상**
⇒ 다발성 골절 시 골형성부전증 의심

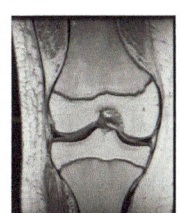 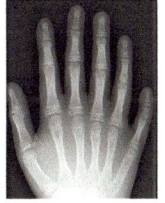  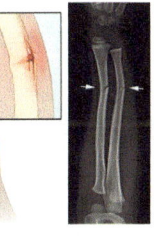 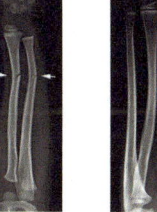  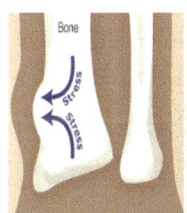 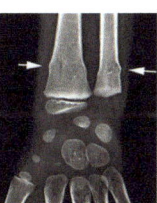

▲ 소아골의 성장판   ▲ 그린스틱골절   ▲ 소성변형   ▲ 융기골절

3) 소아골절 치료

(1) 치료의 원칙
① 도수정복 또는 견인요법 등 비수술적 정복을 원칙으로 한다.
② **수술이 필요한 경우** : 관절내 전위 골절, 대퇴 경부 골절, 성장판 손상 typeⅢ, Ⅳ, Ⅴ

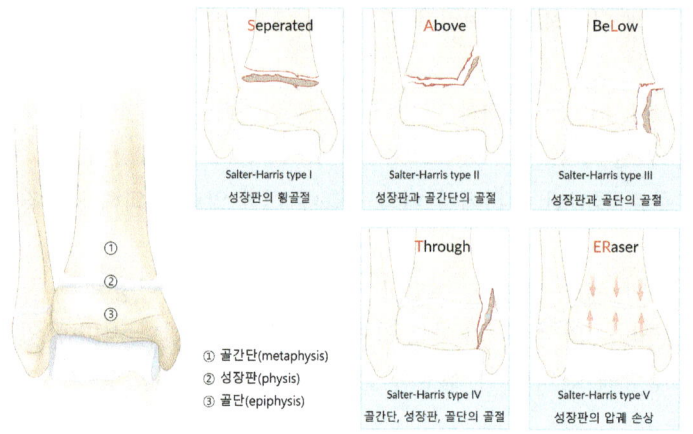

◀ Salter Harris 분류 - type Ⅲ, Ⅳ, Ⅴ형은 정지대 손상이 있어, 성장장애 발생 가능성이 크다.

(2) 합병증
① **골단판 손상 시 성장장애에 따른 외반변형, 내반변형, 단축**
  용어해설 외반변형 : 상완골 외과 성장판 손상 시 내과만 자라서 외반 변형과 지연성 척골신경마비(tardy ulnar nerve palsy) 발생 가능성이 크다.
② **개방성 골절에서 골수염 및 성장장애, 외상성 화골성 근염**
③ **볼크만 허혈성 구축**
④ **재골절**
⑤ **간부 골절에서 인접 성장판의 혈행 증가에 따른 과성장**

(3) 소아 각 변형 치료
소아골의 특징상 어느 정도의 각형성이나 단축변형도 성장 과정에서 **재성형력**이 있어 교정이 가능하다. 9세 미만 소아의 경도 각형성은 성장 과정에서 재성형력이 있어 자연교정이 가능하므로 자연교정 상태를 보면서 교정수술 여부를 결정한다.
단, 체중 부하로 기능적 변화를 초래하여 각변형 정도가 심해져 10~20° 이상 각변형이 된 경우나 하지 단축으로 보행장애가 초래되는 경우나 회전변형일 때에는 절골교정술이 필요하다.

기출문제

01 6세 남아가 우측 경골 간부에 골절 후 부정 유합으로 7도 정도의 전방 각 변형이 형성되었다. 향후 치료(5점)와 그 이유(5점)는? 기출 19년

02 성인에서 발생하는 골절과 차별되는 소아 골절의 특징적인 골절 형태를 2가지 이상 나열하시오. (10점) 기출 25년

13 골절의 치유(healing process of the fracture) 기출 06년

1) 골절의 치유

피부, 근육, 내장 등은 손상 후 치유될 때 원래의 조직과는 다른 섬유조직으로 치유되는 데 반해, 골절된 뼈는 원래와 동일한 뼈조직으로 치유되기 때문에 치유라는 표현보다는 재생으로 표현하는 것이 바람직하다. 일단 골절이 일어나면 그 주위의 피부, 근육, 인대, 혈관, 신경 및 관절 등의 손상이 동반되는 경우가 많으며, 근육골격계통은 그 구조나 기능에 있어서 상호 유기적 관계를 맺고 있기 때문에 그 치유과정도 복잡하게 진행되며, 골의 구조적 차이 때문에 장관골과 해면골의 골절 치유과정이 서로 다르다.

(1) **장관골 골절** : 염증기 → 복원기 → 재형성기(엄격히 구분되는 것이 아니고 어느 정도는 중복되어 진행된다.)
(2) **해면골 골절** : 세포 수와 혈행이 풍부하고 골모세포에서 직접 일차성 가골이 형성되어 치유되기 때문에 유합이 잘 이루어진다.
(3) **관절내 골절** : 관절내 활액에 함유된 교원 효소가 골절 치유 초기과정에서 형성되는 가골 기질을 변화시켜 골절 치유 첫 단계부터 지연이 일어난다. 관절면은 골막이 없고 관절액에 싸여 있으며 관절운동으로 골절편의 움직임이 유발되어 재생능력이 떨어지고 대부분 섬유 연골로 치유된다.
(4) **직접 골유합** : 골절의 해부학적 정복과 견고한 내고정으로 절대적 안정성이 있을 때 일어나는 골절 유합의 기전이다. 가골을 형성하지 않고 괴사된 골조직을 파골세포가 흡수하고 뒤이어 조골세포가 골을 형성함으로써 골절이 유합되는 기전

2) 골절 치유 기간

골조직의 치유 속도는 유아기에 매우 빠르며 나이가 들수록 느려져서, 20세 이후에는 거의 일정한 속도로 치유가 진행된다.

- 수지골, 족지골 : 3~4주
- 요척골, 상완골, 족근골 : 8~12주
- 쇄골 : 6~9주
- 경골 : 12~16주
- 수근골 : 6~12주
- 대퇴골 : 16~20주

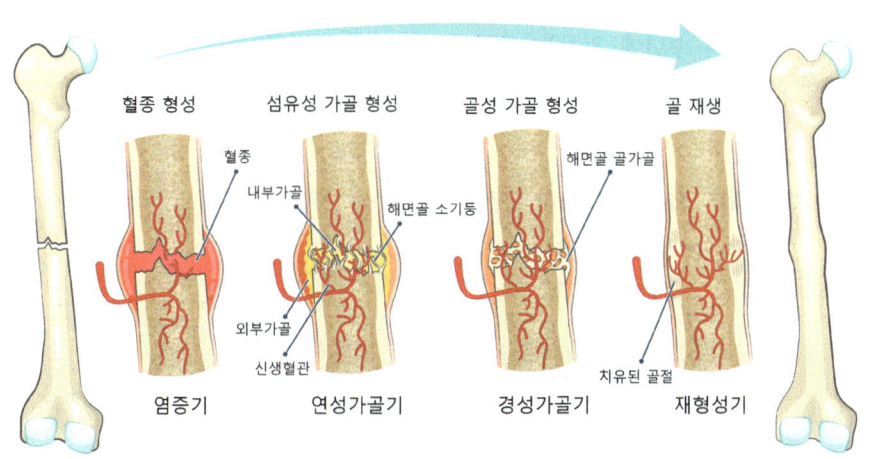

> 의학이론

3) 장관골 골절의 치유과정 3단계

장관골 골절의 치유 과정은 염증기, 복원기, 재형성기의 3단계를 거치고, 각 단계는 엄격히 구분되는 것이 아니고 어느 정도 중복되어 진행된다.

(1) **염증기**(10%, 수상 직후~2주)
   ① 골절 직후부터 괴사조직의 청정화가 일어나는 시기까지
   ② 골절 이후 골막을 비롯한 주위 조직이 파열되고, 혈관이 파괴되어 혈종이 형성된다. 혈종은 응고하여 응혈괴를 형성하고, 골절된 양 끝의 혈액공급이 차단되어 파열된 골막과 일부 연부조직이 괴사조직을 형성하면서 강한 염증 반응이 일어난다. 광범위한 혈관 확장, 충혈, 혈장 삼출액의 증가로 급성 부종이 야기되며, 이후 대식세포가 침투하여 괴사조직을 제거하고 연부조직 청정화가 시작되면 자발통과 부종이 감소한다.
   ③ 48시간 내에 절정에 이르고 1~2주 정도까지 지속되다가 급성염증 반응이 감소하면서 복원기로 이행한다.

(2) **복원기**(40%, 4~40일)
   ① 섬유아세포와 육아조직이 나타나는 시기로 수상 후 첫 4~5일부터 활성화된다. 복원기는 연성 가골기와 경성 가골기로 구분된다.
   ② 육아조직이 응혈괴에 침입하여 응혈괴의 기질화가 시작되고 가골(섬유조직 연골 및 직골로 구성)이 형성된다. 신생골이 발생하는 임상적 유합이 시작되며 골절선만 남게 됨
   ③ **연성 가골기**(임상적 골유합) : 임상적으로 자발통과 부종이 없어지기 시작하고 결체조직, 연골조직 및 골조직이 증식하기 시작하는 시기
   ④ **경성 가골기**(방사선학적 골유합) : 골절 부위가 거시적으로 움직이지 않게 되며 내외가골이 점차 섬유골 또는 미숙골로 변하여 골절편이 골질에 의해 연결되기 시작하고 연결을 완성하는 때까지의 시기

(3) **재형성기**(70%, 25일~수년간)
   ① 복원기의 마지막 단계 임상적, 방사선적으로 유합된 때부터 시작하여 골수강의 재생을 포함한 모든 골의 상태가 정상으로 되돌아갈 때까지
   ② 가골 내의 직골은 성숙층판골로 대치되고, 과형성된 가골은 점차 흡수된다.
   ③ 대략 수개월에서 수년에 걸치는 상당히 길고 느린 과정
   ④ 골 재형성 능력은 성인에 비해 소아에서 대단히 크다.

> **기출문제**

골절의 치유과정 3단계를 기술하고, 간략히 설명하시오. (10점) 기출 06년

14 손상인자(injury variables) 기출 10년

1) 골절 치유와 관련된 인자들
(1) **손상인자** : 골절의 손상 정도
(2) **환자요인** : 연령, 내분비계 문제 등
(3) **조직인자** : 골질환, 종양, 골의 형태 등
(4) **치료인자** : 적절한 치료 여부

2) 손상인자
(1) **개방성 골절 여부**
일반적으로 개방성 골절은 심한 외력에 의해 발생되기 때문에 광범위한 연부조직 손상과 혈행장애가 동반되고 혈종 형성이 방해를 받는다. 노출된 골편에 골 괴사가 일어나고 화농성 염증이 병발하여 골절 치유가 지연되고 합병증 발생이 흔하다.

(2) **골 결손**
골조직의 결손이 심하여 골절편 사이의 거리가 먼 경우에는 치유에 필요한 세포 능력 한계를 넘어서게 되어 불유합을 초래한다. Urist 보고에 의하면 0.5㎝의 골 결손이 발생하면 골유합은 12~18개월 이상 지연된다고 한다.

(3) **연부조직 삽입**
골절편 사이에 근육, 골막, 건, 혈관, 신경 등 연부조직이 끼이는 경우 골절 치유가 지연된다.

(4) **무혈성 괴사 호발 부위의 골절**
대퇴골 골두, 수근 주상골, 족근 거골 등은 골절 시 혈행 차단이 자주 일어나는 부위로 무혈성 괴사가 호발하고 골절 치유가 지연된다.

(5) **관절내 골절**
관절액 안에는 피브로신(fibrosin)이라는 효소가 함유되어 있어 골절 치유 과정 초기에 생기는 혈종을 용해시키는 작용을 하기 때문에 치유가 지연된다. 대부분 관절내 골절은 치유되어도 관절면의 조화나 정렬은 복원되지 않는다. 관절이 불안정한 경우, 특히 골절이 견고하게 고정되지 않으면 지연유합이나 불유합이 발생할 수 있다.

(6) **국소감염**
골절된 후에 감염되거나 감염된 뼈에 골절이 생긴 경우에는 국소의 많은 세포들이 감염 제거에 전용되어 골절 치유가 지연된다.

기출문제
골절의 치유에는 다양한 인자들이 영향을 미친다. 이러한 인자들은 크게 손상인자, 환자요인, 조직 인자, 치료 인자로 나눌 수 있는데, 이 중 손상인자(injury variables)에 해당되는 것들을 기술하고 각각 골절의 치유에 어떤 영향을 주는지 설명하시오. (10점) 기출 10년

> 의학이론

15 골절 치유인자(variables of the healing) 기출 23년

1) 치유인자

(1) **연령이 어릴수록** 골절 치유가 빠르고 재성형도 잘 되며 성장에 따라 변형이 교정되는 경우가 많다. 20세 이후에는 골절 치유기간이 거의 일정하고 변형교정도 되지 않는다.
(2) **성장호르몬**
(3) **에스트로겐** : 여성 스테로이드 호르몬의 하나로 조골세포의 활동을 자극한다.
(4) **안드로겐** : 남성 스테로이드 호르몬의 하나로 골량 증가에 관여한다.
(5) **티록신** : 뼈조직의 단백질 합성을 촉진하는 갑상선호르몬
(6) **칼시토닌** : 혈중 칼슘 농도가 높을 때 정상으로 낮춰주는 역할을 하는 갑상선호르몬
(7) **인슐린** : 혈당 강하 호르몬으로 뼈조직 형성과 유지에 관여한다.
(8) **해면골 골절** : 피질골보다 유합이 빠르다.
(9) **가골에의 부하** : 골절 부위에 부하가 가해지면 압전기 효과로 골형성과 가골 무기질화가 자극되어 골절 치유가 촉진된다.
(10) **전기 자극** : 국소에 지속적인 미량의 전기 자극은 골절 치유를 촉진한다.
(11) **골절의 안정성** : 복원조직의 반복된 파열을 방지하여 치유를 촉진한다.
(12) **골 이식**, 탈무기질화 골기질, 성장인자, 자가 골수 세포 이식 등

2) 저해인자

(1) **파라토르몬**(부갑상선호르몬) : 파골세포의 골흡수를 촉진시켜 혈중 칼슘농도를 높인다.
(2) **당뇨병**
(3) **구루병, 골다공증**
(4) **장기간 부신피질호르몬**
(5) **전신감염증, 혈액질환, 만성 소모성 질환** : 전신감염이나 혈액질환, 결핵 등 만성 소모성 질환이 있는 경우 전신 쇠약을 동반하고 영양상태가 불량하여 골절 치유가 지연된다.
(6) **말초신경 마비** : 일반적으로 신경이 차단되면 골절 부위에 대한 생리전기자극 감소로 골절 치유가 지연된다. 단, 중추신경 손상 시에는 골절 치유가 오히려 촉진되기도 한다.
(7) **항응고제 사용** : 항응고제 사용 시 골절 치유가 지연된다.
(8) **골질환** : 종양, 골낭종, 골형성부전증, 섬유성 골이형성증, 파제트병, 부갑상선 기능항진증, 감염 등 기존 질환에 이환된 뼈는 정상 뼈에서보다 적은 힘으로 병적 골절이 일어날 수 있고, 기존 질환이 치유되지 않으면 골절 치유도 지연된다.
  > 용어해설 파제트병(Paget's disease) : 뼈의 통증, 변형, 골절, 골육종 등을 일으키는 변형성 골염
(9) **부적절한 치료, 부적절한 고정, 골절부의 불안정성**

기출문제

골절치유에 영향을 미치는 치유인자에 대해 설명하십시오. (10개 이상) (10점) 기출 23년

16 골절 치료의 원칙

1) 골절 치료의 구분

골절의 치료는 **응급치료, 본치료, 재활치료**로 나눌 수 있다. 교통사고나 추락과 같은 큰 사고에 의하여 일어나는 다발성 손상의 경우 골절보다는 우선 환자의 생명을 살릴 수 있는 처치가 선행되어야 한다. 골절과 탈구의 치료 순서는 **정복 → 정복의 유지 → 재활 순**이다.

2) 응급치료

(1) 기도 유지 및 호흡곤란에 대한 처치
(2) 급성 출혈의 조절 및 쇼크에 대한 처치
(3) 골절에 대한 부목고정, 전신 검사 및 실험실 검사

3) 본치료의 치료 원칙

(1) 적절한 해부학적 형태로 견고한 골유합을 얻고 통증 완화
(2) 골절 후에 유발될 수 있는 만성 부종, 위축, 관절강직 등을 예방
(3) 기능과 미관을 가능한 정상에 가깝게 회복시키고 조기에 원래 생활로 복귀

17 비수술적 치료

1) 도수정복(closed reduction)

비수술적 방법으로 전위된 원위 골절편을 근위 골절편에 맞춰서 가능한 한 해부학적 위치나 만족할 만한 위치로 정렬하는 방법이다.

골절 후 6~12시간이 지나면 부종이 심해져 연부조직이 유연하지 못하게 되고 적절한 정복을 방해하기 때문에 최대한 빨리 정복을 시도하는 것이 좋다. 정복 전에 방사선 사진을 찍어 전위 여부, 손상 기전, 골편에 작용하는 근육의 힘과 방향 등을 정확히 확인해야 한다.

> **보존적 치료 금기**
> ① 관절면이 감입된 전위성 관절내 골절
> ② 전완부 골절과 같이 정확한 축 정렬이 필요한 골절
> ③ 연부조직이 끼어 도수정복에 실패한 경우
> ④ 수술이 지연되어 가골이나 육아조직 일부를 제거하여야 하는 경우

2) 고정(fixation)

도수정복에 의하여 만족스러운 정복을 얻은 후에는 일차적인 골유합이 이루어질 때까지 정복된 상태를 잘 유지하기 위해 고정을 한다. 골절 부위, 골절의 양상에 따라 적당한 방법을 선택하여 충분한 기간 동안 고정을 하여야 한다.

(1) 석고붕대 고정(cast)

석고붕대 또는 섬유유리붕대를 이용하여 골절된 부위의 상하 관절을 포함한 뼈와 관절 부위의 둘레를 모두 착용시켜(circular cast) 감은 다음 굳어지게 하여 치료 효과를 가져오는 치료법으로 가장 보편적인 고정 방법이다.

> **석고붕대 합병증**
> ① 압박궤양   ② 혈액순환 장애   ③ 석고 열에 의한 화상
> ④ 석고증후군   ⑤ 혈전성 정맥염

(2) 부목(splint)

석고붕대 또는 섬유유리붕대를 이용하여 고정할 부분의 일측면 또는 양측면(주로 일측면)에 착용시키고 대어주는 치료법

> **부목의 종류**
> ① 장상지, 단상지 부목
> ② 각설탕집게모양(콜레스골절, 상완골 간부 골절에 주로 사용)
> ③ 장하지, 단하지 부목

(3) 견인(traction) : **피부 견인, 골 견인**

> **견인치료 적응증**
> ① 소아의 대퇴골 골절
> ② 수술 적응증이 안 되는 성인의 대퇴골 분쇄 골절
> ③ 경추 골절 및 탈구
> ④ 비구 분쇄골절을 동반한 고관절 탈구
> ⑤ 골반골 골절
> ⑥ 심한 종창 및 연부조직 손상으로 외부 고정을 할 수 없는 경우

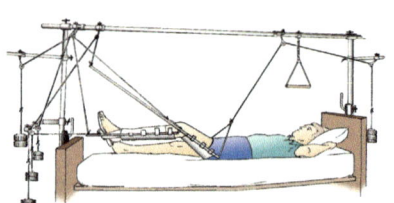

(4) 핀 - 석고고정(pin - plaster method)

골절부의 분쇄가 심한 경우 골절부 상하에 핀을 삽입하여 골절부를 당긴 후, 핀과 함께 석고붕대 고정을 하는 방법이다. 3~4주 후 골절부가 어느 정도 안정되면 핀을 제거하고 석고붕대로 교체한다.

> **적응증** : 종골 골절, 경골 골절, 대퇴 원위부 골절, 요골 원위부 골절

(5) 기능적 보조기(functional brace)

도수정복 후 3~4주간의 석고붕대 고정을 한 후 동통과 종창이 소실되고 연부 조직이 치유되기 시작할 때 석고붕대, 유리섬유 캐스트, 합성수지 등으로 보조기를 만들어 고정시키는 방법이다. 조기에 관절운동을 시킴으로써 관절강직을 방지하기 위해 적용한다.

18 부목고정(splint) 기출 11년·14년·18년

1) 부목고정의 의의

실족이나 가벼운 외상에 의한 폐쇄성 골절에서 가장 우선적으로 시행하여야 할 응급조치는 부목고정이다.

2) 부목고정이 필요한 이유 및 장점

(1) 골절 부위를 움직이지 않도록 고정함으로써 골절 주위의 근육, 신경, 혈관 등 연부조직 손상을 예방한다.
(2) 폐쇄성 골절이 개방성 골절로 되는 것을 방지한다.
(3) 통증, 출혈, 종창을 감소시킨다.
(4) 지방색전증과 쇼크의 빈도를 감소시킨다.
(5) 환자 이송과 방사선 촬영을 용이하게 해 준다.
(6) 골편을 고정하여 기형을 예방한다.

기출문제

01 골절부의 응급처치 중 가장 중요하고 먼저 시행하여야 할 것은 골절부의 부목고정이다. 부목고정이 필요한 이유에 대하여 기술하시오. (10점) 기출 11년

02 올림픽 대로에서 3중 추돌 사고가 발생하여 가운데 차량에 탑승한 운전자가 좌측 하지에 부상을 당하였다. 부상 부위를 관찰하니 부종과 변형이 관찰되었으나 개방창은 없었다. 운전자는 심한 통증을 호소하고 있었다. 의식은 분명하였으며 사고 정황상 타 부위의 손상은 없는 것으로 판단되었다. (10점)
(1) 상기 운전자에 대한 응급조치 중 가장 중요하고 먼저 시행해야 할 것은? (2점)
(2) 상기 응급조치가 필요한 이유에 대하여 설명하시오. (8점) 기출 14년

03 골절에 대한 부목고정의 장점은? (10점) 기출 18년

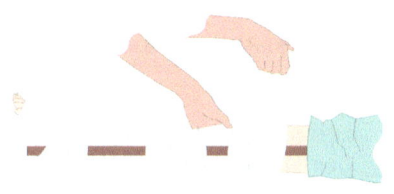

▲ 응급부목

스포츠 손상의 응급처치(RICE)
- 안정(Rest) : 손상 부위를 함부로 만지지 않고 국소 안정을 도모하여 악화되지 않도록 한다.
- 얼음찜질(Ice) : 국소 종창과 내출혈을 줄이고 동통을 경감시키는데 기여한다.
- 압박(Compression) : 국소 종창을 줄이고 국소 안정을 돕는다.
- 올림(Elevation) : 손상 부위를 심장 높이보다 높여 물리적 현상에 의해 부종을 줄여준다.

> 의학이론

19 응급 수술을 요하는 손상 기출 12년·24년

1) 수술 시기에 따른 구분
(1) 의의 : 골절 후 수술적 치료의 시기에 따라 응급수술, 위급수술, 선택수술로 구분할 수 있다.
(2) 응급수술 : 24시간 이내에 시행하는 수술 – 대체로 생명을 구하기 위한 긴급한 수술
(3) 위급수술 : 손상 후 24시간에서 72시간 이내에 시행하는 수술
  - 심한 개방성 골절의 변연절제술, 고관절부 골절, 불안정골절 및 탈구 등
(4) 선택수술 : 손상 후 3~4일에서 3~4주까지 치료가 지연되는 수술
  - 위에 언급한 골절 이외에 수술적 치료의 적응이 되는 골절에서 시행

2) 정형외과적 손상 중 응급 처치 및 수술을 요하는 손상
(1) **개방성 골절, 절단** : 개방성 골절은 심해지면 염증이 생기고 만성 골수염으로 진행할 수 있다. 절단은 가능한 빨리 봉합해야 한다(골든타임 24시간 이내).
(2) **급성 구획증후군** : 구획 내 근육과 신경, 혈관 손상으로 주변 조직 괴사가 진행될 수 있어 신속한 근막절개술이 필요하다.
(3) **고관절, 슬관절, 견관절 등 주요 관절의 정복되지 않는 탈구** : 탈구된 상태로 방치하면 주변 혈관이나 신경 손상이 진행되고 심한 부종이 발생
(4) **중요한 혈관이나 신경 손상이 동반된 경우** : 대혈관(경동맥, 액와동맥, 대동맥, 외장골동맥, 슬와동맥 등)이 손상된 경우 과다 출혈로 인한 쇼크 또는 사망에 이를 수 있다. 신경이 손상된 경우 일정 시간이 경과하면 재생이 불가능한 경우가 많기 때문에 신속한 신경봉합술이 필요하다.
(5) **감염** : 화농성 관절염, 괴사성 근막염
(6) **마미증후군, 악화되는 신경 손상을 동반한 척추의 심한 골절 또는 탈구** : 척추의 심한 골절 또는 탈구 시 척수손상을 유발할 수 있기 때문에 신속한 척추고정술이 필요하다.
(7) **불안정한 골반 골절** : 골반 내 내부 장기, 동맥, 정맥 손상 시 출혈의 위험이 있어 신속히 고정해야 한다.

기출문제
01 골절의 치료에서 일부는 수술적 치료가 필요하며 골절 후 수술적 치료의 시기에 따라 응급수술(emergency operation), 위급수술(urgent op) 및 선택수술(selective op)로 나누어 볼 수 있다. 대개 24시간 이내의 응급수술을 요하는 손상에 대해 서술하시오. (10점) 기출 12년
02 정형외과적 손상 중 응급 처치 및 수술을 요하는 경우를 열거하시오. (10점) 기출 24년

20 관혈적 정복 및 내고정술(OR/IF)

1) 정의(OR/IF, open reduction & internal fixation)

골절 부위를 수술적으로 노출시켜 골절편 사이에 끼어있는 연부조직이나 혈종 등 골절 치유 방해인자들을 제거하고, **직접 눈으로 보면서** 골절편을 정확하게 정복한 후 내고정을 시행하는 방법으로 대부분의 수술적 방법이 이에 속한다.

2) 장점

(1) 골절부의 해부학적 정복
(2) 관절의 조기 운동
(3) 빠른 기능 회복

3) 단점

(1) 골절 부위를 노출시켜 감염 위험 증가
(2) 연부조직 손상을 유발하여 골절편의 혈액순환 차단 및 지연유합 유발
(3) 수혈 및 마취의 위험
(4) 수술 반흔의 발생
(5) 내고정물의 이물반응이나 파손 위험
(6) 골유합 후 내고정물 제거의 필요성
(7) 내고정물 제거 후 재골절의 위험성

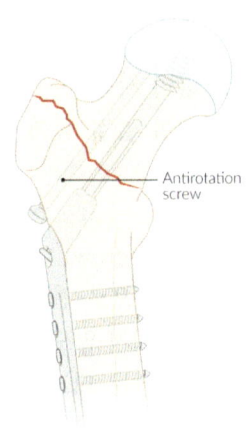
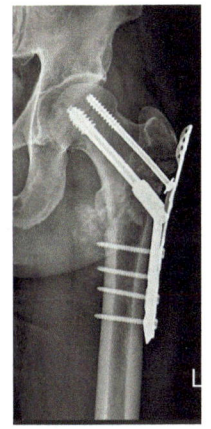

4) OR/IF의 적응증

(1) **일반적으로 도수정복만으로 치료하기 어려운 골절** : 몬테지아골절, 갈레아찌골절, 대퇴 경부 골절, 전위된 골절
(2) **전위된 관절강내 또는 골단판 골절**
(3) **전이암에 의한 병적 골절**
(4) **동맥 손상을 동반한 골절**
(5) **다발성 손상 환자**

5) OR/IF의 금기증

(1) 전신감염이나 골수염이 발생한 경우
(2) 내고정이 부적절한 심한 골다공증이나 심한 분쇄골절
(3) 주위 연부조직에 심한 화상이나 반흔 또는 염증이 동반된 경우
(4) 전신상태가 불량하여 마취를 할 수 없거나 전신 합병증이 예상되는 경우
(5) 골편이 너무 작아 견고한 고정이 어려운 경우

6) 수술재료대

(1) **강선**(wire) : 슬개골 골절, 척골 주두골절 등에 사용한다. 환상(circular)이나 8자형 모양으로 고정하며 고정력이 약하여 대개 K-강선과 병행하여 사용한다.

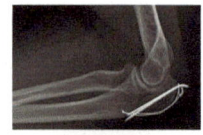

(2) **핀**(steinmann핀, knowles핀, threade핀 등) : 수지나 족지 같은 작은 뼈의 골절 혹은 골편이 작은 관절내 골절에 사용한다.

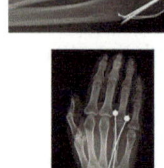
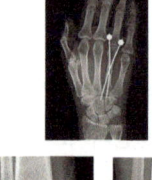

(3) **나사못**(screw) : 가장 많이 사용되는 내고정물이다. 족관절 내과 및 외과골절, 경골 나선형 골절 등에 사용한다.

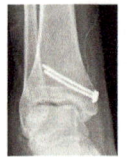
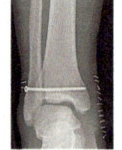

(4) **금속판과 나사못**(plate & screw) : 골절부를 보호해 어떤 힘이 뼈의 한 부분에서 다른 부분으로 전파되도록 하거나 골절부의 유합 과정 동안 골편이 움직이지 않도록 유지해 준다. 장관골 간부 골절에서 가장 많이 사용되는 내고정물이다.

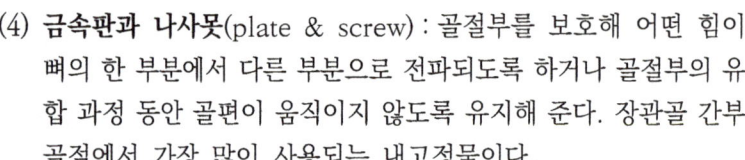

(5) **골수강내 금속정**(intramedullary nail) : 장관골의 골수강 안에 금속정을 삽입하여 골절의 정복을 유지하여 조기 보행을 가능하게 하는 방법이다. 대퇴골, 경골, 상완골 등 장관골의 간부 골절에 사용한다.

> 참고 금기증
> ① 개방성 복잡골절과 소아의 골절
> ② 감염이 동반된 불유합
> ③ 골편이 너무 작아 골을 견고하게 내고정할 수 없는 경우
> ④ 골조송증이 심하여 내고정할 수 없는 경우

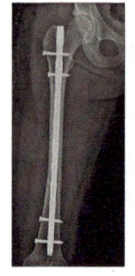

(6) **외고정**(external fixation) : 골절부 아래위에 핀을 삽입하고 체외 고정물을 이용하여 골절을 고정하는 방법이다.
ex) 일리자로브, mono tube

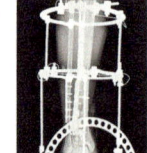
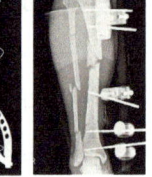
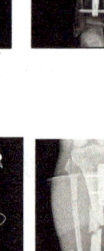

(7) **인공관절치환술**(arthroplasty)
무혈성 괴사, 퇴행성 골관절염에서 관절을 인공관절로 교체해 주는 경우에 사용한다.

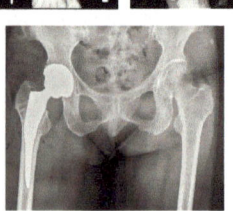

21 관혈적 정복 및 외고정술(OR/EF)

1) 정의(OR/EF, open reduction & external fixation)
골절부 아래위에 핀을 삽입하고 체외고정물을 이용하여 골절을 고정하는 방법

2) OR/EF의 적응증
(1) 골 괴사가 없는 감염성 골절
(2) 관절유합술
(3) 불유합
(4) 사지 연장술
(5) 심한 골 소실을 동반한 골절
(6) 장관골의 개방성 골절
(7) 화상을 동반한 골절

3) OR/EF의 합병증
(1) 골수염
(2) 관절운동 제한
(3) 구획증후군
(4) 근육이나 건 손상
(5) 신경이나 혈관 손상
(6) 재골절
(7) 지연유합, 불유합
(8) 핀 이완이나 파손
(9) 핀 주위 감염

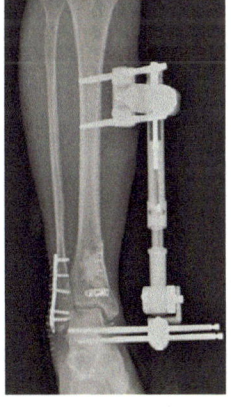 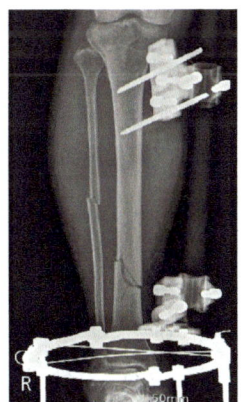

▲ mono tube   ▲ mono tube + ilizarov

CHAPTER 03 골절 합병증

1 골절 합병증 기출 07년

1) 골절의 전신 및 국소 합병증

골절이 발생한 경우 기본 원칙에 입각하여 치료하면 많은 경우 후유증 없이 회복될 수 있지만, 수상 부위의 해부학적 특성, 환자의 전신 상태, 외상의 정도, 수상 후의 환자 관리, 치료방법의 선정, 치료자의 능력 등에 따라 다양한 합병증이 발생할 수도 있다.

2) 골절의 전신합병증

(1) **지방색전증후군** : 골수 및 지방에서 떨어져 나간 지방 미립자가 파열된 정맥을 통해 혈류에 진입한 후 폐, 뇌, 심장, 신장과 같은 중요 장기에 광범위하게 색전증을 일으켜 급격한 호흡장애와 뇌 증상, 점상 발진을 비롯한 중증의 증상을 유발하는 합병증

(2) **가스괴저** : 가스괴저균이 상처가 난 피부를 통해 침투하여 근육층을 침범하고 조직을 괴사시켜 썩게 만들면서 가스를 생성하고 전신적으로 패혈증 또는 쇼크 상태를 초래하는 감염성 질환으로 사망률이 매우 높은 합병증이다.

(3) **파상풍** : 상처 부위로 침투한 파상풍균의 번식과 함께 생산된 신경독소가 운동신경을 마비시켜서 근육 강직을 유발하는 합병증이다.

(4) **정맥혈전증후군**(심부정맥혈전증, 폐색전증) : 근육 깊은 곳에 있는 심부정맥에 혈전이 생겨 발생하는 증상으로 혈전이 폐동맥을 막으면 폐색전증이 발생한다.

(5) **쇼크** : 불충분한 순환 혈액량 또는 심박출량의 감소로 주요 장기나 조직에 모세 혈류량이 부족하여 정상적인 산소 대사에 장애가 있는 상태

(6) **심폐정지** : 심장과 폐의 정지 상태로 4~6분이 경과하면 회복 불가능한 뇌손상을 초래하므로 신속히 소생술을 시행하여야 한다.

(7) **압궤증후군** : 광범위한 외상성 근육 손상 또는 지혈대 장기간 착용 후 급격한 쇼크가 발생하는 경우를 말한다. 괴사된 근육에서 유리된 미오글로빈이 신세뇨관을 폐쇄하거나 신동맥 수축에 의한 세뇨관 세포의 괴사로 급성 신부전을 유발한다.

(8) **출혈** : 혈우병과 같은 출혈성 질환 환자와 외상 또는 대수술 후 속발하는 혈액 응고 기전의 결여로 인한 출혈이 문제

(9) **석고증후군** : 체간 석고 고정, 수상 석고 고정 이후에 상부 장폐쇄증이 발생하는 합병증

(10) **전신성 염증반응증후군** : 과도한 염증 반응에 의한 합병증

(11) **파종성 혈관내 응고** : 응고 촉진인자가 혈관 내로 유입되어 광범위한 혈관내 혈전이 형성되고, 이 과정에서 응고인자들이 소진되어 출혈이 발생하는 합병증

3) 골절의 국소합병증

(1) **무혈성 괴사** : 골절이나 탈구 시 해당 혈관의 영양공급을 받는 골의 부분에 괴사가 일어나는 합병증

(2) **구획증후군** : 근막에 둘러싸인 폐쇄된 구획 내 조직압이 높아져 이 구획 내에 모세혈관의 관류가 저하되고 구획 내의 근육, 신경 등 연부조직이 괴사되면서 나타나는 임상 증상

(3) **부정유합** : 골절된 골편이 원래의 해부학적 위치가 아닌 비정상적인 위치에서 유합되는 것을 말하며, 각형성, 단축, 과성장 등이 포함된다.

(4) **지연유합 및 불유합** : 골절부가 치유되어야 할 시간이 지난 후에도 유합이 되지 않은 상태로 남아 있는 상태를 말하며, 6개월 이상 정지 시 불유합으로 정의한다.

(5) **관절강직** : 관절운동이 제한되는 것

(6) **이소성 골형성** : 골절이나 탈구 등 외상 후 연부조직에 골화 현상 및 석회의 침착이 발생하는 경우로 견관절, 주관절의 상완근, 고관절 등에 호발한다.

(7) **연부조직 손상**
① 피부 손상 : 개방성 골절, 수술창의 개방, 석고 압박에 의한 피부 괴사, 욕창
② 근육 및 건 손상 : 수상 당시 외력 또는 골편에 의한 손상, 수상 당시 급격한 근수축으로 인한 견열 골절, 마모로 인한 지연성 건 파열 등
③ 신경 손상 : 골절 및 탈구를 발생시킨 외력 자체, 탈구된 골두, 예리한 골절 골편 등에 의해 수상 당시 발생할 수 있다.
④ 혈관 손상 : 수상 당시의 외력이 대부분의 원인이며, 그 외 전위된 골편 및 탈구된 골두에 의한 손상, 골절 및 탈구의 정복 과정에서의 손상, 석고붕대 혹은 견인치료에 의한 손상 등이 원인이 된다.

(8) **외상성 관절염** : 관절면의 부적절한 정복, 하중 전달에 의한 연골 손상, 부정 정렬, 반복되는 손상 등에 의해 발생하는 관절염

(9) **골수염** : 화농균이 뼈에 침입하여 생기는 혈행성 염증 질환

(10) **재골절** : 골절된 부위가 유합된 후에 또는 유합 과정에서 다시 골절되는 것

(11) **재발성 탈구** : 외상성 탈구가 발생한 후 습관적으로 탈구가 일어나는 것

(12) **복합부위 통증증후군** : 외상 후 특정 부위에 발생하는 만성 신경병성 통증과 이와 동반된 자율신경계 기능 이상, 피부 변화, 기능성 장애를 특징으로 하는 질환

(13) **장기 손상** : 흔하지는 않으나 오진하거나 방치될 때는 생명을 잃게 되므로 매우 중요한 합병증이다. 장기 손상은 수상 당시의 직접 외력 또는 골절 골편에 의한 손상이 대부분이다.

기출문제

골절과 탈구로 인하여 전신적으로 또는 국소적으로 발생할 수 있는 합병증을 10가지 열거하시오. (10점) 기출
07년

> 의학이론

2 지방색전증후군(FES, fat embolism syndrome) 기출 12년

1) 정의
몸에서 떨어져 나온 지방이 폐나 뇌 등의 미세혈관을 막아 색전증을 초래하는 합병증
- **용어해설** 색전증(embolism) : 혈전이나 이물질이 혈관으로 들어가 혈관을 완전히 막는 것
- **참고** 기계적 이론 : 골수나 지방조직에서 유래한 지방 입자가 혈류로 유입된다는 이론
- **참고** 생화학적 이론 : 혈류나 호흡기에서 형성된 유리지방산이 혈관 내피세포를 손상시키고 폐 세포에 직접 독성 작용을 일으킨다는 이론

2) 증상
(1) 잠복기 : 12~72시간, 대부분 24시간 안에 전형적인 증상 발현
(2) 증상 : **호흡곤란, 저산소증(청색증), 심박 항진, 정신상태 변화**(두통, 불안, 혼돈, 혼수), **발작, 국소 신경학적 결손, 점상 발진(흉부, 액와부, 경부, 결막), 발열, 망막병증, 신기능 저하로 인한 요량 감소, 혈압은 정상**
(3) 검사실 소견 : 산소분압 감소, 흉부 방사선에서 눈송이 모양의 침윤, 심전도 이상

3) 발생원인
(1) **다발성 골절 특히 골반 및 하지 골절** : 골절에서 떨어져 나간 지방 미립자가 파열된 정맥을 통하여 혈류에 진입한 후 폐, 뇌, 심장 및 신장과 같은 중요한 장기에 색전증을 초래
(2) **지방 관련 수술 및 시술** : 골수강내 금속정 삽입, 수혈, 신장이식술, 인공고관절 또는 인공슬관절 치환술, 지방흡입술, 비경구적 지방 주입
(3) 그 외 질환 : **당뇨, 화상, 심한 감염, 흡입마취, 만성 췌장염, 만성 알코올 중독, 골수염, 낫적혈구 빈혈, 신장 괴사, 지방간**

4) 진단(Gurd & Wilson's diagnostic criteria) - **1개 이상의 주증상과 4개 이상의 부증상**
(1) **주증상**
① **호흡 부전**(저산소증 : 동맥혈산소분압 $PaO_2 < 60mmHg$, 흡입산소농도 $FiO_2 = 0.4$)
② **신경학적 증상**(두부 손상이나 다른 손상과 관련이 없는 뇌성 증상)
③ **점상 발진**(액와 또는 결막하)
(2) **부증상**
① **빈맥** : 110회/분 이상
② **발열** : 38.5℃ 이상
③ **황달**
④ **신장의 변화**
⑤ **헤모글로빈(Hb) 수치의 급격한 감소** >20%
⑥ 갑작스러운 **혈소판 감소증** >50%
⑦ **적혈구 침강속도(ESR) 증가**
⑧ **지방 거대글로불린혈증**

5) 치료

(1) 초기에 대량의 산소 공급, 동맥혈 산소 분압을 정상 범위 내로 유지

(2) 스테로이드 주사, 헤파린 투여

(3) 전신 처치 : 탄수화물 섭취, 수액 전해질 균형 유지, 기계적 산소 공급, 분비물 흡인, 기도 유지

6) 예후

(1) 지방구가 심장이나 폐로 이동할 때 : 심폐기의 영향 초래, 호흡곤란, 빈맥, 쇼크

(2) 영구적인 신경학적 결손 및 중증 정신 발육 지연을 초래할 수도 있다.

7) 예방 조치

(1) 예방적 고정 : 24시간 안에 골절부를 부목 등을 이용하여 고정하는 것이 지방색전증의 발생을 최소화할 수 있다.

(2) 불필요한 이동 금지

📖 기출문제

경부 고속도로에서 차량 전복사고를 당한 38세 남자가 골반골 골절, 우측 대퇴부 골절 등으로 진단되어 OO병원에 입원하게 되었다. 입원 후 2일째에 갑작스런 호흡곤란, 고열, 두통을 호소하다가 점차로 의식이 불명확해지고 있다. 소변의 양도 감소하였으나 혈압은 비교적 잘 유지되고 있으며, 환자의 흉부와 액와부(겨드랑이)에 점상출혈(petechia)이 보이고 있다. (10점) 기출 12년

(1) 상기 환자에서 가장 의심되는 골절의 전신합병증은 무엇인가? (2점)

(2) 상기 합병증의 발생 원인에 대해 설명하시오. (4점)

(3) 상기 합병증의 예방을 위해 골절 환자의 발견 시 시행해야 할 조치에 대해 설명하시오. (4점)

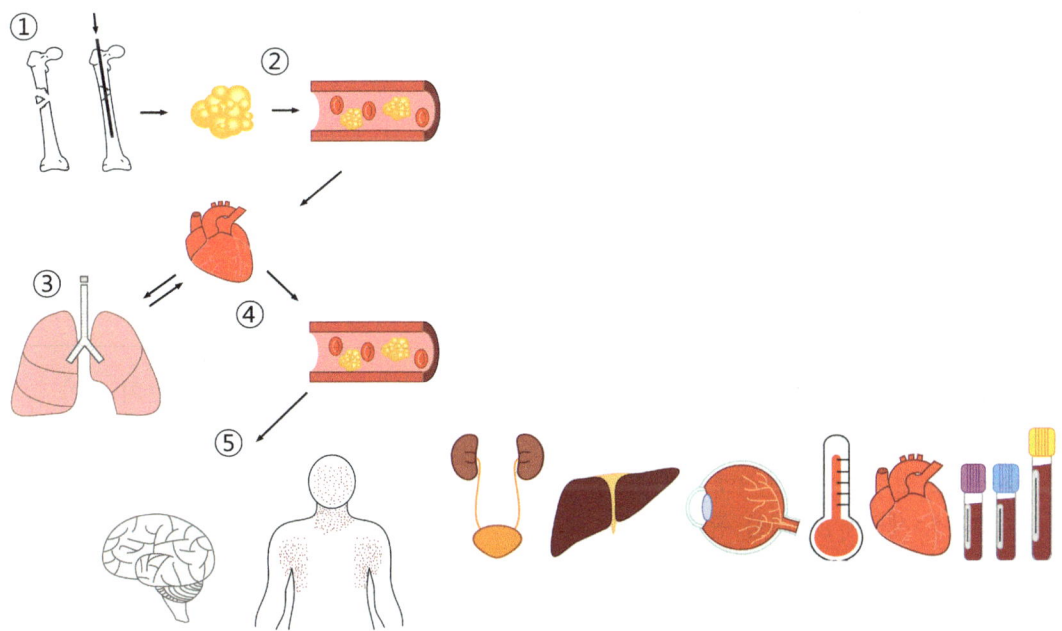

> 의학이론

3 가스괴저(gas gangrene) 기출 14년

1) 정의
상처받은 피부를 통해 **가스괴저균**이 침투하여 **독소를 분비**하고, **피부와 근육조직에 괴사**를 일으키며 **가스를 생성**하는 감염성 합병증

2) 발생기전
(1) 원인균 : **혐기성 세균인 가스괴저균**

> 용어해설 가스괴저균(클로스트리듐 퍼프리젠스) : 대개 흙 속에 존재하나 일부 원인균들은 사람의 장 속에서 상재균으로 살기도 한다. 못이나 칼 등 날카로운 물건에 찔리거나 화상, 염증 등 혈류 공급이 적절하지 못한 부위의 산소가 부족한 환경에서 잘 성장한다.

(2) 발생기전 : 원인균이 괴사조직이나 이물질을 동반한 창상으로 침입하여 독소를 분비
→ 혐기성 세균이 증식하면서 가스 생산 → 가스가 조직에 차올라 조직 파괴 및 괴사 유발
→ 괴사가 확산되어 전 근육으로 전파

3) 발생빈도
외상, 당뇨, 고령, 혈액순환 불량, 혈액암, 영양결핍, 대장질환, 낮은 백혈구 수치, 항암치료 등의 상황에서 호발하며 주로 복합골절, 특히 대퇴골의 창상이나 절단 후 창상에서 발생

4) 증상
(1) 잠복기 : 대부분 24~48시간의 잠복기를 가지나 수시간 내에 증상이 나타나기도 함
(2) 초기 증상
   ① 괴저 발생 부위의 **통증**
   ② **빠른 맥박, 혈압 저하, 열**
   ③ 괴사 조직에 의한 **배출액의 증가**
   ④ 상처 부위에서 갈색의 **혈액이 섞인 고름 분비**
   ⑤ **쥐가 부패하는 것 같은 심한 악취**
   ⑥ **상처가 부어오르며 주변 조직이 창백해짐**
   ⑦ **피부색 변화** : 처음에는 창백하다가 차츰 거무스름해지며 나중에는 검게 변한다.
   ⑧ **조직 내에 공기가 차 있는 것이 만져**지기도 한다.
(3) 후기 증상 : 심한 전신 증세, 의식 혼란, 섬망, 혼수, 패혈증

5) 진단
(1) 심한 빈혈(적혈구가 혈관 내에서 파괴되어 심한 빈혈이 발생한다), 백혈구 수치 증가
(2) 괴저 부위 근육 분해에 따른 크레아티닌 키나아제 상승
(3) X-선 촬영상 연부조직에 차오른 가스 확인 가능
(4) 혐기성 세균배양검사를 통해 확진

6) 치료

(1) 다가 가스괴저 항독소(polyvalent gas gangrene anti-toxin) 치료
(2) 강력한 항생제 치료 : 페니실린, 클린다마이신, 테트라사이클린 등
(3) 괴사조직의 외과적 제거를 통해 감염의 주변 확산 방지
(4) 고압산소치료 : 대기압의 3배에 달하는 고압산소처치를 통해 조직에 산소 공급

7) 예방 조치

가스괴저의 원인균은 산소가 거의 없는 환경에서 자라기 때문에 손상된 부위에 산소 공급이 잘 되지 않을 때, 이 감염증이 생길 수 있다. 따라서 수상 초기에 창상처치, 철저한 세척과 변연절제술이 필요하며 상처에 혈류장애가 오지 않도록 주의하여야 한다.

8) 가스괴저와 파상풍 비교

(1) 원인균
 ① **가스괴저** : **가스괴저균**(clostridium perfringens)
 ② **파상풍** : **파상풍균**(테타니균, clostridium tetani)
 ③ 둘 다 혐기성균으로 산소가 부족한 환경에서 살 수 있다.
(2) 발생기전
 ① 가스괴저 : 상처 입은 피부를 통해 침투한 가스괴저균이 근육과 지방조직 등을 괴사시켜 썩게 만들면서 가스를 생성하는 감염성 합병증
 ② 파상풍 : 파상풍균의 번식으로 신경독소를 발생시키고 그 독소가 운동신경을 마비시켜서 근육 강직을 일으키는 합병증

기출문제

45세 남자환자가 작업 중 좌 하퇴부에 약 10㎝ 정도의 열상(laceration)을 당하여 OO병원에서 창상에 대하여 봉합술을 시행 받고 입원하게 되었다. 수술 후 약 2일 정도가 지난 후에 창상 부위에 극심한 통증을 호소하였고 창상의 부종 및 피부 변색이 발생하였고 창상의 배출액이 증가하였으며 쥐가 부패하는 것 같은 악취가 났다. (10점)
기출 14년
(1) 상기 환자에서 가장 가능성이 높은 진단은? (3점)
(2) 상기 합병증을 예방하기 위한 조치에 대하여 설명하시오. (3점)
(3) 상기 환자의 치료에 대하여 설명하시오. (4점)

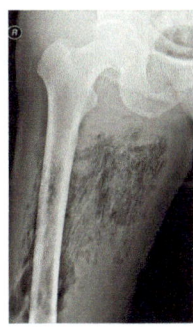

◀ 근육 내에 가스가 차 있다.

> 의학이론

4 파상풍(tetanus)

1) 정의

상처 부위에서 증식한 **파상풍균**의 번식과 함께 생산된 **신경독소**(tetanoplasmin)가 림프계나 혈류를 통하여 말초신경으로부터 중추신경으로 전달되고 신경이 지배하는 **근육에 마비를 초래**하는 합병증

2) 증상

(1) 잠복기 : 통상 14일

(2) 증상 : **안면의 경직성 경련, 개구장애, 경련성 미소, 연하곤란, 후경부 경직, 후궁반장, 두통, 호흡곤란, 미열, 오한, 전신 통증, 사망률 60%**

> 용어해설 후궁반장 : 머리와 뒤꿈치가 경직되며 근육이 과신전되어 몸이 마치 활처럼 뒤로 굽어지는 현상으로 수막염, 파상풍, 디프테리아에 의한 수막증에서 나타나는 증상

> 용어해설 호흡곤란 : 후두 인두 근육의 경직성 경련에 의해 호흡곤란이 발생한다. 심한 경우 호흡근 경직으로 질식사할 수도 있다. 기도 폐쇄, 저산소증, 심폐기능 부전, 배설기능 저하 등에 의해 파상풍 사망률이 60% 정도로 높은 편이다.

3) 예방 및 치료

(1) 평상시 : DPT. 예방접종을 통한 능동 면역

> 용어해설 DPT : 디프테리아, 백일해, 파상풍 3종 혼합 백신이다. 생후 2, 4, 6개월에 한 번씩 실시한 후 18개월과 4~6세, 11~13세에 추가 접종한다.

(2) 수상 초기 : 창상 치료, 10년 이내 파상풍 예방접종을 하지 않았다면 **파상풍 백신** 주사, 수동 면역(파상풍 면역 글로불린 항체, TIG, tetanus immune globulin), 괴사조직 제거, 근육이완제 투여, 기도 유지 등으로 예방, 외부 자극 차단

(3) **인후두 경련 시** : **즉시 기관절개술**을 시행하여 기도 유지, 필요시 고압 산소요법 등을 통해 호흡 유지

(4) 페니실린, 세팔로스포린, 메트로니다졸 등 항생제 투여

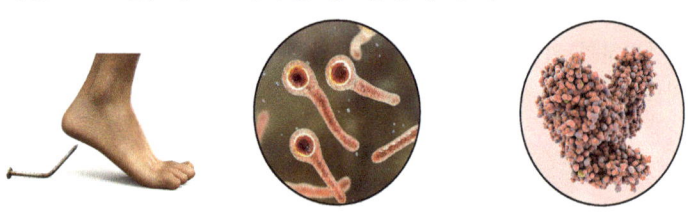

오염된 상처 / 파상풍 박테리아(clostridium tetani) / 파상풍 신경독소

파상풍(tenanus) / 후궁반장

5 정맥혈전색전증(VTE, venous thromboembolism) 기출 05년·25년

1) 정의

근육 깊은 곳에 있는 **심부정맥에 혈전**이 생겨 발생하는 합병증이다. 떨어져 나온 혈전이 우심방, 우심실을 거쳐 폐동맥으로 흘러가 **폐동맥을 막을 때에는 폐색전증**이 발생한다. 심부정맥혈전증(DVT, deep vein thrombosis)이라고도 한다.

> **용어해설** 혈전(thrombus) : 혈관 안에서 액체 상태로 흘러야 할 피가 굳어진 핏덩어리

2) 증상

혈전 때문에 정맥이 막혀 혈액이 심장으로 되돌아가지 못하고 다리, 장기 또는 조직에 저류되어 여러 증상을 유발한다.

(1) **다리의 큰 정맥 침범** : 하지 피부색이 붉게 변색, 갑작스러운 하지 부종, 보행 시 종아리 통증, 혈전이 생긴 정맥의 주행 방향을 따라 압통 및 혈관 촉지
(2) **무릎 이하의 심부정맥에 작은 혈전** : 무증상 또는 미약
(3) **심부정맥의 혈전이 이동하여 폐색전증 발생 시** : **갑작스러운 배변 의욕, 호흡곤란, 가슴 통증, 맥박수 증가, 혈압 하강, 쇼크**
(4) **호만증상**(Homan's sign) : **누워서 다리를 들고 발을 배굴할 때 종아리에 통증 증가**

3) 원인

(1) **혈액순환장애 및 혈류 정체**
  ① 하퇴부에서는 주로 수술대, 침구, 지혈대, 붕대 등의 압박으로 인한 정맥 혈류 정체
  ② 대퇴부에서는 하퇴 정맥에서 발생한 혈전의 상행 이동
  ③ 고관절의 과도한 굴곡위 유지
  ④ 활동력 감소로 인한 혈류속도 감소
(2) **체내 혈액 응고와 항응고 간의 불균형에 의한 과응고 반응** : 수상 및 수술로 인한 혈액 응고 기전의 변화
(3) **혈관 내벽 손상**
(4) **virchow's triad** : ① 정맥 정체, ② 혈관내막 손상, ③ 과응고력

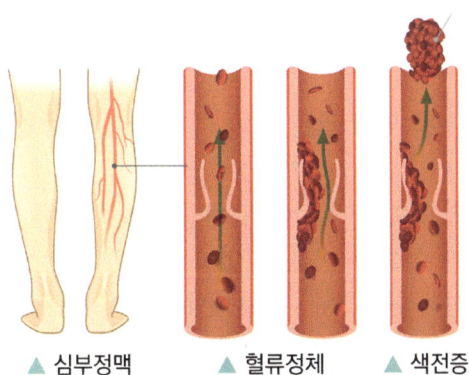

▲ 심부정맥　　▲ 혈류정체　　▲ 색전증

4) 위험인자

(1) **나이 60세 이상**
(2) **장기간 부동자세, 장거리 비행기 여행**(이코노미증후군)
(3) **관련 수술 및 시술** : 정형외과, 복부, 신경계 등의 수술, 침습적 정맥혈관 시술, 중심정맥관 삽입술, 수혈
(4) **대골절** : 골반 골절, 대퇴골 골절, 경골 골절, 척수 손상 등
(5) **관련 질환** : 항인지질항체 증후군, 루푸스, 염증성 대장질환, 혈액 과응고 유전질환, 악성종양, 급성 중증 내과 질환
(6) 기타 : **탈수, 흡연, 비만, 에스트로겐 등 호르몬요법, 경구 피임약 복용, 유산 또는 분만 후, 하지정맥류 기왕증**

5) 진단

(1) 혈전증이 잘 생길 수 있는 상황에 처한 환자에게 하지 부종, 통증 등 하지 증상이 있는 경우 : 임상적 진단
(2) **정맥 도플러 초음파** : 가장 효율적인 검사방법이다. 심부정맥혈전증이 있는 부위의 정맥이 혈전 때문에 잘 눌리지 않고 혈류장애가 확인된다.
(3) CT, MRI, 정맥조영술
(4) **폐 환기관류 스캔, CT - 폐혈관조영술**(CT - PA) : 폐색전증 진단에 중요
(5) 혈액검사 : 혈전증의 원인 질환 감별

6) 치료

(1) 치료의 주된 목적 : 폐색전증과 만성 정맥 허혈 예방
(2) 혈전증에 대한 치료와 정맥압을 낮추는 치료를 병행
(3) 부어 있는 다리를 심장보다 높이 올려 주고 압박스타킹 착용
(4) 항응고제(헤파린, 와파린) 투여 및 주기적인 혈액응고시간 체크
(5) 심한 경우 혈전제거술, 혈전용해술 등 중재 시술
(6) **하대정맥 필터 삽입술** : 약제 투여가 어렵거나 금기인 환자, 약제 투여 중에도 지속적으로 심부정맥혈전증 발생 시 시행

7) 예방 조치

(1) 장기간 부동 상태로 누워 있지 않는 것이 가장 중요한 예방법
(2) 수술 후 조기 운동
(3) 오랜 기간 침상안정이 필요한 경우 체위 변경을 통해 혈류 정체 예방
(4) 골반, 고관절, 신경외과 수술 후 어쩔 수 없이 오래 누워 있어야 할 때에는 **압박스타킹**이나 **혈전 방지 마사지**를 이용하여 혈류 정체 예방
(5) 출혈의 위험을 증가시키지 않는 범위 내에서 예방적 항응고제 투여

8) 합병증

(1) **폐색전증**(pulmonary embolism)
① 정의 : 심부정맥에서 떨어져 나간 **혈전**이 우심방, 우심실을 거쳐 폐동맥으로 흘러가 **폐동맥을 막을 때**에 발생하는 합병증

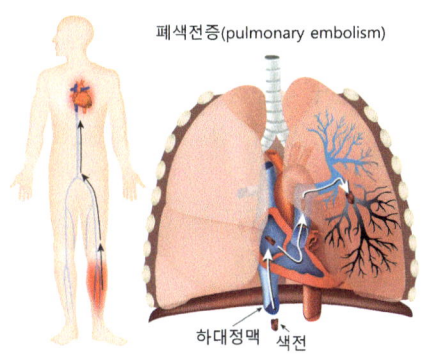
폐색전증(pulmonary embolism)

② 증상 : 갑작스러운 배변 의욕, 빠른 호흡, 호흡곤란, 가슴 통증, 맥박수 증가, 혈압 하강, 쇼크, 족부 배굴 시 통증 증가
③ 진단방법 : 정맥 도플러 초음파, 나선형 전산화단층촬영(spiral CT), 폐 환기관류 스캔, 폐동맥 혈관조영술, 흉부 X-선 검사, 심전도, 심초음파, 혈전증의 원인 질환 감별 검사
　[용어해설] 심초음파 : 급성 심근경색, 심낭 압전, 대동맥 박리 등과 구분하기 위해 검사한다.
④ Wells 점수

심부정맥 혈전의 증상과 징후 - 한쪽 다리의 부종, 박동성 통증 등	3점
병을 설명할 적절한 다른 진단이 없음	3점
100회/분 이상의 빈맥	1.5점
3일 이상의 안정이나 4주 이내의 수술력	1.5점
과거 심부정맥혈전증이나 폐색전증의 병력	1.5점
객혈	1점
악성 암의 존재	1점

✓ 6점 초과 : 폐색전증의 가능성이 높음(66.7%)
✓ 2~6점 : 중등도의 가능성(20.5%)
✓ 0~1점 : 가능성이 떨어짐(3.6%)
✓ D-dimer가 음성인 경우 4점 이하면 가능성 떨어짐
　[용어해설] D-dimer : 체내에서 혈전이 용해될 때 발생하는 단백질

(2) **항응고제 사용 후 출혈 경향에 의한 합병증** : 뇌출혈, 복강내 출혈, 쉽게 멍 드는 증상

📋 **기출문제**

01 골절 후 발생되는 합병증인 심부정맥혈전증의 증상 및 진단방법을 기술하시오. (10점) [기출] 05년
02 심부정맥혈전증의 증상, 진단, 치료 및 예방법 각각에 대해 1가지 이상 기술하시오. (10점)
　　[기출] 25년

> 의학이론

6 기타 전신 합병증

1) 쇼크(shock)
  (1) 정의 : 불충분한 순환혈량 또는 심박출량의 감소로 주요 장기나 조직에 모세 혈류량이 부족하여 정상적인 산소 대사에 장애가 있는 상태
  (2) 쇼크의 원인에 따라 혈행성, 혈관성, 심장성, 신경성 등으로 분류한다.
  (3) 혈행성 쇼크 : 다발성 외상이나 골격근 손상으로 혈액 및 혈장의 과다한 손실로 일어나는 가장 흔한 쇼크이다. 혈류량 저하, 빈맥, 심박출량 감소, 중심정맥압 감소, 혈압 저하 소견이 나타난다.
  (4) 치료
    ① 기도 확보와 산소 공급
    ② 수액 주입로 유지와 수액 투여로 동맥압 유지
    ③ 각종 신체 기능 감시 장치로 신체 활력징후 및 중심정맥압 측정

2) 심폐정지(cardiopulmonary arrest)
  (1) 정의 : 심폐정지는 수상 당시 또는 치료과정에서 발생할 수 있으며, 4~6분이 경과하면 회복 불가능한 뇌손상을 초래하므로 심폐소생술이 신속하게 이루어져야 한다.
  (2) 특히 심폐 정지의 가능성이 높은 경우
    ① 다발성 외상 환자
    ② 노인 환자
    ③ 심폐기능 또는 대사기능에 장애가 있는 환자
    ④ 류마티스관절염 환자 중 부신피질호르몬 또는 면역억제제를 사용한 경우
    ⑤ 골시멘트를 사용하는 경우 등의 외상 환자
  (3) 진단방법 : 경동맥 맥박 촉진, 흉골 운동 관찰
  (4) 치료 : 일단 환자가 심폐 정지 상태에 빠져서 맥박이 뛰지 않는다면 분당 90번 정도의 속도로 심장마사지를 시행하고 기도를 확보하여 호흡음을 청진한다. 만일 호흡음이 들리지 않는다면 인공 호흡을 시작한다.

3) 압궤증후군(crush Syndrome)
  (1) 정의 : 광범위한 외상성 근육 손상 또는 장기간의 지혈대 착용 후 급격한 쇼크 상태가 발생하는 합병증이다. 괴사된 근육에서 유리된 **미오글로빈이 신세뇨관**을 폐쇄하거나 신동맥 수축에 의한 세뇨관 세포의 괴사로 급성 신부전을 일으키는 것으로 생각하는 견해도 있다.
  (2) 예후 : 사망률이 매우 높으며, 신기능이 1주 이내에 회복되면 생존 가능성도 있으나 대부분 증상이 악화되어 2주 이내에 사망한다.
  (3) 치료 : 환자의 증상에 따른 대증요법을 시행하며 지혈대의 장시간 착용으로 근육괴사가 발생하였을 때 지혈대의 상부에서 절단하기도 한다.

4) 출혈(hemorrhage, bleeding)
   (1) 정의 : 정형외과 영역에서 문제가 되는 출혈은 혈우병과 같은 출혈성 질환 환자와 외상 또는 대수술 후 속발하는 혈액응고기전의 결여로 인한 출혈이다. 환자의 기왕력 유무를 정확히 청취하여야 하며, 기본적인 혈액응고검사를 시행하고 혈액응고검사에서 이상이 발견되면 좀 더 철저한 여러 가지 검사를 시행하여야 한다.
   (2) 치료
      ① 골절이 동반되었을 때 지혈 상태의 유지와 절대적인 고정 시행
      ② 필요에 따라 신선한 혈액 또는 혈장 공급
      ③ 결핍 인자의 보충 또는 원발성 질환의 처치, 필요한 약제 투여

5) 석고증후군(cast syndrome)
   (1) 정의 : 체간 석고 고정, 수상 석고 고정 이후에 상부 장폐색증이 발생하는 합병증으로 최근에는 척추 압박골절 시 석고 고정 방법으로 치료하는 경우가 적어 발생 빈도가 감소하였다.
   (2) 증상 : 석고 고정이 과신전될 때 십이지장 제3부가 장간막, 상장간막동맥, 요추와 대동맥에 의해 압박되어 구토, 복부 팽만감 등의 위장 증상 발생

6) 급성호흡곤란증후군(ARDS, acute respiratory distress syndrome)
   (1) 정의 : 고농도의 산소를 공급하여도 호전되지 않고 호흡곤란을 일으키는 심장이 아닌 원인에 의해 급성으로 발생한 폐부종, 패혈증

   용어해설 패혈성 쇼크 : 감염에 의한 장기부전 소견이 있고, 혈역학적으로 수액치료에는 반응이 없고 승압제가 필요한 저혈압 상태이며 젖산 수치가 2mmol/L 이상일 때로 정의

   (2) 치료 : 인공호흡기를 이용한 집중치료

7) 전신성 염증반응증후군(SIRS, systemic inflammatory response syndrome)
   외상 후 조직의 괴사와 주위의 허혈 및 저산소증으로 인해 염증성 병소가 되고 이러한 병소에서 다양한 매개체가 증가하고 사이토카인(cytokine)이 분비된다. 이러한 반응이 연쇄적으로 활성화되면 **염증 반응**이 **과도**하여 전신성 염증반응증후군이 발생하고 진행하면 다발성 장기부전이 발생하여 생명을 위협한다.

8) 파종성 혈관내 응고(disseminated intravascular coagulation)
   감염, 악성종양, 심한 외상 및 출혈 등의 질환이 있을 때 **응고 촉진인자가 혈관 내로 유입되어 광범위한 혈관내 혈전이 형성**되고, 이 과정에서 응고인자들이 소진되어 지혈 작용이 정상적으로 일어나지 못하여 출혈이 발생하는 증후군

의학이론

7 무혈성 괴사(AVN, avascular necrosis) 기출 13년·18년·23년

1) 정의

골절이나 탈구로 **혈류가 차단**되어 **해당 혈관으로부터 영양공급을 받는 뼈에 괴사**가 일어나는 것으로 뼈의 강도가 약해져 붕괴되고 이차적 관절염이 발생한다. X - 선에서 골경화 현상이 관찰된다.

2) 원인

(1) 외상
(2) 과도한 음주, 흡연
(3) 부신피질호르몬(스테로이드) 사용
(4) 신장 질환
(5) 루푸스 같은 결체조직병
(6) 잠수병, 통풍, AIDS, 빈혈, 고셰병
(7) 신장, 심장 등 장기 이식을 받은 경우
(8) 방사선 조사
(9) 소아 대퇴골두 무혈성 괴사(LCP)

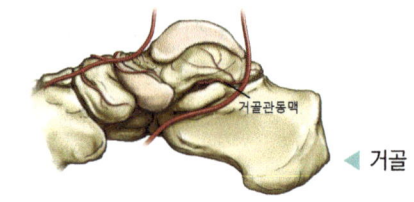
◀ 대퇴골   ◀ 주상골
거골관동맥
◀ 거골

용어해설 고셰병(Gaucher's disease) : 몸속의 낡은 세포를 없애는 효소가 결핍된 유전자 이상

3) 호발 부위

(1) 대퇴 골두 : 대퇴 경부 골절, 비구 골절, 고관절 탈구 후 발생
(2) 수근 주상골 근위부 : 골절 후 근위 골편에 발생
(3) 거골 체부 : 거골 경부 골절 또는 탈구 후 거골 체부에 발생

4) 치료

(1) 안정, 보조기 착용, 체중부하 금지
(2) 수술 : 관절성형술, 관절고정술, 괴사조직 제거 및 골이식술, 인공관절치환술

기출문제

01 25세의 남자 환자로서 6개월 전에 자동차 사고로 넘어진 뒤 우측 수근골에 골절이 있어 치료를 받았으나 합병증으로 불유합 및 무혈성 괴사가 발생하였다. (10점) 기출 13년
   가. 상기 환자에게 골절이 의심되는 뼈는? (2점)
   나. 수근골을 형성하는 뼈의 명칭을 적으시오. (6점)
   다. 하지에서 불유합 및 무혈성 괴사가 빈발할 수 있는 뼈의 명칭을 적으시오. (3점)

02 무혈성 괴사의 정의(4점) 및 골절 후 무혈성 괴사가 흔히 발생하는 부위(3개 이상, 6점)는? 기출 18년

03 대퇴 골두 괴사는 대퇴골 경부 골절의 합병증으로 일어날 수 있다. 그 밖에 비외상성으로 대퇴 골두 무혈성 괴사를 일으킬 수 있는 것은 무엇이 있는가요? 5개 기술하시오. (10점) 기출 23년

8 구획증후군(compartment syndrome) 기출 10년·14년·17년·23년

1) 정의

근막에 둘러싸인 폐쇄된 **구획 내의 조직압이 높아져서** 모세혈관의 흐름이 저하되고 구획 내의 근육, 신경 등 연부조직이 괴사되면서 나타나는 임상 증상을 총칭하는 것

2) 원인

(1) **골절** : 약 58%

(2) **허혈성 연부조직 손상** : 화상, 동상, 혈관 손상, 뱀에게 물린 이후

(3) **지속적인 사지 압박** : 깁스, 음주, 약물, 혼수, 장기간 하지 고정, 수술 시 잘못된 자세

(4) **과운동에 의한 근육 부종**

(5) **호발 부위** : 소아는 경골 간부, 원위 요골, 전완부 등 | 성인은 경골 간부

(6) 젊은 남자일수록 근육 부피가 크고 구획 크기는 한정된 데 반해, 손상 후 근육이 부종에 견딜 공간은 작기 때문에 35세 미만 경골 골절에서는 나이가 많은 군에 비해 3배 정도 위험이 크다.

3) 발생 기전

구획내압 상승 → 모세혈관 혈류 감소 → 근육 허혈 및 신경 손상

> 참고 구획내 정상 조직압은 0~10mmHg이다. 구획내 조직압이 30mmHg 이상이 되면 이상감각이 나타나기 시작하고, 30~60mmHg가 되면 조직내 혈액공급이 불충분하게 된다. 30mmHg 이상이면 유증상, 100mmHg 이상이면 무맥이 나타난다.

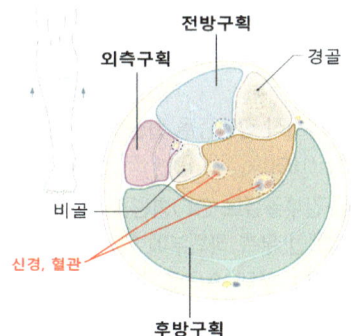

4) 증상(6P)

(1) **통증**(pain) : 가장 첫 번째로 나타나는 증상이며, 가장 중요한 증상이다. 통증의 양상이 바뀌고, 그 정도가 매우 심해지며, 전방구획에서는 수동적 신전 시 통증이 심해진다.

(2) **감각이상**(paresthesia) : 신경 허혈의 첫 번째 증상

(3) **마비**(paralysis) : 비교적 나중에 나타나는 징후

(4) **창백**(pale)

(5) **무맥박**(pulselessness)

(6) **압력**(pressure) : 촉진 가능하며 통증이 있는 구획의 긴장 상태

5) 진단

구획내압 측정 : white sides 방법, 정맥관, 3way stopcock, 주사기, 수은혈압계 등을 이용

6) 치료

(1) 환부의 모든 조이는 드레싱을 제거하고, 혈행을 돕기 위한 물리치료를 시행한다.
(2) 정상혈압 유지 : 혈압이 낮으면 혈액 투과압력이 낮아져 산소결핍에 따른 조직 손상 유발
(3) 다리 거상 : 동맥과 정맥 사이의 압력 차이를 줄이기 위해 심장보다 높이 올린다.
(4) 적절한 산소분압 유지를 위한 산소 공급
(5) **근막절개술 및 감압술** : 구획내압이 30~50㎜Hg까지 올라가거나 이완기혈압과 구획내압의 차이가 30㎜Hg 이내일 때에는 근막절개술을 시행한다. 근막절개술 후 창상은 개방된 채로 유지하고 무균 드레싱 및 석고 부목으로 고정한다.
(6) 감염 예방을 위한 괴사조직 절제

7) 합병증 — 볼크만 구축(Volkmann's contracture)

(1) 정의 : 구획증후군으로부터 초래된 사지변형으로 장기간의 압력이 허혈을 유발하기 때문에 근육이 점차 섬유성 조직으로 대체되는 증상
(2) 호발부위 : 주로 소아의 상완골 과상부 골절이나 전완부 골절 후, 수시간~수일 사이에 전완 굴근군의 혈행에 장애가 생겨 괴사를 초래하며 반흔화되어 손목관절이나 수지관절에 구축이 일어나고 정중신경이나 척골신경마비를 동반하는 경우가 많다.
(3) 증상 : 통증, 지각이상, 맥박 상실, 신경마비

기출문제

01 골절과 탈구는 다양한 전신적 또는 국소적 합병증을 발생시킬 수 있는데, 이 중 구획증후군에 대하여 설명하고 대표적인 증상을 기술하시오. (10점) 기출 10년

02 35세 남자 환자가 우측 경골(tibia) 간부골절로 ○○병원을 방문하여 부목 고정을 실시하고 입원하여 병실에서 안정을 취하던 중 부목을 시행했던 우측 하퇴부에 극심한 통증과 우측 발가락의 감각 저하 및 발가락의 움직임이 되지 않는다고 호소하였다. 붕대 속으로 발등의 맥박을 촉지해 보니 촉지되지 않았다. (10점) 기출 14년
 (1) 상기 환자에서 가장 가능성이 높은 진단은? (3점)
 (2) 상기 진단의 발생기전에 대하여 설명하시오. (4점)
 (3) 상기 환자에게 취해야 할 조치에 대하여 기술하시오. (3점)

03 골절의 국소합병증 중 하나인 구획증후군(compartment syndrome)의 증상에 대하여 기술하고(5점), 진단방법에 대하여 기술하시오. (5점) 기출 17년

04 외상으로 급성 구획증후군이 발생하였다. 전형적인 증상 5개를 기술하세요. (10점) 기출 23년

9 관절강직(ankylosis) 기출 15년·19년·20년·21년

1) 정의
(1) 운동 범위(ROM, range of movement) : 정상적으로 움직일 수 있는 최대한의 운동 범위
(2) 능동적 운동 범위 : 대상자 스스로의 힘으로 관절을 움직이는 운동 범위
(3) 수동적 운동 범위 : 대상자 스스로가 아닌 타인이나 장비의 힘을 이용한 운동 범위
(4) 관절강직 : 관절을 이루는 뼈, 연골, 주위 조직이 굳어져 관절 움직임에 장애가 있는 상태

2) 수동적 운동 범위가 능동적 운동 범위보다 큰 경우
(1) **뇌졸중 등 중추신경계 손상**에 의한 편마비로 능동 운동 제한 시
(2) **말초신경 손상**으로 인한 근력 저하 시
(3) **장기간 침상 안정**에 따른 근력 저하 시
(4) **통증이나 심리적 요인**에 의해 스스로 운동을 하지 않는 경우에서 통증 범위를 넘어서는 수동운동을 시행한 경우

3) 관절운동의 제한 원인
(1) **관절 주위 근육 및 인대 손상에 의한 관절운동 제한**
① 장기간 고정에 의한 근육 위축과 관절막에 반흔 형성
② 화상 등 연부조직 손상에 의한 구축
③ 파킨슨병에서의 근육 경직
④ 중추신경 또는 말초신경 손상에서의 근력 저하
⑤ 근육이나 건의 파열, 인대 손상에 의한 관절운동 제한
⑥ 만성 통증에 의한 근 위축과 근력 약화
(2) **관절 자체 손상에 의한 관절운동 제한**
① 관절 탈구, 아탈구, 관절 타박 등
② 관절내 골절 : 관절막에 반흔 형성, 관절연골의 혈액 공급 저하로 관절면의 유착 유발
③ 관절 질환 : 골관절염, 류마티스관절염, 강직성 척추염, 오십견 등

기출문제
01 관절 강직(Joint Ankylosis)의 원인은? (10점) 기출 15년
02 골관절계의 정상적인 관절에서는 능동적 운동 범위가 수동적 운동 범위와 일치하나 수동적 운동 범위가 능동적 운동 범위보다 큰 경우는? (10점) 기출 19년
03 외상 후 발생할 수 있는 가동범위 감소나 근력약화와 관련된 아래의 물음에 답하시오.
   (1) 외상 후 운동장해(장애)가 발생할 수 있는 원인을 나열하시오. (6점)
   (2) 외상 후 관절염과 가장 관련이 높은 주요 손상을 나열하시오. (4점) 기출 20년
04 관절운동의 제한 원인을 크게 두 가지로 나누어 서술하시오. (10점) 기출 21년

의학이론

10 골절 탈구와 동반되기 쉬운 신경 및 혈관 기출 08년·18년·24년

1) 질환이나 외상에 의해 흔히 손상되는 말초신경

(1) **상완 골두 탈구, 견관절 탈구** : 액와신경
(2) **상완골 간부 골절** : **요골신경**
(3) **비골 경부 골절** : **총비골신경**
(4) **고관절 탈구** : **좌골신경**
(5) 수근관증후군(carpal tunnel syndrome): 정중신경
(6) 주관증후군(cubital tunnel syndrome): 척골신경
(7) 지각이상대퇴신경통(meralgia paresthetica): 외측 대퇴피신경

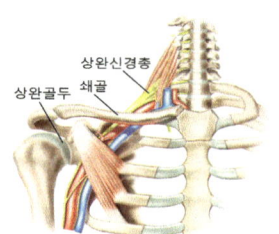 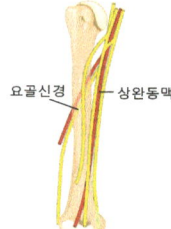 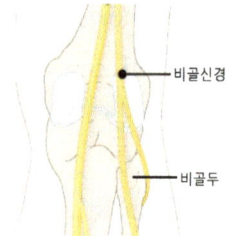 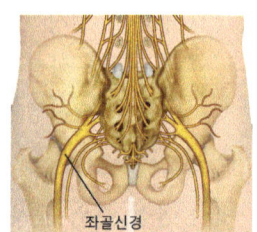

▲ 상완골두 탈구 – 액와신경   ▲ 상완골 골절 – 요골신경   ▲ 비골두 골절 – 비골신경   ▲ 고관절 탈구 – 좌골신경

2) 골절 또는 탈구 시 동반되기 쉬운 혈관 손상

(1) 쇄골 골절 : 쇄골하동맥
(2) 견관절 탈구 : 액와동맥, 견갑하동맥
(3) 상완골 과상부 골절 : 상완동맥
(4) 주관절 탈구 : 상완동맥
(5) 골반골 골절 : 외장골동맥
(6) 슬관절 탈구 : 슬와동맥

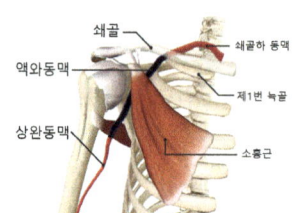 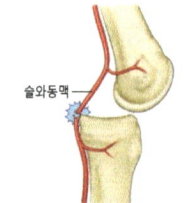

▲ 쇄골골절 – 쇄골하동맥   ▲ 슬관절 탈구 – 슬와동맥

기출문제

01 골절과 탈구로 인해 신경 손상이 일어날 수 있다. 사지에서 어떤 골절 또는 탈구가 어떤 신경의 손상을 가져올 수 있는지 열거하시오. (10점) 기출 08년

02 다음 골절 또는 탈구 시 동반되는 신경 손상은? (10점) 기출 18년

　(1) 상완골두 탈구　　　　(2) 상완골 간부 골절
　(3) 비골 근위부 골절　　　(4) 고관절 탈구

03 다음 질환이나 외상에 의해 흔히 손상되는 말초신경은? (10점) 기출 24년

　(1) 상완골 간부 골절
　(2) 비골 경부 골절
　(3) 수근관증후군(carpal tunnel syndrome)
　(4) 주관증후군(cubital tunnel syndrome)
　(5) 지각이상대퇴신경통(meralgia paresthetica)

11 부정유합, 변형(deformity) 기출 15년·18년·23년·24년

1) 변형의 분류

(1) **부정유합**(mal - union) : 골절된 골편이 **원래의 해부학적 위치가 아닌 비정상적인 위치에서 유합**된 상태

(2) **단축**(shortening) : 뼈의 원래 길이보다 짧아진 경우
  ① 소아의 성장판 손상으로 성장이 지연되거나 정지된 경우
  ② 골편이 중첩되거나 각형성이 발생한 경우
  ③ 심한 분쇄골절로 골편이 소실된 경우
  ④ 선천성 하지 결손, 감염, 종양, 방사선 조사, 비대칭적 신경 마비

(3) **각형성**(angulation) : 장관골 골절에서 골절편 사이에 정상 이상의 각이 형성된 것

(4) **회전변형**(mal - rotation) : 골절편 사이에 이상 회전각이 형성된 것, 교정수술 필요
  - 중수골 골절에서 회전변형은 손을 폈을 때는 문제가 되지 않지만, 손가락을 구부렸을 때 서로 겹치거나 벌어지는 문제가 발생하기 때문에 정복할 때 주의를 기울여야 한다. 정상적으로는 주먹을 쥐었을 때 손가락 끝의 손톱들이 주상골 결절 쪽으로 자연스럽게 일렬로 위치하게 되는데, 회전변형이 생기면 변형된 수지의 손톱이 어긋나게 된다.
  - 대퇴골 근위 간부의 경우 장요근의 힘에 의해 외회전 변형이 발생할 수 있다.

(5) **과성장**(over growth) : 뼈의 원래 길이보다 길어진 경우
  ① 소아의 장관골 간부 골절에서 골절 부위의 혈류가 증가하여 인접 성장판을 자극하고, 골막이 찢어져 골막의 잡아주는 힘이 상실되면서 뼈 성장이 촉진되어 발생
  ② 골수염 치료 후 혈행의 증가, 신경섬유종증과 연관된 거인증

(6) **사지 부동**(limb length discrepancy) : 좌우의 팔 또는 다리의 형태가 같지 않은 것

2) 원인

(1) **중추신경계 손상으로 경련성 마비를 동반한 골절**
(2) **심한 골 소실 및 연부조직 손상을 동반한 골절**
(3) **부정확한 정복**
(4) **불충분한 고정과 조기 보행 또는 환자의 비협조**

3) 관절내 골절에 의한 부정유합으로 진행되는 질환

(1) 외상 후 골관절염
(2) 회전변형 : 내반슬 및 외반슬
(3) 소아의 성장판 손상 시 단축, 각변형

4) 치료

(1) **외상 후 골관절염** : 절골술, 관절유합술, 관절성형술, 인공관절치환술
(2) **회전변형** : 회전변형은 방사선 검사로 쉽게 발견할 수 없으므로 정확한 진단이 필요하며, 회전변형이 있는 경우에는 **교정수술**(절골술 및 골성형술)을 하는 것이 좋다.

> 의학이론

(3) 교정수술은 골유합 후 6~12개월이 지난 후에 하는 것이 좋으며, 만약 골다공증이나 주위 연부조직의 위축이 있는 경우에는 이를 치료한 후 교정술을 시행하여야 한다.
(4) **단축** : 절골술 및 골연장술, 2.5㎝ 이내 단축은 적응이 쉽게 되지만 2.5㎝ 이상이면 파행이 초래되므로 수술적 치료를 고려한다. 기능상 손실은 상지에 비해 하지가 크다.
(5) **소아의 부정유합은 성장에 따른 자연교정을 관찰하면서 수술 여부를 결정한다.**

5) 검사방법

(1) **스캐노그램(scanogram) : 양측 사지의 길이 비교를 위한 가장 정확도 높은 영상검사**
(2) 줄자를 이용하여 측정할 때
  ① **상지 길이 측정 : 견봉 끝에서 제3수지의 끝까지**
  ② **하지 길이 측정 : 전상장골극(ASIS)에서 족관절 내과 하단까지**

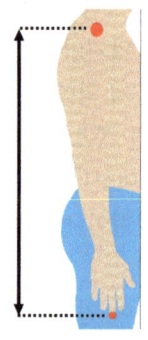 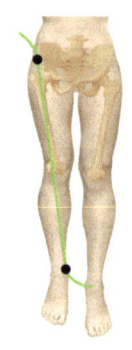 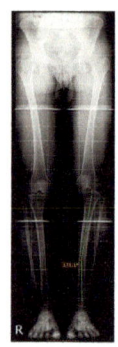 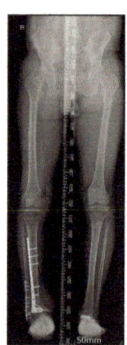

▲ 상하지 길이 측정법 　　　　　 ▲ 스캐노그램

기출문제

01 부정유합의 정의(5점)와 원인(5점)은? **기출** 15년
02 관절내 골절에 의한 부정유합으로 진행되는 질환(5점)과 치료방법(5점)은? **기출** 18년
03 다음 그림은 연부 조직에 손상 없이 제4중수골 골절 후 유합이 되었으나 손가락을 굽힐 때 손가락이 교차하게 되었다. 원인은 무엇인가? (10점) **기출** 23년

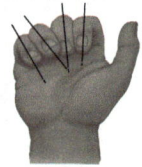

04 50세 성인 남자가 교통사고로 우측 대퇴골의 간부에 분쇄 골절이 있어 수술적 치료를 하였다. 치료가 적절하지 않아서 골 변형이 생겼다. 어떤 변형이 예상되는지 5가지를 기술하시오. (10점) **기출** 24년

제3보험 연관학습
3보 다리의 기형장해 : ① 대퇴골 또는 경골에 15° 이상 각 변형(5%), ② 5cm 이상 단축 또는 과신장(30%), ③ 3cm 이상 단축 또는 과신장(15%), ④ 1cm 이상 단축 또는 과신장(5%)
3보 팔의 기형장해(5%) : 상완골 또는 요골과 척골에 15° 이상 각 변형

12 지연유합 불유합 기출 07년·13년

1) 정의

(1) **지연유합**(delayed union) : 충분한 기간 동안 골절에 대해 치료하였음에도 불구하고 평균 치유 기간보다 지연되는 것으로 골절 치유가 완전히 정지된 것은 아니며 계속해서 치료하면 골유합이 일어날 수 있는 상태이다.

(2) **불유합**(non - union) : 병리 조직학적으로 골절 치유 과정이 정지되어 있으며, 골절부 사이는 가골이 없고 섬유조직으로 되어 있다. 유합의 진행이 최소한 **6개월 이상 완전히 정지**된 상태

(3) 영구적 **가관절** : **2회 이상 골유합술**을 시행했음에도 불유합 상태인 경우

2) 원인

(1) **감염성 골절**

(2) **개방성 골절** : 연부조직 손상, 개방창을 통한 감염, 골수염 발생

(3) **관절내 골절** : 관절내 활액에 함유된 교원 효소가 초기 골절 치유 시에 형성되는 가골 기질을 변화시켜 골절 치유 첫 단계부터 지연을 유발한다.

(4) **내고정물 부식**

(5) **병적 골절** : 기존 질환이 치유되지 않으면 골절 치유도 지연된다.

(6) **부적합한 정복이나 부적절한 고정에 의한 골절부의 계속적인 운동**

(7) **분쇄 골절** : 골 소실, 골절편 사이의 연부조직 삽입

(8) **불유합 호발 부위의 골절**

(9) **혈액 공급 장애가 동반된 골절**

(10) 환자원인 : **고령, 호르몬 이상, 골 괴사, 감염성 질환, 과도한 흡연, 알코올 중독, 당뇨**

3) 지연유합 및 불유합 호발부위

(1) **경골 하 1/3 부위**(중간 1/3과 원위 1/3이 만나는 부위)
(2) **대퇴골 경부**
(3) **수근 주상골**
(4) **족근골 거골 경부**
(5) **상완골 간부**
(6) **척골 근위부**

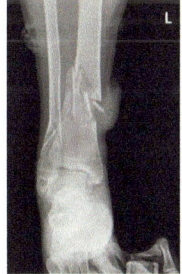 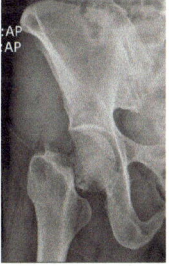

4) 방사선 소견

(1) **일정한 간격으로 촬영한 X - 선상 골유합의 진전이 없고 골의 연속성이 결여**되어 있다.
(2) **가관절 형성** : 골절부 양 단면이 둥글고 진하게 되어 골절선이 선명하게 보인다.
(3) 골주사 검사에서 **가관절 부위에 cold spot**이 관찰된다.

> 의학이론

5) 치료

(1) 비수술적 치료 : 충분한 기간 석고 또는 보조기 고정, 전기자극요법, 초음파요법, 골수 주사법
(2) 수술적 치료 : 괴사조직 박피술 및 골이식술(주로 장골 이용), 기존 내고정물 제거 및 재고정술, 외고정술

📖 기출문제

01 골절로 인하여 불유합이 발생할 수 있는 원인을 5가지 쓰시오. (10점) 기출 07년
02 30세의 남자 환자로서, 자동차 사고로 우측 경골의 간부에 개방성 골절이 생겨 수술적 가료를 받았으나 6개월이 지나도록 골절 부위가 유합되지 않았다. (10점) 기출 13년
  (1) 생각할 수 있는 원인은? (5점)
  (2) 기대되는 방사선 소견은? (3점)
  (3) 상기 환자의 치료법을 기술하시오. (2점)

제3보험 연관학습
3보 다리의 가관절
* 뚜(20%) : ① 대퇴골에 가관절이 남은 경우, ② 경골과 종아리뼈 2개 모두에 가관절이 남은 경우
* 약(10%) : 경골과 종아리뼈 중 어느 한 뼈에 가관절이 남은 경우

3보 상지의 가관절
* 뚜(20%) : ① 상완골에 가관절이 남았을 경우, ② 요골과 척골의 2개 뼈 모두에 가관절이 남았을 때
* 약(10%) : 요골과 척골 중 어느 한 뼈에 가관절이 남았을 때

---

13 파행(limping gait) 기출 24년

1) 파행의 원인

(1) 골절 및 탈구: 하지골 골절, 하지 관절 탈구 등에 따른 통증
(2) 관절 손상: 하지 관절 탈구, 대퇴골두 무혈성 괴사, 관절염
(3) 건 인대 손상: 슬관절 지지인대 손상, 아킬레스건 파열, 족저근막염
(4) 신경 손상: 척추관 협착증, 추간판 탈출증, 마미증후군, 좌골신경 손상, 비골신경 손상
(5) 중추신경계 문제: 편마비, 파킨슨병, 다발성 경화증, 소아마비 등
(6) 하지 부동: 골절 후 단축, 선천성 기형 등
(7) 기타 통증성 질환: 통풍, 류마티스관절염

📖 기출문제

파행(limping gait)이란 비대칭적 보행을 말한다. 원인을 5가지 열거하시오. (10점) 기출 24년

14 관절염(arthritis) 기출 19년·20년·22년·24년

1) 관절염의 정의

연골, 윤활막, 인대, 연골하골 등 관절을 구성하는 여러 구성물에 병리학적 변화가 발생하여 관절의 통증과 강직이 유발되는 질환

2) 외상 후 관절염과 가장 관련이 높은 주요 손상

(1) **관절내 골절** - 관절면의 부적절한 정복
(2) **관절연골의 직접 손상** - 하중 전달에 의한 연골 손상
(3) **골절과 탈구가 동반된 상해**
(4) **개방성 골절**
(5) **십자인대, 측부인대 등 지지인대 손상**
(6) **고관절, 슬관절, 족관절 등 체중이 부하되는 하지 관절 손상**

3) 관절염의 위험인자

(1) **60세 이상 고령**
(2) **여성**
(3) **유전적 요인**
(4) **비만** : 특히 무릎관절
(5) **반복적인 관절 사용**(직업, 스포츠 활동), **과거의 외상**
(6) **선천적 기형** : 대퇴골두 골단 분리증, 선천성 골반 이형성증 등
(7) **내분비질환** : 말단비대증, 칼슘 결정 침착, 혈색소 침착증, 윌슨병, 파제트병

   용어해설 윌슨병(Wilson's disease) : 구리 수송 역할을 하는 유전자의 돌연변이로 구리가 담즙으로 배설되지 못하고 혈류를 통해 뇌, 각막, 신장, 적혈구 등에 축적되는 질환

   용어해설 파제트병(paget disease) : 뼈의 재형성 과정에 생기는 대사성 장애로 뼈의 흡수와 소실이 증가하고 골조직이 약해지고 커지며 파괴되는 질환

4) 증상

(1) 국소 통증 : 가장 흔한 초기 증상이다. 류마티스관절염과 달리 전신 증상은 없다.
(2) 관절 운동 범위 감소, 부종, 관절 주위 압통, 마찰음
(3) 슬관절 관절염 시 관절 모양의 변형, 걸음걸이 이상
(4) 수지 관절염 : 손가락 끝마디에 골극 형성(헤버딘 결절)

5) 관절염의 영상검사

(1) MRI : 동반된 연부조직의 이상이나 관절연골의 상태를 보는데 유용하다.
(2) 진단적 관절경 : 골 병변이 나타나기 이전에 연골의 변화와 상태를 관찰할 수 있으며 진단과 동시에 치료적 수술이 가능하다.
(3) **골주사검사에서 hot spot**

(4) 일반 방사선 소견
① 관절 간격 협소
② 연골 하 경화
③ 골극 형성
④ 관절면 불규칙
⑤ 연골 하 낭종(물혹)
⑥ 활액 내 골편

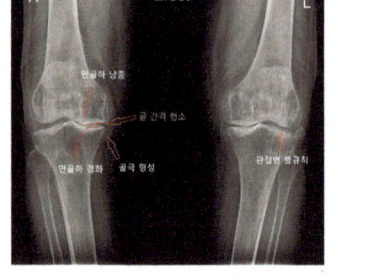

> 참고 40세 이상에서 90% 정도는 방사선학적으로 퇴행성 변화를 보이지만 이 중 30% 정도만이 증상을 호소한다.

6) 퇴행성 관절염의 분류(KL grade, Kellgren Lawrence grade)
   (1) 1단계 : 연골의 마모가 시작되며 간헐적으로 통증이 나타남 → 약물치료와 물리치료
   (2) 2단계 : 관절의 간격이 줄어들면서 부종과 열감 발생. 걷기만 해도 통증이 발생하기 시작함
      → 주사치료와 연골 재생술
   (3) 3단계 : 관절 가동 범위가 줄어들기 시작함. 연골 소실로 관절 공간 감소가 명확히 관찰됨
      → 주사치료와 연골 재생술
   (4) 4단계 : 연골이 거의 닳아 뼈끼리 부딪히면서 일상생활에 지장을 줄 만큼 심한 통증과 관절 변형이 나타남(60% 소실) → 인공관절 치환술

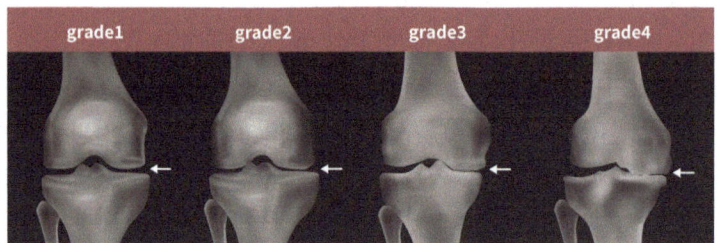

7) 치료
   (1) 보존적 치료 : 생활 습관 개선, 체중 감소, 지팡이 등 보조기구 사용, 적절한 휴식과 균형 있는 운동, 약물요법, 물리치료, 관절 내 스테로이드제제 주사, 자가골수줄기세포 치료, 지방줄기세포시술, 연골결손치료제(카티스템)
   (2) 수술적 치료
      ① **관절경적 관절성형술** : 관절경을 이용한 변연절제술, 활액막 제거술, 골극 및 유리체 제거술 및 관절성형술
      ② **다발성 천공술** : 관절연골에 인공적인 구멍을 뚫어 연골 재생을 자극하는 방법
      ③ **인공관절치환술** : 손상된 관절의 부분 또는 전체를 제거하고 인공적으로 만든 관절을 삽입하여 치환해 줌으로써 원래의 관절 기능을 회복시켜 주는 수술 방법
      ④ **신연 관절성형술** : 관절을 당겨 손상된 관절연골의 재생을 향상시키고 환자의 관절염에 의한 관절 증상을 감소시키는 방법

⑤ **절골술 및 재정렬술** : 중등도 이하의 퇴행성 관절염에서 관절의 한 부분에만 관절염이 발생하였을 때 관절의 정렬을 바꾸어 줌으로써 하중이 가해지는 부분을 변경시킬 목적으로 시행한다.

⑥ **관절유합술** : 경골 - 거골간, 거골 - 종골간 족관절염 발생시 관절유합술을 시행하여 관절운동 제한 및 통증 예방

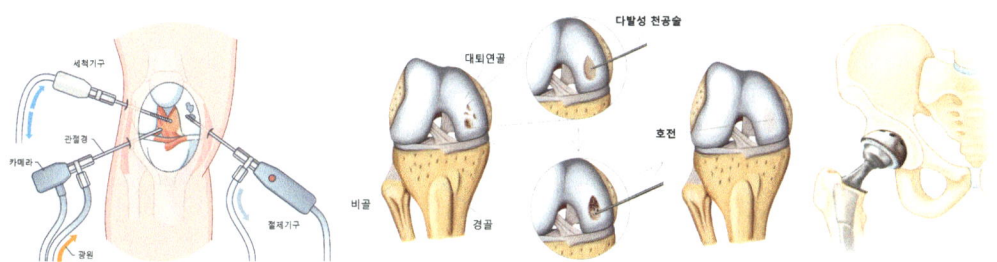

▲ 관절경적 관절성형술　　▲ 다발성 천공술　　▲ 인공관절치환술

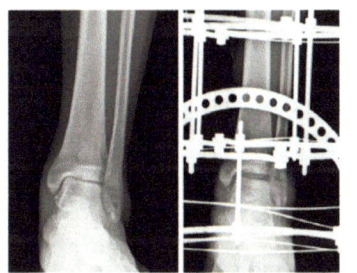
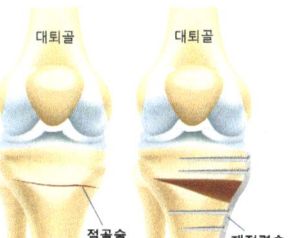
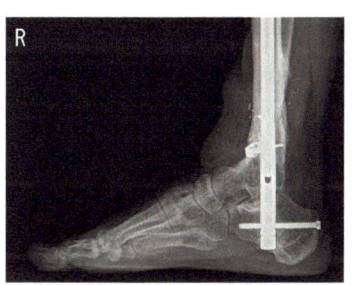

▲ 신연 관절성형술　　▲ 절골 재정렬술　　▲ 관절유합술

기출문제

01 외상성 관절염이 있을 때 관절의 기능 유지를 위한 수술법에 대해 열거하시오. (10점) 기출 19년

02 외상 후 발생할 수 있는 가동범위 감소나 근력약화와 관련된 아래의 물음에 답하시오. (10점)
   (1) 외상 후 운동장해(장애)가 발생할 수 있는 원인을 나열하시오. (6점)
   (2) 외상 후 관절염과 가장 관련이 높은 주요 손상을 나열하시오. (4점) 기출 20년

03 60세 여성이 낙상 후 악화된 양측 무릎의 통증으로 병원에 방문하였다. 자세한 병력 청취 결과, 무릎통증은 약 10년 전부터 별다른 이유 없이 발생하였고, 초기에는 휴식 후에는 호전되는 경향을 보였으나 근래에는 쉬어도 잘 호전되지 않았으며 낙상 후 악화되었다고 하였다. 양측 무릎 관절의 내반변형이 관찰되었고, 단순방사선 검사에서 양측 내측 및 슬개 대퇴구획의 관절 간격의 협소가 나타나며, 연골하골의 경화, 관절면 가장자리의 골극이 관찰되었다. 아래의 질문에 답하시오. (10점) 기출 22년
   (1) 병력과 신체소견, 방사선소견을 종합하였을 때 가장 가능성이 높은 기저질환은 무엇인가? (2점)
   (2) 위 (1)의 질환의 위험인자를 두 가지 쓰시오. (각 2점)
   (3) 보존적 치료에 잘 듣지 않고 심한 통증이 지속되거나 관절의 불안정성 및 변형이 지속되면 수술 적응이 된다. 수술적 치료방법 두 가지를 쓰시오. (각 2점)

04 퇴행성 관절염의 단순 방사선 소견을 5가지 기술하시오. (10점) 기출 24년

> 의학이론

15 골수염(osteomyelitis)

1) 외상 후 감염

골수염이란 **화농균이 뼈에 침입하여 생기는 혈행성 염증 질환**을 말한다. 외상 후 감염은 골절의 지연유합, 불유합, 골수염, 화농성 관절염, 관절강직과 같은 중증의 결과를 초래한다.

2) 감염의 분류

(1) 개방성 창상을 통한 외계로부터의 직접 감염
(2) 수술창 감염
(3) 혈행성 감염

3) 진단

(1) 임상적 증상 : 통증, 발적, 부종, 열감
(2) 검사실 소견 : 백혈구수 증가, CRP ESR 등 염증 수치 증가
(3) 초음파 검사상 고름과 혈액 및 점액의 축적, 단순 방사성 사진상 음영 변화, 골주사 검사상 hot uptake
(4) 미생물학적 또는 조직학적 이상 : 골수, 골피질, 골막이 염증을 일으켜 고름을 배출한다. 고름이 생긴 곳 주위는 딱딱해지고 그 속에 부골이 생성된다.

> 용어해설 부골 : 고름에 의해 괴사되거나 건강한 골에서 분리된 골

4) 치료

(1) 절개 배농, 부골 제거술, 지속적인 세척, 감염 부위의 광범위 절제술 및 비즈 삽입술, 항생제 투여

> 용어해설 비즈(beads) : 인공관절용 시멘트에 항생제를 섞은 것. 비즈를 환부에 고정해 놓으면 항생제가 서서히 녹으면서 원인 미생물을 죽여 골수염을 치료한다. 약물 효과가 6개월 이상 지속된다.

(2) 외고정장치를 이용한 고정 시 핀 삽입부에 감염 발생 빈도가 높으므로 예방적 항생제 요법, 무균적 핀 삽입, 소독, 조기에 내고정물로 교체 필요

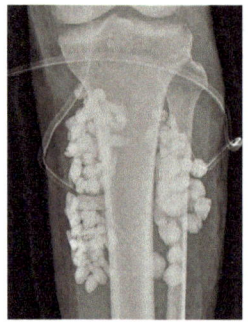
▲ 비즈삽입술

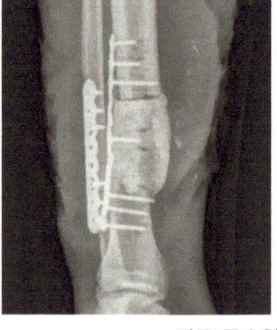

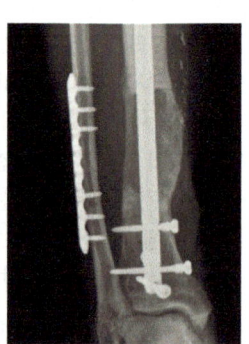
▲ 경골 골수염

16 재골절, 재탈구

1) 재골절(re-fracture)

(1) 정의 : **골절된 부위가 유합 과정 중에 또는 유합된 후에 다시 골절되는 것**

(2) 원인
  ① 환자의 부주의로 계단에서 넘어지거나 미끄러져 재골절된 경우
  ② 물리치료 과정에서 무리한 힘을 가한 경우
  ③ 조기 체중부하
  ④ 골 중심부의 유합이 불완전한 상태에서 내고정물을 제거한 경우
  ⑤ 내고정물 제거 후 약해진 뼈에 무리한 힘이 가해진 경우

(3) 예방
  ① 유합 과정에서 환자 또는 치료자의 충분한 주의
  ② 충분한 안정 후 체중 부하
  ③ 완전 유합 후 내고정물 제거
  ④ 내고정물 제거 후 4주간 체중부하를 줄이고 4개월간 스포츠 활동 자제

2) 재탈구(re-dislocation)

(1) 정의 : **이미 정복된 관절이 반복적으로 탈구가 되는 것**

(2) 원인
  ① 관절 자체의 비정상적 형태나 배열
  ② 지지 연부조직의 선천성 이완 및 근육 간 불균형
  ③ 관절면에 부하되는 체중이 어느 일부분으로 편중되는 경우

(3) 재탈구 호발 부위
  ① **관절와상완관절**
  ② 슬개하관절
  ③ 주관절
  ④ 고관절
  ⑤ 흉쇄관절

(4) 치료
  ① 도수정복술
  ② 반복적 재탈구 시 관절성형술

17 복합부위 통증증후군(CRPS, complex regional pain syndrome)

1) 정의
외상 후 특정 부위에 발생하는 만성 신경병성 통증과 이와 동반된 자율신경계 기능 이상, 피부 변화, 기능성 장애를 특징으로 하는 질환

2) 분류
(1) **제1형**(반사성 교감신경 이영양증) : **교감신경계의 비정상적인 장기간 반응** 때문에 발생
(2) **제2형**(작열통) : 총상, 교통사고, 자상, 열상 등에 의한 **신경 손상**으로 발생

3) 원인
(1) 유발인자 : 외상, 발치, 수술, 석고 고정술 등이 유발인자로 추정된다.
(2) 발병시기 : 대개 손상 직후 발생하지만 수개월 후에도 발생할 수 있다.

4) 진단기준(세계 통증학회 IASP 진단기준, 2004년) 감 혈 발부 운이
(1) **유발되는 이벤트와 부합하지 않는 지속적인 통증**이 있어야 한다.
(2) 자각증상 : 아래 4개의 카테고리 중 **3개**에서 1개 이상
  ① **감각 이상** : 지각과민, 이질통
  ② **혈관운동 이상** : 체온 불균형, 피부 색깔의 변화와 불균형
  ③ **발한 이상, 부종** : 발한의 변화와 불균형, 부종
  ④ **운동이상, 이영양성 변화** : 운동가동역 감소, 모발, 손발톱, 피부 이영양성변화
(3) 의학적 징후 : 아래 4개의 카테고리 중 **2개 이상**의 카테고리에서 1개 이상
  ① **감각 이상**(NRS, EMG, NCV) : 바늘로 자극하는 등의 자극에 대해 통각과민, 가벼운 접촉 자극, 냉온 자극, 심부 체성 압박, 관절운동 등에 의한 이질통의 증거
   > 참고 CRPS II형은 신경전도검사 상 명확한 신경 손상의 소견이 있는 경우에 진단한다.
  ② **혈관운동 이상**(삼상골스캔, 체온열검사, 사진) : 양측 체온의 1°C 이상의 불균형, 피부 색깔의 변화와 불균형에 대한 증거
  ③ **발한 이상, 부종**(사진) : 부종, 발한의 변화와 불균형의 증거
  ④ **운동기능 이상, 이영양성 변화**(골밀도, CT, 사진) : 운동 가동역 감소, 운동부전, 모발, 손발톱, 피부에 있어서의 이영양성 변화에 대한 증거
(4) 다른 진단이 이러한 증상들이나 질환들을 더 잘 설명해 주는 경우에는 배제한다.

5) 치료
(1) 통증 치료
  ① 약물치료 : 마약성 진통제, 항경련제, 항우울제, 경구용 스테로이드
  ② 중재적 시술 : 교감신경 차단술, 척수신경 자극기 삽입술, 척수강내 약물 주입기 이식술, 교감신경 절제술, 심부 뇌 자극술
(2) 재활치료, 작업치료, 물리치료 , 온냉교대욕, 마사지, 초음파, 전기자극, 정신과적 치료

CHAPTER 04 상지 손상

1 회전근개(rotator cuff) 기출 20년

1) 회전근개를 이루는 근육

   (1) **극상근**(SSP, supraspinatus muscle)
     ① 위치 : 견갑골 극상 와 ⇔ 상완골 대결절 상부
     ② 기능 : 상완 외전에 관여
     ③ 지배 신경 : 견갑상신경

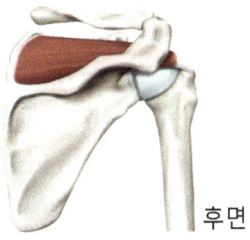
후면

   (2) **극하근**(ISP, infraspinatus muscle)
     ① 위치 : 견갑골 극하 와 ⇔ 상완골 대결절 중간
     ② 기능 : 견관절 외회전에 관여, 상완골두를 고정하는 기능
     ③ 지배 신경 : 견갑상신경

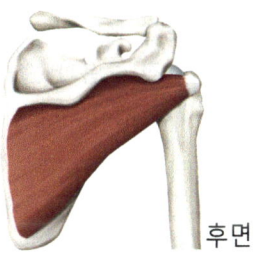
후면

   (3) **소원근**(TM, teres minor muscle)
     ① 위치 : 견갑골 액와연 상부 ⇔ 상완골 대결절 아랫면
     ② 기능 : 상완골 신전 및 외회전에 관여
     ③ 지배 신경 : 액와신경

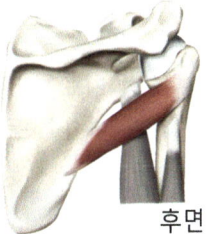
후면

   (4) **견갑하근**(SSC, subscapularis muscle)
     ① 위치 : 견갑골 견갑하 와 ⇔ 상완골 소결절
     ② 기능 : 상완골 내회전에 관여
     ③ 지배 신경 : 견갑하신경

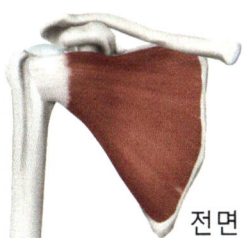
전면

2) 회전근개 파열(rotator cuff tear)

(1) 발생 빈도

극상근 파열이 가장 흔하며 45~65세 사이에 호발한다.

(2) 원인

① 견관절 전방 탈구
② 무거운 물건을 갑자기 들어 올리면서 손상

(3) 증상

① 능동적 외전 불능
② 외전 시 어깨의 상방 전위
③ **외전 모순**(abduction paradox) : 능동적 외전은 되지 않지만, 수동적으로 90° 이상 외전시 켜 주면 삼각근에 의해 외전을 유지할 수 있는 현상
④ **상완 낙하 징후**(drop arm sign) : 외전 상태에서 각도를 줄이면 어느 지점에서 갑자기 팔이 떨어지는 현상

(4) 진단

① **견관절 MRI**
② **견관절 초음파**(ultra sonography)
③ **빈 캔 검사**(empty can test, Jobe test) : 극상근 파열 검사

(5) 치료

① 보존적 치료 : 90%에서 자연 치유되므로 부분 파열의 경우 수술은 필요하지 않다. 팔걸이를 사용하여 여러 날 간 안정 후 통증이 사라지면 스트레칭을 이용한 관절 운동이나 어깨 주위 근력강화운동을 시작한다.
② 약물 또는 주사 치료 : 통증과 염증 조절
③ 수술적 치료 : 파열 4~6주 후에도 강력한 외전력을 얻을 수 없을 때 건 봉합술, 견봉성형 술, 건 이식술 등을 시행한다.

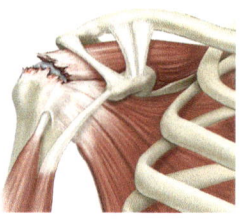
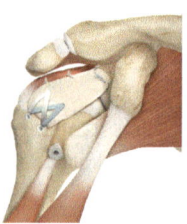

◀ 건봉합술

기출문제

어깨 손상의 주요 부위인 회전근개 파열에 대해 아래의 물음에 답하시오. 기출 20년

(1) 회전근개를 이루는 근육은? (각 1점, 총 4점)
(2) 이 중 가장 손상이 많이 발생하는 근육은? (1점)
(3) 회전근개 파열의 진단 시 가장 많이 사용하는 영상검사 2가지는? (각 1점, 총 2점)
(4) 회전근개 파열의 주요 치료 3가지는? (각 1점, 총 3점)

2 견관절 탈구(humeroscapular joint dislocation) 기출 17년

1) 정의 및 손상 기전

견관절은 큰 구형의 상완골두와 작고 얕은 견갑골 관절와 사이의 관절로 접촉면이 상완골두의 ⅓ 정도에 불과하여 넓은 관절 운동 범위를 허용하는 반면 매우 불안정한 관절이고 탈구가 잘 발생한다. 직접 외상에 의한 경우는 흔하지 않고 대부분 간접 외상으로 상완부에 외전, 신전, 외회전력이 가해져서 발생한다. 90% 이상이 전방탈구이고, 그 외 후방, 상방, 하방탈구 등이 있다.

2) 증상

통증 때문에 상지를 움직일 수 없으며 운동할 때는 통증이 더 심해져, 상완부를 외전, 외회전된 상태에서 전완부를 건측의 손으로 잡아 체부 가까이에 유지시키려 한다.

3) 진단 및 치료

방사선 촬영 : 상완골을 약 70° 내회전하여 전후방 촬영, 액와면 촬영
가능한 한 빨리 정복하여야 한다. 도수정복 후 약 3주간 고정한다. 습관성 탈구가 되기 쉬우므로 충분한 고정이 필요하다.

4) 견관절 탈구 정복술

(1) **스팀슨 정복법**(Stimson technique)
가장 안전하고 널리 사용되는 방법이다. 환자를 침상 위에 엎드리게 하고 손목에 3kg 추를 달아 놓으면 20분 정도 후에 자연 정복된다.

(2) **코허 정복법**(Kocher method)
환자의 주관절을 90°로 굽힌 상태에서 상완골이 가지고 있는 상태 그대로 1분간 견인한 다음 부드럽게 상지를 외회전시킨다. 흉부 전면의 중심선까지 상완골을 내전시킨 다음 탈구된 측의 손을 건측 견관절 부위로 옮기는 동작으로 상완골을 내회전시킨다.

(3) **견인 역견인 정복법**(traction & counter traction method)
5~10분간 가볍게 견인 후 내회전 및 외회전시킨다. 실패 시 전신마취 시행 후 재시도하고, 그래도 안 되면 수술을 고려한다.

(4) **밀히 정복법**(Milch method)
환자를 바로 눕게 한 다음 상지를 외회전 및 외전시킨 상태에서 가볍게 관절와 속으로 탈구된 상완골두를 밀어 넣는다.

(5) **히포크라테스 정복법**(Hippocrates method)
환자를 바로 눕히고 시술자의 발을 환자 겨드랑이에 끼우고 양손으로 환자의 손목을 잡고 견인하면서 상지를 외회전 및 내회전시킨다.

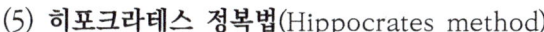
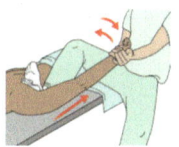

6) 합병증

(1) **재발성 탈구**

　　견관절이 탈구되는 순간 견관절 주위 인대들이나 관절순이 파열될 수 있다. 탈구된 관절은 쉽게 정복할 수 있지만 손상된 인대나 관절순의 기능은 복원되지 못하여 재탈구가 일어난다.

(2) **액와신경 손상**

(3) **액와동맥, 견갑하동맥 손상**

(4) **관절와 골절**

(5) **회전근개 파열**

(6) **외상 후 오십견**

(7) **방카트병변**(전하방 관절와순 파열), **힐삭스병변**(상완골두 후외측부의 골 결손)

7) 재발성 탈구의 위험요인

(1) **최초 탈구 연령이 적을수록**

　　20세 미만은 80~95%, 40대 이후는 15% 정도에서 재탈구가 발생한다.

(2) **급성 탈구 정복 후 고정 기간이 짧을수록**

(3) **동반 손상이 있을수록 재발의 위험이 크다.**

8) 재발성 탈구의 특징적인 방사선 소견(견관절 전방 탈구의 삼주징)

(1) **방카트병변**(Bankart lesion) : **견관절 전하방**(3시~6시 방향) **관절와순 손상**

(2) **힐삭스병변**(Hill–Sachs lesion) : **상완골두 후외측부의 골 결손**

(3) **견관절 관절면 전연**(앞쪽 가장자리)**의 침식 및 골절**(bony Bankart)

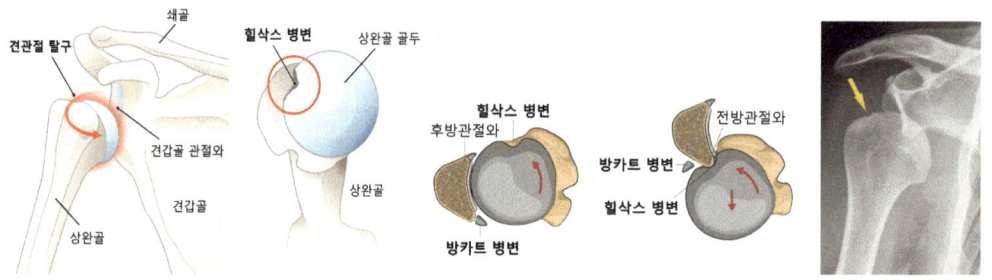

9) 치료

　　전방 관절낭 복원술, 견갑하근 단축술, 오구돌기 이전술, 견갑하근 이전술, 관절경하 복원술

기출문제

견관절 탈구는 가능한 빨리 정복을 시행하여야 한다. 견관절 탈구에서 흔히 사용되는 정복술을 4가지 기술하고(명칭만 기술할 것, 각 2점, 총 8점), 가장 안전하고 널리 사용되는 방법에 대해 기술하시오.(명칭만 기술할 것, 2점) **기출** 17년

3 관절와순 손상(labral injury)

1) 정의
관절와순은 견갑골의 관절와 가장자리를 둘러싸고 있는 섬유질의 연골로 상완골두에 비해 상대적으로 작은 관절와의 안정성을 보완하는 역할을 한다. 상완골 이두근의 장두건과 연결되어 있는 위쪽 관절와순은 뼈에 느슨하게 부착되어 있어 손상되기 쉽다.

2) 방카트병변(Bankart lesion)
(1) 정의 : **관절와순의 전하방(3시~6시 방향) 손상**
(2) 원인 : 견관절 탈구와 습관성 탈구 시 발생한다. 주로 급성으로 발생하고, 불안정성은 슬랩병변보다 크다.

3) 슬랩 병변(SLAP, superior labrum anterior to posterior lesion)
(1) 정의 : **관절와순의 상외측(12시 방향)과 상완 이두근 장두의 기시부까지 파열을 이르는 병변으로 과사용 증후군의 일종**
(2) 원인 : 배드민턴, 야구, 수영, 핸드볼, 배구 등 **반복적으로 어깨를 머리 위로 들어 회전시키는 스포츠**를 하는 선수에서 흔히 나타난다. 주로 과사용으로 발생하고, **어깨 결림, 동작 시 불편함, 어깨 전방 압통**을 호소한다.

4) 치료
(1) 경미한 손상 : 근력 강화 운동이나 자세 교정, 물리치료
(2) 심한 손상, 지속적인 보존 치료에도 반응이 없는 경우 : 변연절제술, 관절와순 봉합술

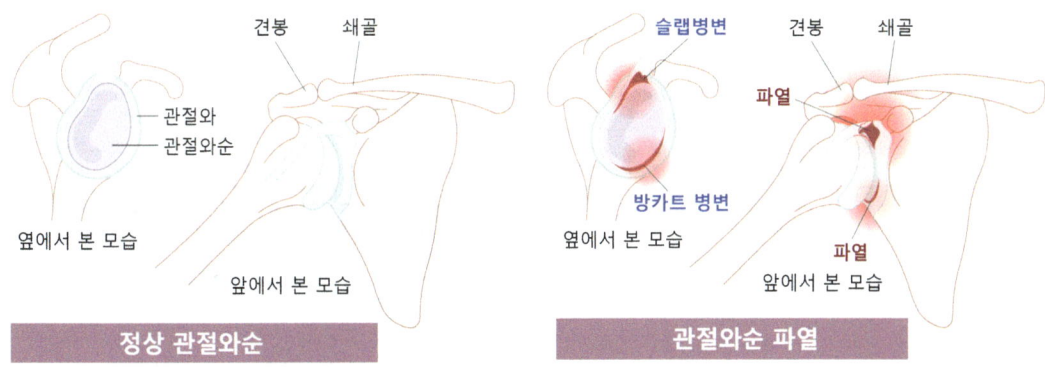

의학이론

4 견관절의 주요 인대

견관절에는 견갑골과 쇄골의 안정성을 유지하기 위한 3개의 인대가 있다.

1) 견봉쇄골인대(AC lig, acromio-clavicular ligament)
  (1) 위치 : **견갑골의 견봉과 쇄골을 연결**
  (2) 기능 : 견봉쇄골관절의 **전후 안정성**에 관여

2) 오구쇄골인대(CC lig, coraco-clavicular ligament)
  (1) 위치 : **견갑골 오구돌기와 쇄골을 연결**
  (2) 기능 : 견봉쇄골관절의 **수직 안정성**에 관여

3) 오구견봉인대(CA lig, coraco-acromial ligament)
  (1) 위치 : **견갑골 오구돌기와 견봉을 연결**
  (2) 기능 : **견관절을 상방에서 보호**하며, 견관절 낭과 더불어 상완골이 수평면보다 상방으로 올라가는 것을 방지하는 기능

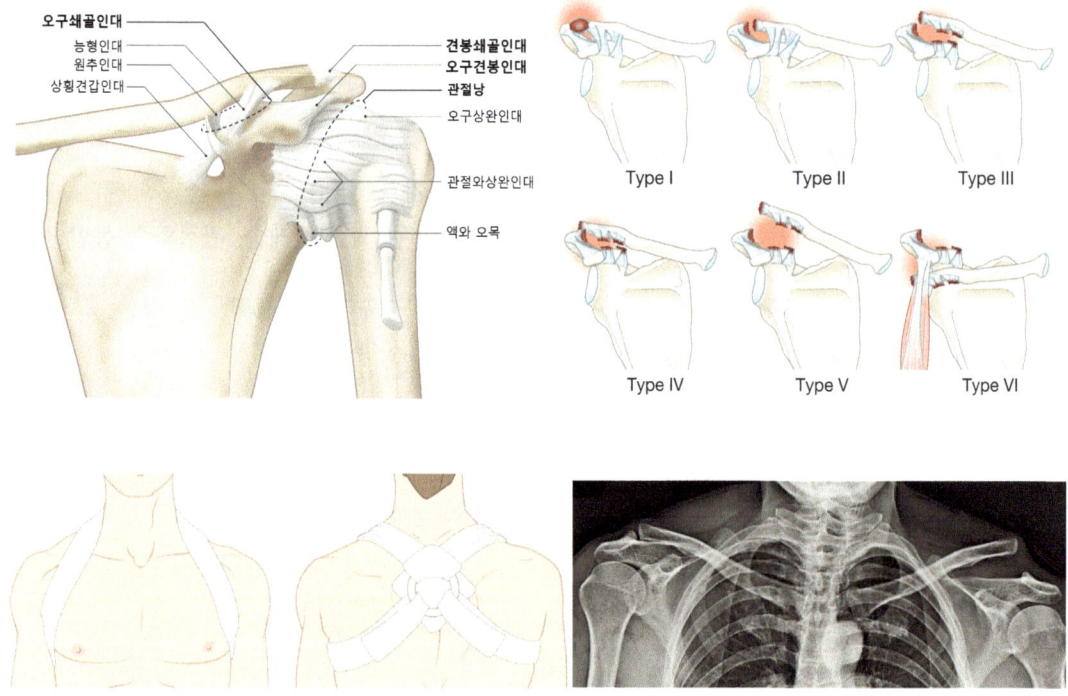

▲ 8자 붕대   ▲ 견봉쇄골인대 파열 부하검사 사진

5 견관절 통증 유발 질환

1) 회전근개 파열

2) 견관절 탈구

3) 관절와순 손상

4) 어깨충돌증후군

   팔을 들 때 견갑골 견봉과 상완골 대결절이 부딪혀 견봉과 대결절 사이 구조물에 염증이 생긴 상태

5) 유착성 관절낭염(동결견, 오십견)

   회전근개 관절 활액막, 상완 이두근 및 주위 조직을 침범하는 퇴행성 변화의 결과로 심한 운동 장애를 일으키는 질환

6) 석회성 건염

   회전근개의 건 부분에 석회가 침착하는 건 질환

7) 흉곽출구증후군

   흉곽 위쪽 구조물에 의하여 쇄골하 혈관 및 상완신경총이 눌려서 나타나는 증후군

8) 근막동통증후군

   근육에 존재하는 단단한 통증 유발점(trigger point)의 활동에 의해 생기는 통증 및 자율신경 증상

9) 쇄골 골절

10) 상완골 경부 골절

11) 경추 추간판 탈출증

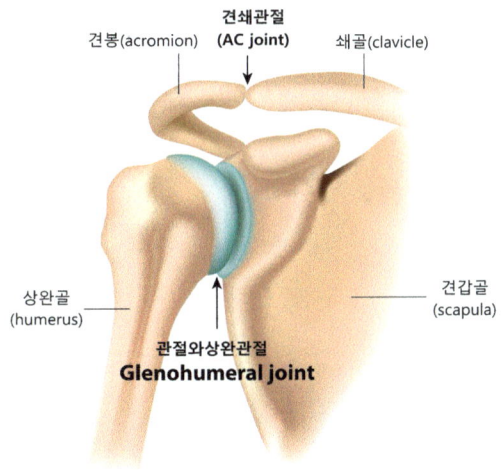

> 의학이론

6 어깨충돌증후군(shoulder impingement syndrome)

1) 정의

팔을 들 때 견갑골 견봉과 상완골 대결절이 부딪혀 견봉과 대결절 사이 구조물에 염증이 생긴 상태

2) 증상

(1) 삼각근 부위의 통증
(2) 상완골 전방 거상이나 외전 시 통증 발생
(3) 야간통

3) 검사

(1) **니어검사**(Neer's test) : 환자의 팔을 머리 위로 뻗은 상태에서 검사자가 힘을 가해 상완골두와 견봉 사이의 충돌을 유발시키는 검사
(2) **호킨스케네디검사**(Hawkins - Kennedy test) : 환자의 상완골을 앞으로 뻗은 상태에서 주관절을 90° 굽힌 후 견관절을 내전시켜 통증이 유발되는지 보는 검사
(3) 관절강 조영술, 초음파, MRI

4) 치료

(1) 약물치료, 물리치료, 근력강화운동, 관절운동, 인대 증식 주사, 체외 충격파 치료
(2) 보존적 치료에 효과 없을 때 견봉 감압성형술

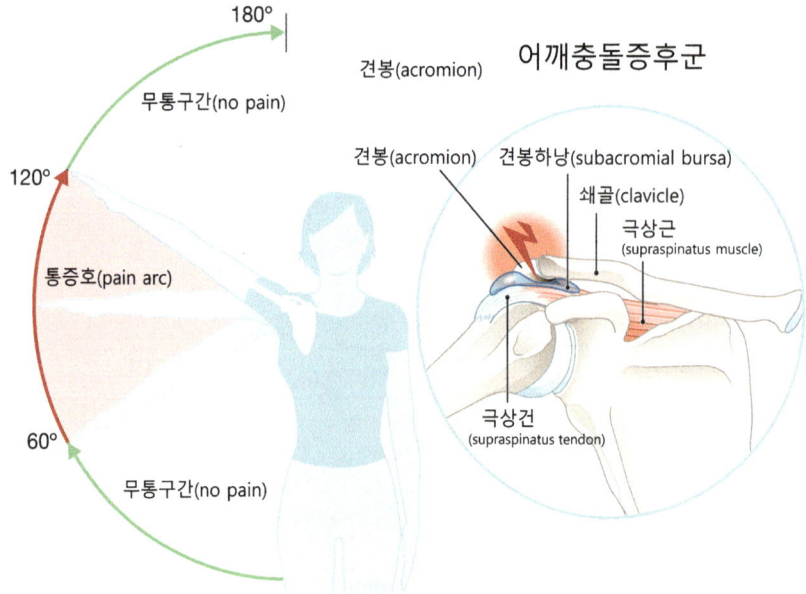

7 유착성 관절낭염과 석회성 건염

1) 유착성 관절낭염(adhesive capsulitis, 동결견, 오십견)

(1) 정의

어깨관절을 이루는 조직 중에서 **회전근개 관절 활액막, 상완 이두근 및 주위 조직을 침범하는 퇴행성 변화의 결과로 심한 운동장애를 일으키는 질환**

(2) 증상

① 특별한 외상이 없거나 경미한 외상 후에 견관절 부위에 둔통이 시작된 다음 서서히 통증이 심해지면서 관절 운동 제한 발생
② 대개 50대 이후에 호발, 심한 통증, 운동 제한
③ 흔히 누워 있는 자세에서 통증 및 불편감이 더욱 심해지는 야간통 및 수면장애
④ 관절운동 제한 : 전방 거상, 외전, 외회전 및 내회전이 모두 제한된다. 서서히 진행하여 일상생활이 크게 불편해지기도 한다.
⑤ 회전근개 질환은 견봉 바로 전방의 통증을 호소하지만, 동결견은 환자 자신이 어디가 아픈지 정확하게 말하지 못하고 전체적으로 아프다고 표현한다.

2) 석회성 건염(calcific tendinitis)

(1) 정의

회전근개의 건 부분에 석회가 침착하는 건 질환, 30~50대 사이에 호발

(2) 증상

① 어깨 통증
② 관절운동 제한

(3) 진단

엑스레이 사진에서 어깨 주변에 뼈 음영과 비슷한 밀도의 하얀 석회가 관찰된다.

(4) 치료

① 보존적 치료
② 물리치료
③ 관절 세척술, 체외 충격파 요법

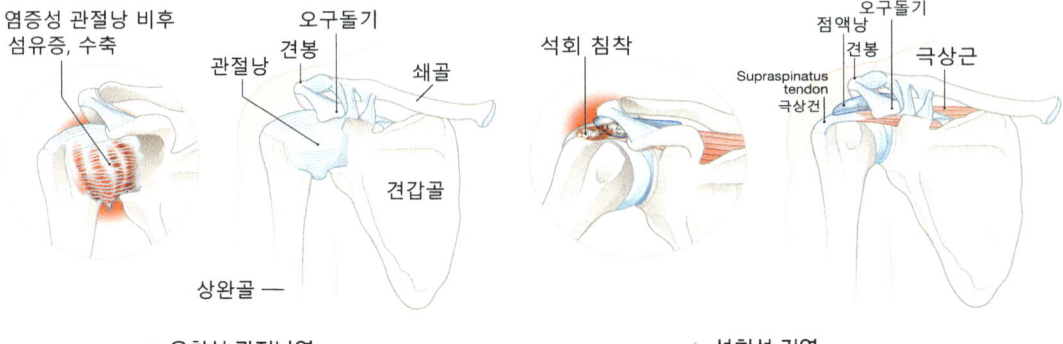

▲ 유착성 관절낭염　　　　　▲ 석회성 건염

의학이론

8 흉곽출구증후군과 근막동통증후군

1) 흉곽출구증후군(thoracic outlet syndrome)

(1) 정의

흉곽 위쪽 구조물에 의하여 쇄골하 혈관 및 상완신경총이 눌려서 나타나는 증후군

(2) 원인

① **선천적 원인** : 경부늑골, 갈라진 쇄골, 갈라진 1번 늑골, 쇄골 및 1번 늑골 과도 성장

참고 경부늑골 : 제7경추 횡돌기가 길어져 있는 경우

② **외상성 원인** : 쇄골 또는 1번 늑골의 골절, 상완골 골두 탈구, 갑작스러운 근육 경직, 견갑골과 경추 사이의 연골 압박 변형

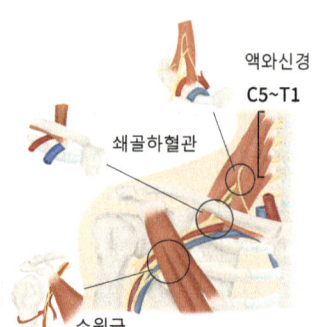

(3) 증상

① 신경 압박 증상 : 점진적인 통증 및 감각이상(주로 척골신경 지배 영역)
② 혈관 압박 증상 : 팔과 손이 차갑고 약해지면서 피로감 발생, 레이노증후군, 어깨, 팔, 손 등의 부종이나 정맥 확장, 변색, 드물게 쇄골하정맥 혈전증

2) 근막동통증후군(MPS, myofascial pain syndrome)

(1) 정의

근육과 근막에 존재하는 단단한 통증 유발점(trigger point)의 활동으로 생기는 통증 및 자율 신경 증상

(2) 진단기준 - 주 진단기준 3개 이상 + 부 진단기준 1개 이상

① 주 진단기준
  a. 국소적인 근육 통증 호소
  b. 압진시 띠모양의 긴장밴드 촉지
  c. 긴장 밴드 내에 압통점이 존재
  d. 압통점 압박시 환자가 익숙한 통증(재현통)을 호소
  e. 압통점 압박시 국소 연축반응

② 부 진단기준
  a. 압통점 자극시 환자가 전형적인 방사통 패턴
  b. 수동적 스트레칭이나 압박시 통증 증가
  c. 압통점의 이완이나 주사 후 통증 감소

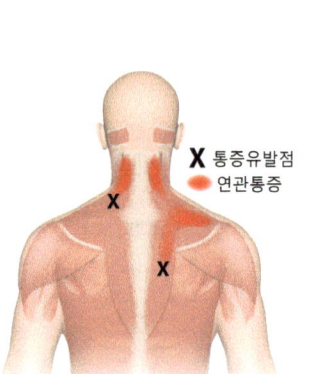

참고 섬유근육통은 몸의 병적 상태로 인해 잠복 통증유발점이 동시 다발적으로 활성화된다는 차이가 있다.

9 쇄골 골절(clavicle fracture) 기출 18년

1) 정의

흉골과 견갑골을 잇는 긴 뼈로 팔을 몸통에 고정하는 역할을 하며 가장 골절이 흔한 뼈. 내측, 중간, 외측 중 중간 부위 골절이 가장 흔하다(80%).

2) 원인

(1) 대개 낙상이나 그 외의 직접적인 충격 : 팔을 곧게 뻗은 채로 손을 짚으면서 넘어지는 경우, 자동차 충돌 사고 시 운전대에 가슴 부위가 부딪히는 경우 등
(2) **분만골절** : 산모의 골반협착, 비정상적인 태위, 부적절한 분만 방법, 정상보다 큰 태아

3) 증상

통증, 종창, 건측 손으로 환측 상지를 받치고 머리를 환측으로 돌린 자세, 골절부의 돌출

4) 치료

(1) 비수술적 방법 : 통상적인 방법이다. 8자 붕대, 8자형 석고, 견수상 석고 고정
(2) 수술적 방법 : 관혈적 정복 및 내고정, 골이식 등

5) 수술이 필요한 경우

(1) **개방성 골절, 통증이 지속되는 불유합**
(2) **쇄골 외측부 골절과 견봉쇄골인대나 오구쇄골인대의 파열이 동반되어 부유 견**(floating shoulder)**이 발생하였을 때**
(3) **연부조직이 삽입되어 계속적인 골절편의 분리가 계속될 때**
(4) **신경 및 혈관의 손상이 있을 때**
(5) **조기에 팔을 사용해야 하는 운동선수**

6) 합병증

쇄골하동맥, 상완신경총 손상, 부정유합, 불유합, 외상성 관절염

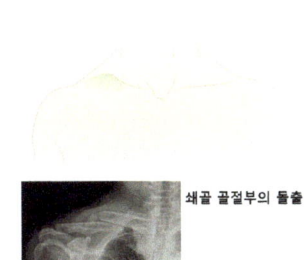
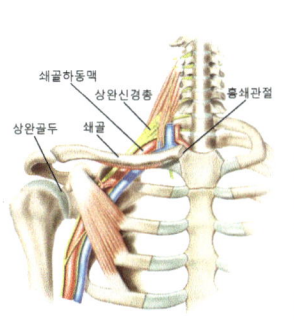
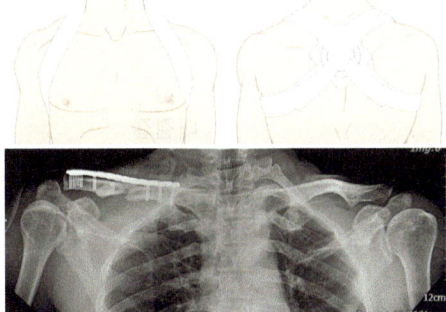

📖 **기출문제**

대부분의 쇄골골절은 보존적 치료로 골유합을 얻을 수 있다. 그러나 수술이 필요한 경우는? (10점) 기출 18년

10 상완골 근위부 골절(proximal humerus Fx) 기출 19년

1) 정의 및 역학

뼈가 약한 노인들이 넘어지면서 잘 생긴다. 팔을 뻗친 상태에서 넘어질 때, 팔을 외전시킨 상태에서 과도한 회전운동이 수반되는 등 간접 외상으로도 발생한다. 골두 골절은 드물고 외과경에서 주로 발생하며, 단순 외과경 골절은 예후가 양호하다.

2) Neer의 분류법

(1) 정의 : 골절편을 아래 4가지로 나누고 1㎝ 이상 전위가 있거나 45° 이상 각형성이 있는 경우를 전위성 골절로 정의하여 이들 골절편의 수에 따라 분류하는 방법

① 관절면 또는 해부학적 경부
② 간부 또는 외과적 경부
③ 대결절
④ 소결절

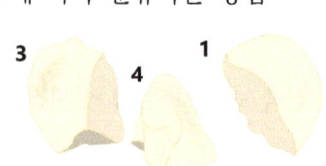

1. 해부경(또는 관절면)
2. 외과경(또는 간부)
3. 대결절
4. 소결절

(2) 종류

① 비전위 골절
② 이분 골절 : 골절편이 두 개인 골절
③ 삼분 골절 : 골절편이 세 개인 골절
④ 사분 골절 : 골절편이 네 개인 골절

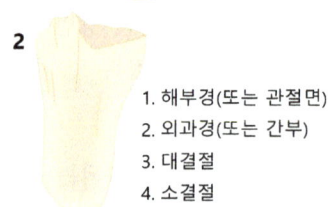

3) 증상

　통증, 종창, 피하 출혈

4) 진단(trauma series)

　(1) **전후면**(AP, antero - posterior view)
　(2) **견갑골 측면 Y - view**
　(3) **액와면**

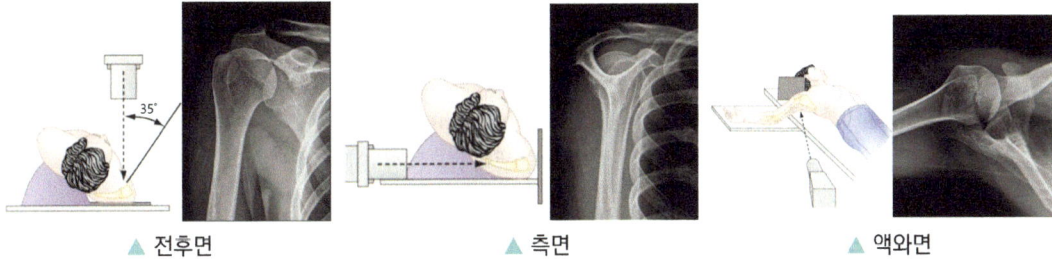

▲ 전후면　　　　　　　　▲ 측면　　　　　　　　▲ 액와면

5) 치료

　(1) 비전위 골절 : 1~2주간 고정한다. 견관절은 인체에서 가장 큰 운동 범위를 가지고 있어 어느 정도 변형이 허용될 수 있으며 보존요법으로 좋은 결과를 기대할 수 있다.
　(2) 이분 골절, 삼분 골절 : 관혈적 정복술 및 내고정술(금속판, 골수정 등)
　(3) **노인의 사분 골절 및 탈구 : 견관절 인공관절 치환술** - 고정 실패와 상완골두의 혈액 순환 장애로 인한 무혈성 괴사 합병증 발생 가능성이 높기 때문

6) 합병증

　(1) **액와동맥 손상, 상완신경총 손상**
　(2) **상완골 골두 손상 시 무혈성 괴사** : 발생 시 상완골두 치환술 필요
　(3) **견관절 관절 구축** : 빈도가 높다. 장기간의 물리치료 필요
　(4) **흉곽 손상, 화골성 근염, 동결견, 부정유합, 불유합**

기출문제

75세의 여자환자가 자동차 사고로 인해 우측 상완골 근위부에 사분 골절 및 탈구가 생겼다. 치료방법(5점)과 그 이유(5점)는? 기출 19년

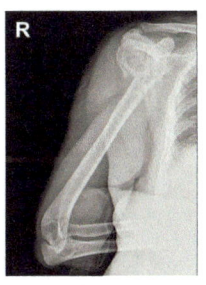　　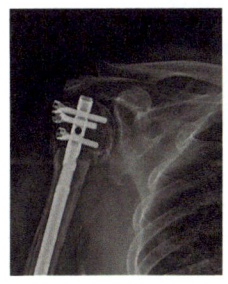　　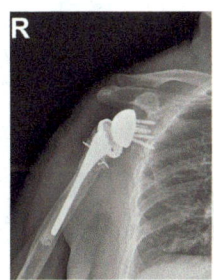

▲ 4분 골절 탈구　　　　▲ 11개월 후 불유합　　　▲ 18개월 후 치환술

> 의학이론

11 상완골 간부 골절(humerus shaft Fx)

1) 손상 기전
(1) 직접 외상 : 추락, 직접 충격에 의해 개방성 횡상 분쇄골절
(2) 간접 외력 : 손바닥을 짚으며 넘어지는 경우 등에 사선 나선상 골절

2) 증상
국소 통증, 견관절이나 주관절 운동 시 통증 증가, 종창, 근육 수축에 의한 변형, 염발음, 나선상 골절에서 요골신경 손상

3) 합병증
(1) **홀스테인 루이스 증후군**(Holstein Lewis syndrome) : 상완골 간부 골절의 도수정복 과정에서 요골신경이 골절편 사이에 끼이면서 발생하는 신경 이상 증상
(2) **상완동맥 손상, 요골신경 손상**
(3) **주관절 부전강직** : 주관절의 장기간 고정이나 근육 유착 때문에 발생
(4) **부정유합** : 20° 이하의 전방 각형성, 30° 이하의 내측 각형성, 1인치 이하의 단축은 기능과 외견상 별 지장이 없다.
(5) **지연유합, 불유합**

4) 치료
(1) 보존적 치료 : 각설탕집게모양 부목(sugar tong splint), 현수 석고(hanging cast), U형 석고, 외전 부목, 골 견인, 기능적 보조기
(2) 수술 : 압박 금속판 내고정, 나사못 고정, 골수 내 금속정 삽입, 외고정

5) 수술 적응증
(1) 보존적 요법으로 만족할 만한 정복을 얻을 수 없을 때
(2) 동일 상지의 다른 동반 손상이 있어 조기 운동이 필요할 때
(3) 분절 골절, 개방성 골절, 병적 골절, 주요 혈관 손상, 요골신경 손상이 동반되었을 때
(4) 홀스테인 루이스 증후군이 발생하였을 때

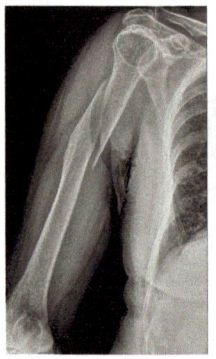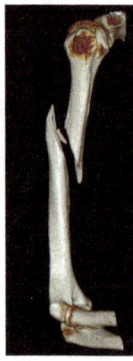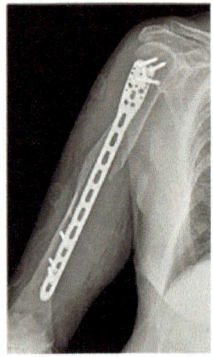

▲ 상완골 간부 골절

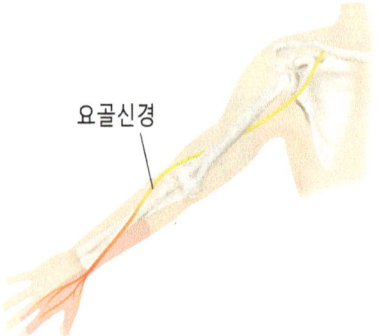

▲ 요골신경 손상

12 상완골 원위부 골절(distal humerus Fx)

1) 손상 기전
주관절을 신전 또는 굴곡한 상태에서 넘어지면서 손을 짚을 때에 발생할 수 있고, 상완골 원위부에 직접 충격으로도 발생한다. 소아에서 호발한다.
분류 : 과상부(60%), 외과(20%), 내상과, 과간, 관절면

2) 증상
골절 부위 통증, 종창, 주관절 운동 시 통증 증가

3) 합병증
(1) **볼크만 허혈성 구축**
상완골 과상부 골절에서 지나치게 압박된 붕대나 석고 고정에 의해 발생한 손목관절 및 수지관절의 구축이다. 소아의 과상부 골절, 성인의 전완부 골절이나 압궤 손상 시 합병된다. 주로 심부 굴근이 손상되며 장무지 굴근 구축, 손목을 신전한 위치에서 수지 신전 불가 증상이 나타난다.

(2) **gunstock 변형**
주관절이 15° 이상 내반된 변형을 gunstock 변형이라고 한다. 가장 빈번한 합병증이다. 원위 골편의 내측 전위가 정복되지 않고 유합되거나, 정복은 잘 되었으나 외과의 골 성장이 촉진되었을 때 발생한다.

(3) **요골신경, 정중신경 손상, 척골신경 지연 마비**

(4) **상완동맥 손상**

(5) **주관절 강직**

(6) **외상성 화골성 근염**

4) 치료
(1) 일반적으로 도수정복 및 석고 고정
(2) 견인 : 심한 종창이 있거나 정복의 유지가 잘 안되는 경우
(3) 관혈적 정복 : 신경 또는 혈관 손상 동반, 보존요법으로 불가능한 경우
(4) 소아에서 보존요법으로 치료가 불가능한 경우 : 도수정복 및 K - 강선 내고정

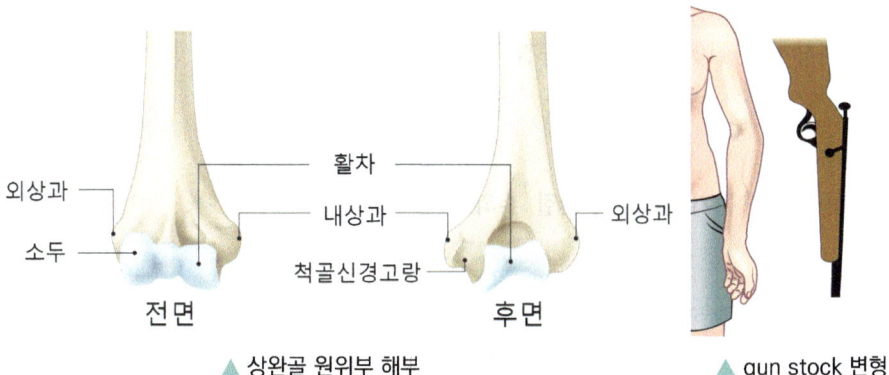

▲ 상완골 원위부 해부 ▲ gun stock 변형

13 주관절 손상(elbow injury)

1) 주관절의 세부 관절

(1) **완척관절**(경첩관절)
상완골 활차와 척골 활차절흔 사이의 관절로 굴곡과 신전운동에 관여한다.

(2) **완요관절**(과상관절)
상완골 소두와 요골두 사이의 관절로 주관절의 굴곡과 전완의 회내 회외운동에 관여한다.

(3) **상요척관절**(환축관절)
요골두 관절 환상면과 척골 요골절흔 사이의 관절로 회내와 회외 운동에 관여한다.

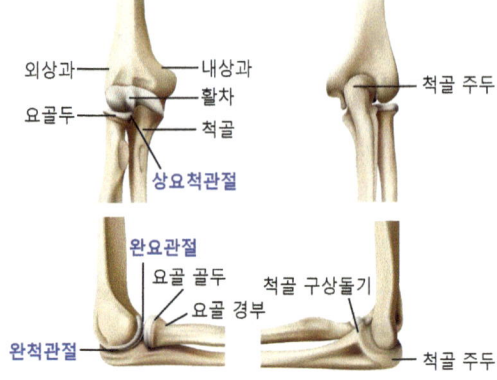

2) 주관절 탈구

견관절 탈구 다음으로 많이 발생하며 후방 탈구가 많이 나타난다. 척골 구상돌기와 주두가 완전히 발달하기 전인 10~20대 청소년에게 비교적 흔히 발생한다.

3) 치료

(1) 보존적 치료 : 도수정복 후 주관절을 100~110° 굴곡 상태에서 후방 부목으로 고정
(2) 수술적 정복이 필요한 경우
   ① 도수정복이 불가능하거나 개방창이 동반된 경우
   ② 동반 골절이 있어 동반 골절에 대한 수술적 정복 및 고정을 동시에 시행할 때
   ③ 동맥이나 신경 손상이 동반된 경우
   ④ 3주 이상 방치된 탈구
   ⑤ 6개월 이상 지난 경우 : 관절고정술이나 관절성형술 필요

4) 발생할 수 있는 합병증

(1) **신경 손상** : 요골신경, 정중신경, 척골신경
(2) **혈관 손상** : 상완동맥
(3) **화골성 근염, 외상성 관절염, 골 연골 골절, 구획증후군**
(4) **재발성 탈구**

5) 주관절의 불행 삼주징

요골 골두 골절, 척골 구상돌기 골절, 주관절 후외방 탈구

6) 주관절의 대표적인 과사용 증후군

(1) **테니스엘보(외상과염)** : 손목 신전근 과사용 증후군, 상완골 외측상과 압통
(2) **골프엘보(내상과염)** : 손목 굴곡근 과사용 증후군, 주관절 내측 통증

14 소아의 주관절부 손상

1) 상완골 과상부 골절 합병증

부정유합(내반주, cubitus varus), **볼크만 허혈성 구축, 신경 손상, 화골성 근염, 주관절 강직**

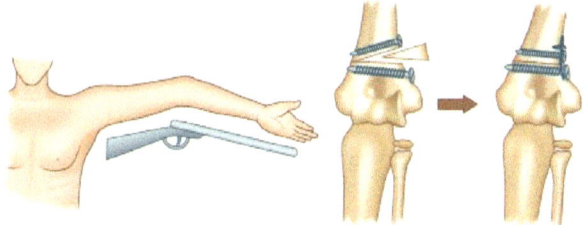

2) 상완골 외과 골절 합병증

부정유합(외반주, cubitus valgus : 외과 성장판 손상 → 안쪽만 자라서 주관절 외반 변형)
불유합, 척골신경 지연 마비, 성장판 조기 유합

3) 상완골 내상과 골절

(1) 특징 : 소아나 청소년기에 주관절 탈구와 동반되어 잘 발생한다.
(2) 치료 : 전위가 적은 골절은 주관절을 굴곡 내전 상태로 고정한다. 전위가 있거나 신경 손상이 있으면 수술적 정복을 한다.

4) 주관절 탈구 합병증

정중신경, 요골신경, 척골신경 손상, 혈관 손상, 화골성 근염

5) 요골 골두 및 경부 골절 합병증

불유합, 관절강직, 요골두 과성장, 성장판 조기 유합, 무혈성 괴사

6) 요골두 아탈구(pulled elbow)

(1) 특징 : 주관절부 손상 중 가장 빈도가 높고 5세 이하 소아에서 주로 발생한다. **요골 윤상인대의 일부가 찢겨서 요골두가 일과성으로 아탈구**된다.
(2) 치료 : 전완을 회전시키면서 서서히 굽혀 정복한다. 방사선 검사를 위한 팔의 위치 선정 시 정복되는 경우가 많다.

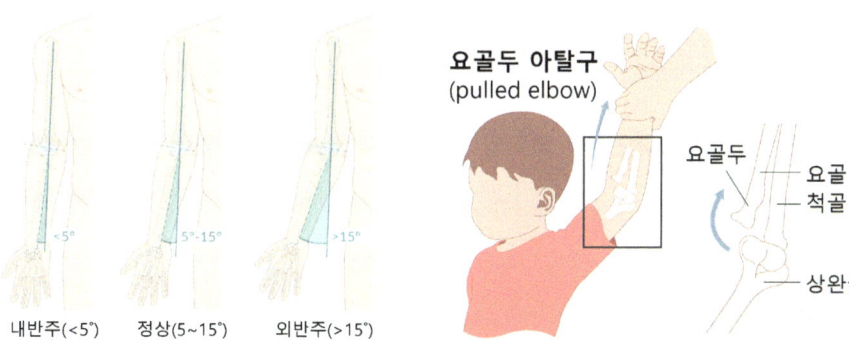

> 의학이론

15 요척골 골절(radius & ulna Fx) 기출 16년

1) 손상 기전
(1) 직접 손상 : 대부분 직접 손상 때문에 발생한다.
(2) 간접 손상 : 손을 밖으로 뻗어 넘어질 때 발생하며 소아에서 많이 발생한다.

2) 합병증
(1) 구획증후군, **볼크만 허혈성 구축**
(2) **요척골 유합증**(synostosis) : 전완부의 회내회외장애
(3) **정중신경 손상**
(4) **무지 신전건 파열**
(5) **감염** : 화골성 근염, 원위 요척관절염
(6) **불유합, 지연유합** : 분쇄골절 시 골편 사이에 연부조직이 끼이거나 불완전한 정복 때문에 호발
(7) **부정유합** : 회전변형, 과다 가골로 골간 간격 협소, 정렬 이상 시 회전운동 제한 유발
(8) 운동장애
(9) 재골절

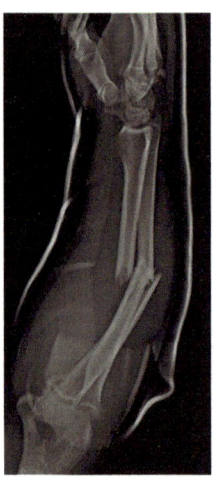
▲ 요척골 간부 골절

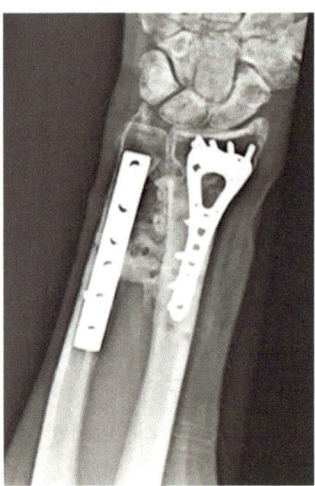
▲ 요척골 유합증

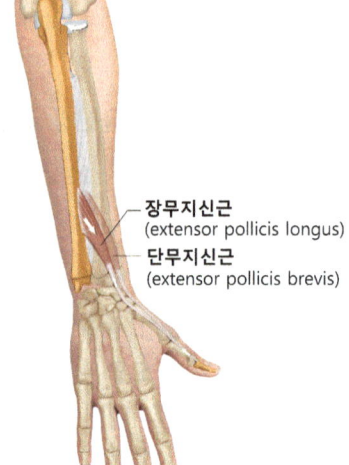
▲ 장무지 신전건

> 기출문제

29세 환자로 교통사고 후 우측 전완부의 요골 및 척골에 분쇄 골절이 발생하였다. 예상되는 합병증은? (5개 이상) (10점) 기출 16년

16 요척골 골절 탈구 기출 17년

1) 갈레아찌 골절(Galeazzi Fx)

(1) 정의 : **요골 원위부 골절과 원위 요척관절 탈구가 동반된 상태**

(2) 손상 기전 : 손을 짚고 넘어지면서 전완부에 회전력이 강하게 작용했을 때 발생

(3) 치료 : 여러 요소의 변형력(수부나 석고의 하중, 방형회내근, 완요골근, 무지 신전근과 외전근 등)이 작용하므로 최초의 전위가 없더라도 추후 전위되는 것이 일반적이며 수술적 치료(관혈적 정복술 및 내고정술)가 반드시 필요하다는 의미로 **필요골절**(Fx of the necessity)이라고도 부른다.

용어해설 변형력 : 수부나 석고의 하중, 방형회내근, 완요골근, 무지 신전근과 외전근 등

(4) 합병증 : 불유합, 부정유합, 감염, 각형성 등

2) 몬테지아 골절(Monteggia Fx)

(1) 정의 : **척골 근위부 골절과 요골 골두 탈구가 동반된 상태**

(2) 특징 : 전완부의 회내전 상태에서 넘어지거나 직접 가격에 의해 주로 발생. 요골두는 전방 탈구가 가장 흔하고 단순 X - 선 검사에서는 간과되기 쉽다.

(3) 치료 : 소아의 경우 도수정복으로 만족할 만한 결과를 얻을 수 있으나 성인의 경우에는 수술적 방법을 택해야 한다. 아무리 치료를 잘해도 만족할 만한 결과에 도달하기 힘들고, 척골을 견고하게 내고정하여 재탈구를 막을 수 있다면 양호한 결과라고 할 수 있다.

(4) 합병증 : 불유합, 부정유합, 화골성 근염, 감염, 요골신경 손상, 주관절 강직

기출문제

25세 남자 환자가 축구하다가 회내전 상태로 손을 뻗친 상태에서 땅을 짚고 넘어지면서 발생한 극심한 수근부 통증 및 부종을 주 증상으로 내원하였다. X - ray 상 요골 원위부의 골절과 원위 요척관절의 탈구가 동반된 소견을 보였다. 기출 17년

(1) 상기 환자에서 가장 가능성 높은 진단은? (5점)
(2) 상기 환자의 가장 적절한 치료방법은? (5점)

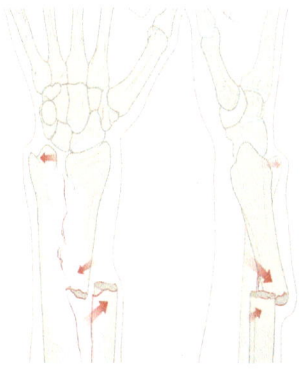 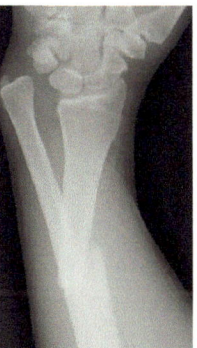  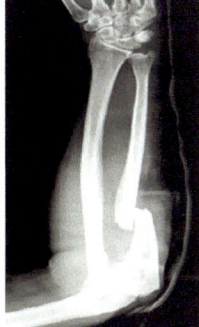

▲ 갈레아찌골절   ▲ 몬테지아골절

17 원위 요골 골절(distal radius Fx)

1) 콜레스 골절(Colles' Fx)

(1) 특징
① 손목보다 근위 상방 1인치 이내의 관절외 골절로 원위 요골 골절의 90%를 차지하며, 약 60%에서 척골 경상돌기 골절이 동반된다.
② **골감소증이 빈발하는 중년기 이후 여자**에게 호발한다.
③ 손을 뻗치고 넘어지면서 손목이 배굴되어 발생하는데, 원위부 골절편이 후방으로 전위되어 옆에서 보면 **포크 모양**의 방사선 소견을 보인다.

(2) 증상 : 통증, 종창, 감각 이상, 염발음

(3) 치료 : 도수정복 후 석고붕대 고정(전방 굴곡 - 척측 변위 - 중립 회전위), 정복 후 유지가 어려울 때 K - 강선 고정

(4) 합병증
① **정중신경 손상, 수근터널증후군**(CTS, carpal tunnel syndrome),
② **장무지 신전건 손상**
③ **원위 요척관절염**
④ **복합통증증후군**(CRPS)
⑤ **허혈성 구축, 슈덱 위축**(통증지속, 피부색변화, 감각 과민, 관절운동 제한)
⑥ **부정유합**

2) 스미스 골절(Smith's Fx, 역콜레스 골절)

(1) 특징 : 콜레스 골절과 반대로 요골 원위부 골절편이 전방으로 전위되어 **정원 삽 모양**으로 보이는 골절

(2) 손상 기전 : **손목이 꺾인 상태에서 직접적인 외력**이 가해졌을 때 발생

3) 기타 원위 요골 골절

(1) 바톤씨 골절(Barton's Fx) : 요골 원위 단의 관절내 골절, 손을 짚고 넘어졌을 때 발생하며 손목관절의 탈구나 아탈구가 동반된다.

(2) 운전기사 골절(Chauffeur Fx) : 요골 경상돌기를 포함한 원위 요골의 요측 관절내 골절

(3) 월상골 부하 골절(lunate load Fx) : 원위 요골의 척측 관절내 골절

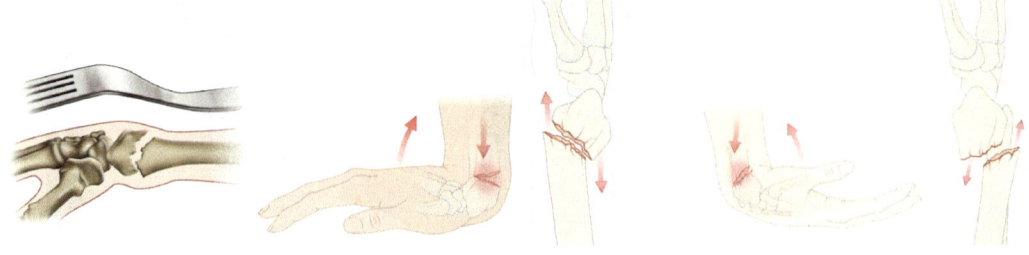

▲ 콜레스골절   ▲ 스미스 골절

18 수근 주상골 골절

1) 수근 주상골 골절의 발생 빈도와 해부학적 특징

수근부 손상 중 원위 요골 골절 다음으로 흔하고 수근골 골절 중 60%에 해당한다. 주상골은 전방과 후방에서만 혈액공급이 이루어지고 80%가 관절면으로 이루어져 있어 골절 시 무혈성 괴사가 호발한다.

2) 수근 주상골 골절의 진단

(1) **사면투영**(oblique view)이나 **당구를 치는 위치에서의 촬영**(billiard position)
(2) 골 스캔, CT, MRI
(3) 처음 방사선에서 골절이 확인되지 않더라도 **코담배갑에 통증**이 있어 주상골 골절이 의심된다면 일단 부목을 한 다음 2주 후에 재검사 필요

용어해설 코담배갑(snuff box) : 손등의 요골 경상돌기와 검지 사이 움푹 파인 부위

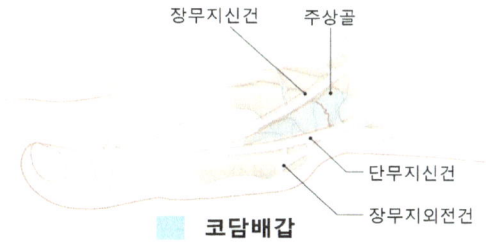

▲ 코담배갑

3) 수근 주상골 골절의 급성 골절과 진구성 골절의 감별

(1) 급성 골절 : 주상골에 골절선이 선명하게 보이고 관절 삼출액이 관찰된다.
(2) 진구성 골절 : 골절부의 흡수, 골편 사이의 공간, 경화의 증가, 진행시 낭포성 흡수

4) 수근 주상골 골절의 치료

(1) 비수술적 석고 고정 치료가 일반적이다.
(2) 수술적 치료 : hebert screw로 고정
(3) 무혈성 괴사가 발생하였을 때 : 주상골 치환술, 근위 주상골 부분 절제술
(4) 합병증 : 지연유합, 불유합, 무혈성 괴사, 외상 후 관절염

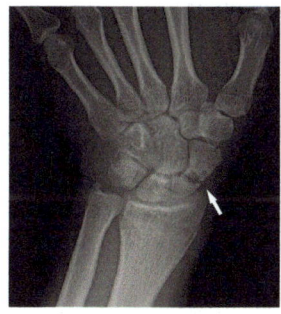
▲ 주상골 골절

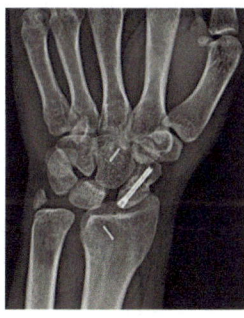
▲ hebert screw로 고정

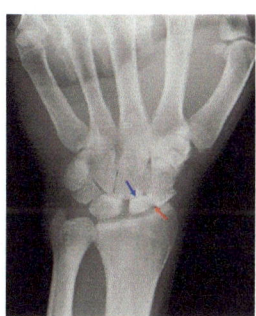
▲ 주상골 불유합

19 삼각 섬유연골 복합체(TFCC, triangular fibrocartilage complex) 기출 21년

1) 정의

손목관절의 원위 척골과 수근골에 존재하는 연부조직으로 손목의 척측에서 수근골을 받쳐주고 충격을 흡수하며 요척관절의 안정성을 유지한다.

원위 요척인대, 수근부 인대, 삼각 섬유연골, 척측 수근 신근 건초로 구성된다.

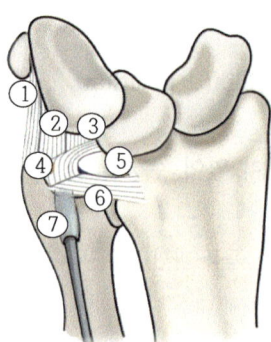

① **척측 측부인대**(UCL, ulnar collateral ligament)
② **척골 - 삼각인대**(ulnotriquetral ligament)
③ **척골 - 월상인대**(ulnolunate ligament)
④ **장측 요척인대**(palmar radioulnar ligament)
⑤ **삼각 섬유연골**(triangular fibrocartilage)
⑥ **배측 요척인대**(dorsal radioulnar ligament)
⑦ **척측 수근 신근 건초**(extensor carpi ulnaris tendon sheath)

2) 손상 기전

(1) 넘어지면서 손으로 바닥을 짚는 경우
(2) 주먹이나 손으로 물체를 세게 치는 경우
(3) 야구 배트나 라켓을 휘두르거나 강한 힘으로 손목이 비틀린 경우

3) 증상

손목을 돌릴 때 손목의 척측 관절의 통증, 압통

4) 수술 방법

(1) 관절경 이용 TFCC 성형술
(2) Wafer 절제술 : 관절경을 이용하여 척골 두의 원위부를 2~3㎜ 깎아주는 방법
(3) 척골 단축술 : 척골이 요골보다 더 튀어나온 양성 변위를 해결하기 위한 척골 단축술

기출문제

다음은 상지의 구조를 표시한 그림이다. 아래의 질문에 답하시오.
(3) 상지의 주요 관절 중, 삼각 섬유연골 복합체 병변(TFCC, triangular fibrocartilage complex)이 발생하는 관절은 어느 관절인가? (2점)
기출 21년

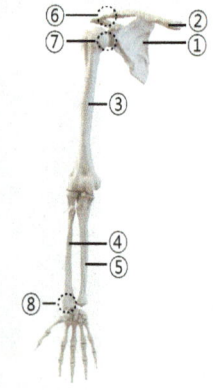

20 드퀴르벵병(De Quervain's disease)

1) 정의

손목 엄지 쪽 장무지 외전건과 단무지 신전건을 싸고 있는 건초에 염증이 생기는 **협착성 건막염**(tenosynovitis)

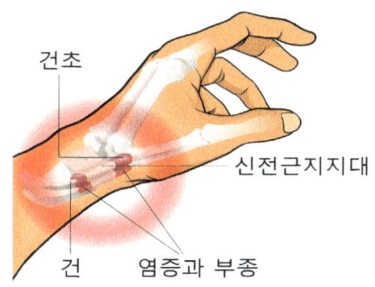

2) 발생기전 및 빈도

류마티스관절염, 수부나 손목관절을 과도하게 사용하는 직업에 의해 섬유막이 과도하게 비후되어 생긴다. 30~50세 여성, 임신말기나 수유기의 여성에게 호발한다.

3) 증상

요골 경상돌기 부위의 압통, 무지, 수근부, 전완부 쪽으로 방사통

4) 진단

(1) **휭켈스타인 검사**(Finkelstein test) : 환자의 무지를 잡고 손을 척측으로 빠르게 내전시켜 요골 경상돌기 쪽에 통증이 유발되는지 보는 검사

(2) **에이코프검사**(Eichhoff test) : 손목이 척골 편위된 상태에서 손바닥으로 엄지손가락을 잡아 요골 경상돌기 쪽에 통증이 유발되는지 보는 검사

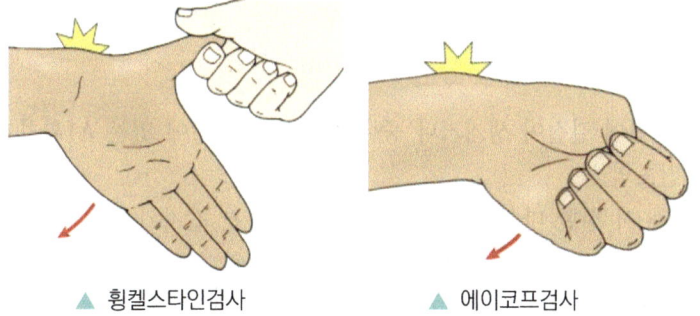

▲ 휭켈스타인검사   ▲ 에이코프검사

5) 치료

(1) 손목과 엄지의 부목고정, 아스피린 투약
(2) 건막 내에 직접 마취제 혼합 스테로이드제 투여
(3) 보존적 요법에 6개월 동안 반응이 없으면 건 박리술

의학이론

21 수지 건 손상

1) 추지 & 백조목 변형(mallet finger & Swan neck deformity)

(1) 정의

추지 변형은 원위 지간관절이 갑자기 강한 힘으로 굴곡력을 받아 끝마디 부위에서 신전건이 파열되어 생기는 변형으로 원위 지관절의 능동적 신전이 불가능하다.

진행되면 백조목 변형을 초래하는데, **종말 신전건 손상** 때문에 원위 지관절을 능동적으로 신전할 수 없고 손가락 끝이 굽어진 변형이 된다.

(2) 원인

① **원위 지관절의 추지 변형으로 굴곡된 경우**
    a. 골성 추지 : 원위 지골의 후방 1/3 이상을 침범하는 골절에 의한 추지 기형
    b. 건성 추지 : 건 이완, 건 파열 등의 건 손상에 의한 추지 변형
② 근위 지관절이 수장판 파열이나 이완으로 과신전 되는 경우
③ 중수지관절에서 내재근의 구축으로 근위 지관절이 과신전 되는 경우

2) 단추 구멍 변형(button-hole deformity)

중앙 신전건 손상 때문에 근위 지관절을 능동적으로 신전할 수 없는 상태로 근위 지관절은 굴곡되고 원위 지관절은 과신전되는 변형

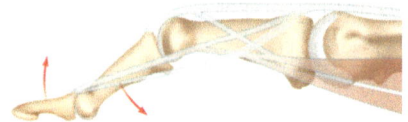 

3) 방아쇠 수지(trigger finger)

(1) 정의 : 수지 굴건에 결절이 생기거나 중수골 경부의 전방에 있는 **A1활차가 비후**되어 발생하는 협착성 건초염

(2) 특징 : 건 통과 시 심한 마찰이 느껴지다가 어느 순간 갑자기 쉽게 통과되어 마치 방아쇠를 당길 때의 느낌과 비슷하다고 방아쇠 수지라고 불린다.

(3) 빈도 : 45세 이상 제3, 4수지에 호발

(4) 치료 : 비스테로이드 진통제, 국소마취제와 스테로이드의 건막 내 주입, 효과적이지 않으면 A1활차 절개술

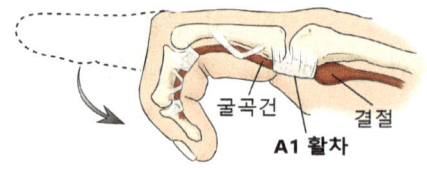

22 손목과 손의 해부

1) 해부학적 특징

(1) 요골 경상돌기가 척골보다 약 12㎜ 더 길다.
(2) 요골측 사위(요골의 전후면 경사각) 평균은 23°이다.
(3) 수장부 경사(요골의 측면 경사각) 평균은 11°이다.
(4) 수부 기능에서 각 수지가 차지하는 기능의 비율은 무지 50%, 인지 20%, 장지 10%, 환지 10%, 소지 10%이다.

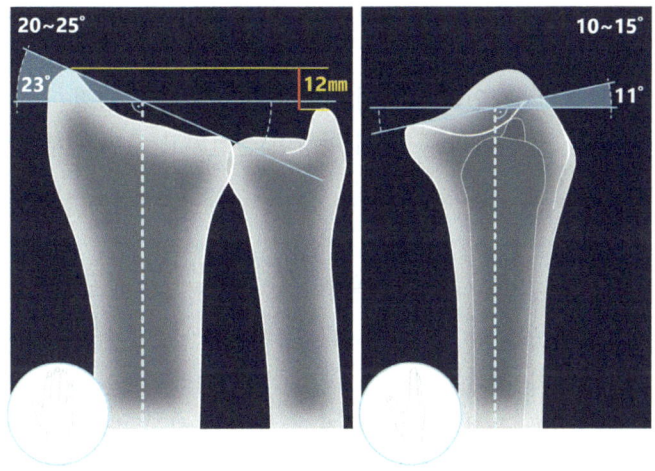

2) 손의 특수 골절

(1) 베네트 골절(Benett Fx) : 제1중수골 기저부의 관절내 골절
(2) 롤란도 골절(Rolando Fx) : 제1중수골 기저부의 T형 또는 Y형 복잡골절
(3) 복서 골절(Boxer's Fx) : 주먹 끝으로 가격하였을 때 발생하는 제4,5중수골 경부 골절, 주먹을 쥐었을 때 중수 골두 돌출(knukcle)이 보이지 않는 게 특징
(4) 스키어 무지(Skier's thumb) : 무지 중수지관절의 척측 측부인대 손상

제3보험 연관학습

3보 팔의 기능 장해

* 잃(30%) : ① 완전 강직, ② 근전도 검사상 완전손상이면서 근력 0등급(zero)
* 심(20%) : ① 운동 범위 합계가 정상의 1/4 이하로 제한, ② 인공관절이나 인공골두 삽입, ③ 근전도 검사상 완전손상 및 근력 1등급(trace)
* 뚜(10%) : ① 운동 범위 합계가 정상의 1/2 이하로 제한, ② 근전도 검사상 불완전한 손상이면서 근력 2등급(poor)
* 약(5%) : ① 운동 범위 합계가 정상의 3/4 이하로 제한, ② 근전도 검사상 불완전한 손상이면서 근력 3등급(fair)

CHAPTER 05 하지 손상

1 골반골 골절(hip bone Fx)

1) 특징
(1) 대퇴 골두 탈구가 동반되었을 때 가능한 조기에 탈구를 정복해 주어야 무혈성 괴사의 빈도를 줄일 수 있다.
(2) 작은 외력에 의한 골절 : 노인의 낙상이나 청소년기의 견열 골절
(3) 큰 외력에 의한 골절 : 골반환의 두 군데 이상이 골절되고 주위 연부조직과 내부 장기의 심각한 손상 동반

2) 동반 손상 및 합병증
(1) **출혈** : 골반 골절 사망 원인의 60%가 출혈이다. 외장골동맥과 대퇴 동정맥 손상이 흔하다.
(2) **방광, 요도 손상** : 골반 골절의 10~20%에서 동반된다. 요도 손상은 남자에게 많고 후부 요도 손상 시 배뇨 장애와 성기능 장애가 생길 수 있다.
(3) **신경 손상** : 전위성 좌골 골절 시 **좌골신경 손상**이 흔히 동반된다.
(4) **기타** : **항문 또는 회음부 열창, 장관계 파열, 부인과 계통 기관 손상**
(5) **부정 유합, 하지 부동, 지연유합, 불유합, 감염**

3) 손상 기전에 의한 분류(Young Burgess classification)
(1) **전후 압박 손상(APC)**
   - 골반의 앞이나 뒤에서 오는 외력
   - 전형적인 형태는 open book 골절

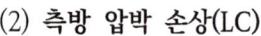

(2) **측방 압박 손상(LC)**
   - 옆에서 오는 외력

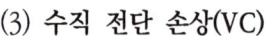

(3) **수직 전단 손상(VC)**
   - 아래위에서 오는 외력

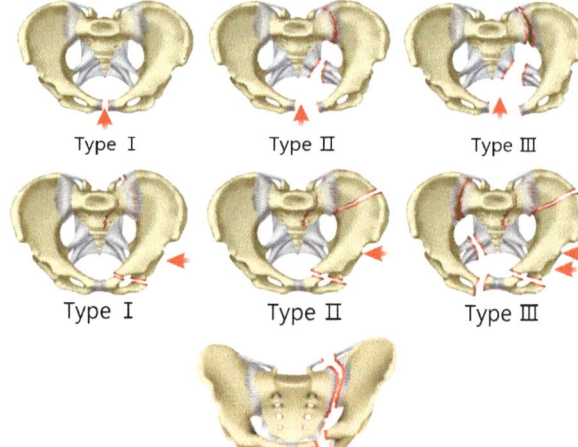

(4) **복합 손상**

2 고관절 탈구(hip dislocation)

1) 정의

고관절은 견고한 구상관절로 광범위한 운동영역을 가지면서도 가장 안정된 관절이다. 고관절이 굴곡 내전된 상태에서 후방으로 강한 힘을 받을 때 탈구가 일어나고 단순 탈구보다 골절 탈구가 더 빈번하며 85~90%는 후방 탈구이다.

2) 후방 탈구의 손상 기전

(1) **자동차의 계기판 손상** : 슬관절과 고관절이 굴곡된 상태에서 슬관절 전방에 외력이 가해져 발생
(2) **고관절 굴곡 정도가 클수록 단순 탈구로** 발생
(3) **고관절 외전 상태에서 손상 시 비구 골절 동반** 호발

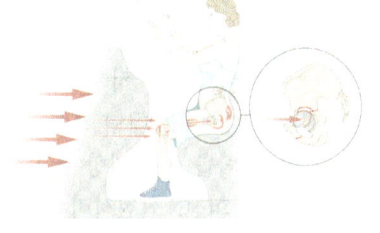

3) 증상 및 진단

(1) 후방 탈구 : **고관절 내전 및 내회전, 외형상 단축, 트렌델렌버그 징후**

　[용어해설] 트렌델렌버그 징후(trendelenburg sign) : 환측 하지로만 섰을 때 반대편 골반이 아래로 내려가고 상체가 탈구된 쪽으로 기울어지는 현상으로 고관절 탈구 시 중둔근의 약화로 고관절의 지렛대 이상을 유발하여 발생한다.

(2) 전방 탈구 : 고관절이 외전, 외회전된 상태에서 하퇴에 힘이 가해질 때 발생한다. 상방 탈구일 때 고관절이 신전되고, 하방 탈구일 때 고관절이 굴곡된다.
(3) 방사선 촬영 : 전후측면 상으로 진단할 수도 있지만 비구 골절의 가능성이 있으므로 양측 사위상(oblique lateral view)도 촬영한다.

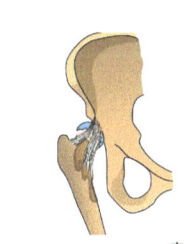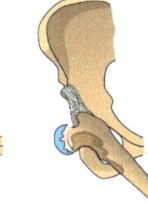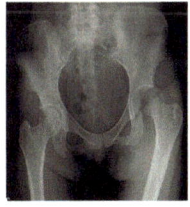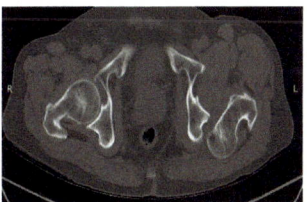

후방탈구

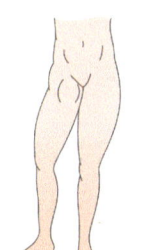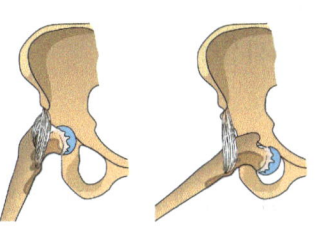

전방탈구

4) 후방 탈구의 정복법

(1) **스팀슨 정복법**(Stimson method)
　가장 힘이 적게 드는 정복법이다. 하지의 무게와 중력을 이용하는 방법으로 환자를 엎드리게 하고 고관절 이하는 침상 바깥으로 내어 탈구된 쪽 고관절은 굽히고 반대쪽은 신전시켜서 골반이 고정되게 한다. 슬와부에 한 손을 얹고 대퇴 장축과 같은 방향인 바닥 쪽으로 견인하여 정복한다.

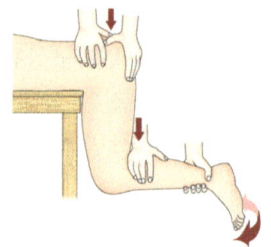

(2) **비글로우 정복법**(Bigelow method)
　환자를 똑바로 눕히고 보조자가 골반을 눌러 고정한 다음 한 손으로는 탈구된 하지의 발목을 잡고 다른 쪽 전완을 환자의 무릎 뒤에 대고 대퇴 축을 따라 견인한다. 내전 및 내회전되어 있는 대퇴를 90° 이상 굴곡시킨다. 견인을 계속하며 고관절을 외전, 외회전, 신전시켜 정복한다.

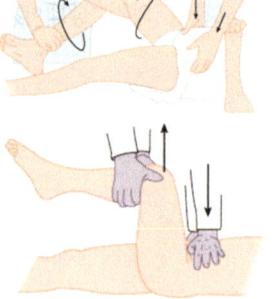

(3) **앨리스 정복법**(Allis method)
　환자를 똑바로 눕히고 보조자는 골반을 눌러 고정한 다음 고관절과 슬관절을 직각으로 굴곡시켜 하지를 대퇴 장축과 같은 방향으로 서서히 강하게 견인하여 정복한다.

5) 후방탈구에 동반 손상되기 쉬운 부위

(1) **좌골신경**
(2) **슬관절 인대, 특히 후방십자인대**
(3) **대퇴 골두**
(4) **대퇴 간부**
(5) **슬개골**

6) 발생하기 쉬운 합병증

(1) **좌골신경 손상** : 골두나 골편에 의한 압박이나 좌상으로 발생
(2) **대퇴골두 무혈성 괴사** : 정복이 지연될수록 발생률이 높다.
(3) **재탈구**
(4) **외상 후 관절염**
(5) **이소성 골형성**
(6) 전방 탈구 시 **대퇴신경 손상**

7) 관혈적 정복술의 적응증

(1) 비구 골절의 골편이 커서 정복된 고관절의 안정성에 지장을 주는 경우
(2) 골편 자체가 관절강 내에 끼어 정복에 장애가 되는 경우
(3) 대퇴골두가 관절낭을 관통하여 끼인 경우

3 비구 골절 합병증 기출 16년

1) 대퇴골두 무혈성 괴사
골절이나 탈구 시 경색, 지방 색전, 스트레스, 전신적 허혈 등에 의해 해당 혈관의 영양공급을 받는 골의 부분에 괴사가 일어나는 질환이다. 괴사된 뼈에 압력이 지속적으로 가해지면 괴사 부위가 골절되면서 통증이 시작되고, 이어서 괴사 부위가 무너져 내리면서 뼈 자체에 손상이 발생한다. 24시간 안에 정복하였을 때 발생 빈도가 낮아진다.

2) 외상성 관절염
대부분 1년 이내에 발생하는데 최초 전위 및 분쇄 정도에 따라 발생 빈도가 결정된다.

3) 좌골신경 손상
탈구된 대퇴골 골두 또는 비구 골편의 압박 때문에 손상된다. 좌골신경 손상 시 슬관절 굴곡 장애, 족부 배굴과 외반장애, 족지 신전장애, 족하수, 족반사 소실이 나타난다. 대부분 비골신경 손상이 많고 2/3는 자연 회복된다.

4) 이소성 골형성
외상 후 연부조직에 골화 현상 및 석회 침착으로 뼈가 새로 생기는 합병증으로 수술적 치료를 한 경우에 많이 발생하며 치료 후 관절 기능장애가 심각하지는 않다.

5) 고관절 관절강직
관절을 이루는 뼈, 연골, 주위 조직이 굳어져 관절 움직임에 장애가 있는 상태

6) 지방색전증
골수 및 지방에서 유리된 지방 미립자가 혈류를 통해 폐, 뇌, 심장, 신장과 같은 중요 장기에서 광범위하게 색전증을 초래하여 급격한 호흡장애와 뇌 증상, 점상 발진을 비롯한 중증의 증상을 유발하는 합병증

7) 핀 통로 감염
장기간 골 견인 시 통로 감염으로 골수염 발생 유발률이 높다.

8) 관절내 나사 천공, 고정 소실

기출문제
50세 환자로 교통사고 후 우측 고관절 비구부 골절 및 탈구가 발생하여 수술적 치료를 받았다. 예상되는 합병증은? (5개 이상) (10점) 기출 16년

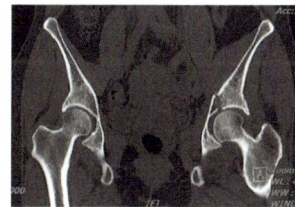
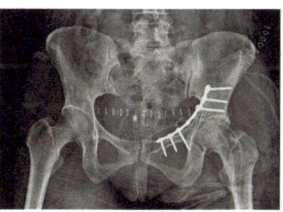

◀ 비구 골절 수술

> 의학이론

4 소아 고관절 이상 기출 18년

1) **발달성 고관절 이형성증**(선천성 고관절 탈구, developmental dysplasia of the hip)

   태아 시기부터 나타나는 고관절의 불안정성, 아탈구, 탈구, 또는 비구 이형성증을 포함한 발달성 병변으로, 조기 발견이 중요하여 영유아 의무 검진에 포함되어 있다.

2) **일과성 고관절 활액막염**(transient synovitis of the hip)

   일시적으로 고관절의 활액막에 염증이 생긴 질환이다. 응급실에 내원한 고관절 통증 환아의 약 85% 정도를 차지할 정도로 흔한 질환이며 대부분 적절한 휴식으로 호전된다. 세균성 감염과의 감별 진단이 필요하다.

3) **소아 대퇴골두 무혈성 괴사**(LCPD, Legg Calvé Perthes disease)

   대퇴골두로 가는 혈류가 일시적으로 막혀서 발생하는 골괴사증이다. 4~10세에 발생하며 고관절 통증과 함께 절뚝거리는 증상이 나타나고 남아가 여아보다 5배 정도 많이 발생한다. 원인에 대해 둔위분만, 인종 차이 등 여러 학설이 있다.

4) **대퇴골두 골단 분리증**(SCFE, slipped capital femoral epiphysis)

   청소년에서 대퇴골 윗부분이 특별히 다치지 않았는데 서서히 어긋나며 고관절이 점차 손상되는 질환

> 기출문제

유아 및 소아에서 발생하는 고관절(Hip Joint)의 이상은 일시적인 경우도 있으나 질병에 따라 후유증을 남기게 되는 경우도 있어 그 원인 파악이 중요하다. 유아 및 소아에서 발생하는 고관절 이상의 질병적 원인에 대하여 기술하시오. (10점) 기출 18년

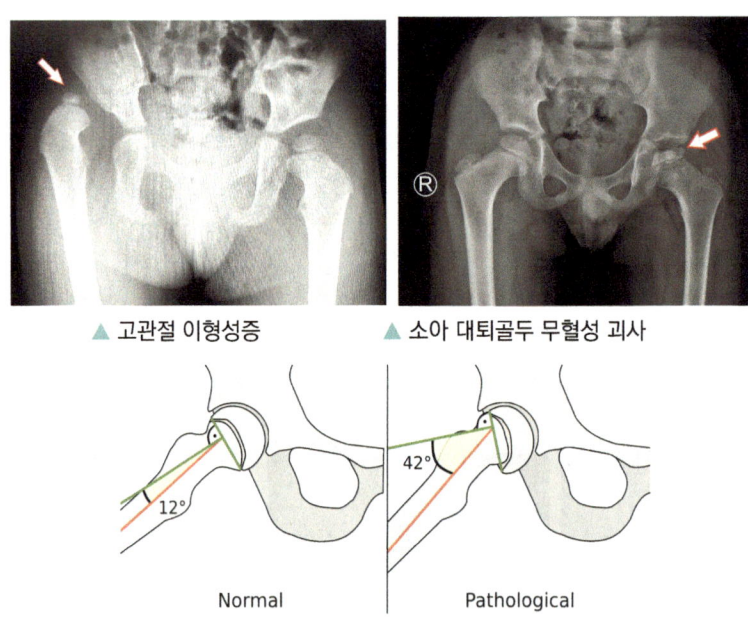

▲ 고관절 이형성증　　▲ 소아 대퇴골두 무혈성 괴사

▲ 대퇴골두 골단 분리증

5 대퇴 골두 골절(femur head Fx)

1) 원인

단독 손상은 드물고 외상성 고관절 탈구 시 비구연에 부딪혀 발생하는 경우가 대부분이다. 고관절이 60° 이하로 굴곡된 상태에서 외상을 입을 때 대퇴 골두 골절이 잘 일어난다.

2) 치료

가능한 한 빨리 정복해야 하며, 정복 후 골절편의 크기, 정복의 정도, 안정성에 따라 치료방법을 결정한다.

(1) 탈구 후 정복되어 고관절이 안정되어 있고 골절편의 정복 또는 약간 전위가 있는 경우 : 6주간 골견인 후 6~8주간 점차 체중 부하
(2) 하부 골절편에 의해 탈구 정복이 안 되거나 전위가 심한 경우 : 골절편 제거술
(3) 대퇴골두와의 상부에 있으면서 정복이 되지 않는 골절편 : 관혈적 정복 및 내고정술

3) 합병증

(1) **대퇴 골두 무혈성 괴사**
(2) **좌골신경 손상**
(3) **외상성 골관절염**

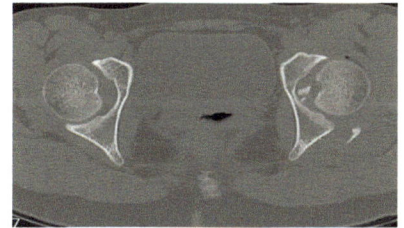
▲ 좌측 대퇴 골두 골절

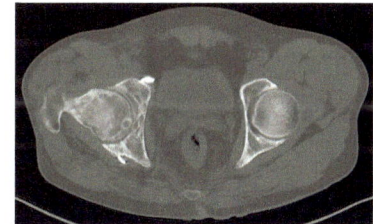
▲ 대퇴 골두 무혈성 괴사

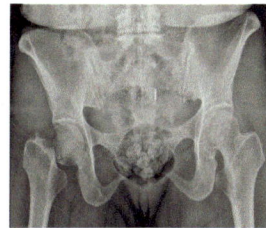
▲ 우측 대퇴골 경부 골절

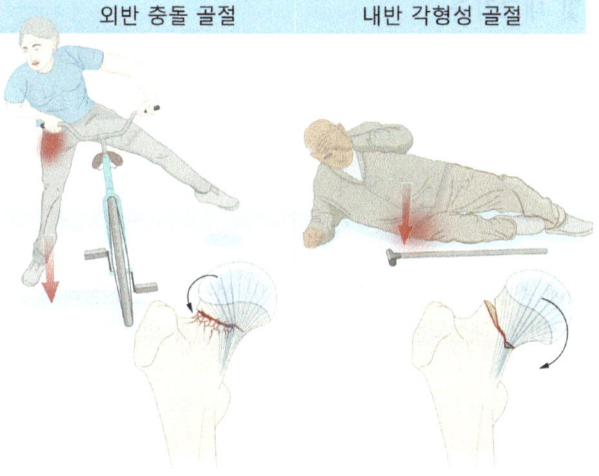

> 의학이론

6 대퇴 경부 골절(femur neck Fx) 기출 15년

1) 손상 기전
(1) 넘어지면서 대전자 부위에 직접 충격 시 발생
(2) 하지의 외회전 때문에 경부 뒤쪽이 비구에 부딪히는 경우
(3) 골다공증이 있는 노인에게서 잘 발생하며 여성이 70~80%를 차지한다.

2) 증상
(1) 골절 직후 통증, 거동 불가능, 하지 변형, 종창, 피하 출혈
(2) 감입골절 시 하지 단축 변형이 없고 능동 내회전 및 거상이 가능하며 통증이 없을 수도 있다.

3) 검사
(1) **frog leg 촬영** : 고관절 외전, 슬관절 굴곡 상태로 촬영하는 방법
(2) **cone down 촬영** : 환측 다리를 가볍게 견인하면서 15° 정도 내회전시켜서 촬영하는 방법
(3) CT, MRI

4) 고령에서 예상되는 국소적 합병증
(1) **대퇴 골두 무혈성 괴사** : 대퇴 경부 영양 혈관의 손상으로 발생
(2) **불유합, 지연유합** : 대퇴 경부는 골막이 얇고 골막에 내층이 없어 골막성 골 재생이 이루어지지 않고 골수성 가골 형성에 의한 골 재생이 되어 유합이 지연된다. 또한 관절낭내 골절로 관절액이 골유합을 지연시켜 불유합이 호발한다.
(3) **감염, 외상성 관절염, 부정유합**
(4) **고정 상실** : 고령 및 골다공증으로 금속 내 고정이 견고하지 못하다.
(5) 장기간 침상 안정에 따른 합병증 : **욕창, 관절강직**

5) 치료
(1) 관혈적 정복술 및 내고정술
(2) **인공관절치환술** : 고령 환자로 분쇄가 있는 경우, 정복이 어려운 경우, 병적 골절이나 심한 골다공증이 있는 경우에는 인공관절치환술이 우선적으로 고려된다. 조기 인공관절치환술을 할 때에는 수술 후 조기에 운동 및 체중 부하를 할 수 있다는 장점과 내고정술 후 발생할 수 있는 불유합, 재수술, 무혈성 괴사 등을 방지할 수 있다는 장점이 있다.

기출문제

75세 남자 환자로 자동차에 충돌 후 우측 대퇴경부 골절이 생겼으나 전신상태가 좋지 않아 수술이 늦어지고 심한 골다공증이 있는 상태이다. 예상되는 국소적 합병증(4가지)과 합당한 수술적 방법은? (10점) 기출 15년

7 대퇴 전자부 골절

1) 대퇴 전자간 골절(inter - trochanter Fx)

(1) 정의 : 대퇴 대전자와 소전자 사이의 골절

(2) 원인
① 젊은 연령에서는 추락 또는 낙상 시 하지에 회전력이 작용하여 소전자와 대전자 근육의 어긋난 힘에 의해 발생한다.
② 고령 환자에게서는 골다공증으로 단순 낙상 같은 손상으로 발생하는데, 경부 골절에 비해 더 고령에서 발생하며, 특히 폐경기 후 여성에서 호발한다.

(3) 증상
① 하지 단축 및 외회전 : 경부 골절보다 외회전이 심하고 하지 거상과 회전이 제한된다.
② 통증, 종창, 수일 내에 전자부 출혈로 인한 혈종, 피하 출혈, 비정상적 움직임, 염발음

(4) 치료
① 보존적 치료 : 마취 및 수술의 위험이 큰 경우, 통증이 심하지 않은 보행 불능자
② 견인 : 하지를 약간 외회전시키고 10~12주간 골 견인 시행
③ 수술적 치료 : 압박고정나사 및 금속판 내고정술, 엔더정, 감마정 내고정술

(5) 합병증 : **대퇴 골두 무혈성 괴사, 과다 출혈 시 쇼크, 내고정물 실패, 감염, 부정유합, 회전변형, 불유합, 관절 강직**

2) 대퇴 전자하 골절(subtrochanter Fx)

(1) 정의 : 소전자 상연에서 약 8㎝ 하방 사이에 발생한 골절

(2) 특징
① 골절과 동시에 거동이 어려우며 하지는 통증과 골절부의 동요로 움직일 수 없다.
② 시간이 지남에 따라 범발성 종창 및 피하 출혈 발생
③ 골절의 분쇄와 골편의 전위가 심하고, 출혈이 커서 쇼크의 위험이 있다.

(3) 치료 : 골편이 전위되어 보존적 치료가 어려워 감마골수정, 압박고정나사, 금속판을 이용한 수술을 시행한다.

(4) 합병증 : **심부정맥혈전증, 폐색전증, 폐렴(노인), 내고정물 실패, 부정유합, 불유합**

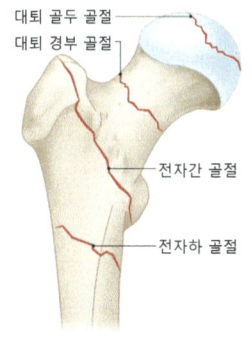
▲ 대퇴 근위부 골절 분류

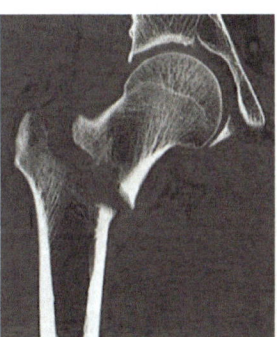
▲ 전자간 골절 CT

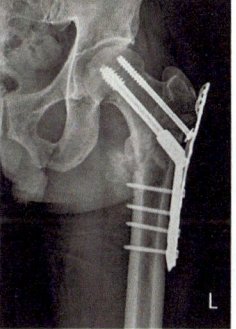
▲ 압박고정나사

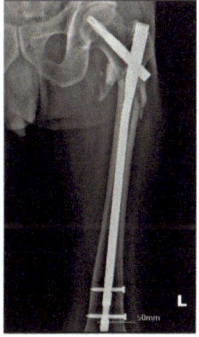
▲ 항회전 골수정

8 대퇴골 간부 골절(femur shaft Fx)

1) 특징

활동기 영역의 젊은 사람에 흔하며, 각형성력에 의해 생길 수 있는 횡골절이 주로 많다. 대퇴골 간부는 대퇴동맥으로부터 풍부한 혈류 공급을 받고 있으며 두꺼운 근육층에 둘러싸여 있어 골절 시 골유합이 비교적 잘 된다.

2) 증상

대량의 내출혈에 의한 급격한 종창이 있으며 절박한 shock의 가능성이 있다. 골절 부위는 동통, 압통이 있다.

3) 치료

(1) 보존요법 : 증상에 따라 도수정복 및 석고 고정, 피부 견인, 골 견인
(2) 수술요법 : 골수강 내 금속정 고정, 금속판 내고정, 금속 외고정

> **용어해설** 골수강 내 금속정 고정 : 광범위한 골절 부위 노출이나 연부조직 손상 없이 골절의 정복 및 고정이 가능하여 조기 유합을 기대할 수 있고, 낮은 감염률, 대퇴사두근의 손상 저하 등 기능적으로 유리하다.

4) 합병증

(1) **좌골신경 손상**
(2) **대퇴동맥 손상**
(3) **소아의 경우 과성장**
(4) **재골절**
(5) **내고정물 파손**
(6) **지연유합 및 불유합, 부정유합**
(7) **감염**

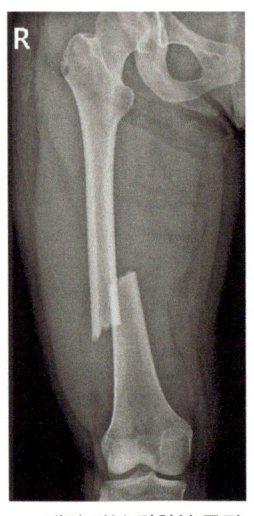 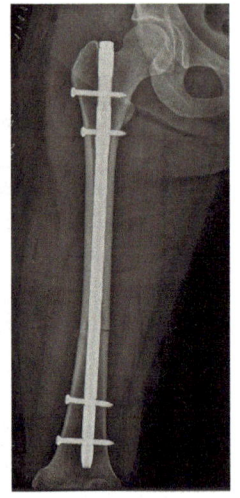

▲ 대퇴 간부 전위성 골절   ▲ 골수강 내 금속정

9 대퇴 원위부 골절(distal femur Fx) 기출 16년

1) 손상 기전
(1) 교통사고에 의해 발생하는 경우가 대부분이다.
(2) 굴곡된 슬관절 부위가 대시보드에 직접 충격
(3) 신전된 슬관절 외측부에 직접 충격

2) 증상
(1) 체중부하 불가능
(2) 통증과 종창
(3) 비정상적인 움직임과 염발음
(4) 관절을 침범한 골절일 때 혈관절증

3) 합병증
(1) **혈관 및 신경 손상**
(2) **개방성 골절 후 감염**
(3) **불유합, 지연유합**
(4) **외상성 관절염**
(5) **관절강직**

4) 관절내 골절편을 견고하게 고정시켜야 하는 이유
(1) **대퇴골 원위부는 피질골이 얇고 골수강이 넓어서 정복이 어렵다.** 또한, 관절액 내에는 피브로신(fibrosin)이라는 효소가 함유되어 있어 골절 치유 과정의 초기에 생기는 혈종을 용해하는 작용을 하여 치유를 방해한다.
(2) **관절내 연부조직 손상 시 관절막에 반흔이 형성되고, 관절연골에 혈액 공급을 저하시켜 관절면 유착과 지연유합, 관절강직을 유발한다.**
(3) **슬관절은 체중이 부하되는 관절로 불완전 정복 시 외상성 관절염이 초래된다.** 견고한 고정은 슬관절의 조기 운동을 가능하게 하고 외상성 관절염 및 관절강직을 예방한다.
(4) **대퇴골 원위 골단은 하지 성장의 37%를 담당하므로 부정확한 고정 시 심각한 변형이나 하지 단축을 초래할 수 있다.**

기출문제

교통사고로 대퇴골 원위부 관절내 골절이 발생하였다. 관절내 골절편을 견고하게 고정시켜야 하는 이유를 설명하시오. (10점) 기출 16년

10 슬관절 구조

1) 슬관절을 지지하는 구조물

슬관절은 대퇴골, 경골, 슬개골로 구성되어 있으며 비교적 편평한 관절면에서 굴곡과 신전, 회전운동이 동시에 일어나고 있는 불안정한 관절이며 그 정상 기능에는 골조직, 인대, 근작용이 다 같이 참여하게 된다.

(1) **전방 십자인대**(ACL, anterior cruciate ligament)
  ① 위치 : 대퇴골 외과 후방에서 시작하고 20° 내측으로 비스듬히 주행하여 경골 과간에 부착
  ② 기능(전방 안정성) : 대퇴골에 대하여 **경골이 전방으로 이동되는 것을 방지**하고, 과신전과 경골의 회전을 제한

(2) **후방 십자인대**(PCL, posterior cruciate ligament)
  ① 위치 : 대퇴골 내과 후방에서 시작하고 거의 수직으로 주행하여 경골 과간 후면에 부착
  ② 기능(후방 안정성) : 대퇴골에 대하여 **경골이 후방으로 이동하는 것을 방지**

(3) **내측 측부인대**(MCL, medial collateral ligament)
  ① 위치 : 대퇴 내측상과에서 시작하여 경골 내과에 부착
  ② 기능 : 슬관절의 **외반력에 대해 안정성을 제공**

(4) **외측 측부인대**(LCL, lateral collateral ligament)
  ① 위치 : 대퇴 외측상과에서 시작하여 비골 골두에 부착
  ② 기능 : 슬관절의 **내반력에 대해 안정성을 제공**

(5) **반월상 연골**(MM & LM, medial meniscus & lateral meniscus)
  ① 위치 : 대퇴골과 경골의 관절면 사이에 위치, 관절면의 1/2~1/3을 덮고 있다.
  ② **기능** : **체중 전달, 외력 분산, 관절연골 보호, 관절 안정성, 윤활 기능**

(6) **슬개인대**(슬개건, patellar ligament)
  대퇴사두근에서 연장되어 슬개골과 경골조면을 연결하는 인대

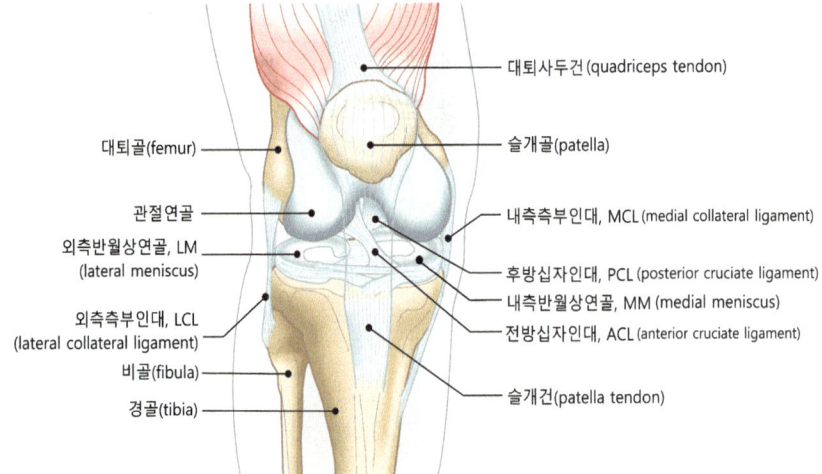

2) 외측 사중 복합체

슬관절의 외측 안정성에 관여하는 구조물
(1) **외측 측부인대**(lateral collateral ligament)
(2) **장경대**(iliotibial band)
(3) **슬와건**(popliteus tendon)
(4) **대퇴이두건**(biceps femoris)

3) 내측 사중 복합체

슬관절의 내측 안정성에 관여하는 구조물
(1) **내측 측부인대**(medial collateral ligament)
(2) **반막양건**(semimembranosus tendon)
(3) **거위발건**(pes anserinus : 반건양건 & 봉공근 & 박근의 연합근)
(4) **사슬와인대**(oblique popliteal tendon)

4) **대퇴사두근**(Quadriceps)

슬관절의 신전에 관여하는 근육
(1) **대퇴직근**(rectus femoris)
(2) **중간광근**(vastus intermedius)
(3) **내측광근**(vastus medialis)
(4) **외측광근**(vastus lateralis)

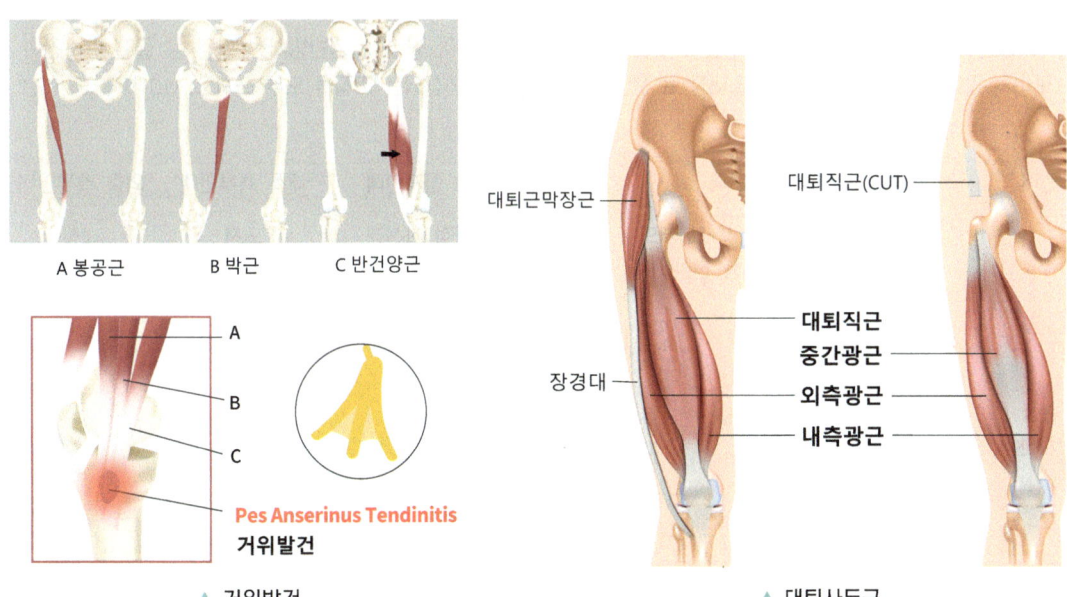

▲ 거위발건   ▲ 대퇴사두근

의학이론

11 슬내장증(IDK, internal derangement of knee) 기출 15년

1) 정의
슬관절은 외부로 노출되어 있어 상처를 입기 쉽고, 골 구조상 비교적 편평한 관절면을 이루고 있어 불안정하다. 외상 후 슬관절 연부조직의 손상으로 운동할 때 통증, 관절액 증가, 운동제한 등 기능장애가 일어나는 상태를 총칭하여 슬내장이라고 한다.

2) 슬내장증에서 손상이 의심되는 조직
(1) 전후방 십자인대
(2) 내외측 측부인대
(3) 내외측 반월상 연골
(4) 외측 지지대
(5) 관절내 유리체, 슬개하 지방체
(6) 추벽

> **용어해설** 추벽(synovial plica) : 슬관절의 관절낭은 슬개골 위쪽 점액낭과 연결되어 있는데, 일부 환자는 이 두 공간 사이에 추벽이라는 활액막의 주름이 남아 있다. 이 추벽에 만성 자극이나 외상이 가해지면 비후되어 슬내장증을 유발할 수 있는데 이를 추벽증후군이라고 한다. 주로 슬개 내측 추벽에 발생한다.

(7) 경골 극 손상, 경골 주위 골 타박
(8) 관절연골, 관절낭, 지방대(fat pad)

기출문제
40세 남자환자로 자동차에 우측 무릎이 부딪친 후 무릎에 부종이 생겼다. 일반방사선 촬영 상 골절의 소견이 보이지 않아 슬관절 무릎내 장애(슬내장)로 진단되었다. 손상이 의심되는 조직을 모두 쓰시오. (10점) 기출 15년

인대	전방 십자인대	후방 십자인대	내측 측부인대	외측 측부인대
	발을 땅에 접지한 상태에서의 갑작스러운 방향 전환	슬관절 과신전 경골 후방 전위	외전 외회전	내전 내회전
손상 기전	고관절 내전 동적 외반 족관절 외번 midline			

12 슬개골 골절(patella Fx)

1) 슬개골(무릎뼈, patella)의 구조

인체에서 가장 큰 종자뼈로 모서리가 둥근 역삼각형 모양이며, 앞면은 볼록하고 거칠고 뒷면은 연골에 덮여 있다. 슬관절 앞에 위치하여 슬관절을 보호하며 대퇴사두근의 건에 매몰되어 지레 받침 작용을 한다.

2) 손상 기전

(1) 직접 손상 : 슬관절 전면이 단단한 물체에 부딪혀 발생
(2) 간접 손상 : 대퇴사두근이 강한 수축과 함께 갑작스럽게 슬관절이 꺾이는 경우, 과도한 인장력에 의해 발생

3) 분류

횡 골절 & 사상 골절(50~80%), 선상 골절, 분쇄 골절

4) 증상

통증, 종창, 무력감

5) 수술 적응증

관혈적 정복 및 내고정, 완전 적출술
(1) 신전 기전에 장애가 있는 경우
(2) 전위가 1~4㎜ 이상인 경우
(3) 층 형성(step off)이 2~3㎜ 이상인 경우

6) 합병증

(1) **슬개골 절제술 후 대퇴사두근 약화**
(2) **관절연골의 퇴행성 변화**
(3) **외상성 관절염**

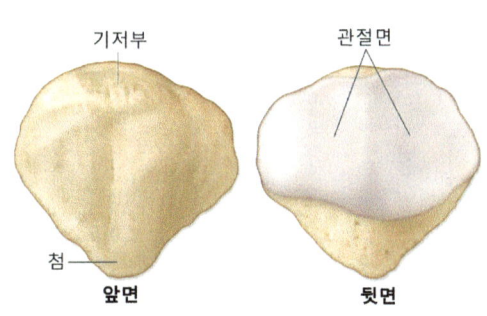

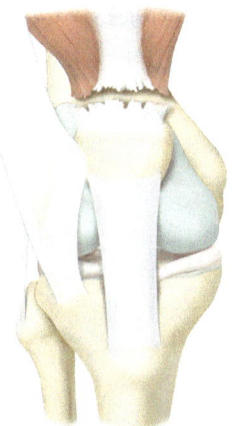

▲ 슬개건 파열

의학이론

13 전방 십자인대 손상(ACL injury) 기출 14년·20년

1) 손상 기전
(1) 비접촉성 외상(80%) : 잘못된 점프 후 착지자세, 발을 땅에 고정한 상태에서의 갑작스러운 방향 전환, 급격한 감속, 외반력, 과신전
(2) 축구 등에서 태클 등의 직접 접촉이나 충돌

2) 분류
(1) grade Ⅰ : 경한 손상, 인대가 늘어나거나 부분적으로 경미하게 찢어진 염좌 정도의 손상
(2) grade Ⅱ : 중등도 손상(5~10㎜), 부분 파열
(3) grade Ⅲ : 심한 손상(>10㎜), 완전 파열이며 슬관절은 불안정하다.

3) 증상
'뚝'하는 파열음, 통증, 종창, 슬관절 운동 범위 감소, 보행 시 통증 증가

4) 신체검진
(1) **전방 전위 검사**(anterior drawer test) : 환자를 바로 눕혀 posterior sag이 음성임을 확인한 다음, 고관절을 45°, 슬관절을 90°로 굽힌 상태에서 경골을 앞쪽으로 당긴다. 생리적 동요(2~3㎜) 이상 당겨지면 전방 십자인대 손상을 의미한다.

   용어해설 posterior sag : 환자를 바로 눕힌 다음 고관절과 슬관절을 90° 굽히고 다리를 들어 다리 무게로 인해 경골이 아래쪽으로 전위되면 양성이다.

(2) **라크만검사**(lachman test) : 전방 전위 검사와 비슷한데, 슬관절을 20~30° 굽힌 상태에서 한 손은 대퇴골을 잡아 고정한 후 다른 손으로 경골을 잡아서 앞으로 당긴다. 검출률이 높아 많이 사용된다.

(3) **축이동검사**(추측 변위 검사, pivot shift test) : 전외방 불안정성을 검사하는 방법이다. 환자를 바로 눕힌 다음, 환자의 발목을 잡고 고관절을 20° 굽히고 약간 외전시킨 후 무릎을 편 상태에서 다리를 내회전시킨다. 이때 전방 십자인대에 손상이 있다면 슬관절이 완전 신전되어 있는 경우 경골이 전외방으로 전위되기 시작하다가 슬관절이 30° 이상 굽히면 다시 복귀하면서 덜컹하는 느낌이 있다.

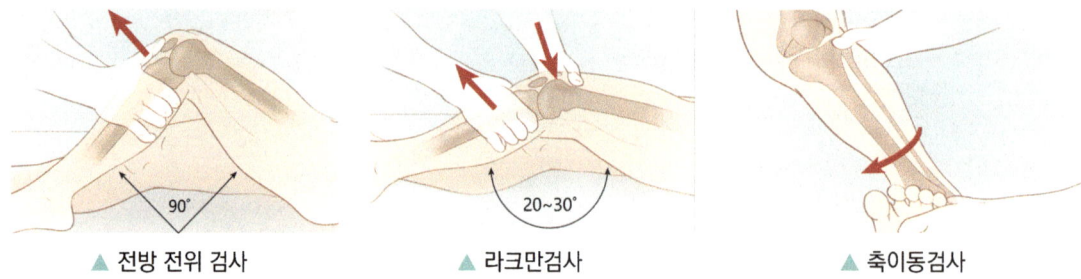

▲ 전방 전위 검사   ▲ 라크만검사   ▲ 축이동검사

5) 영상 진단

(1) **자기공명영상**(MRI) : 가장 민감도 높은 검사방법
(2) **스트레스 방사선 검사**(stress view) : 슬관절을 90°로 굽힌 상태에서 일정한 힘을 주어 앞으로 당겨서 경골의 전방 이동 여부를 방사선적으로 확인하는 방법이다. 객관성을 위해 Telos 같은 동요 측정 기계를 사용하기도 한다.
(3) 관절경 : 파열 부위의 접근이 용이하고 수술을 함께 시행할 수 있으며, 손상 정도와 위치 등의 확인에 명백한 증거자료가 된다.

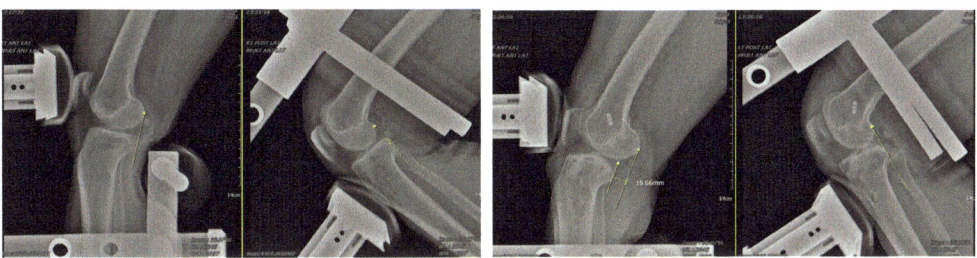

▲ 스트레스 뷰 15㎜ 동요

6) 치료

(1) 손상 직후 24시간 이내에 안정을 취하고 얼음찜질과 압박붕대 또는 신전위로 석고 고정하고 다리를 올려 준다.
(2) 슬관절 MRI 상 완전 파열이 확인되면 관절경을 이용한 봉합술이나 재건술 시행

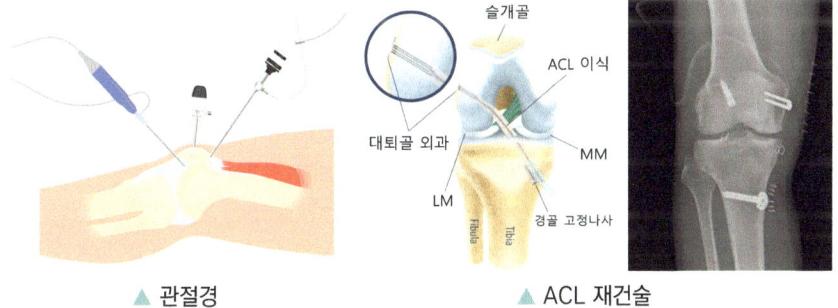

▲ 관절경　　　　　　▲ ACL 재건술

기출문제

01 전방 십자인대의 손상은 대표적인 스포츠 손상으로 젊은 남자에서 호발한다고 한다. 이러한 전방십자인대 손상을 진단하기 위한 대표적인 신체 검진소견에 대하여 기술하고(8점), 가장 대표적인 영상 진단방법에 대해 쓰시오. (2점) 기출 14년

02 25세 남자가 축구경기를 하던 중 점프 후 착지하며 '뚝'하는 파열음과 함께 슬관절의 통증이 발생하였다. 기출 20년
　(1) 손상 가능성이 가장 높은 부위의 이름은? (2점)
　(2) 상기 경우에서 가장 우선적으로 선택하는 치료방법은? (2점)
　(3) 상기 손상을 진단(치료후 장애 평가시에도 활용)하기 위한 신체 검사방법 2가지의 이름과 내용을 서술하시오. (6점)

> 의학이론

14 후방 십자인대 손상(PCL injury) 기출 17년

1) 손상 기전

(1) 무릎 전면에 직접적인 타격을 받는 경우
  ① 자동차 사고에서 무릎이 굽혀진 상태에서 대시보드에 부딪힌 경우
  ② 운동 선수들이 무릎이 구부러진 상태에서 바닥에 떨어지는 경우
(2) 인대를 과도하게 뻗어 무릎이 뒤틀리거나 발을 헛딛는 경우

2) 신체검진

(1) 후방 전위검사(posterior drawer test) : 환자를 바로 눕히고 고관절을 45°, 슬관절을 90°로 굽힌 후 발바닥은 바닥에 유지한 상태에서 경골을 뒤로 밀 때 생리적 동요 이상 밀리면 후방십자인대 손상을 의미한다.
(2) 후방 전위 증상(posterior sag) : 슬관절을 90° 굽힌 상태에서 경골이 슬개골보다 후방으로 전위되는 현상으로 양성 시 후방십자인대 손상을 의미한다.

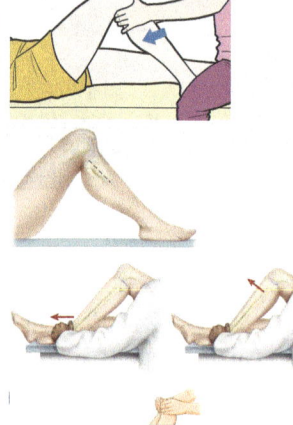

(3) 대퇴사두근 활성검사 : 후방 sag이 관찰되는 환자에게 대퇴사두근에 힘을 주게 하는 경우 대퇴사두근 수축 후 후방 sag이 사라지면 후방 십자인대 손상을 확신한다.
(4) 외회전 전반검사 : 환자의 엄지 발가락을 잡고 슬관절을 신전한 채로 들어 올릴 때 슬관절 과신전과 과도한 경골 외회전이 관찰되면 후방십자인대 손상을 의미한다.

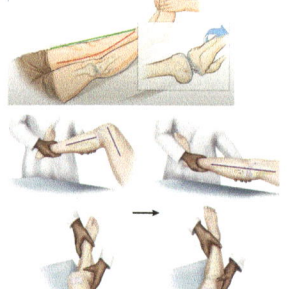

(5) 역 축이동검사(reverse pivot shift test) : 환자를 바로 눕힌 다음 환자의 발목을 잡고 무릎을 굽히면서 경골을 외회전 시킨다. 무릎을 수동적으로 펴면서 무릎에 외반 스트레스를 가하여 20~30° 굽힌 상태에서 경골 고평부 외측이 후방으로 아탈구되고 신전 시 경골은 다시 정복되는지 보는 검사

3) 영상검사

(1) **슬관절 자기공명영상검사(MRI)**
(2) **후방 스트레스 방사선 검사**(stress view) : 슬관절을 90°로 굴곡시킨 상태에서 일정한 힘을 주어 앞으로 당기고, 뒤로 밀어 후방 동요 여부를 건측과 비교하는 방법. 객관성을 위해 Telos 같은 동요 측정 기계를 사용하기도 한다.

기출문제

슬관절 후방 십자인대 손상은 슬관절의 과신전이나 경골의 후방 전위로 인하여 발생한다. 이러한 후방 십자인대 손상을 진단하기 위한 신체검진법에서 대표적인 방법 2가지만 기술하시오.(각 4점, 총 8점) 또한 가장 민감도가 높다고 알려진 영상 검사 방법에 대하여 기술하시오.(2점) 기출 17년

15 내외측 측부인대 손상(MCL LCL injury)

1) 손상 기전 및 증상
(1) 직접적인 접촉에 의해 무릎 측면에 힘이 가해질 때 발생
(2) 증상 : 손상 부위의 종창 및 압통, 슬관절 불안정성

2) 신체 검진법
측방 동요검사 : 피검자를 바로 눕히고 슬관절을 20~30° 굽혀 전방 십자인대의 긴장을 늦춘 후 대퇴부와 족관절부를 붙잡고 내반, 외반으로 스트레스를 주어 내외측 불안정을 확인한다. 내측 측부인대 손상 시 외반 동요가 관찰된다. 무릎을 완전 신전한 상태에서 외반 동요를 보이게 되면 내측 측부인대뿐만 아니라 전방 십자인대도 손상되었을 가능성이 있다.

3) 영상검사
(1) **외반 스트레스 촬영**(valgus stress view) : 대퇴골을 고정하고 경골을 바깥쪽으로 외반력을 가해서 촬영하는 방법이다. 내측 측부인대 파열이 있으면 건측에 비해 환측의 관절 간격이 넓어진다.
(2) **내반 스트레스 촬영**(varus stress view) : 대퇴부에 물건을 끼워 공간을 둔 상태에서 경골을 안쪽으로 내반력을 가하여 촬영하는 방법이다. 외측 측부인대 파열이 있으면 건측에 비해 환측의 관절 간격이 넓어진다.
(3) **슬관절 자기공명영상검사**(MRI)

4) 치료
(1) 완전 인대 파열 : 슬관절의 불안정이 확실한 경우로 십자인대 손상이나 반월상 연골 손상 등이 동반되면 조기 수술(인대 봉합술, 인대 재건술)을 해야 한다.
(2) 경골, 대퇴골, 비골 부착부 손상 : 전위가 있으면 screw나 staple을 이용하여 골에 고정

5) 불행 삼주징(unhappy triad of O'Donoghue)에서 손상 받는 구조물
① 전방 십자인대, ② 내측 반월상 연골, ③ 내측 측부인대

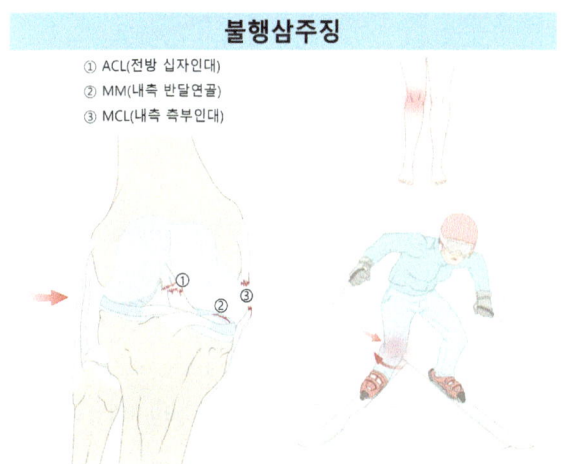

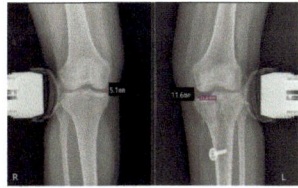

[외반 스트레스 촬영]

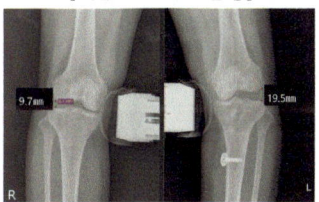

[내반 스트레스 촬영]

의학이론

16 반월상 연골 손상(meniscus injury) 기출 23년

1) 반월상 연골의 기능
  (1) **체중 전달**
  (2) **외력 분산**
  (3) **관절연골 보호**
  (4) **관절 안정성 유지**
  (5) **윤활 기능**

2) 손상 기전
  (1) 슬관절 굴곡 위에서 회전력이 가해질 때
  (2) 지면에 고정된 하퇴에 대퇴의 내회전이 가해지는 경우
  (3) 내측은 외측보다 반경이 큰 C자 모양이며 후각이 전각보다 넓다.

3) 분류
  종파열, 수평파열, 방사파열, 양동이 손잡이형, 앵무새 주둥이형, 판상 파열
  후각과 중간부의 경계 파열이 가장 흔하고, 후각의 수평파열은 퇴행성 파열인 경우가 많다.

4) 증상
  (1) 관절내 출혈, 외관상 멍, 압통, 대퇴사두근 위축, 슬관절 신전 제한, 관절 부종
  (2) **무릎 잠김**(locking) : 무릎을 굽혔다 펴려고 할 때 일시적으로 펴지지 않는 증상
  (3) **무릎 꺾임**(giving way) : 자갈이나 계단을 걸을 때 무력감과 무너지는 것 같은 느낌

기출문제
슬관절 내 구조물 중 하나인 반월상연골판의 기능을 서술하십시오. (5개) (10점) 기출 23년

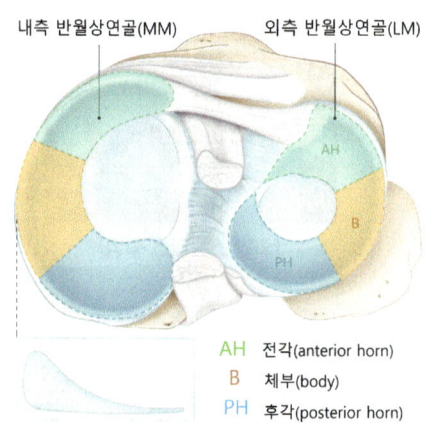

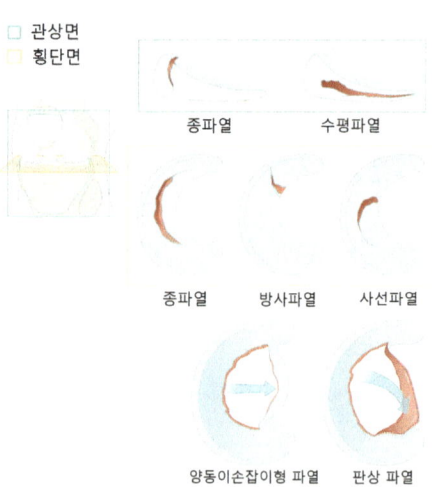

5) 신체검진

(1) **맥머리검사**(McMurray test) : 환자를 똑바로 눕히고 무릎을 완전히 구부리게 한 후 검사자의 한 손으로 무릎의 양면을 잡고 다른 한 손으로 발꿈치를 쥔 다음, 환자의 하퇴를 내회전 또는 외회전시키면서 서서히 편다. 이때 염발음이나 통증이 있으면 반월상연골 손상이 의심된다. 외회전 상태에서 신전시킬 때 증상이 있으면 내측 반월상연골 손상이, 내회전 상태에서 신전시킬 때 증상이 있으면 외측 반월상연골 손상이 의심된다.

(2) **아플레이검사**(Apley test) : 환자를 엎드리게 하고 검사자의 무릎으로 대퇴부를 고정한 후 발을 쥐고 하퇴를 끌어 올리면서 내회전하고, 계속하여 압박하면서 내회전한다. 끌어 올리면서 내회전할 때 통증이 없고, 압박하면서 내회전할 때 통증이 있으면 반월상연골 손상이 의심된다.

(3) **웅크리기검사**(squatting test) : 환자에게 선 상태로 양하지를 내회전 또는 외회전한 후, 앉았다 일어섰다 하도록 한다. 반월상 연골이 파열되었을 때 관절면 사이에 끼어 통증을 호소한다.

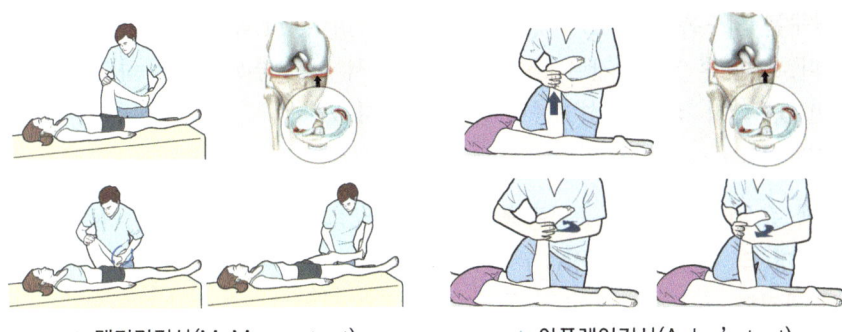

▲ 맥머리검사(McMurray test)　　　　▲ 아플레이검사(Apley's test)

6) 치료

(1) 보존적 치료 : 외상성일 때 변연부의 5㎜ 이하의 전층 파열, 10㎜ 이하의 부분층 파열, 3㎜ 이내 전위의 안정된 파열은 보존적 치료를 시행한다.

(2) 수술 방법

① 봉합술 : 변연부 파열은 활액막으로부터 혈액 공급을 받기 때문에 봉합하였을 때 완전치유를 기대할 수 있어 **봉합술을** 시행한다.

② 부분 절제 : **변연부를 제외한 반월상 연골판은** 혈관 분포가 없어 봉합을 해도 치료가 되지 않기 때문에 **부분 절제**를 하여 남은 부분의 기능을 살린다.

③ **무릎 잠김이 있는 경우 부분절제술** 시행으로 증상 호전이 기대된다.

반월상 연골의 절단면
1. red-red zone
2. red-white zone
3. white-white zone

◀ 반월상 연골의 혈관 분포

17 슬관절 탈구(knee dislocation)

1) 정의
대퇴골에 대해 경골이 위치한 방향에 따라 전방, 후방, 외측, 내측, 회전 탈구로 나눈다. 골절 유무에 따라 순수 탈구와 골절 탈구로 구분한다.

2) 손상 기전
(1) 전방 탈구 : 슬관절이 약 30° 과신전이 되면서 후방 관절막, 후방 십자인대 등이 파열되어 발생한다.
(2) 후방 탈구 : 무릎을 굽힌 상태에서 경골 근위부 전면에 후방을 향한 직접적인 충격을 받아 발생한다.

3) 치료
슬관절 탈구는 되도록 빨리 도수 정복을 시행해야 하며, 그 후 인대 봉합술을 시행하는 것이 일반적이다. 수술 후 1~2주간은 15° 굽힌 상태에서 석고 부목고정을 하고 혈액 순환의 이상이 없으면 6주까지 장하지 석고붕대 고정을 한다.

4) 합병증
(1) **슬와동맥 손상**(20~50%) : 슬와동맥 파열 8시간 경과 후 치료시 하지 절단 가능성이 있다.
(2) **총비골신경 및 경골신경 손상**(25~35%) : 총비골신경 손상이 흔하다.
(3) **퇴행성 관절염**

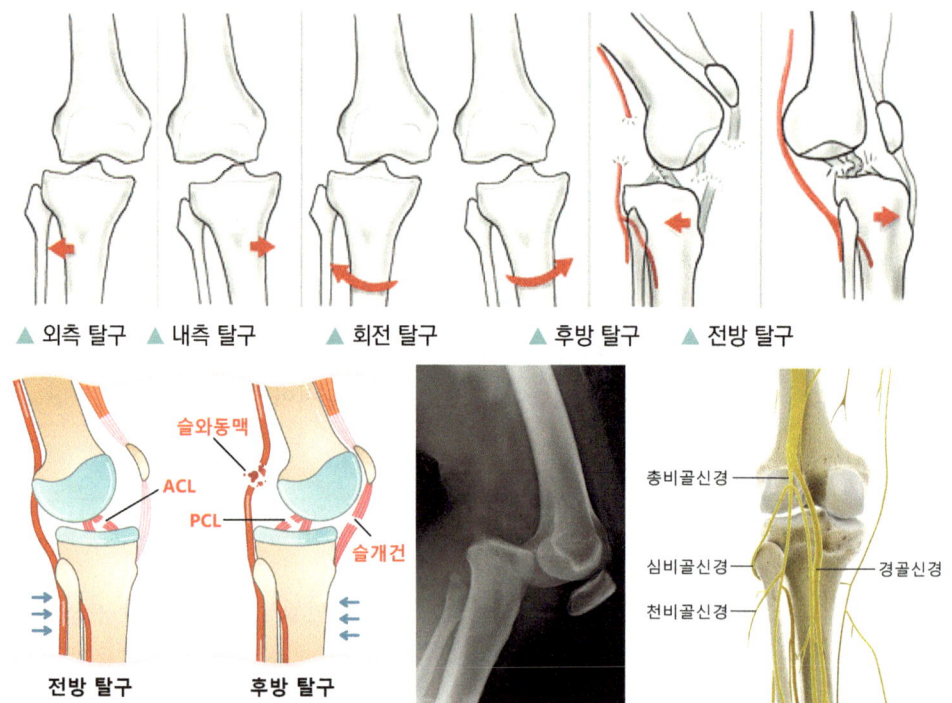

18 장경대증후군(iliotibial band syndrome)

1) 정의

장경대(iliotibial band)는 고관절을 외전시키는 중둔근과 소둔근, 외측 광근이 합쳐져서 장골에 근막으로 부착되는 띠 모양의 근육으로 허벅지 외측을 타고 내려와서 슬개골 외측에 일부 부착하고 나머지는 경골 근위 외과에 부착한다.

2) 원인

(1) **좋지 않은 훈련 습관** : 과훈련, 불충분한 준비운동과 정리운동, 언덕이나 백사장 달리기, 갑자기 운동 강도나 거리를 높이는 경우, 같은 방향의 주로를 계속 달리거나 무릎관절을 반복적으로 굽혔다 펴는 근육 훈련
(2) **근력 약화** : 슬관절 굴곡근 및 신전근, 고관절 외전근(중둔근)의 약화
(3) **해부학적 이상** : 골반경사, 천장관절의 이상, 과도한 경골 내전을 동반한 족관절의 회내와 같은 신체 내의 이상, 다리 길이의 차이, O형 다리

3) 증상

① **슬관절 외측부 통증** : 주로 슬관절 외측부 통증, 초기에는 처음 뛸 때는 통증이 없다가 일정한 거리를 뛰면 통증이 발생하고 뛰기를 멈추면 통증이 사라진다. 진행되면 걸을 때도 통증이 발생하고, 특히 경사를 내려갈 때 통증이 증가한다.
② **관절 잡음** : 무릎을 구부리고 펼 때 통증과 잡음 발생

4) 치료

(1) 급성기 : 얼음찜질, 진통소염제, 스테로이드 국소 주사, 휴식
(2) 아급성기 : 스트레칭, 통증 유발점이 있는 경우 주사 치료, 물리치료
(3) 근력강화운동, 수술적 치료(장경인대 후방부를 2㎝ 정도 절개하는 수술)

5) 이학적 검사

(1) **슬관절 외측 상부에 국소적 압통 및 종창**
(2) 통증 유발검사 : 슬관절을 90° 굴곡시킨 상태에서 대퇴 외상과에서 장경인대를 누르고 무릎을 펼 때 약 30° 굴곡 위치에서 통증 발생
(3) 유연성 검사, **근력 검사**

6) 감별 진단

(1) 근막동통증후군
(2) 슬개대퇴증후군
(3) 연골연화증, 퇴행성 관절염
(4) 외측 반월상연골 손상, 경비인대 손상
(5) 대퇴이두건막염, 슬와건막염
(6) 제3-4요추 간 추간판 탈출증

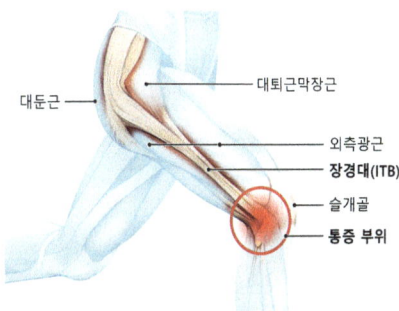

19 햄스트링 손상(hamstring injury)

1) 정의

슬관절 굴곡에 관여하는 근육으로 슬괵근이라고도 부른다. 달리기 등을 할 때 착지 시의 충격을 흡수하는 역할을 한다.

2) 구성

(1) **대퇴이두근**(biceps femoris) - **외측**
(2) **반막양근**(semi - membranosus)
(3) **반건양근**(semi - tendinous)

3) 손상 기전

(1) **갑자기 과도하게 속도를 내며 달리거나 점프, 차기 등 갑작스러운 동작**에 기인 : 넓적다리 가운데 부위의 통증, 부종, 멍
(2) **마라톤이나 삼종 경기 등에서 근육의 피로에 의해 유연성이 저하되거나 대퇴사두근과의 협력 밸런스가 무너져서 발생** : 다친 쪽 발이 땅에 착지할 때 엉덩이 아래쪽 부위에 심한 통증

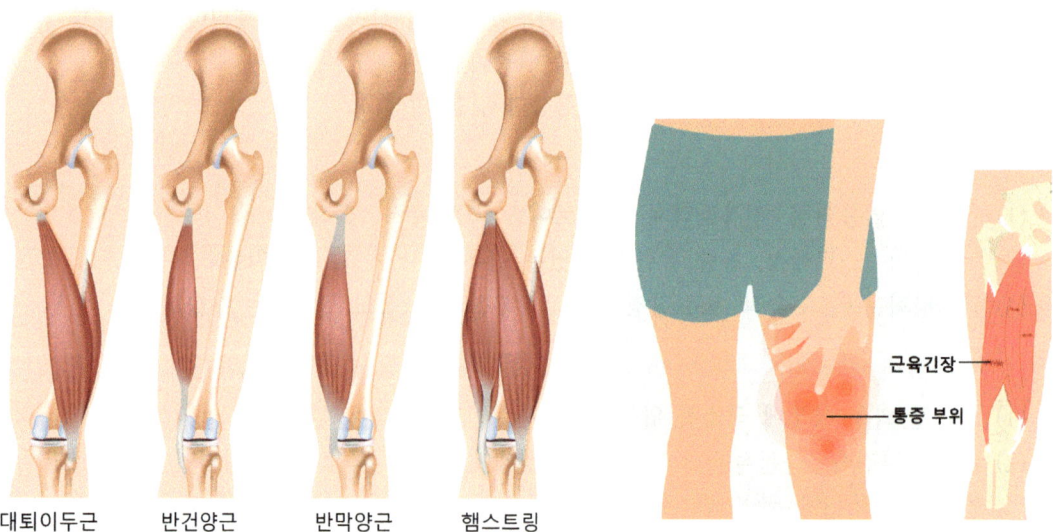

대퇴이두근   반건양근   반막양근   햄스트링   근육긴장   통증 부위

20 경골 골절

1) 경골 고평부 골절(tibia plateau Fx)

(1) 정의

경골 고평부는 표면이 관절연골로 덮여 있어 정확한 정복이 어렵다. 수직 압박이 가해지면 T자나 Y자형 골절이 오며 내외전 응력으로 인대 손상과 다양한 골절 형태가 발생한다.

(2) 수술 적응증

① **5㎜ 이상의 함몰**
② **2㎜ 이상의 관절면 전위**
③ **개방성 골절**
④ **동맥 손상을 동반한 골절**
⑤ **젊고 활동성이 많으며 동반 손상이 많은 경우**

2) 경골 간부 골절(tibia shaft Fx)

(1) 합병증

① **체크레인변형**(말고삐변형, checkrein deformity) : 심한 경골 간부 골절 시 장족무지굴근(flexor hallucis longus muscle)이 골절부에 유착되거나 근육의 섬유화로 길이가 짧아져서 발생하는 합병증으로 족관절 배굴 시 엄지발가락에 굴곡 변형이 발생하고, 족관절 저굴 시 변형이 소실되는 현상이다.
② **구획증후군**
③ **심부정맥혈전증**
④ **고정 실패**
⑤ **지연유합, 불유합, 부정유합, 관절강직**

(2) 외고정술을 시행하여야 할 경우

① **심한 연부조직 손상이 동반된 개방성 골절**
② **감염성 불유합, 부정유합**
③ **불안정한 폐쇄성 골절**
④ **화상 등이 동반된 폐쇄성 골절**
⑤ **구획증후군**

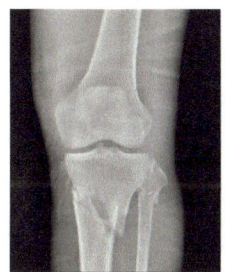 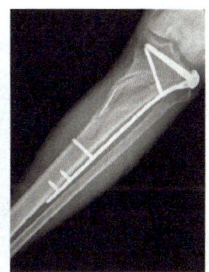 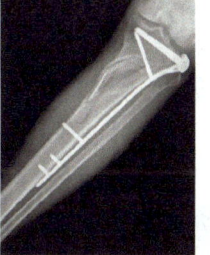

▲ 경골 근위부 골절

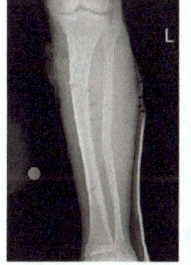 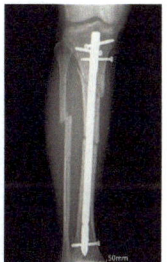

▲ 경골 간부 골절

의학이론

21 족관절 과부 골절(medial or lateral malleolus Fx) 기출 22년

1) 손상 기전
(1) **내과 골절** : 외반 위에서 거골이 외전하면서 발생
(2) **외과 골절** : 회외 위에 고정된 상태에서 발의 상대적인 외회전 때문에 발생
(3) **삼과 골절** : 내과(경골), 외과(비골), 후과(경골)

2) 증상
변형, 종창, 압통

3) 치료
보존요법(도수정복, 석고 고정), 수술요법(나사못, k - 강선, 금속판 내고정)

4) 합병증
지연유합, 불유합, 부정유합, 혈관 손상, 신경 손상, 관절강직

기출문제

51세 여성이 발을 헛디며 낙상 후 발생한 우측 발목의 심한 통증과 부종으로 병원에 방문하였다. 단순방사선검사 및 전산단층촬영에서 우측 발목의 삼과 골절(trimalleolar fracture)이 확인되었다. 아래의 질문에 답하시오. (10점) 기출 22년

(1) 다음은 발목관절을 그린 그림이다. '삼과 골절'에서 골절이 발생한 뼈의 번호 두 개를 그림에서 찾아 적고 그 이름을 함께 적으시오. (번호, 이름 각각 2점, 총 8점)

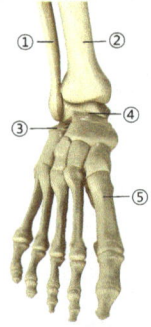

(2) 위 여성에서 발생한 삼과 골절에 가장 적합한 치료방법을 간단히 쓰시오. (2점)

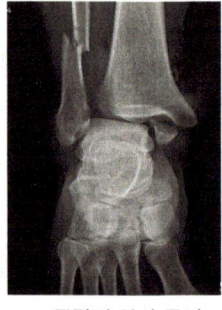
▲ 족관절 양과 골절

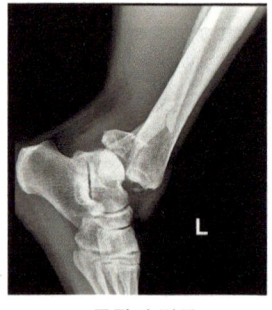
▲ 족관절 탈구

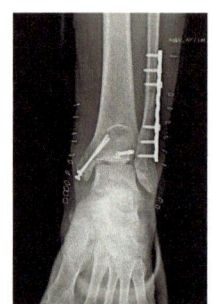
▲ 족관절 삼과 골절

22 족부 인대 기출 21년

1) 족관절 외측 안정성에 관여하는 인대

(1) **전거비인대**(ATFL, anterior talofibular ligament) : **족관절 염좌 시 손상 빈도가 가장 높다.** 손상 시 발목관절을 족저 굴곡 하에 내번부하검사를 실시할 때 민감하게 반응한다.
(2) **후거비인대**(PTFL, posterior talofibular ligament)
(3) **종비인대**(CFL, calaneofibular ligament)

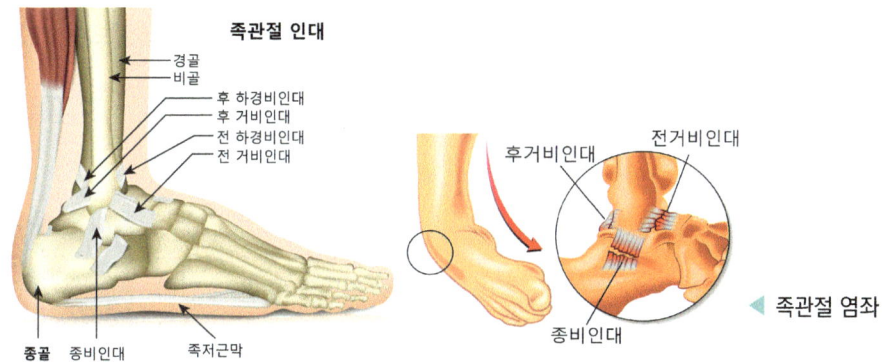

2) 그 외 구조물

(1) 리스프랑인대(lisfranc's ligament) : 제2종족골과 내측 설상골 사이의 인대
(2) 아킬레스건(achilles tendon) : 비복근과 가자미근의 건이 모여 공통 건을 이룬 건
(3) 내측 인대(medial ligament)

3) 발목 외상

가장 많이 손상되는 동작은 발목의 **갑작스러운 굴곡과 내번**이다.

기출문제

다음은 발목의 그림이다. 각 표시된 부분의 명칭을 작성하고 질문에 답하시오. 기출 21년
(1) 외측 발목의 안정성과 관련이 높은 주요 인대 ①, ②, ③을 작성하시오. (3점)
(2) ④의 명칭을 작성하시오. (1점)
(3) ⑤, ⑥에 해당하는 뼈의 이름을 작성하시오. (2점)
(4) 발목의 외상 발생 시 가장 많이 손상되는 동작 및 가장 많이 손상되는 인대의 이름(2점)을 쓰시오.

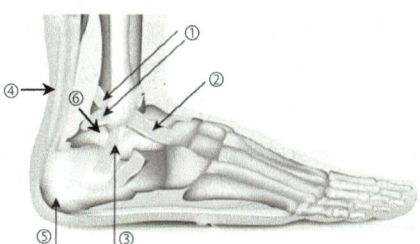

> 의학이론

23 종골 골절(calcaneus Fx) 기출 22년

1) 손상기전
종골은 체중이 부하되는 부위로 족근골 중 가장 흔히 골절된다. 심한 수직 압박에 의해 골절이 발생하며 추락사고 시 흉요추 이행부 압박골절과 동반해 골절되는 경우가 많다.

2) 분류
(1) 관절내 골절 : 약 50%, 골절선이 거골하관절을 침범
(2) 관절외 골절 : 거골하관절을 침범하지 않는 골절. 관절내 골절보다 치료결과가 양호

3) 치료
(1) 도수정복과 내고정 : 단순 설상 골절이나 관절외 골절 시
(2) 관절고정술 : 심한 분쇄 골절 및 전위 시

4) 벨러각(Bohler's angle) - 예후 척도
벨러각은 종골 융기 결절을 중심으로 종골 전면과 종골 후면이 이루는 각도를 말한다. 정상 각도는 20~40°인데, 종골 골절이 부적합하게 정복될 때는 각도가 줄어든다.

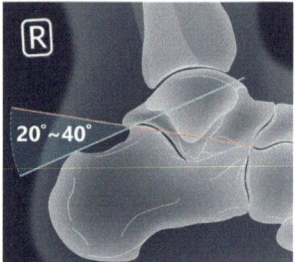

5) 합병증
(1) **구획증후군**
(2) **체크레인변형**(checkrein deformity, 말고삐변형)
 - 심한 종골 분쇄 골절 시 장무지 굴곡건이 유착되어 족관절 배굴 시 제1족지에 굴곡 변형이 발생하고, 족관절 저굴 시 변형이 소실되는 현상
(3) **거골하관절 외상성 관절염**
(4) **족근관증후군**

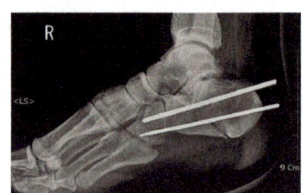

기출문제

42세 남성이 2m 난간에서 발을 헛디뎌 발꿈치로 착지한 후 양측 발꿈치의 심한 부종과 통증이 발생하여 병원에 방문하였다. 단순방사선검사에서 양측 종골의 관절내 분쇄 골절이 의심되었다. 아래의 질문에 답하시오. (10점)
기출 22년

(1) 종골 골절에서 관절면의 전위와 손상 정도, 종골 체부의 저출된 정도 등 골절의 형태를 명확하게 파악하기 위해서 필요한 추가적 영상 검사는 무엇인가? (2점)
(2) 종골 골절 후 발생할 수 있는 급성합병증을 한 가지만 쓰시오. (2점)
(3) 종골 골절은 정확하게 관절면을 정복하더라도 관절내 분쇄 골절이 심한 경우 종골과 (①)이 이루는 관절인 (②)에 외상성 관절염이 남게 되는 경우가 많다. ①에 적합한 뼈의 이름과 ②에 적합한 관절의 이름을 쓰시오. (각 2점)
(4) 수상 후 6개월 내지 1년 정도 경과 후 발생한 외상성 관절염으로 증상이 심한 경우 시행해 볼 수 있는 수술 방법은? (2점)

24 거골 골절(talus Fx)

거골은 3가지 관절(거퇴관절, 거골하관절, 거주상관절)에 중요한 작용을 하며, 대부분 관절면에 둘러싸여 있기 때문에 혈액 공급에 취약하고 무혈성 괴사가 발생할 확률이 높다.

1) 손상기전

족관절의 과도한 배측 굴곡에 의해 거골 경부가 경골 전하연에 닿아 발생한다.

(1) 거골 경부 골절 : 주로 브레이크 페달을 밟으면서 골절이 발생한다. 거골 골절의 약 30%를 차지하며 합병증으로 거골의 무혈성 괴사, 인접 부위의 관절염, 부정유합이 발생한다.

(2) 거골 체부 골절 : 표면의 60%가 관절면에 싸여있어 **무혈성 괴사** 발생빈도가 높고 예후가 나쁘다. 거골 체부가 족관절과 거골하관절에서 동반 탈구되었을 때 100% 무혈성 괴사가 발생한다.

(3) 거골 탈구 : 과굴곡 및 내번 혹은 외번에 의하여 발생한다. 예후는 대체로 양호하나 약 20% 정도에서 무혈성 괴사가 동반된다.

2) 거골 골절 호킨스 분류법

(1) 1형 : 비전위 골절
(2) 2형 : 전위가 있으며 거골하관절의 아탈구 또는 탈구를 동반한 골절
(3) 3형 : 전위가 있으며 거골 체부가 거골하관절과 족관절에서 탈구된 골절
(4) 4형 : 3형 골절에 더하여 거골두 탈구가 동반된 골절

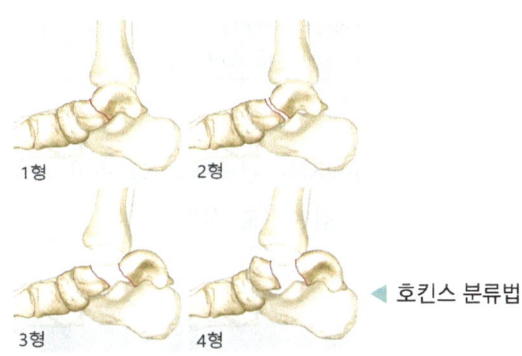

◀ 호킨스 분류법

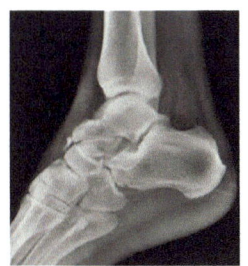
▲ 거골 골절

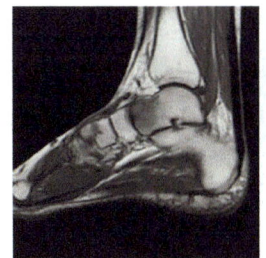
▲ 거골 무혈성 괴사

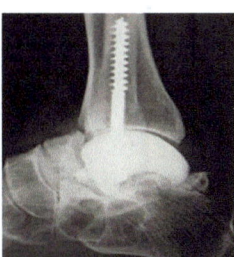
▲ 거골 인공관절

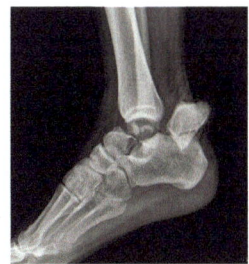
▲ 호킨스 3형

의학이론

25 아킬레스건 손상(achilles tendon injury)

1) 정의
(1) 구조 : **비복근**(장딴지근, gastrocnemius)**과 가자미근**(넙치근, soleus)**의 건이 모여 공통 건을 이룬 건**으로 인체에서 가장 강력하고 큰 건이다.
(2) 기능 : 종골 후면 상방에 붙어 족관절을 강하게 바닥으로 굽힘으로써 인체를 들어 올리고 운반하는 역할을 한다.

2) 증상
(1) **급성 파열** : 뒤꿈치에서 느껴지는 둔탁한 소리, 갑작스러운 통증, 종창, 족지 보행 불가능
(2) **진구성 파열** : 발끝으로 서게 했을 때 발끝 직립 불가, 파행 보행
(3) 파열 부위는 건 중앙부(종골 부착부에서 2~6㎝ 사이)에서 가장 흔하다.

3) 진단
(1) **톰슨압착검사**(Thompson squeeze test) : 환자를 엎드리게 한 후 양측 발을 침대 바깥으로 빼낸 상태에서 종아리 근육을 피검자의 손바닥으로 압착하면 아킬레스건 연속성이 유지되는 경우 족저굴곡이 일어난다(음성). 아킬레스건 파열 시 족저굴곡이 일어나지 않는데 이를 양성으로 본다.
(2) 단순 X-선 검사에서 **카거삼각의 변형 또는 소실**
   <용어해설> 카거삼각(Kager's triangle) : 아킬레스건, 종골, 장족지굴근건이 이루는 삼각형
(3) **자기공명영상검사**(MRI) : 가장 정확한 진단 검사방법

4) 치료
(1) 급성 파열 : **활동적인 젊은 층에서는 건봉합술 및 조기 체중 부하**
(2) 진구성 파열 : **건 이식술 또는 건이전술 시행**

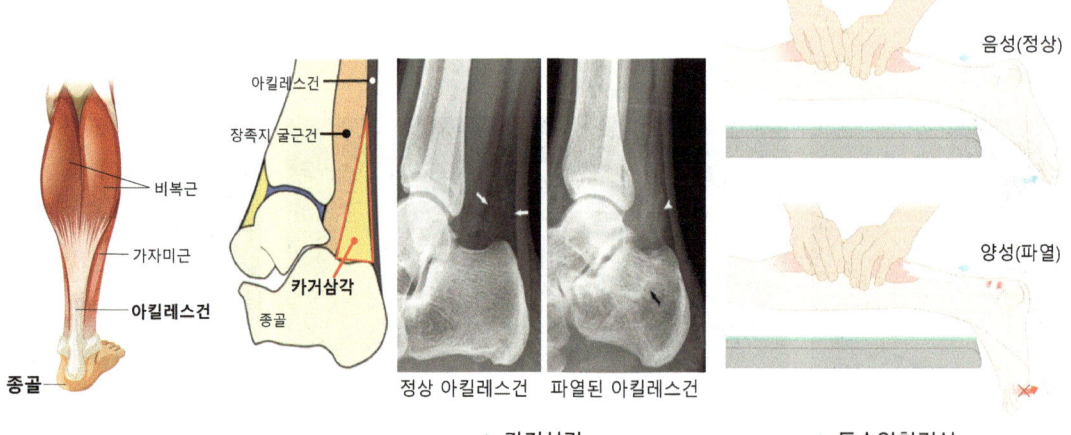

▲ 카거삼각　　　　　▲ 톰슨압착검사

26 족저근막염(plantar fasciitis)

1) 정의

(1) 족저근막 : 종골에서 시작하여 발가락 기저 부위에 붙은 두껍고 강한 섬유 띠이다. 발의 아치를 유지하고 충격을 흡수하며 체중이 실린 상태에서 발을 들어 올리는 데 도움을 줘 보행 시 발의 역학에 중요한 역할을 한다.

(2) 족저근막염 : 족저근막이 반복적인 미세 손상을 입어 근막을 구성하는 콜라겐이 변성되고 염증이 발생한 것으로 성인의 발뒤꿈치 종골 하부 통증의 대표적 원인 질환이다.

2) 증상

(1) 전형적인 증상 : **아침에 일어나 첫발을 디딜 때 느껴지는 심한 통증**

(2) 발꿈치 안쪽 통증, 종골 전내측 결절 부위 압통, 발가락 배굴 시 통증이 증가

(3) 가만히 있을 때는 통증이 없다가 움직이기 시작하면 통증이 발생하고 일정 시간 움직이면 통증이 다시 줄어든다. 진행되면 서 있을 때 뻣뻣한 느낌이 지속되고 하루 일과가 끝나는 시간이 가까울수록 통증이 증가한다.

3) 발생원인

(1) **해부학적 이상** : 편평족, 요족, 다리 길이의 차이, 과도한 회내 변형, 하퇴부 근육 위축, 족저근막 종골 부착 부위의 뼛조각 돌출

(2) **발의 무리한 사용** : 족저근막에 비정상적인 부하가 가해지는 조건에서 호발한다. 갑자기 많은 양의 운동을 한 경우, 장거리 마라톤이나 조깅을 한 경우, 바닥이 딱딱한 장소에서 발바닥에 충격을 줄 수 있는 배구 에어로빅 등을 한 경우, 장시간 서 있기, 너무 딱딱하거나 쿠션 없는 구두나 하이힐 착용 등

(3) 관련 질환 : **당뇨, 과체중, 관절염**

4) 진단

(1) 이학검사 : 종골 전내측 결절 부위의 명확한 압통점을 찾으면 진단할 수 있다. 족저근막의 방향을 따라 발바닥에 전반적인 통증, 발가락을 발등쪽으로 굽히거나 환자가 발뒤꿈치를 들고 서보게 하여 통증 증가 확인

(2) 감별 진단 : 증상이 전형적이지 않거나 적절한 치료에도 증상 호전이 없는 경우 다른 질환과의 감별 진단을 위해 X선 촬영, CT, MRI, 근전도검사 등을 시행

5) 치료

(1) **원인 제거 및 교정** : 잘못된 운동 방법, 무리한 운동량, 불편한 신발 등
(2) **스트레칭** : 족저근막과 아킬레스건을 효과적으로 늘려주는 스트레칭
(3) **보조기** : heel cup 부목, 석고 고정, 요족 변형 시 맞춤 교정 안창
(4) **비스테로이드성 소염진통제, 스테로이드 주사**
(5) **체외 충격파요법** : 6개월 이상의 보존적 치료에 반응하지 않는 경우
(6) **수술적 치료** : **족저근막 절개술**

6) 족저근막염과 감별이 필요한 질환

(1) **족근관증후군** : 타는 듯한 통증, 감각 둔화, 저린 느낌, 야간에 악화
(2) **종골 피로골절** : 체중부하 시 통증, 지속될수록 악화되는 발뒤꿈치 전반의 통증
(3) **지방패드증후군** : 뒤꿈치 지방패드의 위축
(4) **점액낭염** : 발적, 부종 동반
(5) **시버씨병** : 아킬레스건의 종골 부착부에 발생하는 염증으로 활동이 많은 비만 어린이에게 호발한다. 방사선상 압편화된 농후한 음영이나 여러 개의 골편으로 나뉘어 보임
(6) **류마티스관절염** : 혈액검사 상 RA factor(+)
(7) **루푸스** : 혈액검사 상 ANA(+)
(8) **통풍** : 혈액검사 상 고요산혈증, 통풍성 결절

27 무지외반증(hallux valgus)

(1) 정의 : 엄지발가락의 제1중족지관절을 기준으로 엄지발가락이 외측으로 과도하게 휘고 제1중족골은 반대로 안쪽으로 치우치는 변형
(2) 원인
  ① 외적 요인 : 굽이 높고 볼이 좁은 신발, 장기간 지속적으로 가해지는 체중 부하
  ② 내적 요인 : 유전적 요인, 류마티스관절염
  ③ 신체 요인 : 인대 이완, 노화, 원발성 중족골 내반, 평발, 무지 강직, 아킬레스건 단축
(3) 증상 : 제1중족지 안쪽 돌출부의 통증, 제2, 3족지 사이 굳은살과 통증
(4) 치료 : 돌출 부위를 자극하지 않는 편한 신발, 교정 깔창, 절골 교정술

제3보험 연관학습

3보 다리의 기능 장해

* 잃(30%) : ① 완전 강직, ② 근전도 검사상 완전 손상이면서 근력 0등급(zero)
* 심(20%) : ① 운동 범위 합계가 정상의 1/4 이하로 제한, ② 인공관절이나 인공골두 삽입, ③ 스트레스 엑스선상 15mm 이상의 동요관절, ④ 근전도 검사상 완전 손상 및 근력 1등급(trace)
* 뚜(10%) : ① 운동 범위 합계가 정상의 1/2 이하로 제한, ② 스트레스 엑스선상 10mm 이상 동요, ③ 근전도 검사상 불완전한 손상이면서 근력 2등급(poor)
* 약(5%) : ① 운동 범위 합계가 정상의 3/4 이하로 제한, ② 스트레스 엑스선상 5mm 이상 동요, ③ 근전도 검사상 불완전한 손상이면서 근력 3등급(fair)

CHAPTER 06 두부 손상

1 두부의 해부

1) 두피(scalp) 5개 층

피부(Skin) - 피하조직(subCutaneous tissue) - 모상건막(galea Aponeurotica) - 연성 결합조직(Loose connective tissue) - 두개골막(Pericranium)

2) 뇌막(cerebral meninges, 3개 층)

(1) **경막**(dura mater) : 가장 바깥쪽에서 중추신경을 전체로 감싸는 질기고 단단한 막으로 외층(내골막)과 내층(수막)으로 구성되며 두 층 사이에 정맥동과 삼차신경절이 있다. 내층은 대뇌겸과 소뇌겸, 소뇌천막, 안격막을 형성한다.

> **용어해설** 안격막 : 경막이 주름져서 뇌하수체 오목의 천장을 이루는 부분으로 가운데에 뇌하수체 줄기가 지나가는 구멍이 있다.

(2) **지주막**(arachnoid) : 경막과 연막 사이의 투명한 막이다. 지주막과 연막 사이(거미막밑 공간)에는 뇌척수액이 흐르고 있고 뇌로 출입하는 혈관들이 통과한다.

(3) **연막**(유막, piamater) : 뇌에 밀착되어 뇌 주름 안까지 파고 들어가 있다. 가는 혈관들이 거미줄 모양으로 퍼져 있고, 많은 신경절을 포함하고 있어 자극에 상당히 민감하다.

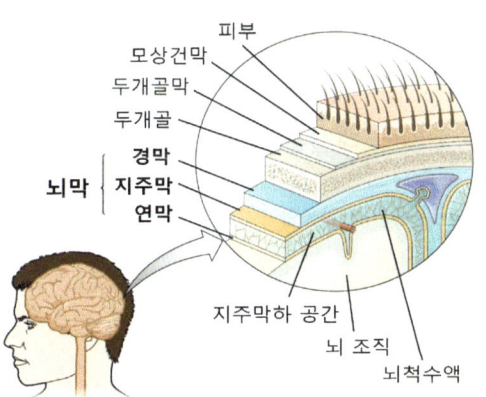

3) 두개골(skull)

(1) **뇌두개골**(cranial bone) 6종 8개
전두골, 두정골(2), 측두골(2), 후두골, 접형골, 사골

(2) **안면두개골**(facial bone) 8종 14개
누골(2), 구개골(2), 비골(2), 서골, 하비갑개(2), 하악골, 상악골(2), 관골(2)

(3) 설골(1), 이소골(6)

4) **봉합**(suture, 4종) - **두개골에만 존재하는 섬유성 결합조직**
   (1) **관상봉합**(coronal suture) : 전두골과 두정골 사이
   (2) **시상봉합**(sagittal suture) : 좌우 두정골 사이
   (3) **인상봉합**(squamous suture) : 두정골과 측두골 사이
   (4) **인자봉합**(삼각봉합, 림다봉합, lambdoid suture) : 두정골과 후두골 사이

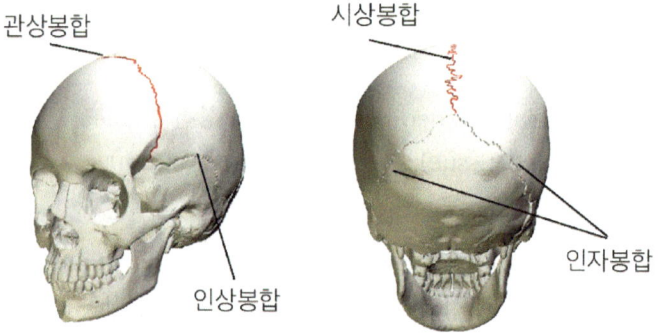

5) **천문**(fontanelle, 4종 6개)
   신생아의 두개골에 있는 아직 골화되지 않고 막으로 남아 있는 부분으로 생후 3개월에서 2년 사이에 폐쇄된다.
   (1) **대천문**(전문, anterior fontanelle) : **관상봉합과 시상봉합 사이**. 마름모 모양
   (2) **소천문**(후천문, posterior fontanelle) : **시상봉합과 인자봉합 사이**. 약간 작은 세모꼴
   (3) **전측 두천문**(sphenoid fontanelle, 양측) : **관상봉합과 인상봉합 사이**
   (4) **후측 두천문**(mastoid fontanelle, 양측) : **인상봉합과 인자봉합 사이**

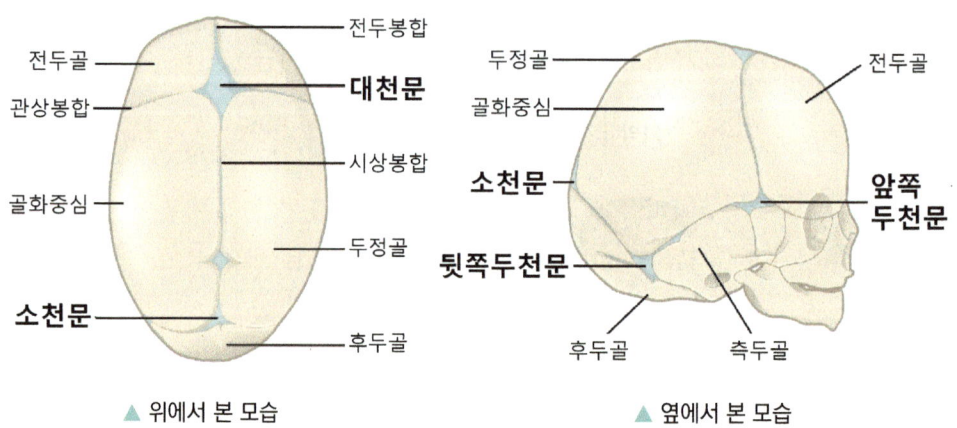

▲ 위에서 본 모습   ▲ 옆에서 본 모습

2 뇌(brain)의 구조와 기능

뇌는 견고한 두개골 안에 들어 있다. 성인의 뇌는 약 1.4kg 정도로 체중의 2~3%에 불과하지만 휴식 상태에서 심박출량의 15%에 해당하는 혈액을 공급받으며, 전신 산소 소모량의 20%를 소모한다.

1) 대뇌(cerebrum)

뇌 전체 무게의 약 2/3를 차지하며 4종류의 엽(lobe)으로 구분된다. 대뇌엽은 각각의 고유 기능을 가지고 있어 손상 부위에 따라 나타나는 증상이 다르다.

대뇌 표면은 고랑(sulcus)과 회선(gyrus)으로 구성된 수많은 주름을 형성하고 있어 대뇌피질의 표면적을 증가시킨다. 대뇌는 소뇌보다 주름이 더 굵고 복잡하다.

(1) 반구(hemisphere)
  ① **우성 반구** : 언어중추가 있는 반구로 오른손잡이의 100%, 왼손잡이의 약 50%가 왼쪽이 우성 반구이다. 주로 **지적 기능**을 담당한다.
  ② **비우성 반구** : 예술적 감각 등 **감성적 기능**을 담당한다.

(2) 대뇌엽
  ① **전두엽**(frontal lobe) : 대뇌 앞부분에 위치하는 **운동 및 언어중추**로 인격, 예측, 추상적 사고, 주도성, 계획, 판단, 수의적 운동을 담당한다.
  ② **두정엽**(parietal lobe) : 대뇌 윗부분에 위치하는 **감각중추**로 통증, 온도, 압력, 몸과 사지의 자세 인식 등을 담당하고, 보고 들은 정보를 종합해서 몸을 적절히 움직이게 함
  ③ **측두엽**(temporal lobe) : 대뇌 양 측면에 위치하는 **기억, 청각, 감각성 언어중추**로 말을 글로 표현하고, 소리와 음악 이해, 냄새, 맛, 기억, 학습, 감정을 담당
  ④ **후두엽**(occipital lobe) : 대뇌 뒤에 위치하는 **시각중추**로 시각 처리, 시각 인식을 담당

2) 소뇌(cerebellum)

(1) 대뇌 후두엽 아래에 위치하며, 대뇌 다음으로 뇌 용적을 차지한다.
(2) 미세 근육 **운동의 조정, 평형 유지, 근육 긴장도 유지의 기능**을 담당하며 통합 조정으로 **대뇌 운동중추를 보조**한다.

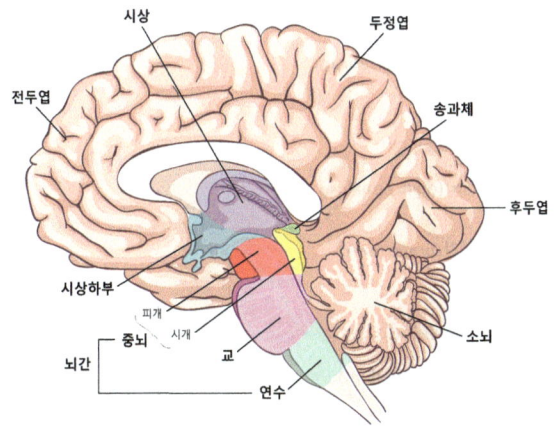

3) 간뇌(diencephalon, 사이뇌)
   (1) 대뇌에 이어지는 전뇌 부분으로 두 대뇌반구가 합쳐지는 중간인 뇌량 밑에 있다. 시상과 시상하부로 구성된다.
   (2) **시상**(thalamus) : **말초에서 전해지는 감각자극을 대뇌피질에 전달**하여 통증, 분노, 공포, 사랑 등 기본적인 정서 반응을 조절 또는 수정하는 기능을 한다.
   (3) **시상하부**(hypothalamus) : **자율신경계의 최고 중추부**. 행동과 감정 표현에 따르는 말초 자율신경 조정, 체온 조절, 신장의 수분 조절, 뇌하수체 호르몬 분비 조절을 한다.

4) 뇌간(brain stem, 뇌줄기)
   제3~12번 뇌신경핵이 시작되는 지점으로, 중뇌, 교, 연수로 구성된다. 체온 조절, 호흡, 혈압 유지를 위한 기능 중추가 위치하여 생명중추라고 하며, 뇌간이 손상되면 의식이 소실되고 자가 호흡과 혈압 유지가 불가능하다.
   (1) **중뇌**(midbrain, 중간뇌) : 길이 약 2㎝로 대뇌에서 전달되는 운동신경섬유를 일부 소뇌와 공유하여 사람의 사지 움직임을 조절하는 기능을 한다. 제3, 4번 뇌신경의 신경핵이 시작하며, 시각 자극에 대한 안구, 목, 머리 등의 반사운동에 관여한다.
   (2) **교**(pons, 다리뇌) : 대뇌와 소뇌 사이의 정보 전달을 중계한다. 제5~8번 뇌신경핵이 시작하며, 불수의적 호흡반사에 관여한다.
   (3) **연수**(medulla oblongata, 숨뇌) : 뇌 피질로부터 척수로 가는 운동섬유의 주행로가 되고 척수로부터 들어오는 감각신경의 통행로가 된다. 신경섬유가 연수에서 교차한다. 제9~12번 뇌신경핵이 시작하며, 호흡, 순환 등 생명에 직접 영향을 미칠 수 있는 자율신경 기능이 집약되어 있다. 연하운동, 재채기, 구토, 위액분비, 발성에 관여한다.

5) 뇌실(ventricles of brain)
   (1) 구조 : 측뇌실(제1, 제2뇌실), 제3뇌실, 제4뇌실로 구분된다.
   (2) 기능 : 측뇌실과 제4뇌실에 있는 맥락총에서 하루에 약 500㎖ 정도의 뇌척수액을 생성하며, 뇌실에 유지하고 있는 뇌척수액은 100~150㎖ 정도이다.
   (3) 뇌척수액 : 무색투명한 액체로 뇌와 척수를 충격에서 보호하는 기능을 한다.
   (4) 정상 뇌척수액 압력 : 누운 상태에서 100~150㎜H₂O(=7~11㎜Hg)

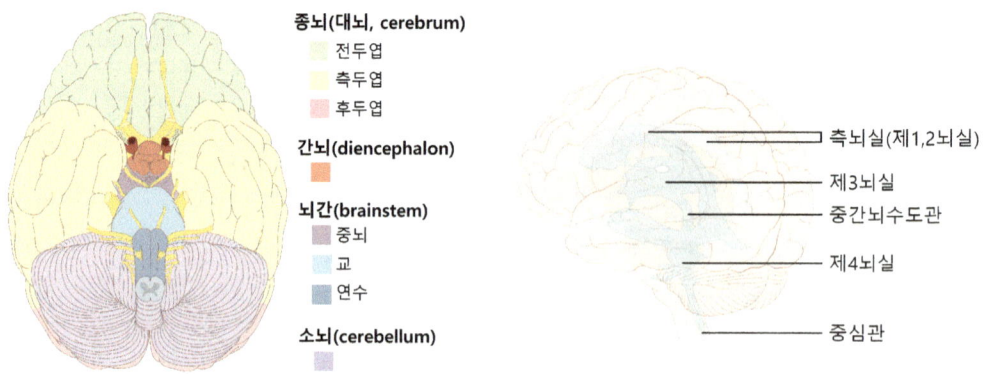

3 뇌신경(cranial nerve) 기출 05년

1) **뇌신경** 암기 후시동활 삼외안청 설미부하
   - **1번 후신경** : 감각신경 | 후각 담당 | 손상 시 후각장애
   - **2번 시신경** : 감각신경 | 시각 담당 | 손상 시 시각장애
   - **3번 동안신경** : 운동신경 | 안검 거상, 동공 수축, 모양체, 안구 운동(상직근, 하직근, 하사근, 내직근) | 손상 시 안검하수, 빛반사장애, 조절장애, 안구운동장애 및 복시
     용어해설 상직근(안구를 위로 올리는 근육), 하직근(안구를 아래로 내리는 근육), 하사근(안구를 외측 상방으로 돌리는 근육), 내직근(안구를 안쪽으로 움직이는 근육)
   - **4번 활차신경** : 운동신경 | 상사근의 안구 운동 | 손상 시 안구운동장애 및 복시
     용어해설 상사근(안구를 내측 하방으로 돌리는 근육)
   - **5번 삼차신경** : 혼합신경 | 안면 감각, 저작 | 손상 시 안면감각 저하, 저작장애
   - **6번 외전신경** : 운동신경 | 외직근의 안구운동 | 손상 시 안구운동장애 및 복시
     용어해설 외직근(안구를 바깥쪽으로 움직이는 근육)
   - **7번 안면신경** : 혼합신경 | 혀 전방 ⅔ 미각, 귀 주위 피부감각, 얼굴의 표정운동, 누액, 타액 분비 | 손상 시 미각장애, 안면마비, 안구 건조, 구강 건조
   - **8번 청신경** : 감각신경 | 청각(와우신경)과 평형감각(전정신경) | 손상 시 청각장애, 평형감각장애
   - **9번 설인신경** : 혼합신경 | 혀 후방 ⅓ 미각과 인두감각, 이하선 운동, 타액 분비, 인두 거상 및 확장 운동 | 손상 시 미각장애, 구강 건조, 인두운동장애
   - **10번 미주신경**(vagus) : 혼합신경 | 흉복부 장기 감각, 외이도 피부감각, 연구개 & 인두 & 후두 운동, 연하운동, 부교감신경계의 흉부 평활근 운동, 기관지 수축 운동, 복부 내장 연동 운동 | 손상 시 소화기계 및 호흡기계 장애, 심박동 수 감소
   - **11번 부신경**(accessory) : 운동신경 | 후두근, 흉쇄유돌근, 승모근 지배 | 손상 시 어깨와 목의 운동장애
   - **12번 설하신경**(hypoglossal) : 운동신경 | 혀의 구음 운동 | 손상 시 구음장애

2) **분류**
   (1) **감각신경** : 후신경(1번), 시신경(2번), 청신경(8번)
   (2) **운동신경** : 동안신경(3번), 활차신경(4번), 외전신경(6번), 부신경(11), 설하신경(12)
   (3) **혼합신경** : 삼차신경(5번), 안면신경(7번), 설인신경(9번), 미주신경(10번)

3) **혀의 운동과 감각에 관여하는 뇌신경**
   (1) 혀의 **감각**에 관여하는 신경
     ① **안면신경**(7번) : 혀 전방 2/3의 미각에 관여
     ② **설인신경**(9번) : 혀 후방 1/3의 미각에 관여
   (2) 혀의 **운동**에 관여하는 신경 : **설하신경**(12번) - 설근을 지배하여 혀의 운동에 관여

4) 뇌신경 시작부

간뇌(1번, 2번) | **중뇌**(3번, 4번) | **교**(5번, 6번, 7번, 8번) | **연수**(9번, 10번, 11번, 12번)

5) 눈의 운동과 감각에 관여하는 뇌신경

(1) **시신경**(2번) : 시각 지배
(2) **동안신경**(3번) : 상안검거근 지배(안검 거상), 모양체와 홍채 지배(동공 수축과 수정체 조절), 4개의 안근 지배(상직근, 하직근, 하사근, 내직근)
(3) **활차신경**(4번) : 상사근 지배
(4) **삼차신경**(5번) : 안분지에서 눈의 감각 담당
(5) **외전신경**(6번) : 외직근 지배
(6) **안면신경**(7번) : 눈물 **분비**

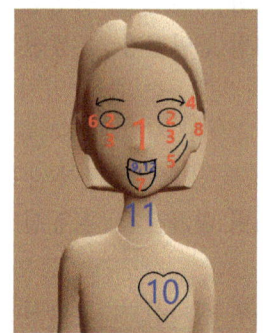

📖 기출문제

뇌신경(Cranial nerve) 중 혀(tongue)의 감각과 운동에 관여되는 뇌신경들을 열거하고 그 기능을 간략히 기술하시오. (10점) 기출 05년

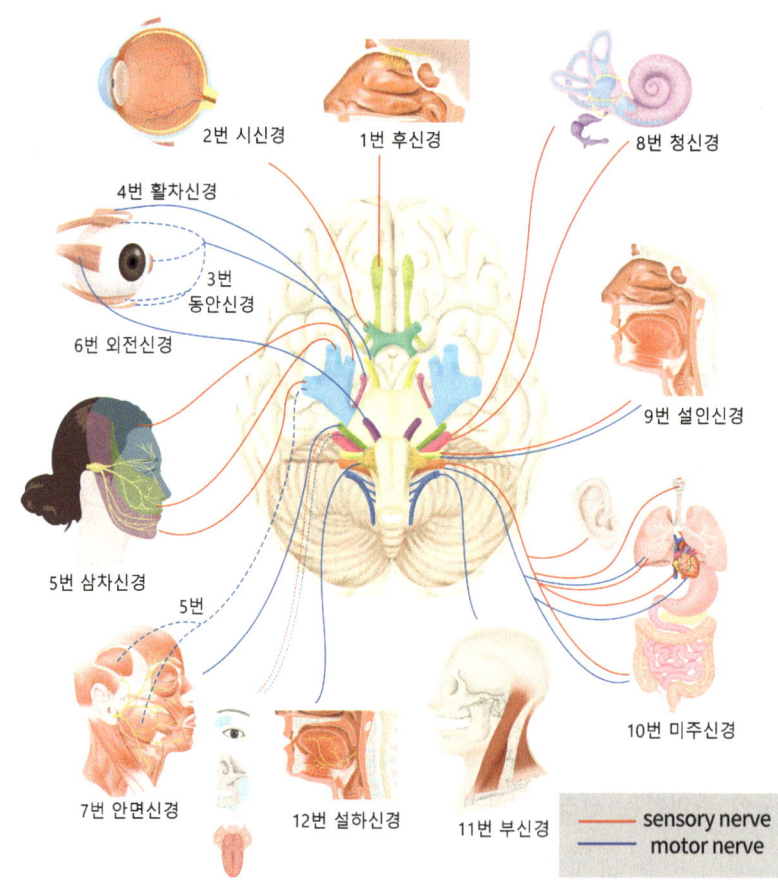

4 의식(consciousness) 기출 22년·25년

1) 의식 : 자신과 주위 환경에 대한 인지능력

- **청명**(alert) : **의식이 명료하며 지남력이 정상적인 상태** - GCS 15점
- **기면**(drowsy) : 외부 자극이나 소리에 의해 눈을 떴다가도 가만있으면 다시 잠이 드는 상태로 **의사소통은 가능하나 계속 자려고 하는 상태** - GCS 13~14점
- **혼미**(stupor) : 수의적 운동은 가능하나 의사소통이 되지 않는 상태 - GCS 8~12점
- **반혼수**(semi coma) : 수의적 운동 없이 오직 외부 동통에만 반응하는 상태 - GCS 4~7점
- **혼수**(coma) : 수의적 운동은 물론 외부 동통에도 전혀 반응이 없는 완전한 의식 상실상태 - GCS 3점

2) GCS(Glasgow coma scale) : 글라스고우 혼수 척도

개안반응, 언어반응, 운동반응에 대해 항목별로 2~3회 반복하여 가장 좋은 반응을 기준으로 합산한 점수로 의식 수준을 판단한다.

	개안반응 – 최고 4점 (E, eye opening)	언어반응 – 최고 5점 (V, best verbal response)	운동반응 – 최고 6점 (M, best motor response)
1점	전혀 눈을 뜨지 않음 (no eyes opening)	전혀 없음(no sound)	전혀 없음(no movement)
2점	통증 자극에 의해 눈을 뜸 (open eyes to pain)	이해 불명의 음성 (incomprehensible sounds)	이상 신전반응 (abnormal extensor response)
3점	불러서 눈을 뜸 (open eyes to voice)	혼란된 말 (inappropriate words)	이상 굴절반응 (abnormal flexor response)
4점	자발적으로 눈을 뜸 (open eyes spontaneously)	혼돈된 회화 (confused conversation)	자극에 움츠림 (withdraws to pain)
5점		지남력 있음 (oriented)	통증에 국소적인 반응이 있음 (localizes to pain)
6점			명령에 따름 (obeys Commands)

기출문제

01 외상성 뇌손상이 의심되어 응급실에서 평가와 예후판정을 위해 눈뜨기, 가장 좋은 운동반응, 가장 좋은 언어반응의 3가지 항목을 합산하여 평가한다. 이 평가방법이 무엇인지 쓰시오. (2점) 기출 22년

02 두부 외상 환자가 어떠한 자극에도 눈을 뜨지 않으며, 언어에 대한 반응이 전혀 없고, 통증 자극을 주어도 전혀 움직이지 않는다. 이 환자의 의식상태를 무엇이라고 표현하며, Glasgow Coma Scale (GCS) 평가 척도로는 몇 점에 해당하는가? (10점) 기출 25년

(1) 의식상태 (   ) (5점)
(2) GCS (   )점 (5점)

의학이론

5 두부 손상의 기초

1) 두부 손상기전

머리에 가해진 외력은 그 힘의 작용 시간에 따라 동적인 힘과 정적인 힘으로 구분된다. 동적인 힘은 충돌과 충동으로 구분되는데, 충돌은 두 물체가 부딪히는 접촉을 말하고 충동은 두 물체의 부딪힘이 없더라도 빠르게 달리다 갑자기 정지할 때와 같은 관성의 힘을 말한다. 대부분의 두부 손상은 접촉 효과와 관성 효과가 복합적으로 작용하여 발생한다.

(1) 접촉 효과에 의한 손상
  ① **국소 접촉** : 충 좌상(coup injury), 충격받은 쪽의 뇌에 일어나는 좌상
  ② **원격 접촉**
    a. **반충 좌상**(contre coup) : 충격받은 쪽의 반대쪽 뇌에 일어나는 좌상
    b. **간충 좌상**(intermediate coup) : 충격받은 쪽의 두개골이 변형을 일으켰다가 다시 원형으로 회복되면서 그 사이의 뇌가 손상되는 기전

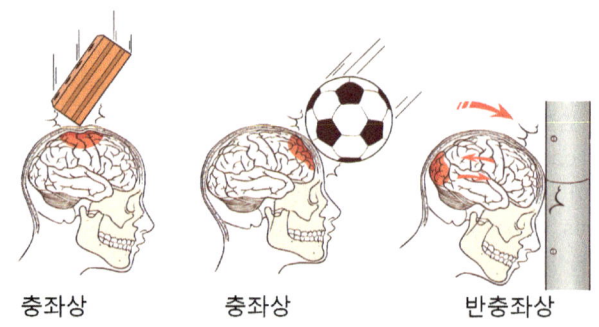

충좌상   충좌상   반충좌상

(2) 관성 효과에 의한 손상
  전위, 회전, 각가속에 의한 손상, 뇌에 가해진 가속 자체에 의한 손상과 두개골에 가해진 가속과 뇌에 가해진 가속의 차이에 의한 손상

2) 뇌신경의 단절(shearing)

두개강 내 뇌의 이동으로 뇌뿐만 아니라 각종 뇌신경이 파열되거나 단절될 수 있다. 시신경은 시신경공의 골절로, 안면신경과 청신경은 추체(pyramid)의 골절로 손상받기 쉽다.

3) 뇌부종(cerebral edema)

(1) 정의 : 뇌실질 내 수분이 비정상적으로 증가하여 뇌 조직의 용적이 증가한 상태
(2) 기전 : "뇌부종 → 두개내압 항진 → 뇌 혈류 순환 부전 → 산소 부족 → 뇌부종"의 악순환이 반복되다가 "뇌간의 호흡중추 압박 → 호흡정지, 심정지 → 사망"에 이른다.
(3) 뇌부종의 치료
  ① 전신상태가 개선 : 수액, 수혈, 강심제, 영양공급
  ② 산소, 스테로이드제제, 뇌압 강하제, 이뇨제, 최면진정제

4) 두개내압 상승과 뇌 허니아(cerebral herniation)

(1) 두개내압(intracranial pressure = 뇌압) : 뇌는 단단한 두개골에 둘러싸여 있고 두개골 안에는 뇌 외에도 혈액과 뇌척수액이 들어있어 이 구성요소의 용적이 상호 균형을 이루며 정상 두개내압(0~10mmHg)을 유지한다.

(2) 두개내압 상승 원인
   ① **뇌종양, 뇌출혈 등 공간 점유 병소**
   ② **뇌농양**
   ③ **뇌좌상 등에 의한 뇌부종**
   ④ **뇌 혈류량의 증가**

(3) 기전
   뇌척수액의 비정상적 생성 & 순환 & 흡수 → 두개강 내 용적 증가 → 두개내압 상승 → 뇌 조직이 압력이 낮은 곳으로 이동 → 뇌 허니아 발생 → 뇌간, 뇌신경, 소뇌 등을 압박 → 의식 저하, 반대 측 편마비, 뇌신경 마비 증상(동공산대, 동안신경 마비, 안면신경 마비 등), 소뇌 기능 저하 등의 증상 → 심한 경우 생명중추인 뇌간 손상으로 사망

(4) 두개내압 상승의 증상
   ① **의식 수준 변화** : 가장 초기 증상으로 대뇌피질에 산소 공급이 감소하여 발생한다.
   ② **활력징후의 변화** : **호흡부전, 서맥, 고체온증, 수축기혈압과 이완기혈압의 차이 증가**(수축기압은 상승, 이완기압은 유지 또는 저하)
   ③ **유두 부종**(papill edema), **두통, 토사성 구토**(projectile vomiting)

(5) 두개내압 상승의 치료
   ① 전신 지지
      a. 기침, 재채기, 통증, 심한 움직임 등 두개강내압 상승 유발 요인을 억제
      b. 수축기혈압을 90mmHg 이상 유지
      c. 산소 유지 : 동맥혈 산소분압(PaO2) 60mmHg, 산소포화도(SaO$_2$) 90% 미만이 되지 않도록 방지
      d. 두개내압을 최적화하기 위해 머리를 위로 올린 체위 유지
      e. 중증 두부 외상 시 최초 치료 후 GCS 3~8점, CT상 이상소견 시 뇌압 감시 장치
   ② 내과적 요법 : 저혈당 유지, 삼투성 이뇨제(만니톨, 글리세롤 등), 저체온요법, 과호흡요법, 고압산소요법
   ③ 외과적 요법
      a. 감압성 두개골 절제술
      b. 뇌실 천자 및 뇌척수액 배액술
      c. 뇌실 단락술

6 두부 손상 검사 기출 25년

1) 의식 수준 및 대뇌 고위기능 평가
의식 수준(GCS), 지남력(사람, 시간, 장소), 언어(이해, 말하기)

2) 뇌신경 검사
(1) 안저검사(fundus examination) : **안저경을 이용하여 유두**(optic disc), **망막, 혈관 관찰**
   ① **유두 부종**(papill edema or choked disc) : 염증 소견을 동반하지 않는 유두의 종창
   ② **시신경 위축**(optic nerve atrophy)
(2) 기타 뇌간반사(brain stem reflex) : 뇌간반사의 소실은 일반적으로 예후가 극히 나쁘다.
   ① **동공검사** : 동공 크기와 모양, 빛반사
      용어해설 빛반사(light reflex) : 정상에서는 양측 동공의 크기가 같고 지름이 2~6㎜이며 빛반사가 있다.
   ② **안구 두부반사** : 머리를 갑자기 회전시켰을 때 안구가 본래 위치로 돌아가는지 보는 검사
   ③ **구역 반사** : 설인신경(9번), 미주신경(10번)

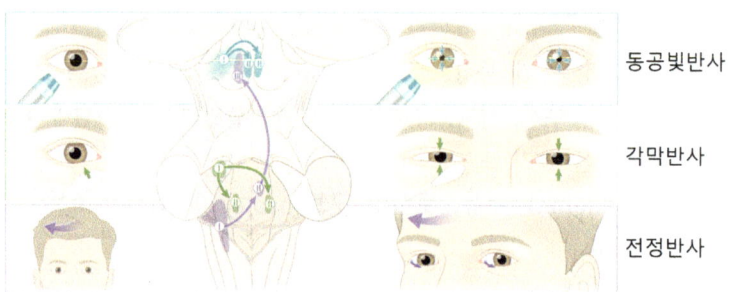

동공빛반사
각막반사
전정반사

3) 두부 영상검사
(1) 단순 X-선 검사 : 두개관 골절은 대부분 단순 두개골 X-선 촬영으로 진단이 가능하지만 두개저 골절은 확인이 어렵다.
(2) 뇌전산화단층촬영(CT) : 급성기에 의식장애 및 국소 신경장애 증상이 있으면 가장 먼저 시행해야 할 검사이다. 두개강 내 혈종 유무, 병소의 정확한 위치 판정, 주위 뇌 조직의 상태 파악과 뇌실의 압박 정도, 정중 편위, 측두엽 허니아 유무, 두개저 골절 등 전반적인 두개강 내 상태 파악과 수술을 요하는 경우 수술 계획 수립을 위해 시행한다.
(3) 자기공명영상(MRI) : 해상력이 정밀하며 뇌간부나 척수에서는 CT보다 선명한 화상을 얻을 수 있다. 혈관을 보기 위해 MR angio를 같이 촬영하기도 한다.

4) 뇌파검사(EEG, electro encephalography)
대뇌피질의 신경세포에서 발생하는 뇌의 전기 활동을 두피에서 기록하는 것으로 간질의 진단 및 감별 진단에 유용한 검사이다. 뇌파가 길어질수록, 그 범위가 넓을수록 고도의 뇌기능 장애가 있음을 의미한다.

5) 반사(reflex)

자극에 대한 불수의적 운동반응, 근 수축력, 속도와 운동 범위에 따라 0(소실), +(저하), ++ (정상), +++ (항진), ++++ (현저한 항진)으로 표시한다. 말초신경 손상 시 반사 저하, 중추신경 손상 시 반사 항진이 나타난다.

(1) **슬개건 반사**(patellar tendon reflex) : 슬개건을 타진했을 때 대퇴사두근의 수축으로 하지가 신전되는 반사

(2) **아킬레스건 반사**(achilles tendon reflex) : 아킬레스건 타진 시 종아리근육과 족저근 수축으로 발목이 저굴되는 반사

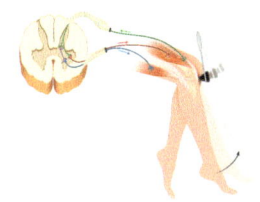
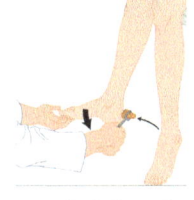
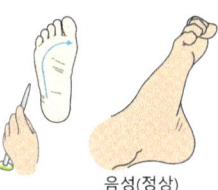
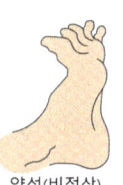

▲ 슬개건 반사　　　　▲ 아킬레스건 반사　　　　▲ 바빈스키징후

(음성(정상)　양성(비정상))

(3) **병적 반사**

① 정의 : 정상에서는 대뇌피질의 신경섬유가 억제되어 나타날 수 없는 반사가 중추신경계 손상 시 반사억제로의 이상이나 파괴 때문에 일어나거나 항진되는 것

② **호프만 반사**(Hoffmann reflex) : 제3, 4수지의 손톱을 누르면 제1,2,3수지가 굴곡되는 징후로 정상에서는 무반응인데 상운동신경원의 병변이 있을 때는 이 징후가 나타난다.

③ **바빈스키징후** : 정상에서는 발바닥을 자극하면 족지가 저굴하는데(음성), 뇌손상 시에는 반대로 족지를 쭉 펴는 현상(양성)이 나타난다. 신생아는 바빈스키 반사 양성이 정상

6) 유발전위검사(evoked potential test)

말초신경에 전기적 자극을 주어 반대쪽 대뇌피질에 유발 전위가 형성되는 것을 확인하는 검사(체성 감각신경, 시신경, 청신경 등)

7) 요추천자 및 뇌척수액검사(lumbar puncture & CSF evaluation)

(1) 진단 목적 : 뇌척수액압, 세포 수 & 종류, 화학 조성, 세균 동정 등

(2) 치료 목적 : 척추마취제, 항균제 항암제의 척수강 내 투여, 뇌척수압 감압

(3) 제3 - 4요추, 제4 - 5요추 사이에서 시행

기출문제

신경학적 검사 중 건강한 성인에서는 나타나지 않고 병적인 경우에만 양성으로 나타나는 반사를 병적 반사라고 한다. 병적 반사의 종류를 2가지 이상 적고, 각각의 양성 소견에 대해 기술하시오.(10점) 기출 25년

의학이론

7 근력 평가(muscle test) 기출 14년·20년·25년

1) 도수근력평가(MMT, manual muscle test)
   - Grade 0(Z, zero, 무, 0%) : 근 수축의 증거가 없음
   - Grade 1(T, trace, 흔적, 10%) : 근 수축은 가능하나 능동적 관절운동 불가능
   - Grade 2(P, poor, 불량, 25%) : 무중력 상태에서 능동적 관절운동 가능
   - Grade 3(F, fair, 약간 양호, 50%) : 중력을 이기고 정상 범위 능동 운동이 가능하지만 저항은 이기지 못함
   - Grade 4(G, good, 양호, 75%) : 중등도의 저항을 이기고 정상 능동 운동 가능
   - Grade 5(N, normal, 정상, 100%) : 강한 저항을 이기고 정상 능동 운동 가능

2) 도수근력평가 중 중력의 제거 유무로 구분되는 두 개의 단계
   - Grade 2 : (P, poor) - 중력을 제거한 상태에서 정상 범위 능동 운동 가능
   - Grade 3 : (F, fair) - 중력을 이기고 정상 범위 능동 운동 가능

3) AIS(ASIA 미국 척수 손상 학회 impairment scale)
   - A : S4 - 5 분절을 포함하여 운동과 감각기능 완전 소실
   - B : S4 - 5 분절을 포함한 감각기능만 유지, 운동기능은 소실(G0)
   - C : 감각기능은 유지, 손상 부위 아래에 운동기능이 grade 3 미만(G1~2)
   - D : 감각기능은 유지, 손상 부위 아래에 운동기능이 grade 3 이상(G3~4)
   - E : 운동과 감각기능 모두 정상

기출문제

01 운동 마비의 정도를 평가하기 위한 근력등급에 대하여 설명하시오. (10점) 기출 14년

02 사지의 근력 평가는 마비환자와 신경 손상 환자에서 중요하다. 사지근력 평가와 관련하여 아래의 물음에 답하시오. 기출 20년
   (1) 근력을 평가하는 도수근력평가의 단계를 각각 작성하시오. (6점) (숫자, 영어단어, 영어기호 모두 표시할 것)
   (2) 이 중, 중력의 제거 유무로 구분되는 두 개의 단계를 작성하시오. (4점)

03 한 환자가 팔, 다리를 내리고 바른 자세로 누운 상태에서 팔꿈치를 구부려 양측 팔(상지)을 들어 올릴 수는 있으나 1kg 아령을 손에 쥔 상태에서는 팔을 들어올릴 수 없었다. 양측 다리(하지)는 힘을 주어도 근육의 수축만 약간 있을 뿐 능동적인 관절 운동은 불가한 상태였다. 위 환자의 근력 등급을 평가하시오. (10점)
   기출 25년
   (1) 상지 (5점)
   (2) 하지 (5점)

8 경막상 혈종(EDH, epidural hematoma)

1) 정의
(1) 정의 : 두개골 내면과 경막 사이에 혈종이 형성되는 것
(2) 병리 : 외력이 가해지면 두개골이 순간적으로 휘면서 경막이 두개골과 분리되고 동시에 경막 동정맥이 파열되어 경막외강에 혈종을 형성한다. 주로 동맥성 출혈로 혈종이 급속히 커져 수상 후 몇 시간 혹은 10분 이내에 뇌 압박이 발생

2) 빈도
20대 젊은 층, 남자. 측두부 & 측두 - 두정부(70~80%), 대부분일 특성

3) 증상
(1) 두통, 구토, 오심, 의식 변화, 편마비, 동공 산동 등
(2) 뇌 압박 증상 : 혼수, 양측 동공의 불균등, 안면 또는 사지의 마비, 뇌 반사의 불균등, 한쪽 상지나 하지의 이완이나 강직
(3) **의식 명료기(lucid interval)의 존재** : 뇌 외상을 입고 의식을 잃었다가 일시적으로 의식을 회복한 후, 혈종이 고이고 두개강내압이 상승하면서 다시 의식이 소실될 때까지의 명료기간을 말하며 경막상 혈종의 특징적인 증상이다.

4) 진단
(1) X - 선상 중경 뇌막 혈관구나 정맥동을 횡단하는 골절 여부 확인(주로 두개골 골절 동반)
(2) **뇌 CT상 양면으로 볼록한 렌즈 모양**(biconvex lens)

5) 치료
(1) 의식 수준, 혈종의 양, 정중선 전위 정도, 동반 병변 유무 등을 고려해서 결정
(2) 응급수술(감압성 두개골 절제술, 개두술 및 혈종제거술) : 대량 출혈로 뇌 압박이 심하거나, 동맥출혈로 혈종 형성이 진행되는 경우

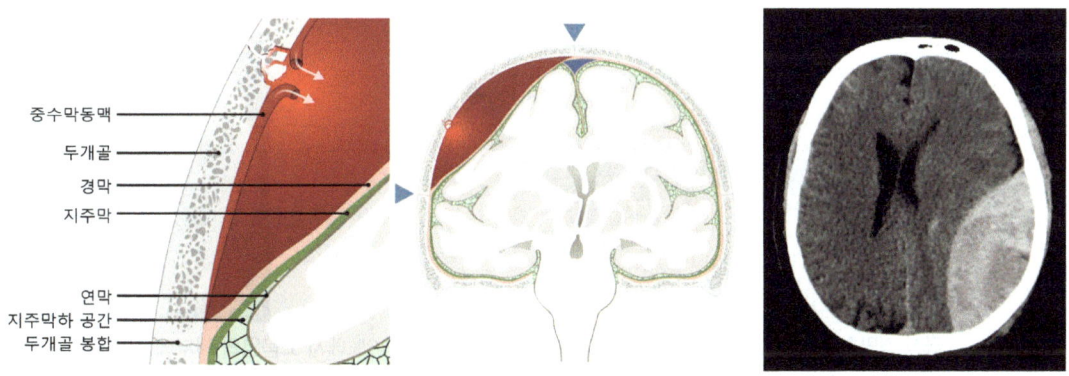

▲ 경막상 혈종 : 볼록렌즈 모양의 고음영 병소가 관찰된다. 봉합선의 분리가 없는 한 봉합선을 넘지 않는다.

의학이론

9 경막하 혈종(SDH, subdural hematoma)

1) 정의

교정맥의 파열이나 뇌 표재성 혈관의 손상으로 인해 경막과 지주막 사이에 출혈이 발생한 경우로 뇌좌상이나 뇌간 손상을 합병하는 경우가 많고 일반적으로 늦게 증상을 보일수록 예후는 좋다.

2) 원인

외상, 혈액 질환, 수두증에 의한 단락술 시행 후, 항응고제 사용, 뇌동맥류 파열

3) 분류

(1) **급성**(acute) : **외상 후 3일 이내 증상 발생**
(2) **아급성**(subacute) : **외상 후 3~20일 사이에 증상 발생**
(3) **만성**(chronic) : **외상 후 3주 경과 후** 증상 발생

4) 급성 경막하 혈종(acute SDH)

(1) 증상 : 뇌손상이 심하고 광범위하며 심한 뇌부종을 동반하고 동공 산대, 반신마비, 의식 변화 등이 나타나는 경우도 있다.
(2) 진단 : **뇌 CT상 초승달 모양인 균질의 고밀도 음영**, 경막상 혈종에 비해 내면의 경계가 깨끗하지 않다.
(3) 치료 : 천공술, 두개골 절제술, 개두술 등 수술에 의한 혈종 제거
(4) 예후
  ① 외상성 간질 발생 가능성이 있어 항경련제를 최소 1년 이상 투여
  ② 나이가 어릴수록, 수술 시 의식이 명료할수록, 수반된 뇌실질의 손상 정도가 작을수록 예후 양호
  ③ 사망률 50% 이상, 생존한 경우라도 심한 후유장애를 남긴다.
  ④ 경막상 혈종보다 뇌 손상이 심하고 광범위하며 심한 뇌부종이 동반되는 경우가 많아 혈종을 제거하여도 예후는 불량하다.

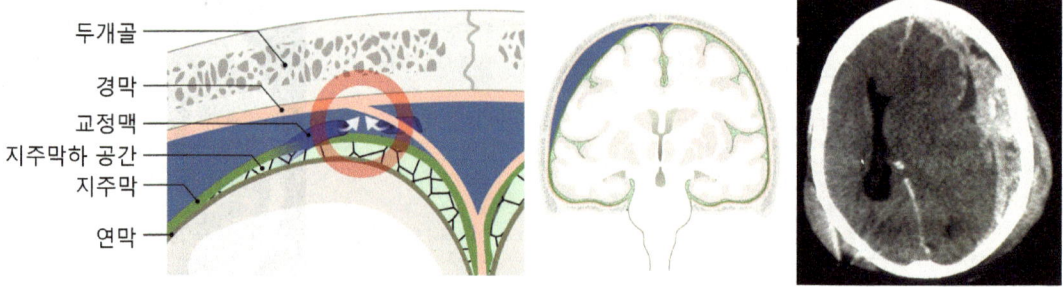

▲ 급성 경막하 혈종 : 초승달 모양의 고음영 병소가 관찰된다. 약 40%에서 고음영의 내부에 저음영이 섞여 있는 소용돌이징후(swirl sign)를 보이는데 이는 진행성 출혈을 시사한다.
경막상 혈종과 달리 봉합선의 제한을 받지 않는다.

10 만성 경막하 혈종(chronic SDH)

1) 정의
외상 후 3주 경과 후 증상이 발생한 경막하 혈종

2) 특징
(1) **대개 50대 이상 노년층, 알코올 중독자, 간질환자, 항응고제 투여자, 출혈성 질환자 등에서 경미한 외상 후 발생한다.** 대부분 외상으로 발생하지만, 약 절반이 두부 외상의 병력을 기억하지 못하거나 아주 경미하여 자신이 외상을 입었다고 생각하지 않는다.
(2) 고유 증상이나 징후가 없어 뇌혈관질환, 뇌종양, 치매 등으로 오진하기 쉽다.

3) 증상
(1) 초기 증상 : 지속적 두통, 구토, 유두 부종, 경도 편마비, 언어장애, 노년층은 정신 착란, 기억력장애가 주 증상
(2) 진행 증상 : 두개내압 상승 → 측두부 허니아 → 의식장애, 병소 동측의 동안신경 마비, 반대측 편마비

4) 진단
두부 CT에서 **초승달 모양의 저음영 또는 등음영** 병소

5) 치료
(1) **천두술(천공술)** : 두개골에 drill을 이용하여 구멍을 뚫고 혈종을 흡입 배액시키는 방법으로 만성 경막하 혈종에 가장 많이 시행하는 방법이다.
(2) 천공 배액술, 개두술, 경막하-복강 단락술
(3) 수술 후 사망률이 10% 이하로 예후가 비교적 양호하며, 예방적 항경련제 투여가 필요

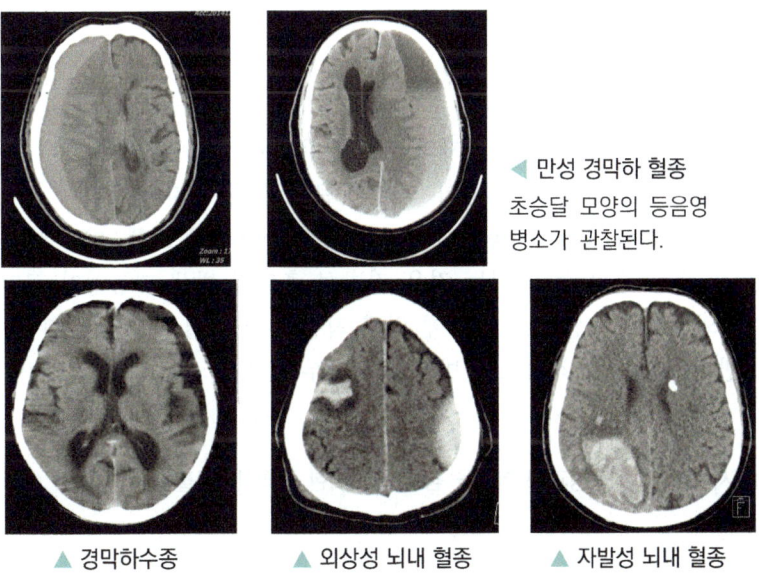

◀ 만성 경막하 혈종
초승달 모양의 등음영 병소가 관찰된다.

▲ 경막하수종　　▲ 외상성 뇌내 혈종　　▲ 자발성 뇌내 혈종

의학이론

11 뇌실질내 출혈(ICH, intracerebral hematoma) 기출 21년

1) 정의
급성 두부 외상으로 뇌실질이 직접 좌상이나 열상을 입은 부위에 혈종이 발생하거나 충격받은 반대쪽에 반충 작용으로 뇌실질 내에 발생한 출혈이다. 의식이 있는 경우 수술 후 사망률 6%, 의식이 없는 경우 수술 후 사망률 45%로 다른 혈종에 비해 수술 후 후유증의 발생이 비교적 높다.

2) 진단 및 치료
(1) 증상 : 혼수, 뇌압 항진 소견
(2) 진단 : 뇌 CT에서 급성기에 고밀도 음영으로 나타나고 혈종 주위는 뇌부종으로 인하여 저밀도의 음영이 나타난다.
(3) 수술적 치료 : **천공술, 개두술, 두개골 절제술, 혈액 용해제 이용 도관 배액술**

3) 외상성과 자발성 출혈 구분에 있어 고려 사항
(1) 발생 빈도 : 외상성보다 자발성의 빈도가 6배 정도 높다.
(2) **연령 분포** : 자발성의 호발 연령은 50대로 40%가 40세 이후에 발생한다. 외상성은 연령 분포가 다양하고 어느 연령에서나 발생할 수 있다.
(3) **출혈 부위** : 자발성은 기저핵에 가장 흔하고 외상성은 전두엽과 측두엽에 호발한다.
(4) **혈종의 수와 모양** : 자발성의 0~2%가 다발성 또는 양측성인 데 반해, 외상성의 30~40%가 다발성이다. 외상성은 혈종의 모양이 불규칙하고 경계가 뚜렷하지 않으며 밀도가 균일하지 않다. 자발성은 모양이 둥글고 경계가 부드럽다.
(5) **동반된 외상성 병소** : 자발성이 다른 외상성 병소를 동반할 가능성은 적은데 반해 외상성은 50~70%가 경막하 혈종, 뇌좌상 등 두개강 내 외상성 병소를 동반한다.
(6) **두개골 골절** : 자발성이 두개골 골절이 있을 가능성은 적은데 반해 외상성은 50~90%가 두개골 골절을 동반한다.
(7) **고혈압** : 자발성 출혈의 가장 많은 원인은 고혈압이지만 응급실 내원 당시 외상성도 혈압이 높을 수 있고, 40세 이후 한국 남자의 고혈압 유병률이 15~40%이기 때문에 고혈압이 있던 사람이 외상을 당할 가능성도 있어 감별에 큰 도움이 되지 않는다.
(8) **기존 질환과 출혈성 요인** : 뇌동맥류, 모야모야병, 뇌동정맥 기형, 아밀로이드혈관병증, 뇌종양, 출혈성 전신 질환 등이 있는 경우 자발성 출혈의 발생 가능성이 크다.
(9) **현 병력** : 외상성은 급성 두부 외상에 의해 직접 손상을 입은 부위에 혈종이 발생하거나 충격받은 반대쪽에 반충 작용으로 발생하고 대부분 외상 후 24시간 이내에 발생한다.

📖 기출문제
뇌실질내출혈에서 출혈의 외상성과 자발성을 감별하기 위한 고려사항들을 서술하시오. (10점) 기출 21년

12 그 외 두개강 내 손상 기출 22년

1) 외상성 지주막하출혈(SAH, traumatic subarachnoid hemorrhage)
  (1) 정의 : 두부 외상으로 뇌 피질 위에 있는 작은 혈관들이 파열되어 경막과 연막 사이에 있는 지주막하 공간에 출혈이 발생한 상태
  (2) 병리 : 주로 두부 외상으로 뇌정맥이 파열되어 발생한다. 출혈 자체는 큰 의미가 없고 뇌 손상을 입었다는 경고의 신호이다.
  (3) 증상 : 심한 두통, 불안, 경부 강직
  (4) 진단 : 요추 천자를 통해 혈성 뇌척수액 확인, CT, 필요시 뇌혈관조영술
  (5) 치료 : 임상 경과 관찰, 수두증 병발 시 뇌척수액 단락술

2) 경막하 수종(subdural hygroma)
  (1) 정의 : 경막하강에 무색, 황색 또는 혈성의 액체가 고이는 상태로 경막상 혈종이나 경막하 혈종에 속발하기도 한다.
  (2) 원인 : 외상으로 지주막 파열 → 파열된 지주막이 one - way valve 역할 → 뇌척수액이 거미막밑 공간에서 경막 하강으로 유입
  (3) 증상 : 대부분 무증상, 양이 많아지면 뇌압 항진 증상(의식장애, 운동 마비)
  (4) 진단 : 뇌 CT상 두개골 내면에 접하는 초승달 모양의 뇌척수액과 같은 저밀도 음영이 보이고 조영 증강되는 혈종막이 없는 것이 특징이다.
  (5) 치료 : 증상이 없으면 치료는 불필요하다. 증상이 있으면 천공 배액술. 반복적 재발 시 경막 하강 - 복강 간 단락술

3) 외상성 뇌실내출혈(IVH, traumatic intraventricular hemorrhage)
  (1) 원인 : 두부 외상 → 뇌실의 장축 길이 감소 및 단축 길이 증가 → 뇌실 전체의 부피 증가와 확장 → 일시적 음압 상태 → 정맥 파열 → 뇌실 출혈
  (2) 증상 : 의식 명료에서 혼수까지 다양
  (3) 치료 : 시간이 지나면 자연 흡수된다. 수두증 발생 시 천공술, 뇌실 - 복강 단락술

기출문제

50세 남자가 공사현장에서 머리 및 얼굴부위를 기계에 수상하여 응급실에 이송되었다. 아래의 질문 답하시오.
기출 22년
(2) 다음은 시행한 뇌 전산화단층촬영 결과지이다. 결과지에서 출혈과 관계된 두개강내 국소 손상을 두 가지만 찾아서 한글로 쓰시오. (각 2점)

> Traumatic SAH in suprapatellar cistern, both CPA cistern, prepontine cisten, and cisterna magna.
> Acute EDH in cerebellar region.
> Acute IVH in both lat. 3rd, 4th ventricles
> Pneumocephalus in supasellar area.

13 두개골 골절(skull Fx)

1) 골절 형태에 따른 분류

(1) **선상 골절**(linear skull Fx) : 두개골 골절의 약 80%를 차지한다. 두개골 안쪽 면의 혈관구를 골절 선으로 오인할 수 있으므로 감별 진단하여야 한다. 선상 골절이 혈관구나 정맥동을 가로질러 있을 때는 혈관의 파열로 경막외 혈종 발생 가능성이 높다. 합병증을 동반하지 않은 선상 골절은 특별한 치료 없이 경과 관찰

(2) **이개 골절**(diastatic skull Fx) : 봉합선이 분리되는 골절로 주로 3세 이하의 소아에서 발생하며 봉합선 폭이 2㎜ 이상 벌어졌을 때 진단적 의의가 있다. 삼각봉합과 관상봉합에서 잘 발생한다. 합병증을 동반하지 않는 한 특별한 치료는 필요하지 않다.

(3) **함몰 골절**(depressed skull Fx) : 골편이 함몰되는 두개골의 골절로 함몰된 골편이 뇌 피질에 손상을 일으켜 간질성 병소의 원인이 될 수 있다.
  ① 단순 두개골 X - 선상 이중 음영이나 원형 골절로 보인다.
  ② 폐쇄성 골절 시 소아의 뇌는 계속 성장하므로 수술이 필요하다. 성인은 5㎜ 이상 함몰 골절이나 복잡 분쇄함몰 골절 시 정복 수술을 시행한다. 정맥동 위의 경미한 함몰 골절은 출혈 유발 위험이 있어 수술을 금한다.
  ③ 개방성 골절 시 골수염, 수막염을 일으킬 수 있으므로 수술이 필요하다.

2) 골절 부위에 따른 분류

(1) 두개관 골절(skull Fx) : 전두골, 측두골, 두정골, 후두골 등 **두개관의 골절**
(2) 두개저 골절(basal skull Fx) : **두개골 바닥의 골절로** 단순 두개골 X - 선으로는 진단하기 어려우며 임상적 증상 소견이 중요하다. 두개골 CT, 특히 측두골 CT에서 찾는 경우가 많다.

3) 두개저 골절(basal skull Fx) 호발부위

① 전두골의 안와면, ② 측두골의 추체부, ③ 후두골의 기저부

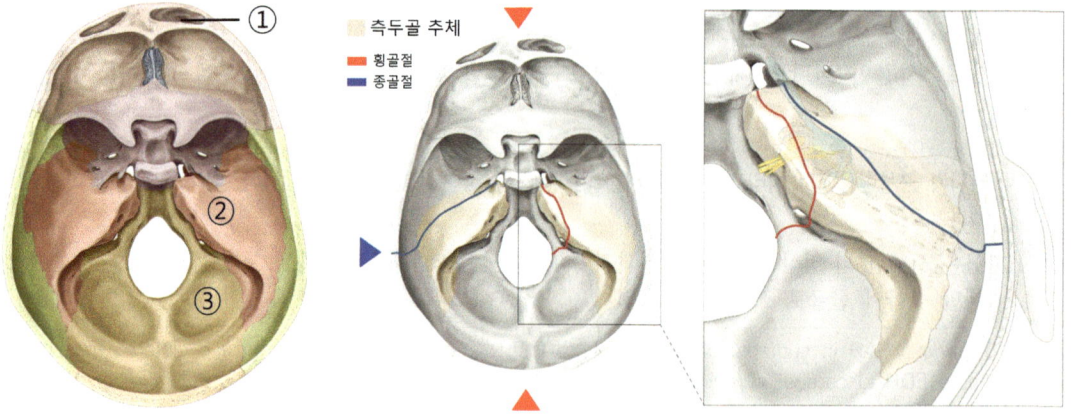

4) 두개저 골절 증상

(1) **너구리눈**(raccoon's eye sign, 눈 주위 반상 출혈) : **전두개와 골절에서 호발**
(2) **유양돌기 반상출혈**(battle's sign) : **중두개와 골절에서 호발**
(3) **고실 혈종**(hemotympanum) : **중두개와 골절에서 호발**
(4) **뇌척수액 비루 또는 이루**(CSF rhinorrhea or otorrhea) : 뇌경막과 지주막 파열 시 뇌척수액이 비강이나 외이도를 통해 누출되는 것이다.
(5) **기뇌증**(pneumocephalus) : 골절 부위로 공기가 유입되어 발생한다. 단순 두개골 X - 선이나 CT상 뇌실 내 또는 거미막밑 공간에 공기 음영이 보인다.
(6) **뇌신경 손상**
  ① 전두개와 골절 시 후신경 및 시신경 손상
  ② 중두개와 골절 시 외안근 및 악관절 운동 마비
  ③ 측두골의 추체부 골절 시 청신경 및 안면신경 손상

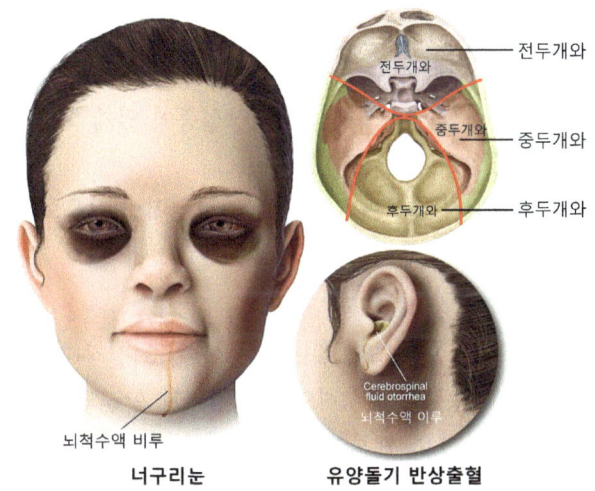

너구리눈 　　유양돌기 반상출혈

5) 두개저 골절 치료

(1) 뇌좌상, 뇌신경 손상, 출혈, 뇌척수액루가 동반되지 않고 두개저 골절만 있는 경우에는 특별한 치료를 하지 않아도 자연적으로 치유된다.
(2) 시신경과 안면신경 손상 시 수술적 치료 필요
(3) 뇌척수액 이루나 비루가 있는 경우 감염 방지를 위해 항생제 투여와 안정요법

6) 두개저 골절 동반 손상

(1) 경막혈관의 손상으로 인한 경막외혈종
(2) 외상성 기뇌증, 혈관 손상, 동맥 박리(dissection), 가동맥류(pseudosneurysm)
(3) 부비동과 유양돌기 골절로 인한 수막염
(4) 뇌신경 손상 : 후신경, 시신경, 안면신경, 청신경 등
(5) 뇌하수체 손상으로 인한 내분비 기능 이상

14 기타 뇌손상

1) 두피 손상(scalp injury)

(1) 특징 : 두피에는 혈관이 풍부하여 손상되면 두피와 두개골 사이에 혈종이 발생하는 경우가 많다. 의식장애나 신경 손상은 없다.

(2) 치료
① 창상 시에는 출혈이 심하므로 국소를 압박하여 지혈한다.
② 혈종이 큰 경우 : 천자술에 의한 혈종 제거, 붕대 사용 압박
③ 대부분은 수일 내에 흡수되므로 특별한 처치가 필요하지 않다.

2) 뇌진탕(cerebral concussion)

(1) 기전 : 반고체인 뇌가 단단한 두개강내에서 흔들려 일시적으로 뇌의 모든 기능이 중단되었다가 완전히 회복되며, 뇌실질에 기질적 변화를 일으키지 않는 가역적인 경한 뇌손상이다. 두부에 충격이 가해지면 가속과 감속의 결과로 의식을 상실하며 일반적으로 의식상실 기간이 길지 않다.

(2) 증상 : 의식상실, 혈압상승, 맥박의 변화, 안면 창백, 동공 산대, 얕은 호흡이 나타나며, 외상 직전 또는 직후의 기억이 소실되는 역행성 기억상실증이 있게 되고, 깨어나서는 두통, 어지럼증, 오심, 구토 등의 증상이 있을 수 있다.

(3) 치료 : 특별한 처치가 필요하지 않으며 기억력과 지남력이 정상으로 회복될 때까지만 입원이 필요하다.

3) 뇌좌상(cerebral contusion)

(1) 기전 : 뇌의 충격이나 압박에 의한 뇌실질의 손상이며, 뇌실질내의 출혈로 인해 뇌 조직이 괴사를 일으키고 동시에 뇌부종이 발생하여 두개강내가 항진되는 불가역적 손상이다. 수상 직후부터 의식장애가 몇 분 이상, 때로는 몇 시간에서 며칠간 혼수상태에 빠지는 등 손상의 정도는 다양하다.

(2) 진단 : 뇌 CT 소견상 점상출혈, 뇌부종, 정상 뇌 조직이 혼합되어 나타나고 중증 뇌좌상에서는 심한 뇌부종으로 뇌실 축소도 보인다. 호발부위 – 측두엽

(3) 증상 : 의식 소실, 뇌압 상승에 따른 일반증상(두통, 구토, 현기증, 이명 등), 손상 부위에 따른 국소 신경 증상

(4) 치료
① 약물치료 : 뇌압 상승 시 뇌압 강하제와 부신피질호르몬제

> **용어해설** 뇌압 강하제 : 뇌 혈류 장벽을 이용하여 뇌 간질의 수분을 선택적으로 배출하는 이뇨작용에 의해 뇌압을 낮추는 약제

② 치료 기간 : 경증은 약 3주, 중등도는 3주~2개월, 중증은 약 3개월 이상

4) 미만성 축삭 손상(DAI, diffuse axonal injury)

(1) **정의** : **뇌 축삭의 광범위한 손상** - CT상 혼수의 원인이 될 만한 공간 점유성 병소가 없음에도 불구하고 외상 직후부터 혼수상태가 6시간 이상 지속되는 경우 의심
(2) 특징 : 심한 가속 및 감속 손상에 의하여 초래되며 심한 경우 뇌량과 뇌교에 출혈을 볼 수 있으며, 현미경적으로 축삭의 광범위한 손상을 볼 수 있다.
(3) 급성기 증상 : **심한 의식장애, 양측 제뇌강직 및 자율신경장애**

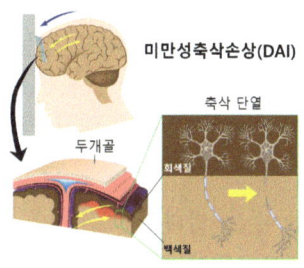
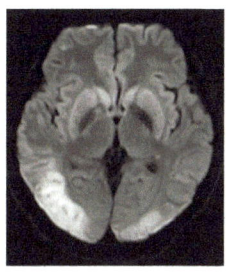

5) 두부 손상의 수술 방법

(1) **천두술**(trephination) : 경막하 혈종이나 뇌내혈종 등에서 두개골에 drill을 이용하여 구멍을 뚫고 혈종을 흡입 배액시키는 수술법
(2) **두개골 절제술**(craniectomy) : 함몰 골절 등이 있을 때 두개골 일부를 절제하는 수술
(3) **감압성 두개골 절제술**(decompressive craniectomy) : 두개강내압이 높을 때 압력을 낮추기 위해 두개골을 떼어내 압력을 낮추는 수술법으로 심한 뇌부종이 발생하였을 때 적용
(4) 골 성형성 **개두술**(osteoplastic craniotomy) : 두개골의 일부를 떼어낸 후 혈종이나 종양을 제거하고 떼어낸 두개골을 다시 제자리에 붙여주는 방법
(5) **체외 뇌실 배액술**(EVD, extra - ventricular drainage) : 뇌척수액의 교통장애나 흡수장애 등으로 수두증이 발생하거나 외상성 뇌실내 출혈이 있는 경우 뇌실에 카테터를 삽입하여 인공적으로 척수액을 체외로 배출시키는 방법
(6) **단락술**(shunt) : 뇌척수액 교통장애나 뇌척수액 과잉 생산에 의해 발생한 수두증을 치료하기 위해 뇌실과 복막 사이에 실리콘, 고무 튜브를 끼워 뇌척수액이 심방이나 복강으로 흐르도록 하는 수술법
(7) **두개골 성형술**(cranioplasty) : 두개골 절제술에 의한 두개 결손 부위를 경막 등이 염증 없이 치유되면 수상 후 약 6개월이 지난 후 수복해 주는 수술법

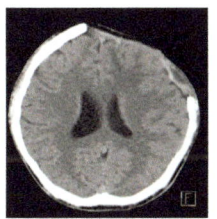
▲ 두개골 절제술

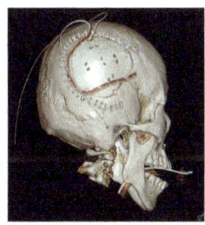
▲ 개두술

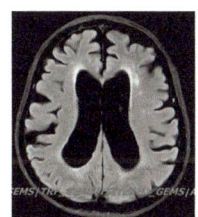
▲ 수두증

> 의학이론

15 식물상태(vegetable state)

1) 정의

중증 뇌 손상이나 질환에서 회복 소생되었으나 대뇌의 광범위한 손상이나 대뇌와 뇌간 사이의 연락 단절로 인하여 **대뇌의 기능은 정지되었으면서도 뇌간의 생명중추 기능은 살아있어 인공호흡기를 부착하지 않고도 호흡, 맥박, 체온, 혈압의 유지가 지속되는 상태**

2) 식물상태를 정의하는 6가지 항목

다음의 6가지 항목에 해당하는 상태가 **3개월 이상 지속**되고 있는 상태로 정의한다.
(1) 자력 이동이 불가능하다.
(2) 자력 섭식이 불가능하다.
(3) 방뇨 실금 상태에 있다.
(4) 안구가 물체를 쫓을 수는 있으나 인식할 수는 없다.
(5) 소리를 낼 수 있으나 의미 있는 발언은 불가능하다.
(6) 눈을 뜨고 손을 잡으려 하며, '눈을 떠라', '손으로 물건을 쥐어라' 하는 정도의 간단한 명령에는 가까스로 응할 수 있으나 그 이상의 의사소통은 불가능하다.

3) 식물상태의 합병증

(1) **패혈증, 폐렴 등 호흡기 합병증** : 주 사망 원인
(2) **관절 구축**
(3) **요로 감염**
(4) **욕창, 혈전증**

4) 식물상태와 뇌사를 구분하는 가장 중요한 요소

식물상태와 뇌사를 구분하는 가장 중요한 요소는 **뇌간**(brainstem) **손상 유무**이다. 식물상태는 뇌간의 기능은 유지되는 데 비해, 뇌사는 대뇌뿐만 아니라 뇌간을 포함한 뇌의 모든 기능이 정지된 상태를 말하며, 장기 이식의 경우에만 의미가 있다. 중뇌, 교, 연수로 구성된 뇌간은 호흡과 심장 운동을 지배하며 망상체에서 의식을 관장하여 뇌간 손상 시 인공호흡기에 의존하지 않고는 호흡을 할 수 없고, 불가역적인 혼수상태가 된다.

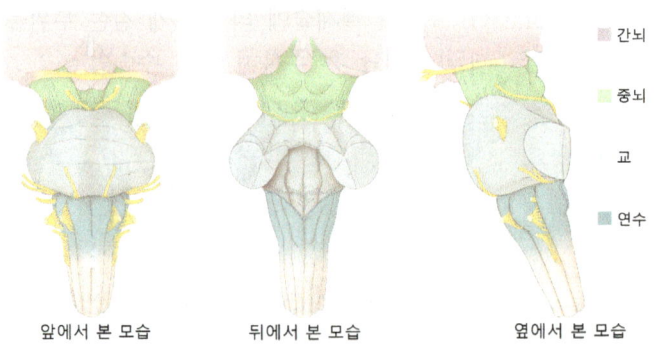

▲ 뇌간의 해부 – 중뇌, 교, 연수

16 뇌사(brain death) 기출 25년

1) 뇌사 판정 원칙

반드시 뇌사를 일으킬만한 뇌손상이 있는 경우에 **뇌손상 후 최소 6시간이 지난 시점에** 판정해야 하며, 신경과나 신경외과 전문의에 의해 면밀한 기준을 가지고 시행되어야 함

2) 뇌사 판정의 선행조건

(1) 원인 질환이 **확실하고 치료될 가능성이 없는 기질적 뇌 병변이 있어야 할 것**
(2) **깊은 혼수상태로서 자발 호흡이 없고 인공호흡기로 호흡이 유지되고 있어야 할 것**
(3) **치료 가능한 약물 중독**(마취제, 수면제, 진정제, 근육이완제 또는 독극물 등에 의한 중독)**이나 대사성 또는 내분비성 장애**(간성 혼수, 요독성 혼수 또는 저혈당성 뇌증 등)**의 가능성이 없어야 할 것**
(4) **저체온 상태**(직장 온도가 섭씨 32도 이하)**가 아니어야 할 것**
(5) **쇼크 상태가 아니어야 할 것**

3) 뇌사 판정 기준

① 외부 자극에 전혀 반응이 없는 **깊은 혼수상태일 것**
  GCS 3점, 안면의 통증 자극에 대해 무반응
② **자발 호흡이 되살아날 수 없는 상태로 소실**되었을 것
③ **두 눈의 동공이 확대 고정**되어 있을 것(직경 4㎜ 이상)
④ **뇌간반사가 완전히 소실**되어 있을 것
  광반사, 각막반사, 안구두부반사, 전정안구반사, 모양체척수반사, 구역반사, 기침반사
⑤ **자발운동, 제뇌강직, 제피질강직 및 경련 등이 나타나지 않을 것**
  용어해설 제뇌강직 : 간뇌와 양쪽 중뇌의 손상으로 사지가 모두 펴진 상태
  용어해설 제피질강직 : 양쪽 뇌피질 손상으로 상지는 굽힘, 하지는 펴진 상태
⑥ **무호흡검사 결과 자발호흡이 유발되지 아니하여 자발호흡이 되살아날 수 없다고 판정될 것**
  상기 ①~⑥ 판정 결과는 6시간 경과 후 재확인하여도 같은 결과일 것
⑦ **뇌파검사에서 30분 이상 평탄 뇌파일 것**

4) 6세 미만 소아의 뇌사 판정

(1) 1세 이상 6세 미만 소아 : ①~⑥ 재확인은 24시간 경과 후 실시
(2) 생후 6개월 이상 1세 미만 소아 : ①~⑥ 재확인은 48시간 경과 후 실시, 뇌파검사를 재확인 전과 후에 각각 실시

📖 **기출문제**

뇌사의 판정 기준을 3가지 이상 기술하시오. (10점) 기출 25년

> 의학이론

17 두부 손상의 후유증

1) 운동 마비

(1) **사지마비, 반신마비** 등이 포함된다.
(2) 원인 : **대뇌로부터 근육섬유에 이르는 운동신경 경로 중 한 부위의 장애 발생**
   ① **상부 운동신경원 손상**(upper motor neurons) : 대뇌피질 - 척수운동신경 섬유 위쪽의 손상으로 강직성 마비가 발생하고 근 위축은 발생하지 않는다. 신체의 과도한 반사반응으로 심부건반사 항진, 바빈스키징후 양성이 나타난다.
   ② **하부 운동신경원 손상**(lower motor neurons) : 척수운동신경 섬유 아래쪽의 손상으로 근육이 진행적으로 위축되며 이완성 마비와 심한 근 위축이 보인다. 심부건반사 저하가 나타난다.

2) 뇌신경 마비

후각 소실, 시력장애, 복시, 안면신경 마비, 안면감각 마비 등

3) 실어증(aphasia)

말, 글, 지시 등의 표현력 또는 언어 이해력의 상실

4) 외상성 간질(traumatic epilepsy)

뇌손상 후 손상 부위에 병태생리학적 변화가 와서 신경세포의 불규칙적, 돌연적, 과잉적 방전에 의해 반복적으로 나타나는 증상
(1) **전두엽과 두정엽 손상, 감염** : 발생 빈도 높다.
(2) 경막하 혈종의 약 40% 정도에서 간질 증상이 보인다.
(3) 뇌파검사상 간질 뇌파가 있으면 **항경련제 치료**가 절대적으로 필요하다.

5) 정신장애(mental disorder)

(1) **행동장애** : 과잉행동, 저하된 행동, 반복 행동, 자동 행위, 거절증, 강박행위 등
(2) **지각장애** : 착각, 환각 등
(3) **사고장애** : 사고 형성의 장애, 사고 진행의 장애, 사고 내용의 장애
(4) **정서장애** : 우울증, 불안, 정서 부조화, 양가감정, 소외감 등
(5) **의식장애** : 의식 착란, 의식혼탁, 섬망, 몽롱한 상태, 혼미, 혼수 등
(6) **지남력장애** : 시간, 공간, 사람과의 관계성을 인지하지 못하는 상태
(7) **기억장애** : 기억과다증, 기억상실증, 기억 왜곡증 등

CHAPTER 07 척수 및 신경 손상

1 신경계(nervous system)

1) 신경계의 구조

중추신경계 (central nervous system)	뇌(brain)	대뇌, 소뇌, 간뇌, 뇌간
	척수(spinal cord)	경수, 흉수, 요수
말초신경계 (peripheral nervous system)	뇌신경(cranial nerve) 12쌍	**감각신경** : 1, 2, 8번 **운동신경** : 3, 4, 6, 11, 12번 **혼합신경** : 5, 7, 9, 10번
	척수신경(spinal nerve) 31쌍	• 경추신경(8쌍) • 흉추신경(12쌍) • 요추신경(5쌍) • 천추신경(5쌍) • 미추신경(1쌍)
자율신경계 (autonomic nervous system)	교감신경(sympathetic nerve)	
	부교감신경(parasympathetic nerve)	

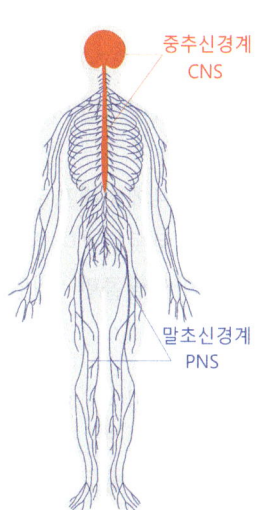

2) 뉴런(neuron)

뉴런은 신경계의 기본 단위인 신경세포이다. 뉴런은 온몸의 기관들과 뇌를 연결하고 있으며, 뇌에서는 약 천억 개에 달하는 뉴런이 복잡한 네트워크를 구성하고 있다. 뉴런은 위치와 역할에 따라 모양이 다양하지만, 기본적으로는 세포체와 수상돌기, 축삭으로 구성되어 있다.

(1) **세포체**(cell body) : 핵이 있는 뉴런의 중심
(2) **수상돌기**(dendrite) : 세포체에서 사방으로 뻗어 다른 뉴런에서 보내는 신호를 수신함
(3) **축삭**(axon) : 수상돌기에서 받은 신호를, 전기신호를 이용해 끝까지 전달하여, 시냅스를 통해 다른 뉴런으로 전달한다. 이때 축삭을 감싸고 있는 지방 성분인 수초와 신경초가 신호를 다른 곳으로 흩어지지 않고 정확하게 전달되게 돕는다.

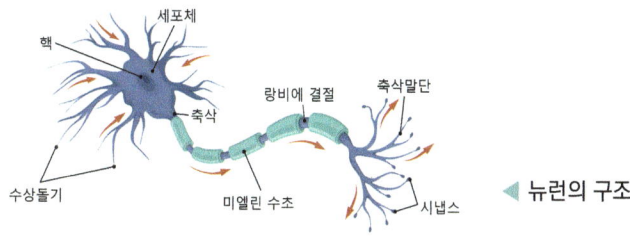

◀ 뉴런의 구조

3) 시냅스와 신호 전달 과정

시냅스는 신경과 신경이 신호를 주고받는 곳으로 축삭돌기의 끝부분과 다음 뉴런의 수상돌기가 맞닿아 만들어지는데, 완전히 붙어 있지 않고 미세하게 벌어져 있다.

신경이 받은 자극은 전기신호의 형태로 뉴런을 통해 흐르다가 신경돌기 끝에서 화학물질로 바뀌며, 다음 뉴런의 수상돌기가 그 물질을 받아 신호가 끊어지지 않게 다시 전기신호를 만든다. 시냅스에서 신호를 주고받는 데 쓰이는 화학물질을 신경전달물질이라고 부르는데, 각각 다른 기능을 하는 수십 종류의 신경전달물질이 있다.

4) 신경전달물질

(1) **도파민** : 뇌 신경세포의 흥분을 전달하고 유지한다.
(2) **에피네프린**(아드레날린) : 중추로부터의 전기적인 자극에 의해 교감신경 말단에서 분비되어 근육에 자극을 전달한다.
(3) **노르에피네프린**(노르아드레날린) : 스트레스에 반응하여 몸과 정신을 긴장시킨다.
(4) **세로토닌** : 다른 신경전달물질의 과잉 분비를 억제하여 조화와 균형을 유지한다.
(5) **아세틸콜린** : 혈압을 낮추고 심장박동 억제, 골격근 수축에 관여한다.

5) 신경세포의 구분

(1) **감각신경** : 감각기관에 분포하며, 감각 정보를 뇌와 척수로 전달
(2) **운동신경** : 근육에 주로 분포하며, 뇌의 지시를 수행
(3) **연합신경** : 뇌와 척수에 분포하며, 감각신경의 정보를 받아 처리한 결과를 운동신경에 전달

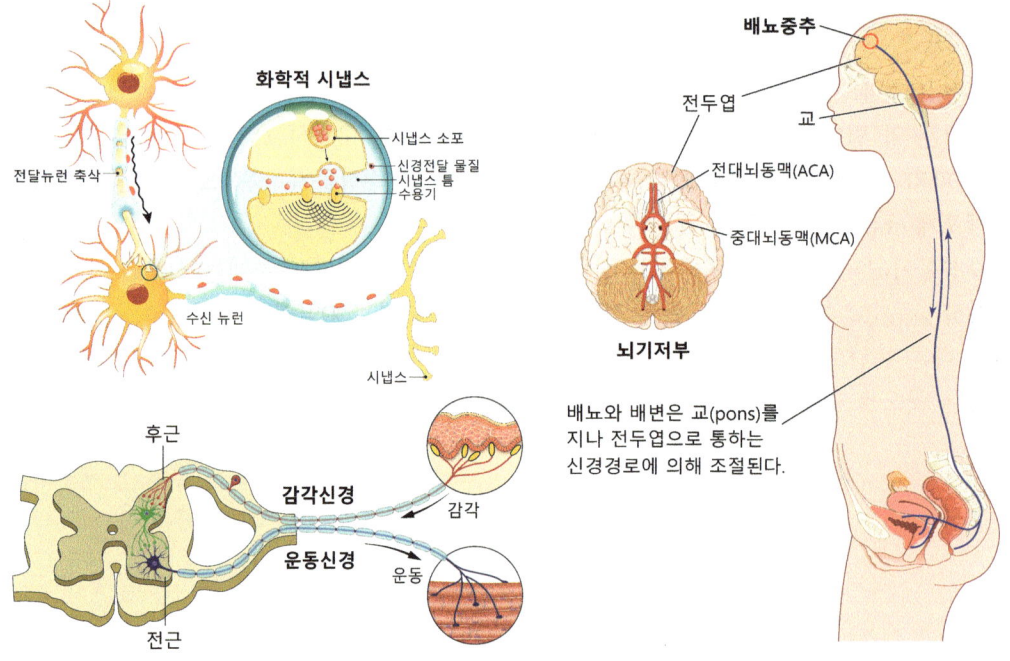

6) 자율신경계(autonomic nervous system)

(1) 정의 :

심혈관계, 위장관계, 비뇨생식계, 외분비계, 체온 조절계, 동공 조절 등 신체의 생리적 항상성을 유지하는 신경조직으로 신체 내부환경을 일정하게 유지하는 역할을 한다. 자율신경이란 이름은 대뇌의 직접 지배를 받지 않는다는 의미로 붙여진 것이지만 실제로는 간뇌와 시상하부 및 그 밖의 여러 중추신경의 지배를 받는다. 일반적으로 중추신경계로부터 반응기까지 하나의 뉴런으로 이어져 있는 체성신경계와 달리 중추신경계와 이어져 있는 신경절이라는 뉴런의 집합체로부터 나온다. 서로 길항작용을 하는 교감신경계와 부교감신경계로 분류된다.

(2) 교감신경계(sympathetic nerve)

자율신경계를 이루는 개개의 원심성 말초신경으로 중추는 척수의 흉요부 측각에 있고, 혈관이나 내장으로 들어간다. 슬픔, 정신적 스트레스, 도피, 격투, 추위, 더위 등 **신체의 비상시나 긴장 상태, 갑작스러운 심한 운동, 공포 및 분노 상태에서 활성화**되어 혈압상승, 심박 증진, 혈관 수축, 괄약근 수축 등을 일으킨다.

(3) 부교감신경계(parasympathetic nerve)

교감신경이 촉진되면 억제하는 일을 하고, 신체가 흥분되면 심장의 활동을 억제하고 소화기의 작용을 촉진한다. 사람이 안정하고 편히 쉬고 있을 때, 즉 **휴식이나 수면 시에 활성화**된다.

(4) 자율신경계 기능부전 증상

① **혈압의 불안정성**(기립성 저혈압), **실신**
② **열을 못 견딤**, **비정상적인 발한**
③ **변비, 설사, 실금, 성기능장애**
④ **동공 이상**

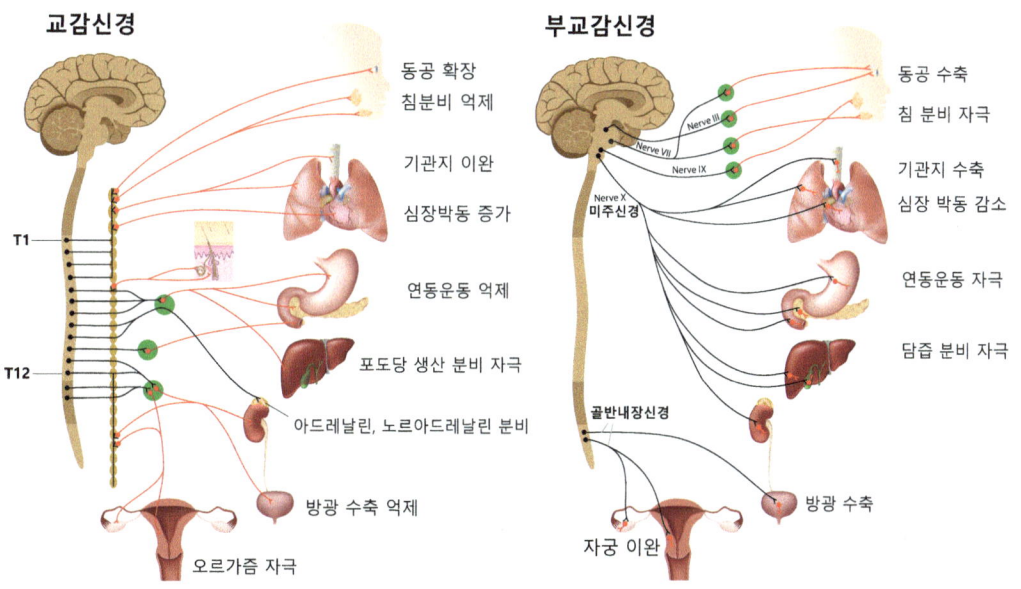

2 척수(spinal cord)

1) 정의

(1) **뇌의 연수 바로 아래에서 제2요추까지** 이어지는 길이 40~45㎝ 정도의 긴 막대 모양의 중추신경으로 **뇌와 말초신경을 연결해 주는 통로 역할**을 한다. 성인의 경우 제1 - 2요추 높이까지 내려와 있어서 뇌척수액 천자 시 제3 - 4요추 간, 제4 - 5요추 간에서 실시한다.

(2) 척추관(spinal canal) 안에 들어있으며 여러 개의 척수분절(cord segment)로 구성된다. **각 척수분절에서 척수신경이 나와서 척수신경근(spinal nerve root)을 형성한다.**

(3) **척수원추**(conus medullaris) : 척수의 끝부분인 제2요추 부위의 원추 모양 신경

(4) **마미**(cauda equina) : 척수원추 아래에 있는 말꼬리 모양의 척수신경 다발

(5) **속질**(gray matter) : 신경 세포체가 모인 회색질(대뇌는 겉질이 회색질임). H자 모양

(6) **겉질**(white matter) : 신경섬유로 구성된 백색질, 받아들인 감각을 뇌로 전달하고, 뇌의 명령을 반응기에 전달하는 통로

2) 신경전달 경로

(1) 운동자극의 경로 : **척수전각세포**(anterior horn cell) → **말초신경** → **신경근 연결부** → **근육**

(2) 감각자극의 경로 : **수용체** → **후방근 신경절**(posterior root ganglion) → **척수**

	해부	손상 시 증상
상위 운동신경원 (UMN) upper motor neuron	뇌 피질~전각에 이르는 신경 경로	✓ 강직성 마비 ✓ 심부건반사의 항진 ✓ 족저반사 및 피부반사의 소실 (바빈스키징후+) ✓ 호프만징후 (중지의 원위 지관절을 굴곡에서 신전이 되도록 튕겼을 때 나머지 수지들이 굴곡 및 내전되는 병적 반사) ✓ 근 위축은 거의 없음
하위 운동신경원 (LMN) lower motor neuron	척수 전각 이하 말초신경	✓ 이완성 마비 ✓ 심부건반사의 소실 혹은 저하 ✓ 심한 근 위축 - 초기부터 근 위축 발생

3 척수 손상(spinal cord injury)

1) 완전 손상

척수 완전 손상시 손상 부위 아래의 운동과 감각이 완전히 소실되고 회복 가능성은 희박하다.

(1) **사지마비**(quadriplegia, tetraplegia)
  ① 경수 손상으로 목 이하 부위의 감각마비, 양측 상하지 운동 마비
  ② 요도 및 항문괄약근 마비로 인한 배뇨 및 배변장애
  ③ 상지 심부건반사는 감퇴 또는 소실되지만 하지 심부건반사는 항진
  ④ 바빈스키징후, 슬클로누스, 족클로누스 등 병적 반사가 나타남

(2) **하반신마비**(paraplegia)
  ① 흉수 또는 그 이하 부위의 손상으로 가슴 이하의 감각 마비, 양측 하지 운동 마비
  ② 요도 및 항문괄약근 마비로 인한 배뇨 및 배변장애
  ③ 슬개건 반사나 아킬레스건 반사와 같은 양측 하지의 심부건반사 소실

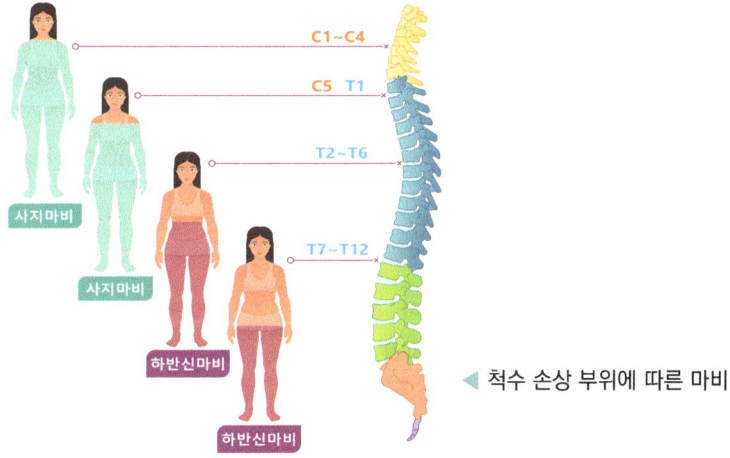

◀ 척수 손상 부위에 따른 마비

2) 불완전 손상

(1) **척수 진탕**(spinal cord concussion) : 골이나 연부조직 손상이 명확하지 않으면서 추간판 또는 인대의 순간적인 전위로 척수에 외력이 작용하여 발생한다. 척수의 일시적인 기능장애가 생기지만 단시간 내에 완전히 회복된다.

(2) **척수 좌상**(spinal cord contusion) : 전위된 골편이나 연부조직이 척수에 손상을 주어 척수 실질에 점상출혈이 생긴 상태로 심한 경우 척수 단열이 발생한다. 가벼운 출혈이나 부종인 경우 회복이 기대되지만, 24시간 이상 완전마비가 계속되면 예후가 극히 불량하다.

(3) **신경근 손상** : 후관절 골절, 탈구 또는 추체 골절로 인해 신경공에서 발생한다. 상완신경총의 경우 신경근이 척수에서 분리되는 곳에서 견열되어 손상될 수 있다. 말초신경의 손상이므로 회복을 기대할 수 있다.

(4) **척수성 쇼크**(spinal shock) : 척수가 완전히 횡절단되거나 이와 비슷한 큰 손상을 입어 척수 손상 직후에 수상 부위 이하에서 척수 기능이 일시적으로 완전히 소실된 상태로 혈압 저하, 맥박 저하, 체온 저하, 호흡 감소가 관찰된다. - 회복지표 : 구해면체, 항문, 바빈스키

(5) **척수증후군** : 중심성, 전방, 후방, 측방 척수증후근

3) 척수 마비 환자의 합병증
  (1) **호흡 부전**
  (2) **요로계 감염**
  (3) **욕창**(둔부, 천골부, 발뒤꿈치)
  (4) **심부정맥혈전증, 폐색전증**
  (5) **위장관 출혈**
  (6) **관절 구축 및 근 위축**

4) 척수 손상 환자의 회복지표
  (1) **구해면체 반사**(bulbocarvernous reflex) : S3~S4 관련, 음경이나 음핵에 압박을 가할 때 항문괄약근이 수축하면 양성 반응으로 회복 가능성을 의미한다.
  (2) **항문 반사**(anal reflex) : S2~S4 관련, 항문괄약근 주위 피부를 자극할 때 괄약근이 수축하면 양성 반응으로 회복 가능성을 의미한다.
  (3) **바빈스키 반사**(Babinski's reflex, 족저반사) : 발바닥의 외측 연을 따라 자극할 때 발가락이 저굴되면 회복 가능성을 의미한다.

> 용어해설 바빈스키징후 : 신생아에서는 발가락이 펴지는 바빈스키징후가 정상이고, 성인에서는 병적반사이다.

5) 척수 손상의 수술 적응증
  (1) 척추의 전위가 정복되지 않아 척수 압박이 계속되는 경우
  (2) 비록 정복은 되었으나 골편이나 파열된 추간판 탈출증으로 인해 척수의 압박이 계속 남아 있는 경우
  (3) 척주가 불안정하여 추가적인 척수 손상 가능성이 있는 경우

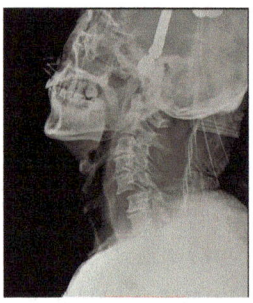 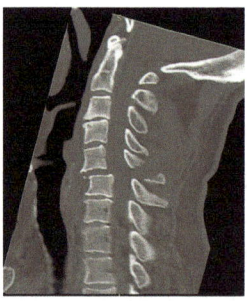 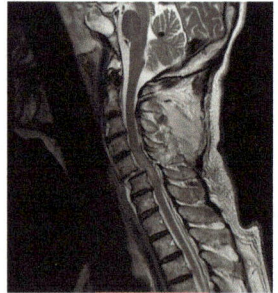

▲ 경수 손상

4 척수증후군(spinal cord syndrome)

1) 중심성 척수증후군(central cord syndrome)

(1) 척추증, 척추관 협착증, 후종인대골화증 등 **퇴행성 변화가 있는 중년 또는 노인에서 경추부 과신전 손상 시 흔히 발생**한다. 제5 - 6 - 7경추에서 **호발하며**, 척추 골절이나 전위 없이도 발생하는 **가장 흔한 척수 불완전 손상의 유형이다.**

(2) 상지가 하지보다 운동저하가 심하며, 특히 상지 말단부의 심한 마비 | 양측의 통각과 온도감각 소실 | 촉각, 위치감, 압각은 부분적으로 보존된다. 예후는 양호한 편으로 환자의 50~60%에서 체간과 하지의 운동, 감각기능 회복을 기대 | 일부는 중심성 회백질 파괴로 인한 양 상지 말단부의 운동장애 잔존

2) 전방 척수증후군(anterior cord syndrome)

(1) 척주의 과굴곡에 의한 척수 전방 ⅔이 손상되어 발생한다.

(2) 양측 운동 마비 | 양측 통각, 온도각 소실 | 촉각, 위치감, 압각은 비교적 보존된다. 척수의 불완전 손상 중 예후가 가장 나쁘다.

3) 후방 척수증후군(posterior cord syndrome)

(1) 척주 과신전에 의한 추궁 판 골절, 후방 척수동맥의 혈행장애로 발생

(2) 운동신경, 통각, 온도감각은 보존 | 양측 촉각, 위치감, 압각 소실 | 거의 완전히 회복됨

4) 측방 척수증후군(Brown - sequard syndrome, hemi - cord syndrome)

(1) 일측성 척추궁과 척추경 골절, 관통상, 척주의 회전 손상 등에 의해 척추의 한쪽 반이 손상을 입은 경우

(2) 동측 운동 마비 | 동측 촉각, 위치감, 압각 소실 | 반대측 통각, 온도감각 소실 | 예후는 좋은 편 | 90% 이상의 환자에서 배뇨 배변 기능 회복 및 보행 가능

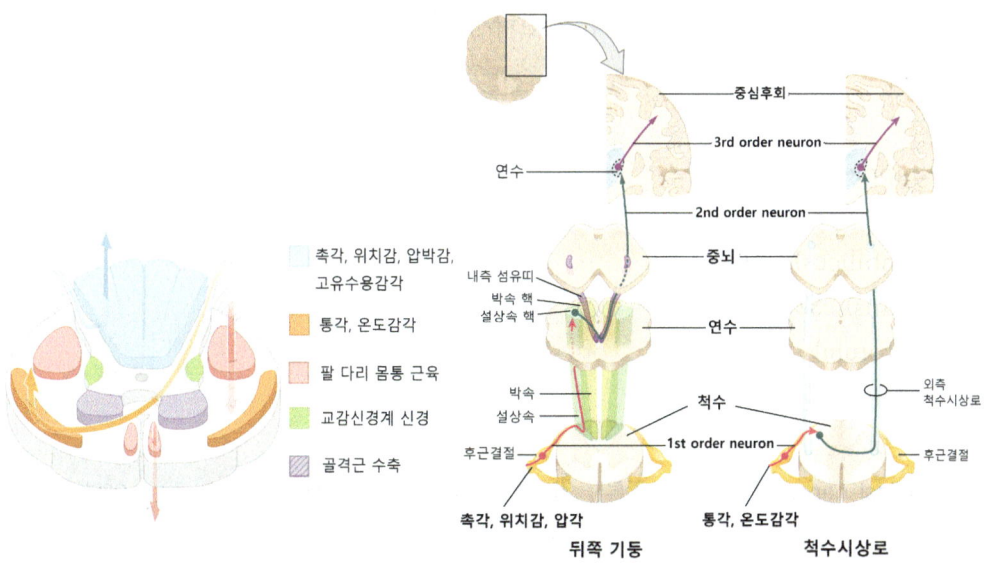

의학이론

5 척수신경(spinal nerve) 기출 06년

1) 정의

척수에서 나가는 말초신경으로, 척추의 각 마디마다 좌우로 한 쌍씩 총 31쌍의 신경 다발이 등쪽과 배쪽으로 뻗어 나와 온몸에 분포한다.

2) 종류

- **경추신경**(C1~C8) : **8쌍**
- **흉추신경**(T1~T12) : **12쌍**
- **요추신경**(L1~L5) : **5쌍**
- **천골신경**(S1~S5) : **5쌍**
- **미골신경**(C0) : **1쌍**

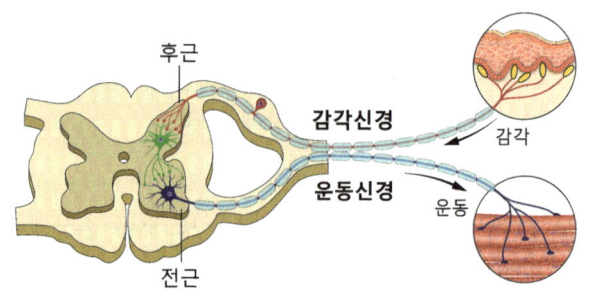

3) 구조

(1) **후근**(dorsal root) : 척수의 등 쪽으로 나오는 신경이다. **감각신경**인 구심성 뉴런의 다발로 후근이 손상되면 감각기능에 이상이 생긴다. 각 배측 신경근은 달걀 모양의 팽대부를 가진다. 촉각 및 심부감각(진동감, 압통 및 위치감)은 동측을 지배하고, 통각 및 온도감각은 반대측을 지배한다.

(2) **전근**(ventral root) : 척수의 배 쪽으로 나오는 신경이다. **운동신경**인 원심성 뉴런의 다발로 전근이 손상되면 운동기능에 이상이 생긴다.

4) 말초신경

여러 개의 신경근이 합쳐져 경신경총, 상완신경총, 요수신경총, 천수신경총 등 신경총을 구성하며, 여기서 여러 개의 말초신경이 갈라져 전신의 근육에 분포되어 운동신경의 역할을 한다.

5) 피부분절(dermatome)

- **유두**(nipple) : T4
- **검상돌기**(xyphoid process) : T6
- **배꼽**(umbilicus) : T10
- **성기**(penis) : S2
- **음낭**(scrotum) : S3
- **항문**(anus) : S5

기출문제

척수신경(spinal nerve)의 다섯 가지 종류를 기술하고, 각각의 개수를 쓰시오. (10점) 기출 06년

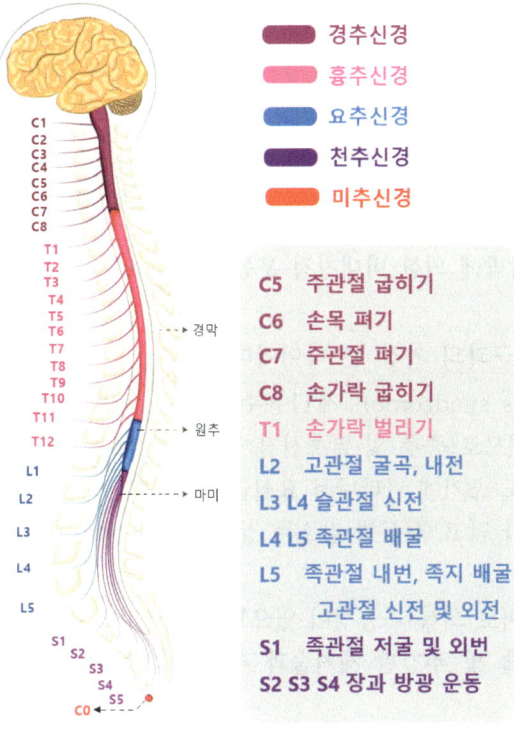
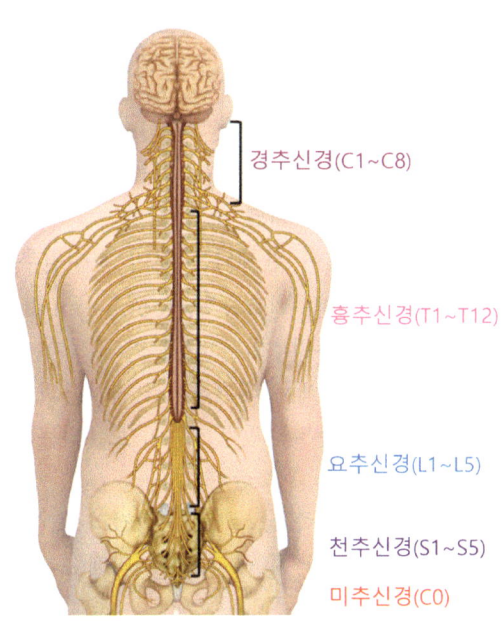
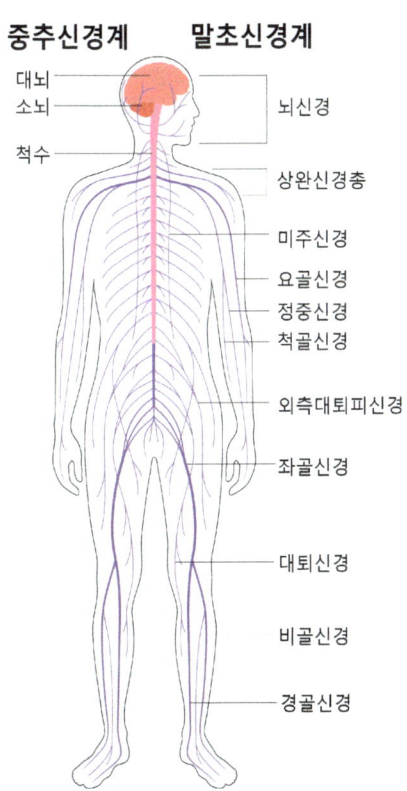
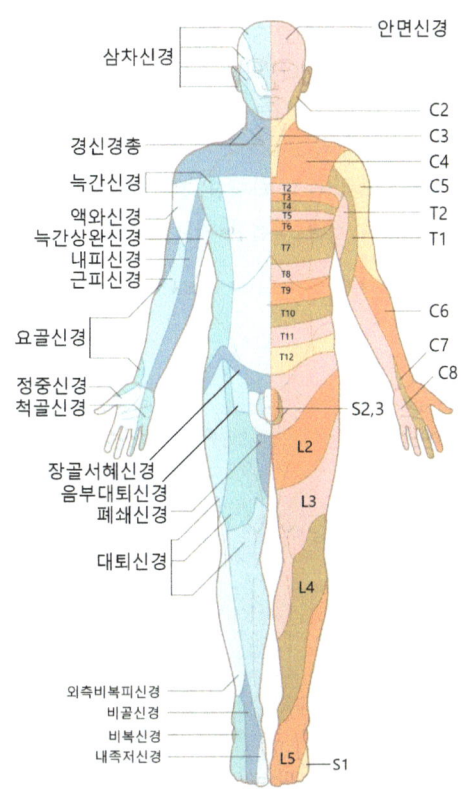

의학이론

6 마미증후군(cauda equina syndrome) 기출 17년

1) 정의

마미는 척추관 내 제2~5요추 사이 원추 아래에 위치하는 요천추신경근으로, 마미증후군은 주로 제2요추 이하의 골절이나 추간판 탈출증에 의해 발생한다.

2) 증상

(1) 하지, 둔부, 항문 주위, 회음부에 신경근 압박에 의한 비대칭적 운동과 감각소실, 방사성 통증, 방광 및 배변 조절 장애

(2) 하지 위약이 관찰되는 것이 척수원추증후군과의 가장 큰 차이이다.

> 용어해설 척수원추증후군(conus medullaris syndrome) : 제11흉추에서 제2요추 사이에 위치하는 척수원추의 손상에 의해 생기는 병변으로 중추 및 말초신경 장애 증상이 동시에 보인다. 감각 장애는 대칭적이며 괄약근의 마비도 초기에 나타나서 요실금 및 배변장애를 보인다. 하퇴부와 족부의 운동기능이 보존되는 경우가 많고, 운동력 감소는 경미하나 양측성이다. 자발통은 요통을 호소한다.

(3) 치료 : 마미증후군은 말초신경의 불완전마비로 회복 가능성이 있으므로 적극적인 수술 치료가 필요하다. 응급 감압을 위해 **후궁절제술 및 추간판 제거술과 추체 유합술**을 시행한다.

기출문제

45세 남자 환자가 요통 및 우측 하지로의 방사통(radiating pain)을 호소하며 OO병원 응급실을 방문하였다. 요통은 3년 전부터 있었고 3주 전부터는 우측 종아리 외측으로의 통증이 있어 인근 병원에서 추간판탈출증이 의심된다고 들었다고 한다. 약물치료 등의 보존적 치료를 시행하였으나 1일 전부터는 보행 시 하지의 위약감을 호소하였고, 금일 아침부터는 소변을 보기가 어렵다고 한다. 신체 검진 상 좌측 하지의 위약이 관찰되었고 항문 주위의 감각이 저하되었다. 기출 17년

(1) 상기 환자에서 가장 타당한 진단은? (5점)
(2) 상기 환자의 가장 적절한 치료방법은? (5점)

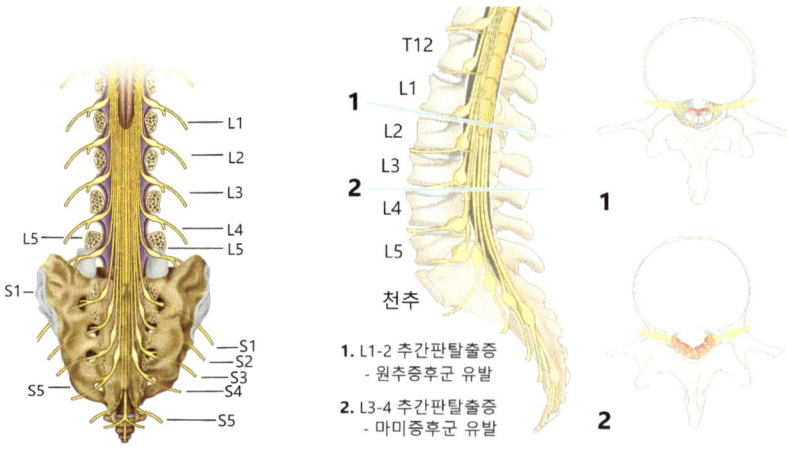

1. L1-2 추간판탈출증
 - 원추증후군 유발
2. L3-4 추간판탈출증
 - 마미증후군 유발

7 상지의 말초신경(peripheral nerve)

1) 상완신경총(brachial plexus, C5~T1)

(1) 해부 및 기능 : 제5경추 신경근에서 제1흉추 신경근까지 5개의 신경근이 모여 근(root), 간(trunk), 과(division), 삭(cord), 분지(branch)의 순서로 합지 또는 분지되는 신경다발이다. 상지를 지배하는 **주요 5개 신경인** 액와신경, 근피신경, 요골신경, 정중신경, 척골신경으로 분지되어 상지대와 자유상지 등 상지 전체를 지배하며, 척수신경총 중에서 가장 발육이 좋고 강대하다.

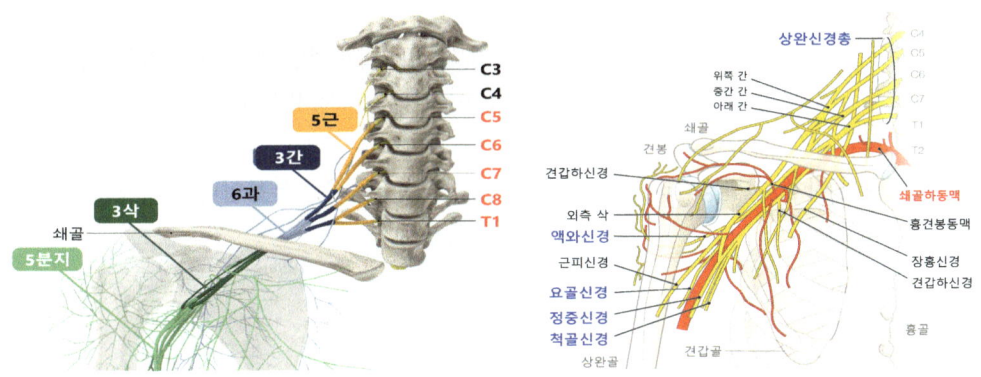

(2) 손상기전 : 견인, 마찰, 좌상, 압박, 관통상 등에 의해 손상될 수 있다. 가끔 어깨가 고정된 상태에서 머리가 갑자기 반대쪽으로 꺾이거나 머리가 고정된 상태에서 어깨가 격렬하게 아래로 내려지는 힘을 받아서 손상되기도 한다.

(3) 상완신경총 손상과 관련된 마비
  ① **분만마비**(birth palsy) : 지연분만이나 난산의 경우 머리가 고정된 상태에서 어깨가 격렬하게 아래로 내려가 상완신경총을 압박하여 환측 상지의 마비를 보인다. 쇄골이나 상완골 손상을 동반하기도 한다.
  ② 전사각근 증후군 : 상완신경총과 쇄골하동맥이 통과하는 전사각근, 중사각근과 1번 늑골 사이의 공간이 좁아져서 상완신경총을 압박하게 되는 증상이다. C8~T1 사이에서 빈발하며 척골 측의 감각이상, 고유근의 마비가 나타난다. 보존적 치료에도 불구하고 증상이 호전되지 않으면 사각근 절제술이 필요하다.

2) 액와신경(axillary nerve) 손상

(1) 해부 및 기능 : C5, C6 신경으로 구성되며 상완신경총 후삭에서 분지하며 삼각근과 소원근을 지배하여 견관절의 굴곡, 신전, 외전 운동에 관여한다.
(2) 손상기전 : 상완 골두의 전방 탈구나 드물게 상완골 경부 골절에서 손상될 수 있다. 가끔 **목발**을 잘못 사용하거나 어깨에 주사를 잘못 맞아서 손상되는 경우도 있다.
(3) 증상 : 삼각근과 소원근이 마비되어 **견관절 외전 제한**, 어깨 근육 위축, 견봉 돌출과 견관절 불안정, 오래 지나면 하방 아탈구 현상
(4) 치료 : 대개 신경이식술을 시행한다. 영구적 외전마비 시 근 이전술 시행

의학이론

3) 요골신경(radial nerve) 손상

(1) 해부 : C6, C7, C8, T1 신경으로 구성되고 상완신경총 후삭에서 분지한다. 신체에서 흔히 손상을 받기 쉬운 신경 중 하나이다.

(2) 기능 : 상완, 전완 및 수부 후방의 근육과 상완, 전완 및 수부 후방의 감각을 지배한다. 주관절 및 손목관절의 신전운동에 관여한다.

(3) 손상기전
 ① 상완골 간부나 과상부 골절 시 생긴 날카로운 골절편에 의하거나 이들 골절 수술 시 사고로 손상되기 쉽다.
 ② 수면 시 팔베개를 하는 등 외부의 오랜 압박으로 일시적인 손상이 오기도 한다.

(4) 증상 : 주관절 상방에서 손상 시 **손목 하수**(wrist drop), 엄지손가락 부근의 제1물갈퀴 공간 손등 쪽의 감각 소실

(5) 치료 : 신경 자체의 신경박리술 혹은 봉합술, 신경이식술 등, 부목이나 물리치료 등 보존요법

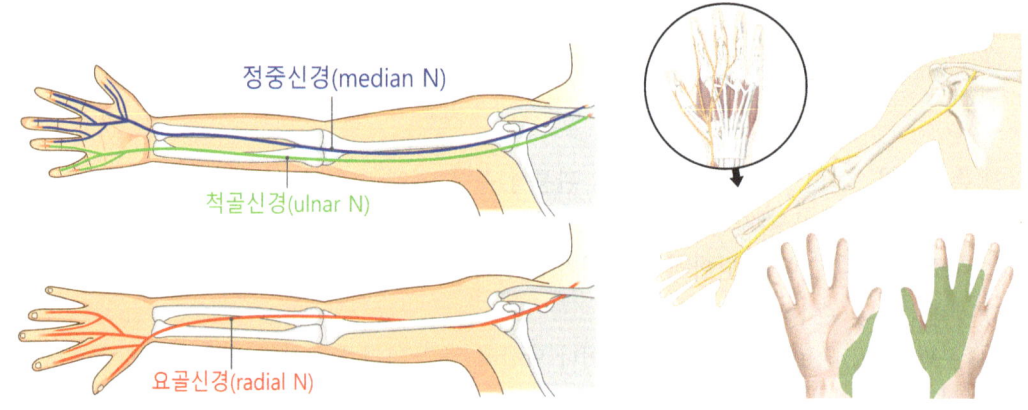

4) 정중신경(median nerve) 손상

(1) 해부 : C6, C7, C8, T1 신경으로 구성되며 상완신경총 중삭과 외삭에서 분지된다.

(2) 기능 : 척측 반을 제외한 모든 굴근 지배, 제1~3수지의 배부, 제4수지 외측 반의 피부감각 지배

(3) 손상기전 : 전완부 관통 자상, 상완골 상과 골절 후 동반된 이차 손상

(4) 증상
 ① 손목의 회내 운동 장애, 엄지손가락을 안으로 모으거나 엄지손가락을 구부리는 동작 불가, 모지구근군(엄지손가락 아래의 두툼한 근육 모음) 마비
 ② 전방 골간증후군 : 장무지 굴곡근, 제2,3번 심수지 굴근, 원회내근이 약화되어 제2,3수지 말단부의 지각 소실과 주먹을 쥘 수 없는 **원숭이손**(ape hand) 변형이 특징
 ③ 수근관에서 압박을 받으면 대개 불완전 마비가 초래되며, 손목관절을 굽히면 손바닥 쪽에 감각 이상과 통증을 호소한다(phallen sign).

(5) 치료 : 깨끗한 손상일 때는 일차 봉합술 시행. 외상성 신경증인 경우는 신경박리술

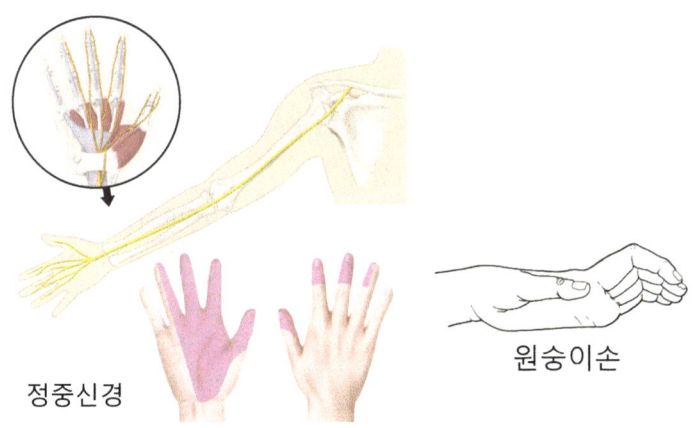

정중신경   원숭이손

5) 척골신경(ulnar nerve) 손상

(1) 해부 : C8, T1 신경으로 구성되며 상완신경총 중 중삭에서 분지한다.
(2) 기능 : 전완과 손의 전방 내측 1/3의 근육을 지배, 손목관절의 굴곡, 수지 관절의 굴곡 및 제4,5수지의 신전 운동에 관여
(3) 손상기전 : 주관절 또는 손목관절 부근의 열창, 상완골이나 상완 내과 골절 및 주관절 탈구에 의하여 손상을 받는다. 상완골 외과 골절 후 부정유합으로 인한 주관절 외반변형이나 재발성 신경 이탈에 의한 신경 이완 및 마찰로 진구성 신경 마비가 초래될 수 있다.
(4) 증상 : 상완부의 척골신경이 손상 받으면 전완부에 마비가 나타난다. 마비가 오래 지속되는 경우 근 위축 및 **갈퀴손** 변형을 초래한다.
(5) 치료 : 신경 절단 시 일차 봉합술을 시행한다. 주관절의 외반 변형에 의한 진구성 신경 마비 시 척골신경을 주관절 부위에서 전방 이동을 시키거나 내과 절제술을 시행하면 좋은 결과를 얻을 수 있다.

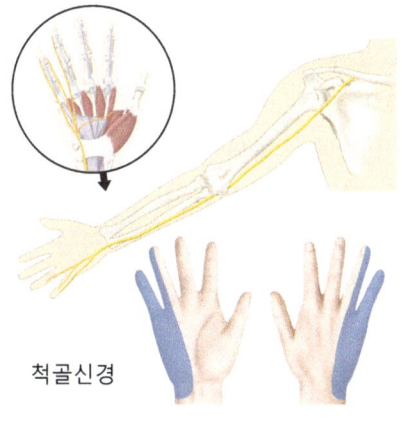 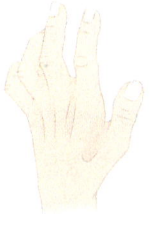

척골신경   갈퀴손

8 수근관증후군(carpal tunnel syndrome)

1) 정의

(1) 수근관 : 손목 앞쪽의 피부조직 밑에 손목을 이루는 뼈와 인대들에 의해 형성되어 있는 섬유 터널로 9개의 힘줄과 정중신경이 통과한다.

(2) 수근관증후군(손목터널증후군) : 수근관이 여러 원인으로 좁아지거나 내부 압력이 증가하면서 수근관을 지나가는 **정중신경**이 압박되어 정중신경 지배 영역인 손바닥과 손가락에 이상 증상이 나타나는 신경포착증후군의 일종

> 용어해설 신경포착증후군 : 신경이 근육이나 인대 또는 기타 구조물에 의해 눌려서 마비가 발생하는 현상

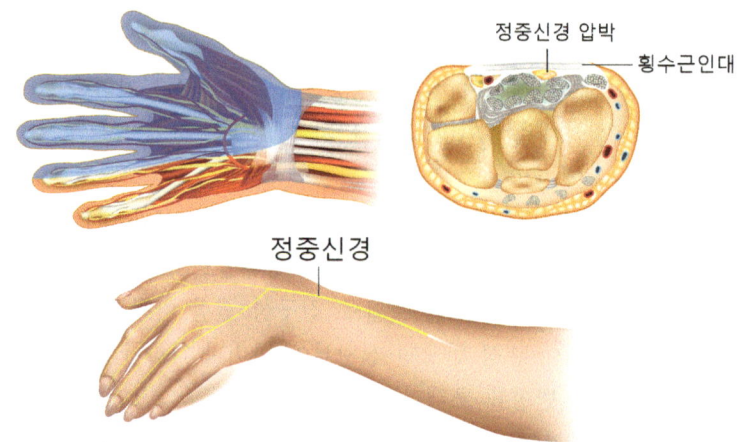

2) 원인 및 빈도

(1) **인대 비후** : 수근관을 덮고 있는 인대가 두꺼워져 정중신경을 압박
(2) **외상** : 손목관절 주위의 골절 탈구의 후유증, 외상 후 부종이나 건막 증식
(3) 수근관 주위 감염, 빈혈 질환, 수근관 내부 종양
(4) 류마티스관절염, 통풍 등 활액막염 초래 질환
(5) **전신성 아밀로이드증** : 특정 단백질이 손목 인대에 침착되어 발생
(6) 빈도 : **여성, 비만, 노인, 당뇨, 만성 신부전으로 투석을 받는 환자**

> 참고 여성의 발병률이 2배 높다. 손을 과도하게 사용하는 40~60세 사이 중년 이후의 여성에서 호발하며 평생 발병 확률 50% 이상으로 팔에 발생하는 신경 질환 중 가장 흔하다.

3) 증상

(1) **1~4수지의 저린감, 손바닥의 저리고 타는 듯한 통증**
(2) **야간통곡** : 정중신경 지배 부위인 1~4수지 및 손바닥 부위의 저림 증상이 밤에 악화되어 수면 중에 타는 듯한 통증과 무감각으로 잠에서 깨어 손목을 터는 것과 같이 손과 손목을 움직이는 동작을 계속하면 통증이 가라앉는 현상
(3) 진행 시 **엄지 쪽 감각 저하, 무지구 근육 위축, 악력 저하, 손목 운동 제한**

4) 검사

(1) **티넬검사**(신경 타진 검사, tinel's test) : 정중신경이 지나가는 부위를 타진하여 정중신경 지배 영역의 이상 감각 또는 통증 유발 여부를 확인하는 검사
(2) **팔렌검사**(수근 굴곡검사, phalen's test) : 손등이 서로 마주 보도록 손목을 약 1분 정도 꺾어 수근관의 단면적을 감소시켜서 통증이 유발되는지 보는 검사
(3) **정중신경 압박검사**(durkan test)
(4) **근전도 및 신경전도 검사**
(5) 나일론 섬유, 음차 등을 이용한 **피부감각 역치 측정법**

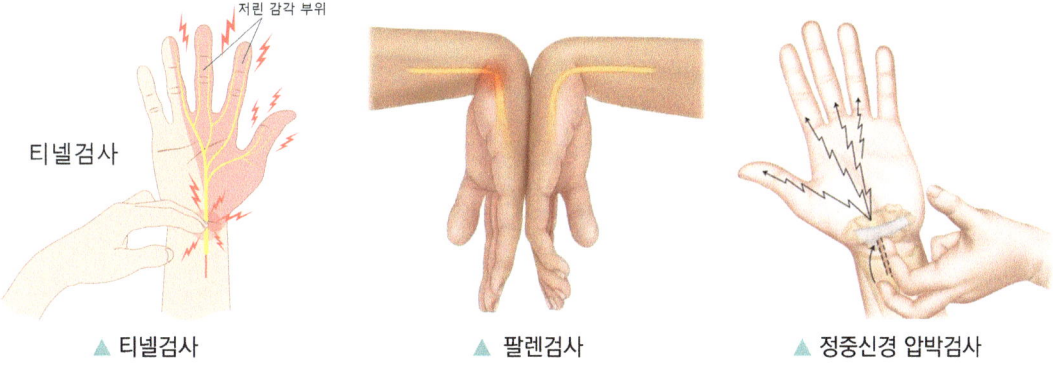

▲ 티넬검사　　　▲ 팔렌검사　　　▲ 정중신경 압박검사

5) 보존적 치료

(1) 치료 원칙 : 정중신경을 압박하는 국소 원인을 찾아 제거
(2) 발병 원인이 분명하지 않고 증상이 비교적 가벼운 초기 : 무리한 손목 사용 금지, 부목 고정, 약물치료, 수근관 내 스테로이드 주사

6) 수술 적응증

수근관 유리술 및 정중신경 박리술
(1) 종양과 같이 제거하여야 할 확실한 병리가 발견된 경우
(2) 무지구 위축이 분명한 경우
(3) 전기적 검사에서 신경 손상 정도가 심한 경우
(4) 3~6개월간 비수술적 치료를 시행하였으나 호전이 없거나 악화되는 경우

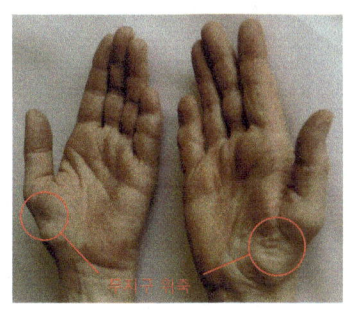

◀ 무지구 위축

9 기타 신경 포착 증후군

1) 주관증후군(cubital tunnel syndrome)

(1) 구조 : **척골신경**이 상완골 내측상과 아래의 좁은 통로를 통과하는 부위에서 압박에 의해 신경장애를 일으킨다.

(2) 증상 : 30~60대 남자에게 많으며 제4,5수지에서 따끔거리거나 화끈거리는 이상 감각, 갈퀴손 변형

(3) 검사 : Froment sign 양성, 주관 부위의 티넬징후 양성

_{용어해설} Froment sign : 카드나 종이를 엄지손가락 바닥을 이용하여 잡을 때 손가락 마디를 세워야 잡을 수 있고, 잡은 힘이 약하다.

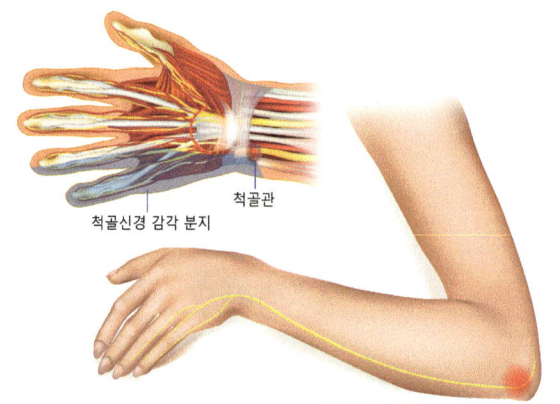

▲ 주관증후군

2) 척골관증후군(가이언터널증후군, Guyon's canal syndrome)

(1) 구조 : 척골관은 수근골의 두상골과 유구골 사이에 있는 **척골신경**이 지나가는 관이다.

(2) 증상 : 손과 손가락의 바닥 면 및 척골 면을 따라 통증, 이상 감각, 손의 쥐는 힘 감소, 장시간 글쓰기, 뜨개질, 매듭짓기 등에 어려움 호소

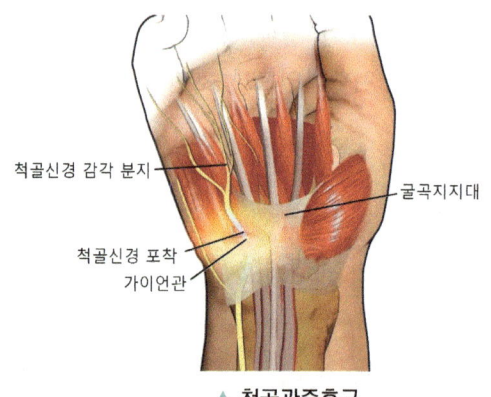

▲ 척골관증후군

10 하지의 말초신경

1) 좌골신경(sciatic nerve)

(1) 해부 및 기능 : 인체에서 가장 큰 신경으로 L4~S3에서 형성된다. 슬관절에서 총비골신경과 경골신경으로 분지되어 대퇴사두근을 제외한 모든 하지 근육을 지배한다. 고관절의 신전, 슬관절의 굴곡 운동에 관여한다.

(2) 손상기전 : 고관절의 탈구 및 골절, 전위성 골반 골절에 의해 손상될 수 있다.

(3) 증상 : 슬관절 굴곡 장애, 족관절 배굴과 외반 장애, **족하수**, 보행 시 무릎을 올렸다가 팔딱팔딱 내리는 **닭걸음**(stepping gait), 아킬레스건 반사 소실

2) 총비골신경(common peroneal nerve)

(1) 해부 및 기능 : L4~S2에서 형성된다. 하퇴의 모든 신전근을 지배한다. 족관절의 배굴, 외반, 족지관절의 신전운동에 관여하며 마비 시 족하수와 닭걸음이 나타난다.

(2) 손상기전 : 비골 경부에서 피부에 가깝게 자리 잡고 있어 자상, 석고 고정에 의한 압박, 부종, 비골 상단부 골절, 인대 파열 시 손상된다.

(3) 증상 : 족관절의 배굴과 외반 장애, **족하수 및 파행 보행**, 족지 근위지절 관절의 배굴장애, 지각장애(하퇴 외측 면, 제1족지와 제2족지의 마주 보는 면, 제2~5족지)

3) 경골신경(tibial nerve)

(1) 해부 및 기능 : L4~S3에서 형성된다. 총비골신경보다 2배 굵으며 슬와 상부에서 좌골신경으로부터 갈라져 하퇴 뒤쪽을 수직으로 하행하여 경골의 내과 하부에 도달한다. 하퇴 후방의 근육 지배, 족부에서 내측 족저신경과 외측 족저신경으로 분지된다. 족관절의 저굴, 내전, 내반 운동에 관여한다.

(2) 손상기전 : 흔히 좌골신경 손상에 동반되며, 단독 손상은 슬와나 그보다 하부 손상 시 발생한다.

(3) 증상 : 족관절 굴곡 내전 내반 장애, 족지 굴곡 내전 외전 장애, 발가락 끝으로 서는 것이 불가능, 족반사 소실, 지각장애(하퇴 후면, 발꿈치 외측)

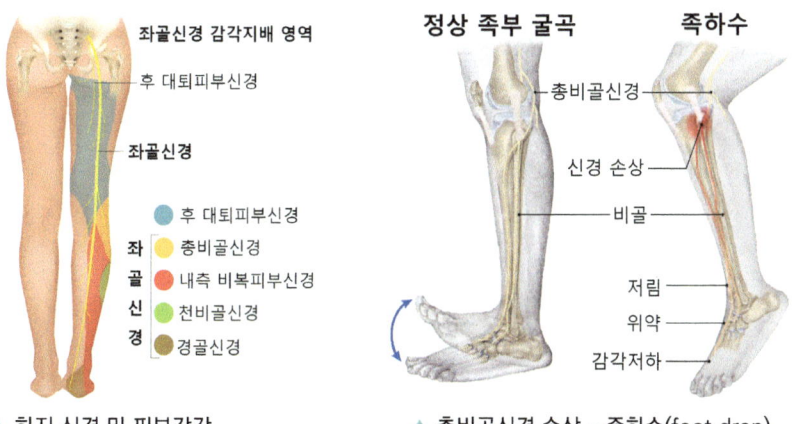

▲ 하지 신경 및 피부감각　　　▲ 총비골신경 손상 – 족하수(foot drop)

11 족근관증후군(tarsal tunnel syndrome) 기출 15년

1) 정의
(1) 족근관 : 경골 내과의 후면과 종골 내측 면 사이에 형성된 터널 모양의 구조물로 후경골신경을 포함한 근육과 신경 및 혈관이 지나간다.
(2) 족근관증후군 : 여러 원인에 의해 **후경골신경**이 압박을 받아 발바닥 및 발가락 끝의 통증과 저림, 족근관 부위의 압통이 나타나는 것을 말한다. 후경골신경에서 내측 족저신경과 외측 족저신경이 분지되는데, 외상에 의해서는 주로 외측 족저신경이 손상되고, 공간 점유 병소에 의해서는 주로 내측 족저신경이 손상된다.

2) 진단
(1) **족근관 압박검사 및 티넬검사** : 족근관을 외부에서 압박하면 티넬징후와 함께 압통이 유발되는지 보는 검사이다. 족관절 배굴 상태에서 족부를 외반하면 후경골신경이 긴장되어 증상이 더욱 악화된다.
(2) **체중부하 단순 방사선 사진** : 족부의 내반 또는 외반, 족근골 결합, 관절염에 의한 골극, 골절 후의 부정유합 등을 확인
(3) **초음파, MRI** : 결절종, 지방종, 정맥류, 신경초종, 건초염 등을 확인
(4) **근전도 및 신경전도검사**

3) 치료
(1) 보존적 치료 : 비스테로이드성 소염제, 비타민 B1, 항우울제, 보조기, 고정
(2) 스테로이드 국소 주사 : 신경 내 부종을 감소시켜 증상을 개선한다.
(3) 수술적 감압술 : 공간점유병소가 있거나 후경골신경이 명확히 압박되는 경우

기출문제

40세 남자 환자로 5m 높이에서 떨어지면서 우측 족근관절에 골절이 있었다. 수술 후 3주가 지나서 발바닥 및 발가락 끝 부위에 약물치료에도 반응이 없는 통증과 저림을 호소하였고 족근관 부위에 압통이 나타났다.
기출 15년
(1) 진단명은? (2점)   (2) 압박되는 신경은? (3점)
(3) 진단법을 모두 쓰시오. (3점)   (4) 치료방법은? (2점)

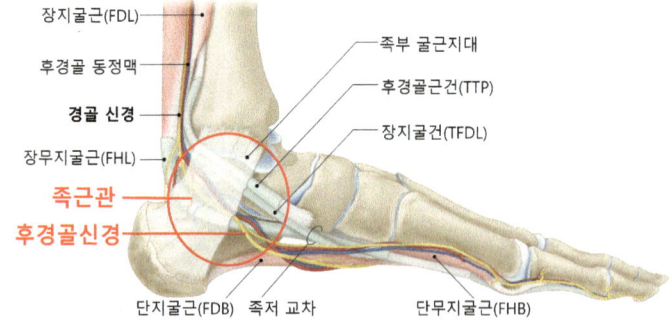

12 말초신경 손상 예후 [기출] 19년

1) 손상의 구분

(1) **신경 무동작**(생리적 신경차단, neuropraxia) : 신경섬유의 일시적인 기능 소실을 말하며 수시간에서 수개월(평균 6~8주) 내에 회복된다. 손상 원위부의 전도(conduction)는 유지되며 축삭이 단열된 것이 아니기 때문에 자연 회복이 가능하다.

(2) **축삭 절단**(axonotmesis) : 축삭(axon)은 단열되었으나 신경초는 보존되어 있는 상태이다. 손상 원위부의 축삭은 왈러변성이 일어난다. 손상 후 그 부위 이하의 운동, 지각 및 자율신경의 기능이 완전히 마비되나 보존된 신경관을 따라 축삭이 재생되어 기능이 완전히 회복될 수도 있다. 재생 축삭은 1일 약 1mm 성장한다고 알려져 있다.

(3) **신경 절단**(neurotmesis) : 축삭뿐만 아니라 신경초까지 단절된 상태로 자연 회복이 불가능하다. 외과적 문합술이나 신경이식술을 통해 재생과 기능회복을 기대할 수 있다.

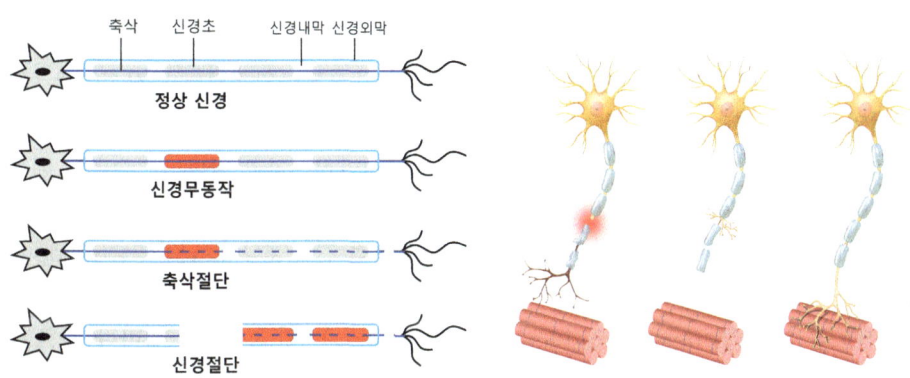

▲ 왈러변성(Wallerian degeneration)

2) 예후

(1) **수초만의 손상 시** 회복이 잘 된다.
(2) 수초막이 얇은 **가는 신경**이 수초막이 두꺼운 굵은 신경(예 좌골신경)보다 회복이 잘 된다.
(3) **단일신경**이 복합신경보다 회복이 잘 된다.
(4) 나이가 **어릴수록** 회복이 잘 된다.
(5) **통각신경 > 촉각신경 > 운동신경** 순서로 회복이 잘 된다.
(6) **신경 단독 손상**인 경우 주위 연부조직이나 혈관 골절이 동반된 손상보다 잘 회복됨
(7) 수상 후 **즉시 봉합**된 경우가 단절된 상태로 오랫동안 방치(절단원에 퇴행성 변화 발생)된 경우보다 회복이 잘 된다.
(8) 신경 말단부와 손상 부위 사이의 **거리가 짧을수록** 회복이 잘 된다.

기출문제

말초신경의 손상 후 회복이 잘 되는 경우를 열거하시오. (10점) [기출] 19년

의학이론

13 말초신경 손상 진단

1) 진단

(1) **근전도검사**(EMG, electromyelography) : 침을 근육에 삽입하여 근육에서 발생하는 여러 가지 전기적인 활동을 기록하는 검사
- ✓ **삽입전위**(insertion activity) : 침전극을 근육에 찔러 넣을 때 나타나는 전기 활동
정상 근육에서는 시작과 끝이 명확하나 신경 질환이나 근육병증에서는 진폭과 기간이 커지고 근육이 섬유화되거나 일부 대사성 질환에서는 작아진다.
- ✓ **자발전위**(spontaneous activity) : 일반적으로 삽입 활동이 끝난 후 기록된 전위를 의미한다. 정상 근육은 근육을 완전히 이완시킨 상태에서는 전기적인 활동이 없다. 신경이나 근육이 이상이 있을 때는 여러 형태의 전위가 나타나게 되는데 이를 자발전위라고 한다.
- ✓ **운동단위활동전위**(MUAP, motor unit action potential) : 수의근에서 한 개의 신경섬유가 여러 개의 근섬유를 지배하고 있는데 한 개의 신경섬유와 이에 의해 지배받고 있는 근섬유를 운동단위라고 한다. 근 수축시 일어나는 전위의 최저 단위를 운동단위활동전위라고 한다. 정상 운동단위전위의 파형은 2~3개인데, 비정상적인 운동단위전위는 다상성(5개 이상)이다.
- ✓ **간섭양식**(interferential pattern) : 근 수축이 점차 강하게 되면 운동단위의 발현 빈도가 빨라지고 운동단위의 수가 증가하게 되는데 이를 간섭양식이라고 한다. 근 수축을 매우 강하게 하였음에도 기저선이 보일 정도로 운동단위활동전위 수가 적게 나타나는 것을 불완전 간섭양식이라고 한다. 신경병증(neuropathy)에서는 불완전 간섭양식이, 근육병증(myopathy)에서는 완전간섭양식이 보인다.

(2) **신경전도검사**(NCV, nerve conduction velocity test) : 말초신경이 얼마나 빠르고 정확하게 전기적인 신호를 전달하는지를 측정하는 검사
- ✓ **감각신경과 운동신경의 활동전위 파형의 잠복기**(onset latency), **진폭**(amplitude), **전도속도**(conduction velocity)를 확인
- ✓ **F파** : 운동신경을 자극하여 전각세포에서 반향을 일으켜 운동신경을 통해 근육을 수축시키는 반응을 검사
- ✓ **H반사** : 감각신경을 자극하여 척수의 전각세포와 운동신경을 지나 발생하는 반사를 검사

(3) **티넬검사** : 손가락이나 진단용 고무망치로 손상된 신경을 따라 가볍게 타진하는 검사방법이다. 신경이 재생되고 있을 때는 순간적 타진감이나 개미가 기어가는 것과 같은 느낌을 호소한다.

(4) **발한검사** : 신경 손상 후 일정 시간 경과 후 땀이 분비될 때는 신경 회복의 초기 현상으로 본다. 발한 유무는 확대경으로 피부의 땀샘에서 발한 현상을 관찰하여 확인한다.

(5) **피부저항검사** : 피부에 땀이 없어지면 전류 통과 시 저항이 커지는 원리를 이용한 검사

(6) **주름검사** : 신경이 지배하는 부위를 뜨거운 물에 담그면 신경 기능이 남아 있는 경우에는 피부에 주름이 생기지만, 마비 시에는 주름이 생기지 않는 원리를 이용한 검사

CHAPTER 08 척주 및 기타 부위 손상

1 척주(spine)

1) 척주의 구성

척주는 추골, 추간판, 인대로 구성되며 척추관을 형성하여 내부에 척수를 보호하고 있다. 몸의 체간부를 이루고, 머리와 골반을 연결해 주는 기둥 역할을 한다.

구분	소아	성인
가동 추체	• 경추 : 7개 • 흉추 : 12개 • 요추 : 5개	• 경추 : 7개 • 흉추 : 12개 • 요추 : 5개
고정 추체	• 천추 : 5개 • 미추 : 3~6개	• 천추 : 1개 • 미추 : 1개
합계	32~35개	26개

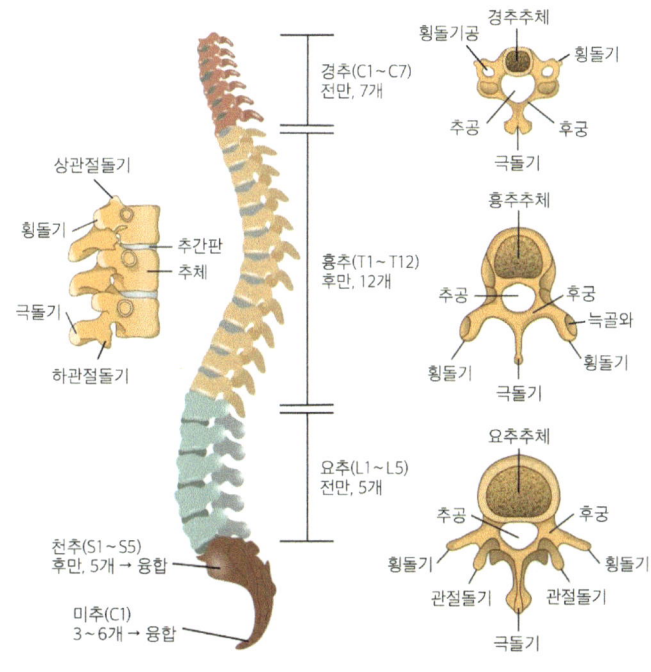

2) 만곡(curvature)

(1) 정의 : **척주를 옆에서 볼 때 굽어 있는 4곳**

(2) 기능 : 충격이 뇌로 전해지는 것을 방지하고 가슴과 골반부분을 넓혀 내장을 담는 공간을 확보

(3) 분류
   ① **전만**(lordosis) : 척주가 앞으로 굽어진 모양 - **경추, 요추**
   ② **후만**(kyphosis) : 척주가 뒤쪽으로 굽어진 모양 - **흉추, 천추**
   ③ **측만**(scoliosis) : 옆으로 굽어진 모양 – 비정상 만곡

(4) 1차 만곡 : **태생기 때 형성된 흉추, 천추의 만곡**

(5) 2차 만곡 : **경추만곡**(생후 3개월, 앉기 시작할 때), **요추만곡**(생후 1년, 걷기 시작할 때)

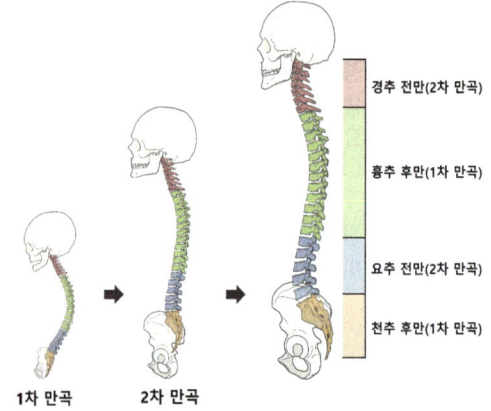

3) 인대

(1) **전종인대**(anterior longitudinal ligament)
제1경추~미추 사이 추체 전면을 잇는 긴 인대

(2) **후종인대**(posterior longitudinal ligament)
제2경추~미추 사이 추체 후면을 잇는 긴 인대

(3) **황색인대**(ligament flavum)
인접한 후궁 사이를 잇는 인대

(4) **횡돌기간 인대**(intertransverse ligament)
인접한 횡돌기 사이를 잇는 인대

(5) **극간인대**(interspinous ligament)
인접한 극돌기 사이를 잇는 인대

(6) **극상인대**(supraspinous ligament)
제7경추~천추까지 극돌기 끝부분을 잇는 인대

(7) **항인대**(nuchal ligament)
후두골에서 제7경추의 극돌기 사이를 잇는 인대

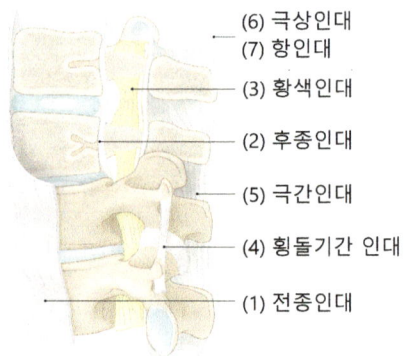

2 척추 염좌(spinal sprain)

1) 경추염좌(cervical sprain) 손상기전

(1) **후면 추돌에 의한 손상(편타성 손상)** : 가장 흔하다. **일차적인 과신전과 이차적인 과굴곡**에 의해 조직의 정상 한계를 넘어서 늘어나거나 부분적 단열이 발생한 경우

(2) **정면충돌에 의한 손상** : 추돌과는 반대로 **과굴곡 후 과신전**으로 인해 뒤쪽 근육이나 인대, 관절낭이 일시적으로 늘어나거나 연부조직의 부분적인 단열, 경부 신경 손상, 추간판의 후방 탈구, 추체 앞부분의 골절이나 탈구에 의한 신경 및 척수 손상이 발생할 수 있다.

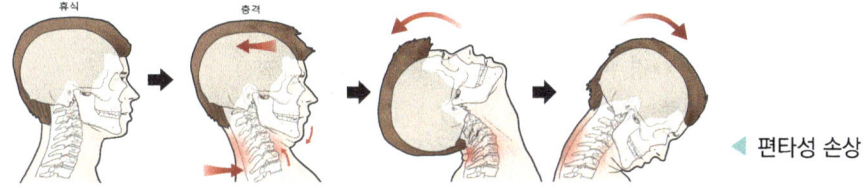

◀ 편타성 손상

2) 요추염좌(lumbar sprain) 손상기전

(1) **급성 염좌** : 요추부에 직접 외상을 받거나 무거운 물건을 부적절한 자세로 들다가 요부의 연부조직에 뚜렷한 손상을 입은 경우로 섬유륜, 추간판 내의 외상성 변화, 기타 인대 조직의 신전 혹은 파열을 일으키는 경우

(2) **만성 염좌** : 뚜렷하지 않은 여러 요인이 복합적으로 작용하여 **하요추부에 지속적인 역학적 스트레스**가 가해져 발생한다. 비정상적인 요추만곡, 특히 요천추간의 과신전 상태, 척추 구조의 선천적 이상 등이 원인이 된다.

3 추간판 탈출증(HIVD, herniated intervertebral disc)

1) 추간판(intervertebral disc)의 해부

(1) **인접한 추체 사이에 존재하고 섬유연골로 둘러싸인 원반**. 추간판의 중심부에 수핵이 있고, 수핵 주위를 섬유륜이 감싸고 있다. 전체 척주 길이의 약 1/4~1/5을 차지한다.
  ① **수핵** : 추간판 중심부에 위치하는 반고체인 젤라틴성 조직으로 신경과 혈관이 없다.
  ② **섬유륜** : 섬유연골성 조직으로 구성되어 수핵을 둘러싸고 있으며 추간판 외측을 형성하고 있다. 섬유륜의 전방에는 전종인대, 후방에는 후종인대가 붙어 있다.

(2) **기능** : **추체와 추체를 연결하며 척주에 작용하는 충격을 흡수하는 완충작용과 척주의 안정성과 운동성을 유지하는 역할을 한다.**

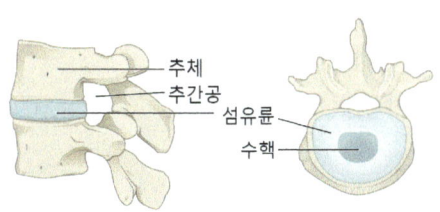
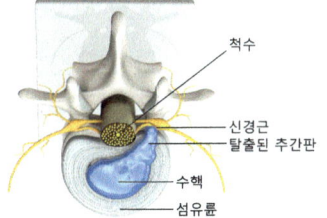

2) 추간판 탈출증의 정의

추간판의 내용물이 전후방이나 추체 내로 튀어나오면서 신경근을 압박하여 방사통과 감각이상, 저림 등의 증상이 나타나는 것을 말한다. 수핵 탈출(HNP, herniated nuclear pulposus)이란 추간판의 수핵이 탈출한 것을 말하고, 추간판탈출은 수핵탈출과 수핵을 싸고 있는 섬유륜의 탈출까지 포함하는 개념이다.

3) 빈도

경추보다 요추에서 잘 발생하고, 요 - 천추, 경 - 흉추 이행부에서 호발한다. 척추 이행부는 척주만곡이 방향을 바꾸는 부위로 다른 추체보다 충격을 더 많이 받기 때문임
- 빈도 : 요추(95%) 〉 경추(4.5~5.5%) 〉 흉추(0.15~1.7%)
- **요추 추간판 탈출증** : L4 - 5(90% 이상) 〉 L5 - S1 〉 L3 - 4
- **경추 추간판 탈출증** : C6 - 7 〉 C5 - 6 〉 C7 - T1

4) 분류

(1) 연성 여부에 따른 구분
  ① **연성 추간판 탈출증**(soft HNP) : 수핵이 찢어진 섬유륜을 통하여 후방으로 돌출하여 신경근이나 척수를 압박하는 경우로 주로 젊은 층에서 급성으로 나타난다. 신경공 내 또는 후외측 방향으로 탈출된다.
  ② **경성 추간판 탈출증**(hard HNP) : 퇴행성 변화에 의한 골극, 골 증식체, 인대 비후 등에 의한 신경 압박으로 주로 50대 이상의 장년층에서 발생하는데 증상은 만성이며 척추관 협착증이 동반하기도 한다.

(2) 탈출 정도 및 퇴행성 정도에 따른 구분
  ① **섬유륜 팽윤**(bulging annulus) : 추간판을 둘러싸고 있는 섬유륜의 탄력 감소로 인해 섬유륜이 추간판 정상 범위를 넘어서 3㎜ 이상 밀려난 상태
  ② **돌출**(protrusion) : 섬유륜의 외부는 온전한 상태를 유지하고 있으나 수핵이 파열된 섬유륜 속으로 밀려 나온 상태
  ③ **탈출**(herniation, extrusion) : 섬유륜의 외부까지 파열되어 수핵이 섬유륜 바깥으로 밀려 나와 후종인대를 넘어서 척추관이나 추간공(intervertebral foramen) 내로 전위하는 상태
  ④ **유리**(부골화, sequestration) : 탈출된 수핵이 추간판에서 완전히 떨어져 나온 상태

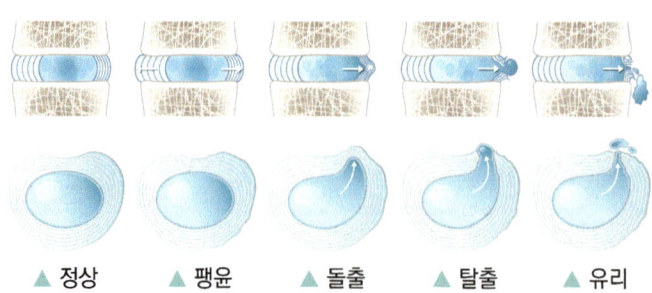

▲ 정상　▲ 팽윤　▲ 돌출　▲ 탈출　▲ 유리

5) 증상
   (1) **탈출된 추간판이 지배하는 신경 지배 영역의 감각 장애, 근력 감퇴**
   (2) **건반사의 변화**
   (3) **운동 시 유발되는 통증, 방사통**

6) 추간판 탈출증의 위험요인과 사고 인과관계
   (1) 위험요인 : **육체적 과부하, 약한 허리근육, 잘못된 자세, 노화, 흡연, 비만, 유전적 요인**
   (2) 관여도 판단 기준 - 이상구의 외상 관여도 : (점수의 합 - 2) × 10 = 사고 관여도(%)

	2점	1점	0점
손상 기전	심한 손상 : 골절 또는 인대 손상	뚜렷한 재해 인정	가벼운 재해
병소 위치	골절부 인접	L2-3 이상, C3-4 이상	L3-4 이하, C4-5 이하
과거력		3~12개월 무증상	3개월 이내 유증상, 병력 +
추간판 변성	변성 소견 별로 없으며 추간판 간격 유지	추간판 변성 소견 관찰	추간판 간격의 협소, 심화된 골극 형성
진찰 소견	진찰 소견 합당(재해 이후 1개월 이내 증상 발현)	확실하지 않음(재해 이후 1~3개월 사이 증상 발현)	추간판 탈출과 관련이 적은 증상(재해 3개월 이상 지나 증상 발현)
임상 검사	정밀검사(CT, MRI)에서 뚜렷한 소견	정밀검사 소견에서 관련성 있는 소견	정밀검사 결과와 관련이 적은 경우

7) 추간판의 변성 분류(Pfirrmann 등급)

등급	영상	설명
I		균질한 흰색 정상 디스크
II		균질하지 않은 흰색 디스크, 정상 디스크 높이, 수평 띠가 있을 수 있음
III		균질하지 않은 회색 디스크, 디스크 높이가 약간 감소
IV		고리와 핵 사이에 명확한 구분이 없는 균질하지 않은 검은색 디스크, 디스크 높이가 현저히 감소
V		균질하지 않은 검은색 붕괴 디스크

8) 진단
   (1) 병력 청취 및 이학적 검사 : **손상 기전, 통증 양상, 신경근 손상 여부 확인**
   (2) 신경검사 : **운동신경, 심부건반사, 표재성 검사, 지각 검사**
   (3) 영상진단검사
   ① **단순 X - 선 촬영** : 추간판의 탈수와 변성으로 퇴행성 변화가 생겨서 추체간 높이가 줄어든다. 경추부는 전만(lordosis)이 소실되고 직선화 현상을 보인다.

   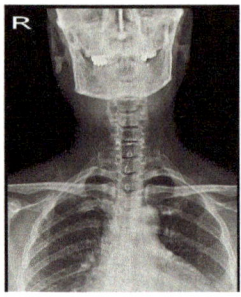 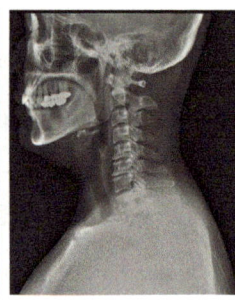 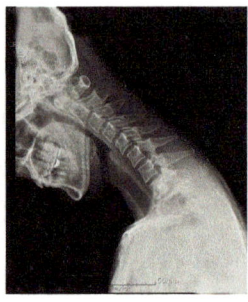 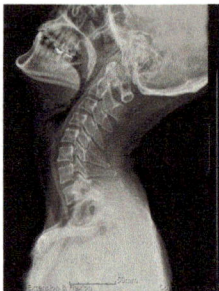

   ② **CT** : CT는 척수강의 횡단면을 볼 수 있기 때문에 추체, 추간공, 골극의 형태, 후종인대골화증 등 척수를 둘러싸고 있는 구조물에 대한 입체적인 정보를 제공한다. CT상 탈출된 추간판이 척수의 경막낭을 누르고 신경근이 밀린 것을 확인할 수 있다.

   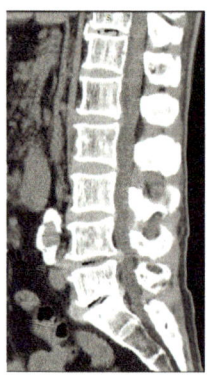

   ③ **MRI** : 척주 전체의 상태와 추간판 탈출 여부, 척수의 변화를 명확하게 보여주어 추간판 탈출의 진단에 가장 중요한 검사방법이다.

   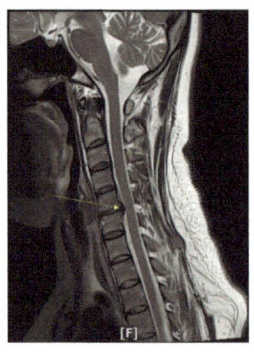 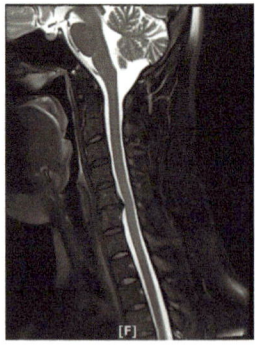 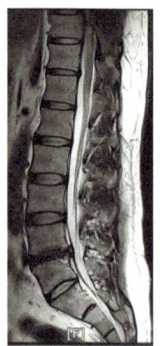

④ **척수조영술**(myelography) : 척수와 신경근을 선명하게 보여주는 장점이 있지만 척추 거미막밑 공간을 천자하여 조영제를 투입한다는 단점 때문에 MRI가 보급된 후로는 빈도가 감소했다.

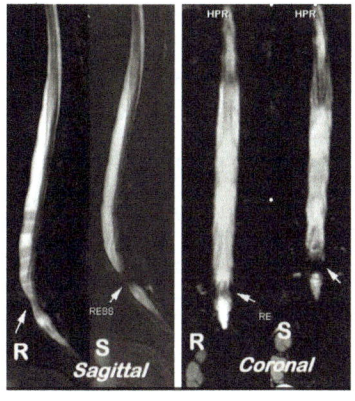

⑤ **추간판조영술**(discogram) : 추간판내장증 진단에 가장 유용한 검사

용어해설 추간판내장증(IDD, internal disc disruption) : 추간판 내부의 구조 이상이나 대사 기능 이상으로 섬유륜 안의 신경이 자극받아 지속적이고 심한 요통을 유발하는 증후군

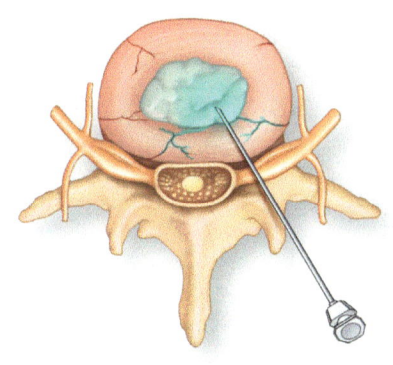
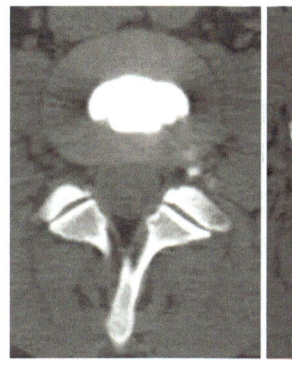
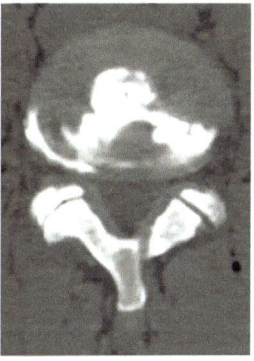

(4) 근전도 및 신경전도 : 신경뿌리병증(radiculopathy) 또는 **척수병증**(myelopathy) 확인

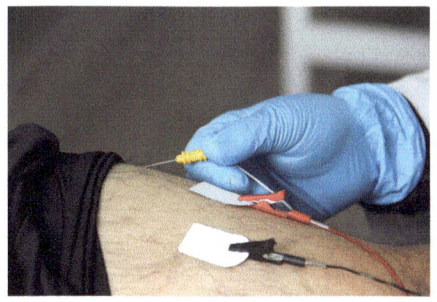
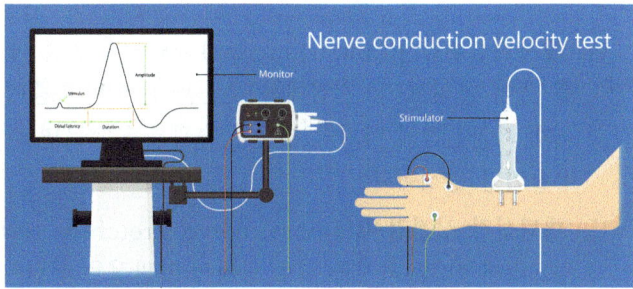

▲ 근전도(EMG, electromyography)   ▲ 신경전도(NCV, nerve conduction volocity test)

의학이론

4 추간판 탈출증의 이학검사

1) 경부 추간판 탈출증의 이학검사

(1) **스펄링검사**(spurling test) : 머리를 환부 쪽으로 비스듬히 돌리면서 압박을 가하여 증상을 유발하는 방법

(2) **잭슨압박검사**(Jackson compression test) : 머리를 위에서 누르거나 경추를 건강한 쪽으로 경사지게 하고 아픈 쪽 어깨를 눌러 통증을 유발시키는 방법

(3) **경추견인검사**(cervical distraction test) : 경추를 당겨 신경 압박이 감소되는지 보는 방법

(4) **어깨 외전 호전징후**(shoulder abduction relief sign) : 손을 뒤통수로 올렸을 때 통증이 감소하는지 보는 검사

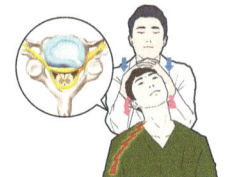 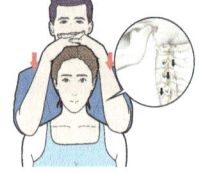 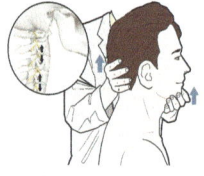 

▲ 스펄링검사　　▲ 잭슨압박검사　　▲ 경추견인검사　　▲ 어깨 외전 호전징후

2) 요부 추간판 탈출증의 이학검사

(1) **하지직거상검사**(SLRT, straight leg raising test) : 바로 누워 다리를 뻗은 상태에서 다리를 서서히 들어 올린다. 30~70° 사이에서 하지 방사통이 유발되면 양성으로 L4-L5-S1 추간판 탈출증을 의미한다.

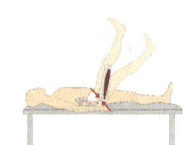

(2) **Crossed SLRT** : 무증상 쪽 다리를 올렸을 때 반대쪽 다리의 방사통이 발생하면, 신경근의 고도 압박이 의미한다.

(3) **브라가드징후**(Bragard's sign) : SLRT에서 통증이 유발되는 각도보다 5° 정도 낮춰 통증이 사라진 지점에서, 환자의 발목을 배측굴곡시켰을 때 다시 통증이 악화되면 양성이다.

(4) **활시위징후검사**(bowstring sign) : 통증이 생길 때까지 다리를 들어 올리고 이 지점에서 무릎을 굽히면 통증이 소실되며 이때 좌골신경의 마지막 부분인 슬괵부를 누르면 다시 통증이 유발되면 양성이다.

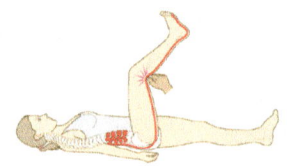

(5) **대퇴신경 신전검사**(femoral nerve stretching test) : 환자를 엎드리게 한 후 하지를 뒤로 당겨서 고관절은 신전시키고 슬관절을 굽힐 때 방사통이 나타나면 양성으로 L3-4 또는 그보다 상위 추간판 탈출증을 의미한다.

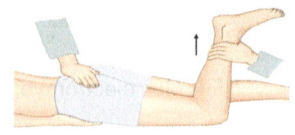

5 추간판 탈출증의 주요 증상 [기출] 24년

1) 경부 추간판 탈출증(제6 - 7경추, 제5 - 6경추 호발)

부위	압박된 신경	감각	반사	운동
C4 - 5	C5	상완부 외측	상완이두건반사	견관절 외전, 주관절 굴곡
C5 - 6	C6	전완부 외측, 제1,2수지	상완요골근반사	주관절 굴곡, 손목관절 배굴
C6 - 7	C7	3수지	상완삼두근반사	주관절 및 수지 신전, 손목관절 장굴
C7 - T1	C8	전완부 척측, 제4,5수지	(-)	수지 굴곡, 내전, 외전

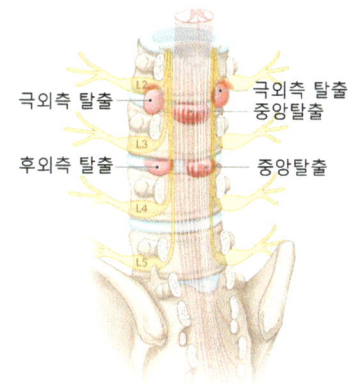

◀ 후외측 탈출(사례의 90%) : 가장 일반적으로 탈출 수준 아래의 신경근에 영향을 미친다.
  예 L3 - 4 추간판 탈출증 시 L4 신경근 압박
◀ 중앙 탈출 : 경추에서 척수병증을 유발할 수 있다. 요추 하부에서 요추 및 천골 신경근 또는 천골 신경근에 영향을 미칠 수 있다.
◀ 극외측 탈출 : 일반적으로 탈출 수준 위의 신경근에 영향을 미친다.
  예 L2 - 3 추간판 탈출증은 L2 신경근을 압박

2) 요부 추간판 탈출증(제4 - 5요추, 제5요추 - 제1천추 호발)

부위	압박된 신경	감각	반사	운동	선별 진찰
L3 - 4	L4	하퇴 전내측	슬개건반사	슬관절 신전	쪼그렸다 일어서기
L4 - 5	L5	하퇴 외측, 발등, 제1,2,3족지	(-)	족관절 및 1족지 배굴	발뒤꿈치로 걷기
L5 - S1	S1	종아리, 발바닥, 제4,5족지	아킬레스건반사	족관절 저굴	발끝으로 걷기

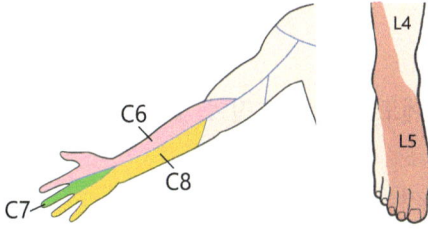

기출문제

30세 남자 환자가 요통과 좌측 하지로 방사통을 호소하면서 내원하였다. 이학적 검사상 장족무지신근(extensor hallucis longus)의 근육 약화와 제1족지 배부에 감각 이상을 보였다. 일반적으로 어느 부위의 추간판 탈출이 의심되며, 압박된 신경근은 무엇인가요? [기출] 24년

(1) 이환된 부위 (5점)   (2) 압박된 신경근 (5점)

6 추간판 탈출증 치료

1) 추간판 탈출증 치료

(1) 통증 완화 치료
① 신경차단술
② 경피적 경막외강 신경성형술
③ 추간판내 고주파 열치료술

(2) 내시경적 또는 경피적 수핵 제거술(endoscopic or percutaneous nucleotomy)
내시경 또는 nucleotome을 추간판에 삽입하여 탈출된 수핵을 제거하는 방법

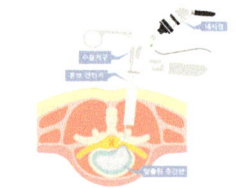

(3) 수핵용해술(chymonucleolysis)
단백분해효소인 카모파파인이나 레이저를 경피적으로 추간판내에 주입하여 수핵을 용해시키는 방법

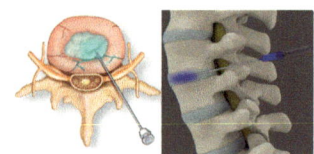

(4) 추간판제거술 및 추체유합술(discectomy & spinal fixation)
탈출된 추간판 제거 후 척주 불안정을 예방하기 위해 추간판의 높이를 유지하면서 상하 추체를 유합하는 수술

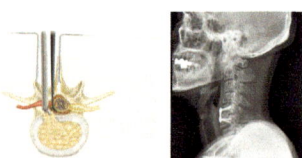

(5) 인공디스크 치환술(artificial disc replacement)
손상된 추간판을 제거하고 인공디스크로 교체하는 수술법

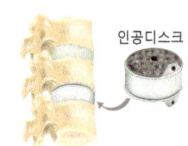

2) 관혈적 추간판 제거술 적응증

- 4~6주 이상의 보존적 치료에도 증상의 호전이 없고 일상생활에 제한이 심한 경우
(1) 마미증후군
(2) 근력등급 4- 이하의 근력 저하
(3) 척수병증(myelopathy)
(4) 진행되는 신경학적 결손(neurologic deficit)
(5) 적극적인 통증 치료에도 불구하고 VAS 7 이상의 참기 힘든 통증이 지속되는 경우

7 척추 골절(spinal Fx)

1) 척추 골절 주 손상과 부 손상

(1) **주 손상**(major injury) : **압박골절, 방출성 골절, 안전띠 골절, 골절 탈구**
(2) **부 손상**(minor injury) : **후관절돌기 골절, 횡돌기 및 극돌기 골절, 후궁 협부 골절**

2) 데니스 삼주설(Denis's three column theory)

척주를 3개의 기둥으로 구분하고, 그중에서 중주 손상 시 유리된 골편이나 추간판 조각이 후방으로 전위되어 신경 압박을 초래하고 신경학적 불안정성이 나타날 수 있으므로 척주 불안정성은 중주의 손상 여부가 중요하다는 주장

(1) **전주**(anterior column) : **전종인대, 추체의 전방 1/2, 추간판의 전방 1/2**
(2) **중주**(middle column) : **추체의 후방 1/2, 추간판의 후방 1/2, 후종인대**
(3) **후주**(posterior column) : **척추관, 황색인대, 후관절인대, 극간인대**

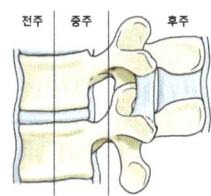
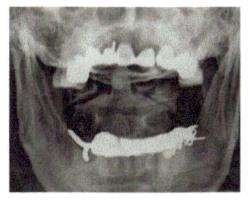
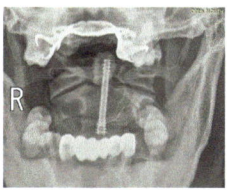

▲ 개구촬영

3) 경추 골절 탈구의 손상기전

(1) **굴곡 손상** : 과도한 굴곡 시 추체에 힘이 가해져 추체 선상골절 유발
(2) **굴곡 회전 손상** : 경추가 굴곡되면서 동시에 비틀리는 힘을 받게 되면 상하관절돌기의 탈구나 추체 전하부 골편이 척추관 내로 전위되어 척수 손상 초래
(3) **과신전 손상** : 전종인대 파열과 아탈구가 발생할 수 있다.
(4) **수직 압박 손상** : 경추 압박골절 발생. 얕은 물에서 다이빙할 때 호발한다.
(5) **측 굴곡 손상** : 추간공, 상하관절돌기 등이 골질될 수 있다.

4) 경추 골절

(1) **제퍼슨골절**(Jefferson's Fx) : **제1경추의 방출성 골절**
(2) **교수형골절**(Hangman's Fx) : **제2경추의 양측 척추궁 협부 골절. 주로 전방 전위 발생**
(3) **제2경추 치돌기 골절**(odontoid process Fx) : **개구촬영**(open mouth view)으로 확인
(4) 제6경추, 제7경추, 제1흉추, 제2흉추 : 수영 자세(swimmer's view)로 확인

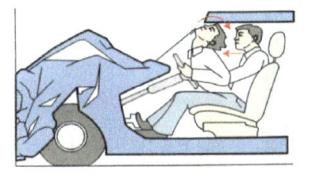
▲ 경추 골절 수상 기전

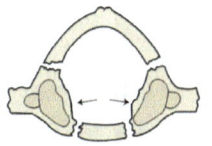
▲ 제퍼슨골절

▲ 제2경추 치돌기 골절

▲ 교수형 골절

의학이론

8 압박골절(VCF : vertebral compression Fx) 기출 20년

1) 흉요추 골절(thoracic & lumbar spine Fracture)
(1) **설상 압박골절** : 굴곡 손상으로 측면 방사선에서 추체 전방의 높이 감소, 후방은 정상
(2) **안전띠 골절**(chance골절, seat belt 골절) : 굴곡 신연 손상으로 전방 추체에서 후방 극돌기까지 수평 골절, 주로 흉요추에서 발생
(3) **횡돌기, 극돌기 골절** : 근육의 갑작스러운 격렬한 수축으로 발생

2) 빈도
(1) **압박골절이 가장 호발하는 부위** : 흉요추 이행부인 제12흉추에서 제1요추 사이에 가장 호발하며 전체 척추 골절의 약 50%를 차지한다. 흉추 후만과 요추 전만이 교차하는 부위로 손상이 외력이 집중되기 때문에 압박골절이 호발한다.
(2) **흉요추 이행부 다음으로 골절이 많이 발생하는 부위는 제4,5,6경추이다.**

3) 압박골절 발생 시 일차적으로 가장 많이 진단에 사용하는 영상검사
(1) **일반방사선 사진 중 측면 위**
(2) **척추 CT**

4) 급성 골절과 만성 골절을 구분하는데 가장 유용한 영상검사
(1) **척추 MRI** : 골절과 동반된 출혈 또는 연부조직 부종이 있으면 급성 골절로 판단한다. 급성 골절일 때 T1 강조영상에서 저음영, T2 강조영상에서 고음영의 해상으로 보인다.
(2) **골주사 검사**(bone scan) : 골격계 질환에 대한 예민도와 해상력이 높은 핵의학 영상검사로 급성 골절에서는 6개월~1년 이내 음영이 증가한 hot spot이 관찰된다. 골주사검사에서 hot spot이 관찰되면 급성 골절로 판단할 수 있다.

기출문제

압박골절과 관련된 아래의 물음에 답하시오. 기출 20년
(1) 압박골절이 발생했을 때 일차적으로 가장 많이 진단에 사용하는 영상검사 2가지 (총 2점)
(2) 급성골절과 만성(진구성) 골절을 구분하는데 가장 유용한 영상검사 2가지 (각 1점, 총 2점)
(3) 압박골절이 가장 호발하는 부위 (3점)
(4) (3) 이외 압박골절이 많이 발생하는 부위 (3점)

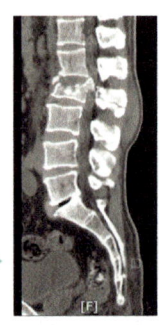
안전띠골절 ▶

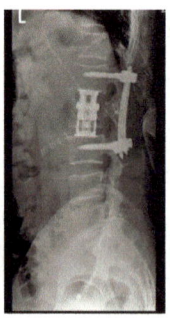

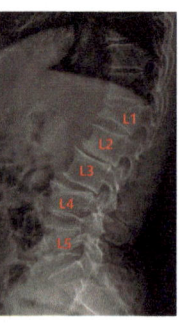
◀ 제1요추 압박골절

9 압박골절 변형각 기출 21년

1) **콥스각(Cobb's angle)**
   (1) 정의 : **골절된 추체를 중심으로 정상적인 상부 척추체의 상부 면과 정상적인 하부 척추체의 하부 면이 이루는 각도로 생리적 만곡을 고려하여 평가**한다.
   (2) 임상적 의의 : 초기 또는 후기 불안정성을 나타내는 지표로서 임상적 의의가 있고 척추 분절의 후만 변형을 잘 반영하고, 측정자 간 및 측정자 내 일치도가 가장 우수하며 기준선 설정이 보다 용이하다는 장점이 있다.
   (3) 생리적 만곡 : 제2흉추에서 제10흉추까지는 마디 당 약 3도의 후만각, 제10흉추에서 제1요추까지는 거의 평행, 제1요추에서 제5요추까지는 마디당 약 3~5도의 전만각이 존재한다.

2) **국소 후만각(local kyphotic angle)**
   (1) 정의 : **골절된 척추체의 상부 면과 하부 면이 이루는 각도**
   (2) 임상적 의의 : 골절된 추체만을 측정하므로 누워서 촬영하는 것과 서서 촬영하는 것의 차이는 가장 적을 것으로 생각되나 관찰자 간 변이가 크다.

3) **측정 방법**
   (1) 콥스각(Cobb's angle) 측정 방법 : 아래 그림에서 ⓐ의 각도
   (2) 국소 후만각(local kyphotic angle) 측정 방법 : 아래 그림에서 ⓑ의 각도

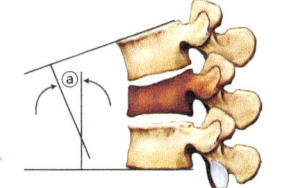
◀ 콥스각 측정 방법 ▶

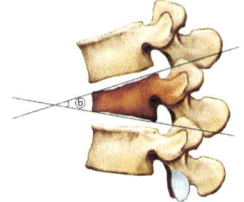
◀ 국소 후만각 측정 방법 ▶

기출문제

01 척추의 변형각을 측정하는 방법은 크게 두 가지가 있다. 이 두 가지 방법에 대해 설명하시오.
   (1) Cobb's angle(콥스각)을 측정하는 경우 및 임상적 의의를 서술하시오. (2점) 기출 21년
   (2) 아래 그림에서 선을 그어 Cobb's angle(콥스각)을 측정하는 방법을 표시하시오. (3점)

   (3) 국소 후만각(local kyphotic angle)의 임상적 의의를 서술하시오. (2점)
   (4) 아래 그림에서 선을 그어 국소 후만각(local kyphotic angle)을 측정하는 방법을 표시하시오. (3점) - 위 (2)와 같은 그림

| 의학이론 |

10 압박률 및 기타 측정법

1) 압박률 계산 방법

인접 상하부 정상 척추체의 전방 높이의 평균에 대한 골절된 척추체 전방 높이의 감소비를 압박률로 정한다. 인접 상하부 척추체에 진구성 골절이 있거나, 다발성 척추 골절이 있는 경우에는 골절된 척추와 가장 인접한 상하부 추체를 측정한다.

예 위쪽 추체가 a, 압박된 추체가 b, 아래쪽 추체가 c라면

압박률은 $\dfrac{(a+c)/2 - b}{(a+c)/2} \times 100\% = \left\{1 - \dfrac{2b}{(a+c)}\right\} \times 100\%$

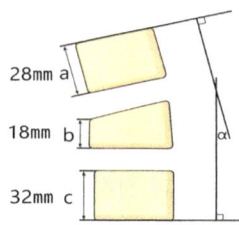

$\dfrac{(28+32)/2 - 18}{(28+32)/2} \times 100\% = 40\%$

$\left\{1 - \dfrac{18 \times 2}{(28+32)}\right\} \times 100\% = 40\%$

오목한 형태의 골절인 경우 가장 낮은 부위를 기준으로 인접 상하부 정상 척추체의 높이 평균에 대한 골절된 척추체의 높이 감소비를 압박률로 정한다.

2) 측만증에 대한 Cobb's angle 측정법

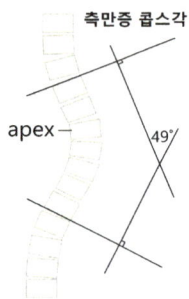

만곡의 정점에 있는 것을 apex라고 하고 그 상하에서 가장 기울어져 있는 것을 종추라고 한다.
상위 종추의 상면과 하위 종추의 하면에 접선을 그리고, 여기에 수직선을 세워서 그것이 교차하는 보각의 각도를 측정한다.
- ✓ 10도 미만 측만증 : 아님
- ✓ 10도 이상 ~ 20도 미만 : 경증
- ✓ 20도 이상 ~ 40도 미만 : 중등도
- ✓ 40도 이상 중증

3) 두개골과 제1경추, 제2경추 간 전위 측정법

(1) **BDI**(basion - dental interval) : **두개 대후두공의 기저점과 축추 치돌기 상단 사이의 거리**
(2) **ADI**(atlanto - dental interval) : **환추 전방 궁(arch)의 후방과 치상돌기 전면과의 거리**

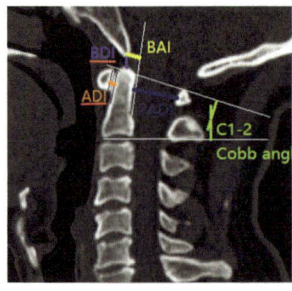
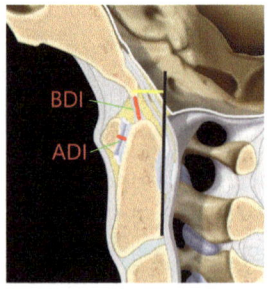

제3보험 연관학습

3보 척추의 운동장해

* 심(40%) : ① 4개 이상의 척추체 유합, ② 머리뼈 – C1 – C2를 모두 유합
* 뚜(30%) : ① 3개의 척추체 유합, ② 머리뼈 – C1 또는 C1 – C2 유합, ③ CT 검사상 BDI에 뚜렷한 이상 전위, ④ CT검사상 ADI에 뚜렷한 이상 전위
* 약(10%) : 2개의 척추체 유합(머리뼈와 상위 목뼈를 제외)

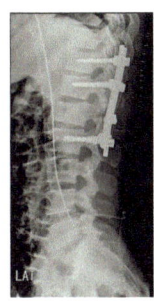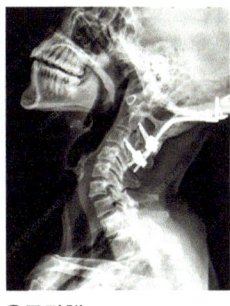

▲ 심한 운동장해

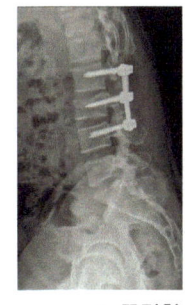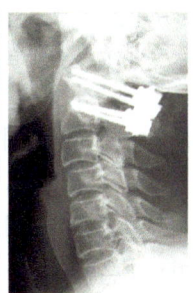

▲ 뚜렷한 운동장해

제3보험 연관학습

3보 척추체 기형장해

* 심(50%) : ① 35° 이상의 전만증 후만증 또는 20° 이상의 측만증 변형, ② 한 개의 압박률이 60% 이상, 또는 두개 이상 압박률 합이 90% 이상
* 뚜(30%) : ① 15° 이상의 전만증 후만증 또는 10° 이상의 측만증 변형, ② 한 개의 압박률이 40% 이상, 또는 두개 이상 압박률 합이 60% 이상
* 약(15%) : ① 경도의 전만증 후만증 또는 측만증 변형, ② 한 개의 압박률이 20% 이상, 또는 두개 이상 압박률 합이 40% 이상

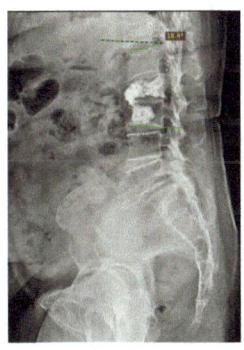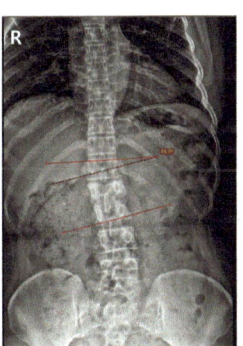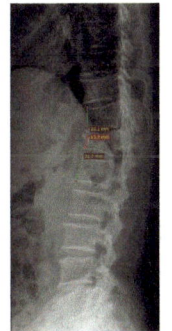

▲ 뚜렷한 기형 : L1~L3 27.4도 후만 변형(정상 전만각 −9도이므로 18.4+9=27.4), 압박률 54%

제3보험 연관학습

3보 추간판 탈출증으로 인한 신경장해

* 심(20%) : 2마디 이상 수술하고도 마미신경증후군이 발생하여 하지의 현저한 마비 또는 대소변 장해가 있는 경우
* 뚜(15%) : 1마디를 수술하고도 신경생리검사에서 명확한 신경근병증의 소견이 지속되고 척추신경근의 불완전 마비가 인정되는 경우
* 약(10%) : 추간판탈출증이 확인되고 신경생리검사에서 명확한 신경근병증의 소견이 지속되는 경우

11 척추 골절 치료

1) 보존적 치료

(1) 적응증 : 단순한 압박골절, 추체 선상골절, 극돌기나 횡돌기 골절 등 신경학적인 증상이 심하지 않은 경우에는 보존적 치료 시행
(2) 보조기
　① 경추 보조기 : 필라델피아, SOMI 보조기 등
　② 흉요추 보조기 : 테일러 보조기, 쥬엣 과신전 보조기, TLSO 등
　③ 기능 : 통증 경감, 손상되었거나 약화된 근육 지지, 변형 예방 및 교정 효과
　④ 단점 : 장기간 착용 시 근 위축, 에너지 소모 증가, 심리적 의존 등의 문제가 생길 수 있으므로 적정한 기간동안 착용하여야 한다.
(3) 약물치료 : 근육이완제, 진통제, 소염제 등
(4) 물리치료 : 온습포, 마사지, 적외선, 견인요법, 운동요법 등

2) 수술적 치료

(1) 적응증 : **골절 또는 탈구로 척수신경을 압박하여 신경학적 증상이 심하거나, 보존적 치료로는 척수신경의 압박이 가중될 가능성이 높은 경우에 관혈적 수술 시행**
(2) **후궁절제술**(laminectomy) : 척추관 내 압력을 낮추기 위한 수술
(3) **척추유합술**(spinal fixation) : 추간판을 제거하고 상하 추체를 내고정물로 고정
(4) **척추성형술** : 압박된 추체에 골시멘트를 주입하는 방법

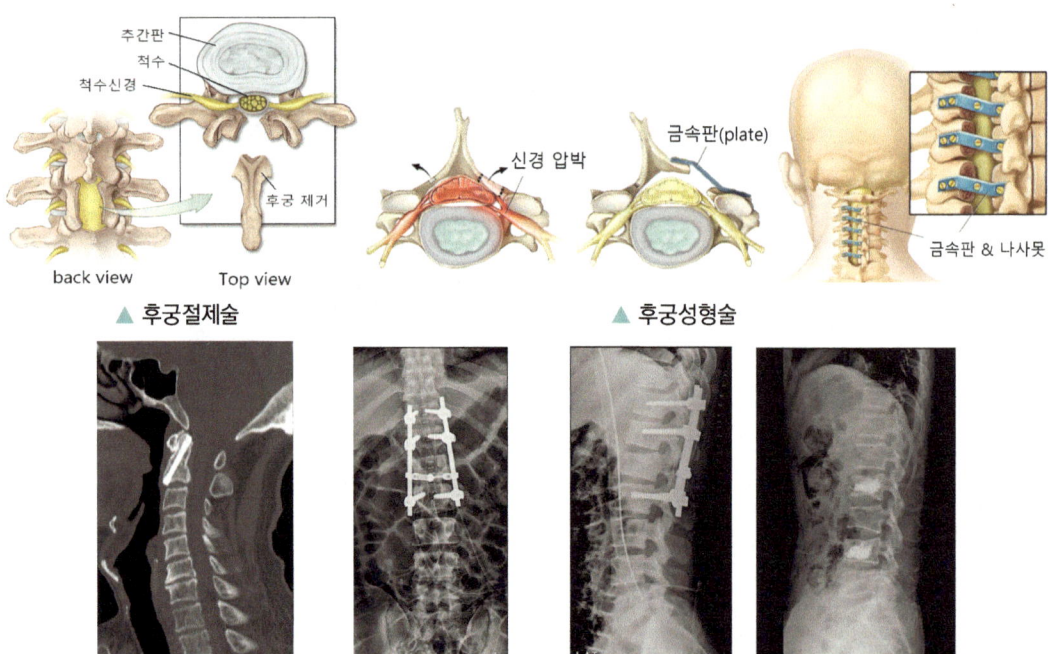

▲ 후궁절제술　　　　　　　　　　　▲ 후궁성형술

▲ 치돌기 골절 수술　　　▲ 척추유합술　　　▲ 척추성형술

12 퇴행성 척추 변화

(1) **후종인대골화증**(OPLL, ossification posterior longitudinal ligament) : 후종인대가 두꺼워지고 뼈처럼 석회화되는 현상으로 50~60대 동양인 남자에 호발하며 경추부에서 가장 흔히 관찰되는 퇴행성 변화이다.

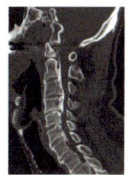

(2) **척추관 협착증**(spinal stenosis) : 골극, 황색인대 비후, 추간판의 변성 탈출 등에 의해 척추관이 좁아져 신경을 압박하는 상태로 50~60대에 시작되며 주로 제4-5요추 사이에서 호발한다. 허리를 구부리고 쪼그려 앉는 특징적인 자세를 취하면 양하지 통증이 완화되는 양상을 보인다.

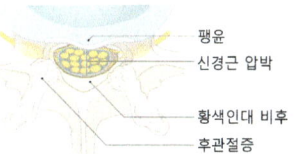

(3) **척추분리증**(spondylolysis) : 선천성이나 후천성 원인에 의해 척추 후궁 협부에 결손이 발생한 경우로 척추분리증이 진행되면 상위 추체가 앞으로 밀려나면서 전방 전위증이 유발된다. 방사선 사면(oblique) 검사상 협부결손(scotty dog sign)이 보인다. 제5요추에서 호발

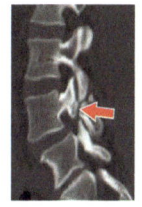

(4) **전방 전위증**(spondylolisthesis) : 위쪽 추체가 아래쪽 추체보다 앞으로 밀려난 경우로 주로 여성에게 많고 50대 이후, 제4-5요추 사이에 호발한다. 이학적 검사상 특징적으로 오리걸음이 관찰된다.

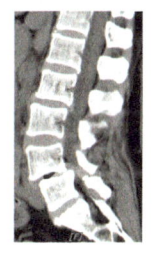

> **용어해설** 오리걸음(waddling gait) : 고관절을 지나치게 들어 올리고 체간을 좌우로 많이 흔들면서 걷는 모습

(5) **섬유륜 팽윤**(diffuse bulging disc, bulging annulus) : 나이가 들면서 추간판의 수분이 감소하고 탄력이 감소하면서, 수핵을 둘러싸고 있는 섬유륜이 미만성으로 부풀어 오르고 튀어나와 추체의 외연을 넘는 상태로 척수의 경막강을 누르지만 신경근은 누르지 않아 방사통은 없다.

(6) **추간판 탈출증**(HNP, herniated nucleus pulposus) : 추간판 내부의 젤리같은 수핵이 탈출하여 주변을 지나는 척추신경을 압박함으로써 다양한 신경학적 이상 증상을 유발하는 질환으로 제4-5요추, 제5요추-1천추, 제6-7경추 사이에 호발한다.

(7) **퇴행성 척추증**(degenerative spondylosis) : 척추체에 골극(spur)이나 골 증식체(osteophyte)가 발생한 경우

(8) **쉬몰 결절**(Schmorl's node) : 추간판이 척추 연골판을 파괴하여 수핵이 추체 안으로 들어간 상태

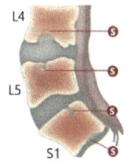

13 척추 전방 전위증(spondylolisthesis) 기출 21년

1) 정의

위쪽 추체가 아래쪽 추체보다 앞으로 밀려난 경우를 말한다. 허리 통증과 조금만 걸어도 다리가 아프고 저려서 잘 걷지 못하는 간헐적 파행이 주 증상이다. 척추뼈의 전위 정도에 따라 1단계부터 4단계까지로 구분한다. 허리 주위 및 다리 뒤쪽의 근육이 뻣뻣해져 허리를 굽히기 힘들어지기도 하고, 전위가 심해지면 허리가 짧아지고, 앞으로 굽어져 정상적인 보행이 힘들어진다.

2) 원인

(1) **척추분리증** : 선천적, 외상성, 반복적 스트레스에 의한 피로골절 등의 원인에 의해 척추 후궁 협부에 결손이 발생한 경우를 말한다. 결손 부위에서 뼈가 어긋나면서 위쪽 추체가 아래쪽 추체에 비해 앞으로 빠지면서 척추전방전위증이 발생한다.

(2) **퇴행성** : 오랫동안 지속되는 척추분절의 불안정성에 의해 후관절 돌기가 퇴행성 변화를 보이면서 전방 또는 후방 전위를 보이는 경우

(3) **외상성** : 심한 외상 후 협부만 결손되는 경우는 드물고 협부 이외의 다른 지지 부분이 골절을 일으켜 이차적인 현상으로 전방 전위가 일어난다.

3) 빈도

주로 여성에게 많고 50대 이후, 제4 - 5요추 사이에 호발한다.

4) 수술을 고려하는 경우

(1) 비수술적 치료에도 불구하고 증상이 지속되는 경우
(2) 신경 압박이 심하여 감각 저하나 위약감이 있는 경우
(3) 간헐적 파행이 심하여 오래 걷지 못하는 경우
(4) 청소년기 환자 중에서 척추분리증에 의해 추체가 50% 이상 전위된 경우에는 증상과 관계없이 수술적 치료가 필요

기출문제

척추전방전위증(spondylolisthesis)에 관하여 아래의 질문에 답하시오. 기출 21년
(1) 척추전방전위증의 정의 (3점)
(2) 척추전방전위증의 가장 흔한 원인 두 가지 (2점)
(3) 척추전방전위증이 주로 발생하는 부위 (2점)
(4) 척추전방전위증에서 수술을 고려하는 경우 (3점)

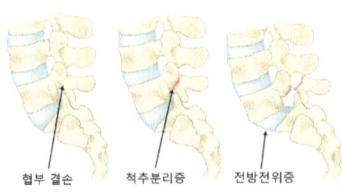

협부 결손   척추분리증   전방전위증

14 척추관 협착증(spinal stenosis)

1) 정의 및 빈도

골극, 황색인대 비후, 추간판의 변성 탈출 등에 의해 **척추관이 좁아져 신경을 압박하는 상태**를 말하며, 50~60대에 시작되고 주로 제4 - 5요추 사이에서 호발한다.

2) 증상

주 증상은 대퇴부나 다리까지 저리고 당기는 통증이다. 다리에 힘이 빠지거나, 감각 이상이 느껴지고, 무거운 느낌이 들 수 있다. 특징적으로 **간헐적 파행**이 관찰된다.

> **용어해설** 간헐적 파행 : 오래 서 있거나 걷게 되면 다리가 무거워지거나 터질 듯한 증상이 나타나는데, 이 증상은 허리를 굽히거나 앞으로 숙일 때 사라지는 특징이 있어서 걷다가 허리를 숙이고 쉬는 행위를 반복한다.

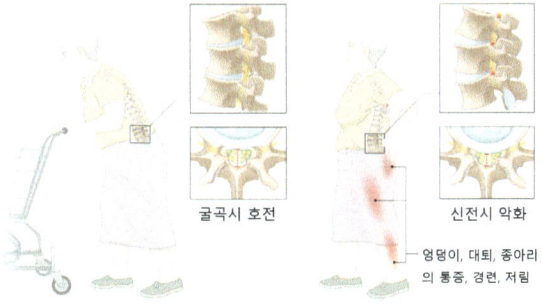

3) 분류

(1) **선천성 혹은 발육성 척추관 협착증**

요추관이 선천적으로 좁게 태어난 경우로 퇴행성 변화가 시작되는 30대 이상이 되면 뼈와 인대의 변성이 겹쳐서 발병한다.
① **특발성 척추관 협착증**
② **연골형성부전증**

(2) 후천성 척추관 협착증
① **퇴행성** : 가장 흔하다. 후관절 비후, 황색인대 비후, 후종인대 비후 등
② **혼합성** : (선천성 or 발육성) + (퇴행성 or 추간판 탈출증)
③ **척추전방전위증, 척추 협부 결손형**
④ **의인성** : 수술 후 합병증
⑤ **외상성** : 골절 이후 비정상적인 유합 등
⑥ **기타** : 파제트병, 불소침착증

4) 수술을 고려하는 경우

(1) **보존적 치료에 효과가 없고, 신경학적 증상이 뚜렷하거나 악화되는 경우**
(2) **통증과 간헐적 파행이 지속적이거나 점차 증가하는 경우**
(3) **마미증후군이 의심되는 경우**

15 기타 척추 질환

1) 강직성 척추염(ankylosing spondylitis)

천장관절염과 척추염을 특징으로 하여 전신을 침범할 수 있는 만성 염증성 질환이다. HLA - B27 유전자와 연관되었다고 알려져 있으나 모든 환자가 양성은 아니다.

> **참고** 진단기준(Modified New York criteria 1984)

(1) **염증성 허리 통증의 병력**(① 40세 이전에 발병, ② 우연히 발병되는 양상, ③ 3개월 이상 증상의 지속, ④ 조조강직-아침에 경추 부위의 뻣뻣함, ⑤ 운동이나 활동 후 뻣뻣함의 증상 호전)
(2) **전후방 또는 좌·우측으로의 요부 척추 움직임의 제한**
(3) **흉곽 팽창의 제한**(같은 나이 또는 성별과 비교하여서)
(4) **분명한 천장관절 염증의 방사선 검사상 소견**(주로 양측성)

중 (4) **소견과 더불어서 (1), (2), (3) 중 어느 하나만 해당되면** 강직성 척추염으로 진단

2) 비정상 만곡

나쁜 자세 등으로 척추가 비정상적으로 만곡되는 경우를 말하며 후만증(kyphosis), 전만증(lordosis), 측만증(scoliosis)으로 분류한다.

3) 변연 척추(limbus vertebrae)

발생학적으로 여러 개의 골화중심이 합쳐져서 하나의 추체로 만들어지는 과정에서 추간판이 척추체의 골화중심 사이로 끼어들어가 별도의 다른 추체 조각이 형성된 경우

4) 척추 이분증(spinal bifida)

선천성 기형의 하나로 후궁이 완전히 닫히지 않은 상태

5) 사경(torticolis)

머리가 환측의 어깨 쪽으로 기울고 목이 회전하면서 얼굴과 턱이 반대편 어깨 쪽으로 편향되는 변형. 주로 흉쇄유돌근의 구축 때문에 발생한다.

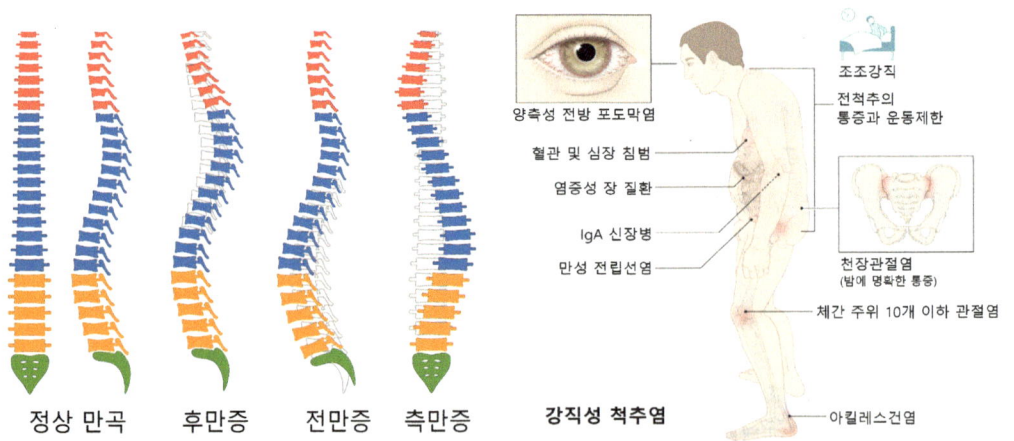

16 요통 증후군(back pain syndrome)

허리 통증을 호소하는 요통 증후군에서 대부분의 요통은 별다른 치료 없이 증상이 소실되어 처음 통증이 발현한 3주 후에는 70%에서 증상이 소실되고, 1년 후에는 약 1%만 요통을 호소한다고 한다.

1) 요통의 원인

(1) **추간판성**
  ① 요추 불안정성
  ② 추간판 탈출증, 퇴행성 추간판질환
  ③ 척추관 협착증

(2) **척추골성**
  ① 선천성 또는 발육 이상
  ② 척추분리증, 척추전방전위증, 측만증
  ③ 염증, 강직성 척추염, 근막통증 증후군
  ④ 종양(원발성 종양, 전이 종양)
  ⑤ 외상(골절, 탈구)
  ⑥ 대사성 질환(호산성 육아종, 베체트병)
  ⑦ 골다공증, 골연화증

(3) **복부 장기성** : 신장, 세뇨관, 자궁 등 후복막을 자극하는 질환(자궁내막증, 방광염 등)

(4) **신경성** : 척수나 마미의 감염, 종양 등

(5) **혈관성** : 하행대동맥이나 장골동맥의 폐쇄, 동맥류, 박리성 동맥류

(6) **심리적 원인**

2) 하요추부 방사선 소견상 해부학적 변형이 관찰되는 골격 이상

(1) 척추 이분증 : 추궁판의 부분 결손
(2) 이행성 요천추 : 제5요추가 천추화되거나 제1천추가 요추화된 경우
(3) 극돌기 접근 : 상하 극돌기의 마찰
(4) 후관절의 향성 관절(trophism) : 양측 후관절이 비대칭인 경우

신경성 파행증과 요추 척추증, 말초신경병증의 감별 진단

	신경성 파행증	요추 척추증	말초 신경병증
위치	등, 엉덩이, 다리	등	양말 신는 부위
발산	근위에서 원위	등에 국한	근위보다 원위
악화	서 있기, 걷기	굽힘, 서 있기, 뒤틀림	밤에 심함
호전	앉음, 구부림, 쪼그림	통증의 변동	-
경감 시간	느림	느림	-
오르막길 걷기	무통	통증의 변동	활동과 무관함

> 의학이론

17 외상후 스트레스 증후군(PTSD, post traumatic stress disorder)

1) **정의**

 개인이 자신이나 타인의 실제적이거나 위협적인 죽음이나 심각한 상해, 또는 신체적 안녕에 위협을 가져다주는 사건을 경험하거나 목격하거나 직면한 후 극심한 공포, 무력감, 고통을 느끼고 계속적인 재경험을 통해 고통을 느끼며 거기에서 벗어나기 위해 에너지를 소비하게 되는 질환

2) **주요 증상 3가지**

 (1) **사건의 재경험** : 사건에 대한 반복적이고 집요하게 떠오르는 고통스러운 회상이나 악몽, 마치 외상성 사건이 재발하고 있는 것 같은 행동이나 느낌, 외상성 사건과 유사하거나 상징적인 내적 또는 외적 단서에 노출되었을 때 심각한 심리적 고통 또는 생리적 재반응

 (2) **이와 관련된 상황 및 자극에서 회피하는 행동**

  ① 외상과 관련된 생각, 느낌, 대화 회피
  ② 외상이 회상되는 행동, 장소, 사람 회피
  ③ 외상의 중요한 부분을 회상할 수 없다.
  ④ 중요한 활동에 흥미나 참여가 매우 저하되어 있다.
  ⑤ 다른 사람들로부터의 소외감
  ⑥ 정서의 범위가 제한되어 있다.
  ⑦ 미래가 단절된 느낌

 (3) **과감각**(자율신경계 과민성) : 잠들기 어려움 또는 잠을 계속 자기 어려움, 자극에 과민한 상태 또는 분노의 폭발, 집중의 어려움, 지나친 경계, 악화된 놀람 반응

3) **연관 증상**

 해리 현상이나 공황발작 경험, 환청 등 지각 이상 경험, 공격적 성향, 충동조절장애, 우울증, 약물 남용, 집중력 및 기억력 저하 등의 인지기능 문제

4) **위험인자**

 (1) **어렸을 때 경험한 심리적 상처의 존재**
 (2) **성격장애나 문제**
 (3) **가족이나 동료의 부적절한 정서적 지원**
 (4) **여성**
 (5) **정신과 질환에 취약한 유전적 특성**
 (6) **최근에 스트레스 많은 삶으로 변화**
 (7) **과도한 음주**
 (8) **생물학적 요인** : **신경전달 물질**(도파민, 노르에피네프린, 벤조다이아제핀 수용체), **시상하부 ⇌ 뇌하수체 ⇌ 부신 축의 기능 등이 연관**

18 치아 손상

1) 치아 배열

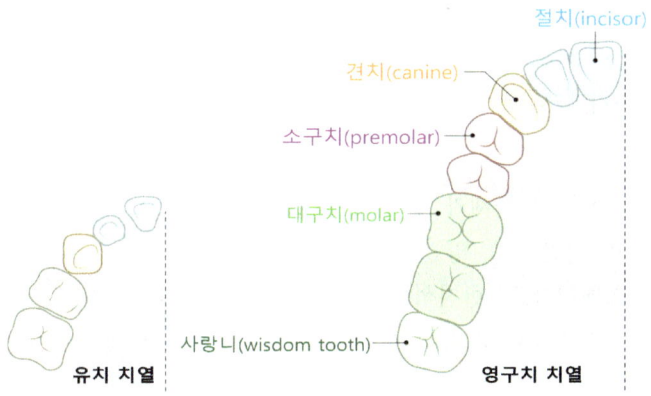

2) 치아 표기법

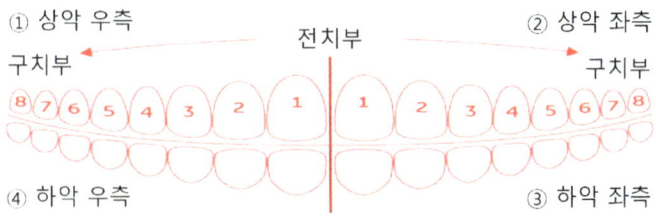

(1) palmer system

우	8	7	6	5	4	3	2	1	1	2	3	4	5	6	7	8	좌
	8	7	6	5	4	3	2	1	1	2	3	4	5	6	7	8	

[영구 치열]

우	E	D	C	B	A	A	B	C	D	E	좌
	E	D	C	B	A	A	B	C	D	E	

[유치열]

예) ⌐3 : 상악 우측 견치, 2⌐ : 하악 좌측 측절치, ⌐D : 상악 좌측 제1유구치

(2) two-digit system(FDI system)

우	18	17	16	15	14	13	12	11	21	22	23	24	25	26	27	28	좌
	48	47	46	45	44	43	42	41	31	32	33	34	35	36	37	38	

[영구 치열]

우	55	54	53	52	51	61	62	63	64	65	좌
	85	84	83	82	81	71	72	73	74	75	

[유치열]

예) #13 : 상악 우측 견치, #32 : 하악 좌측 측절치, #64 : 상악 좌측 제1유구치

> 의학이론

19 기타 감각계 손상

1) 안진(nystagmus)

안구 운동계의 이상이나 외부 요인으로 안구가 원하는 위치에 머물러 있지 못하고 주시점을 벗어나고, 주시점을 회복하려는 무의식적인 안구의 빠른 움직임

안구가 원하는 위치에 멈춰 있지 못하고 반복적이고 규칙적인 진자 운동을 하는 상태

2) 눈 관련 용어

(1) 복시(diplopia) : 하나의 물체가 두개로 보이는 현상
(2) 약어 : 우안(OD), 좌안(OS), 양안(OU)
(3) 시력 측정표 : 스넬렌차트, 한천석 시력표, 진용한 시력표
(4) 나안시력(맨눈으로 측정한 시력), 교정시력(안경이나 콘택트렌즈로 교정한 시력)

3) 시력표로 측정하기 어려운 심한 저시력을 표기하는 방법

(1) **안전 수지**(FC, finger count) : 눈앞에서 손가락 개수를 식별할 수 있는 상태
   > 참고 제3보험 장해판정기준상 안전수지와 안전수동은 교정시력 0.02 이하로 판단한다.
(2) **안전 수동**(HM, hand movement) : 눈앞에서 손의 움직임을 식별할 수 있는 상태
(3) **광각**(LP, light perception) : 명암 구분이 겨우 가능한 경우
(4) **광각 무**(NLP, no light perception) : 명암 구분이 불가능한 경우
(5) 가장 큰 시표(시력 0.1)를 볼 수 있는 거리 × 0.02
   예 2m 거리에서 가장 큰 시표를 볼 수 있는 경우 시력은 2m×0.02=0.04

4) 눈의 전안부 구조물

각막, 홍채, 모양체, 수정체

5) 눈의 후안부 구조물

망막, 맥락막, 유리체

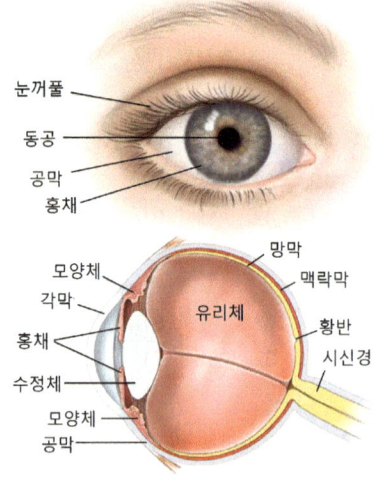

6) 난청(hearing loss)

(1) **전음성 난청** : 외이나 중이 질환에 의한 난청으로 보청기에 의해 교정 가능하며, 골전도가 공기전도에 비해서 크게 들린다.
(2) **감각신경성 난청** : 달팽이관이나 청신경의 병변에 의해 발생하면 골전도와 공기전도가 둘다 저하되어 있다.
(3) **혼합성 난청** : 전음성 난청과 감각신경성 난청이 동시에 존재하는 경우

7) 청력의 기준

- 20dB : **정상**
- 21~40dB : 경도 난청
- 41~50dB : 중등도 난청
- 56~70dB : 중고도 난청
- 71~90dB : 고도 난청
- 90dB 이상 : 전농

8) 청력 검사

(1) **순음청력검사**(PTA, pure tone audiometry) : 오디오 미터를 사용해 125, 250, 500, 1000, 2000, 4000, 8000Hz의 각 주파수의 순음에 대해서 들리는 최소의 역치를 측정하는 검사

$$3분법 = \frac{500Hz + 1000Hz + 2000Hz}{3} \qquad 6분법 = \frac{500Hz + 2(1000Hz) + 2(2000Hz) + 4000Hz}{6}$$

(2) **어음청력검사** : 실제로 많이 쓰는 한 글자 또는 두 글자 단어를 듣고 그대로 따라 하는 방식으로 진행하여 일상적인 의사소통 능력을 파악하는 검사
(3) **청성뇌간유발반응검사**(ABR, auditory brainstem response) : 음 자극에 따라 청신경계의 반응을 컴퓨터 그래프로 기록하는 방법

9) 이명(tinnitus)

외부로부터 청각 자극이 없는 상황에서 소리가 들린다고 느끼는 증상

20 화상(burn)

1) 정의

불이나 뜨거운 물, 화학물질 등에 의해 피부 및 조직이 손상된 것

2) 구분

(1) 원인에 따른 분류 : 열화상, 화학화상, 흡입화상, 방사선 및 전기화상
(2) 국소 손상 깊이에 따른 분류
  ① **1도 화상** : 표피층만 손상된 상태 - 대개 일광화상
  ② **2도 화상** : 표피 전부와 진피 일부를 포함하는 화상 : 끓는 물이나 섬광, 화염, 기름 등에 의해 발생하며, 대부분 물집이 생기고, 피하조직의 부종과 통증을 동반한다.

> 의학이론

   a. **표재성 2도 화상** : 표피와 진피 상층 손상
   b. **심재성 2도 화상** : 표피와 진피 전층 손상, **가피절제술** 필요
  ③ **3도 화상** : 표피, 진피 전층과 피하지방층까지 손상된 상태로 화염, 증기, 기름, 화학물질, 고압 전기에 의해 발생
  ④ **4도 화상** : 피부 전층과 근육, 신경 및 뼈까지 손상된 상태

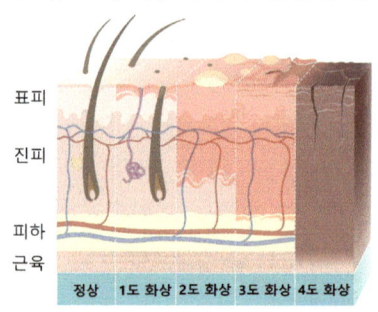

3) **중증 화상**(major burn injuries)

  참고 제3보험 약관상 중증 화상은 'rule of nine' 또는 '룬드와 브라우드의 신체표면적 차트' 기준 **최소 20% 이상의 3도 화상 또는 부식**으로 정의하고 있다.
  (1) 10세 이하나 40세 이상의 연령에서 2도 이상의 화상이 전체 체표면적의 20% 이상
  (2) 10~40세 사이 연령에서 2도 이상의 화상이 전체 체표면적의 25% 이상일 때
  (3) 안면, 손, 발, 생식기, 회음부 또는 주요 관절 부위에 발생한 화상
  (4) 전층 화상이 전체 체표면적의 10% 이상을 차지할 때
  (5) 경증을 제외한 전기 또는 화학화상

4) **체표면적 계산법**

  (1) **9의 법칙**(rule of nine) : 체표면적을 9% 혹은 그의 배수로 보는 피부 표면적 계산법
  (2) **룬드와 브라우드의 신체표면적 차트**(Lund & Browder)

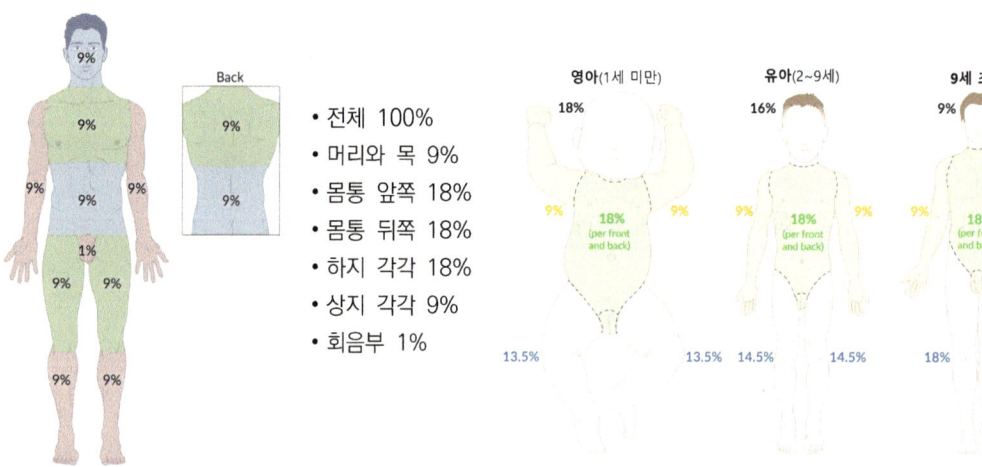

▲ 9의 법칙(rule of nine)　　　　▲ 룬드와 브라우드의 신체표면적 차트

21 흉복부 손상(chest & abdominal injury)

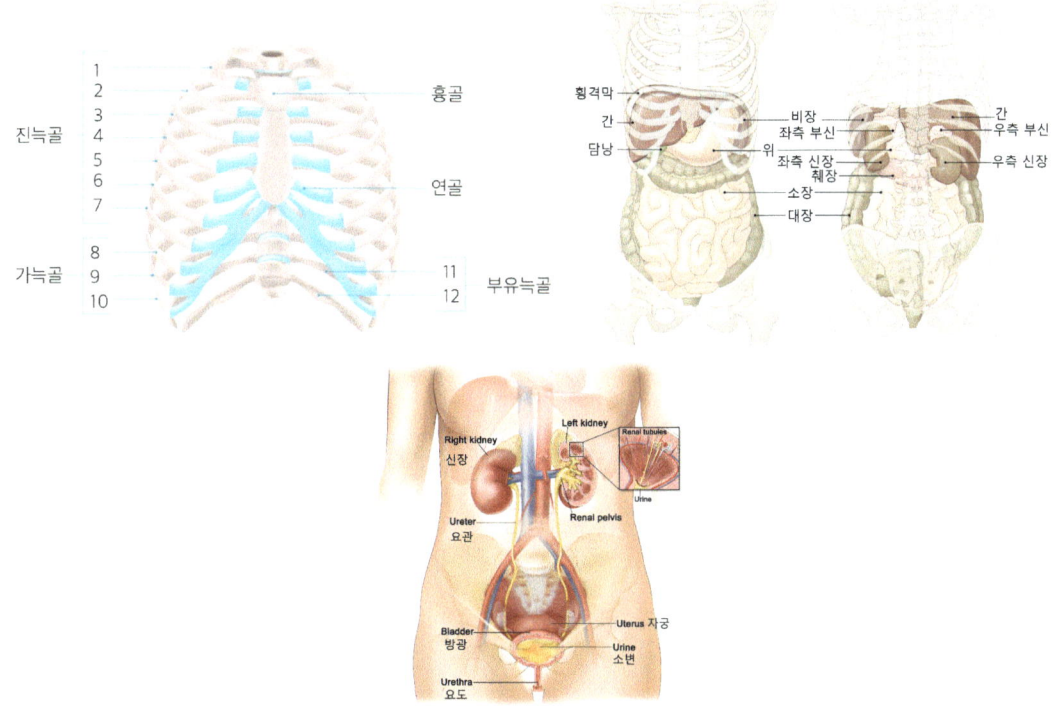

> **제3보험 연관학습**
>
> **3보** 심장 기능을 잃었을 때(100%) : 심장 이식을 한 경우
>
> **3보** 흉복부 장기 또는 비뇨생식기 기능
> * 잃(75%) : ① 폐, 신장, 또는 간장의 장기이식, ② 혈액투석, 복막투석 등 의료처치를 평생토록 받아야 할 때, ③ 방광의 저장기능과 배뇨기능을 완전히 상실
> * 심(50%) : ① 위, 대장(결장~직장) 또는 췌장의 전부 절제, ② 소장을 3/4 이상 절제, 또는 3m 이상 절제, ③ 간장의 3/4 이상 절제, ④ 양쪽 고환 또는 양쪽 난소를 모두 상실
> * 뚜(30%) : ① 한쪽 폐 또는 한쪽 신장을 전부 절제, ② 영구적인 요도루, 방광루, 요관 장문합 상태, ③ 위, 췌장을 50% 이상 절제, ④ 영구적인 장루, 인공항문 설치, ⑤ 심장기능 이상으로 인공심박동기를 영구적으로 삽입, ⑥ 영구적인 인공요도괄약근 설치
> * 약(15%) : ① 방광의 용량이 50cc 이하로 위축되었거나 요도협착, 배뇨기능 상실로 영구적인 간헐적 인공요도가 필요, ② 음경의 1/2 이상이 결손되었거나 질구 협착으로 성생활이 불가능할 때, ③ 폐질환 또는 폐 부분절제술 후 일상생활에서 호흡곤란으로 지속적인 산소치료가 필요하며, 폐기능 검사상 FEV_1이 정상 예측치의 40% 이하로 저하

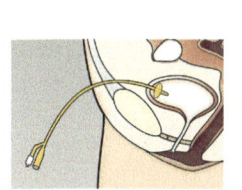
▲ 방광루(cystostomy)

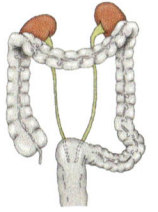
▲ 요관장문합

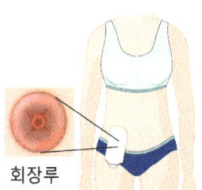
▲ 장루(ileostomy)

▲ 인공항문(colostomy)

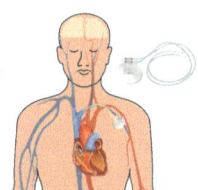
▲ 인공심박동기

PART 02

질병(DISEASE)편

CHAPTER 01 대사성 질환

1 대사(metabolism)의 기초

1) 대사 관련 용어
(1) 대사 : 외부로부터 섭취한 영양물질을 체내에서 분해 합성하여 생명 활동에 필요한 물질과 에너지를 만들어낸 뒤 필요 없는 찌꺼기를 몸 밖으로 배출하는 일련의 과정
(2) 대사성 질환 : 호르몬 이상, 체외 배설 대사물질 생성 경로의 이상 등에 의해 우리 몸 각 기관의 신진대사가 원활하지 못하여 발생하는 질병

2) 혈압 관련 용어
(1) 혈압 : 혈관 벽에 가해지는 혈액의 힘(단위 mmHg) = 심박출량 × 말초저항
(2) 수축기압 : 좌심실이 수축하면서 혈액을 내보낼 때 혈관에 가해지는 압력
(3) 이완기압 : 좌심실이 이완하면서 혈액을 받아들일 때 혈관에 가해지는 압력
(4) 심박출량 : 심장에서 1분 동안 내보내는 혈액의 양

3) 혈압 조절 인자
(1) 혈액량, 심장 수축력, 심박동 수 : 증가 시 혈압 상승
(2) 항이뇨호르몬 : 증가 시 신장에서 수분 보유 → 혈액량 증가 → 혈압 상승
(3) 안지오텐신Ⅱ 호르몬 : 혈관 수축 유발 및 혈액량 증가 → 혈압 상승
(4) 도파민, 세로토닌 : 압수용체에서 혈압을 감지하여 혈압 항상성 유지
(5) 자율 조절 : 교감신경 흥분 시 혈관 수축 → 혈압 상승

4) 혈압 결정 인자
(1) 심박출량이나 심근 수축력 향상 시 수축기압 상승
(2) 말초혈관 저항 증가 시 이완기압 상승
(3) 하루 중 변동이 있으며 활동 시 증가한다.

5) 혈압 측정법
(1) 혈압은 수시로 변하기 때문에 고혈압 진단을 위해서는 최소 2번 이상 측정해야 한다.
(2) 5분 이상 안정을 취한 뒤 팔을 심장과 같은 높이로 하고 옷소매가 팔을 조이지 않도록 하여 측정한다. 운동 후 1~2시간 뒤, 담배를 피웠거나 카페인 섭취시 30분 뒤에 측정
(3) **24시간 혈압 측정**(24시간 holter) : 고혈압의 진단이 모호한 경우, 혈압 조절이 원활하지 않은 경우, 하루 중 혈압 변동이 심한 경우, 혈압약을 복용하면서 어지러운 경우

2 고혈압(HTN, hypertension)의 분류

1) 정의

혈압을 치료하였을 때의 이익이 치료하지 않았을 경우의 위험과 그 치료비용을 능가하는 혈압 수치를 고혈압으로 정의한다. 인구 집단 90% 이상인 혈압, 또는 장기간 경과 후 합병증 발생 위험이 2배가 넘는 혈압 수치로 정하고 있다.

고혈압은 합병증이 없는 한 무증상이다. 아무 증상이 없어 혈압을 측정해 보기 전에는 진단이 되지 않는데, 관상동맥질환, 뇌졸중, 신부전 등 전신에 걸쳐 심각한 합병증을 유발하여 환자의 생명과 건강을 위협하기 때문에 '침묵의 살인자'라고 불린다.

2) 수치에 따른 분류

(1) **정상혈압** : 수축기압 120㎜Hg 미만이면서 이완기압 80㎜Hg 미만
(2) **고혈압** : 수축기압 140㎜Hg 이상이거나 이완기압 90㎜Hg 이상
(3) 2단계 고혈압 : 수축기압 160㎜Hg 이상이거나 이완기압 100㎜Hg 이상
(4) **악성고혈압** : 수축기압 180㎜Hg 이상이면서 이완기압 110㎜Hg 이상
(5) **백의고혈압**(white coat hypertension) : 일상생활에서는 정상혈압이다가 **의료환경에 노출되면 혈압이 높아지는 경우**

	수축기압		이완기압
정상혈압	120mmHg 미만	and	80mmHg 미만
고혈압 전단계	121~139mmHg	or	81~89mmHg
1단계 고혈압	140mmHg 이상	or	90mmHg 이상
2단계 고혈압	160mmHg 이상	or	100mmHg 이상
악성고혈압	180mmHg 이상	and	110mmHg 이상

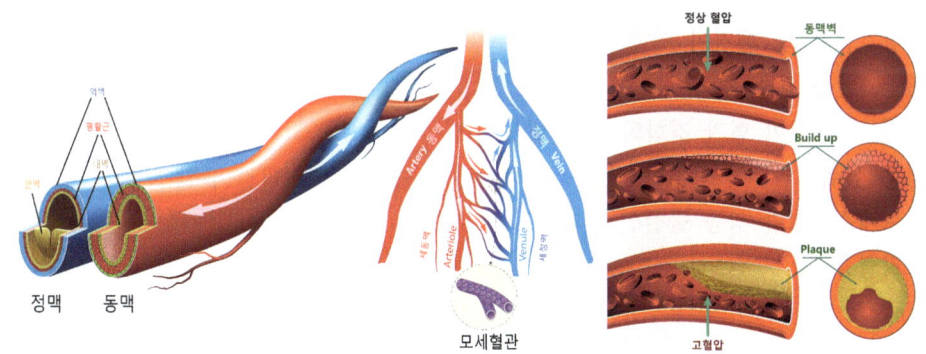

3) 원인에 따른 분류

(1) **본태성 고혈압**(essential HTN) : 고혈압의 원인이 확실하게 밝혀지지 않아 예방이나 치료가 명확하지 않은 고혈압으로 전체 고혈압의 90%를 차지한다.
(2) **이차성 고혈압**(secondary HTN) : 고혈압의 원인이 밝혀져 수술이나 특정 약물에 의해 치료될 수 있는 고혈압으로 전체 고혈압의 10%를 차지한다.

> 의학이론

3 이차성 고혈압(secondary HTN)

1) 이차성 고혈압의 원인

(1) **신성 고혈압**(만성 신질환, 신혈관 질환) : **가장 흔하다.**
(2) **일차성 고알도스테론혈증** : 레닌과 상관없이 알도스테론이 대량 분비되는 질환
(3) **갈색세포종** : 부신수질에 주로 발생하는 종양으로 카테콜아민을 대량으로 분비하여 교감신경 과잉 작용을 유발한다.
(4) **쿠싱증후군** : 부신피질호르몬 중 코티졸이 만성적으로 과잉 분비되어 발생하는 임상 증후군
(5) **약물에 의한 고혈압**

2) 이차성 고혈압을 의심할 수 있는 경우

(1) **20세 이전, 혹은 50세 이후에 발생한 고혈압**
(2) **180/110㎜Hg 이상의 악성고혈압**
(3) 표적 장기 **손상이 동반된 고혈압**
(4) **저칼륨혈증**
(5) **복부 잡음이 있는 경우**
(6) **빈맥, 발한, 진전을 동반한 다양한 혈압 변동**
(7) **신질환의 가족력이 있는 경우**
(8) **일반적인 고혈압 치료에 반응이 적은 경우**

3) 고혈압의 위험인자

(1) **고령** : 55세 이상 남성, 65세 이상 여성
(2) **가족력**
(3) **인종** : 백인보다 흑인이 호발
(4) **성별** : 남자 및 폐경기 이후 여자
(5) **비만, 활동 감소, 운동 부족**
(6) **흡연** : 니코틴이 혈관 경화와 혈전 발생 유발
(7) **염분 섭취** : 염분의 삼투압 작용으로 혈액량을 증가시켜 고혈압 유발
(8) **스트레스** : 혈압 상승 물질인 에피네프린 분비
(9) **고지혈증**
(10) **당뇨병**

4 고혈압의 치료 기출 14년

1) 치료
혈압 치료의 최대 목표는 적정 혈압을 유지하여 고혈압 합병증을 방지하는 것이다.
(1) **체중 감량** : 비만 시 3배 이상 고혈압이 호발한다. 체중 1kg 감량 시 수축기압은 1.6mmHg, 이완기압은 1.3mmHg 감소한다.
(2) **운동** : 지속적인 운동 시 체중 감소와 무관하게 5~7mmHg 정도 혈압이 감소한다.
(3) **금연** : 니코틴이 혈관 경화를 유발하고 혈전 발생을 증가시키기 때문에 금연은 전체적인 심혈관 질환을 감소시키기 위한 필수 요소이다.
(4) **염분 섭취 제한** : 염분의 삼투압 작용으로 혈액량을 증가시켜 혈압을 상승시킨다.
(5) **음주량 조절** : 술을 마시면 초기에는 혈관 확장에 의해 혈압이 감소하지만 각성 시 혈압과 맥박수가 상승하여 심혈관계 사고를 유발한다.
(6) **스트레스 조절** : 스트레스에 의해 혈압상승 물질인 에피네프린 분비
(7) 약물치료 : **혈압강하제**

2) 표적 장기
고혈압의 합병증이 잘 발생하는 장기를 표적 장기라고 정의한다.
(1) **뇌**(brain) : **일과성 허혈성 발작, 뇌졸중(뇌경색, 뇌출혈), 치매, 고혈압성 뇌병증**
  용어해설 고혈압성 뇌병증 : 의식장애, 뇌압 상승, 유두부종, 망막병증, 발작 등이 나타나는 합병증
(2) **망막**(retina) : **망막혈관 손상, 시신경 손상**
(3) **심장**(heart) : **관상동맥질환, 심부전, 좌심실 비대**
  용어해설 좌심실 비대 : 고혈압은 좌심실 심근에 부담을 주어 심근 운동을 방해하고 좌심실 비대를 유발하며, 관상동맥의 동맥경화를 악화시켜 심근허혈과 심근경색을 유발하고 심한 경우 사망에 이르기도 한다. 치료하지 않으면 약 50%에서 관상동맥질환이나 심부전으로 사망한다고 한다.
(4) **신장**(kidney) : **세뇨관 기능장애, 고혈압성 신증, 만성 신부전**
  용어해설 만성 신부전 : 세동맥과 사구체 모세혈관총의 동맥경화성 병변에 의해 사구체 여과율이 감소하고 세뇨관 기능장애가 초래되며 단백뇨, 현미경적 혈뇨가 관찰된다. 고혈압에 의한 사망의 10%는 만성 신부전에 의한다.

기출문제
고혈압은 세계적으로 높은 유병률을 보이는 만성 질환으로 관상동맥질환, 심부전증, 뇌졸중, 신부전 등을 일으키는 심혈관계 질환의 위험인자이다. 우리나라에서도 27~28% 정도의 유병률을 보이고 있으며 남자 30~40대에서 인지, 치료, 조절률이 낮아 문제가 되고 있다. 이러한 고혈압의 치료에는 여러 가지 방법을 사용하고 있는데, 약물치료 이외의 생활 습관 개선에 대하여 4가지 이상 약술하시오. (10점) 기출 14년

5 당뇨병(DM, diabetes mellitus) 기출 25년

1) 당대사 기초

포도당 항상성과 영양분 저장은 인슐린과 글루카곤의 정교한 메커니즘에 의해 조절된다.

(1) **인슐린** : 췌장 내 랑게르한스섬의 베타세포에서 분비되어 간문맥을 통해 간으로 이동한다. 포도당의 지방세포 내 유입과 지방산 및 중성지방으로의 전환을 촉진하고 저장된 지방산의 방출을 억제하여 혈당을 낮추는 기능을 한다.

(2) **글루카곤** : 간세포의 세포막에 있는 수용체와 결합한다. 세포 속에 저장되어 있던 글리코겐을 포도당으로 분해하여 혈당을 높이는 기능을 한다.

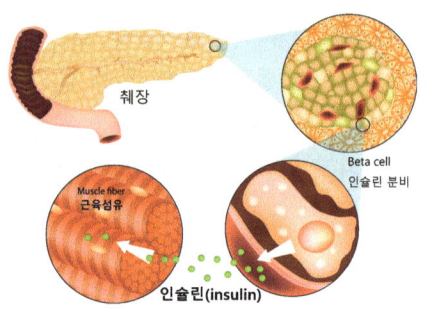

2) 분류

(1) **1형 당뇨병**(인슐린 의존형 당뇨, IDDM, insulin dependent DM) : 베타세포의 완전한 파괴로 인슐린 결핍을 보이는 당뇨병으로 전체 당뇨병의 10% 미만이며 소아와 청장년에게서 발생한다. 매일 인슐린을 주사하여야 한다.

(2) **2형 당뇨병**(인슐린 비의존형 당뇨, NIDDM, non-insulin dependent DM) : 현저한 인슐린 저항성과 상대적인 인슐린 분비 장애가 동반된 당뇨병으로 전체 당뇨병의 90%를 차지한다. 40대 이후 비만 환자에게 췌장에서 인슐린이 분비되지만, 비효과적인 활용으로 혈당이 상승하여 발생하며, 경구 혈당강하제 또는 인슐린 치료가 필요하다.

> **용어해설** 인슐린 저항성(insulin resistance) : 인슐린에 대한 몸의 반응이 감소하여 근육 및 지방세포가 포도당을 잘 섭취하지 못하게 되고 이를 극복하고자 더 많은 인슐린이 분비되는 것

3) 2형 당뇨병의 위험인자

(1) **노화** : 45세 이상, 특히 65세 이상인 경우 인슐린 분비 저하 및 저항성 증가
(2) 비만, 잘 움직이지 않는 습관, 운동 부족
(3) **당뇨 가족력** : 30~40% 상승
(4) 4kg 이상의 아이 출산력, 임신성 당뇨 과거력, 다낭성 난소 증후군
(5) 고혈압, 혈관질환 과거력, 고콜레스테롤혈증, 내당능장애 기왕력
(6) **식습관** : 고지방, 고염, 고탄수화물 식이, 과식, 과다한 포화지방 섭취
(7) 과거 인슐린 저항에 관련된 임상 소견(심한 비만, 흑색 가시세포종)
(8) **인종** : 아프리카계 아메리칸, 라틴계 등

4) 치료방법

(1) 당뇨병 치료 목표치(ABC)
  ① 혈당(Hb A1c) : Hb A1c 7.0% 미만, 젊은 나이는 6.5% 미만
  ② 혈압(BP) : 130/80㎜Hg 미만, 고령의 경우 140/90㎜Hg 미만
  ③ 콜레스테롤(Cholesterol) : LDL 100㎎/dL 미만, HDL 40㎎/dL 초과, TG 150㎎/dL 미만
(2) 생활개선 : **식이요법, 체중 조절, 앉아 있는 습관 개선, 금연, 운동요법**
(3) **경구 혈당강하제**
  ① 비구아나이드계 : 간의 당 생산 억제, 근육의 인슐린 민감도 개선
  ② 설폰요소계 : 베타세포를 자극하여 인슐린 분비
  ③ 메글리티나이드계 : 베타세포를 자극하여 인슐린 분비. 설폰요소제보다 작용 시간이 짧아 식후 혈당 조절에 효과적
  ④ 치아졸리딘디온계 : 근육과 지방조직의 인슐린 민감도 개선
  ⑤ 알파글루코시다제 억제제 : 소장 내 당 분해효소인 알파글루코시다제를 억제하여 식후 혈당 조절
  ⑥ DPP-4 억제제 : 인슐린 분비 및 혈당 저하 유도
(4) **인슐린주사**
(5) **췌장 이식 수술**

5) 인슐린 주사 적응증

(1) **제1형 당뇨병**
(2) **췌장이 제거 또는 파괴된 환자**
(3) **당뇨병성 급성 합병증이 있는 환자**
(4) 경구 약제에 **실패한 환자**
(5) **간질환이 있는 당뇨병 환자**
(6) **당뇨병성 혼수**
(7) **임신한 당뇨병 환자**
(8) **심한 감염증이 있는 환자**
(9) **수술 전후의 당뇨병 환자**
(10) **통풍, 유전성 아미노산 대사장애**

기출문제

2형 당뇨병의 위험인자 10가지를 기술하시오.(10점) 기출 25년

> 의학이론

6 당뇨병 진단기준 기출 06년·14년·20년

(1) 당뇨병 진단기준 - **아래 4가지 중 하나에 해당하는 경우 당뇨병으로 진단**
  ① **당화혈색소(Hb A1c) 6.5% 이상**
  ② **8시간 이상 공복 혈장혈당 126mg/dL 이상**
  ③ **무수 포도당 75g 경구 당부하 후 2시간 혈장혈당 200mg/dL 이상**
  ④ **당뇨병의 전형적인 증상 다뇨, 다음, 체중 감소 등이 있으면서 무작위 혈장 혈당 검사에서 200mg/dL 이상**

(2) 당뇨 전단계
  ① **당뇨병 전단계** : 당화혈색소(HbA₁C) 5.7~6.4%
  ② **공복혈당 장애** : 8시간 이상 공복혈장혈당 100~125mg/dL
  ③ **내당능 장애** : 75g 경구 당부하 후 2시간 혈장혈당 140~199mg/dL

기출문제

01 세계보건기구 및 미국 당뇨병학회에서 제시한 당뇨병의 진단기준은 당뇨병을 조기에 진단하고 당뇨병 자체 또는 합병증을 예방하는데 목적이 있다. 당뇨병의 진단기준 3가지를 상세히 기술하시오. (10점) 기출 06년

02 당뇨병은 만성진행성질환으로 현대인의 식생활 습관의 변화와 비만의 증가에 따라 급증하고 있다. 최근 2형 당뇨병에 대한 많은 연구 결과에 따라 새로운 진료지침과 새로운 약제들이 개발되어 치료에 적용하고 있으나 아직까지도 당뇨병의 유병률은 줄어들지 않고 있어, 당뇨병은 현대인의 건강을 위협하는 중요한 질환 중 하나이다. 이러한 당뇨병의 진단기준을 모두 쓰시오. (10점) 기출 14년

03 당뇨병은 췌장에서 분비되는 인슐린의 기능에 문제가 발생해서 혈당이 비정상적으로 상승해 우리 몸에 많은 문제를 일으키는 대표적인 만성 질환이다. 정상 혈당은 최소 8시간 이상 금식한 상태에서 공복 혈장 혈당이 100mg/dL 미만, 75g 경구 당부하 후 2시간 혈장 혈당이 140mg/dL 미만이다. 당뇨병 진단과 관련된 다음 빈칸을 채우시오. (각 1점, 총 10점) 기출 20년

  (1) 당뇨병 진단기준
    1) 당화혈색소 (①)% 이상 또는
    2) 8시간 이상 공복 혈장 혈당 (②)mg/dL 이상 또는
    3) 75g 경구 당부하 후 2시간 혈장 혈당 (③)mg/dL 이상 또는
    4) 당뇨병의 전형적인 증상 [(④), (⑤), (⑥)] 이 있으면서 무작위 혈장 혈당 검사에서 (⑦)mg/dL 이상

  (2) 당뇨병 전단계(당뇨병 고위험군)
    1) 당화혈색소 (⑧~⑧)% 해당하는 경우 당뇨병 전단계로 정의한다.
    2) 8시간 이상 금식후 공복 혈장 혈당 (⑨~⑨)mg/dL 인 경우 공복혈당장애로 정의한다.
    3) 75g 경구 당부하 후 2시간 혈장 혈당 (⑩~⑩)mg/dL 인 경우 내당능장애로 정의한다.

  용어해설 당화혈색소(Hb A1c) : 혈액 속에 포도당이 너무 많아 적혈구 내 혈색소에 포도당이 결합한 형태. 정상 범위는 4.2~6.0%. 3개월간의 평균 혈당치를 반영

7 당뇨병 합병증 기출 22년

1) 급성 합병증 - 혈당 조절이 되지 않아 혈당이 급격하게 상승하거나 떨어진 상태

(1) **당뇨병성 케톤산증** : 절대적인 인슐린 부족으로 인해 탄수화물로부터 에너지를 얻을 수가 없고, 체내 지방질로부터만 에너지를 얻기 때문에 지방질의 분해 산물인 산성의 케톤체가 다량으로 생겨 몸이 산성으로 바뀌는 경우이다. 혈당이 오르고 숨이 가쁘며, 입에서 아세톤 냄새가 나고 심장이 빨리 뛰게 된다. 혼수 또는 사망에 이르는 위험한 합병증

(2) **저혈당 쇼크** : 혈당강하제나 인슐린의 잘못된 투여 시간, 잘못된 투여 방법 등으로 인한 심한 저혈당 상태

(3) **고삼투압성 고혈당 증후군** : 심한 고혈당과 고삼투압을 보이면서 소변량 증가와 심한 탈수증은 있으나, 케톤산 혈증은 동반되지 않는 대사 실조 상태 | 경련발작, 혼수, 사망 유발

2) 만성 합병증 - 오랜 기간(10년 이상) 당뇨병 관리가 되지 않아 발생하는 합병증

(1) 미세혈관 합병증
① **당뇨병성 망막병증** : 망막 미세혈관의 순환장애로 인한 만성 합병증. 약 2%에서 실명
   a. **비증식성 당뇨병성 망막병증** : 신생혈관이 생기기 이전 초기의 망막병증으로 자각증상이 거의 없으며 혈당 조절 및 약물치료, 레이저 등으로 잘 관리하고 치료하면 실명까지 이르지는 않는다.
   b. **증식성 당뇨병성 망막병증** : 비증식성 당뇨병성 망막병증을 방치하여 진행, 악화되어 출혈과 삼출물 및 신생혈관이 생긴 경우로 시력 저하 및 실명에 이를 수 있다.
② **당뇨병성 신증** : 신장 내 미세혈관 합병증
③ **당뇨병성 신경병증** : 고혈당으로 인한 세포 내 대사물질의 독성에 의해 신경세포가 죽거나 변성되어 발생하는 합병증

(2) 대혈관합병증
① **관상동맥질환** : 협심증, 심근경색증
② **뇌혈관 질환** : 뇌경색
③ **말초혈관 질환** : 죽상동맥경화증
④ **당뇨병성 족부 질환** : 족부 궤양, 당뇨족(중족골 골두, 족관절 외과, 발뒤꿈치)

기출문제

당뇨병의 합병증은 급성 합병증과 만성 합병증으로 구분하고 만성 합병증은 다시 미세혈관 합병증과 대혈관 합병증으로 구분한다. 미세혈관 합병증에는 크게 3가지 질환이 있으며, 그중 한 개가 당뇨병성 망막병증이다. 나머지 2개의 질환은 어떤 질환인지 쓰시오. (4점) 당뇨병성 망막병증은 다시 2가지로 구분이 되는데, 이 2가지 질환에 대하여 쓰고, 그 2가지 질환의 차이점에 대해서 쓰시오. (6점) 기출 22년

의학이론

8 이상지질혈증(dyslipidemia)

1) 정의

지질은 불용성이기 때문에 95%의 지방은 단백질과 결합하여 지단백(lipoprotein) 상태로 혈중에 존재하고, 원심 분리에서 측정된 밀도에 따라 저밀도 지단백, 고밀도 지단백으로 분류한다. 이상지질혈증은 지단백의 대사 이상에 의해 발생하는 질환이다. 혈액 중에 지질 또는 지방 성분이 과다하게 많이 함유되어 있는 고지혈증, 고콜레스테롤혈증, 고중성지방혈증을 모두 포함하는 광의의 의미이다.

용어해설 콜레스테롤 : 세포막, 신경세포의 수초, 지단백을 구성하는 성분으로 담즙산, 비타민 D, 스테로이드의 원료가 되고, 혈관 벽에 쌓여 동맥경화의 원인이 된다.

용어해설 중성지방(TG, triglyceride) : 체내에서 합성되는 지방의 하나로 칼로리 섭취가 부족한 경우 체내에서 에너지원으로 분해해 사용된다.

용어해설 저밀도지단백(LDL, low density lipoprotein) : 나쁜 콜레스테롤

용어해설 고밀도지단백(HDL, high density lipoprotein) : 좋은 콜레스테롤

2) 진단기준(질병관리청 기준)

2회 이상의 측정에서 다음 중 한 가지 이상에 해당되면 이상지질혈증이라고 판단한다.

(1) **총콜레스테롤** : 240mg/dL 이상
(2) **중성지방**(TG) : 200mg/dL 이상
(3) **저밀도지단백**(LDL) : 160mg/dL 이상
(4) **고밀도지단백**(HDL) : 40mg/dL 미만

3) 치료

(1) 생활 습관 교정 : 식이요법, 운동
(2) 약물치료 : 지질 강하제(주로 스타틴계열)
(3) 다른 동반된 위험인자의 조절 : 체중 조절, 금연, 고혈압 치료 등
(4) 지질균형지표(LH비 = LDL/HDL) 목표치 : LDL 수치가 정상이라고 하더라도 HDL 수치가 낮으면 심근경색을 일으킬 위험이 크다. LH비율이 2.5 이상이면 동맥경화와 혈전의 위험이 크다. 다른 질병이 없는 경우 2.0 이하, 고혈압이나 당뇨병이 있거나 심근경색 기왕력이 있는 경우 1.5 이하를 목표치로 한다.

4) 기준치(한국지질·동맥경화학회 기준)

	높음	경계치	정상	
총콜레스테롤	240 이상	200~239	200 미만	
중성지방(TG)	200 이상	150~199	150 미만	
LDL 콜레스테롤	160 이상	130~159	100~129	적정 100 미만
HDL 콜레스테롤	60 이상			낮음 40 미만

9 대사증후군(metabolic syndrome) 기출 07년·13년·23년

1) 정의
2형 당뇨병과 심혈관 질환을 일으키는 위험요인인 중심비만, 높은 혈압, 공복혈당장애, 고지혈증이 한 개인에게 한꺼번에 나타나는 것

2) 진단기준(미 콜레스테롤 교육프로그램 기준)
일반적으로 아래 5가지 기준 중 3가지 이상에 해당되면 대사증후군으로 정의한다.
(1) **중심비만**(허리둘레) : **동양인 남 90㎝, 여 80㎝ 이상**(서양 남 102, 여 88, 한국인 여 85 이상)
(2) 높은 중성지방혈증 : TG 150mg/dL 이상
(3) 낮은 고밀도콜레스테롤혈증 : HDL **남자 40mg/dL, 여자 50mg/dL 이하**
(4) 높은 혈압 : 130/85mmHg 이상 또는 고혈압약 복용
(5) 혈당장애 : **공복혈당 100mg/dL 이상** 또는 당뇨병 과거력 또는 약물복용

3) 대사증후군의 원인
(1) **인슐린 저항성**(insulin resistance) : 혈당을 낮추는 인슐린에 대한 몸의 반응이 감소하여 근육 및 지방세포가 포도당을 제대로 흡수하지 못하게 되고 이를 극복하고자 더 많은 인슐린이 분비되어 여러 가지 문제를 일으키는 것
(2) **흡연, 과도한 음주, 비만, 운동 부족, 과도한 칼로리 섭취 등 생활 습관, 낮은 사회경제적 상태, 정신 사회적 스트레스**
(3) 대사증후군에 의해 유발될 수 있는 질환
  ① 심혈관계 질환(관상동맥질환)
  ② 당뇨병(3~5배 증가)
  ③ 지방간, 폐쇄성 수면 무호흡증
  ④ 뇌혈관질환(뇌경색, 뇌출혈)
  ⑤ 말초혈관 질환

기출문제
01 최근 식습관의 서구화와 운동부족으로 인한 비만이 사회적으로 문제시 되고 있다. 이러한 비만에 의해 유발될 수 있는 대사증후군의 진단기준 5가지를 동양인 기준으로 기술하시오 (각 수치에 대한 단위를 명확히 기술하시오. (10점) 예) ㎝, mg/dL) 기출 07년

02 인슐린 저항성이 그 주요 원인으로 생각되고 있는 대사증후군은 만성적인 대사장애로 여러 가지 문제를 일으키는 것으로 알려져 있다. 이러한 대사증후군의 진단에 필요한 항목을 모두 쓰시오. (10점) 기출 13년

03 대사증후군(metabolic syndrome)은 단일 질병이 아닌 유전적 소인과 환경적 인자가 결합하여 발생하는 포괄적 질병으로 정의된다. 현재 우리나라에서 사용되는 대사증후군 진단의 (1) 구성요소 5가지 및 (2) 각 구성요소별 진단기준을 서술하시오. (각 5점, 총 10점) 기출 23년

의학이론

10 죽상동맥경화증(atherosclerosis) 기출 08년·23년

1) 정의

혈관의 가장 안쪽 막에 콜레스테롤 침착이 일어나고 혈관 내피세포의 증식이 일어나 혈관이 좁아지거나 막히게 되어 그 혈관이 말초로의 혈류 장애를 일으키는 질환

2) 위험인자

(1) **이상지질혈증** : 고중성지방, 고콜레스테롤, 높은 LDL, 낮은 HDL
(2) **고혈압**
(3) **흡연**
(4) **당뇨병**
(5) **연령** : 남자 45세 이상, 여자 55세 이상
(6) **관상동맥질환 조기 발병 가족력**
   참고 조기 발병 : 부모, 형제자매 중 남자 55세, 여자 65세 미만에서 관상동맥질환 발병
(7) **과체중 및 복부비만**
(8) **육체적 비활동**
(9) **죽상동맥경화 유발 음식 섭취**

기출문제

01 죽상경화증은 반점모양의 소결절 형성을 특징으로 하는 동맥경화증의 한 형태이다. 관상동맥의 죽상경화는 심근경색증과 협심증을 일으키고 뇌신경계의 혈액을 공급하는 동맥의 죽상경화는 뇌졸중이나 일과성 허혈발작을 일으키게 된다. 이 죽상경화증의 발병 원인은 한마디로 정의할 수 없으나 죽상경화의 발생 또는 진행을 촉진하는 위험인자에 관해서는 많은 사실이 알려져 있다. 죽상경화의 위험인자에 대해서 6가지 이상 기술하시오. (10점) 기출 08년

02 동맥의 죽상경화증(죽상동맥경화증)은 혈관의 내피세포의 손상과 지방세포 및 찌꺼기들의 축적으로 경화반(Plaque)이 형성/진행되어, 유의한 혈관 협착 또는 경화반의 파열을 초래하면서 허혈성 심질환, 뇌경색/뇌출혈, 말기 신질환 및 허혈성 사지질환 등을 유발시킨다. 동맥 죽상경화증 발생의 주요 위험인자를 5가지 이상 열거하시오. (5점) 기출 23년

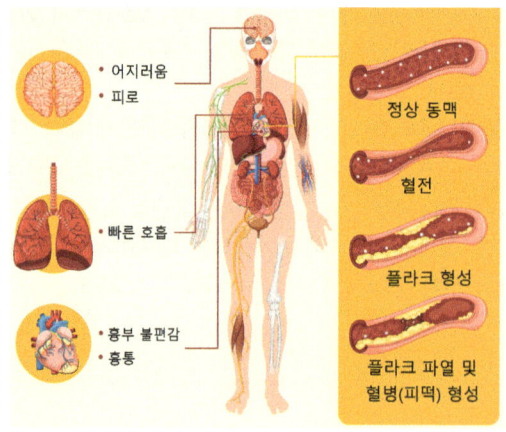

11 통풍(gout)

1) 정의

퓨린 대사의 이상과 신장에서의 요산 배설 장애로 인해 체내에 과잉 축적된 요산 결정(urate crystal)을 백혈구가 탐식하면서 관절과 관절 주위 조직에 재발성 발적성 염증을 일으키는 만성 전신성 대사질환

2) 전형적인 자연 경과 4단계

- **1단계 무증상 고요산혈증**
- **2단계 급성 통풍성 관절염** : 주로 제1중족지관절에 단관절염으로 발생한다.
- **3단계 간헐기 통풍**
- **4단계 만성 결절성 통풍** : 침범 부위 관절에 점진적인 뻣뻣함, 지속적인 통증이 발생하고 결국 관절의 광범위한 손상과 함께 피부 밑에 큰 결절이 생성되어 손과 발이 괴상한 형태로 변형된다.

3) 위험인자

(1) **나이**
(2) **고요산혈증**(7mg/dL 이상)
(3) **비만, 고지혈증, 음주**
(4) **남성**

4) 통풍의 원인

(1) 요산 생성 과다
 ① 과음
 ② 요산 함유가 높은 음식 섭취
 ③ 유전질환
 ④ 골수증식질환 : 백혈병, 림프종
 ⑤ 건선 등 피부병
(2) 요산 배설 장애
 ① 탈수, 굶주림, 케톤산증, 신장 기능 이상
 ② 요산 배설 억제 약물(이뇨제, 아스피린, 나이아신, 면역억제제, 레보도파 등)
 ③ 요산 운반체 돌연변이

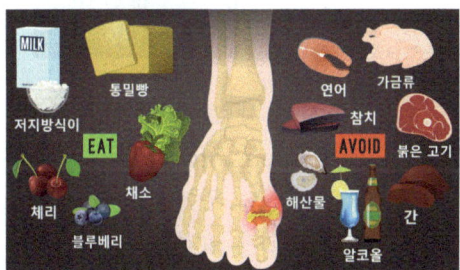

◀ 통풍과 음식

5) 통풍의 진단기준

(1) Gold standard

침범된 관절이나 연부조직을 천자하여 **편광현미경**을 이용하여 윤활액이나 조직, 통풍 결절에서 **요산 결**정을 확인하는 방법

> **용어해설** 요산 결정 : 바늘 모양의 강한 음성 복굴절(strong negative birefringence)

(2) 천자가 원활하지 않은 경우
- 통풍 진단 분류 기준(2015년 미유럽류마티스학회 공동 발표)
- **임상적 기준, 검사실 기준, 영상적 기준** 3가지 기준의 합계가 **23점 중 8점 이상**이면 진단

	내용	점수		
임상적 기준	침범된 관절	발목이나 발등 1점	제1중족지관절 2점	
	특징적 증상(관절 위 피부 발적, 침범 관절의 심한 압통, 보행장애)	1가지 증상 1점	2가지 증상 2점	3가지 증상 3점
	통풍 발작의 자연 경과	급성 발작과 14일 이내 완벽한 회복이 되는 발작 한번 1점	재발성의 전형적 통풍 발작 2점	
	통풍 결절의 임상적 증거 존재 4점			
검사실 기준	혈청 요산농도(4.0 미만일 경우 2점 감점)	6.0~7.9mg/dL 2점	8.0~9.9mg/dL 3점	10mg/dL 이상 4점
	윤활액 검사에서 요산 결정이 발견되지 않는 경우 2점 감점			
영상적 기준	요산 축적의 영상적 증거	관절 초음파에서 이중윤곽징후(DCS, double contour sign) 4점		
		관절이나 관절 주위 윤활낭, 인대, 근육 등에 존재하는 통풍 결절 4점		
		이중에너지 컴퓨터단층촬영에서 요산 축적의 증거 4점		
	단순 X선 사진에서 통풍과 관련된 관절 손상의 영상적 근거 : 4점(만성 결절성 통풍에서 분명한 경계와 돌출된 모서리를 가진 골 미란이 결절 주위에 발생)			

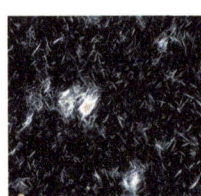
요산 결정 ▶

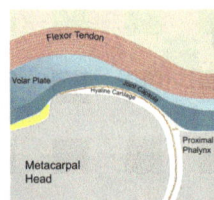

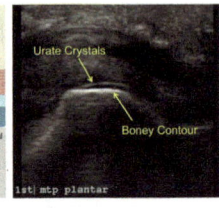
◀ 관절 초음파

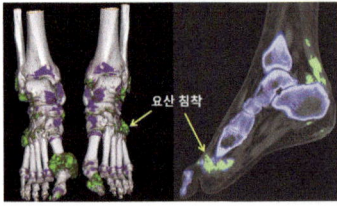

◀ 이중에너지 컴퓨터단층촬영(DECT, dual energy computed tomography) : 컴퓨터 조작을 통해 요산 결절이 있는 부위의 색깔을 차별화하여 통풍 결절을 쉽게 발견할 수 있는 CT 검사법

12 비만(obesity)

1) 정의

비만이란 단지 체중이 많이 나가는 것이 아니라, 지방세포의 수가 증가하거나 크기가 커져 피하층과 체 조직에 필요 이상으로 많은 양의 지방이 축적되어 있는 상태를 말한다. 최근 비만을 질병의 하나로 접근하는 추세이다.

2) 판단기준(WHO 기준)

(1) **체질량지수(BMI)** : 국제기준 30kg/㎡ 이상, 동양인 기준 25kg/㎡ 이상

용어해설 체질량지수(BMI, body mass index) : 체중을 신장의 제곱으로 나눈 수치

(2) **허리둘레** : 남자 102㎝, 여자 88㎝ 초과, **동양인 기준 남자 90㎝, 여자 80㎝**, 한국인 여자 85㎝ 초과

(3) **허리/엉덩이 비율** : 남자 1.0, 여자 0.9 초과

(4) **체지방률**(체중에 대한 체지방의 비율) : **남자 25% 이상, 여자 30% 이상**

(5) 표준 체중 백분율 $[\dfrac{체중}{(신장-100)\times 0.9}]$: 120% 초과

3) 비만을 유발할 수 있는 질병

(1) 쿠싱증후군
(2) 갑상선기능저하증
(3) 인슐린종
(4) 시상하부 장애를 동반한 두개인두종

4) 비만에 의해 초래될 수 있는 질병

(1) **대사성 질환** : 2형 당뇨병, 이상지질혈증, 죽상동맥경화증, 대사증후군, 통풍, 고혈압
(2) **관상동맥질환, 지방간, 담낭 질환**
(3) **각종 암** : 담낭 및 담도암, 췌장암, 유방암, 자궁경부암, 난소암, 대장암
(4) **근골격계 문제** : 무릎 및 고관절 관절염, 수근관증후군, HNP, 척추협착증
(5) **생식기계 문제** : 성호르몬 이상, 다낭성 난소증후군, 임신 이상
(6) 기타 : **호흡곤란, 수면무호흡증, 신장결석**

5) 치료방법

(1) 행동 수정 요법, 식이요법, 운동요법
(2) 약물치료 : 식욕억제 유도제, 지방 흡수 방해제
(3) 수술치료(위 우회술, 위 밴드술) : BMI 40kg/㎡ 이상인 환자에게 시행
(4) 체형 교정술 : 지방 흡입술, 지방 분해술

CHAPTER 02 심혈관계 질환

1 심혈관계 기초 기출 25년

1) 구성
  (1) 심장(heart) : 주먹보다 약간 큰, 근육으로 이루어진 장기로 혈액을 온몸에 흐르게 하는 역할을 한다. 1분에 60~80회, 하루 10만 번 이상 수축한다.
  (2) 혈관(blood vessel) : 심장이 뿜어내는 혈액을 전달하는 관이다. 동맥, 정맥, 모세혈관으로 구분되며 총 길이 12만km(지구 두바퀴 반)이다.
  (3) 혈액 : 혈장과 혈구(적혈구, 백혈구, 혈소판)로 구성, 체중의 8%

2) 기능
  (1) 산소, 영양분, 전해질, 호르몬을 조직으로 운반한다.
  (2) 노폐물과 이산화탄소 등을 배설기관으로 운반한다.

3) 순환
  (1) 체순환(systemic circulation) : "좌심실 → 대동맥 → 동맥 → 조직 → 정맥 → 대정맥 → 우심방" 순서로 산소가 풍부한 혈액을 말단 조직으로 공급하는 순환
  (2) 폐순환(pulmonary circulation) : "우심실 → 폐동맥 → 폐포 → 폐정맥 → 좌심방" 산소가 부족한 혈액이 폐에서 산소를 공급받는 순환

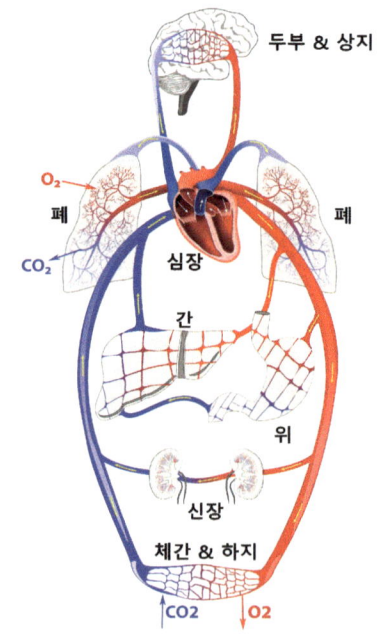

4) 4개의 방(chamber) 암기 방실방실웃좌

   (1) **우심방**(RA, right atrium)
   (2) **우심실**(RV, right ventricle)
   (3) **좌심방**(LA, left atrium)
   (4) **좌심실**(LV, left ventricle)

   심장으로 들어온 혈액은 "**우심방 → 우심실 → 폐동맥 → 좌심방 → 좌심실 → 대동맥**" 순서로 이동

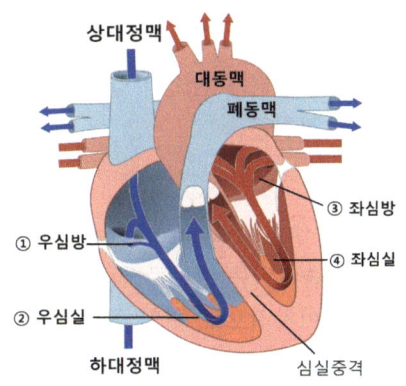

5) 4개의 판막(valve) : 혈액의 역류 방지 암기 삼폐승대

   (1) **삼첨판**(tricuspid valve) : 우심방과 우심실 사이
   (2) **폐동맥판**(pulmonary valve) : 우심실과 폐동맥 사이
   (3) **승모판**(mitral valve, 이첨판) : 좌심방과 좌심실 사이
   (4) **대동맥판**(aortic valve) : 좌심실과 대동맥 사이

6) 관상동맥(coronary artery) : 심장에 산소를 공급하는 동맥

   (1) **우 관상동맥**(RCA, right coronary artery)
   (2) **좌 전하행 관상동맥**(LAD, left anterior descending coronary artery)
   (3) **좌 회선동맥**(LCxA, left circumflex artery)

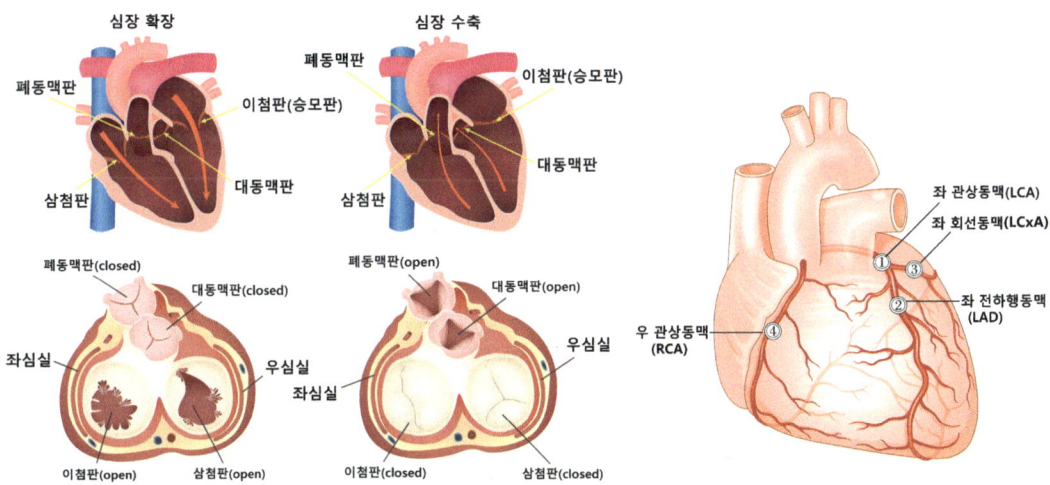

📖 **기출문제**

심장은 총 4개의 판막으로 이루어진다.(10점) 기출 25년
(1) 판막의 역할을 설명하시오.(2점)
(2) 판막 4개의 명칭(4점)과 각 판막의 위치(4점)를 기술하시오.(8점)

> 의학이론

2 허혈성 심장질환(ischemic heart disease) 기출 18년

1) 정의
심근에 공급되는 산소의 양과 심근이 소모하는 산소의 양 사이의 균형이 깨어져서 발생하는 일련의 질환군

2) 대표적인 허혈성 심장질환
(1) **협심증**(AP, angina pectoris) : 관상동맥에 동맥경화증, 혈전, 혈관 수축 등이 관여하여 혈관이 좁아지는 경우로 심장의 혈류 공급이 감소하면서 산소와 영양공급이 줄어들어 심장근육이 이차적으로 허혈 상태에 빠지게 되는 상태

(2) **급성 심근경색증**(acute MI, myocardial infarction) : 관상동맥 중 하나가 혈전증이나 혈관의 빠른 수축 등에 의해 급성으로 막히는 경우로 심장의 전체 또는 일부분에 산소와 영양공급이 급격하게 줄어들어서 심장근육이 비가역적인 괴사에 이르는 상태

3) 협심증의 종류
(1) 안정형 협심증(stable angina pectoris)
  ① 정의 : 운동이나 스트레스, 신체활동 등 **갑자기 산소요구량이 늘어날 때 통증 발작이 나타나고 휴식이나 니트로글로세린으로 호전**되는 협심증
  ② 증상 : 묵직함, 짓누름, 쥐어짜거나 조이는 듯한 통증, 흉부 불쾌감이 운동이나 스트레스에 의해 유발되고 보통 1~5분 정도 지속되며, 휴식이나 **니트로글리세린 설하정**을 혀 밑에 투여하면 통증이 호전된다.

(2) 불안정형 협심증(UA, unstable angina pectoris)
  ① 정의 : **휴식 시에도 발생하는 협심증, 새로이 발생한 점점 심해지는 협심증**
  ② 특징 : 오직 심장 효소(cardiac biomarker)의 증가 여부에 따라 심근경색과 구분한다. 심장 효소 증가가 있으면 심근경색으로, 없으면 불안정형 협심증으로 진단하는데, 불안정형 협심증도 급성 심근경색에 준하여 치료한다.

(3) 변이형 협심증(VA, variant angina)
  ① 정의 : 죽상경화 병변이 별로 없음에도 불구하고 **관상동맥의 경련이나 수축**에 의해 혈류 장애가 발생하여 생기는 협심증이다. 주로 야간이나 이른 아침에 통증이 발생한다.
  ② 특징 : 휴식 시 통증과 일시적인 ST분절 상승이 있을 수 있으나 경과가 좋다.
  ③ 검사 : 에르고노빈 테스트(약물을 넣어서 연축을 유발하는 검사)

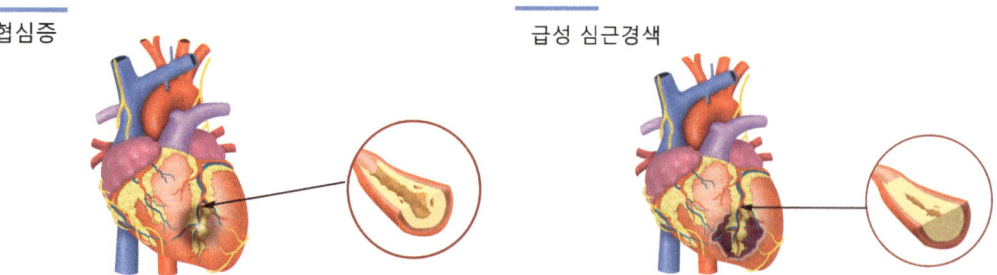

협심증   급성 심근경색

4) 위험인자

(1) **고혈압** : 혈압 140/90㎜Hg 이상이거나 항고혈압제를 복용하고 있는 경우
(2) **흡연** : 한국인 젊은 성인에서 가장 중요한 위험인자
(3) **이상지질혈증** : 고 HDL은 보호 인자로 간주
(4) **2형 당뇨, 고지방 고열량식, 비만, 늘 앉아서 일하는 스타일**
(5) **관상동맥질환 조기 발병 가족력**(부모, 형제자매 중 남자 55세, 여자 65세 미만 발병)

5) 원인

(1) **관상동맥의 동맥경화** : 가장 흔한 원인이다.
 관상동맥 내피세포 손상이나 기능 저하 → 관상동맥 안을 흐르던 혈액 속의 혈소판 및 대식세포가 활성화 → 만성적 동맥경화증으로 진행 → 동맥경화반 파열 → 급성 혈전증 생성 → 협착에 의해 관상동맥이 막힘 → 심근 일부가 허혈 상태에 빠짐 → 관상동맥의 혈류 저하로 흉통 등 증상 유발
(2) **좌심실 비대** : 좌심실의 두께가 두꺼워져 좌심실 공간 감소, 고혈압, 심근경색, 교감신경의 지속적인 흥분을 유발하고 심근의 산소 요구량이 현저히 증가하여 발생

6) 합병증

(1) **발생 부위의 기능부전 및 파열로 인한 급성 승모판 역류증**
(2) **급성 심실중격 결손증**
(3) 발생 부위가 매우 광범위한 경우 : **저혈압성 심인성 쇼크**
(4) **심실빈맥, 심실세동을 비롯한 치명적인 부정맥**

7) 예방

운동, 체중 유지, 금연, 스트레스 해소, 식이요법(저지방식, 소식, 채식, 저염식)

기출문제

허혈성 심질환은 사망과 장애를 초래하며 상당한 경제적 손실을 초래한다. 심근의 허혈은 심근으로 산소 전달이 원활하지 못하여 발생하는 것으로 심장의 관상동맥과 관련이 깊다. 기출 18년
(1) 허혈성 심질환인 '협심증'의 종류를 쓰시오. (5점)
(2) 허혈성 심질환인 심근경색증의 진단방법에 대해 기술하시오. (5점)

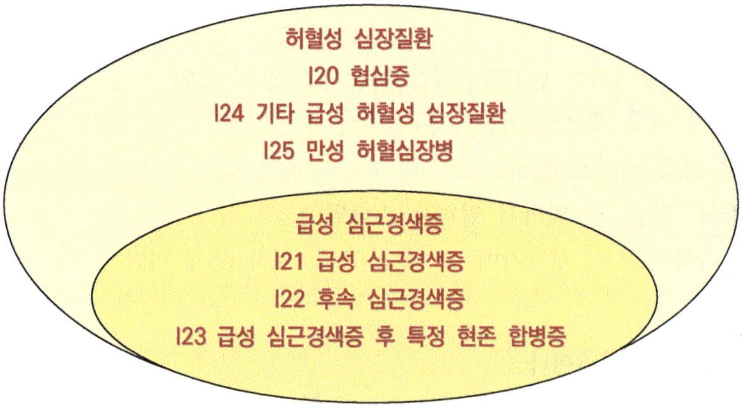

허혈성 심장질환
I20 협심증
I24 기타 급성 허혈성 심장질환
I25 만성 허혈심장병
급성 심근경색증
I21 급성 심근경색증
I22 후속 심근경색증
I23 급성 심근경색증 후 특정 현존 합병증

◀ 허혈성 심장질환 질병코드

증상
전형적 협심증 흉통 〉20분
Y
급성 관동맥 증후군
N
안정형 협심증
심전도
ST분절 상승
Y
ST분절 상승 심근경색
N
혈액검사(3~4시간)
트로포닌 상승
Y
비ST분절 상승 심근경색
N
불안정형 협심증
심전도(1~2일 후)
Q파 발생
Y
Q파 급성심근경색
N
비Q파 심근경색

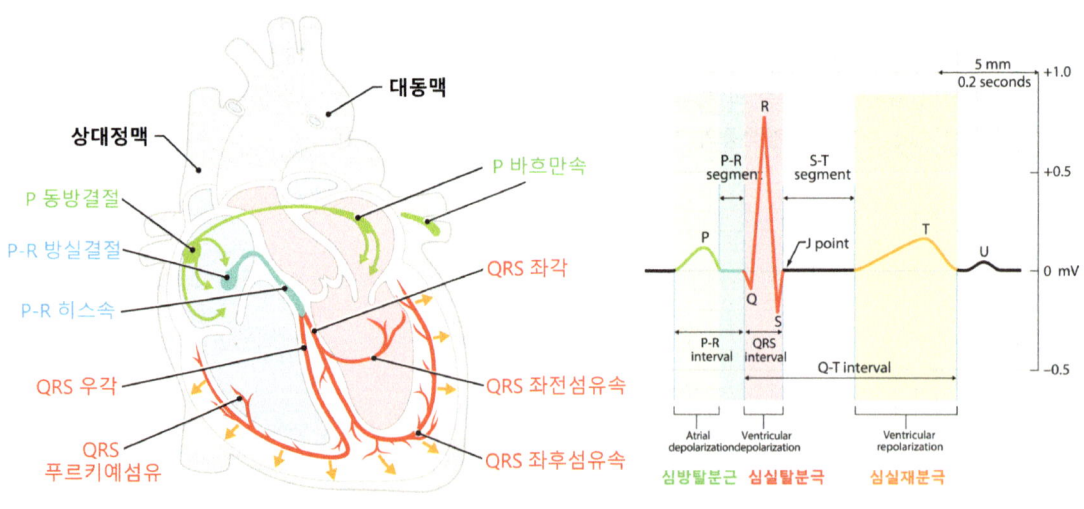

대동맥
상대정맥
P 동방결절
P 바흐만속
P-R 방실결절
P-R 히스속
QRS 좌각
QRS 우각
QRS 좌전섬유속
QRS 푸르키예섬유
QRS 좌후섬유속

5 mm
0.2 seconds
+1.0
+0.5
0 mV
−0.5
R
P-R segment
S-T segment
P
J point
T
U
Q
S
P-R interval
QRS interval
Q-T interval
Atrial depolarization
Ventricular depolarization
Ventricular repolarization
심방탈분극
심실탈분극
심실재분극

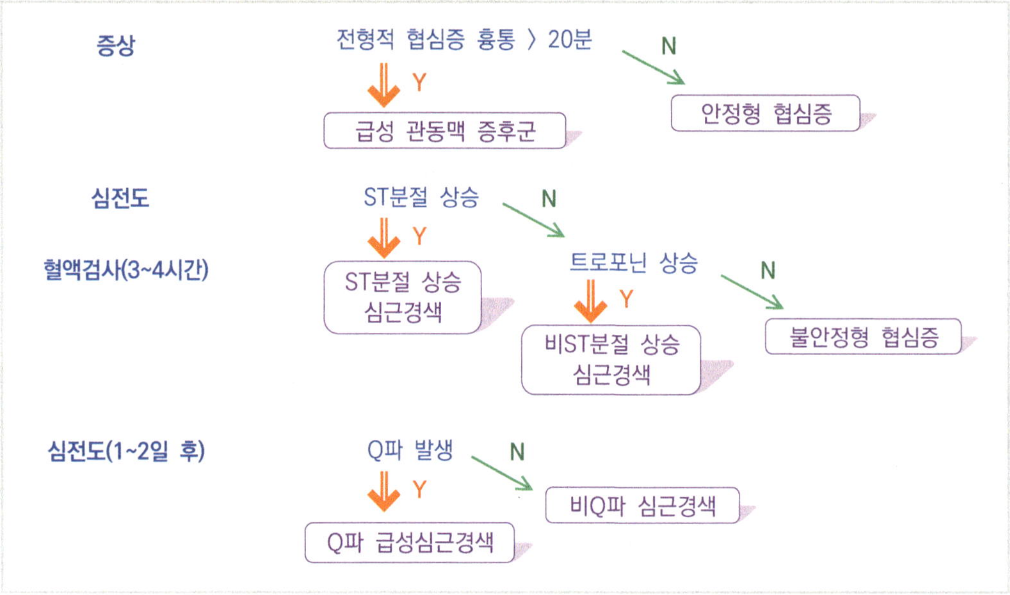

3 급성 관동맥증후군 기출 24년

1) 급성 관동맥증후군

(1) 불안정 협심증(UA, unstable angina pectoris)
 ① 안정 시 흉통 : 휴식기에 발생하고 10분 이상 지속되는 통증
 ② severe & new onset : 심하고, 하루 3번 이상 나타나는 흉통이 최근 4~6주 이내에 발생
 ③ 점차 심해지는 협심증 : 과거보다 낮은 운동으로 더욱 자주, 더욱 심하게, 더 오래 발생하는 통증

(2) ST분절 상승형 심근경색(STEMI) : 관상동맥이 100% 막혀서 응급으로 혈관 재개통이 필요한 심근경색증

(3) ST분절 비상승형 심근경색(NSTEMI) : 관상동맥이 완전히 막히지 않은 심근경색증

2) 급성 심근경색의 진단기준(2012 유럽심장학회, 미국심장학회 기준)

심근 특이 효소(CK - MB, troponin I, troponin T, myoglobin)의 상승 또는 하강(참고치의 99%)이 있으면서 아래의 경우 중 적어도 하나가 해당해야 한다.

용어해설 CK - MB(크레아티닌 키나아제 MB) : 심근조직에만 존재는 매우 특이적인 효소로 급성 심근경색 시 3~8시간에 상승하기 시작하여 12~24시간에 최고가 되었다가 48~72시간에 정상이 된다.

용어해설 troponin I, T(트로포닌) : 심장근육이 괴사될 때 분비되는 단백질로 건강한 사람의 혈액에서는 거의 검출되지 않는데, 급성 심근경색에서는 정상 한계치보다 20배가량 상승한다. 3~5시간에 상승 시작, 7~10일에 정상이 되므로 진단이 늦어질 때 도움이 된다.

용어해설 myoglobin(미오글로빈) : 근육세포에 존재하는 헤모글로빈과 비슷한 헴단백질로 괴사된 근육조직에 다량 분비된다. 1~3시간에 상승하기 시작하여 6~9시간에 최고가 되었다가 24~36시간에 정상이 된다.

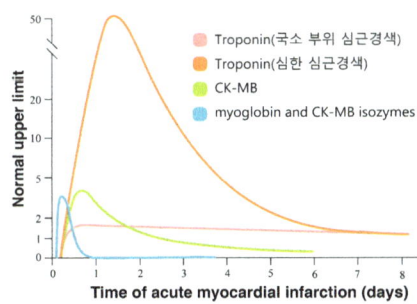

(1) 전형적인 허혈성 가슴 통증
(2) 심전도에서 심근 손상 소견 - ST분절 또는 T파의 변화, 새로운 좌각차단(LBBB)
(3) 심전도에서 병적 Q파의 출현
(4) 영상검사에서 허혈의 원인과 일치하는 새로 발견된 국소 벽운동 이상이나 심근 손상의 증거
 - 심장초음파, 심장 핵의학검사, 심장관류스캔
(5) 혈관조영술이나 부검에서 관상동맥 내 혈전의 발견

> 의학이론

대퇴동맥이나 요골동맥에 도관을 삽입하여 심장까지 도달시켜 협착된 병소들의 위치, 심한 정도, 형태를 자세히 분석한다. 검사와 동시에 혈관확장술, 스텐트 삽입술 등의 치료를 할 수 있다.

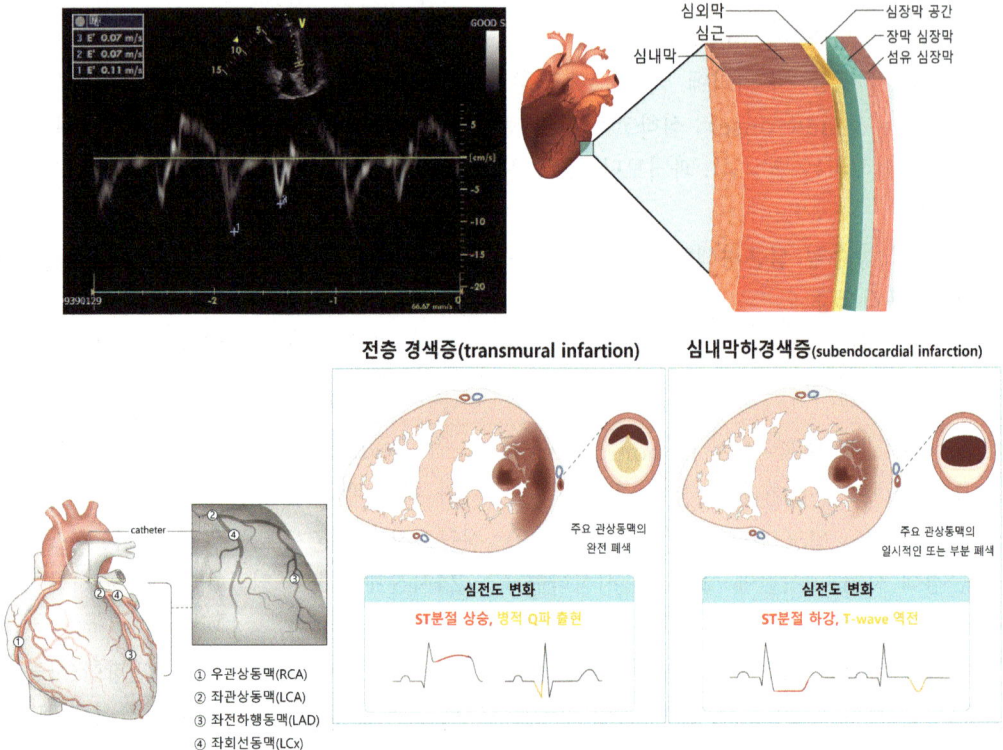

3) Q파 심근경색의 특징적인 심전도 소견

(1) ST분절 상승(ST segment elevation) : 허혈부 전층이 일시에 손상되는 경우 1시간 내 ST 분절이 상승하는데, 심근 괴사가 시작되었음을 의미한다.

(2) T파 역전 : 극히 초기에는 심장 내막의 허혈로 인해 T파 높이가 상승하고 전층 허혈이 발생하면 T파가 역전된다.

(3) 비정상 Q파 출현 : 심실중격의 전기 흐름이 느려져 심근경색 이후에 병적 Q파가 발생

4) 증상

(1) **갑작스러운 쥐어짜는 듯한 통증, 세한 느낌, 흉부 중앙 또는 약간 좌측의 통증, 호흡곤란, 좌측 어깨나 팔 안쪽으로 퍼지는 방사통, 명치나 턱 끝의 통증, 식은땀, 의식 혼돈, 창백**

(2) 대개 30분 이상 지속되며, 니트로글리세린 설하정을 투여해도 증상이 호전되지 않는다.

5) 급성 관동맥증후군 치료

(1) **안정**(sitting position) **및 산소 흡입**

(2) 약물치료 : **모르핀, 베타차단제**(신경 자극 전달 차단), **이뇨제**(요량 증가로 혈액량 감소 유도), 항혈전제, 경피적 관상동맥 내 혈전용해제 주입술, 칼슘채널차단제

> **용어해설** 칼슘채널차단제 : 세포막의 칼슘채널이 열려있으면 세포 내의 칼슘이 과다하게 증가하여 혈압을 상승시키기 때문에 칼슘채널을 차단하여 심근 수축 억제와 혈관 확장을 유도하는 방법

(3) **경피적 관상동맥중재술**

① 관상동맥 확장성형술

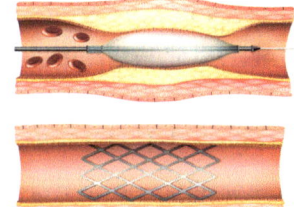

② 관상동맥 스텐트 삽입술

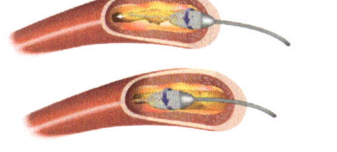

③ 관상동맥 죽상 제거술

(4) **관상동맥 우회로 조성술**(CABG, coronary artery bypass graft)
관상동맥의 협착 정도가 심한 경우 복재정맥(saphenous vein)이나 흉부 좌 내유동맥(Lt internal mammary artery) 등을 이용하여 우회 혈관을 연결해 주는 외과적 수술

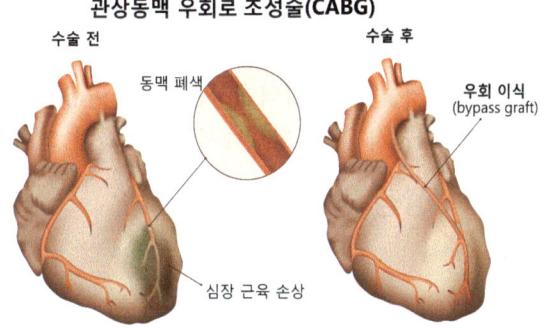

📚 기출문제

다음은 급성관동맥증후군에 대한 설명이다. 아래의 질문에 답하시오. **기출** 24년
(1) 불안정형 협심증의 특징적인 흉통을 2가지 이상 나열하시오. (4점)
(2) 전형적인 Q파 심근경색의 특징적인 심전도 소견 3가지를 시간 순서대로 서술하시오. (5점)

> 의학이론

4 협심증과 급성 심근경색 비교(AP vs MI)

1) 심근 표지자(CK-MB, troponin)의 증가 여부

(1) **협심증** : 증가 없음
(2) **급성 심근경색** : 일반적으로 증가된다.
  ① 크레아티닌 키나아제(CK-MB)
  ② 트로포닌(troponin) I 또는 T
  ③ 미오글로빈

2) 심전도

심전도(ECG, EKG, electro cardiography)는 심장의 전기적 활동을 그래프로 나타내어 심장 운동이 이상 유무를 확인하는 검사 방법으로 심박수, 부정맥, 허혈성 심장질환에서의 전기전도 기능을 확인한다.

(1) **ST분절 상승**이 있으면서 다른 소견과 일치하면 ST분절 상승형 심근경색으로 판단
(2) **ST분절 상승**이 없으면 ST분절 비상승형 심근경색 또는 협심증 또는 정상으로 판단
(3) **급성 심근경색** : T wave 상승과 그 후에 계속되어 일어나는 ST분절의 상승, T wave 역전, abnormal Q wave 출현, LBBB(좌석 각 차단) 등의 현상이 연속적으로 일어난다.

  용어해설 ST분절 상승 : 최소한 인접한 2개 이상의 유도(lead)에서 2㎜(= 2㎷) 이상, 여자는 1.5㎜ 상승하여야 한다.

3) 흉통의 양상

(1) **협심증** : 대개 10분 전후 지속된다. 니트로글리세린 설하정 투여로 통증이 감소한다.
(2) **급성 심근경색** : 대개 30분 이상 지속된다. 니트로글리세린 설하정에 반응이 없다.

4) 그 외 검사

(1) **심장초음파** : 심근경색에서는 국소 벽운동 이상이 관찰된다.
(2) **관상동맥조영술** : 심근경색에서는 70% 이상 협착이 관찰된다.
(3) **심장 핵의학검사** : 심근경색에서는 심근 내 괴사 부위에 cold spot이 관찰된다.

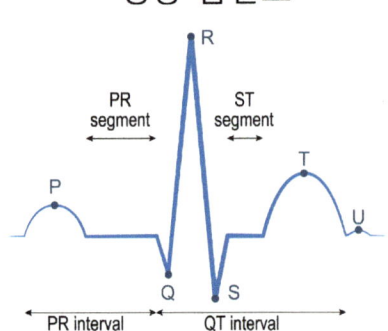

정상 심전도

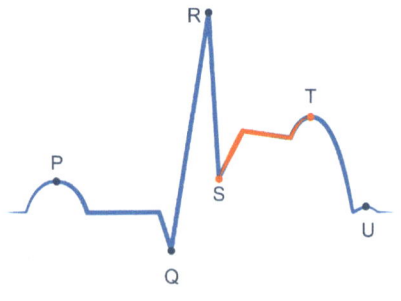

ST분절 상승 심근경색증

5 원발성 심근병증(primary cardiomyopathy) 기출 17년

원발성 심근병증은 심장근육 자체의 질환을 말하며, 호흡곤란, 피로, 운동능력 저하, 하지부종, 복수, 간 비대, 심계항진, 폐부종, 기침, 흰 가래 등의 증상이 있다.

1) 확장성 심근병증(dilated cardiomyopathy)

심장이 비정상적으로 확장되면서 펌프 기능이 감소된 경우로 심장의 4방이 모두 확장될 수 있는데 특히 심실의 확장이 심하고 심부전과 부정맥을 유발한다. 이뇨제 등 심부전 치료제로 치료하고, 치명적인 부정맥 시 심장박동조절기, 삽입형 심장 제세동기를 이용하여 치료한다.

2) 비후성 심근병증(hypertrophic cardiomyopathy)

좌심실 비후를 유발할 만한 대동맥판막 협착증이나 고혈압과 같은 다른 원인 없이 좌심실 벽이 두꺼워지는 질환으로 심근의 비후가 있으나 심장의 크기 자체는 커져 있지 않다. 심근 섬유의 단백질 변이가 주 원인이다. 심장근육 이완제로 치료한다.

3) 제한성 심근병증(restrictive cardiomyopathy)

좌우 심실 벽과 심실중격까지 두꺼워져 심장의 확장이 제한되어 심실에 혈액이 충분히 채워지지 않는 심근병이다. 주로 아밀로이드증이 원인이다.

> **기출문제**
>
> 원발성 심근병증(primary cardiomyopathy)은 일반적으로 심장근육 자체의 질환을 말하는 것으로 다른 구조적인 심장질환(예를 들면 관상동맥질환, 판막질환)으로부터 이차적으로 유발된 심근의 기능부전은 제외한다고 알려져 있다. 이 원발성 심근병증의 대표적인 3가지 질환을 모두 쓰시오. (10점) 기출 17년

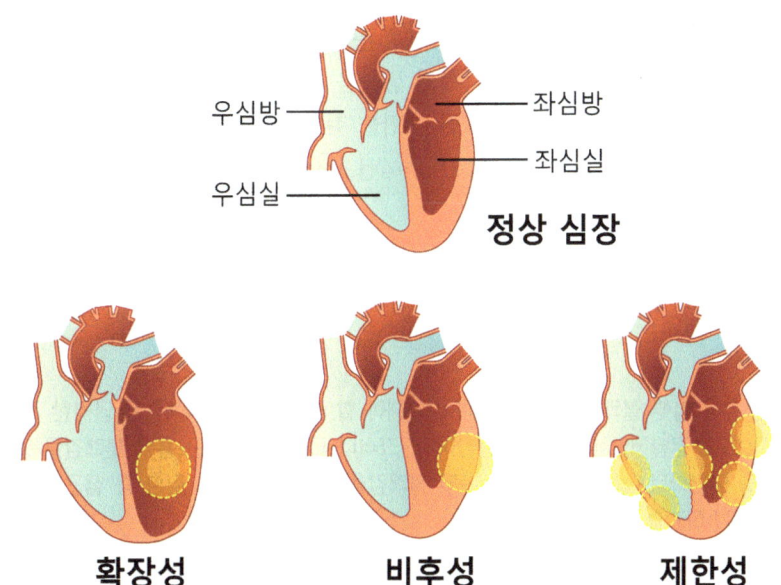

의학이론

6 급성 흉통(acute chest pain) 기출 19년

1) 급성 흉통 시 심근경색증과 감별해야 할 원인

(1) **협심증**(angina pectoris) : 관상동맥의 폐쇄나 협착, 혹은 경련으로 인해 심장근육에 충분한 혈액공급이 이루어지지 않아 생기는 흉부의 통증

(2) **급성 심낭염**(acute pericarditis) : 흔히 상기도 감염이 선행되며 예리한 통증이 중앙부보다는 왼쪽으로 치우쳐 목, 등, 어깨로 방사된다. 통증은 수 시간씩 지속되며 운동으로는 악화되지 않지만, 대신 호흡이나 연하운동, 몸을 돌릴 때 악화되며 앞으로 기대어 앉으면 완화된다.

(3) **대동맥 박리 또는 대동맥벽 내 출혈** : 대동맥 혈관 내벽의 손상으로 대동맥 혈관 벽이 찢어지거나 내벽에 출혈이 생긴 경우

(4) **폐색전증** : 폐동맥을 막은 혈전에 의해 혈액 공급이 되지 않아 급성 폐동맥 고혈압과 흉통이 발생한다. 통증의 양상은 허혈성 심장질환이나 흉막성 통증과 유사하지만, 휴식 시에 갑자기 발생하며 예리한 통증으로 호흡곤란, 빈호흡, 청색증, 불안 등이 동반된다. 산후 또는 수술 후 상태, 사지 부종을 동반한 심부전, 정맥혈전증, 인공판막 수술 후, 오랫동안 누워만 지내는 등의 임상적 상황이 진단에 도움이 된다.

(5) **기흉, 폐렴, 흉막염** : 대개 일측성이며 숨을 깊이 들이마실 때 예리하게 발생하는 흉막성 통증이고 호흡곤란이나 다른 호흡기계 질환의 증상들이 동반되어 진단이 용이하다.

(6) **대상포진**(herpes zoster) : 흉부에 신경절을 따라 띠 모양의 통증을 호소하며 침범된 부위에 감각 이상이 동반된다. 통증 발생 4~5일이 지나면 전형적인 대상포진 수포가 관찰된다.

(7) **늑연골염, 퇴행성 관절염**

(8) **흉곽출구증후군**(thoracic outlet syndrome) : 신경이나 혈관 구조물이 늑골이나 근육에 의해 눌려서 통증이 유발되는 것으로 협심증과 혼동을 일으킬 수 있다. 통증은 머리, 목, 어깨 및 겨드랑이 부위에 나타나며 대개 팔 안쪽의 통증을 동반한다. 팔로 가는 신경이 눌려 운동과 무관한 통증과 감각 이상을 동반하며 특정 체위를 취할 때 통증이 유발되면 진단에 도움이 된다.

(9) **티체증후군**(Tietze's syndrome) : 주로 2~4번 늑연골의 한쪽에서만 나타나는 염증성 질환으로 흉통과 함께 부종과 열감이 있다.

(10) **소화기계 질환** : 식도 경련, 역류성 식도염, 소화성 궤양, 급성 췌장염

(11) **불안, 공황장애 발작**

기출문제

환자가 급성 흉통 혹은 흉부 불쾌감을 호소할 때 감별해야 할 질환 중 심근경색증은 급격한 사망 및 합병증을 초래할 수 있어 반드시 감별해야 할 중요한 질환이다. 그러나 급성 흉통 혹은 흉부 불쾌감을 일으키는 질환은 심근경색증 외에도 다양하다. 급성 흉통 혹은 흉부 불쾌감을 일으킬 수 있는 질환 중 심근경색을 제외한 다른 원인들에 대하여 기술하시오. (10점) 기출 19년

7 부정맥(arrhythmia)

1) 정의

심장 전기자극의 형성 장애나 전달 장애에 의해 심장박동이 비정상적으로 빨라지거나 늦어지거나 불규칙해지는 경우

2) 분류

(1) **서맥성 부정맥**(bradyarrythmia) : 분당 60회 미만의 느린 맥박
  - 예 동성 서맥, 동방결절 기능부전군, 방실결절 기능부전군
(2) **빈맥성 부정맥**(tachyarrythmia) : 분당 100회 초과의 빠른 맥박
  - 예 상심실성 빈맥, 심실성 빈맥, 조기 박동

3) 원인

(1) 환경 변화 : 스트레스, 카페인, 알코올, 흡연 등
(2) 심장질환 : 허혈성 심장질환, 판막성 심장질환, 선천성 심장질환, 심근병증
(3) 폐질환 : 만성폐쇄성폐질환, 폐색전증, 저산소증, 고이산화탄소혈증
(4) 자율신경계 이상 : 경동맥동 과민성
(5) 전신 질환 : 갑상선기능항진증, 고열, 약물, 전해질 대사장애
(6) 기계적 자극 : 심도자술, 심박동기
(7) 선천성 조기흥분 증후군

4) 증상

가슴 두근거림(palpitation), 흉통, 실신(syncope), 무증상에서 돌연사까지 다양

5) 진단

표준 심전도, 24시간 홀터 감시, 전기 생리학적 검사, 심장초음파

용어해설 전기 생리학적 검사 : 우심방, 우심실, 방실결절, 관상 정맥동에 전극 도자를 위치시키고, 이를 통해 심장의 국소적인 전기적 현상을 기록하는 검사

6) 치료

(1) 원인 교정 : 금연, 금주, 약물 중단, 카페인 섭취 제한 등
(2) 약물치료 : 베타차단제, 칼슘채널차단제, 디아곡신, 항혈소판제, 항응고제
(3) 제세동기 : 전기 쇼크로 빈맥성 부정맥을 멈추게 하는 치료
(4) 인공심박동기 : 규칙적으로 전기 리듬을 만들어내는 기계장치를 심장 안에 삽입하는 치료
(5) 전극 도자 절제술 : 부정맥 유발 부위를 전기에너지로 절단하는 치료
(6) 외과적 절제술 : 부정맥 유발 부위를 수술적으로 절단하는 치료

8 대동맥 박리(aortic dissection)

1) 정의
대동맥 혈관 내부 파열로 대동맥 혈관 벽이 찢어진 상태

2) 원인
(1) 노화 : 40~60대에 흔하며 남자가 여자보다 2배 이상 많다.
(2) 조절되지 않는 고혈압(전체 80%에서 동반), 동맥경화
(3) 선천성 심장질환, 심장 시술 또는 수술, 외상

3) 증상
(1) 갑작스러운 참을 수 없는 극심한 통증(전흉부, 등, 견갑골 사이, 상복부)
(2) 상행대동맥 침범 시 의식장애, 실신, 뇌졸중
(3) 고혈압이 동반되는 경우가 많지만, 쇼크 시 저혈압이 나타날 수도 있다.
(4) 상지 혈관 침범 시 좌우 혈압 차이
(5) 하행대동맥 침범 시 척수신경으로 가는 혈류 차단으로 하반신 마비
(6) 신장혈관 침범 시 급성신부전 및 소변량 감소

4) 진단
(1) 흉부 X - 선상 대동맥 음영의 비정상적인 확장이나 흉막 삼출
(2) 흉부 CT : 진단 및 경과 관찰을 위해 가장 흔히 이용되는 검사
(3) 심장초음파 : 대동맥판막 폐쇄부전증, 심장압전, 관상동맥 침범 등 합병증 평가에 중요
(4) 혈관조영술
(5) 흉부 MRI

5) 호발 부위
복부대동맥 〉 하행대동맥 〉 상행대동맥 〉 대동맥궁 순

6) 급성 대동맥증후군(acute aortic syndrome)
(1) **대동맥 파열**(aorta rupture)
(2) **대동맥 박리**(aorta dissection)
(3) **대동맥벽 내 혈종**
(4) **관통형 동맥경화성 궤양**

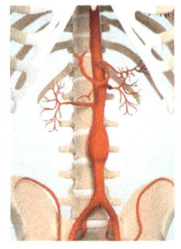
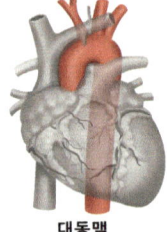
대동맥
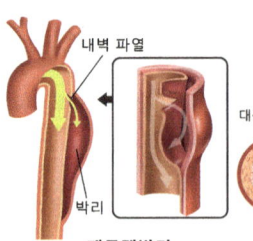
대동맥박리

9 팔로 4징후(TOF, tetralogy of Fallot)

1) 정의
가장 흔한 청색증형 선천성 심장병(선천성 심장기형의 10%)

2) 팔로 4징후의 4가지 해부학적 변화
(1) **대동맥 기승**
(2) **심실중격 결손**
(3) **우심실 비후**
(4) **폐동맥 협착**
흉부 X-선상 장화 모양의 심장이 특징이다.

3) 증상
(1) **조금만 움직여도 숨이 차서 웅크리고 앉는 특징적인 자세를 취함**
(2) **곤봉지** : 손가락과 발가락 끝이 뭉툭해지는 증상
(3) **적혈구 증가증, 혈소판 감소증**
(4) **신체 발육의 지연**

4) 합병증
(1) **심내막염**
(2) **뇌 혈전**
(3) **뇌 농양**

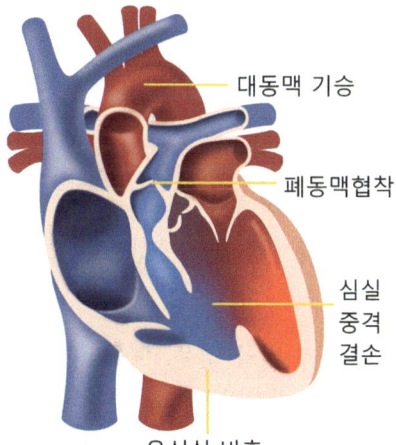
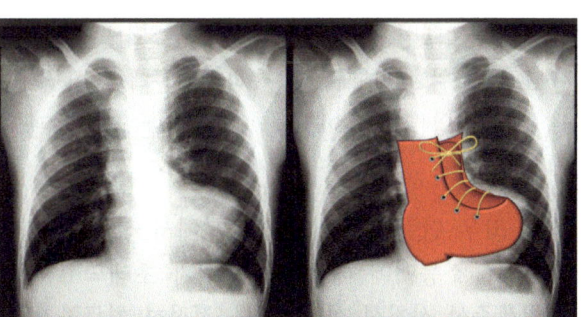

10 기타 심장질환

1) **심근 교**(myocardial bridging)

   심장 외막에 위치한 관상동맥의 일부분이 심근 안쪽으로 주행하는 선천적 이상이다. 심근 허혈, 심근 경색, 부정맥, 급성 심장사를 유발할 수 있다.

2) **선천성 심장질환**(CHD, congenital heart disease)

   (1) 비청색증 선천성 심장질환
   - ① **심방중격 결손**
   - ② **심실중격 결손**
   - ③ **동맥관 개존증**

   (2) 청색증 선천성 심장질환
   - ① **팔로 4징후** : '심실중격 결손, 폐동맥 협착, 우심실 비후, 대동맥 기승'의 4가지가 한꺼번에 나타나는 선천성 질환
   - ② 대혈관 전위, 양 대혈관 우심실 기시, 전 폐정맥 환류 이상, 앱스타인 기형, 삼천판 폐쇄

3) **심부전**(HF, heart failure)

   (1) 정의 : 심장의 펌프 기능 소실에 따라 신체 말초조직의 대사 요구에 부응하는 충분한 혈류량을 전달하지 못하는 병태생리학적 상태

   (2) 임상 증상
   - ① 좌심실 부전 → 폐울혈 : 호흡곤란, 폐부종 → 심박출량 감소 : 피로, 빈맥
   - ② 우심실 부전 → 부종, 간종대, 경정맥 팽창

   (3) 치료 : 염분 섭취 제한, 침상 안정, 이뇨제, 심장 이식, 이식형 제세동기

4) **대동맥류**(aortic aneurysm)

   (1) 정의 : 대동맥 일부분의 병적 확장 상태
   (2) 원인 : 퇴행성, 동맥경화, 감염, 선천성, 외상
   (3) 호발 부위 : 복부대동맥 > 하행대동맥 > 상행대동맥 > 대동맥궁 순
   (4) 증상이 있는 6㎝ 이상의 대동맥류는 인조혈관 치환술, 경피적 혈관내 스텐트 삽입술

5) **아이젠멩거증후군**(Eisenmenger syndrome)

   심한 좌우 단락을 가진 심장질환에서 적절한 시기에 교정하지 않을 경우, 폐동맥 고혈압에 의해 폐 소동맥에 해부학적 변화가 초래되고 폐혈관 저항이 비가역적으로 증가되는 것. **비청색증성 선천성 심장질환을 적절히 치료하지 않아 청색증성 심장질환이 된 상태**이다.

CHAPTER 03 중추신경계 질환

1 중추신경계 기초

뇌 혈류는 심박출량의 15%~20%이며, 1분에 750~900mL가 순환된다.

1) 전 순환계(anterior circulation, 80%)
   (1) **내경동맥**(ICA, internal carotid artery)
   (2) **중대뇌동맥**(MCA, middle cerebral artery)
   (3) **전대뇌동맥**(ACA, anterior cerebral artery)
   (4) **전맥락동맥**(anterior choroidal artery)

2) 후 순환계(posterior circulation, 20%)
   (1) **척추동맥**(VA, vertebral artery)
   (2) **기저동맥**(BA, basilar artery)
   (3) **후대뇌동맥**(PCA, posterior cerebral artery)
   (4) **소뇌동맥**(cerebellar artery)

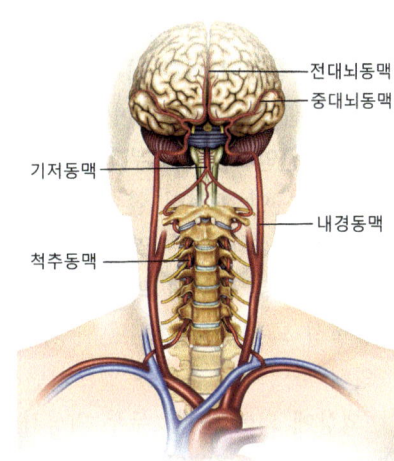

3) 윌리스환(circle of Willis)
뇌 혈관의 어느 부분에서 혈관장애가 발생하면 교통동맥을 통해 혈액 공급을 보충하여 신경장애를 방지하는 역할을 하는 대뇌동맥 고리

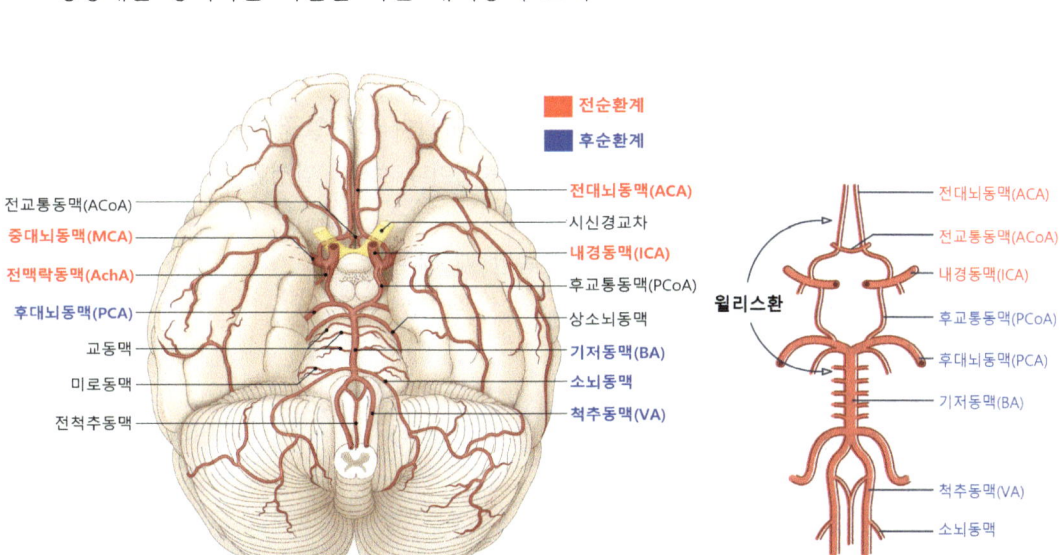

2 뇌졸중(stroke)

1) 정의

뇌혈관의 병 이외에는 다른 원인을 찾을 수 없는 상태이면서 뇌혈관 폐색으로 뇌에 공급되는 혈액량의 감소가 일정 시간 이상 지속되어 **뇌조직의 괴사가 오고 회복 불가능한 상태에 이르게 된 상태**

2) 종류

(1) **허혈성 뇌졸중**(뇌경색, ischemic stroke) : 어떤 원인에 의해 뇌 혈류가 줄어들거나 중단되어 궁극적으로 뇌 조직이 죽게 되는 뇌조직의 괴사 상태. 전체 뇌졸중의 80%
  ① **대혈관질환에 의한 뇌경색** : 고혈압, 당뇨, 고지혈증 등으로 인해 뇌에 혈액을 공급하는 혈관에 죽상동맥경화증이 발생하여 뇌 혈류가 차단되는 경우
  ② **심장 원인 뇌경색** : 부정맥, 심부전, 심근경색의 후유증 등으로 인하여 심장에서 혈전이 생성되고, 이 혈전이 혈류를 따라 이동하다가 뇌혈관을 막은 경우
  ③ **소혈관 질환 또는 열공 뇌경색**
  ④ **기타 드문 원인에 의해 발생하는 뇌경색**

(2) **출혈성 뇌졸중**(뇌출혈, hemorrhagic stroke) : 뇌에 혈액을 공급하는 뇌혈관이 어떤 원인에 의해 파열되어 출혈을 일으키면서 발생하는 뇌졸중. 전체 뇌졸중의 20%
  ① **외상에 의한 출혈** : 두부 외상과 직간접적으로 연관이 있는 출혈(급성 경막하 출혈, 만성 경막하 출혈, 경막외 출혈 등)
  ② **자발성 뇌출혈** : 고혈압성, 뇌동맥류성, 뇌동정맥 기형, 모야모야병, 뇌종양, 전신 질환 가운데 출혈성 경향이 있는 경우

(3) **일과성 허혈발작** : 뇌 허혈에 의해 국소적인 신경장애 발생 후 24시간 이내에 완전히 회복되는 것으로 작은 뇌졸중이라고 불리기도 한다. 10~20%에서 향후 뇌경색으로 발전된다.

3) 증상

(1) **반신마비** : 출혈 또는 경색이 발생한 뇌의 반대쪽 팔다리와 얼굴 하부에 마비가 발생
  용어해설 연수에서 좌우 신경이 교차하기 때문에 출혈이나 경색이 발생한 반대쪽에 마비가 온다.
(2) **두통 및 구토** : 뇌압 상승에 의해 발생
(3) **어지럼증** : 소뇌와 뇌간에 혈액 공급이 부족할 때 발생
(4) **실어증, 구음장애, 연하곤란**
(5) **안면신경 마비**
(6) **운동실조증** : 소뇌나 뇌간 손상 시 발생
(7) **시각장애, 시야결손, 복시**
(8) **인지장애**

4) 진단

(1) **뇌 CT** : 뇌출혈과 뇌경색을 구분하기 위해 가장 먼저 시행하는 검사이다.

(2) **뇌 MRI & MRA** : 급성 뇌경색 진단에 있어서 CT보다 더 예민한 검사법으로 확산 강조영상(DWI, diffusion weighted imaging)으로 급성기 뇌경색 진단율이 우수하다.

(3) **혈관조영술**

(4) **두개내 초음파**(TCD, transcranial doppler ultrasonography)

(5) **경동맥 초음파**(carotid ultrasonography)

(6) **심전도, 심 초음파, 24시간 심전도 및 24시간 혈압 측정**

(7) 혈액검사 : 적혈구증다증, 당뇨, 고지혈증, 혈액응고장애, 고호모시스테인혈증 등 다양한 뇌졸중의 원인 인자 파악을 위한 검사

5) 허혈성 뇌졸중(뇌경색) 위험인자

(1) **나이**(고령)

(2) **고혈압**(8배 위험), **당뇨**(당뇨병이 지방 대사장애를 유발)

(3) **고지혈증, 비만, 신체활동 부족**

(4) **경동맥 협착, 모야모야병**

(5) **심방세동**(혈전 형성), **허혈성 심질환**

(6) **흡연**(뇌혈관을 직접 파괴), **음주**(대사 불균형 유발)

(7) **적혈구 증가증, 고호모시스테인혈증**

(8) **추운 날씨**

(9) **코골이**

(10) **경구 피임약**

6) 뇌경색의 3대 전조증상(FAS)

(1) **안면마비**(Face)

(2) **팔다리 근력 저하**(Arm)

(3) **구음장애**(Speech)

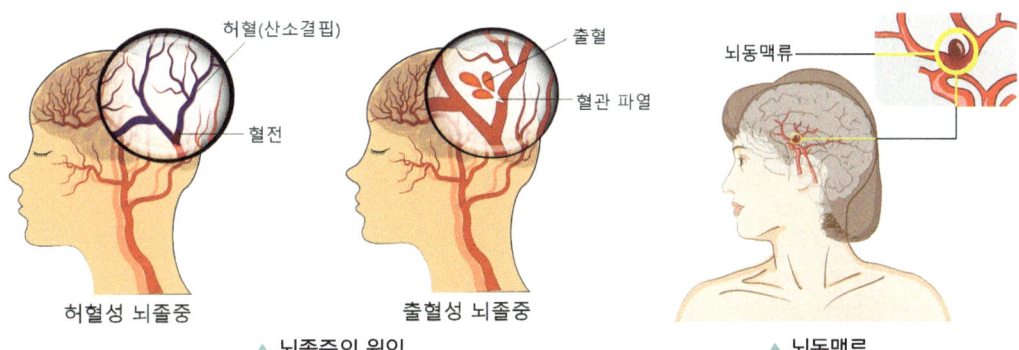

▲ 뇌졸중의 원인   ▲ 뇌동맥류

7) 출혈성 뇌졸중(뇌출혈) 위험인자

(1) **고혈압**

(2) **뇌동맥류, 뇌동정맥 기형**

(3) **모야모야병**(moyamoya disease) : 원인 미상의 진행성, 폐쇄성 혈관질환으로 양측 내경동맥 원위부의 협착이 진행되면서 뇌기저부에서 측부 순환이 발달하여 연기가 피어오르는 것 같은 특징적인 뇌혈관 소견을 보이는 질환

(4) **뇌종양 내 출혈, 해면 혈관종, 척추동맥 박리**

(5) **뇌동맥 내 아밀로이드증**(amyloid syndrome) : 단백질 형성 과정에서 형태에 이상이 생겨 특수한 섬유구조를 가진 아밀로이드 단백질이 여러 장기나 조직에 침착하는 질환

(6) **외상, 출혈성 질환**

(7) **패혈성 색전증, 혈관염**

8) 치료

(1) 허혈성 뇌졸중

① 초급성 허혈성 뇌졸중 : 뇌졸중의 증상이 처음 나타난 후 3시간 이내 병원에 도착한 경우
   - 폐색된 혈관의 재개통을 목표로 한 혈전용해술

② 초급성기가 지난 이후 병원에 도착한 경우 : 급성기 합병증 발생을 막기 위한 보존적 치료, 혈소판억제제 투여

③ **수술적 치료** : 경동맥 내막절제술, 스텐트 혈관성형술, 혈관 연결술, 외과적 색전제거술, 감압 두개골 절제술

(2) 출혈성 뇌졸중

① 일반적인 치료 원칙 : 지나친 혈압상승 조절, 기도 및 호흡 유지, 안정

② 경미한 출혈은 약물치료

③ 30mL 이상의 출혈이거나 의식이 계속 악화되는 경우 : 개두술 및 혈종제거술, 천두술, 뇌실외 배액술(EVD)

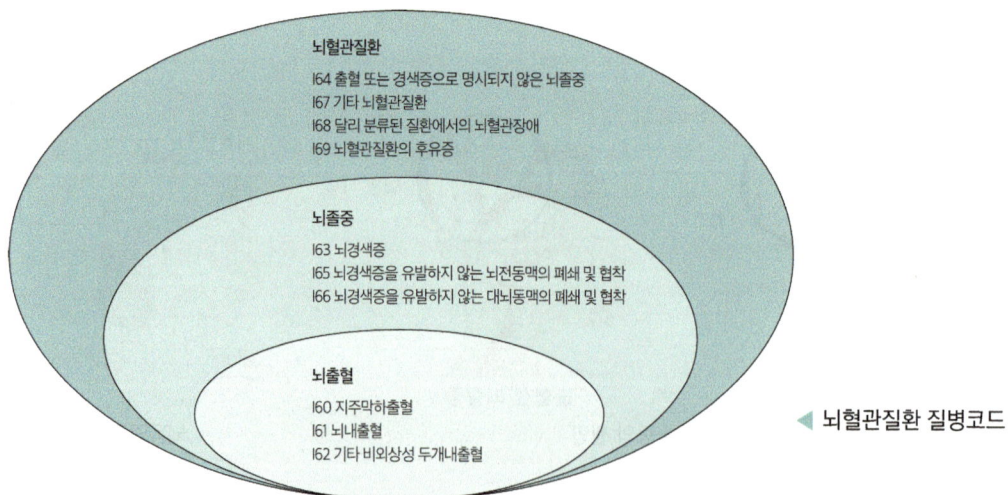

◀ 뇌혈관질환 질병코드

3 치매(dementia) 기출 18년·22년·24년

1) 정의

다발성 인지장애와 일상생활 수행 능력의 장애를 보이는 상태로 정상적으로 성숙한 뇌가 여러 원인에 의해 기질적으로 손상되어 지능, 학습, 언어 등 인지기능과 고도 정신 기능이 감퇴하고 예전 수준의 일상생활을 영위할 수 없게 되는 복합적인 임상 증후군이며 전적으로 섬망에 기인되지 않은 경우

2) 원인 질환

(1) **알츠하이머병**(alzheimer's disease) : 뇌의 퇴행성 변화로 베타아밀로이드단백질 침착, 타우 단백질 산화 및 염증 반응 등 이상 단백질에 의해 대뇌 신경세포가 점진적으로 파괴되는 질환
(2) **뇌혈관 문제** : 뇌졸중이나 심혈관 이상으로 인한 저산소 뇌 병변 시 혈관성 치매를 유발한다.
(3) **루이소체 치매**(Lewy body dementia) : 신경세포 내에 비정상 신경섬유 단백질이나 유비퀴틴, 알파시누클레인 등의 단백질이 응집된 것으로 파킨슨병과 유사하다.
(4) **알코올성 치매** : 비타민 B_1 결핍으로 기억장애와 판단 장애를 유발한다.
(5) **파킨슨병** : 뇌 흑질에 분포하는 도파민 분비 신경세포가 점차 소실되어 발생하는 신경계의 만성 진행성 퇴행성 질환

2) 그 외 원인

(1) **노화** : 65세 이후 매 5년 유병률 2배 증가
(2) **환경 요인** : 각종 독성 유해 물질, 흡연, 섭취하는 음식물, 감염, 두부 외상력, 낮은 교육 수준, 노인성 우울증
(3) **유전적 요인** : 초로기 알츠하이머에서 APP, presenilin - 1, presenilin - 2 유전자 변이, 노년기 알츠하이머에서 apolipoprotein E4 유전자 다형성
(4) **성인병 관련** : 고혈압, 당뇨병, 고지혈증, 심장병
(5) **운동 부족, 비만, 대외 활동 부족, 사회활동 부족**

4) 감별 진단

(1) **섬망**(delirium) : 심한 과다 행동과 환각, 초조함과 떨림 등이 나타나는 일시적인 급성 정신적 혼돈 상태
(2) **파킨슨병**(Parkinson's disease)
(3) **수두증**(hydrocephalus) : 뇌 안에 뇌척수액이 축적된 상태
(4) **기타 약물 중독, 심폐질환, 대사성 질환, 신경계 감염, 뇌 외상** 등에 따른 일시적 의식 저하
(5) **헌팅턴병**(무도병)
(6) **크로이츠펠트 - 야코프병**(광우병)

의학이론

5) 증상
(1) **알츠하이머성 치매** : 임상 양상의 시작은 서서히, 경과는 일정하게 점진적으로 진행된다.
  ① 초기 : 기억력장애, 무감동, 일관성 결여, 사회교류로부터의 은둔 등 미묘한 인격 변화
  ② 중기 : 지각장애가 두드러지고 행동이나 인격이 더 명확히 영향을 받는다.
  ③ 후기 : 완전히 말이 없어지고, 주의력이 결여된다. 지적 능력의 상실(기억력, 판단력, 추상적 사고, 기타 고유 피질 기능의 장애), 인격 및 행동의 변화
  ④ 최종 : 완전히 자신을 돌볼 수 없는 상태가 되어 사망한다. 발병부터 사망까지 평균 약 10~15년 경과
(2) **혈관성 치매** : 지적 기능의 **단계적 황폐화 양상**, 일률적으로 진행되는 경과가 아닌 **부분적 황폐화**에 의해 어떤 기능은 영향을 받고 어떤 부분은 정상이다.

6) 진단
(1) 전형적인 임상 양상과 특징적인 신경병리학 소견 : **대뇌 피질의 신경세포 퇴행으로 피질의 콜린계 활성이 감소하고 신경반과 신경섬유 다발이 관찰된다.**
(2) 신체검사와 신경학적 검사
(3) **신경심리학적 검사**(CDR, GDS, K - MMSE 등) : **기억력, 언어능력, 주의 집중력, 판단 능력, 계산능력, 수행 능력, 시공간 파악 능력 등 다양한 인지 영역에 대한 광범위한 평가**
(4) 일상생활 동작검사(ADLs) : **이동 동작, 음식물 섭취, 배변 배뇨, 목욕, 옷 입고 벗기**
(5) 실험실 검사 : 빈혈, 간기능, 신기능, 당뇨, 비타민, 갑상선기능, 지질검사, 심전도, 소변 등
(6) 뇌 영상검사 : 양자방출단층촬영(PET), 단일광자방출촬영(SPECT) 등 기능적 뇌 영상검사, 뇌의 혈류량 감소 및 뇌의 포도당 대사 능력 감소 확인
(7) **치매 기준** : CDR 1점 이상, GDS 5점 이상, K - MMSE 19점 이하
(8) **복지부 중증 치매** : CDR 3점 또는 GDS 6~7점, K - MMSE 10점 미만
(9) **제3보험 약관상 중증 치매** : CDR 3점 이상이 90일 이상 지속

7) 알츠하이머병 정신장애 진단기준(DSM - Ⅳ)
(1) **기억장애**(amnesia)**를 포함**한 다음 중 한 가지 이상의 인지장애
  ① **실어증**(aphasia) : 언어장애
  ② **실행증**(apraxia) : 운동기능은 정상이지만, 예전에 잘하던 도구 사용이나 행동을 잘 하지 못하는 장애
  ③ **실인증**(agnosis) : 감각기능은 정상이지만, 물체를 인지하거나 감별하지 못하는 장애
  ④ **집행기능의 장애** : 계획, 조정, 순서, 추상적 사고 능력의 장애
(2) 기억장애와 인지장애가 사회적 또는 직업적 기능에 심각한 장애를 일으켜야 하고, 병전의 기능 수준보다 상당히 감퇴되어 있어야 한다.
(3) 경과는 서서히 발병하고 지속적인 인지 감퇴를 보인다.

8) 인지검사

	검사 항목	참고치
K - MMSE 간이정신상태검사 (Korean mini mental state examination) 7가지 항목	① 시간에 대한 지남력 ② 장소에 대한 지남력 ③ 기억등록 ④ 주의 집중 및 계산 ⑤ 기억회상 ⑥ 언어능력 ⑦ 시공간적 구성	점수 가능 범위 : 0~30점 27~30점 : 정상 25~26점 : 장애 의심 24 이하 : 인지장애 19점 이하 : 치매
CDR 임상 치매 척도 (clinical dementia rating) 6가지 항목	① **기억력** ② **지남력** ③ **판단력 및 문제해결 능력** ④ **사회활동** ⑤ **집단생활과 취미** ⑥ **위생 및 몸치장**	0점 : 치매 아님 0.5점 : 치매 의심 1점 : 경도 치매 2점 : 중등도 치매 3점 : 중증 치매 4점 : 매우 심한 치매 5점 : 말기 치매
GDS 전반적 퇴화 척도 검사 (Global deterioration scale)	주로 기억력과 일상생활 기능에 초점을 맞추어 7단계로 분류하고, 검사자가 직접 체크한다. 검사 시간이 적게 소요된다는 장점이 있다.	1점 : 인지장애 없음 2점 : 매우 경미한 인지장애 3점 : 경미한 인지장애 4점 : 중등도 인지장애 5점 : 초기 중증 인지장애 6점 : 중증 인지장애 7점 : 후기 중증 인지장애
Barthel ADL index 일상생활수행능력 (activities of daily living) 10가지 항목	① 대변 조절 ② 소변 조절 ③ 얼굴 단장하기 ④ 화장실 사용 ⑤ 식사하기 ⑥ 옷을 입기 ⑦ 옮겨가기(침상과 의자 사이) ⑧ 이동 ⑨ 계단 오르내리기 ⑩ 목욕	점수 가능 범위 : 0~20점 20점 : 정상 점수가 낮을수록 장애
K - IADL 도구적 일상생활수행능력 (Korean instrumental activities of daily living) 11가지 항목	① 시장보기, 쇼핑 ② 교통수단 이용 ③ 돈 관리 ④ 집안일 하기, 기구 사용 ⑤ 음식 준비 ⑥ 전화 사용 ⑦ 약 복용 ⑧ 최근 기억 ⑨ 취미생활 ⑩ TV 시청 ⑪ 집 안 수리	점수 가능 범위 : 0~3점 0.43 미만 : 정상 점수가 높을수록 장애
CIST 인지 선별검사 (cognitive impairment screening test)	중앙치매센터에서 개발한 척도로 2021년 1월 1일부터 K - MMSE의 대체 검사로 적용 중	
SGDS 노인우울 단축형 척도	점수 가능 범위 : 0~15점/ 8점 이상 유의미	

9) 치료

(1) 약물요법 : 증상 완화, 진행 지연
  ① 콜린 분해효소 억제제 : 병의 진행을 완전히 막을 수는 없으나 6개월에서 2년 정도 진행을 늦추는 효과가 있다.
  ② NMDA 칼슘 수용체 길항제 : 중등도 이상 진행된 알츠하이머병에 사용
(2) 비약물적 치료 병행 : 손상된 인지 영역 훈련, 손상되지 않은 인지 영역을 극대화하여 손상된 인지 영역을 보완해 주는 훈련, 기억력 훈련, 인지 재활치료, 현실 지남력 훈련
(3) 정신행동 증상에 대한 치료 : 망상, 우울, 불안, 초조, 수면장애, 공격성 등의 각종 문제행동 치료. 증상에 따라 항정신병 약물, 항우울제, 항불안제, 기분 조절제, 수면제 등
(4) 사회적 자원의 활용 : 장기요양서비스, 지역치매지원센터, 지역사회 치매 관련 의료복지

기출문제

01 치매는 후천적으로 발생한 인지기능 손상에 의해 성공적인 일상생활 수행이 불가능해진 상태로 정의할 수 있으며 인구노령화와 관련하여 그 중요도가 크다. 치매의 원인 및 감별질환에 대해 약술하시오. (10점) **기출** 18년

02 치매 보험에서 보장하는 경도치매, 중등도 치매, 중증치매의 경우 CDR 척도 검사를 통해서 진단을 받은 경우에 통상적으로 인정해주고 있다. CDR 검사는 환자 및 보호자와 자세한 면담을 통해 6가지 세부 영역의 기능을 평가해 점수를 결정한다. 6가지 세부 영역을 쓰시오. (10점) **기출** 22년

03 후천적으로 뇌의 기질적 장애에 의하여 사람의 정신능력과 사회적 활동을 할 수 있는 능력의 소실이 있어 일상생활의 장애를 가져올 정도로 심할 때 치매라고 한다. 치매의 대표적인 원인질환들을 5가지 이상 열거하시오. (10점) **기출** 24년

4 파킨슨병(Parkinson's disease)

1) 정의

뇌흑질에 분포하는 **도파민** 분비세포가 점차 소실되어 발생하는 신경계의 퇴행성 질환
  용어해설 도파민 : 뇌신경 세포의 흥분을 전달하는 물질로 신체의 운동, 인지, 동기부여 등의 역할을 한다. 뇌와 신장 등에서 합성되는 레보도파라는 전구물질로부터 생성된다.

2) 진단

(1) 임상 증상과 신경학적 검사
(2) 뇌 MRI, 양전자 방출 단층촬영(PET)
(3) 도파민 - 단일광자 방출 단층촬영
(4) 혈액화학검사, 갑상선 기능검사, 자율신경계 검사 : 다른 원인 배제를 위한 검사
(5) 감별 진단 : 본태떨림, 약물 유발성 파킨슨증후군, 파킨슨플러스증후군
  용어해설 파킨슨플러스증후군 : 루이소체 치매, 진행성 핵상 마비, 다발성 신경계 위축, 피질 기저핵 변성

3) 위험인자

(1) 유전적 인자와 환경적 인자의 상호작용 : 10% 정도에서 가족성 파킨슨병
(2) 고령 : 주로 60세 이후에 증상 발현, 조기 발현 파킨슨병(50세 이전)
(3) 농촌 거주자 : 농약, 오염된 우물

4) 증상

(1) **안정 떨림** : 안정시 말단관절에서 율동적 떨림, 초기 일측성, 진행 시 양측성, **환약말이 떨림** (서 있거나 걸을 때 엄지와 검지가 떨림의 방향이 서로 다르게 나타나는 형태)
(2) **경직**(rigidity) : 근육의 긴장도 증가, 수동적 관절운동 시 경직, **톱니바퀴경직**(자전거 바퀴를 돌릴 때와 같은 경직)
(3) **운동 완만**(서동증) : 느린 운동, 보행 시 부자연스러운 팔 동작, 표정 감소, 세밀 작업 곤란(단추 잠그기, 글씨 쓰기), 일상생활에서 지연(세수, 화장, 목욕, 식사, 옷 입기)
(4) **자세 불안정** : 반사 능력이 떨어져 자주 넘어짐, 전형적인 파킨슨병 자세(중력에 대해 안정감을 얻기 위해 모든 관절을 약간 굽히고 구부정하게 있는 자세)
(5) **자율신경계 이상 증상** : 위장관 장애, 침 흘림, 연하곤란, 변비, 기립 저혈압, 다한증, 배뇨장애, 성기능장애, 안구건조증
(6) **신경정신과적 증상** : 인지기능장애, 수면장애, 통증, 피로, 후각장애
(7) **전구증상 : 후각 기능 저하, 심한 잠꼬대, 우울증, 변비**

5) 치료

(1) **도파민 전구물질인 레보도파**(L-DOPA, levodopa) **투여** : 레보도파가 뇌로 이동하기 전에 분해되면 오심, 구토, 부정맥, 식욕부진 같은 부작용이 발생하기 때문에 레보도파가 뇌로 이동하기 전에 분해되지 않도록 막아주는 효소를 혼합 투여한다.
(2) 대증요법 : **증상에 따라 증상 완화 요법, 세로토닌 재흡수 억제제, 항우울제**
(3) 수술적 치료 : **뇌심부자극술을 통해 시상하핵에 고주파 전기자극**

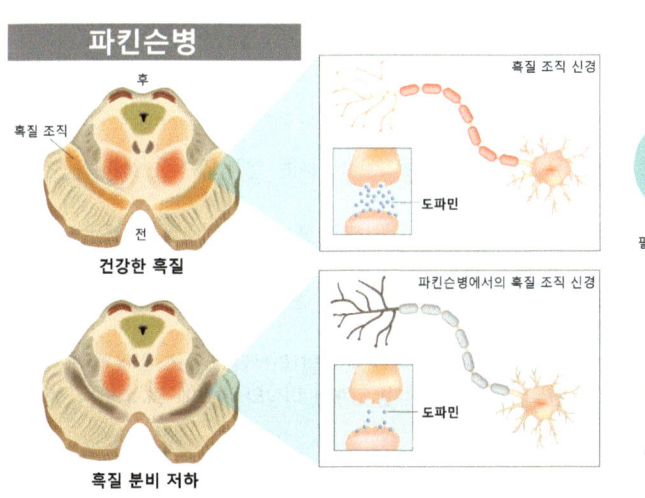

> 의학이론

5 기타 뇌질환

1) 뇌성마비(cerebral palsy)

(1) 정의 : 미성숙한 뇌의 비진행성 병변이나 손상으로 인하여 생기는 운동과 자세 장애
(2) 호발 인자
   ① 산전 원인 : 선천성 감염(톡소팔라즈마 기생충 감염, 풍진, 거대 바이러스, 포진, 매독), 기형 발생 물질, 산과적 합병증(임신중독증, 태반 이상, 영양실조), 유전성 질환(염색체 이상, 가족력)
   ② 주산기(임신 29주~생후 1주) 원인 : 조산 및 미숙아(두개내출혈, 저산소증), 출산 합병증(질식, 뇌 손상), 감염(세균성 패혈증, 뇌막염), 대사성(고빌리루빈혈증, 저혈당증)
   ③ 산후 원인 : 뇌손상, 감염(뇌막염, 농양, 뇌염), 뇌졸중, 후천성 뇌병증, 독성, 대사성, 저산소증, 허혈증
(3) 증상
   ① 발달장애 : 지능 지체, 간질, 시각 또는 청각이상, 언어 이상, 인지 및 행동 이상
   ② 운동장애 : 경직성 편마비, 경직성 하지마비, 경직성 사지마비 등

2) 간질(epilepsy)

(1) **간질**(epilepsy) : 한 무리 뇌세포의 과도한 방전에 의해 반복적으로 발작이 발생하는 상태(예, 약물, 알코올 금단 증상, 전해질 이상, 수면 부족 등)
(2) **경련**(convulsion) : 원인과 관계없이 근육의 불수의적 운동 상태에 초점을 맞춘 명칭
(3) **발작**(seizure) : 일시적, 영구적 또는 정상이나 병적 상태를 포함하여 뇌에서 기원하는 의식장애, 경련, 감각 또는 운동장애 등 모든 임상 소견을 총칭하는 포괄적이고 보편적인 명칭으로 간질, 경련을 포함하는 광범위 의미
(4) **진단기준** : **최소한 2번 이상의 발작이 특별한 이유 없이 발생한 상태**, 단 한 번의 발작이 있었다 하더라도 유발 요인이 존재하는 상태, 앞으로도 발작이 재발할 소지가 지속적으로 존재하는 경우
(5) 원인 : 뇌혈관질환, 뇌종양, 알코올 관련 등 뇌에 발생하는 모든 질환이 원인이 될 수 있다. 성인의 30% 정도, 소아의 50% 정도가 원인을 알 수 있다.

제3보험 연관학습

3보 발작

* 중증 발작 : 전신경련을 동반하는 발작으로 신체의 균형을 유지하지 못하고 쓰러지는 발작 또는 의식장해가 3분 이상 지속되는 발작
* 경증 발작 : 운동장해가 발생하나 스스로 신체의 균형을 유지할 수 있는 발작 또는 3분 이내에 정상으로 회복되는 발작
* 심(70%) : 월 8회 이상의 중증발작이 연 6개월 이상의 기간에 걸쳐 발생하고, 발작할 때 유발된 호흡장애, 흡인성 폐렴, 심한 탈진, 구역질, 두통, 인지장애 등으로 요양관리가 필요한 상태
* 뚜(40%) : 월 5회 이상의 중증발작 또는 월 10회 이상의 경증발작이 연 6개월 이상의 기간에 걸쳐 발생
* 약(10%) : 월 1회 이상의 중증발작 또는 월 2회 이상의 경증발작이 연 6개월 이상의 기간에 걸쳐 발생

CHAPTER 04 소화기계 질환

1 소화기계(digestive system)의 기초

1) 정의
음식물의 소화와 흡수를 담당하는 구강에서 항문까지 이어진 신체 기관

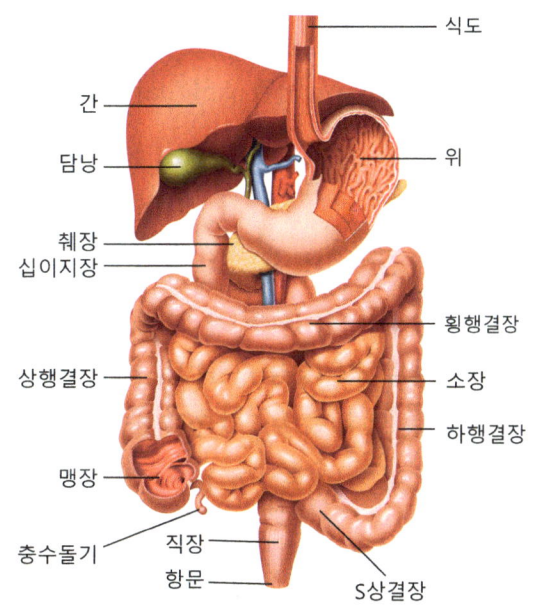

2) 구성 및 기능
(1) **구강**(mouth) : 혀로 음식 맛을 느끼고, 치아와 턱의 씹는 기능으로 음식물을 잘게 부수고, 침을 분비하여 음식물과 섞여 탄수화물 소화를 촉진한다.
(2) **인두**(pharyngeal) : 구강에서 식도로 연결되는 부위
(3) **식도**(esophagus) : 연동 운동을 통해 음식물을 위로 전달하는 기능을 하며, 소화효소는 분비되지 않는다. 하부 식도괄약근이 있어 위의 내용물이 식도로 역류하지 않도록 한다.
(4) **위**(stomach) : 위로 들어온 음식물은 위액과 섞여 좀 더 작은 입자가 된다. 위산과 펩시노겐 분비

> 용어해설 위산(gastric acid) : 우리 몸에 들어온 병균을 죽이는 역할을 한다.
> 용어해설 펩시노겐(pepsinogen) : 펩신의 전구물질로 단백질 분해 작용을 한다.

(5) **십이지장**(샘창자, duodenum)
  ① 췌장에서 분비된 소화효소 배액 : 탄수화물, 지방, 단백질 분해
  ② 간에서 분비된 담즙 배액 : 소장에서 지방이 흡수되는 데 필수적

(6) **소장**(small intestine) : 공장(빈창자)과 회장(돌창자)으로 구성된다. 길이 6~7m 정도이며, 소화된 음식물을 영양소로 분해한다. 포도당, 아미노산, 지방, 비타민 등 대부분의 영양소가 소장에서 몸으로 흡수된다.

(7) **대장**(large intestine) : 맹장(막창자), 상행결장, 횡행결장, 하행결장, S상결장(구불결장), 직장(곧창자)으로 구성된다. 대장점막에서 점액이 분비되어 수분을 흡수한다. 장내세균에 의해 분해된 이산화탄소, 메탄, 수소 등의 가스를 배출하고, 소화되고 남은 찌꺼기들을 대변으로 배출한다.

(8) **항문**(anus) : 소화기관의 가장 마지막 부분으로 3~4㎝ 정도 길이이다. 항문괄약근이 있어 평소에는 닫혀 있다가 대장에 대변이 차게 되면 부피와 압력에 의해 배변반사가 일어나 항문이 이완되면서 대변이 몸 밖으로 배출된다.

(9) 소화액 : 전체 8L/day, 침 1.5L/day, 위액 2.5L/day, 췌장액 0.7L/day, 장액 3L/day

3) 소화관 벽

(1) **점막**(mucous membrane) : 가장 안쪽에 있는 세포층으로 파쇄된 음식물이 혈류로 이동하는 부분이다. 상피조직, 점액 분비세포, 흡수 세포 등으로 구성된다.

(2) **점막하층**(submucosa) : 결합조직과 혈관으로 구성되어 소화 활동 조절을 돕는다. 식도나 십이지장의 점막하층에는 점막하선이 존재한다.

(3) **근층**(smooth muscle) : 근육의 수축(연동 운동)으로 음식물이 이동한다.

(4) **장막**(serous membrane) : 혈관, 신경, 림프관 등을 포함하고 있는 결합조직으로 구성되어 있다.

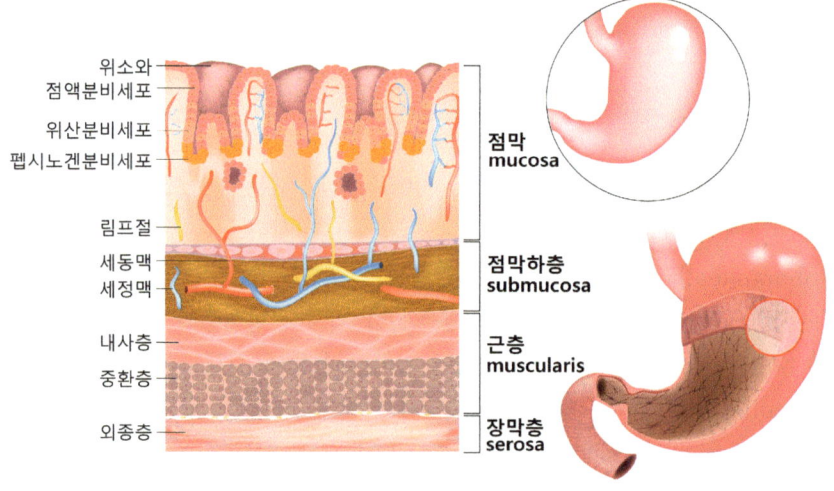

4) 소화의 과정

(1) **섭취**(ingestion) : 음식물을 먹고, 씹고, 삼키는 것
(2) **연동 운동**(peristalsis) : 소화된 음식물을 소화관을 통해 이동시키는 근육 수축 운동
(3) **소화**(digestion) : 녹지 않는 큰 미립자들을 녹기 쉬운 작은 미립자들로 전환하는 것
(4) **흡수**(absorption) : 세포에서 이용하거나 저장할 수 있도록 화학적 물질들을 장에서 혈류와 림프계로 이동시키는 것
(5) **배변**(defecation) : 소화 후에 생긴 불필요한 노폐물을 항문으로 배출하는 것

5) 위(stomach)

(1) 위치 : 입에서 항문까지 하나로 이어진 소화기계 중 가장 넓은 기관이다. 배의 윗부분 왼쪽 갈비뼈 아래에 위치하며, 위로는 식도와 아래로는 십이지장과 연결된다.
(2) 구조
  ① **분문부**(cardia) : 식도에서 위로 이행하는 위의 입구
  ② **기저부**(fundus) : 왼쪽 위로 불룩하게 내민 부위
  ③ **체부**(body) : 중앙의 대부분을 차지
  ④ **전정부**(antrum) : 체부와 유문부 사이
  ⑤ **유문부**(pylorus) : 십이지장을 향해서 가늘어지는 부위
(3) 기능
  ① **저장고 기능** : 음식물을 임시 저장하면서 장으로 천천히 전달하는 기능
  ② **소화 기능** : 위액 분비를 통해 음식물을 잘게 부수고 분해하여 장에서 영양분이 흡수되기 쉽게 만드는 기능
    a. **위액** : 위샘에서 분비되는 무색투명하고 약간 점성이 있는 강산성 액
    b. **위산** : 위액 속에 들어있는 산성 물질이나 단백질 분해효소인 펩신의 활성화를 돕고, 살균 작용을 해서 세균이 십이지장으로 들어가는 것을 막는다.

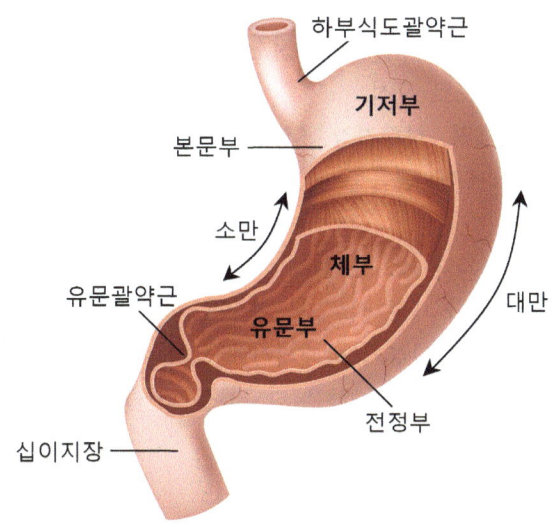

6) 췌장(pancreas)

(1) 위치 : 위 뒤쪽에 위치해 십이지장과 연결되고 비장과 인접해 있다. 약 15㎝의 가늘고 긴 장기로 '이자'라고도 부른다. 두부(십이지장과 가까운 부분), 체부, 미부로 구분된다.

(2) **외분비 기능** : 췌관을 통해 십이지장으로 췌장액을 보내는 기능
 ① **아밀라아제**(amylase) : 탄수화물 분해 효소
 ② **리파아제**(lipase) : 지방 분해 효소
 ③ **트립시노겐**(trypsinogen, 장에서 트립신으로 활성화) : 단백질 분해 효소

(3) **내분비 기능** : 혈관 내로 호르몬을 방출하는 기능
 ① **인슐린**(insulin) : 췌장 내 랑게르한스섬의 베타세포에서 분비되어 간문맥을 통해 간으로 이동한다. 혈중 포도당 농도 상승 시 분비가 촉진되어 혈당을 낮춘다.

 > 용어해설 랑게르한스섬 : 췌장 전체에 100만 개 이상 존재한다. 혈당 조절 호르몬인 인슐린과 글루카곤을 혈액으로 분비한다.

 ② **글루카곤**(glucagon) : 간세포의 세포막에 있는 수용체와 결합한다. 세포 속에 저장되어 있던 글리코겐을 포도당으로 분해하고 혈액으로 분비하여 혈당을 높이는 역할을 한다.

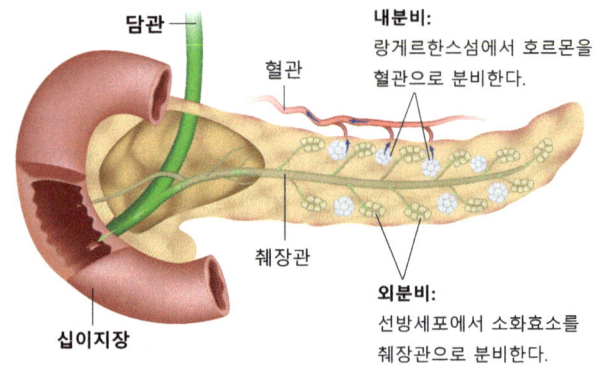

7) 대장(colon)

(1) 해부 : 소장의 끝에서부터 항문까지 이어진 소화기관으로 길이 약 150㎝
 ① **맹장, 결장, 직장, 항문**으로 구성
 ② **결장** : **상행결장, 횡행결장, 하행결장, S상결장**으로 세분
 ③ 대장벽 : 점막, 점막하 조직, 근육층, 장막으로 구성

(2) 기능
 ① 음식물 분해는 하지 않는다.
 ② 분변을 형성해 저장했다가 내보내는 기능과 수분 흡수 기능을 한다.
 ③ 소장에서 소화되지 않은 다당류가 박테리아에 의해 지방산으로 바뀌어 대장에 흡수된다. 대장에서 나오는 가스는 소화되지 않은 다당류를 박테리아가 발효할 때 만들어진다.

2 역류성 식도염(reflux esophagitis)

1) 정의
정상적인 역류 방지 기능의 불안정으로 위 내용물이나 위산이 식도로 역류하여 발생하는 식도의 염증 상태

2) 원인
(1) 위의 배출 기능 저하로 음식이 위에 오래 머물며 역류 발생
(2) 식도의 운동기능 저하로 역류된 위산을 내려보내는 능력 저하
(3) 식도와 위 사이의 하부 식도괄약근이 느슨해져 역류 발생

3) 증상
흉부 작열감(heart burn), **기침, 쉰 목소리, 위산 역류**

4) 진단 및 치료
(1) 진단 : 식도 내시경, 24시간 식도 pH 모니터링
(2) 치료 목적 : 위식도역류 감소, 위산 중화, 식도의 청소 능력 향상, 식도 점막 보호
(3) 치료방법
  ① 생활 습관 개선 : 체중 감소, 취침 시 머리를 올린 자세, 식후 바로 눕는 습관
  ② 약물치료 : 점막보호제, 제산제(위산 중화), H2 차단제(위산 분비 감소), PPI(proton pump inhibitor, 위산 분비 감소)
  ③ 복강경적 위저부주름술(laparoscopic fundoplication) : 위 저부를 이용하여 식도 주위를 둘러싸고 하부 식도압을 증가시키는 수술

5) 바렛식도(barrett esophagus)
(1) 정의 : **식도 점막**의 **편평상피가 원주상피로 변형된 상태**로 식도 선암의 발생 위험이 크다(0.5%/year). 위 - 식도 경계 부위에 호발한다.
(2) 원인 : 위 - 식도 역류, 역류성 식도염
(3) 진단 : 식도 내시경 및 조직검사
(4) 치료 : 광역학치료(레이저, 열 이용), 내시경적 점막절제술, 식도 분절 절제술

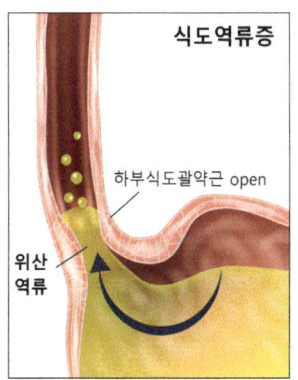
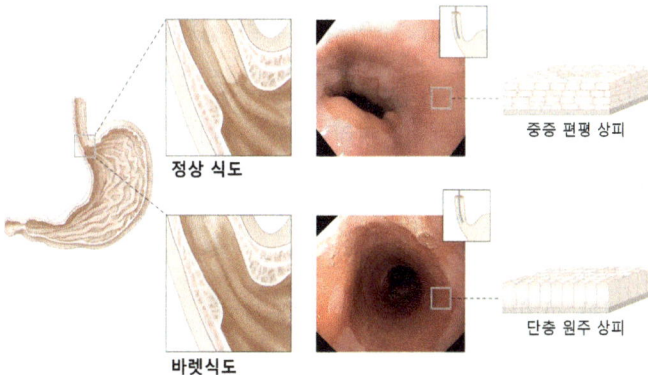

| 의학이론

3 위십이지장의 염증 및 궤양

1) 위점막의 방어기전

(1) **점액 분비**(mucus secretion)
(2) **중산화염**(bicarbonate) 분비 : 위산 중화
(3) **상피세포 장벽**(epithelial barrier) : 손상된 세포가 신속히 새로운 세포로 복구되도록 도와 준다.
(4) **점막 혈류** : 풍부한 혈류로 위 세포에 산소와 영양분을 공급하고 독성 물질 제거
(5) **프로스타글란딘2 합성**(PGE2, prostaglandin2 synthesis) : 위산 분비 억제 및 점액 분비 유도

2) 위점막 공격인자

(1) **헬리코박터 파일로리**(Helicobacter pylori) 감염 : 가장 흔한 공격인자로 위궤양의 30~60% 에서, 십이지장궤양의 70%에서 발견된다.
(2) **비스테로이드성 항염제**(NSAID - 아스피린, 이부프로펜) : 프로스타글란딘2의 합성을 방해하 여 위점막의 방어기전을 손상시키고, 점막 세포의 국소적 허혈을 유발하여 회복 기능을 손상시 킨다. 약산성 상태로 약물이 직접 위점막에 닿아서 독성을 일으키기도 한다.
(3) **흡연** : 위장 점막 세포의 재생과 점막하 조직의 혈액 순환 등에 장애 유발
(4) **스트레스** : 위산 분비 유도
(5) **악성종양** : 위궤양 유발

3) 위점막의 방어기전과 공격인자의 불균형에 의해 발생하는 질병

(1) 위염 : 위장 점막에 염증이 생긴 상태로 염증은 점막층에 한정된다.
(2) 소화성 궤양(peptic ulcer disease)
 ① 정의 : 활동성 염증으로 인한 위십이지장 점막의 손상 및 국소 함몰 상태
 ② 증상 : 공복 시 심해지고, 식사와 함께 증상이 호전되는 명치 끝의 통증
 ③ 궤양과 미란
   a. **궤양**(ulcer) : 위장관 벽 조직의 결손이 **점막층을 넘어서 점막하층 또는 그 이하까지 침범**된 상태로 주로 5㎜ 크기 이상으로 고유근층이 노출된 것
   b. **미란**(erosion) : 조직의 결손이 **점막층에 국한**된 것

4) 비스테로이드성 항염제 사용 시 소화성 궤양 발생의 위험인자

(1) 고용량 NSAID 복용, 여러 가지 NSAID 복용
(2) 당질코르티코이드 동시 복용, 항응고제 동시 사용
(3) 헬리코박터 파일로리 감염 동반
(4) 고령, 흡연, 음주
(5) 궤양 과거력, 심각한 전신 질환 동반

5) 진단

(1) 형태학적 진단 : 상부위장관 내시경, 바륨 조영술, 내시경적 초음파, 복부 CT

(2) 원인 진단 : 헬리코박터 파일로리균, 비스테로이드 소염제 관련 여부, 위산 과분비증후군

6) 위염(gastritis) 치료

(1) 무증상의 급만성 위염은 대부분 치료의 대상이 되지 않는다.

(2) 소화불량, 트림, 심와부 통증, 복부 팽만감 등의 증상이 나타나면 대증요법

(3) 약물치료 : 위산 억제제, 위장 점막보호제

(4) 생활 습관 교정 : 흡연, 음주, 카페인, 자극적인 음식 등 제한

7) 위십이지장 궤양(gastroduodenal ulcer) 치료

(1) 궤양 치료 : 위산 분비 억제제, 점막 보호 인자 등의 약물을 4~8주 복용

(2) 헬리코박터균 치료 : 두 가지 이상의 항생제와 위산 억제제를 1~2주 복용

(3) 합병증 치료 : 내시경적 또는 수술적 치료(출혈, 위 출구 폐색, 장 천공 시)

8) 소화성 궤양의 합병증

(1) **천공** : 심한 복통, 쇼크, 복부 강직

(2) **출혈** : 토혈, 흑색변

(3) **장폐색** : 트림, 구토, 구역, 체중 감소

9) 음식과 위장 질환

(1) 위염을 악화시키는 음식 : 알코올, 카페인, 과일주스, 식초, 매운 음식

(2) 위암 발생률을 높일 수 있는 음식 : 소금에 오래 절인 음식, 직화 생선이나 고기, 신선하지 않은 오래된 음식

10) 상복부 동통 유발 질환(epigastric pain)

(1) 담도계 : 담낭염, 담낭 결석, 담도염

(2) 심장 : 심근경색증, 심낭염

(3) 위장계 : 식도염, 위염, 소화성 궤양

(4) 췌장 : 췌장염, 췌장 종양

(5) 혈관계 : 대동맥 박리, 정동맥 허혈

> 의학이론

4 헬리코박터 파일로리(Helicobacter pylori)

1) 정의

몇 개의 편모를 가진 나선형 세균으로 증식속도가 느리고 움직임이 빠르다. 요소분해효소(urease)를 분비해 암모니아를 생성하고 주위를 알칼리성 환경으로 조성하여 강한 산성인 위에서 살아남는다. 위에 염증을 일으켜 위축성 위염, 장상피화생, 이형성증의 다단계 전암 병변으로 진행하면서 유전자의 변이를 가져와 위암 발생의 위험도를 2.8~6배 증가시킨다.

2) 검사방법

(1) 요소 호기 검사(UBT, urea breath test) : 헬리코박터균이 요소분해효소를 분비하여 요소를 암모니아와 이산화탄소로 분해하는 원리를 이용하여 호흡을 통해 확인하는 방법으로 가장 정확한 진단 방법의 하나이다.

(2) 신속 요소분해효소 검사(rapid urease test, CLO, campylobactor like orgnism test) : 내시경을 통해 얻은 점막을 요소와 pH 표지자가 포함된 용기에 넣었을 때 헬리코박터균의 요소분해효소에 의해 요소가 분해되고 이때 생성된 암모니아에 의해 pH 표지자의 색이 변하는 것을 이용해 균의 존재 여부를 확인하는 방법

(3) 중합효소연쇄반응검사(PCR, polymerase chain reaction)

(4) 위점막 조직검사

(5) 균 배양검사

(6) 혈청 항체 검사

(7) 대변 항원 검사

3) 반드시 제균 치료가 필요한 경우

(1) 반흔이 동반된 소화성 궤양

(2) 조기 위암

(3) 말트림프종(maltoma) : 항체 생성에 관여하는 점막 조직에서 발생하는 림프종이다. 위장 점막에서 제일 흔히 발생하나 점막이 있는 곳이면 어디에서나 발생할 수 있다.

> 참고 헬리코박터균은 위점막의 표면이나 위 점액에 존재하기 때문에 치료약물이 균이 있는 곳까지 충분히 도달하지 못하는 경우가 많고, 항생제에 노출이 된 적이 있는 경우 약물에 대한 내성이 잘 생겨서 치료가 쉽지 않아 두 가지 항생제와 강력한 위산 억제제를 병행(삼제 요법)하여 1~2주간 치료한다.

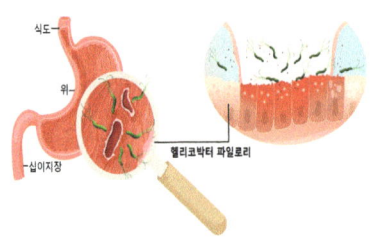

◀ 헬리코박터 파일로리균이 위장 내 pH를 높이고 위점막으로 침투하는 모습

5 기타 소화기계 질환

1) 급성 충수돌기염(acute appendicitis)

(1) 역학 : 10대와 20대에 가장 호발
(2) 원인 : 대변, 림프조직 비대, 바륨 농축, 기생충, 종양 등에 의한 충수돌기의 폐쇄
(3) 임상 양상
  ① 복부 불쾌감, 구역질, 우하복부 통증
  ② **반발 압통**(rebound tenderness) : 우하복부를 눌렀다가 뗄 때 울리는 듯한 통증이 느껴지는 충수돌기염의 특징적인 증상
  ③ McBurney sign : 촉진할 때 우하복부에 국한되는 통증
  ④ 기침 징후(dunphy sign) : 환자에게 기침을 시키면 우하복부에 통증 호소
(4) 치료 : **충수돌기 절제술**

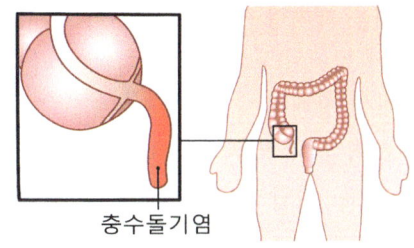

충수돌기염

2) 급성 췌장염(acute pancreatitis)

(1) 원인 : 담도 질환, 담석, 알코올, 고중성지방혈증
(2) 증상 : 상복부 통증, 오심, 구토, 복부 팽만, 미열, 빈맥, 저혈압, 쇼크, 혈류량 감소, 혈관 확장, 효소의 전신 효과, 폐쇄성 황달, 홍반성 피부 소결절, 폐의 수포음, 무기폐, 흉수, **Cullen's sign**(배꼽 주위의 청색 변화), **Turner's sign**(옆구리의 청홍자색 또는 녹갈색 변화)
(3) 검사실 소견 : 혈중 췌장 효소 증가, 백혈구증다증, 고혈당, 저칼슘, 고빌리루빈혈증, 간기능 효소 수치 증가, 저산소혈증, 심전도 이상 소견
(4) 치료 : 진통제, 정맥내 수액제, 금식, 합병증 치료

3) 염증성 장 질환(미확정 결장염, IBD, inflammatory bowel disease)

(1) 정의 : **장의 염증이 재발과 관해를 반복하는 원인 불명의 만성 장 질환**
  [용어해설] 관해 : 일시적이건 영속적이건, 자각적 및 타각적 증상이 감소한 상태
(2) 주요 유형
  ① **크론병**(Crohn's disease) : 입에서 항문까지 모든 위장관에 침범 가능한 전층 염증병변
  ② **궤양성 대장염**(UC, ulcerative colitis) : 직장에서 시작하여 전체 대장에 파급되는 점막 질환
3) 증상 : **설사, 복통, 혈변**

4) 과민성 대장증후군

(1) 증상 : 복통, 설사, 변비, 복부 팽만, 가스가 찬 느낌, 점액성 대변, 불완전한 배변
(2) 진단 기준 : 대변검사, 대장내시경, 혈액검사 등 여러 가지 기본적인 검사를 통해 원인이 되는 기질적인 질환이 없다는 것을 확인한 경우로서 아래 증상이 최소한 3개월 이상 지속적이거나 반복적일 때에 진단한다.
   ① 복통, 복부 불편감
   ② 다음 증상 중 2개 이상이 최소한 4분의 1 이상의 경우에 관찰되어야 한다.
      배변 주기의 변화, 대변 굳기의 변화, 배변의 변화
      점액의 배출, 복부 팽창이나 복부 팽만감

5) 장폐색(intestinal obstruction)

(1) 원인 : 장 유착, 탈장, 장중첩, 종양, 염증성 장 질환, 염전
   용어해설 장중첩 : 망원경을 접을 때처럼 장의 한 부분이 장 내강으로 말려들어 간 것
   용어해설 염전(volvulus) : 장이 꼬이거나 매듭이 지어진 상태
(2) 분류 : 기계적 장폐색, 마비성 장폐색
(3) 진단 : 복부 X - 선 검사, 조영검사, 복부 CT, 백혈구 증가, 대사성 산증 소견
(4) 치료 : 전해질 교정, 수액 치료, 감압 치료, 스텐트 삽입술, 내시경적 감압술

6) 용종(polyp)

(1) 정의 : **점막이 비정상적으로 증식되어 관 안으로 돌출되어 있는 덩어리**로 비종양성 용종은 악성화 가능성이 없지만, 종양성 용종은 암의 전구 단계이다.
(2) 치료 : 절제생검, 올가미 용종 제거술, 내시경적 점막절제술, 내시경적 점막하 절제술

7) 멕켈 게실(Meckel's diverticulum)

태생기에 하부 소장과 배꼽이 연결되어 있던 관인 멕켈이 출생 후에도 없어지지 않고 남아서 게실을 형성하는 선천성 질환이다. 2~3%에서 발견되며 장 출혈, 장 중첩, 장 폐색, 게실염 등을 유발하기 때문에 수술적인 처치가 필요하다.
   용어해설 게실(diverticulum) : 소화관이나 방광처럼 내부에 공간을 가진 장기의 일부가 볼록하게 바깥으로 돌출하여 끝이 막힌 주머니를 형성한 것

8) 치핵(hemorrhoid)

(1) 정의 : 항문과 항문 주위 정맥총이 확장된 상태
(2) 원인 : 치핵 신경총 내 정맥압의 지속적 상승, 변비, 임신, 간경변 문맥고혈압
(3) 치상선(dentate line) : 항문관의 최상부에 있는 지그재그형 무늬로 배열된 주름 모양. 내치핵과 외치핵을 나누는 기준선이다.
(4) 치료 : 보존 치료(좌욕, 훈증, 좌약, 대변완하제, 침상안정), 결찰, 경화제 주입, 치핵절제술

6 간 및 담낭 기초

1) 간(liver)의 위치
(1) 횡격막 바로 아래, 제5늑골에서 늑골 – 복부 경계선 사이에 위치
(2) 우리 몸에서 가장 큰 장기로 성인의 경우 1.2~1.6kg 정도

2) 간의 구조
(1) 우엽과 좌엽으로 구분된다. 우엽이 더 크고 두꺼워 간 전체의 2/3 가량 차지
(2) 간을 구성하는 세포
  ① **간세포**(hepatic cell) : 간실질의 대부분을 차지
  ② **담관 세포**(cholangio cell) : 담즙 통로인 담관을 형성
  ③ **쿠퍼 세포**(kupffer cell) : 이물질을 포식하는 기능을 지닌 세포
(3) 두 개의 주요 혈관
  ① **간동맥**(hepatic artery) : 간에 공급되는 혈류의 20%를 차지한다. 심장에서 공급되는 산소가 풍부한 혈액을 공급한다.
  ② **간문맥**(portal vein) : 간에 공급되는 혈류의 80%를 차지한다. 식도, 위, 췌장, 비장, 담낭, 소장, 대장, 항문 등에서 오는 정맥들이 하나의 줄기로 합쳐져 영양분과 대사물질 및 해독이 필요한 독소 등을 포함한 혈액을 공급한다.

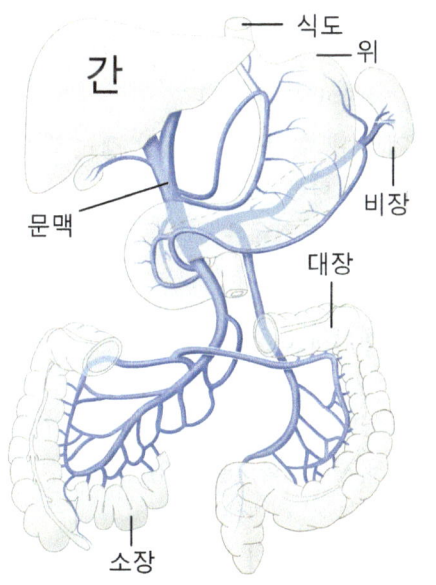
▲ 간문맥으로 공급되는 정맥들

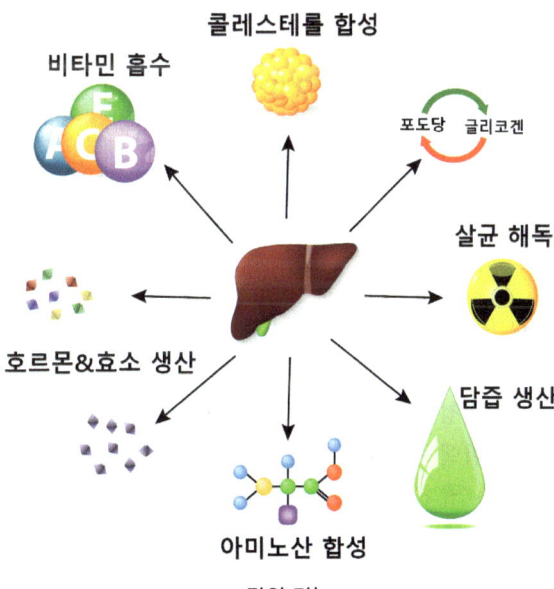
▲ 간의 기능

3) 간의 기능

(1) **영양소 대사기능**
① 포도당, 아미노산, 단백질, 지방, 비타민, 무기질, 담즙산, 빌리루빈 대사에 관여
② 장에서 흡수된 음식물을 적절히 변형하여 체내 여러 조직에서 사용하게 기능
③ 각 조직에서 영양소로 이용하고 남은 노폐물을 모아 필요한 것은 재활용하고, 필요 없는 노폐물은 대변으로 처리

(2) **영양소 저장 기능**
① 탄수화물, 단백질, 지방, 비타민 등 여러 가지 영양소를 보관하는 기능
② **당대사 조절** : 포도당, 아미노산, 글리세린, 유산 등을 글리코겐이라는 다당류의 형태로 저장했다가 필요할 때 다시 포도당으로 전환하는 기능

(3) **지방 소화를 돕는 기능** : **담즙산 생성 및 배출**

(4) **인체 내 필요 물질 합성** : **알부민, 혈액응고인자**(프로트롬빈, 피브리노겐), **콜레스테롤, 레시틴, 인지질, 지방**

(5) **해독 및 살균 작용**
① 술, 약물, 유해 물질, 체내 독소를 해독하여 담즙이나 소변을 통해 배설
② 암모니아를 요소로 변환
③ 세균과 바이러스를 포식하여 없애는 기능
④ 항체인 감마 글로불린과 효소 모양의 단백질인 보체를 생성하여 살균 작용

(6) **혈액 저장**
① 간에는 총 혈액량의 10%에 해당하는 45mL 정도의 혈액이 들어 있다.
② 간은 크기가 크고 상황에 따라 늘어날 수 있기 때문에 체내 혈액량이 과다할 때는 혈액을 저장하는 역할을 하고, 혈액량이 부족할 때는 혈액을 공급하는 역할을 한다.

(7) **호르몬 대사에 관여** : **갑상선호르몬, 에스트로겐, 코티졸, 알도스테론**

4) 간기능검사

(1) **해독 능력 및 배설 능력 검사** - **혈청 빌리루빈농도** : 정상치 0.3~1.7mg/dL
(2) 합성 능력 검사
① **혈청 알부민 농도**(serum albumin) : 정상치 3.8~5g/dL
② **혈액 응고 기능** : **프로트롬빈시간**(PT), **응고시간**(CT), **국제정상화비율**(INR)
(3) 간 효소 수치
① AST(GOT) : 정상 40 IU/L 이하. 알코올성 간염에서 ALT보다 더 많이 상승
② ALT(GPT) : 정상 35 IU/L 이하. 만성 간염에서 AST보다 더 많이 상승
③ r-GTP : 아미노산 대사에 관여하는 효소로 알코올이나 약제 등으로 간세포가 손상되거나 암, 결석으로 담관이 막혔을 때 혈액 속으로 방출되어 증가한다. 특히 알코올에 취약하다. 60~300 IU/L은 만성 염증, 300 IU/L 이상은 간세포 파괴를 의미한다.

7 간염(hepatitis)

1) 분류

(1) **급성 간염** : 이환 기간이 **6개월 미만**인 경우
(2) **만성 간염** : 간의 염증 및 간세포 괴사가 **6개월 이상** 지속된 경우

2) 종류

(1) **A형 간염** : 물이나 음식물을 통해서 **전파**된다. 급성 간염을 앓고 나면 항체가 형성되어 장기간 유지되고 만성 간염이나 간경변으로 진행되지 않는다.
(2) **B형 간염** : 유일한 DNA 바이러스이다. 국내 만성 간염, 간경변, 간암의 주요 원인(65~80%)이다.
(3) **C형 간염**
  ① 급성 간염 시기에는 대부분 증상이 없거나 경미하다.
  ② 급성 C형 간염 환자의 약 80~90% 환자가 만성화되고, 만성 C형 간염 환자의 20%가 간경화증으로 진행한다.
  ③ 국내 만성 간질환 15~20%의 원인이다.
  ④ B형 간염에 비해 간염이 서서히 진행하는 경우가 더 많아 고령의 환자에게서 더욱 많이 발견된다. 감염 당시 나이가 많거나, 알코올 섭취가 많은 경우, 다른 바이러스에 중복 감염된 경우 등에서 간 섬유화의 진행 속도가 빠르다.
  ⑤ 재감염에 대한 면역능력이 없고 백신 개발이 쉽지 않다.
  ⑥ 전격성 간염은 드물다.

3) 감염 경로

(1) **경구감염**(parenteral transmission) : **A형 간염 바이러스**
(2) **경피감염**(percutaneous transmission) : **B형, C형 간염 바이러스**
  근육주사, 혈관주사, 주사 약물 남용자, 동성연애자, 문신
(3) **수직감염**(vertical transmission, 출산 감염) : **B형, C형 간염 바이러스**
(4) **성적 감염**(sexual transmission) : **B형, C형 간염 바이러스**

4) 증상

(1) **피로감**이 가장 흔한 증상이다.
(2) 심하게 진행된 경우 : **황달**(혈중 빌리루빈이 2.5㎎/dL 초과 시 발생)
(3) 만성 B형 간염 : **피로, 식욕 저하, 구역 구토, 근육통, 미열, 진한 소변 색, 황달**
(4) 만성 B형 간염의 자연 경과 : **면역 관용기 → 면역 반응기**(제거기) **→ 비증식 B형간염 바이러스 보유기 → B형 간염 바이러스 재활성기**

5) 진단
   (1) B형 간염 바이러스 표면 항원(HBsAg), B형 간염 e항원(HBe Ag), HCV 유전자 검사(C형 간염), 간기능 검사, 간세포암종 종양표지자 검사(αFP), 복부 초음파
   (2) 만성 B형 간염의 진단기준
       ① 6개월 이상 B형 간염 바이러스 표면 항원 양성(HBs Ag +)
       ② 혈청 B형 간염 바이러스 DNA 상승
       ③ AST와 ALT의 지속적 또는 간헐적 상승
       ④ 간 조직검사 상 중등도 이상의 괴사 염증 소견을 갖는 만성 간염
   (3) B형 간염 보균자(비활동성 B형 간염 바이러스 보유자)
       ① 6개월 이상 B형 간염 바이러스 표면 항원 양성(HBs Ag +)
       ② B형 간염 e항원(-) & B형 간염 e항체(-)
       ③ AST와 ALT는 정상
       > 참고 B형 간염 e항원(HBe Ag)은 전염성의 지표이기 때문에 HBe Ag(-)는 전염력이 없다는 의미이다.

6) 치료
   (1) 안정 및 충분한 영양공급, 고칼로리 식이, 간에서 대사되는 약물 제한
   (2) **B형 간염** : 면역제거기 및 B형 간염 바이러스 재활성기에 항바이러스제나 페그인터페론
   (3) **C형 간염** : **페그인터페론**(peginterferon) 및 **리바비린**(ribavirin) **병용 요법**

7) 합병증
   전격성 간염(간질환 발병 8주 이내에 간기능 부전과 뇌 질환이 나타나는 것), 간경변증

8) 만성 B형 간염의 위험인자
   (1) **B형 간염을 앓고 있는 어머니로부터 출생한 자녀**
   (2) **감염된 사람과 성관계를 가지는 사람, 여러 명의 섹스 파트너를 가진 사람**
   (3) **동성연애자, 특히 남성 동성연애자**
   (4) **주사기를 공동으로 이용하는 마약 사용자**
   (5) **보건의료 종사자**
   (6) **혈액제제를 반복 투여하는 환자(혈우병, 혈액투석)**
   (7) **1992년 이전에 수혈을 받은 경험이 있는 사람**

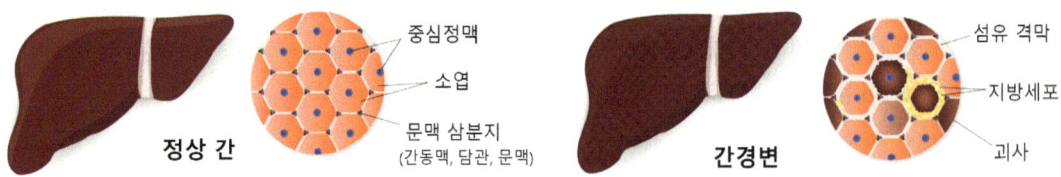

8 간경변증(liver cirrhosis) 기출 16년

1) 정의
만성 간 손상의 회복 과정에서 발생하는 섬유화가 진행되어 재생결절이 생긴 상태

2) 원인
(1) **만성 바이러스성 간염**
(2) 알코올, 간 독성 물질, 담도계 질환, 자가면역질환, 대사질환, 혈관질환

3) 증상
(1) **거미 혈관종** : 피부에 붉은 반점이 거미 모양으로 나타나는 것
(2) **비장 증대 및 좌측 옆구리에서 비장 촉지, 복수, 양 하지 부종, 황달**
(3) **간성 혼수**(hepatic coma) : 인격 변화, 의식 상실
(4) **식도정맥류 출혈** : 각혈, 흑변, 혈변
(5) **호르몬 대사 이상으로 정상보다 붉은 손바닥, 남성의 가슴 확대, 성기능 저하**

4) 진단
(1) 문맥고혈압의 징후 : 복수, 하지 부종, 비장 비대, 식도정맥류
(2) 간 조직검사, 간기능검사(AST, ALT), 복부 초음파, 복부 CT
(3) 상부위장관 내시경검사 : 식도정맥류의 존재 여부 확인
(4) 정기적인 복부 초음파 및 간암 종양표지자인 αFP 검사로 간암 조기 발견

5) 치료
원인에 따라 페그인터페론이나 항바이러스제 등 약물치료, 합병증 치료
(1) 복수 : 이뇨제, 복수 천자, 복수에 세균감염 시 항생제 투여
(2) 정맥류 출혈 : 내시경 및 약물치료를 통한 지혈 치료
(3) 규칙적인 배변 유도로 간성 혼수 예방 및 치료
(4) 심한 간경변 : 간이식

6) 합병증
(1) **복수**(알부민 생성 저하에 따른 합병증), **황달, 혈액응고장애**
(2) **문맥압 항진 및 식도정맥류 출혈** : 각혈, 흑변, 혈변
(3) **간성 뇌증**(간성 혼수, hepatic coma) : 인격 변화, 의식상실
(4) **자발성 세균성 복막염**
(5) **간암**

기출문제
간경변증(liver cirrhosis)은 만성 간 손상에 대한 회복과정에서 발생하는 섬유화가 진행되어 불규칙한 재생결절이 생긴 상태이다. 대상성 간경변증 환자의 50%는 진단 후 10년 이내 합병증이 발생한다. 간경변증의 대표적인 합병증 3가지를 쓰시오. (10점) 기출 16년

> 의학이론

9 Child-Pugh scoring system 기출 12년·21년

1) 정의
(1) 도입 배경 : 문맥압 감압 수술을 받을 환자의 수술 위험 계층화를 위해 고안
(2) 현재 : 간경변 환자의 예후 평가, 간이식 적응 여부 판정에 이용
(3) 많은 간질환에서 신뢰할 수 있는 예후 인자이며 간경변의 중요 합병증(정맥류 출혈, 자발성 세균성 복막염 등)을 예측하는 지표로 이용한다.

2) Child - Pugh 5가지 지표, 각 3점
(1) **빌리루빈** : 혈청 빌리루빈 수치 – 황달 여부, 간의 배설 기능 확인
(2) **알부민** : 혈청 알부민 수치 – 간의 합성 기능 확인
(3) **복수** : 복수 유무 및 조절 가능 여부 – 간 문맥압 항진 확인
(4) **간성뇌증**(간성 혼수) : 간성 혼수 유무 및 정도 – 독성 물질 제거 능력 확인
(5) **혈액응고시간** : 혈액응고시간 – **혈액응고인자**(프로트롬빈, 피브리노겐) 생성 능력 확인

> 참고 5가지 지표를 각각 측정한 다음, 지표 점수를 합산하여 분류한다.
> ① 5~6점 A등급 간이식 여부를 결정하기에는 이른 단계
> ② 7~9점 B등급 간이식 센터와의 협의가 필요한 단계
> ③ 10~15점 C등급 간이식 평가를 의뢰해야 하는 단계

> 용어해설 알부민 : 간에서만 합성되는 단백질. 생성이 저하되면 부종과 복수가 나타난다.

> 용어해설 간성 혼수(hepatic coma) : 암모니아를 분해해서 요소로 변환시켜 몸 밖으로 배출하는 간의 해독능력의 이상으로 암모니아가 체내에 축적되어 뇌에 이상 증상을 유발한다.

> 용어해설 혈액 응고 저하 : 간 기능의 저하로 혈액응고인자의 합성이 줄어들어 혈액 응고 기능의 저하와 비장 크기 증가로 혈소판 수치가 감소한 상태

기출문제

01 만성 간질환에서 간기능장애의 중증도를 평가하고 환자의 예후와 생존율을 예측하는데 널리 사용되는 Child - Turcotte - Pugh scoring system에서 사용되는 5가지 지표들을 모두 열거하시오. (10점) 기출 12년

02 만성 간질환의 중증도 판정에 사용하는 평가 방법으로 Child - Pugh 분류법을 사용하고 있다. 중증도 판정, 예후 판단, 치료법 결정에 사용되고 있는 Child - Pugh 분류법에는 5가지 항목에 대하여 점수를 평가하여 합산하여 A, B, C 등급을 산정한다. 5가지 평가 항목에 대해서 쓰시오. (10점) 기출 21년

지표	1점	2점	3점
혈청 빌리루빈(mg/dL)	2 미만	2~3	3 초과
혈청 알부민(g/dL)	3.5 초과	2.8~3.5	2.8 미만
복수	없음	조절 가능	조절 불가
간성 뇌증	없음	경미	혼수
프로트롬빈시간(sec)	4초 미만	4~6초	6초 초과

10 지방간(fatty liver)

1) 정의
지방질이 원활히 대사되지 못하여 중성지방이 간세포 전반에 걸쳐 축적된 간비대 상태

2) 알코올성 지방간의 원인
과음으로 인해 간 내 지방 합성이 촉진되고 정상적 에너지대사가 이루어지지 않아 발생한다. 간경변증으로 진행될 가능성이 높다.

3) 비알코올성 지방간의 원인
(1) 대사성 질환 : 비만(특히 복부비만), 2형 당뇨병, 고지혈증, 쿠싱증후군
(2) 영양장애 : 단백 열량 부족, 췌장 질환, 장기간 비경구적 영양공급
(3) 체중감량수술을 한 경우
(4) 약물 : 여성호르몬제나 스테로이드를 포함한 장기간 여러 약제의 복용

4) 비알코올성 지방간염의 진단기준
아래 3가지 항목을 모두 충족하여야 한다.
(1) 하루 20g 이상의 알코올을 섭취하지 않을 것
(2) 간 조직검사에서 지방간염 소견
(3) 혈청학적 검사와 병력청취 결과 바이러스성 간염, 자가면역성 간염, 윌슨병, 혈색소 침착증, 약물성 간염 등 다른 만성 간질환의 원인을 배제할 수 있어야 한다.

> **용어해설** 윌슨병(Wilson's disease) : 구리 대사의 이상으로 주로 간과 뇌기저핵에 과다한 양의 구리가 축적되는 유전질환

> **용어해설** 혈색소 침착증(hemochromatosis) : 여러 가지 원인으로 체내에 지나치게 많은 철이 축적되어 간, 췌장, 심장, 뇌하수체 등의 장기가 손상되고 간경변증, 당뇨, 관절염, 심근병증, 성선 기능 저하 등을 유발하는 질환

5) 증상
대부분 무증상, 피로감, 전신 권태감, 우상복부 통증

6) 진단
간기능검사(AST, ALT 상승), 복부 초음파, 간 조직검사, MRI, CT

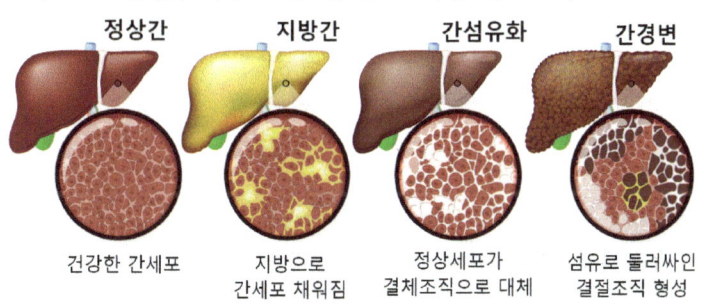

▲ 간 손상의 단계 : 정상 → 지방간 → 간 섬유화 → 간경변 → 간암

11 담낭 및 담관 질환

1) 담도 및 담관의 구조

(1) **담낭**(쓸개, gallbladder) : 간 아래쪽에 붙어 있고 간외 담도와 연결되어 있다. 간내 담도를 타고 나온 담즙을 농축해서 저장했다가 내보내는 창고 같은 곳이다. 길이 7~10㎝ 정도이고 일반적으로 40세 이후부터 담낭의 수축 기능이 감소한다.

(2) **담도**(담관, bile duct) : 간에서 분비된 담즙을 십이지장까지 운반하는 통로

(3) 기능 : 간에서 생성된 담즙을 십이지장으로 운반(이상 시 지방 소화장애), 해독된 빌리루빈을 십이지장으로 배출(기능 이상 시 황달)

(4) 담즙 경로 : 간에서 생성 → 간내 담도 → 담낭 → 간외 담도를 거쳐 십이지장에 도달

2) 담석(cholelithiasis, gallstones)

(1) 정의 : **담낭에 콜레스테롤, 색소 등의 결석이 존재하는 상태**

(2) 종류
　① **콜레스테롤 담석** : 담즙의 과포화, 담낭의 운동성 저하에 의해 발생한다. 비만이나 식생활이 원인이 되며 젊은 사람에게 많다.
　② **색소 담석** : 용혈성 빈혈, 담도 감염, 간경변에 의해 발생한다. 감염 시 갈색 석, 간경변 시 흑색 석이 관찰된다.

(3) 증상 : 80%가 무증상, 담도 산통, 소화불량, 구토, 샤르코 3징후

　[용어해설] 산통 : 명치나 우상복부에 발생하는 30분~2시간의 심한 통증이나 중압감

　[용어해설] 샤르코 3징후 : 급성 담관염에서 나타나는 복통, 발열, 황달

(4) 합병증 : 급성 담낭염, 담관염, 폐쇄성 황달, 급성 췌장염, 담낭 파열, 담낭암

(5) 치료
　① **담석 용해술** : 정상 담낭 기능이고 크기 5㎜ 미만에 효과적
　② 담낭절제술 적응증
　　a. **증상을 동반하는 담석증**
　　b. **담석의 크기가 3㎝이 넘는 경우**
　　c. **담낭 벽에 도자기 모양으로 비정상적인 비후가 있는 경우**
　　d. **담낭 기능이 비정상적으로 저하된 경우**
　　e. **담석증과 함께 담낭 용종이 동반된 경우**
　③ 우루사 : 담석 크기 1㎝ 이하, 담낭 기능 정상, 담관 폐색 없고 담석이 딱딱하지 않고 주변 장기에 질환이 없는 경우

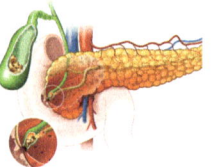

3) 담낭염(cholecystitis)

(1) 원인 : 담석(90%), 대수술, 외상, 화상, 패혈증

(2) 증상(3징후) : **우상복부 압통, 발열, 백혈구 증다증**

(3) 치료 : 금식, 통증 조절, 수액 공급, 항생제 투여, 담낭절제술, 경피적 담즙 배액술

12 복통(abdominal pain)

1) 급성 복통

(1) **급성 위염, 위경련, 위십이지장 궤양**
(2) **급성 췌장염** : 지속적으로 악화되는 상복부 통증, 때로 등 쪽으로 방사통. 허약감, 호흡곤란, 구역 등이 동반
(3) **급성 충수돌기염** : 다리를 펼 수 없을 정도의 우하복부 통증
(4) **급성 간염, 급성 담낭염, 담석증** : 황달을 동반한 우상복부 통증
(5) **크론병** : 우하복부 통증, 혈액이 동반된 설사
(6) **게실염** : 경증 통증이 왼쪽 하복부에서 시작되다가 시간이 지나면서 악화된다.
(7) **신장결석, 신우신염** : 배뇨 시 불편감, 옆구리와 등 부위 복통
(8) **여성의 복통** : 골반염, 난소 염전, 자궁외 임신

2) 심각한 복통

(1) 갑자기 나타나는 극심한 복통
(2) 발열, 의식 혼란, 구토 등이 동반된 복통
(3) 복부에 덩어리가 만져지는 경우
(4) 다른 부위로 뻗쳐나가는 느낌이 동반된 복통

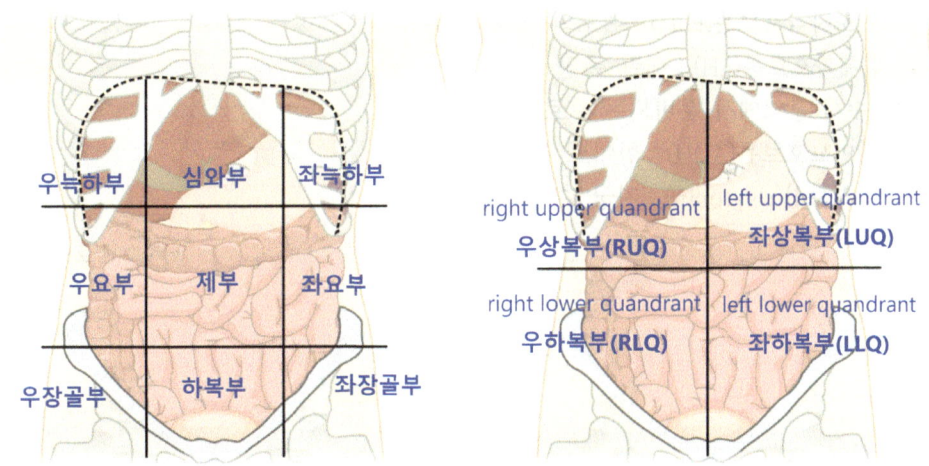

CHAPTER 05 내분비 및 호흡기계 질환

1 내분비계(endocrine system) 기초

1) 정의
호르몬을 분비하는 신체 기관을 총칭하여 내분비계통이라고 한다. 호르몬 생산 및 분비, 신진대사 조절, 생체의 발육과 항상성 유지 등의 기능을 한다.

2) 구성 및 분비 호르몬

(1) **뇌하수체** : 접형골의 터키안(sella Turcica) 내에 위치하는 작은 콩 모양의 샘으로 시상하부의 지배를 받아 호르몬을 분비한다.

① **뇌하수체 전엽에서 분비되는 호르몬(80%)**
   a. **갑상선자극호르몬**(TSH) : 갑상선의 호르몬 분비 자극
   b. **프로락틴**(PRL) : 유즙 분비
   c. **부신피질자극호르몬**(ACTH) : 부신피질의 호르몬 분비 자극
   d. **성장호르몬**(GH) : 성장에 관여
   e. **여포자극호르몬**(FSH) : 여포의 성숙을 촉진
   f. **황체화호르몬**(LH) : 배란 촉진

② **뇌하수체 후엽에서 분비되는 호르몬(20%)**
   a. **항이뇨호르몬**(ADH) : 항이뇨 작용, 혈압 상승
   b. **옥시토신**(oxytocin) : 자궁 수축

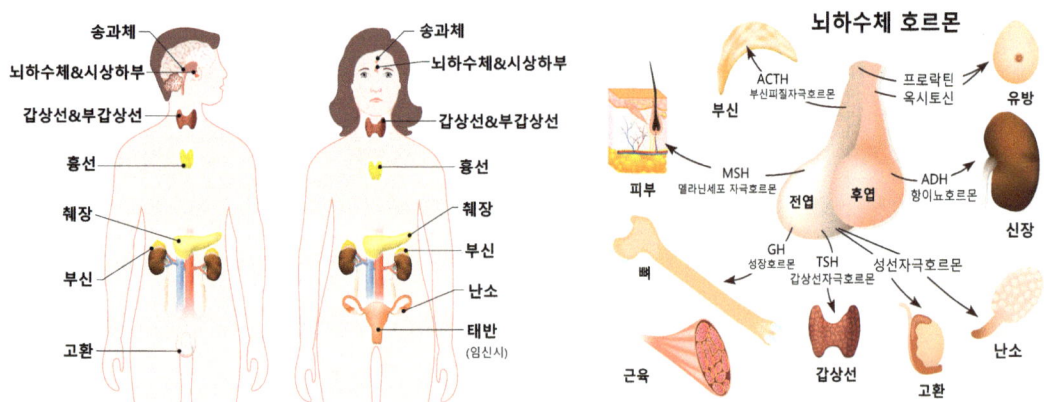

(2) **송과체** : 제3뇌실 뒤쪽에 있는 솔방울 모양의 내분비기관으로 **멜라토닌** 분비
(3) **갑상선** : 목 앞 중앙에 위치하며 **T3, T4, 칼시토닌** 분비
(4) **부갑상선** : 갑상선 뒤에 위치하며 **파라토르몬 분비**

(5) **췌장** : 복부 위장 뒤에 위치하며 **글루카곤과 인슐린 분비, 체내 혈당 조절**
(6) **부신** : 신장 위에 모자처럼 위치
  ① 부신피질
    a. **당질코르티코이드**(코르티솔, 코르티코스테론) : 단백질, 탄수화물, 지질 대사에 관여
    b. **알도스테론** : 나트륨과 칼륨 대사에 관여하여 혈압과 전해질 조절
  ② 부신수질
    a. **에피네프린**(아드레날린) : 교감신경을 흥분시키고 혈당량의 증가, 혈압 상승, 기관의 확장, 지혈 등에 작용한다.
    b. **노르에피네프린**(노르아드레날린) : 스트레스 호르몬. 교감신경계의 신경 전달
(7) **고환**(남자)
  ① **테스토스테론** : 근육, 생식기관 발육, 이차 성징
  ② **인히빈** : 정자 생성
(8) **난소**(여자)
  ① **에스트로겐** : 여성의 성적 발달과 성장
  ② **프로게스테론** : 임신 유지
  ③ **테스토스테론** : 근육, 생식기관 발육, 이차 성징

3) 갑상선(thyroid gland)

(1) 구조 : 목의 앞쪽, 갑상연골 2~3㎝ 아래에 위치, 길이 4~5㎝, 너비 1~2㎝, 나비 모양, 좌엽과 우엽 및 협부로 구성
(2) 부갑상선 : 갑상선 바로 뒤쪽에 좌우 각각 두 개씩 위치, 완두콩 크기
(3) 갑상선호르몬
  ① **T3**(삼요드타이로닌), **T4**(티록신) : 인체의 대사를 촉진하여 모든 기관의 기능을 적절히 조절하고 체온 유지와 신체 대사의 균형 유지
    a. **기본적으로 대사 촉진** : 열 생성 촉진, 산소 소비 증가
    b. **단백질 합성 촉진** : 글리코겐의 포도당 분해 촉진
    c. 성장호르몬과 함께 작용하여 성장 촉진 및 뼈 성숙 유도
    d. 카테콜아민 수용체를 증가시켜 심박동 수 및 심근 수축력 향상 유도
  ② **칼시토닌** : 갑상선 C세포에서 분비, 혈중 칼슘 농도가 정상치보다 높을 때 저하시키는 역할
  ③ **부갑상선호르몬**(파라토르몬) : 혈중 칼슘 농도가 정상치보다 낮을 때 상승시키는 역할
(4) 갑상선호르몬의 합성 조절
  ① 시상하부 → 뇌하수체 → 갑상선 축을 통한 feedback system에 의한다.
    참고 시상하부에서 갑상선자극호르몬 분비호르몬(TRH) 분비 → 뇌하수체에서 갑상선자극호르몬(TSH) 분비 → 갑상선에서 갑상선호르몬 분비
(5) 갑상선 관련 검사 : 갑상선호르몬 혈액검사(TSH, T3, T4, 칼시토닌), 초음파, 스캔

의학이론

2 뇌하수체 종양(pituitary tumor) 기출 18년

1) 정의
접형골의 터키안(sella Turcica) 내에 위치하는 작은 콩 모양의 샘인 뇌하수체에 생긴 종양이다. 종양세포에서 호르몬이 분비되어 뇌하수체 기능항진증이 나타난다. 정상인의 20%에서 우연히 CT나 MRI를 통해 발견되어 우연종(incidentaloma)이라고 부른다.

2) 증상
(1) **시야장애** : 뇌하수체 바로 위쪽에 있는 시신경교차를 압박하여 발생
(2) **두통** : 공간 점유 병소에 의한 뇌압 상승
(3) **유즙 분비** : 뇌하수체 선종에 의한 프로락틴 분비 증가

3) 치료
뇌하수체 종양은 일차성 뇌종양의 15%를 차지할 정도로 흔한 종양이다. 병리학적으로 악성은 드물다. 약물치료를 우선적으로 하며 가능하면 수술적 절제를 하기도 한다.

기출문제

42세의 여성이 양측 유방에서 젖이 나와서 내원하였다. 기출 18년
(1) 유방 검사에서 특별한 이상을 발견할 수 없는 경우 생각할 수 있는 유즙분비의 원인을 약술하시오.
 (6점)
(2) 만약 이 환자가 유즙분비와 더불어 시야 장애 및 두통을 호소한다면 생각할 수 있는 질병을 쓰시오.
 (4점)

유즙분비
유방 검사에서 이상 소견이 없다면, 고프로락틴혈증이 원인이다.
① 약물에 의한 것 : 고프로락틴혈증의 원인 중 가장 많은 것은 도파민 분비를 억제시키는 항정신성 약물, 마약류, 호르몬제, 혈압강하제 등 약물에 의한 것(약물을 중단할 때 증상 호전됨)
② 뇌하수체 분비성 선종에 의해 프로락틴 분비가 증가된 경우
③ 시상하부 관련 질환
④ 갑상선 기능저하증

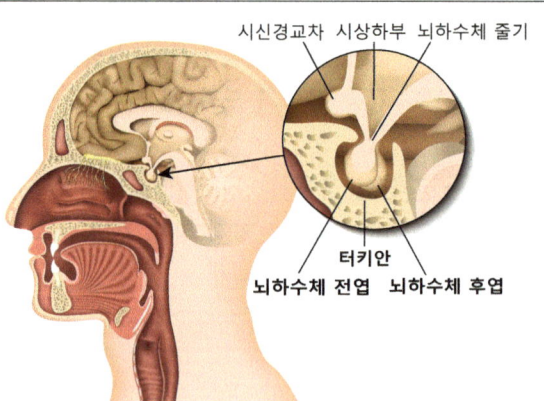

3 쿠싱증후군(Cushing's syndrome, hypercortisolism)

1) 정의

부신피질기능항진증의 하나로 혈중 코르티솔이 증가되어 있는 모든 상황을 말한다. 소변, 타액, 혈액에서 다량의 코르티솔이 검출되며, 40~50대 여성에서 호발한다.

2) 원인

(1) **뇌하수체 선종**
(2) **부신성** : 부신 선종, 부신암
(3) **의인성** : 스테로이드 장기 복용

3) 증상

(1) **보름달 모양의 얼굴**(moon face)
(2) **체간 비만**(truncal obesity)
(3) **들소형 육봉** : 쇄골 상부에 지방 침착
(4) **출혈성 소인** : 모세혈관 파열
(5) **혈압 상승, 혈당 상승**
(6) **피로, 정신장애, 우울, 불안, 부종**
(7) **저칼륨혈증, 골다공증**
(8) **면역기능 저하** : 감염성 증가
(9) **생식기능 저하** : 남성에서 발기부전, 여성에서 무월경

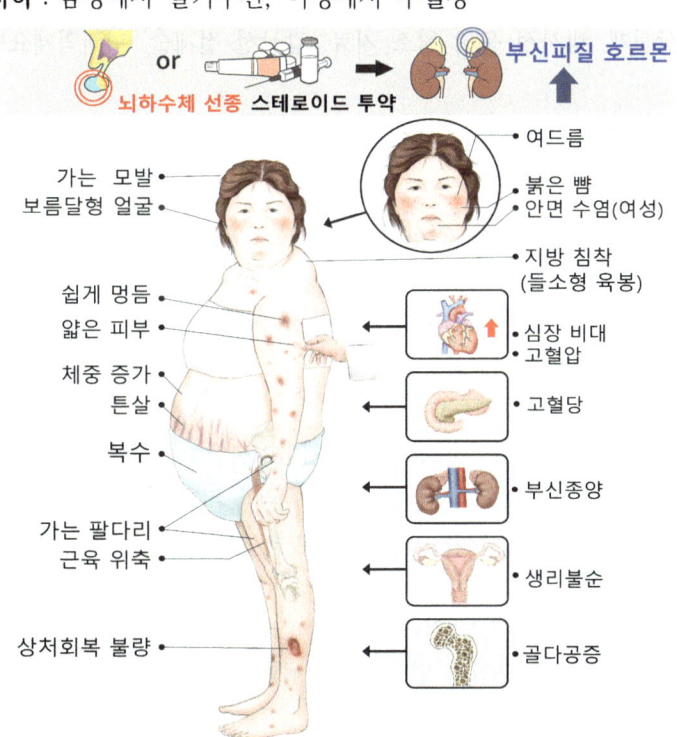

의학이론

4 갑상선 기능항진증과 기능저하증

1) 갑상선 기능항진증(hyperthyroidism)

(1) 정의 : **갑상선호르몬의 생산 증가로 혈중 호르몬 농도가 증가된 상태**
호르몬의 생리적 작용이 과도하게 나타나는 경우를 갑상선 중독증이라 함

> 용어해설 갑상선 중독증(thyrotoxicosis)의 원인 : 그레이브스병, 중독성 다결절 갑상선종, 중독성 갑상선종, 전이된 기능성 갑상선암, 난소 갑상선종, 요오드 약물 과다

(2) 원인
  ① **그레이브스병**(Grave's disease) : TSH 수용체에 대한 자가항체가 생겨 갑상선 수용체를 끊임없이 자극하는 자가면역질환
  ② **중독성 갑상선종**
  ③ **뇌하수체 선종, 시상하부 이상**
  ④ **임신성 융모성 질환**

(3) 증상
  ① **전신 증상** : 심계항진, 체중 감소, 더위를 참지 못함, 따뜻하고 습한 피부, 땀이 많음, 가늘고 잘 부스러지는 모발과 손톱, 생리 불순, 안구 돌출
  ② **위장관계 증상** : 식욕 증진, 공복감, 설사
  ③ **사지 근육의 위축** : 근력 감소, 피로, 쇠약감
  ④ **신경 증상** : 신경과민, 집중력 감소, 불안, 진전(tremor)
  ⑤ **그레이브스 안병증** : 안구 돌출, 안구건조증 및 각막염, 복시

(4) 치료 : 항갑상선제, 방사성 동위 원소 치료, 갑상선 절제술, 면역억제요법, 대증요법

2) 갑상선 기능저하증(hypothyroidism)

(1) 정의 : **갑상선호르몬의 결핍으로 대사 과정이 느려져 나타나는 증상**

(2) 원인
  ① **자가면역 갑상선 기능저하증, 갑상선염**(하시모토 갑상선염, 위축성 갑상선염)
  ② **요오드 결핍**
  ③ **뇌하수체 원인** : 종양, 수술 또는 방사선 조사, 침윤성 질환
  ④ **시상하부 원인** : 종양, 외상, 침윤성 질환

(3) 증상
  ① 성인 또는 청소년기에 발생한 갑상선기능 저하 : 점액수종(myxedema, 피부 부종), 신체적 정신적 활동력 감소, 피로, 식욕 감소, 무감각, 의욕 저하, 우울증 비슷한 양상, 추위를 견디지 못함, 체중 증가, 서맥, 호흡 곤란, 운동능력 감소, 변비, 부종, 피부 건조, 월경 과다, 탈모
  ② 영유아기에 발생한 갑상선기능 저하 : **백치증**(cretinism - 골격계와 중추신경계의 발달 이상, 정신 지체, 작은 키, 조잡한 얼굴 모양, 돌출된 혀, 배꼽 탈장)

(4) 치료 : 갑상선 호르몬요법

5 기타 내분비계 질환

1) 뇌하수체 기능항진증(hyperpituitarism)

(1) 정의 : 뇌하수체에서 분비되는 자극 호르몬의 과다 분비

(2) 원인 : 뇌하수체 과증식, 뇌하수체 선종, 뇌하수체 암, 시상하부 질환

(3) 증상
① **성장호르몬 증가** : 성장 완료 전에는 거인증, 성장 완료 후에는 말단거대증
② **프로락틴 증가** : 무월경, 유즙분비 증후군
③ **갑상선자극호르몬 증가** : 갑상선 기능항진증
④ **부신피질자극호르몬 증가** : 알도스테론증, 쿠싱증후군, 부신 성기 증후군
⑤ **종괴 효과** : 두통, 구역, 구토, 시야 이상

2) 뇌하수체 기능저하증(hypopituitarism)

(1) 정의 : 뇌하수체에서 분비되는 자극 호르몬의 결핍

(2) 원인 : 시상하부 종양, 뇌수막염, 뇌하수체 수술 또는 출혈, 허혈성 괴사, 방사선 조사

(3) 증상
① **성장호르몬 감소** : 왜소증(난쟁이)
② **프로락틴 감소** : 산후 수유 장애
③ **갑상선자극호르몬 감소** : 갑상선 기능저하증
④ **부신피질자극호르몬 감소** : 부신피질 기능저하증
⑤ **성선자극호르몬 유리호르몬 감소** : 여성은 무월경, 불임 | 남성은 성욕 감퇴, 발기부전

3) 갑상선종(goiter)

(1) 정의 : **원인이나 기능에 관계 없이 갑상선이 커져 있는 상태**

(2) 원인 : 호르몬 생합성 결함, 요오드 결핍, 자가면역질환(그레이브스병, 히시모토갑상선염), 결절성 질환, 남성보다 여성에 많다.

(3) 치료 : 방사성요오드치료, 티록신 억제 요법, 고주파 열 치료, 수술적 제거

4) 갈색세포종(pheochromocytoma)

(1) 정의 : **부신수질에 주로 발생**(대동맥 주위나 방광에도 발생)**하는 종양**으로 교감신경을 자극하여 카테콜아민(에피네프린, 노르에피네프린)을 과다하게 분비한다.

(2) "Rule of 10 tumor" : **10%는 가족성 증후군, 10%는 부신 외에 위치, 10%는 양측성, 10%는 악성, 10%는 재발, 10%는 어린이에게서 발생**한다는 의미

(3) 증상 : 카테콜아민 과다 분비에 의한 증상 - 두근거림, 악성 고혈압, 발한 과다, 안면 창백, 구토, 진전, 신경과민, 상복부 통증, 심실 부정맥, 단백뇨, 당뇨, 안저 이상 소견

5) 제2형 복합 내분비선 신생물(MEN2, multiple endocrine neoplasia)

한 환자에게서 갑상선수질암, 갈색세포종, 타 내분비 조직의 과형성이 동시에 나타나는 희귀 질환으로 상염색체 우성으로 유전되는 악성종양 증후군이다.

의학이론

6 호흡기계(respiratory system) 기초

1) 호흡기계의 구성

호흡기계는 공기 중의 산소를 흡입하고 에너지 대사의 결과로 생긴 이산화탄소를 배출하는 기능을 하는 계통이다. 가스교환, 열 발산을 통한 체온 조절, 산·염기 평형 유지 기능을 한다.

(1) 공기의 이동 경로 : 코 & 입 → 후두 → 기도 → 기관 → 좌우 기관지 → 엽기관지 → 구역기관지 → 세기관지 → 폐포

(2) **폐엽**(lobe)
  ① 우측 폐(3개의 폐엽) : 우상엽, 우중엽, 우하엽
  ② 좌측 폐(2개의 폐엽) : 좌상엽, 좌하엽

(3) **폐포**(alveolus) : 가스교환 기능을 지닌 작은 공기주머니들이다. 포도송이 모양으로 성인에게는 약 3~5억 개의 폐포가 존재한다.

(4) **흉강** : 늑골에 의해 바구니처럼 둘러싸인 목과 횡격막 사이의 공간

(5) **횡격막** : 폐 아래에 위치하여 흉강과 복강을 나누는 근육성 막이다. 숨을 들이마실 때 횡격막이 아래로 내려가 흉강 내 압력을 낮추고 정맥피가 심장으로 돌아오는 것을 도와준다.

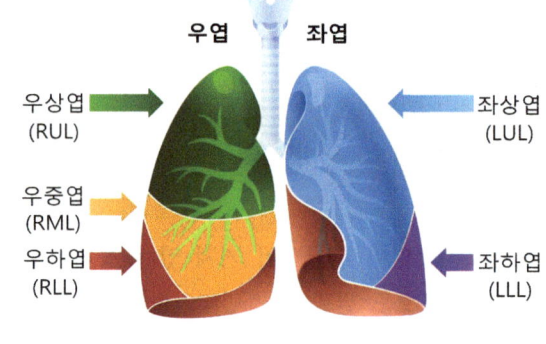

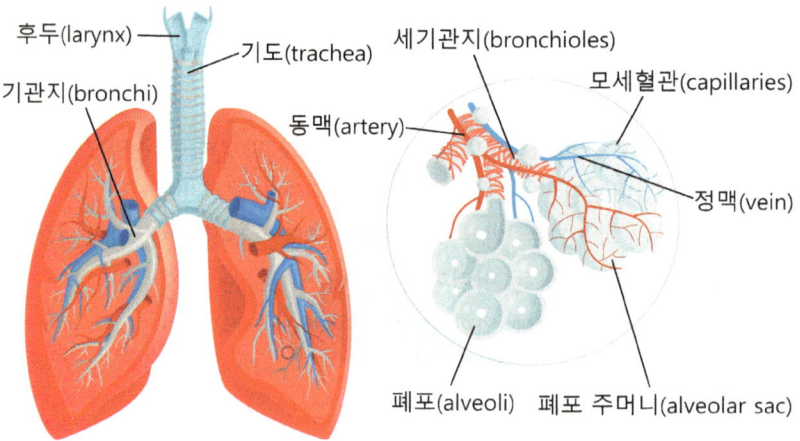

2) 호흡(respiration)

(1) 흡기(들숨) : 외늑간근 수축 → 늑골 상승, 횡격막 수축 및 하강 → 흉강 부피 증가
(2) 호기(날숨) : 내늑간근 수축 → 늑골 하강, 횡격막 이완 및 상승 → 흉강 부피 감소

3) 폐 환기와 관류

(1) 환기(ventilation) : 대기 중의 공기를 기도를 통해 폐포까지 운반 → 폐포에서 산소는 혈관 내로 확산된 후 체순환을 통해 전신에 공급
(2) 관류(perfusion) : 폐순환을 통하여 폐 모세혈관까지 혈액을 운반하는 기능 → 혈관 내의 이산화탄소는 폐포로 확산된 후 기도를 통해 대기 중으로 배출

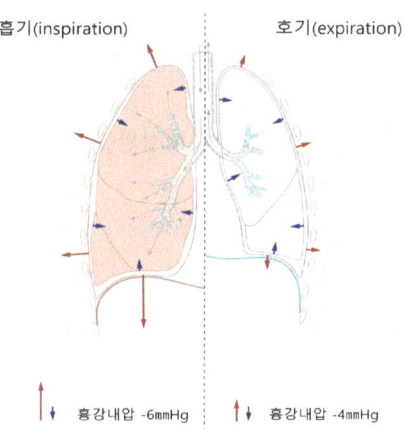

4) 폐기능검사(PFT, pulmonary function test)

(1) TV(1회 호흡량) : 매 호흡 시 들이마시거나 내쉬는 공기의 양, 정상 500mL
(2) RV(잔기량) : 최대 호기가 끝난 후에 폐 안에 남아 있는 공기의 양, 정상치 1,200~1,500mL
(3) VC(폐활량) : 최대한 들이마신 후 최대한 내쉴 수 있는 공기의 양, 정상치 4,000~4,800mL
(4) FVC(forced vital capacity, 강제 폐활량) : 최대 공기량을 흡입한 후 최대한 빨리 강하게 끝까지 내쉰 총량, 정상치 4,800mL
(5) FEV_1(forced expired volume in one second, 1초간 강제호기량) : 강제 폐활량에서 첫 1초간 내쉰 양, 정상치 3,800mL
(6) FEV_1/FVC(%) : **정상치 75~80%, FEV_1/FVC가 70%보다 적다면 내쉬는 데 장애가 있음을 의미**하며 기관지 폐쇄를 확인하는 유용한 지표가 된다.

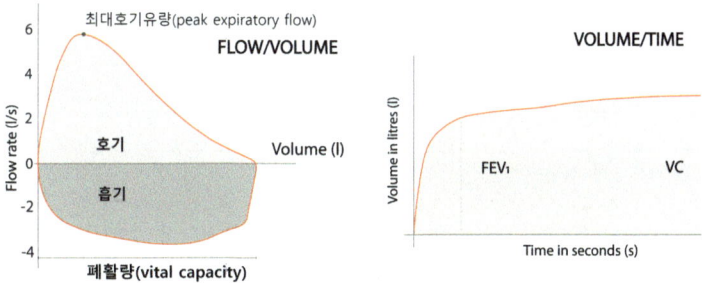

5) 약관상 말기 폐질환(end stage lung disease)의 두 가지 특징

(1) **영구적인 산소 공급 치료가 요구되는 상태**
(2) **평상시 FEV_1이 정상 예측치의 25% 이하**

의학이론

7 폐쇄성 폐질환과 제한성 폐질환

1) 폐쇄성 폐질환(obstructive lung disease)

    (1) 정의 : 기도를 통과하는 공기량이 제한되어 발생하는 질환
    (2) 종류
        ① **만성 폐쇄성 폐질환**(COPD, chronic obstructive pulmonary disease)
        ② **기관지 천식**
        ③ **만성 기관지염**
        ④ **폐기종**
        ⑤ **기관지 확장증**

2) 제한성 폐질환(restrictive lung disease)

    (1) 정의 : 폐실질이나 흉막 또는 흉벽에 문제가 발생하여 폐호흡을 위한 **폐의 유연성이 떨어져 호흡기계 장애를 일으키는 질환**
    (2) 종류
        ① **간질성 폐질환**(IDL, interstitial lung disease)
        ② **특발성 폐 섬유화**(idiopathic pulmonary fibrosis)

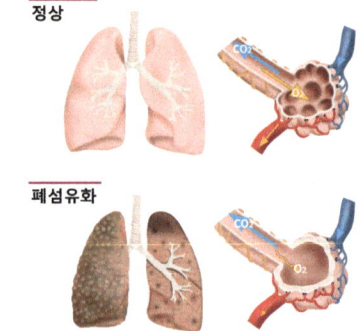

3) 감별 검사

폐기능검사(PFT)가 COPD 감별에 매우 유용하다. 폐기능검사에서 FEV_1이 정상이면 COPD가 아닌 것으로 판단한다. 기관지확장제 투여 후에도 FEV_1이 80% 미만, FEV_1/FVC가 70% 미만이면 완전히 가역적이지 않은 기류 제한이 존재하는 것으로 판단한다.

    (1) **폐쇄성 폐질환** : FEV_1 감소, FVC 감소 or 정상, FEV_1/FVC 감소
    (2) **제한성 폐질환** : FEV_1 감소 or 정상, FVC 감소, FEV_1/FVC 정상 or 증가

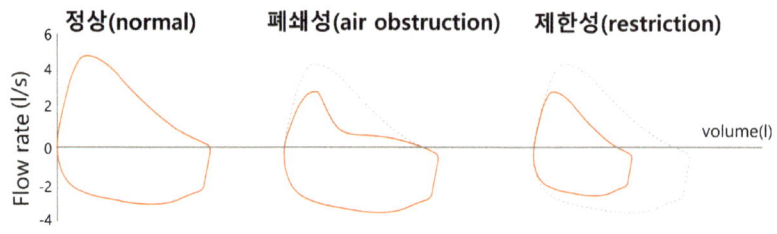

4) 만성기침의 흔한 원인

    (1) **천식**
    (2) **후비루증후군**
    (3) **위식도역류증**
    (4) **만성 폐쇄성 폐질환**

8 만성 폐쇄성 폐질환(COPD) 기출 23년·25년

1) 정의
유해한 입자나 가스 흡입에 의해 발생하는 폐의 비정상적인 염증 반응과 이와 동반하여 완전히 가역적이지 않으며 점차 진행하는 기류 제한을 보이는 호흡기질환이다.

2) 위험인자
(1) **흡연력** : 가장 중요한 원인이다. 대부분 적어도 20갑년
(2) **직업력(분진, 가스 등), 호흡기 질환 과거력**(천식, 결핵, 기관지 확장증 등)

3) 증상
(1) **객담을 동반한 기침, 가래**
(2) **운동성 호흡곤란 및 운동능력 제한** : 40대에 발병, 50대에 심해짐
(3) **쌕쌕거림**, 적혈구 증가증, **청색증, 폐심장증**(사지 부종, 체액 저류)**, 불안, 우울증, 수면장애**

4) COPD 중등도 분류(GOLD)
(1) 1단계 : FEV_1 80% 이상
(2) 2단계 : FEV_1 50~80%
(3) 3단계 : FEV_1 30~50%
(4) 4단계 : FEV_1 30% 미만

5) 치료
(1) 생존율을 높일 수 있는 유일한 2가지 방법은 금연과 산소 치료이다.
(2) 증상 개선 및 악화 예방법
 ① 내과적 치료 : 기관지확장제, 스테로이드, 기타 약물, 폐 재활치료
 ② 외과적 치료 : 폐 용적 감소 수술, 폐 이식 수술
(3) 급성 악화의 치료 : 항생제, 기계적 환기 보조, 양압 환기법

기출문제

01 만성 기관지염, 폐기종, 만성 천식 등의 기도 폐쇄로 인한 질환인 1) 만성폐쇄성 폐질환(COPD)의 3대 주요 증상을 쓰고 폐기능검사(PFT) 중 가장 핵심적인 검사인 2) FEV_1에 대해 설명하시오. (각 5점, 총 10점) 기출 23년

02 53세 남성 환자가 수년간 지속된 만성 기침과 가래를 주소로 내원하였다. 과거력상 흡연력이 30갑년이며, 최근 활동 시 숨참 증상이 악화되었다. 환자는 폐쇄성 폐질환이 의심되어 기관지 확장제 투여 후 폐기능 검사를 시행하였고, 다음과 같은 결과를 보였다.
『FEV_1/FVC : 63%, FEV_1 : 45%』 다음을 답하시오. (10점) 기출 25년
(1) 만성 폐쇄성 폐질환의 가장 흔한 원인을 기술하시오. (5점)
(2) 이 환자의 폐기능 검사 결과에 따른 copd 분류를 기술하시오. (5점)

> 의학이론

9 기관지 천식(bronchial asthma)

1) 정의

특정 자극에 대한 기관지의 과민반응에 의한 만성 염증 및 재발성 발작
알레르기 체질과 주위의 천식 유발인자들이 상호 작용을 일으켜 면역체계에 혼란이 생기면서 발생한다.

2) 병태생리적 특징

기관지 과민성 증가, 기도 염증, 기관지 평활근 비후, 기도 직경 감소, 가역적 기류 제한, 기관지 상피 탈락

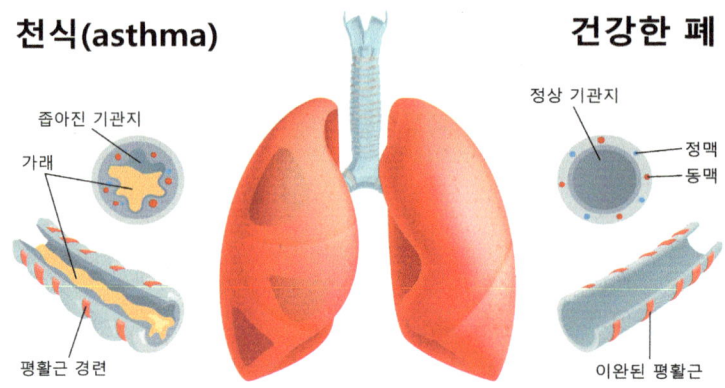

3) 천식 유발 원인 물질(allergen)

(1) **집먼지 진드기**
(2) **꽃가루**
(3) **동물 털**
(4) **비듬**
(5) **바퀴벌레**
(6) **식품**
(7) **약물**

4) 천식 악화 요인

(1) 실내 오염, **대기오염, 황사, 미세먼지**
(2) **감기 등 호흡기 바이러스 감염**
(3) **담배 연기**
(4) **식품첨가제**
(5) **운동 등 신체적 활동**
(6) **기후 변화**
(7) **스트레스**

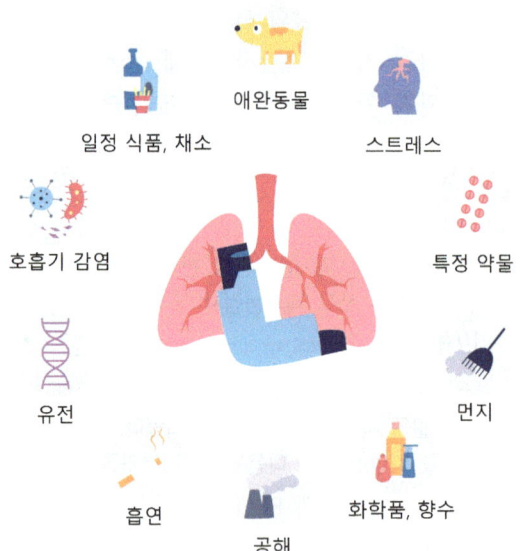

5) 3대 증상

(1) **호흡곤란**(dyspnea)

(2) **발작적 기침**(paroxysmal cough)

(3) **천명**(wheezing) : 쌕쌕거리는 거친 숨소리가 반복적, 발작적으로 나타난다. 계절에 따른 증상의 변동을 보인다. 간헐적 증상 발현, 대개 수분~수시간, 밤중이나 새벽에 증상 악화로 잠에서 깬다. 다른 알레르기 질환(비염, 아토피성 피부염)이 동반된다.

6) 진단

(1) 폐기능검사 상 폐쇄성 폐질환의 패턴 : $FVC < 50\%$, $FEV_1 < 30\%$, 기관지 확장제 검사에서 2번 흡입 후 FEV_1이 15% 이상 증가하면 진단 가능

(2) 기관지 수축 유발검사 : 히스타민, 메타콜린 또는 운동으로 기관지 수축을 유발해서 평가한다. 음성이면 천식을 배제하는데 유용하다.

(3) 알레르기 피부반응검사, 항원 유발검사

(4) 혈중 특이 면역글로불린 E검사

7) 치료

(1) 약물요법 : 주로 흡입제, 기관지확장제 - 베타2 교감신경 친화제, 항콜린제, 부교감신경 차단제, 항염증제, 부신피질스테로이드

(2) 회피요법 : 천식의 원인 물질을 찾아 원인 알레르겐 노출을 최소화하고 악화 인자로부터 회피하는 방법

(3) 면역요법 : 원인 물질을 소량씩 주사하여 알레르기 체질을 개선하는 방법

8) 만성 폐쇄성 폐질환과 천식(COPD vs asthma)

	COPD	천식
원인	폐의 비정상적인 염증 반응과 이에 동반되어 완전히 가역적이지 않으며 점차 진행하는 기류 제한	기관지가 알레르기 염증 반응 때문에 아주 예민해진 상태인 알레르기 질환
증상	기침, 객담, 호흡곤란 - 만성적이고 지속적으로 악화	호흡 곤란, 기침, 천명 - 발작적이고 계절 변화에 민감
진행 경과	점진적이고 비가역적인 기도 폐쇄	회복할 수 있는 기도 폐쇄, 증상의 호전과 악화가 반복
발병 연령	대개 40세 이상에서 발병	전 연령에서 발병
흡연력	대개 20갑년 이상	일부 관련됨
아토피 과거력	없음	아토피 과거력과 연관됨
약물 반응	기관지확장제나 스테로이드에 대한 반응이 적음	기관지확장제나 스테로이드에 대한 반응이 큼
폐기능검사	무증상 시에도 비정상	무증상 시에는 정상

용어해설 20갑년 : 20년간 하루 한 갑의 흡연력

> 의학이론

10 BODE index 기출 11년

1) 정의

만성 폐쇄성 폐질환 환자에게 있어 생존율 예측 지표로 이용되는 4가지 지표
- B : **B**ody mass index(체질량 지수) - 21점 기준, 0~1점
- O : airflow **O**bstruction(기류 제한) - 1초 강제 호기량(FEV_1) 기준, 0~3점
- D : **D**yspnea(호흡곤란 지수) - 수정 MRC 호흡곤란 척도 기준, 0~3점
- E : **E**xercise(운동능력) - 6분간 보행 거리 기준, 0~3점

2) 적용

4가지 요소의 점수를 합산하여 해당 등급의 4년 생존 확률을 예측한다.
- 0~2점 : 80%
- 3~4점 : 67%
- 5~6점 : 57%
- 7~10점 : 18%

기출문제

만성 폐쇄성 폐질환의 사망률을 예측하는데 유용한 지표로 BODE index가 있다. 이 BODE index의 4가지 구성요소들을 모두 쓰시오. (10점) 기출 11년

	0점	1점	2점	3점
B 체질량지수	21점 초과	21점 이하		
O 기류 제한	65% 이상	50~64%	36~49%	35% 이하
D 호흡곤란	과격한 운동이나 언덕 보행 시 호흡 곤란	평지 보행 시 호흡곤란으로 가끔 숨이 차서 멈춰야 하는 정도	몇 분 또는 100m 보행 시 숨이 차서 멈춰야 하는 호흡 곤란	집 밖에 나갈 수 없는 호흡 곤란
E 운동능력	350m 이상 보행	250~349m 보행	150~249m 보행	149m 이하

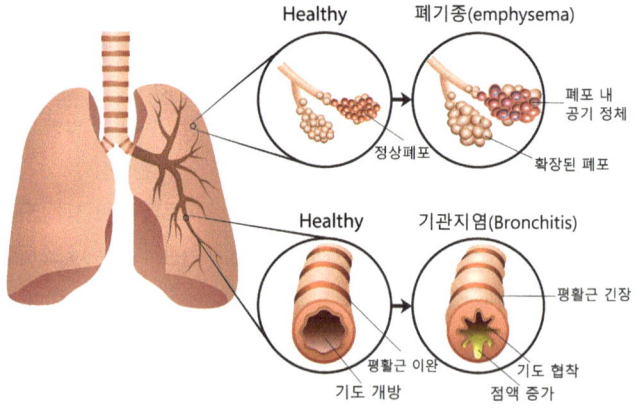

11 결핵(tuberculosis) 기출 16년

1) 결핵의 전파 경로
(1) 주 전파 경로 : 공기감염(기침, 재채기, 말할 때 호흡기를 통해 전염)
(2) 감염력을 좌우하는 것 : 배출되는 균의 수, 폐질환의 정도, 기침의 횟수
(3) 밀폐된 공간에서는 균의 농도가 짙어져 감염 위험이 증가한다. 자외선에 약하여 낮에 집 밖에서는 거의 전염되지 않고 환자가 쓰던 물건이나 옷으로는 감염되지 않는다.

2) 위험인자
(1) 1년 이내의 최근 감염, 흉부 X - 선상 섬유화된 병변의 존재, 규폐증
　용어해설　규폐증 : 규산이 들어 있는 먼지를 오랫동안 마셔서 규산 성분이 폐에 침착하는 폐질환
(2) HIV 감염자, 면역억제제 투여, 영양실조, 심한 저체중
(3) 만성 신부전, 투석, 당뇨
(4) 장기 이식, 위 절제술 및 공회장 우회술 등의 수술력

3) 진단
2~3주 이상 기침, 객혈, 무력감, 식욕 부진, 체중 감소, 발열, 호흡 곤란 등의 증상이 있으면 결핵을 의심하고 이에 대한 검사를 시행할 것이 권고된다.
검체는 객담, 기관지 세척액, 흉막액, 흉막 생검, 폐 생검 등이다.
(1) **투베르쿨린 피부반응검사**(TST) : 투베르쿨린 피내 주사 후 48~72시간 후 10㎜ 이상 경결 반응을 보이면 양성
(2) **항산균 도말검사**(AFB stain), 항산균 배양검사
(3) **결핵균 핵산 증폭 검사**(TB - PCR)
(4) 기타 : **약제 감수성검사**, 인터페론 감마 분비능 검사(IGRA), 조직검사에서 건락성 괴사를 동반한 육아종 관찰

4) 결핵 예방 접종
생후 1개월 **비씨지**(BCG) 접종
　용어해설　BCG : 우형(牛形) 결핵균의 독성을 약하게 하여 만든 것으로 결핵균 감염 전 비씨지 접종 시 발병률이 1/5로 감소하고 10년 이상 효과가 지속된다.

5) 치료
항결핵제 1~2가지를 사용하면 내성이 생겨 실패 위험이 크기 때문에, 3~4가지 항결핵제를 동시에 6개월 이상 장기간 복용한다.

> **기출문제**
> 우리나라는 과거에 비하여 결핵(tuberculosis) 환자수가 많이 감소하였으나, 여전히 가장 중요한 전염병이다. 일반적으로 결핵의 진단에 사용할 수 있는 검사를 3가지 쓰시오. (10점) 기출 16년

> 의학이론

12 수면 무호흡증(sleep apnea) 기출 21년

1) 정의
수면 중에 호흡 멈춤이나 호흡이 얕아지는 문제가 발생해 수면에 지장을 주는 질환

2) 유형
(1) **폐쇄형** : 상부 기도의 폐쇄 또는 허탈에 의해서 잠자는 동안에 숨이 반복적으로 정지되는 것이 특징이다. 이 증상이 나타나면 혈액의 산소 포화도가 감소하며, 숨을 쉬기 위해 수면 중에 깨어나는 일이 생긴다(무호흡 사건).

(2) **중추형** : 수면 중에 모든 호흡성 노력을 중단시키는 신경학적 장애로 주로 혈액의 산소 포화도를 감소시킨다. 자율성 호흡반사로 인해 잠에서 깨어나며, 잠을 제대로 이룰 수 없게 된다.

(3) **혼합형** : 폐쇄형과 중추형의 두 유형이 혼합된 유형으로 처음에는 중추형으로 시작되지만, 점차 폐쇄형으로 바뀌는 것이 특징이다.

3) 진단
(1) **수면 다원 검사** : 가장 중요한 검사이다. 입원하여 수면의 전 과정을 조사하는데, 자는 동안 호흡, 맥박, 움직임, 코골이, 혈중 산소 포화도, 뇌파 등을 측정한다.

(2) 병력청취(가족의 진술이 중요), 구강 및 구인두, 하인두의 구조적 문제 확인

(3) 체중, 체질량, 비만도, 고혈압, 부정맥, 심부전증 검사

4) 원인
(1) 비만, 음주, 고령, 폐쇄성 폐질환, 만성 비염

(2) 구조적 이상 : 흉곽 기형, 연구개 비대, 목젖 비대, 비강 내 낭종, 코뼈 휘어짐, 편도비대증, 대설증

5) 합병증
고혈압, 허혈성 심장질환, 심부전증, 폐질환, 신경장애, 두통, 만성피로, 내분비장애

6) 치료
(1) 보존적 치료 : 수면 자세 및 생활 습관 개선, 체중 감량, 구강 내 장치 사용, 비지속성 비강이 기도 양압 호흡기

(2) 수술 : 구개인두 성형술, 고주파 절제술, 비중격 성형술

기출문제

수면 무호흡증은 수면 중에 호흡이 멈춤 또는 호흡이 얕아지는 문제가 발생해 수면에 지장이 발생하는 질환이다. 수면 무호흡증의 세 가지 유형과 밤 동안의 수면 기록을 분석하여 진단하는 검사 방법의 의료 행위명에 대해서 쓰시오. 기출 21년

(1) 수면 무호흡증의 세 가지 유형 (6점)

(2) 수면 무호흡증 진단을 위한 검사 의료 행위명 (4점)

13 폐렴(pneumonia)

1) 정의

세균이나 바이러스, 곰팡이 등 미생물로 인한 감염으로 발생하는 폐의 염증성 질환

2) 폐렴구균 예방백신 접종이 권유되는 위험군

폐렴의 98%가 폐렴구균에 의해 발생하므로 폐렴구균 예방백신 접종을 권유하고 있다.

(1) **65세 이상의 고령층**
(2) **2개월~5세 미만의 기저질환이 없는 영유아**
(3) **면역저하자** : 선천성 혹은 후천성 면역결핍증, HIV 감염증, 만성 신부전, 신증후군, 백혈병, 림프종, 전신적인 악성종양, 면역억제제, 장기간 스테로이드 전신요법 및 방사선치료, 고형 장기 이식, 다발성 골수종
(4) **만성 질환자** : 만성 심부전, 만성 신질환, 만성 호흡기질환, 당뇨, 알코올 중독자, 간경변 및 만성 간질환 등
(5) **기능적 혹은 해부학적 무비증** : 겸상구 빈혈, 헤모글로빈증, 무비증, 비장 기능장애, 비장 제거술

CHAPTER 06 비뇨기계 및 생식기계 질환

1 비뇨기계(urinary system) 기초

1) 정의
소변을 생성하고 배출하는 데 관여하는 신체 기관

2) 구성
(1) **신장**(kidney) : 제12흉추와 제3요추 사이에 척추 옆으로 5㎝ 정도 떨어져 위치한다. 복부 장기와는 후복막 벽으로 나누어져 독립되어 있다. 필요한 물질은 재흡수하고 불필요한 물질은 걸러내어 소변을 만드는 배설기관이다.

(2) **요관**(ureter) : 신장에서 만들어진 소변이 방광에 도달할 때까지 지나가는 통로이다. 평균 길이 25~30㎝, 직경 3㎜

(3) **방광**(bladder) : 소변의 저장과 배출을 담당하는 기관으로 속이 빈 주머니 모양의 근육 기관이며 평균 용적 400~500mL

(4) **요도**(urethra) : 방광에 모인 소변을 배출하는 통로

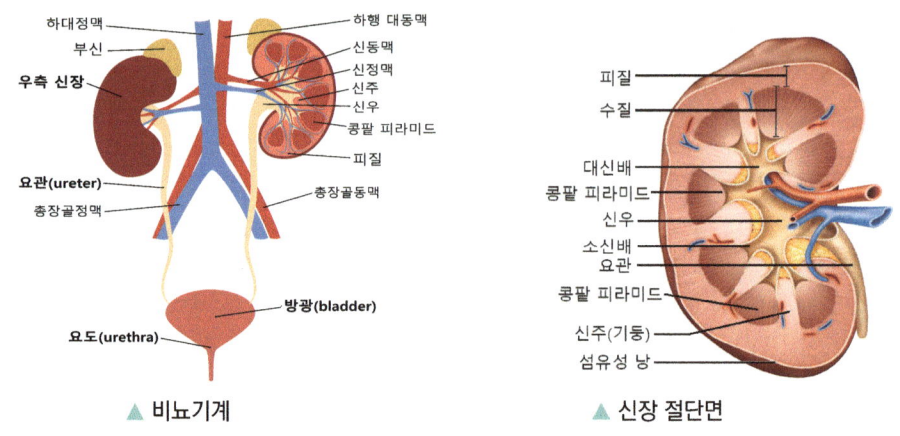

▲ 비뇨기계　　　　　▲ 신장 절단면

3) 신장(kidney)의 해부
(1) 구조 : 주먹만 한 크기, 무게 150g, 강낭콩 모양, 좌우 하나씩. 심장 박출량의 20~25% 가량이 공급된다.

(2) 신장 절단면
  ① **피질**(바깥쪽) : 색깔이 짙고 사구체가 있는 두께 1㎝ 정도
  ② **수질**(안쪽) : 색깔이 옅고 세뇨관을 포함하고 있다. 신장을 안쪽에서 보면 젖꼭지 모양의 유두, 소변이 모이는 신배, 신배가 모인 신우가 관찰된다.

4) 신원(nephron)

(1) 신장의 기능하는 최소 단위로 각 신장에 100만 개씩 있다.
(2) 한 번 손상된 신원은 재생되지 않는다.
(3) 구성 및 여과 과정
  ① **사구체**(glomerulus) : 모세혈관들이 모인 털실 뭉치 모양으로 하루 약 180L씩 사구체 여과액을 생성하고 세뇨관으로 보낸다.
  ② **세뇨관**
     → **근위 세뇨관** : 포도당, 아미노산 포함 사구체 여과액의 2/3 재흡수
     → **헨리고리** : 나머지 사구체 여과액 1/3에서 수분과 염분 재흡수
     → **원위 세뇨관** : 나머지 10%의 여과액에서 염분 재흡수, 유기산과 포타슘 분비
     → **집합 세뇨관** : 소변의 농도 조절 후 배설
     → **신우**
     ⇒ 대개 사구체 여과액의 1%인 하루 약 2L만이 소변으로 배출된다.

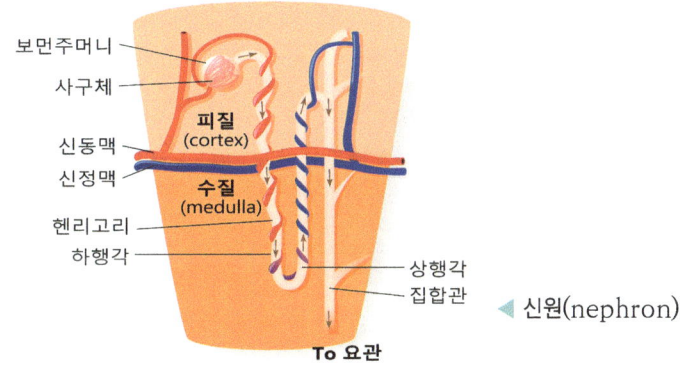

◀ 신원(nephron)

5) 신장의 기능

(1) **항상성 유지** : 수분, 체액 삼투압, 전해질의 균형 조절, 동맥압 조절
(2) **대사성 부산물과 외부 화학물질을 배설**
(3) **호르몬 대사**(EPO, erythropoietin), **분비, 배설, Vitamin D 활성화**
(4) **포도당 신생 합성**(gluconeogenesis)

6) 방광(bladder)

(1) 위치 : 치골결합부 뒤쪽에 위치하며, 아래로는 요도, 위로는 요관과 연결된다. 남성은 방광 하부에 전립선이 연결된다.
(2) 방광층
  ① **점막층**(mucosa) : 6~8층의 이행상피세포로 기저막과 고유층으로 구분된다.
  ② **점막하층**(submucosa)
  ③ **근육층**(muscle layer) : 세로근과 돌림근이 무질서하게 나선형으로 달리면서 그물같이 방광 점막과 점막하층을 둘러싼다.

> 의학이론

(3) 기능 : 소변의 저장 및 배출

7) 정상 소변(urine)

  (1) 색 yellow, 비중 1,015~1,045, pH 5.2~7.0
  (2) 혈액, 포도당, 케톤, 아질산염 : none
  (3) 단백, 백혈구, 빌리루빈, 우로빌리노겐 : none 또는 trace

8) 혈뇨(hematuria)

  (1) 정의 : 소변에 적혈구가 존재하는 상태
  (2) **신장 원인** : 신장 결석, 신장 외상, 사구체신염, 유전성 신염, 신장 종양, 신우신염, 악성 고혈압, 신장 동정맥류, 신장 결핵, 호두까기증후군

  > 용어해설 호두까기증후군(nutcracker syndrome) : 좌측 신정맥이 대동맥과 상장간동맥 사이에서 압박되면서 좌측 신정맥 확장을 일으켜서 심한 운동 시 일측성 육안적 혈뇨가 반복되는 증후군

  (3) **신장 외부 원인** : 방광염, 요도염, 요로 결석, 전립선 질환, 전신성 출혈성 질환, 운동, 약물

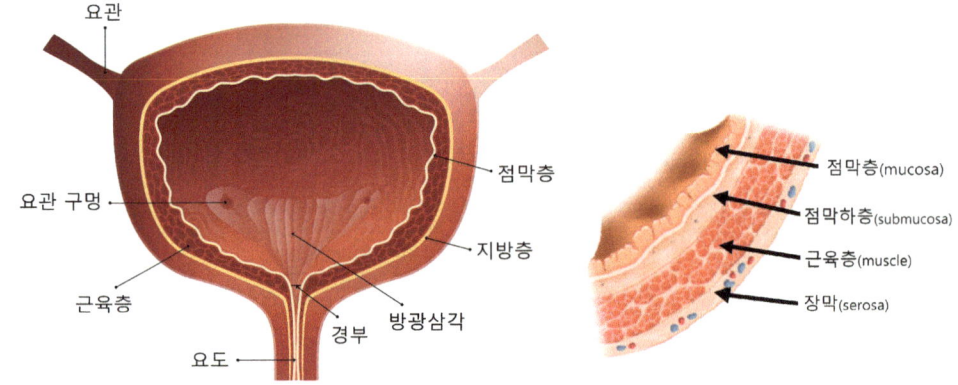

2 급성 콩팥병(AKD, acute kidney disease)

1) 정의
신장 기능이 수시간에서 수일에 걸쳐 급격하게 저하되는 것

2) 발생기전
- 수시간~수일 사이에 사구체 여과율(GFR)이 급격히 감소하여 소변량 감소
- → **혈중 요소질소(BUN)과 크레아티닌(Cr)의 저류** : 소변으로 배설되어야 할 질소 대사산물인 BUN과 Cr이 체내에 축적되어 혈중 BUN/Cr 수치가 상승한다.
- → 소변으로 배설되어야 할 수분이 체내에 축적되어 혈관 내외의 수분 증가로 호흡 곤란 및 부종 발생
- → 전해질, 산·염기 항상성의 교란으로 전해질과 산·염기의 균형이 무너짐

3) 원인
(1) **신장 이전의 문제** : 과다 출혈, 심한 구토 설사에 따른 탈수, 쇼크, 심부전, 저혈압
(2) **신장 자체의 문제** : 사구체 질환, 세뇨관 질환, 신혈관 질환, 혈관염
(3) **신장 이후의 문제** : 요로 결석, 종양, 요도 협착, 전립선 비대

4) 증상
(1) **핍뇨**
(2) **오심, 구토**
(3) **경련**
(4) **부종**
(5) **고혈압**
(6) **울혈성 심부전, 폐부종**
(7) **산증**

5) 투석 결정 기준
요독증의 증상과 징후가 있거나 **BUN이 100mg/dL 이상**인 경우(정상치 5~20mg/dL)

6) 나쁜 예후 인자
(1) **진단 당시 핍뇨** : 소변량 400mL/day 이하(정상치 2ℓ/day)
(2) **혈청 크레아티닌**(creatinine) **3mg/dL 이상**(정상치 0.5~1.4mg/dL)
(3) **고령**
(4) **여러 장기 부전 동반**

7) 급성 콩팥병 진단 기준(KDIGO 국제신장학회 기준)
- 48시간 이내 혈청 크레아티닌 농도가 0.3mg/dL 이상 증가, 또는
- 지난 7일 이내에 기저 혈청 크레아티닌 농도보다 1.5배 이상 증가, 또는
- 최소 6시간 동안 소변량이 0.5mL/kg/h 미만인 경우

> 의학이론

3 만성 콩팥병(CKD, chronic kidney disease) 기출 17년

1) 원인
(1) **고혈압**(16%), **당뇨병**(41%), **심혈관 질환**
(2) **65세 이상 고령**
(3) **만성 콩팥병의 가족력**
(4) **콩팥 독성 약물 노출, 급성 콩팥병의 병력**
(5) **사구체신염**(14%), **다낭성 신질환, 요로 감염, 요로 결석, 요로 폐쇄, 저체중 출산, 전신 감염, 자가면역질환**
(6) **단일 콩팥 또는 콩팥 실질 감소**

2) 콩팥 손상의 증거
(1) **구조적 또는 기능적 이상**
(2) **소변 검사의 이상** : 알부민뇨, 적혈구, 백혈구, 원주 등의 소변 침전물
(3) **콩팥 조직검사의 이상** : 사구체, 세뇨관 간질, 혈관의 병리 소견
(4) **영상검사의 이상** : 초음파, CT에서 다낭성 콩팥병, 수신증, 위축신
  > 용어해설 수신증 : 요 정체에 의해 신우가 확장되고 신 실질의 위축이 초래된 경우
(5) **콩팥 이식 상태**

3) 합병증
(1) **수분 및 전해질 이상, 산증** : 나트륨과 수분의 배설 장애로 부종과 혈압 상승, 칼륨 배설장애로 혈액 내 칼륨 농도 상승 → 심장 과부하 유발 → 혈액이 산성으로 유지, 뼈가 약해지고 단백질 영양 불량 유발
(2) **뼈 질환 및 칼슘, 인 대사 이상** : 신장 기능 저하로 몸속에 인산 축적 → 칼슘 농도 저하로 부갑상선호르몬 분비 증가 → 뼛속 칼슘 유출 → 지속되면 부갑상선 기능항진증, 골다공증 유발
(3) **심혈관계 합병증** : 나트륨과 수분의 배설장애로 혈압 상승, 혈압 조절 장애, 체내 노폐물에 의한 고지혈증, 좌심실 비대, 허혈성 심질환, 울혈성 심부전
(4) **빈혈** : 조혈호르몬인 에리스로포이에틴의 합성 저하로 빈혈 발생
(5) **위장관계 합병증** : 식욕부진, 오심, 구토, 위장관 출혈, 설사, 변비 등
(6) **신경 및 근육 합병증** : 감각 및 운동장애, 피로, 수면장애, 의식장애, 혼수

> **기출문제**

만성콩팥병(CRF)의 정의는 KDIGO 2012 가이드라인에 따르면 사구체 여과율(GFR) 60mL/min /1.73㎡ 미만의 콩팥기능의 장애가 3개월 이상 있거나 콩팥기능의 장애가 없더라도 '콩팥 손상의 증거'가 3개월 이상 있는 경우 진단을 내릴 수 있다고 알려져 있다. 여기에서 '콩팥 손상의 증거'에 해당하는 소견을 4개 쓰시오. (10점)
기출 17년

4 신 대체요법(renal replacement therapy) 기출 25년

1) 말기 신부전(ESRD, end stage renal disease)
신장 기능이 정상인의 10% 이하로 감소하여 자신의 신장 기능에만 의존해서는 생명을 유지할 수 없게 되어 신 대체요법에 의존하게 되는 상태

2) 사구체 여과율(GFR, glomerular filtration rate)
1분당 혈관에서 사구체로 여과되는 액체의 양, 정상 수치는 125mL/min, 180ℓ/day
※ 사구체 여과율에 따른 신장 손상의 5단계(신장학회 기준)
- 1단계 : 사구체 여과율 90mL/min 이상 - **무증상 신장 손상**
- 2단계 : 사구체 여과율 60~89mL/min - **경도의 합병증**
- 3단계 : 사구체 여과율 30~59mL/min - **중등도 합병증**
- 4단계 : 사구체 여과율 15~29mL/min - **중증 합병증. 신 대체요법 준비**
- 5단계 : 사구체 여과율 15mL/min 미만 - **신부전. 신 대체요법 필요**

3) 신 대체요법
(1) **복막 투석**(PD, peritoneal dialysis)
복강 내에 도관을 통해 투석액을 주입하고 일정 시간 복강 안에 정체시킨 다음 몸속의 노폐물과 수분이 복강의 투석액 쪽으로 삼투압과 확산에 의해 빠져나가도록 하는 방법

(2) **혈액 투석**(HD, hemodialysis)
인공 신장기를 이용하여 혈액 속의 노폐물을 제거하고 신체 내 전해질 균형을 유지하며 과잉 수분을 제거하는 방법

(3) **신장 이식**(renal transplantation)
정상 기능을 할 수 없는 신장을 대신하기 위해서 다른 사람에게서 기증받은 건강한 신장을 심어주는 수술

4) 신 대체요법 적응증
(1) 사구체 여과율이 0.1~0.15mL/min/kg 이하일 때 선택적으로 시행
(2) 요독 증세 : 오심, 구토, 식욕부진, 피로감, 호흡 곤란, 가려움증
(3) 심낭염, 출혈, 운동성 신경병증 및 의식장애 등이 있을 때
(4) 보존요법으로 교정이 힘든 전해질 장애, 산·염기 장애 및 체액 과다 시

기출문제

만성 신부전증은 신장 질환의 원인과는 상관없이, 신장 손상 또는 신장 기능 감소가 3개월 이상 지속되는 상태를 말한다. 다음을 답하시오.(10점) 기출 25년
(1) 만성 신부전증 환자에서 신장 기능 감소의 정도에 따른 5단계의 사구체여과율 (단위: ml/분/1.73㎡) 정의를 기술하시오.(5점)
(2) 신대체요법을 시작하는 단계를 기술하시오.(2점)
(3) 신대체요법 3가지 종류를 기술하시오.(3점)

5 요로 결석(urolithiasis, urinary tract stone)

1) 정의
요로계에 요석이 생성되어 소변의 흐름에 장애가 초래되고, 그 결과 격심한 통증이 발생하거나 요로감염, 수신증, 신부전 등이 나타나는 질환

2) 분류
(1) **신 결석**(renal stone)
(2) **요관 결석**(ureteral stone)
(3) **방광 결석**(bladder stone)
(4) **요도 결석**(urethral stone)

3) 결석의 종류
인산염, 인산 마그네슘 암모늄염, 요산, 수산염, 시스틴(황 함유 아미노산)

4) 호발 부위(3 narrowing)
(1) 요관 - 신우 이행부
(2) 장골정맥과 교차부
(3) 요관 - 방광 이행부

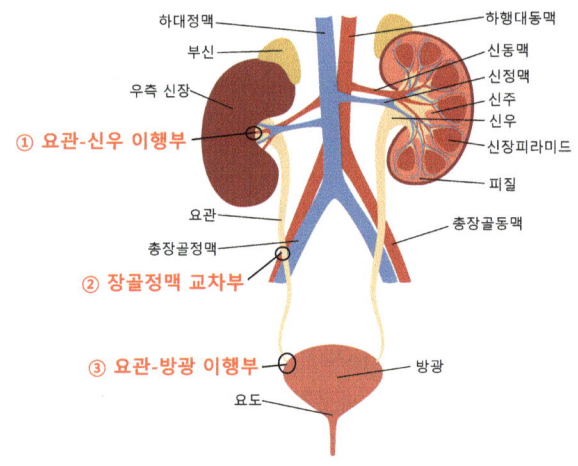

5) 원인
(1) 칼슘 포함 음식 과잉 섭취
(2) 탄산칼슘 등의 제산제나 비타민 D 과잉 섭취
(3) 동물성 단백질 과잉 섭취
(4) 수분 섭취 감소 및 수분 배출 증가
(5) 부갑상선 기능항진증, 통풍, 당뇨병, 요로감염, 고요산혈증
(6) 가족력
(7) 활동이 많은 20~40대에 호발, 남자(여자의 2배)

6) 증상

(1) **산통**(colic pain) : 한쪽 또는 양쪽 옆구리 통증
(2) **혈뇨**
(3) **방광 자극 증상** : 결석이 방광 근처까지 내려와 위치하게 되는 경우, 빈뇨 등
(4) **구역, 구토**

7) 진단

(1) 혈액검사, 소변 검사, 내시경(요관경, 방광경)
(2) 방사선 영상 : KUB(kidney – ureter – bladder), 신우조영술, 초음파, CT
(3) 늑골척추각 통증 : 등 쪽의 갈비뼈와 척추가 만나는 부분인 늑골척추각을 주먹으로 살살 두드릴 때 통증이 더욱 심해지는 증상

8) 치료

(1) 치료방법의 결정 요소 : 결석의 위치, 폐쇄의 정도, 결석의 성분, 결석 통과의 정도, 환측과 건측 신장의 기능, 요로감염 여부, 수술 및 마취의 위험 정도
(2) **대기요법** : 수분 섭취 및 요로 결석의 자연 배출을 기다리는 방법
  ① **크기가 작고 하부 요관에 위치하였을 때는** 자연 배출 기대
  ② **임산부** : 요관 부위에 관을 유치하여 통증 조절, 감압, 자연 배출 등을 기대하면서 출산 때까지 기다리는 것이 일반적이다.
(3) 약물요법 : 요석의 성분에 따라 용해제를 경구 또는 신장 내로 투여
(4) **외과적 제거 적응증** : 심한 폐쇄, 감염, 통증, 심각한 출혈
(5) 시술 및 수술
  ① **체외 충격파 쇄석술**(ESWL, extracorporeal shock wave lithotripsy) : 체외에서 고에너지의 충격파를 발생시켜 신장이나 요관 내의 결석에 집중시킴으로써 1~2㎜ 이하의 작은 가루로 부순 뒤, 소변을 통하여 체외로 배출되도록 유도하는 시술
  ② **경피적 신결석 제거술**(PCNL, percutaneous nephro lithotomy) : 카테터를 경피적으로 접근시킨 후 결석을 제거하는 시술
  ③ **내시경적 제거술**(ureteroscopic removal) : 요관경을 통하여 결석을 제거하는 시술

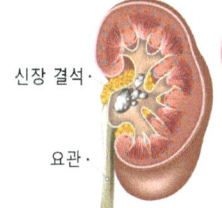 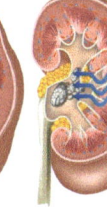 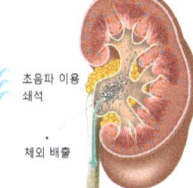 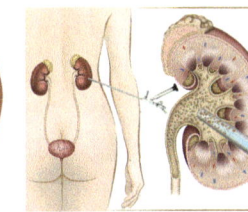 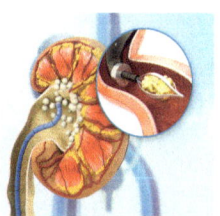

▲ 체외 충격파 쇄석술   ▲ 경피적 신결석 제거술   ▲ 내시경적 제거술

> 의학이론

6 비뇨기계 염증성 질환

1) 요로 감염(UTI, urinary tract infection)
(1) 정의 : 요로에 감염이 발생한 상태
(2) 감염 경로 : 흔히 **상행성 감염**(요도 → 방광 → 요관 → 신장), 혈행성 감염
(3) 원인균 : **대장균**(E - coli)이 가장 흔한 원인균
(4) 증상 : 요통, 열, 고름요, 세균뇨, 다뇨, 야뇨
(5) 진단 : 임상 증상, 요검사, 배양검사
(6) 치료 : 항생제, 요로 폐쇄 및 역류의 교정

2) 급성 방광염(acute cystitis)
(1) 정의 : 방광에 발생한 급성 염증 상태
(2) 원인 : 대장균(E - coli)의 상행성 감염이 가장 흔함(80% 이상)
(3) 병리 : 대부분 하부 요로의 해부학적 또는 기능적 이상이 없는 상태에서 세균이 침입하여 발생하며, 주로 여성에 발생(요도 길이가 짧고 요도 직경이 굵고 곧기 때문)
(4) 증상(방광 자극 증상) : 빈뇨, 절박뇨, 배뇨통, 잔뇨감, 치골 하 통증, 혈뇨, 탁한 소변
(5) 진단 : 소변 검사에서 백혈구, 원인균 확인
(6) 치료 : 항생제 치료, 원인균 제거, 온수 좌욕, 요로 진정제

3) 만성 방광염(chronic cystitis)
(1) 정의 : **1년에 3회 이상 방광염이 나타나는 경우**
(2) 원인 : 대장균(E - coli)의 상행성 감염이 가장 흔함
(3) 증상은 없거나, 매우 다양
(4) 합병증 : 방광 자체의 해부학적 및 기능적 변화, 상부 요로감염, 방광의 감염석(infectious stone), 전립선염, 부고환염
(5) 치료 : 항생제 치료

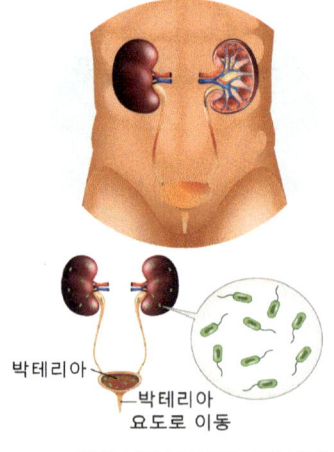

▲ 대장균 박테리아의 상행 감염

7 요실금(urinary incontinence)

1) 정의

본인의 의지와 상관없이 자신도 모르게 소변이 누출되어 속옷을 적시게 되는 현상

2) 종류

(1) **복압성 요실금** : 기침이나 재채기, 줄넘기 등 복압이 갑자기 증가할 때 방광의 수축 없이 소변이 누출되는 현상으로 여성의 요실금 중 가장 흔하다. 반복된 임신 및 출산의 영향으로 생각된다.

(2) **절박성 요실금** : 요 절박, 빈뇨, 야간뇨를 주 증상으로 하는 과민성 방광 증상

　용어해설　요 절박 : 소변이 마려운 순간 강하고 급작스러운 요의 때문에 소변이 누출되는 것

(3) **혼합성 요실금** : 절박성 요실금과 복압성 요실금 증상이 함께 존재

(4) **신경인성 방광에 의한 요실금** : 중추신경계 및 말초신경계의 이상으로 방광 기능에 이상이 발생한 환자 중 배뇨기능장애를 보이는 경우

3) 원인

(1) 복압성 요실금 : 분만이나 노화로 인한 골반 근육 또는 요도괄약근 약화

(2) 절박성 요실금 : 반복된 방광염, 당뇨 합병증, 중추 및 말초신경 손상

(3) 신경인성 방광에 의한 요실금 : 뇌손상, 척수 손상, 파킨슨병

4) 발생 빈도

남성보다 여성에서 자주 발생한다. 우리나라 여성의 40%가 요실금을 경험하고, 연령이 증가할수록 빈도가 증가한다.

5) 진단

(1) 골반 내 장기 수술 과거력 확인
(2) 복압 상승 요실금 유발검사
(3) 소변 검사
(4) 패드 검사
(5) 요역동학 검사

6) 치료

(1) 복압성 요실금 : 골반 근육 훈련, 바이오피드백, 전기자극치료 등의 행동요법, 중부 요도 슬링 수술, 테이프 이용 수술

(2) 절박성 요실금 : 행동 치료와 항콜린성 약물을 이용한 약물 치료, 신경 조절술 또는 방광 확대 성형술

(3) 예방법 : 골반 근육 운동, 올바른 배뇨 습관, 카페인 등 방광을 자극하는 음식 자제, 다이어트, 규칙적인 운동, 적당한 수분 섭취와 변비 예방, 금연, 여성호르몬 투여

| 의학이론

8 생식기계(reproductive system) 기초

1) 정의
생물의 유성생식을 하는 기관으로 생식선과 부속기관으로 구성

2) 남성생식기

(1) **고환** : 음낭 내 위치, 정자 생성, 테스토스테론, 인히빈 생산
(2) **부고환** : 고환 뒤쪽에 붙어 있는 한 쌍의 길쭉한 구조, 고환에서 만들어진 정자가 머물면서 성숙하게 되는 공간
(3) **정관** : 부고환과 정낭을 이어주는 관
(4) **정낭** : 전립선 위에 위치하는 주머니 - 정액의 2/3 생산
(5) **전립선** : 방광 아래 위치 - 정액의 1/3 생산, 소변 배출 조절
(6) **음경** : 소변과 정액의 배출 통로

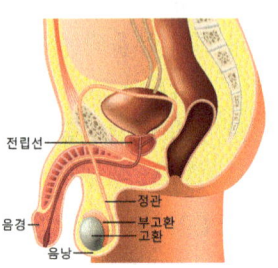

3) 여성생식기

(1) **내부 생식기** : 질, 자궁, 난소, 나팔관
(2) **외부 생식기** : 치골구, 대음순, 소음순, 음핵, 처녀막, 요도구, 회음부, 유방

4) 유방(breast)

(1) 위치 : 제2늑골과 제6늑골 사이, 좌우 흉추와 겨드랑이 중심선 사이에 분포한다. 유방은 기름샘이 변형된 것으로 피부의 부속기관 중 하나이다.
(2) 구조
 ① 실질조직 : 젖을 분비하는 소엽과 젖을 유두로 운반하는 유관으로 구성
 ② 간질조직 : 실질조직 사이를 지지해 주는 결합조직, 지방, 혈관, 신경, 림프관
 ③ **유선**(mammary gland)
  a. 젖을 분비하는 샘, 유선에서 만들어진 젖이 소엽에 모인다.
  b. 여성호르몬인 에스트로겐과 프로게스테론이 뇌하수체에서 생성된 성장호르몬과 프로락틴, 부신피질자극호르몬 등과 함께 작용하여 발달
 ④ **유관**(mammary duct) : 젖을 유두로 운반하는 관, 유두를 중심으로 15~20개의 유관이 방사상으로 뻗어 각 소엽으로 연결된다. 대부분의 유방암은 유관에서 발생한다.
(3) 기능 : 출산 후의 수유(핵심 기능), 성감대 역할

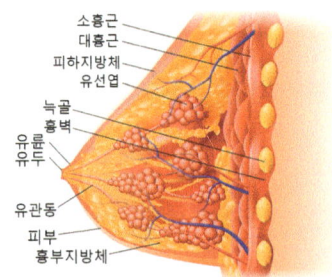 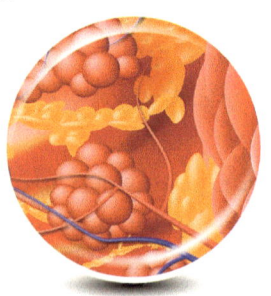

5) 자궁(uterus)

(1) 해부 : 진골반 안, 방광 뒤, 직장 앞에 있는 서양배 모양의 근육 기관이다. 비임신 상태에서는 용적 10mL(달걀 크기) → 임신 말기 5L 이상

(2) 구조
① **자궁 경부** : 자궁의 하부 1/3, 자궁의 제일 아래쪽에 위치하여 바깥쪽으로 질과 연결, 자궁 체부에 비하여 좀 더 신축성 있는 조직으로 구성
② **자궁 체부** : 자궁의 상부 2/3, 주로 근육조직으로 구성

(3) 기능 : 임신을 유지하고 출산을 가능하게 하는 기능
수정란이 자궁 안에 착상하여 40주 동안 영양분과 산소를 공급받으면서 자라게 되고 40주가 되면 자궁 근육의 수축 작용에 의해 태아를 출산한다.

6) 난소(ovary)

(1) 해부
① 위치 : 골반 내 자궁 양측 옆에 위치, 편평한 타원형
② 구조
   a. 피질 : 난자를 만드는 다수의 난포와 이를 싸고 있는 상피세포로 구성
   b. 수질 : 혈관, 림프관, 신경 등이 분포

(2) 기능
① 생식세포인 난자의 생산 및 배란
② 여성호르몬인 에스트로겐, 프로게스테론과 같은 스테로이드 호르몬을 분비

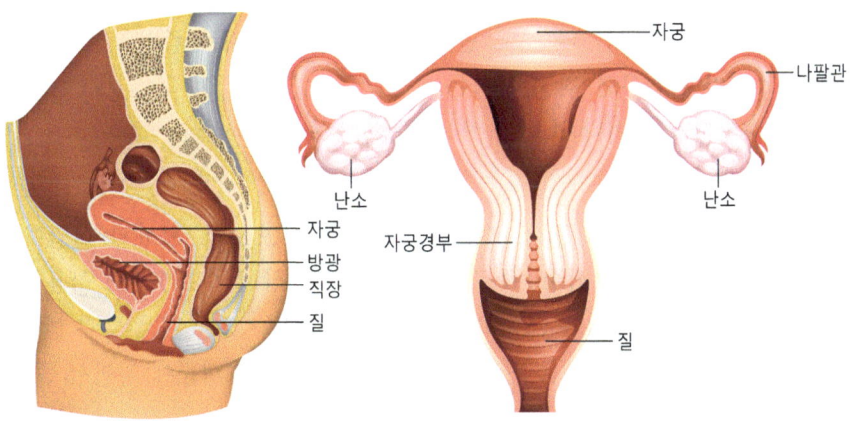

> 의학이론

9 양성 전립선비대증(BPH, benign prostatic hyperplasia)

1) 정의
전립선 비대에 의한 **하부요로 증상**으로 정상 생활과 충분한 수면을 방해받는 경우 통칭

2) 전립선의 해부
(1) 구조 : 방광 바로 아래에 위치. 밤톨만 한 크기. 남성호르몬의 자극에 의해 성장
(2) 기능 : 정액의 1/3 생산 및 저장, 소변을 통제하는 밸브 역할

3) 양성 전립선비대증의 원인
(1) **노화** : 40세 이후 서서히 시작, 60대의 60~70%, 70대의 거의 모두
(2) **남성호르몬 과다 분비**
(3) **과도한 음주**
(4) **비만**
(5) **흡연**

4) 하부요로 증상
(1) **빈뇨** : 하루 8회 이상 소변을 보는 증상
(2) **지연뇨**(소변 주저) : 뜸을 들여야 소변이 나오는 증상
(3) **복압 배뇨** : 아랫배에 힘을 주어야 배뇨가 가능한 증상
(4) **세뇨**(약뇨) : 소변 줄기가 가늘어지는 증상
(5) **단절요** : 소변의 흐름이 중간에 끊기는 증상
(6) **잔뇨감** : 소변을 봐도 개운하지 않고 또 보고 싶은 증상
(7) **배뇨 후 요 점적** : 소변을 다 보고 난 후 방울방울 떨어지는 증상
(8) **절박뇨** : 소변이 마려우면 참지 못하는 증상
(9) **야간 빈뇨** : 자다가 일어나 소변을 보는 증상

5) 진단
(1) **병력 청취** : 현 병력, 과거 병력, 수술력, 요도 손상, 요도염, 도뇨관 삽입력 등
(2) **증상설문지를 통한 증상 점수** : 주로 국제 전립선 증상 점수표(IPSS) 사용
(3) **직장수지검사**(digital rectal examination)
   > 용어해설 직장수지검사 : 윤활제를 바른 장갑을 끼고 손가락을 항문에 넣어서 종양 등을 촉진하는 방법
(4) 소변 검사, 요속검사, 잔뇨 검사, 요역동학검사
(5) **혈청 전립선특이항원**(PSA 정상치 0~2.5ng/mL), 혈청 크레아티닌 검사
(6) 전립선초음파, CT, MRI
(7) 요도 방광 내시경, 침 생검
(8) **역행성 신우조영술**

6) 치료

(1) **대기요법** : 환자가 견딜만한 수준인 경우, 국제 전립선 증상 점수표 상 증상 점수가 7 이하인 경도 하부요로 증상 → 좌욕, 배뇨 습관 개선, 수분 섭취량 조절, 식이요법 등으로 증상 개선
(2) 약물치료 : 알파차단제, 남성호르몬 차단제
(3) 수술 : 나이 50세 이상, 전립선 용적 100cc 미만, IPSS 점수 8점 이상, 반복적 요로감염, 혈뇨, 요폐, 방광 내 결석, 약물치료에 효과가 없을 때 → 경요도 전립선 절제술, 개복 전립선 절제술, 레이저 절제술
(4) 기타 : 경요도 극초단파 열 치료, 요도 스텐트 삽입술, 유로리프트(결찰술), 리쥼(수증기 주입), 아쿠아블레이션(고압 물줄기 이용)

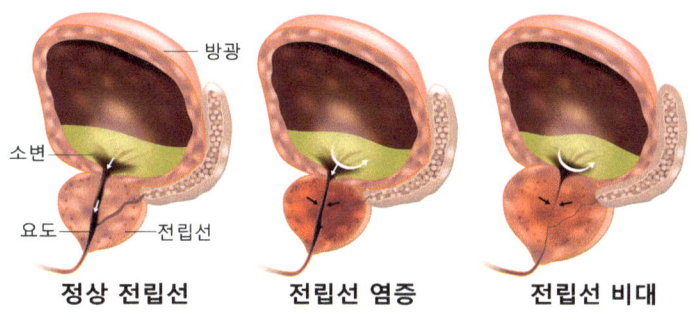

정상 전립선   전립선 염증   전립선 비대

> 의학이론

10 여성 생식기계 질환

1) 자궁근종(uterine myoma)

(1) 정의 : 자궁 평활근에 생기는 양성 종양으로 여성 종양 중에서 가장 흔하다. 35세 이상 여성 중 약 20%에서 발병

(2) 분류
 ① **점막하 근종** : 가장 예후가 나쁘다. 합병증이 많고 작은 크기로도 출혈 유발
 ② **근층 내 근종** : 자궁 근층 내 깊숙이 위치한 근종으로 자궁의 크기가 커져 자궁내막의 면적 증가 및 월경량 증가
 ③ **장막 하 근종** : 자궁을 덮고 있는 복막 바로 아래에 발생한 근종으로 근종이 늘어져서 줄기를 형성하기도 한다.

(3) 증상 : 절반에서 무증상, 월경과다, 골반통, 월경통, 성교통, 골반 압박감, 빈뇨

(4) 진단 및 치료
 ① **진단** : 내진, 초음파
 ② 대부분의 증상 없는 근종은 경과 관찰
 ③ **약물치료** : 호르몬 주사(생식선자극호르몬 분비호르몬 작용제), 향후 임신을 원하여 자궁을 보존하고자 하는 경우에 사용하나 호르몬 중지 시 재발한다.
 ④ **수술적 치료** : 자궁 적출술, 근종 절제술(재발률 50%, 재발 중 1/3 재수술)

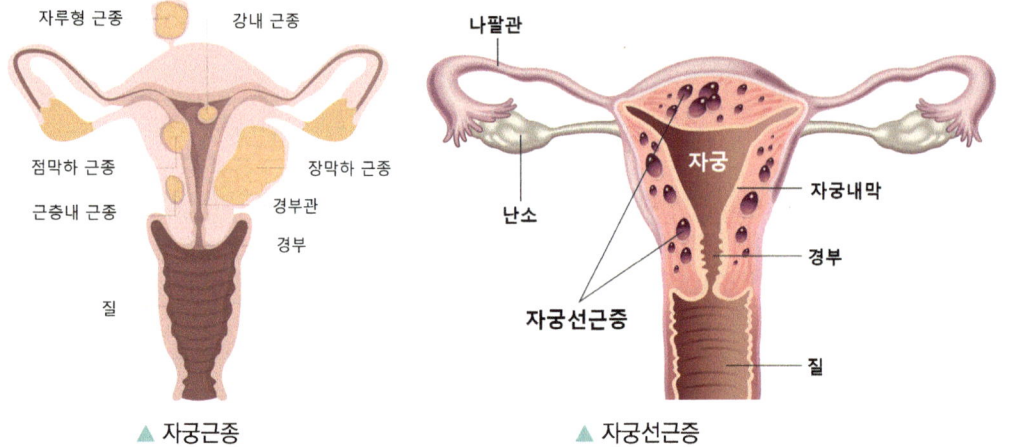

▲ 자궁근종　　　　　　　　　▲ 자궁선근증

3) 자궁선근증(adenomyosis uteri)

(1) 정의 : 자궁 근육층에 자궁내막 조직이 침투해 자궁벽을 두껍게 만들고 자궁의 전체적인 크기가 커지는 질환

4) 하이푸(HIFU, high intensity focused ultrasound, 고강도 집속 초음파 치료)

초음파 유도 하에 0.8~1.6MHz의 고강도 초음파를 체내 종양 조직의 한 점에 집중시켜 응고괴사를 유도하는 치료법
⇒ 자궁근종 및 자궁선근증에 한해 근치적 목적으로 인정

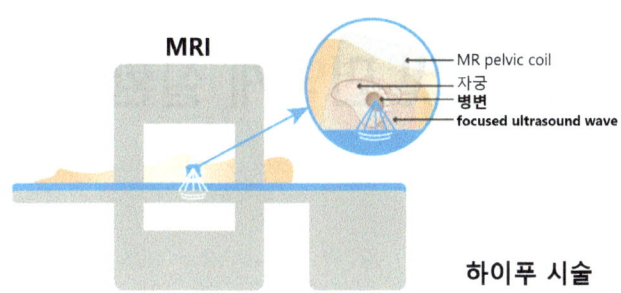

하이푸 시술

2) 자궁내막증(endometriosis)
  (1) 정의 : 자궁내막의 선조직과 기질이 자궁이 아닌 다른 부위의 조직에 부착하여 증식하는 것으로 섬유화, 유착 등이 발생하여 통증을 유발한다. 난소에 호발하고, 월경 시 난관으로의 역행성 월경을 원인으로 보는 가설이 가장 유력하다.
  (2) 증상
    ① 월경통, 복통, 성교통, 평소 골반통, 배요부 및 천골 통증
    ② 난임, 요관 폐색, 요통, 월경 전 질 출혈
  (3) 진단
    ① 직장 질 진찰을 포함한 골반 진찰, 초음파, 골반경, 복강경검사
    ② **혈청 표지자** : CA - 125
  (4) 치료
    ① **치료 목적** : 병적인 변화가 나타난 부위 제거, 통증 및 불임 등 후유증 치료
    ② **수술요법** : 생식기능 보존을 원칙으로 하며 신체 조직에 무리를 주지 않는 방법으로 접근한다.
    ③ **약물요법**
      a. 호르몬 치료 : 에스트로겐 억제 요법 - 자궁내막증 조직의 성장을 촉진하는 에스트로겐의 합성을 억제하여 자궁내막증 조직의 위축 유도 및 출혈 방지
      b. 비호르몬 약물 치료 : 주로 통증에 대한 보조 치료제. 항염증제, 사이토카인 억제제 등

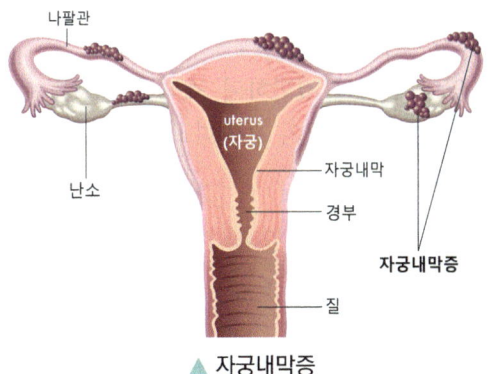

▲ 자궁내막증

CHAPTER 07 조혈계 및 면역계 질환

1 조혈계 기초

1) 체액
(1) 신체의 총 수분량은 체중의 60%
(2) 세포외액(20%) : 혈장액, 사이질액, 체강액
(3) 세포내액(40%) : 심장, 폐, 신장 같은 조직의 약 80%가 물이고, 신경세포나 골격근은 약 75%가 물이며, 지방조직은 10% 미만이 물이다.

2) 혈액의 구성
(1) 혈액 : 체중의 약 8% 차지, 성인의 경우 보통 4~6L 가량이 전신 순환
(2) **혈구**(blood cell) : 전체 혈액의 45% 차지 - **적혈구, 백혈구, 혈소판**
(3) **혈장**(plasma) : 전체 혈액의 55% 차지 - 물(91%), 혈단백(7%), 섬유소원(이차 지혈 기능), 지방, 당, 무기염류, 알부민(교질 삼투압 유지)

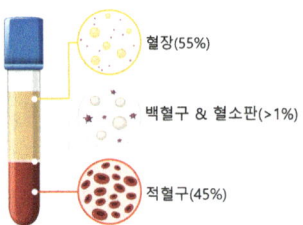

3) 혈구
(1) **적혈구**(RBC, red blood cell, 수명 120일)
  ① 골수에서 생성되고 비장에서 파괴된다.
  ② 기능 : **헤모글로빈이 있어 산소와 결합하여 조직에 산소를 운반한다.**
  ③ 사람의 몸에는 25조가 넘는 적혈구가 존재하고, 하루 300만 개가 파괴된다.
(2) **백혈구**(WBC, white blood cell)
  ① 골수에서 생성되고 스스로 파괴된다.
  ② 기능 : **감염 시 세균에 대한 방어 기능**
  ③ 종류
    a. **단핵구**(monocyte) → **대식세포**
    b. **림프구**(lymphocyte) : B세포, T세포, NK세포
    c. **과립구**(granulocyte) : 호중구, 호산구, 호염기구
  ④ 수명 : 과립구 4~5일, 단핵구 10~20시간

(3) **혈소판**(PLT, platelet)
　① 골수에서 생성되고 비장에서 파괴된다. (수명 : 8~12일)
　② 기능 : **일차적인 지혈 작용**

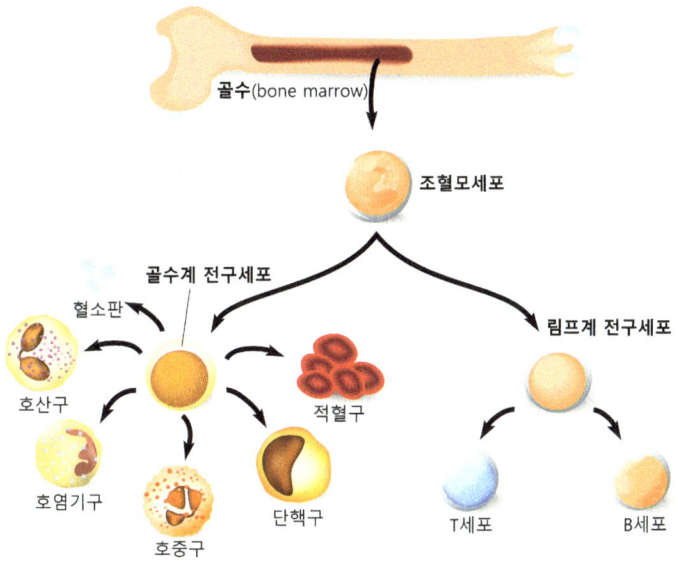

4) **혈액의 역할**

(1) **산소와 영양소 공급**
(2) **노폐물을 운반하여 신장을 통해 배설**
(3) **내분비기관에서 분비되는 호르몬 운반**
(4) **외부 병원체에 대한 방어**
(5) **체온 조절**

5) **혈구 관련 질환**

혈구	정상치	생성 감소	생성 증가
적혈구(RBC)	남성 420만~630만 개/㎣ 여성 400만~540만 개/㎣	빈혈	진성 적혈구증가증 → 혈액 농축 & 순환 저하
백혈구(WBC)	4,000~10,000개/㎣	백혈구감소증	백혈병
혈소판(PLT)	13만~40만 개/㎣	혈소판 감소증 → 출혈	본태성 혈소판증가증
전체		재생불량성 빈혈	만성 골수 증식성 질환

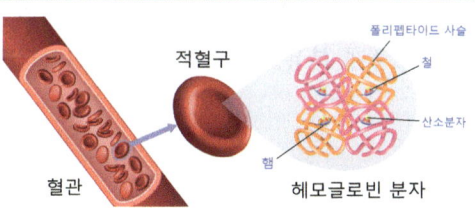

의학이론

2 빈혈(anemia)

1) 정의
순환하는 적혈구와 헤모글로빈의 총량이 정상 범위보다 감소된 상태

2) 종류
(1) **무효조혈성 빈혈** : 적혈구 성숙장애로 건강한 적혈구를 거의 생산해 내지 못하는 상태를 말하며, 적혈구의 형태 변화가 특징이다. 망상적혈구 지수는 경도 또는 중등도 증가
  예 **철 결핍**성 빈혈, 비타민 결핍성 빈혈, 만성 질환성 빈혈
(2) **저증식성 빈혈** : 골수에서의 적혈구 생성장애로 적혈구의 숫자나 적혈구 내의 혈색소가 정상치보다 낮아지는 상태로 적혈구의 형태 변화는 거의 없다. 망상적혈구지수 감소
  예 **재생불량성 빈혈**
  용어해설 망상적혈구 지수(reticulocyte rate, 정상 수지 0.5~1.5%): 조혈 과정의 중간 단계에 있는 적혈구로 철 결핍성 빈혈 등 재료가 부족하여 혈구를 만들 수 없는 경우나 골수에 문제가 있는 경우에 감소한다.
(3) **용혈성 빈혈** : 너무 많은 적혈구가 손실 또는 파괴되어 적혈구가 만들어지는 속도가 이를 따라가지 못하거나 적혈구 생존 감소에 의한 빈혈이다. 망상적혈구 지수는 2~2.5배 증가
  예 **용혈성 빈혈, 낫적혈구 빈혈**

3) 철 결핍성 빈혈(IDA, iron deficiency anemia)
(1) **특징** : **가장 흔한 빈혈의 형태**로 여성의 20%, 임산부의 50%, 궤양, 대장 용종, 대장암의 50%에서 발생한다.
(2) **원인** : **성분철의 저장 부족**이 원인이다. 부적절한 식이, 흡수장애(위장관 절제, 무위증), 반복적 코피, 치질, 월경과다, 종양 등
(3) 검사 소견
  ① 총철결합능(TIBC, 철 운반에 쓰이는 트랜스페린의 양) 증가(360㎍/dL 이상)
  ② 페리틴(ferritin, 철분을 저장하는 단백질) 감소(12ng/mL 미만)
  ③ 혈청 평균 적혈구 용적(MCV) 감소
  ④ 혈구 혈색소 농도(MCHC) 감소
  ⑤ 적혈구 분포(RDW) 증가
  ⑥ 혈청 철 감소
  용어해설 총철결합능 : 철운반에 쓰이는 트랜스페린의포화도- 저장철이감소하면수치가 상승한다.
  용어해설 페리틴 : 철분을저장하는 단백질 - 철결핍이 시작되면 가장 먼저 감소하는 수치
4) 치료 : 수개월 이상 철분보충제 복용, 혈액 소실이 원인이라면 출혈 부위 확인 및 지혈

4) 비타민 결핍성 빈혈(악성 빈혈, 거대적아구성 빈혈, megaloblastic anemia)

(1) 원인 : **엽산과 비타민 B_{12} 부족에 의해 크고 비정상적인 적혈구를 생산**

(2) 치료 : 평생동안 비타민 B_{12} 주사, 엽산 결핍 빈혈 시 엽산 보충제 치료

5) 만성질환성 빈혈(anemia of chronic disease)

(1) 원인 : **암, 류마티스관절염, 크론병 등 만성 염증성 질환에 의해 적혈구 생성방해, 신부전이나 항암화학요법 부작용으로 신장에서 분비되는 적혈구생성인자의 결핍**

(2) 치료 : 기저질환의 치료에 초점을 맞추어 치료하고, 증상이 심각한 경우 수혈이나 합성 적혈구생성인자 주사

6) 재생불량성 빈혈(무형성 빈혈, aplastic anemia)

(1) 원인 : **자가면역질환의 일종, 골수 기능 저하**(혈액암, 다발 골수종, 골수증식질환, 림프종, 골수형성이상증 등), **화학요법, 방사선요법, 환경 독성 물질, 임신, 루푸스 등이 원인**

(2) 특징 : 골수 안에서 모든 세포의 모체가 되는 줄기세포를 만들지 못하여 혈액세포가 줄어들어 생기는 질환으로 **적혈구, 백혈구, 혈소판 등 모든 혈액세포가 감소한다.**

(3) 진단 : **조혈모세포 25% 이하, 절대 과립구수 500/㎟, 혈소판수 20,000/㎟, 교정망상구 비율 1% 이하 중 2가지를 만족할 때** 진단한다.

(4) 치료 : 수혈, 골수 질환에 대해 약물치료, 화학요법, 골수이식 및 면역억제제 복용

7) 용혈성 빈혈(anemia of blood loss, hemolysis)

(1) 원인 : **적혈구가 만들어지는 속도보다 더 빨리 파괴되어 발생**, 특정 혈액질환(적혈구 파괴 증가 초래), 자가면역질환(적혈구에 대한 항체 생성), 항생제 등, 비장 비대 초래

(2) 치료 : 빈혈을 유발할 수 있는 의심스러운 약물을 피하고 관련된 질병 치료

8) 낫적혈구 빈혈(겸상구 빈혈, sickle cell anemia)

(1) 원인 : 아프리카와 아라비아에서 호발하는 유전성 질환으로 **낫 모양의 비정상적인 적혈구**가 쉽게 파괴되고 작은 혈관을 통과하면서 혈류를 막거나 통증 등을 유발한다.

(2) 치료 : 산소 투여, 통증 완화와 합병증 예방 약물 투여, 항암제

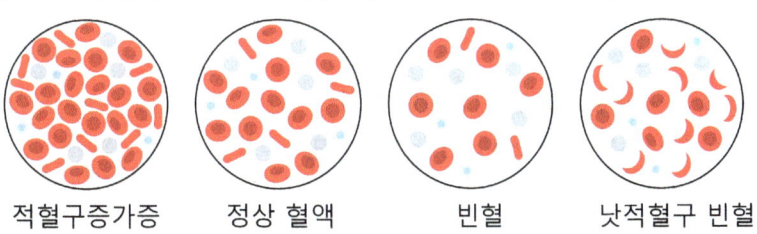

적혈구증가증   정상 혈액   빈혈   낫적혈구 빈혈

9) 증상

(1) **피로(주된 증상), 쇠약감, 창백한 피부, 빠르거나 불규칙한 심장박동**

(2) **두통, 인지장애, 숨참, 흉통, 어지러움, 팔다리의 저리나 차가운 감각**

(3) **철 결핍성 빈혈의 특징적인 증상** : 입 가장자리의 갈라짐, **스푼 모양의 손발톱**

의학이론

10) 위험인자

(1) **불충분한 식사** : **철분, 비타민, 특히 엽산 부족 식이, 엄격한 채식**
(2) **철 결핍**
  ① **철 수요 증가** : 영아, 사춘기 때 빠른 성장, 임신
  ② **철 소실 증가** : 만성 실혈, 기생충, 소화성 궤양, 반복적 코피, 장 폴립, 메켈 게실, 생리, 급성 출혈, 사혈, 수술
  ③ **철 흡수장애** : 열대병, 크론병, 위절제술 후, 급만성 염증
(3) **혈액 소실** : 수술이나 손상으로 인한 출혈, 생리
(4) **임신** : 태아의 혈색소 생성에 철분이 쓰이기 때문
(5) **만성 질환** : 암, 신장이나 간 기능 상실, 궤양, 당뇨, 장 질환 등
(6) **가족력** : 유전성 빈혈
(7) 특정 감염증, 혈액 질환, 자가면역질환, 독성 화학물질에의 노출
(8) **알코올 의존** : 알코올이 엽산의 흡수를 방해하여 발생

11) 진단

(1) **혈액검사** : **전체혈구계산**(CBC)을 포함하는 검사

  [용어해설] CBC(complete blood cell count) : 자동화된 혈구 분석 기계를 이용하여 백혈구, 적혈구, 혈소판에 대한 다양한 정보를 얻는 검사방법

(2) **현미경검사** : **적혈구의 크기, 모양, 색 관찰**
  ① **철 결핍성 빈혈** : 정상치보다 더 작은 크기의 창백한 적혈구
  ② **비타민 결핍성 빈혈**(거대적혈모구성 빈혈) : 크기가 크고 적은 수의 적혈구
(3) **원인 확인을 위한 검사** : 궤양, 대장 용종, 대장암, 신부전 관련 검사
(4) **골수검사** : 조혈모세포 감소와 함께 텅 빈 골수가 지방으로 대체, 조혈세포 조직과 골수세포 충실도의 감소
(5) **염색체검사** : 골수이형성증후군과의 감별을 위해 필요

12) WHO 제시 빈혈 진단기준, Hb(헤모글로빈) **수치**(단위 g/dL)

(1) **성인 남자** : 13g/dL 미만
(2) **성인 여자 & 6~16세 청소년** : 12g/dL 미만
(3) **임산부 & 6개월~6세 미만 소아** : 11g/dL 미만

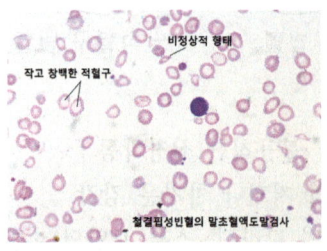
▲ 철 결핍성 빈혈

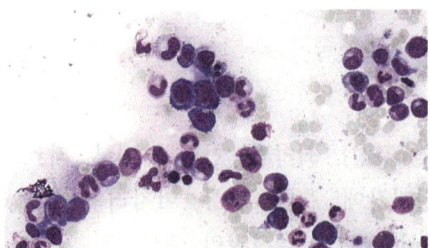
▲ 거대적아구성 빈혈

3 중증 재생불량성 빈혈(severe aplastic anemia) 기출 17년

1) 정의

조혈모세포와 각 계열 전구세포의 감소에 의해 혈액세포의 생산이 전반적으로 감소하는 질환

2) 약관상 중대한 재생불량성 빈혈

만성 골수 부전 상태로서 **호중구 수가 200/㎣ 미만**이거나, 또는 **골수세포 충실성이 25% 이하**이고 동시에 **다음 중 2가지 이상에 해당**되는 것을 말한다.

(1) **호중구 수가 500/㎣**(= 500 × 10³/mL) **미만**
(2) **혈소판 수가 20,000/㎣**(= 20,000 × 10³/mL) **미만**
(3) **망상적혈구 수가 20,000/㎣**(20,000 × 10³/mL) **미만**

> **용어해설** 골수세포 충실도 : 골수의 조혈 공간 중에서 지방이 차지한 부위를 제외한 조혈세포들이 차지하는 영역으로 유아기에는 거의 100%이고, 성인은 흉골, 척추, 장골, 늑골의 골수에서만 30~70%이다.

> **용어해설** 망상적혈구(reticulocyte) : 골수에서 생성된 줄기세포가 적혈구 분화 단계를 거치면서 망상적혈구에서 성숙 적혈구로 분화하게 된다. 망상적혈구 수는 신체가 요구하는 적혈구만큼 골수가 충분히 적혈구를 생산하고 있는지를 알려주는 지표이다. 출혈이나 용혈성 빈혈이 있을 때 왕성한 적혈구 생성으로 망상적혈구 수가 증가하고, 철 결핍성 빈혈, 악성 빈혈, 엽산 결핍, 재생불량성 빈혈, 신장질환, 방사선 치료, 골수 부전 시 감소한다.

(3) 증상

(1) **적혈구 감소 증상** : 무기력, 피로감, 두통, 활동 시 호흡곤란
(2) **혈소판 감소 증상** : 반상출혈, 코피, 생리 과다, 잇몸출혈
(3) **호중구 감소 증상** : 감염, 고열

> **기출문제**
>
> 중증재생불량성빈혈의 일반적인 정의를 보면 골수검사에서 세포충실도가 통상 (①)% 미만으로 저하되어 있고, 이와 함께 "말초혈액검사에서 이상소견들"이 있는 경우이다. 기출 17년
>
> (1) ①에 들어갈 적절한 내용을 쓰시오. (5점)
> (2) '말초혈액검사에서 이상소견들'에 해당하는 3개의 기준 중 호중구 감소와 혈소판 감소에 대한 기준을 쓰시오. (5점) **용어해설** 1mL = 1㎤ = 1,000㎣
>
> ① 호중구 (   )/mL 이하, ② 혈소판 (   )/mL 이하

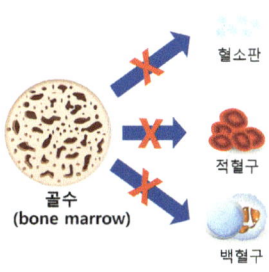

4 면역계(lymphatic system) 기초

1) 면역계

인체 내로 침입한 병원체나 종양세포 등을 인지하고 죽임으로써 인체를 보호하는 신체의 계통이다. 림프관, 림프절, 림프액, 흉선, 비장으로 구성된다. 골수에서 생성된 면역세포는 말초혈액으로 나와 외부에서 침입한 병원체나 종양세포 등을 인지하여 면역반응을 나타낸다.

2) 면역세포

(1) **과립구**(granulocyte)
  ① **호중구**(neutrophil) : 감염 부위로 이동하여 세균 탐식 및 살균 작용. 백혈구의 50~60% 차지
  ② **호산구**(eosinophil) : 기생충 방어나 알레르기에 관여
  ③ **호염기구**(basophil) : 염증 반응과 알레르기에 관여

(2) **단핵구**(monocyte) : 하나의 핵을 가진 큰 세포로 식세포의 일종이다. 혈액 내 단핵구는 조직에서 대식세포로 분화한다. 대식세포(macrophage)는 침입 미생물과 단백질을 감싸서 삼킨 후 효소를 사용하여 중화 또는 파괴시킨다. 비정상적인 물질, 노화된 세포, 암세포 등을 먹어 치우는 역할을 한다.

(3) **림프구**(lymphocyte)
  ① **B세포**(체액성 면역) : 외부 항원을 감지하고 이에 반응하는 항체를 만들어 항원을 물리친다. 일련의 과정을 통해 병원균을 제거한 후 일부 림프구는 기억 B세포 형태로 수주~수년간(때로는 평생) 체내에 남아 있으면서 동일 항원에 공격당했을 때 바로 반응한다.
  ② **T세포**(세포성 면역) : 직접 세포 독성 물질을 분비하여 항원을 물리친다.
  ③ **자연살해세포**(NK cell, natural killer cell, 선천적 면역) : 바이러스나 암 세포를 인식하여 신속하게 파괴하는 능력을 갖는데, 이전 침입에 대한 기억과 무관하게 목표 세포를 파괴하는 비특이적인 세포 독성 작용을 한다.

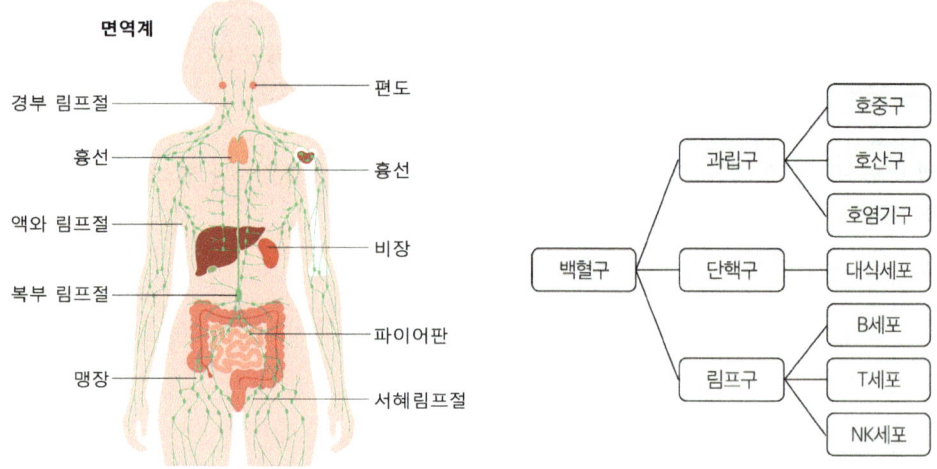

5 자가면역질환(autoimmune disease)

1) 정의

면역기능의 이상으로 면역세포가 자신의 장기나 조직을 항원으로 인식하고 자기 스스로를 공격하는 면역 질환

2) 대표적인 질환

(1) **류마티스관절염**(RA, rheumatoid arthritis) : 관절, 인대, 근육 등 결합조직에 지속적인 염증 반응을 특징으로 하는 만성 염증성 자가면역질환

> 진단기준 분류 기준 범주 A~D의 합 10점 중 6점 이상

(2) **다발성 경화증**(MS, multiple sclerosis) : 대뇌 및 뇌간 신경세포의 수초가 벗겨지면서 중추신경계를 침범하는 염증성 질환

(3) **섬유 근통 증후군**(fibromyalgia) : 목이나 어깨, 등 부위에 통증이나 뻣뻣함이 계속되고, 피로, 불면, 저린감 등 다양한 증상이 수반되는 막연한 증상의 만성 전신 통증

> 진단기준
> ① 적어도 3개월 이상 전신에 광범위하게 이유 없이 경한 통증 호소
> ② 진찰 소견상 몸의 18부위(압통점) 중 11부위에서 관절 부위에 압통

(4) **루푸스**(lupus, 전신성 홍반성 난창) : 다장기 만성 자가면역질환

> 진단기준
> 항핵항체(ANA, antinuclear antibody) 역가 양성(≥1 : 80)을 포함하여
> 두 가지 분류기준(임상기준과 면역학적 기준)의 항목 가중치 중에서 분류 기준 별로 가장 높은 가중치만을 합한 점수가 10점 이상

(5) **항인지질 항체 증후군** : 항인지질항체에 의해 혈액이 잘 응고되어 혈전이 생기는 경향
(6) **쇼그렌증후군** : 눈물샘, 침샘, 소화샘, 기관지샘, 질샘 등 외분비샘에 림프구가 스며들어 외분비액이 감소하여 구강 건조, 안구 건조 등을 특징으로 하는 질환
(7) **셀리악병**(celiac disease) : 소장에서 발생하는 유전성 알레르기 질환
(8) **애디슨병**(Addison's disease) : 부신피질에서 생산되는 스테로이드 호르몬인 코티졸과 알도스테론 생산에 이상이 생겨서 발생하는 질환
(9) **길랭바레증후군**(Guillain Barre syndrome) : 급성 염증성 탈수초성 다발신경병증
(10) **오버랩 증후군** : 결합조직 질환이 2가지 이상 중복되어 나타나는 경우
(11) **혼합성 결합조직병**(MCTD, mixed connective tissue disease) : 임상적으로 **루푸스**(SLE), **전신 경화증**(PSS), **다발성 근염**(PM), **류마티스관절염**(RA)의 증상이 모두 있음

6 류마티스관절염(RA, rheumatoid arthritis) 기출 10년·24년

1) 정의

관절 활막의 지속적인 염증 반응을 특징으로 하는 만성 염증성 자가면역질환이다. 판누스(pannus)라는 증식성 반응성 윤활막 조직이 관절연골 및 뼈에 침식되어 통증과 관절 운동장애를 유발한다.

2) 원인

(1) **자가면역 현상**
(2) **유전적 소인**
(3) **세균이나 바이러스 감염**
(4) **신체적 또는 정신적 스트레스**
(5) **폐경 초기 호르몬의 영향, 여성에서 2~3배 많다.**

4) 발생기전

관절내 활막에 염증 발생 → 혈액 내 백혈구들이 관절로 모임 → 관절액 증가 → 관절이 부으면서 통증 발생 → 염증이 지속되면 염증성 활막 조직들이 점차 자라나면서 뼈와 연골을 파고들어 관절의 모양이 변형(침식) → 관절 운동장애

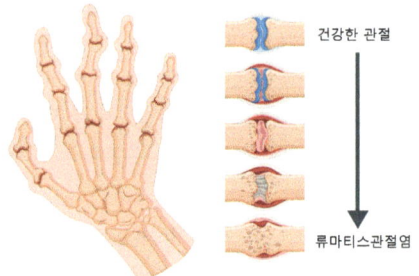

5) 증상

> 참고 염증의 5대 징후 : 발열, 발적, 종창, 통증, 기능 상실

(1) **전구증상** : ⅔ 정도에서 피로감, 식욕부진, 전신 쇠약감, 모호한 근육 및 관절 증상 → 활막염 → 수주~수개월에 걸쳐 발생
(2) **조조강직** : 아침에 자고 일어날 때는 관절이 뻣뻣해서 움직이기 힘들다가 어느 정도 활동을 하고 난 후에 활동하기 좋아지는 현상
(3) 관절 증상 : 침범된 관절의 통증과 종창, 움직임 제한. 전형적으로 초기부터 손가락 근위지절에 호발(원위 지관절에는 잘 생기지 않음), 손목, 발가락 관절 등이 주로 침범 → 진행함에 따라 주관절, 견관절, 족관절, 슬관절 등도 침범 → 관절에 통증, 뻣뻣함, 종창 등의 증상이 수 주에 걸쳐 서서히 나타난다.
(4) 관절 외 증상 : **피하 결절, 빈혈, 혈관염, 아밀로이드증, 폐섬유증, 전신 침범 증상**(발열, 전신 쇠약감, 체중 감소)

6) 치료
(1) 어떤 약제도 류마티스관절염을 완치시키지 못하고 증상을 완화시킬 뿐이다.
(2) 비스테로이드성 항염제, 스테로이드, 항류머티즘약에, TNF 차단제

7) 진단기준(2010년 미국류마티스학회 유럽류마티스학회 공동 개정 발표)
(1) 분류 기준 범주
   A. **관절 침범** : 0~5점
   B. **혈청 검사 - 류마티스인자와 항CCP항체** : 0~3점
   C. **급성 반응기 물질 - 적혈구 침강속도(ESR)와 C단백반응(CRP)** : 0~1점
   D. **증상의 발생 기간** : 0~1점
(2) 판단 방법
   분류기준 범주 A~D의 합 **10점 중 6점 이상**이면 확실한 류마티스관절염으로 진단한다.
(3) 대상 환자
   ① 적어도 하나의 관절에서 분명한 활막염의 증상이 있는 환자
   ② 다른 질환에 의해 잘 설명되지 않는 활막염

기출문제

01 류마티스관절염은 관절 활막의 지속적인 염증반응을 특징으로 하는 만성 염증성 전신질환이다. 이 질환의 특이적인 단일 검사실 소견이나 신체검사 소견은 없어 진단은 병력청취와 신체검사 등 임상적 소견으로 이루어진다. 류마티스관절염의 진단기준에 대하여 설명하시오. (10점) 기출 10년

02 류마티스관절염의 많은 증상들은 활액막의 염증반응으로 생긴다. 1987년 미국 류마티스학회의 진단기준과 달리 2010년 미국 류마티스학회/유럽류마티스학회(ACR/EULAR)의 류마티스 관절염 진단기준은 4가지 분류 항목의 점수를 합산하여 진단한다. 아래 질문에 답하시오.
  (1) 4가지 분류 항목들을 열거하시오. (8점)
  (2) 신규 환자에서 다른 질환으로 설명할 수 없는 임상적으로 명백한 1개 이상의 관절윤활막염을 가진 경우, 항목 합산 점수가 몇 점 이상인 경우에 류마티스관절염으로 진단할 수 있는지 쓰시오. (2점) 기출 24년

류마티스관절염 진단기준

	A 관절 침범	B 혈청 검사	C 급성 반응기 물질	D 증상의 발생 기간
0점	큰 관절(어깨, 팔꿈치, 엉덩이, 무릎, 발목) 1개	류마티스인자와 항CCP항체 모두 음성	ESR 및 CRP 모두 정상	6주 미만
1점	큰 관절 2~10개		ESR 및 CRP 상승	6주 이상
2점	작은 관절(중수지절관절, 근위지절간관절, 손목) 1~3개	낮은 역가의 양성		
3점	작은 관절 4~10개	높은 역가의 양성		
5점	작은 관절 1개 이상을 포함한 10개 이상의 관절			

> 의학이론

7 루푸스(SLE, systemic lupus erythematosus)

1) 정의
주로 가임기 여성을 포함한 젊은 나이에 발병하는 원인 불명의 다장기 만성 자가면역질환

2) 빈도
여자가 남자보다 10배 이상 호발(성염색체, 성호르몬 영향으로 해석)

3) 원인
(1) **면역계 이상** : 자가항체와 면역복합체 형성에 의해 발생
(2) **환경 인자** : 바이러스 감염, 약제, 자외선, 음식물 등
(3) **유전적 요인, 호르몬 인자**
  > 참고 산욕기나 경구 피임약이 활동성을 증가시키고, 폐경 이후에 발생률과 활동성이 감소

4) 증상
(1) **피부 증상** : 80~90%에서 발생
  ① 나비 모양의 **홍반, 원판상 반점**
  ② **광과민성** : 햇빛에 노출 후 피부 어느 부위에서나 발생
  ③ **레이노현상**(raynaud syndrome)
  > 용어해설 레이노현상 : 정서적 자극이나 추위에 노출될 때 교감신경계 과잉 반응에 의한 비정상적 혈관 수축으로 손이나 발가락의 피부색이 변하는 현상이다. 실내로 들어오면 발적과 박동성 통증이 발생하고, 만성 레이노병에서는 근 위축과 수지 괴사가 나타난다.

(2) **점막 증상** : 구강 궤양, 코, 항문, 생식기 등의 궤양
(3) **근골격계 증상, 관절염**(arthritis) : 75% 이상에서 증상 호소
  ① 손에 대칭적으로 나타나는 경우가 가장 흔함
  ② **자꾸드양 관절증** : 힘줄, 인대 등 관절 주위 조직의 변화로 인해 손가락이 심하게 펴지거나 구부러지는 운동성 장애
(4) **신장 증상**(루푸스신염) : 25~75%의 환자에서 증상 발현
(5) **뇌신경 증상** : ⅔의 환자에서 신경정신 증상 발현, 우울증, 불안, 두통, 경련
(6) **폐, 심장, 장막 침범** : 늑막염, 간질성 폐섬유증, 심외막염, 복막염 발생
(7) **혈관계** : 혈관염, 혈전성 정맥염, 동맥경화 호발(사망의 중요한 원인)
(8) **위장관, 간, 눈 등 다양한 전신 장기 침범**

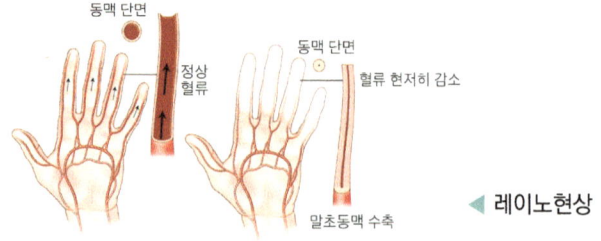

◀ 레이노현상

5) 진단기준(2019년 유럽/미국 류마티스학회 기준)

항핵항체(ANA, antinuclear antibody) **역가 양성**(≥1 : 80)을 포함하여 두 가지 분류기준(임상 기준과 면역학적 기준)의 항목 가중치 중에서 분류기준 별로 가장 높은 **가중치만을 합한 점수가 10점 이상**이면 루푸스로 진단한다.

분류기준	항목	가중치			
임상 기준	전신	열 2점			
	혈액학적 질환	백혈구감소증 3점	혈소판감소증 4점	자가면역성 용혈 4점	
	신경정신학적 질환	섬망 2점	정신병 3점	발작 5점	
	피부 점막	비흉터성 탈모 2점	구강궤양 2점	아급성 혹은 원반성 루푸스 4점	급성 피부 루푸스 6점
	장막염	흉막 또는 심낭 삼출 5점	급성 심낭염 6점		
	근골격계	관절 침범 6점			
	신장질환	하루 0.5g 이상의 단백뇨 4점	신장 조직검사 상 2형 또는 5형 루푸스신염 8점	신장조직검사 상 3형 또는 4형 루푸스신염 10점	
면역학적 기준	항인지질항체(항cardiolipin 항체 또는 항β_2-GP$_1$항체 또는 루푸스 항응고인자) 2점				
	보체	C$_3$ 또는 C$_4$ 감소 3점	C$_3$와 C$_4$ 감소 4점		
	루푸스 특이항체(항dsDNA항체 또는 항sm항체) 6점				

6) 치료

(1) 증상 억제 목적으로 비스테로이드성 항염제, 항말라리아제, 표적치료제
(2) 생명을 위협하거나 장기 손상이 예측될 때는 전신 스테로이드 투여

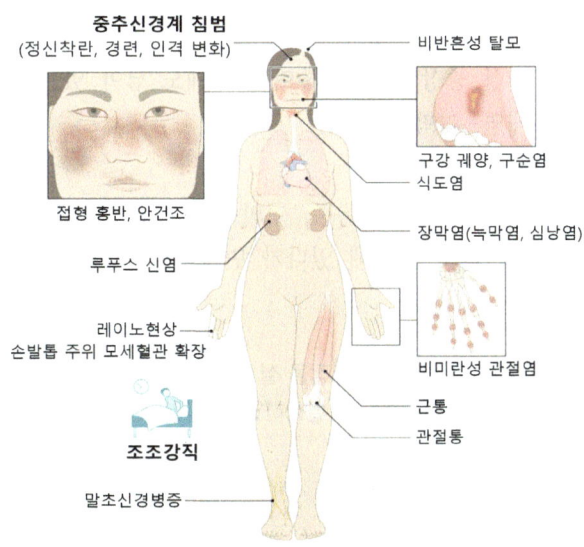

의학이론

8 대상포진(herpes zoster) 기출 15년

1) 정의
바리셀라 - 조스터바이러스(varicella - zoster virus)가 보통 소아기에 **수두**를 일으킨 뒤 몸속에 잠복 상태로 존재하고 있다가 면역력이 저하되었을 때 다시 활성화되는 질병

2) 호발 환자
(1) **면역력이 떨어지는 60세 이상의 성인**
(2) **인간 면역 결핍 바이러스(HIV) 감염 환자**
(3) **장기 이식이나 항암치료를 받아 면역기능이 떨어진 환자**

3) 증상
(1) 물집이 생기기 1~2주 전부터 그 부위가 아프기 시작하고 시간이 지남에 따라 작은 물집이 군집을 이루어 생기게 된다.
(2) 몸의 한쪽에만 발생하며, 한 가닥 신경이 분포하는 피부에만 물집이 생기기 때문에 **띠 모양**으로 발생한다.
(3) 피부절의 근위부에서 시작하여 점차 원위부로 퍼진다.
(4) 초기에는 홍반성 발진이 나타나다가 약 12시간 후에 곧바로 소수포성 병변으로 변하고, 소수포가 합쳐져서 3~5일에 걸쳐 대수포를 형성하며 10~15일 정도 지속된다.
(5) 제3흉추에서 제1요추 사이에서 가장 흔히 발생한다.

4) 치료
(1) 통증 억제, 바이러스의 확산과 2차적 세균 감염의 억제
(2) 대상포진 후 신경통의 합병증 예방

5) 합병증
(1) **감염** : 부적절한 피부 관리에 의한 2차 세균감염
(2) **포진성 신경통** : 피부 이상 증상이 모두 좋아진 후에도 남아 있는 신경절의 통증
(3) **눈 주변 대상포진** : 홍채염, 각막염, 실명
(4) **수막 침범 시 뇌수막염**
(5) **안면신경 마비**(람세이헌트증후군 - 귀통증, 귀의 발진, 수포와 함께 발생)
(6) **재발** : 수두 virus는 죽지 않고 잠복해 있다가 면역력이 저하되면 재활성화될 수 있다.

기출문제

65세 여자가 최근 식사량이 줄고 스트레스로 인하여 잠을 설치는 등 3~4일 전부터 평소보다 힘들게 지내면서 몸통 왼쪽 가슴에서 등 쪽에 걸쳐 가려움과 통증이 발생하였고, 금일 같은 부위에 수포가 관찰되었다. 기출 15년

(1) 진단은? (4점)
(2) 동반 가능한 합병증을 2가지 쓰시오. (6점)

9 베체트병(Behcet's disease) 기출 17년

1) 정의

전신의 혈관에 염증을 일으키는 질환 중 하나로 만성적인 궤양이 구강과 성기에 자주 재발되고 눈과 피부 등에 다양한 증상을 나타내는 질병

2) 원인

(1) 유전적 요인 : HLA - B51 특수 유전자와 연관
(2) 면역 이상 : 사이토카인, 활성화 산소 과다 생산 등 호중구의 기능 항진

3) 진단

재발성 구강 궤양이 존재하고 아래 4가지 항목 중 2가지 이상을 만족시킬 때 진단한다.
(1) **재발성 성기부 궤양**
(2) **전형적인 눈 증상** : 포도막염, 망막혈관염
(3) **전형적인 피부 병변** : 결절 홍반, 모낭염성 발진, 혈전성 정맥염, 가모낭염
(4) **페설지반응**(patherge phenomenon) **양성**

용어해설 페설지반응 : 멸균한 주사 바늘을 피부에 찌르거나 0.1cc의 생리식염수를 진피 내에 주입하고 24~48시간 후에 같은 부위에 작은 고름집이 생기면 양성이다. 조그마한 자극에도 쉽게 염증반응을 보이는 베체트병 환자의 특징을 확인하는 검사방법이다.

기출문제

일반적으로 베체트병(Behcet's disease)은 International Study Group (ISC) 진단기준에 따라 재발성 구강 궤양이 존재하고 '4가지 항목' 중 2가지 이상을 만족시킬 때 진단내릴 수 있다. 이 '4가지 항목'에 해당하는 기준들을 3가지 이상 쓰시오. (10점) 기출 17년

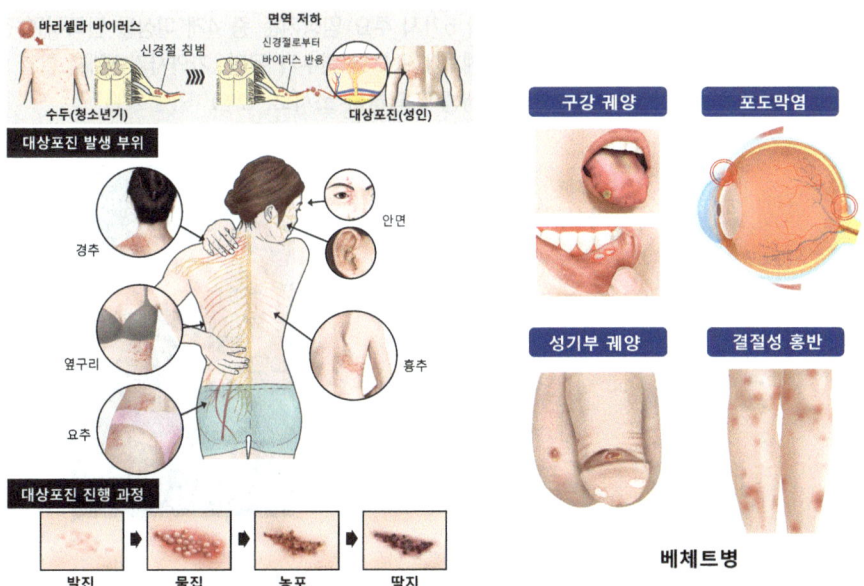

의학이론

10 가와사키병(Kawasaki's disease) 기출 22년

1) 정의

5세 이하 소아에서 발생하는 **급성 열성 피부 점막 림프절 증후군**이다. 피부, 점막, 림프절, 심장 및 혈관, 관절, 간 등 전신에 이상을 가져올 수 있고, 위장관 장애, 담낭 수종, 드물게 뇌수막염이 나타날 수 있다.

2) 진단기준

원인을 알 수 없는 **38.5℃ 이상의 고열**이 적어도 **5일 이상 지속**되고 다음 열거되는 특징 5개 중에서 4개의 증상이 있으면 가와사키병으로 진단한다.
  (1) **양측성 결막 충혈** : 발열 1~3일 후 90%에서 발생한다.
  (2) **경부림프절 비대**(1.5㎝ 이상)
  (3) **부정형 피부 발진** : 물집이나 부스럼, 딱지는 없다.
  (4) **입과 혀의 변화** : 입술의 홍조 및 균열, 딸기 혀, 구강 발적
  (5) **손발 변화** : 급성기 손발의 경직성 부종과 홍조, 회복기 손발톱 주위의 막성 낙설(표피 탈락)

3) 장기 예후를 결정하는 가장 중요한 합병증

관상동맥류의 여부가 가장 중요한 예후 인자이다. 급성기 신장동맥의 혈관염이 호전되는 과정에서 생긴 관상동맥류는 돌연사의 원인이 된다.

4) 치료

  (1) 아스피린 : 발열, 발진, 관절염증과 통증 감소, 혈전 예방
  (2) 면역글로불린 : 관상동맥 합병증 예방

📖 **기출문제**

가와사키병은 일반적으로 5일 이상 지속되는 발열과 5가지 주요 임상기준 중 4개 이상을 만족하면 진단할 수 있다. 또한 심장 관련 합병증은 가와사키병의 장기예후에 중요한 변수가 된다. 가와사키병에서 발열 외 5가지 임상기준을 쓰고(8점), 가와사키병의 심장 관련 합병증에 대하여 쓰시오. (2점) 기출 22년

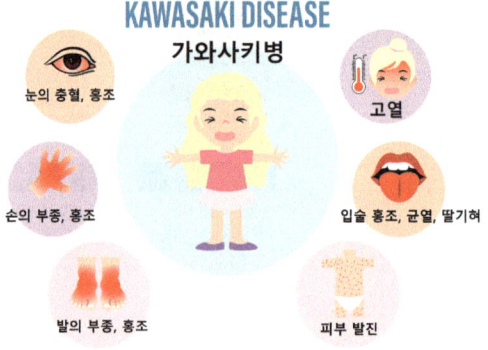
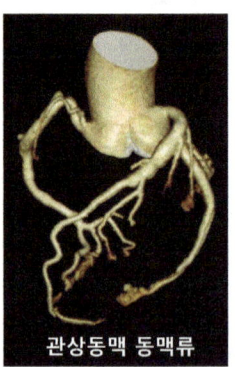

CHAPTER 08 감각신경 및 기타 질환

1 두통(headache) 기출 14년

1) 정의
두통이란 머리에서 느끼는 통증을 말한다. 대부분의 일차성 두통은 심각한 신경학적 후유증을 남기지 않고 치료되지만, 일부 환자의 경우 일차성 두통과 유사한 증상을 보이는 이차성 두통을 감별하기 위해 각종 검사가 필요할 수 있다.

2) 종류
(1) **일차성 두통** : 특별한 원인을 찾지 못하는 두통 - 편두통, 긴장형 두통, 원발 찌름 두통
(2) **이차성 두통** : 특별한 원인에 의해 발생한 두통 - 머리와 목의 질병이나 외상에 기인한 두통, 두개나 경부의 혈관 질환에 의한 두통, 알코올이나 마약 같은 물질 또는 금단 현상이 유발한 두통 등

3) 이차성 두통의 위험신호(red flag, SNOOP)
(1) **전신 증상 혹은 질환**(Systemic symptoms or disease)
 - 고열, 체중 감소, 목의 경직이 동반된 두통
 - 에이즈 등 면역 저하, 악성 종양 환자에게 동반된 두통
 ⇒ 뇌수막염, 뇌염, 전신 감염, 동맥염 등 의심
(2) **신경 징후 및 증상**(Neurologic signs or symptoms)
 - 의식 수준의 변화, 언어장애, 마비, 시각장애, 유두 부종, 박동성 이명 등이 동반된 두통
 ⇒ 종괴 병변, 동정맥 기형 등 의심
(3) **시작 양상**(Onset) - 갑자기 발생한 두통
 ⇒ 거미막하 출혈, 동정맥 기형 출혈, 종괴 병변 등 의심
(4) **고령**(Older) - 50세 이상에서 새롭게 발생한 두통
(5) 이전 두통 병력과 다른 **새로운 양상의 두통**(Previous headache history)
 - 발살바, 재채기, 기침, 운동, 성행위, 자세 변화 등에 따라 발생하는 두통

기출문제
두통은 머리 또는 목에 발생하는 통증을 의미하는 것으로 병원을 방문하게 하는 매우 흔한 증상 가운데 하나이다. 이렇게 흔하게 접하는 두통이라 하더라도 위험신호(red flag)들이 발견될 경우에는 위험한 결과를 야기할 수 있는 이차성 두통의 가능성이 높아지게 된다. 이러한 두통의 위험신호(red flag)에 대하여 5가지 이상 약술하시오. (10점) 기출 14년

의학이론

2 자살(suicide) 기출 20년

1) 정의
행위자가 자신의 죽음을 초래할 의도와 동기를 인식하면서 자신에게 손상을 입혀 스스로 생명을 끊는 행위

2) 고위험군
(1) **과거 자살 시도자** : 잦고 지속적인 자살 행동, 반복적이고 구체적인 자살 사고, 방법이 치명적이고 유서가 있는 자살 기도
(2) **치료되지 않은 우울증**
(3) **노인**
(4) **청소년**
(5) **알코올 중독이나 의존**
(6) **약물 남용**
(7) **사회적 고립**
(8) **삶에 대한 자신감이 결여된 경우**
(9) **최근 사별 또는 이별 경험**
(10) **실직 또는 은퇴**
(11) **신체적 질병**
(12) **가정 불화**

기출문제

자살은 2018년 기준 우리나라 사망원인 5위를 차지할 정도로 심각하고 중요한 문제이며, 10~30대 사망원인 1위이다. 최근 청소년 자살률도 지속적으로 증가하고 있으며, OECD 평균 10만 명 당 11.5명인 것에 비해 우리나라는 24.7명으로 매우 높은 편이라 자살 예방을 위해서 많은 노력을 하고 있다. 자살의 고위험군에 대해서 10개 이상 서술하시오. (10점) 기출 20년

3 삼차신경통(trigeminal neuralgia)

1) 정의

   삼차신경은 얼굴의 감각과 저작 작용을 하는 근육의 감각 및 운동을 담당하는 5번 뇌신경으로 안신경, 상악신경, 하악신경 총 3개 분지로 구성된다. 삼차신경통은 삼차신경이 분포하는 부위에 국한되어 나타나는 통증을 말한다.

2) 원인

   (1) **교뇌(pons)로 들어가는 신경근의 압박**
   (2) **동맥과 정맥의 이상에 의한 혈관 압박이나 혈관 기형**
   (3) **청신경종, 수막종 등의 종양**

3) 진단기준(국제 두통학회)

   (1) 하나 또는 그 이상의 삼차신경이 분포하는 영역에 발생하는 수초~2분 정도의 갑작스러운 통증
   (2) 유발 요인이나 유발 영역에 기인한 극심하고 날카로우며 피부 표면에 칼로 찌르는 듯한 통증
   (3) 개개의 환자에서 정형화된 모습이 보임
   (4) 신경학적 결손이 없음
   (5) 2차적 원인이 없음

4) 검사방법

   (1) 2차성 삼차신경통 : 혈관이 아닌 다른 구조물에 의해 유발된 삼차신경통으로 감각 소실이 있거나 양쪽으로 침범한 경우, 젊은 환자의 경우 2차성 삼차신경통의 가능성이 높다.
   (2) 2차성 삼차신경통의 원인 규명 : MRI, 전기 생리학적 검사, CT 등

5) 치료

   (1) 약물요법
   (2) 수술치료 : 미세혈관 감압술, 신경절단술, 경피적 신경 차단술, 고주파 열 응고술, 기계적 풍선 압박, 화학적 주사 요법을 통한 신경뿌리 절제술, 방사선적 감마나이프
   (3) 보톡스 치료

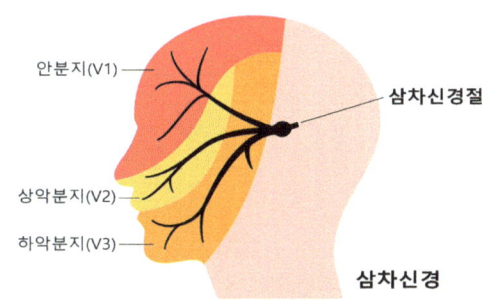

의학이론

4 안면신경 마비(facial nerve palsy)

1) 정의
여러 원인에 의해 안면신경(7번 뇌신경)이 분포하는 부위에 마비가 오는 것

2) 원인
(1) **중추성**
  ① 뇌경색, 뇌출혈, 뇌종양
  ② 다발성 경화증 등 자가면역질환
  ③ 매독
  ④ 후천성 면역결핍증
  ⑤ 당뇨에 의한 혈관장애

(2) **말초성**
  ① 원인 불명 : 벨마비
  ② 바이러스 감염
  ③ 외상 : 두개골 골절에 동반
  ④ 감염 : 중이염 합병증
  ⑤ 찬 곳에 엎드려서 자거나 찬 바람을 쐰 경우

3) 증상
(1) 안면근육 마비로 동측에 표정이 없어짐
(2) 마비되지 않은 쪽으로 입이 돌아가며 입이 쳐지고 움직이지 않음
(3) 뺨과 입 사이에 골이 없어지고 평평해짐
(4) 이마에 주름을 잡을 수 없고 눈썹을 위로 올리지 못함
(5) 눈을 완전히 감을 수 없음
(6) 눈물 분비 감소
(7) 미각 또는 청각 감소

4) 치료
(1) 스테로이드 치료 : 72시간 내 고용량 스테로이드 치료 시 회복 속도가 빠름
(2) 항바이러스제
(3) 눈 관리 : 윤활액, 연고, 안대 등
(4) 물리치료
(5) 수술 : 신경이식술, 근육 전이 술

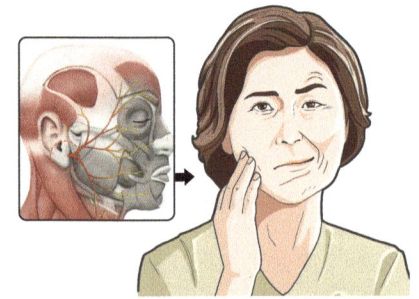

우측 안면신경 마비

5 현훈(vertigo) 기출 19년

1) 현훈의 정의

사물이나 공간 혹은 자신이 빙빙 도는 증상

2) 내이의 구조물

(1) **세반고리관** : 회전감각을 담당하는 평형기관이다. 앞, 옆, 뒤에 있는 세 개의 반고리관이 각각 수직을 이루며 연결되어 있고, 그 안에 림프액이 차 있어 몸이 회전하면 반고리관 속의 림프액이 흐르고, 그 흐름이 감각세포를 자극하여 회전 운동을 감지하게 된다.

(2) **전정**(vestibular) : 반고리관의 앞 아래쪽, 달팽이관의 뒤 위쪽에 위치하는 둥근주머니와 타원주머니로 이루어져 있다. 내부에는 림프액이 차 있고, 이석이라는 작은 돌이 얹어져 있어 중력 및 선형 가속도 운동을 감지한다.

(3) **달팽이관**(cochlea, 와우) : 달팽이관의 내부는 림프액으로 채워져 있으며 청신경 세포가 분포하고 있다. 중이의 전후 운동으로 인한 운동 에너지가 림프액에 파동을 만들고 이 파동의 변화를 청신경 세포가 감지하면서 전기적인 변화를 만들어 뇌로 전달한다.

(4) **청신경**(auditory nerve) : 청력을 담당하는 와우신경(cochlear nerve)과 평형감각을 담당하는 전정신경(vestibular nerve)으로 나뉜다.

3) 내이와 관련된 말초신경성 현훈을 일으키는 질병

(1) **양성 자세 현훈**(이석증, BPPV, benign paroxysmal positional vertigo)
내이의 전정에 발생한 이동성 결석으로 인하여 유발되는 어지럼증. 특정 체위에서만 나타나는 안진이 특징적인 증상이다.

용어해설 안진(눈동자떨림, nystagmus) : 무의식적이고 빠른 눈의 리듬감 있는 운동이다. 안구운동계의 이상이나 외부 요인으로 안구가 원하는 위치에 머물러 있지 못하고 주시점을 벗어나고, 주시점을 회복하려는 무의식적인 안구의 빠른 움직임

(2) **메니에르병**(Meniere's disease)
일측성 변동성 감각신경성 난청, 이명, 이충만감을 주로 동반하면서 발작성 어지럼이 반복적으로 나타나는 임상 증후군

(3) **전정신경염**(vestibular neuronitis)
전정신경에 염증이 발생해 생기는 염증성 질환

기출문제

현훈(vertigo)은 사물이나 공간 혹은 자신이 빙빙 도는 증상을 뜻하며 다양한 원인에 의해 발생할 수 있다. 현훈의 원인을 찾을 때는 특히 내이(속귀)질환에 의한 말초성인지, 뇌졸중과 같은 중추성인지 감별이 매우 중요하다. 기출 19년

(1) 귀의 구조는 크게 외이, 중이, 내이로 나뉘어지며 이 중 현훈은 내이와 관련이 깊다. 내이(속귀, inner ear)를 이루는 구조물을 쓰시오. (4점)
(2) 내이와 관련된 말초신경성 현훈을 일으키는 질병(원인)을 쓰시오. (6점)

6 메니에르병(Meniere's disease)

1) 정의

일측성 변동성 감각신경성 난청, 이명, 이충만감을 주로 동반하면서 발작성 어지럼이 반복적으로 나타나는 임상 증후군

2) 원인

원인 불명확. 유전적 혹은 환경적 요인들이 복합적으로 작용한 것으로 추정

3) 조직 병리학적 소견

와우관과 전정기관에 내림프 수종

4) 증상

(1) **진행성 청력 감소**
(2) **발작성 어지럼**
(3) **이명**
(4) **이충만감**

5) 진단기준

(1) **자발성 회전성 어지럼이 2회 이상 발생**하고, **발생 시간이 20분에서 12시간까지 지속**
(2) 한쪽 귀에서 청력 검사로 확인된 저주파에서 중주파수 대역의 감각신경성 난청, 이러한 감각신경성 난청이 어지럼 발작 전, 발작 시 또는 발작 후에 이환된 귀에서 최소 1회 이상 보이는 경우
(3) 이환된 귀의 변동성이 있는 청각 증상들(청력, 이명 또는 이충만감)
(4) 다른 전정 질환의 진단으로 설명이 되지 않음

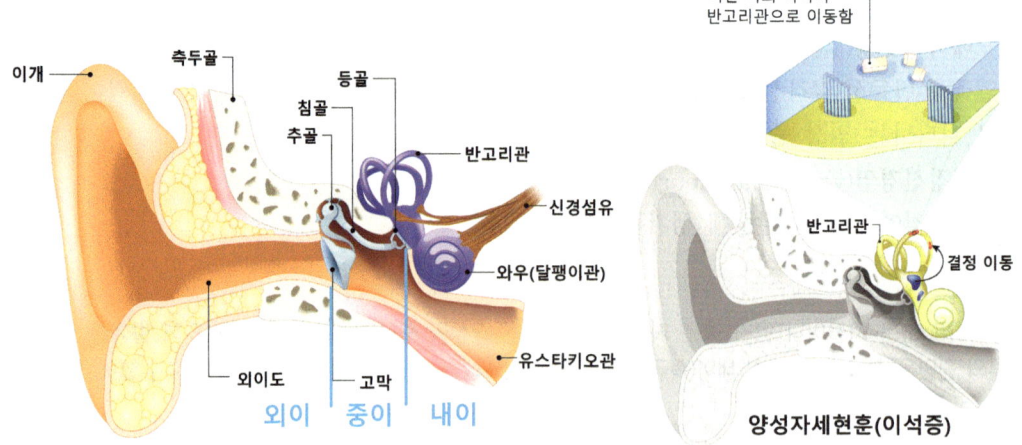

7 백내장(cataract) 기출 23년

1) 정의

　수정체가 혼탁해져 빛을 제대로 통과시키지 못 하게 되면서 안개가 낀 것처럼 시야가 뿌옇게 보이게 되는 질환

2) 원인

　(1) **선천성 백내장** : 대부분 원인 불명, 유전성이거나 태내 감염, 대사 이상
　(2) **후천성 백내장** : 노화, 외상이나 전신 질환, 안내 염증

3) 증상

　(1) **시력 저하**
　(2) 부분적인 혼탁이 있을 때 **단안 복시** : 한쪽 눈으로 볼 때 사물이 둘로 겹쳐 보이는 현상
　(3) **근시** : 수정체 중심인 핵의 경화로 수정체의 굴절률이 증가하여 발생

4) 진단

　세극등현미경검사 - 동공을 40배까지 확대시킨 후 검사

5) 수술 적응증

　수정체혼탁도(LOCS, lens opacities classification system) 3~4단계 이상
　참고 LOCS : 핵 6단계(혼탁 NO1~NO6 & 색조 NC1~NC6), 피질 5단계(C1~C5), 후낭하 5단계(P1~P5)

6) 치료

　수정체 제거술 및 인공수정체 삽입술

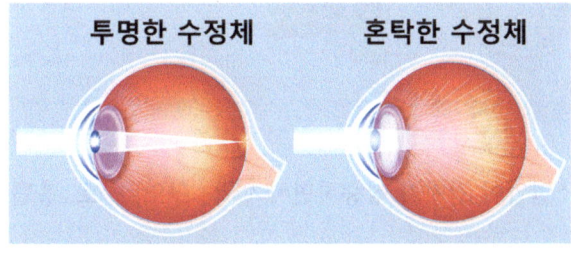
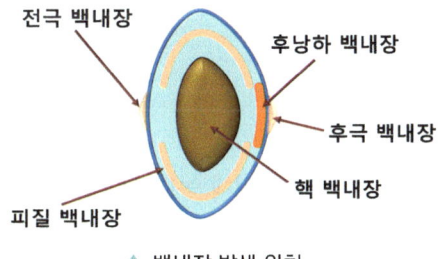

▲ 백내장 발생 위치

기출문제

수정체의 혼탁으로 시력 이상이 발생하는 질환인 백내장은 크게 선천성과 후천성으로 나눌 수 있다.
1) 후천성(후발성)으로 발생하는 백내장의 종류를 열거하고
2) 안과에서의 가장 기본적인 검사이기도 하며 백내장 진단 - 수정체 혼탁의 정도 및 위치 파악 등 - 에 필요한 대표적인 검사 방법을 쓰시오. (5점) 기출 23년

8 녹내장(glaucoma)

1) 정의

   안압(정상 범위 10~21㎜Hg)의 상승으로 시신경이 눌리거나 혈액 공급에 장애가 생겨 시야 결손 및 시력 저하를 일으키는 질환

2) 원인

   (1) **안압 상승**
   (2) **방수 과다 생성**
   (3) **방수 흐름장애**
   (4) **방수 배출 경로 이상**

3) 종류

   (1) **개방성 녹내장** : 정상 안압 녹내장 포함, 방수 유출에 의한 섬유주 - 쉴렘관 장벽의 결함으로 발생한 녹내장
   (2) **폐쇄성 녹내장** : 주변부 홍채가 섬유주를 막아서 전방각이 폐쇄되고 방수 유출의 저항이 증가되어 발생한 녹내장

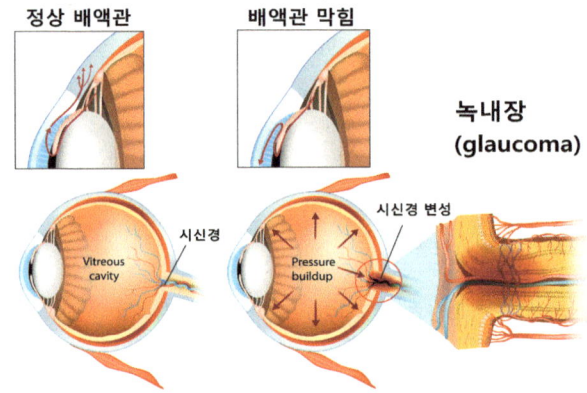

4) 증상

   (1) **급성 녹내장**(전체 녹내장의 10% 정도) : 안압이 갑자기 상승하면서 안통, 구역, 구토, 충혈이 심해 주로 응급실로 내원한다.
   (2) **만성 녹내장** : 시신경이 서서히 파괴되어 특별한 증상을 느끼지 못하다가 말기에 이르러서야 답답하다고 느끼게 되고 더 진행되면 실명에 이른다.

5) **선별검사**(만 40세 이상에게 매년 안압 검사 및 안저 검사 권유)

   (1) 안압 검사
   (2) 시신경유두 검사
   (3) 시야 검사
   (4) 전방각경 검사

6) 치료

   (1) 신속히 안압을 떨어뜨려 시신경을 보존하는 것이 중요. 안압 강하제 복용, 고삼투압제 주사
   (2) **섬유주대 절제술** : 레이저를 이용하여 홍채에 작은 구멍을 뚫어 방수의 순환 및 배출을 유도하는 수술

7) 위험요인

   (1) **연령** : 40대 이상, 나이가 많을수록 위험이 증가한다.
   (2) **녹내장 가족력**
   (3) 인종 : **아프리카, 라틴, 히스패닉**에 많음
   (4) **근시**
   (5) **안압이 높은 사람**
   (6) **과거에 눈을 다친 경력이 있는 사람**
   (7) **중심 각막 두께**(CCT, central corneal thickness)**가 얇은 사람**
   (8) **검사 권유를 받았음에도 불구하고 안과 검사를 한 번도 받지 않은 사람**
   (9) **눈으로 가는 혈류에 이상이 있을 위험이 있는 사람**(당뇨병, 저혈압, 편두통, 수면무호흡증)
   (10) **스테로이드 약물의 고농도 장기간 사용**(안약, 연고, 경구약, 흡입제 등)

9 황반변성(macular degeneration)

1) 정의

   (1) 황반 : 망막 중심부의 함몰 부위로 시신경 세포가 밀집되어 있다.
   (2) **황반변성** : 여러 가지 원인에 의해 황반의 기능이 떨어지고 시력장애를 일으키는 질환
   (3) 특징 : 황반변성은 당뇨성 망막병증, 녹내장과 함께 실명 원인 중 하나이고, 특히 65세 이상 노인의 실명 원인 1위를 차지하는 질병이다.

2) 위험요인

   고령(60세 이후 증가), 흡연, 가족력, 비만, 고혈압 및 심혈관계 질환, 고지혈증

3) 증상

   (1) 변시증(metamorphosia) : 사물이 휘거나 구부려져 보이는 증상
   (2) 중심암점(central scotoma) : 시야의 중앙부가 까맣게 되어 보이지 않는 증상
   (3) 시야 일부에 공백, 명암이나 색 구별 능력 저하, 진행되면 실명

4) 치료

   비타민 C, E 및 고용량 베타카로틴, 자외선 차단, 레이저 광 응고술(신생혈관 황반변성 시)

> 의학이론

10 바이러스성 감염 질환

1) 바이러스(virus)의 특징

(1) 바이러스는 세균과 달리 살아있는 완전한 생명체가 아니고, 유전정보인 DNA 또는 RNA와 이를 둘러싼 단백질만으로 구성된 반 생명체이다.
(2) 생명체인 세균이나 세포 안으로 들어가 기생하는 방식으로 생존한다.
(3) 모든 유전정보는 DNA에 저장되어 있고, 유전정보가 단백질로 번역되기 위해서는 RNA 단계를 거친다.
(4) DNA 바이러스와 RNA 바이러스로 구분되는데, RNA 바이러스는 자기복제 시 에러가 잘 발생하기 때문에 더 불안정하고 변종이 잘 생긴다.

2) 바이러스의 생존 방법

숙주를 죽이지 않고 숙주의 힘을 빌려 무한 복제한다.
① 바이러스가 숙주에 접근한다.
② 숙주로 삼은 세포 안으로 유전정보인 RNA나 DNA를 들여보낸다.
③ 숙주의 힘을 빌려 유전정보를 복제할 원료들을 만든다.
④ 원료들을 조합해 엄청나게 많은 동일한 유전정보를 가진 복제물을 숙주 밖으로 퍼트린다.(주로 비말 형태)

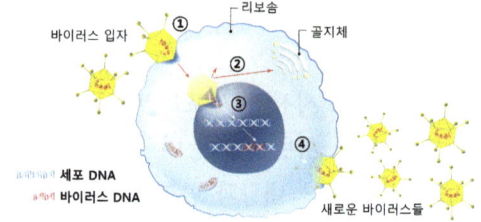

3) 대표적인 바이러스질환

단순 감기, 단순 포진, 대상포진, 독감, 신종 플루, 메르스, COVID

4) 바이러스질환의 검사방법

(1) **바이러스 배양검사** : 인후액, 비인두액, 가래 등에서 채취한 검체를 48~72시간 배양하여 현미경으로 확인하는 방법
(2) **역전사효소 중합 연쇄반응** : 바이러스의 핵 단백이나 뉴라민 분해효소 검출법
(3) **면역 형광법, 적혈구 응집 억제법** : 바이러스의 종류 확인

5) 불명열(FUO, fever of unknown origin)

(1) 정의 : 적어도 **세 차례 이상 체온이 38.3℃ 이상**으로 올라가는 발열 증상이 **3주 이상** 지속되고 **1주일 이상 입원**해 있는 동안 진단을 위해 여러 검사를 해도 그 원인이 밝혀지지 않은 경우
(2) 감염, 악성종양, 자가면역질환, 심부정맥혈전증, 사르코이도증(유육종증), 약물 등

11 사이토카인 폭풍과 에크모

1) 사이토카인 폭풍(cytokine storm)

(1) **사이토카인**(cytokine) : 면역세포들끼리 서로 정보를 주고받는 작은 단백질 조각
(2) **사이토카인 폭풍** : 사이토카인 메시지가 필요 이상으로 많이 만들어져서 과도한 면역반응이 일어나고 오히려 자기 자신을 공격하는 경우
(3) 치료 : 스테로이드, ACE차단제와 ARB, Anti - CD28 monoclonal antibody, TNF - α차단제

2) 에크모와 인공호흡기(ECMO vs ventilator)

(1) 에크모(ECMO, extracorporeal membrane oxygenation, 체외 막성 산소 공급장치) : 환자의 혈액을 굉장히 얇은 막이 포함된 체외 기계장치로 빼내어 산소를 공급하고 이산화탄소 및 노폐물을 제거한 다음 다시 체내로 주입하는 장치
(2) 인공호흡기 : 고농도 산소가 함유된 공기를 폐 속에 강제로 주입하는 장치

12 후천성 면역결핍증(AIDS)

1) 후천성 면역결핍증(AIDS, acquired immune deficiency syndrome) 정의

(1) **AIDS 환자** : CD_4+ T세포수가 200/uL 미만으로 감소되어 있거나 AIDS 관련 증상이 나타나는 사람
(2) HIV 감염인 : 체내에 인간면역결핍바이러스(HIV)를 가지고 있는 사람
(3) 감염 경로 : 성적 접촉, 경피감염, 수직감염, 수혈이나 혈액제제를 통한 전파

2) 증상

(1) **급성 감염기** : 감염 후 3~4주 이내 발현
  - 비특이적 발열, 인후통, 기침, 근육통, 뇌수막염 증상, 발진
(2) **무증상 잠복기** : 평균 10년
  - 증상은 없으나 면역기능은 계속 떨어지고 바이러스는 감염자의 체내에서 증식한다.
(3) **후천성 면역결핍증 시기** : 발열, 오한, 설사, 체중 감소, 불면증
  - 면역력의 현저한 저하로 일반인에게는 감염을 일으키지 않는 미생물에 의해서도 심각한 감염을 일으키는 기회감염 발생하고, 면역 결핍으로 악성종양이 현저히 많이 발생한다.

3) 진단 및 치료

(1) 진단 : HIV 항체 양성, 웨스턴 블롯법, 핵산 증폭법
(2) 치료 : 부작용이 많아 감염 초기에는 항 HIV 치료를 사용하지 않고, 치료를 하지 않으면 심각한 결과를 초래하는 상태가 되었을 때 치료 시작 → 칵테일 요법(3종류의 약)

4) AIDS 관련 지표 질환

(1) **진균증, 바이러스 감염증**
(2) **종양 4종** : 카포시 육종, 원발성 뇌림프종, 비호지킨 림프종, 침윤성 자궁경부암

13 인플루엔자(influenza)

1) 정의

인플루엔자 바이러스에 의한 급성 호흡기 질환으로 일반 감기와는 원인균과 병의 경과가 다르다. 계절 구분이 있는 지역에서는 매년 겨울에 소규모로 유행하며, 전염성이 강하고, 노인이나 소아, 만성질환자가 걸리면 사망률과 합병증 발생이 증가한다.

2) 증상

38°C 이상의 고열, 인후통, 기침, 객담과 함께 두통, 근육통, 피로감, 전신 쇠약감

3) 인플루엔자 예방 우선 접종 대상자

(1) 만성 질환자 : 만성 폐질환, 만성 심장질환, 만성 간질환, 만성 신질환
(2) 만성 질환으로 집단시설에서 수용 중인 사람
(3) 의료인
(4) 신경 근육 질환자, 혈액 종양 질환자, 당뇨 환자, 면역저하자(면역억제제 복용자)
(5) 아스피린 복용 중인 6개월~18세 소아, 임신부, 생후 6개월~59개월 인구
(6) 65세 이상의 노인, 만성 질환자나 임신부 또는 65세 이상 노인과 함께 거주하는 자, 6개월 미만의 영아를 돌보는 자

4) 라이증후군(Reye's syndrome)

소아에서 독감 증상이 좋아질 무렵에 갑자기 구토나 흥분 상태가 나타나 경련과 같은 중증의 뇌장애 증상이 나타나고 심하면 사망에 이르는 인플루엔자의 합병증이다. 아스피린 복용과 관련이 있다고 알려져 있어 소아에게 아스피린 투여를 금지한다.

5) 신종인플루엔자(novel influenza)

(1) 정의 : 인플루엔자 바이러스의 대변이(大變異)에 의해 출현한 새로운 인플루엔자 바이러스의 인체감염에 의한 급성 호흡기 감염병
(2) 검사 : 비인후 도말이나 비인후 흡인액에 대해 실시간 역전사효소 중합효소연쇄반응검사, 바이러스 배양검사
(3) 치료제 : **타미플루**가 대표적인 치료제이다.

6) 예방접종 후 이상 반응(adverse events following immunization)

(1) 정의 : 백신 사용과의 인과성과 상관없이 원치 않는 의료수요가 발생한 경우를 의미하며, 피접종자가 호소하는 징후, 증상, 비정상 검사 결과 및 진단받은 질병을 포함한다.
(2) 이상 반응
  ① 전신 증상 : 심한 알레르기 반응(아나필락식 반응, anaphylaxis), 길랭바레증후군, 두통, 발열, 오심, 근육통, 피로, 어지럼증, 실신, 혈소판 감소성 혈전증
  ② 국소증상 : 국소 통증, 종창, 발적
(3) 치료 : 에피네프린 주사

14 법정 감염병

1) 정의
감염이나 전파의 우려가 큰 감염성 질환을 법적으로 지정하고 잘 관리하기 위하여 설정한 것

2) 분류(감염병의 예방 및 관리에 관한 법률, 2023년 8월 기준)
질병의 심각도, 전파력 및 격리 수준을 고려하여 1급~4급으로 분류

(1) 제1급 감염병
① 정의 : **생물테러감염병**이거나 **치명률이 높거나** 집단 발생 우려가 크고, 발생 및 유행 시 **즉시 신고 및 음압 격리와** 같은 높은 수준의 격리가 필요한 감염병
② 종류(17종)
- 예) 에볼라바이러스병, 중증급성호흡기증후군(SARS), 중동호흡기증후군(MERS), 신종인플루엔자, 디프테리아, 마버그병, 라싸열 등

(2) 제2급 감염병
① 정의 : 전파 가능성을 고려했을 때 발생 또는 유행 시 **24시간 이내 신고 및 격리**가 필요한 감염병
② 종류(22종)
- 예) 결핵, 수두, 홍역, 콜레라, 장티푸스, 파라티푸스, 세균성 이질, 장출혈성 대장균 감염증, A형 간염, 백일해 등

(3) 제3급 감염병
① 정의 : 격리는 필요하지 않지만 발생률을 **계속 감시할 필요가 있는** 감염병
② 종류(26종)
- 예) 파상풍, B형 간염, 일본뇌염, C형 간염, 말라리아, 레이오넬라증, 비브리오패혈증, 발진티푸스, 발진열, 렙토스피라증, 신증후군출혈열, 쯔쯔가무시병 등

(4) 제4급 감염병
① 정의 : 유행 여부를 조사하기 위해 **표본 감시** 활동이 필요한 감염병

> [용어해설] 표본 감시는 일정한 기준에 의해 참여하는 의료기관을 표본 감시기관으로 지정하여 7일 이내 신고하는 감시체계를 말하고, 이 외의 감염병은 감염병 발생 시 의무적으로 신고하는 전수 감시체계를 채택한다.

② 종류(24종)
- 예) 코로나바이러스감염증-19, 인플루엔자, 회충증, 편충증, 요충증, 간흡충증, 폐흡충증, 장흡충증, 수족구병, 임질, 매독 등

의학이론

15 가을철 고열성 질환 기출 16년

1) 렙토스피라증
(1) 특징 : 감염된 동물의 **소변**에 오염된 풀, 흙, 물 등에 사람의 점막이나 피부의 상처가 노출되어 감염
(2) 역학 : 호우와 태풍으로 인해 침수지역에서 벼 세우기 작업 등으로 오염된 물에 노출될 가능성이 높아진다.
(3) 증상 : 가벼운 감기 증상부터 치명적인 웨일씨병까지 다양하다.
   용어해설 웨일씨병 : 급성 전염병으로 발열, 근육통을 수반하면서 갑자기 발병하고, 이어 황달, 출혈 경향, 신장 장애를 초래한다.

2) 신증후군출혈열(유행성 출혈열)
(1) 특징 : 감염된 **설치류(등줄쥐, 집쥐)의 배설물**이 건조되면서 호흡기를 통해 한타바이러스가 침투되어 감염
(2) 5단계 : 발열기 → 저혈압기 → 핍뇨기 → 이뇨기 → 회복기

3) 쯔쯔가무시병(털진드기병)
(1) 특징 : 설치류에 기생하는 **털진드기 유충에 물려서** 감염
(2) 역학 : 9~11월에 집중, 농촌 지역에 거주하는 50대 이상 연령층에서 많이 발생한다. 지구 온난화에 따른 겨울철 기온 상승으로 매개체 전염병에 노출될 가능성이 높아질 것으로 예상된다.
(3) 증상 : 물린 부위에 가피 형성, 심한 두통, 발열, 오한, 구토, 복통
   용어해설 가피 형성 : 가슴, 겨드랑이, 복부, 종아리 등 피부가 겹치고 습한 곳에 잘 생긴다.

기출문제
대표적인 우리나라 가을철 고열성 질환으로 제3군 법정전염병으로 지정되어 있어, 공중보건학적으로 지속적 감시가 필요한 질환 3가지를 쓰시오. (10점) 기출 16년

▲ 렙토스피라증

▲ 신증후군출혈열

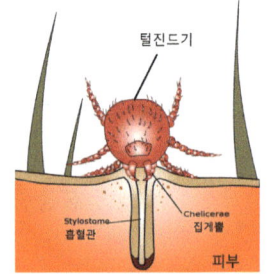
▲ 쯔쯔가무시병(털진드기병)

16 식중독(food poisoning)

1) 정의
음식이나 물의 섭취에 의해 발생하는 감염성 또는 독소형 질환

2) 종류

(1) **황색 포도상구균**
  ① 넓은 범위의 온도에서 증식할 수 있어 조리한 **음식물을 실온에 보관할 때** 발생하기 쉽고, **소풍이나 야유회, 잔칫집에서 음식물 섭취 후** 흔히 발생
  ② 잠복기 : 1~5시간
  ③ 증상 : 구토, 복통, 설사, 오심 증상이 급격히 나타났다가 빨리 좋아진다.

(2) **장염 비브리오균**
  ① 어패류가 가장 흔한 오염원이다. 수온이 20℃가 넘으면 활발히 증식하고 5℃ 이하에서 증식이 불가능하기 때문에 바닷물 온도가 상승하는 **여름철에 어패류나 해산물을 날로 먹고 나서** 잘 발생한다.
  ② 잠복기 : 12~24시간
  ③ 증상 : 구토, 복통, 심한 설사, 발열 증상

(3) **노로바이러스 감염증**
  ① **선진국에서 가장 흔한 겨울철 식중독**의 원인
  ② 잠복기 : 24~48시간
  ③ 증상 : 설사, 복통, 구토, 두통, 발열, 근육통이 있고, 3일 이내 자연 치유

(4) **살모넬라 식중독**
  ① **닭과 같은 가금류**가 가장 흔한 감염원으로 무더운 **6~9월**에 가장 많이 발생한다.
  ② 잠복기 : 8~48시간
  ③ 증상 : 구토, 복통, 설사, 발열 등의 증상

(5) **보툴리누스균 식중독**
  ① **통조림, 소시지, 훈제품** 등의 원재료에서 발아 증식되어 **독소를 생성**
  ② **신경** 마비 증상

(6) **웰치균**
  ① 가축과 가금류가 **도살장**에서 해체되는 과정에서 발생하며, 쇠고기와 닭고기가 가장 흔한 감염원이다. 혐기성 세균으로 열이나 소독약으로 파괴되지 않는 포자를 형성하고 다양한 종류의 독소를 분비한다.
  ② 잠복기 : 6시간
  ③ 증상 : 물 같은 형태의 설사, 복통이 주 증상

(7) 병원대장균 O157 식중독 : **잠복기 12~72시간, 구토, 복통, 설사, 발열 증상**

(8) 이질균(시겔라균) 식중독 : **잠복기 1~3일, 복통, 설사, 발열 증상**

| 의학이론

17 피부질환

1) 진균 피부질환
(1) 정의 : 곰팡이균인 진균이 피부에 다양한 감염을 유발하는 것
(2) 임상 소견에 따른 분류 : 두부백선, 족부백선, 체부백선, 수부 백선, 완선, 손발톱 곰팡이병, 수발 백선(턱수염, 콧수염) | 진단 : **KOH, 진균 배양검사, WOOD등** 검사

2) 아토피 피부염
(1) 정의 : 주로 유아기 혹은 소아기에 시작되는 가려움증과 피부건조증, 특징적인 습진을 동반한 만성 재발성 염증성 피부 질환
(2) 진단 : **주 진단기준 중 2개 이상의 증상과 보조 진단기준 중 4개 이상의 증상**이 나타날 때 진단
(3) 주 진단기준
　① 가려움증
　② **특징적인 피부염의 모양과 부위**
　　　a. 2세 미만 : 얼굴, 몸통, 팔다리가 펴지는 부위의 습진
　　　b. 2세 이상 : 얼굴, 목, 팔다리가 접히는 부위의 습진
　③ 아토피 피부염, 천식, 알레르기 비염의 개인 및 가족력
(4) 보조 진단기준
　① 피부건조증
　② 백색 비강진(버짐)
　③ 눈 주위의 습진성 병변 혹은 색소 침착
　④ 귀 주위의 습진성 병변
　⑤ 구순염
　⑥ 손, 발의 비특이적 습진
　⑦ 두피 인설
　⑧ 모공 주위 피부의 두드러짐
　⑨ 유두 습진
　⑩ 땀 흘릴 때 가려움증
　⑪ 백색 피부 묘기증(피부를 긁거나 자극을 받으면 부풀어 오르는 증상)
　⑫ 피부단자시험 양성 반응
　⑬ 혈청 면역글로불린 E(IgE)의 증가
　⑭ 피부 감염의 증가

18 하지 정맥류(varicose vein)

1) 정의
(1) 정의 : 하지 표재정맥이 지름 3㎜ 이상으로 확장되거나 늘어난 상태
(2) 역류 : 이중 초음파 검사로 0.5초 이상의 역류가 있을 때 복재정맥의 역류로 진단한다.
(3) 감별 진단 : 심부정맥혈전증, 혈전증후군, 림프 부종, 혈관 기형

2) 원인
(1) 어떠한 원인이든 다리의 표재정맥 내 압력이 높아지는 상황에서 발생
(2) 장시간 서 있거나 앉아 있는 경우, 운동 부족, 과체중, 흡연, 가족력
(3) 여자에게 호발하고, 특히 임신했을 때 하지 정맥류가 나타나기도 하는데 대개는 출산 후 1년 이내에 정상으로 회복된다.

3) 증상
(1) 발이 무거운 느낌, 다리가 쉽게 피곤, 발의 통증, 새벽에 종아리 저림이나 통증으로 깸
(2) 오래 서 있거나 의자에 앉아 있으면 증상이 더 심해짐
(3) 피부에 거미줄 모양의 가는 실핏줄, 좀 더 진행되면 정맥 돌출, 더 심해지면 피부색이 검게 변하거나 피부 궤양 발생

4) 합병증
출혈, 표재정맥 혈전염, 만성 피부 지방 경화증, 정체성 피부염, 하지 궤양

5) 치료
(1) 압박스타킹(20~30mmHg 압박), 약물 경화요법(정맥을 섬유화시켜 혈액 순환을 차단하는 방법), 정맥내 레이저 요법, 정맥내 열 치료, 고위 결찰 및 발거술, 정맥절제술
(2) 수술 적응증
  ① 환자가 미용적 목적으로 전문적 수술을 원하는 경우
  ② 압박요법 또는 보존적 요법을 환자가 만족하지 못하는 경우
  ③ 정맥질환에 기인하는 색소성 침착이나 피부궤양이 발생한 경우

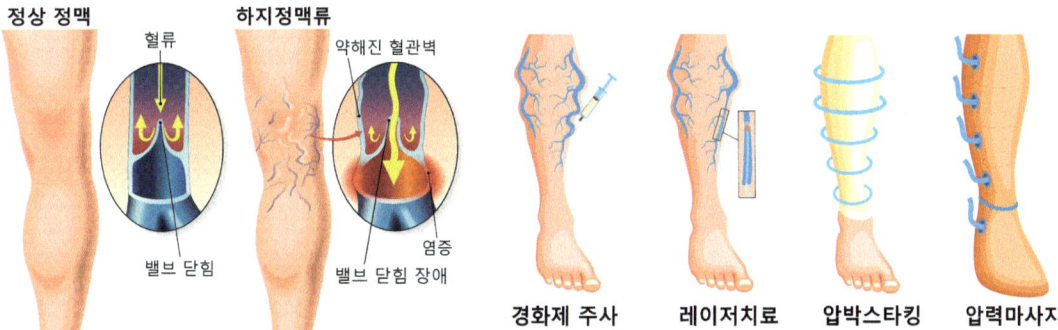

> 의학이론

19 아프가점수(APGAR score) 기출 19년

1) 정의
출생 직후에 소생술이 필요한 신생아를 계통적으로 알아내는 실제적인 방법이다. 출생 후 1분과 5분에 다섯 가지 구성요소에 대해 평가하며, 신생아가 안정될 때까지 검사를 반복한다.

2) 5가지 구성요소
- A(Appearance, skin color) : **외모와 피부색깔**
- P(Pulse rate) : **맥박수**
- G(Grimace, reflex & irritability) : **반사 흥분도**
- A(Activity, muscle tone) : **근 긴장도**
- R(Respiration effort) : **호흡**

3) 평가
구성요소 별로 0~2점씩 평가, 총점 0~10점
- 0~3점 : 심한 적응 곤란
- 4~6점 : 중등도의 적응 곤란
- 7점 이상 : 자궁 외 생활 적응에 어려움 없음

기출문제

아프가점수(APGAR score)는 출생직후에 소생술이 필요한 신생아를 계통적으로 알아내는 실제적인 방법이라고 할 수 있다. 즉 1분 아프가점수는 출생 직후 소생술의 필요성을 의미하며, 이후의 아프가점수의 호전은 신생아가 성공적으로 소생될 가능성과 연관이 깊다. 아프가점수(APGAR score)를 구성하는 구성요소 5가지에 대해 기술하시오. (10점) 기출 19년

	0점	1점	2점
A(appearance)	전신이 청색 또는 창백함	몸은 분홍색이고 사지는 청색	전신이 분홍색
P(pulse rate)	무맥	100회 미만	100회 이상
G(grimace)	자극에 대한 반응 없음	약하게 울거나 얼굴 찡그림	활기찬 울음 또는 재채기
A(activity)	사지 늘어져 있음	약간 굽힘	펴는 힘에 대항하여 팔과 다리 굽힘
R(respiration effort)	호흡 없음	불규칙적이고 느린 호흡과 약한 울음	규칙적인 호흡과 힘찬 울음

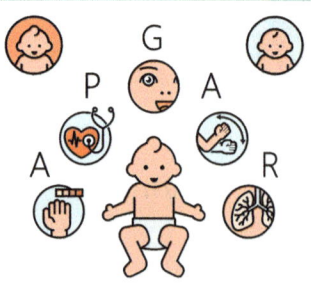

20 공황장애(panic disorder)

1) 정의

특별한 이유 없이 예상치 못하게 나타나는 극단적인 불안 증상인 공황발작이 주요한 특징인 질환

2) 원인

(1) 심리·사회적 요인 : 정신 분석이론이나 인지 행동이론
(2) 생물학적 요인 : 신경전달물질(가바, 노르에피네프린, 세로토닌) 시스템 이상
   <용어해설> 가바(GABA, gamma aminobutyric acid) : 흥분을 억제시키는 신경전달물질
(3) 뇌 구조의 이상 : 측두엽, 전두엽 이상 등
(4) 스트레스 상황 : 많은 공황장애 환자가 증상 발생 전 스트레스 상황을 경험

3) 증상

(1) **공황발작**(panic attack) : 극도의 공포심이 느껴지면서 심장이 터지도록 빨리 뛰거나 가슴이 답답하고 숨이 차며 땀이 나는 등 신체 증상이 동반된 죽음에 이를 것 같은 극도의 불안 증상으로 **광장공포증**이 동반되는 경우가 많다. 흥분, 신체적인 활동, 성행위, 감정적 상처 등에 뒤따라서 생길 수 있으나 이유 없이 자발적으로 생기는 경우가 흔하다. 증상이 발생하면 보통 10분 안에 최고조에 이르며, 20~30분 지속되고 1시간을 넘기는 경우는 거의 없다.
   <용어해설> 광장공포증(agoraphobia) : 광장이나 밀집된 장소에 혼자 있게 되는 것에 대한 공포
(2) 정신 증상 : 극도의 공포와 죽음에 이를 것 같은 절박한 느낌, 보통 환자들은 이런 공포의 원인을 알지 못하고 혼란스러워하고 집중력이 떨어진다.
(3) 자율신경계 증상 : 빈맥, 심계항진, 호흡곤란, 발한
(4) **예기불안** : 한 번 발작을 경험하게 되면 다음 발작이 있지 않을까 하는 두려움에 불안해하는 것

4) 치료

(1) 약물치료 : 항우울제, 벤조다이아제핀계 항불안제, 8~12개월 유지
(2) 인지행동치료 : 공황발작이 일어나도 시간이 지나 없어지면 실질적으로 생명이 위협받는 상황이 아님을 인지시키는 치료방법으로 약물치료와 병행하는 것이 효과적이다.
   ① 이완 요법
   ② 호흡 훈련
   ③ 실제 상황에의 노출법(in vivo exposure)

21 통증 척도(pain scale)

1) **NRS**(숫자 통증 등급, numerical rating scale)
   통증 없음을 0으로, 가장 심한 통증을 10으로 보고 통증 정도를 숫자로 표시하는 방법 - 의사소통이 가능한 성인에게 사용

2) **VAS**(시각 아날로그 척도, visual analogue scale)
   '통증 없음'과 '극심한 통증'을 잇는 100㎜ 가로선에 환자가 현재 통증 정도를 표시하는 방법

3) **FPRS**(안면 통증 척도, faces pain rating scale)
   6가지 얼굴 그림 중에서 자신의 통증을 가장 잘 표현한 것을 선택하는 방법 - 3세 이상 소아나 숫자로 표현하기 어려운 사람에게 사용

4) **FLACC등급**(얼굴 - 다리 - 활동 - 울음 - 안정성, face legs activity cry consolability)
   - 3세 미만 소아나 의사 소통이 불가능한 경우에 사용

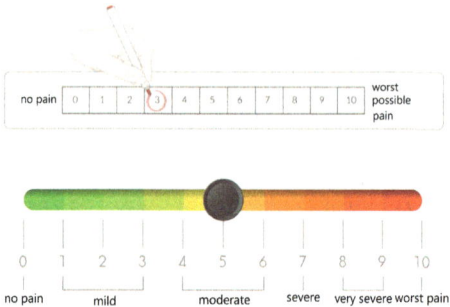

22 흡연(smoking)

1) 흡연에 의한 폐기능의 변화

(1) **작은 기도 폐쇄**(가장 초기의 변화), 호흡기 내 상피조직 모양체 운동장애, 폐포 내 거대세포의 기능 저하, 점액 분비샘의 증식 및 비대, 항 단백분해효소 억제, 기도 저항 증가, 평활근 수축

(2) **연령에 따른 호흡량 감소 속도의 가속화** : 비흡연자는 1년에 20~30mL씩 감소하는 데 비해, 흡연자는 2~3배의 속도로 감소한다. 금연을 하면 감소 속도만 정상으로 회복될 뿐 이미 감소된 호흡량은 회복이 되지 않는다.

2) 흡연에 의해 발생 위험이 증가되는 질환들

(1) **암** : 폐암, 후두암, 구강암, 식도암, 췌장암, 방광암, 신장암, 위암, 백혈병, 자궁경부암 등
(2) **생산 장애** : 난임, 미숙아, 자연 유산, 조기 태반 박리, 조산, 사산, 조기 폐경
(3) **심혈관 질환** : 급성 심근경색, 협심증, 뇌졸중, 말초혈관 질환, 대동맥류
(4) **구강 질환** : 구강암, 구강점막 백반증, 잇몸 염증, 치아 착색
(5) **폐 질환** : 만성 폐쇄성 폐질환, 천식, 폐렴, 바이러스성 호흡기 질환
(6) **위장 질환** : 궤양, 식도 역류
(7) **기타** : 골다공증, 백내장, 조기 피부 주름, 약물 대사나 효과 변화

CHAPTER 09 종양의 기초

1 종양의 기초

1) 신생물(neoplasia, neo=new, plasia=growth)

   인간의 몸을 구성하고 있는 가장 작은 단위인 세포(cell)는 세포 내 조절 기능에 의해 분열과 성장 및 사멸을 하면서 세포 수의 균형을 유지한다. 이 과정에서 불필요한 여분의 세포가 과도하게 증식하는 것을 신생물이라고 하는데 세포의 형태학적, 생물학적, 화학적, 물리적 변화로 인한 정상 조직이 아닌 덩어리를 총칭한다.

2) 세포의 이상 성장

   (1) **과형성**(hyperplasia, 증식) : 정상세포의 수가 증가하는 현상
   (2) **이형성**(dysplasia) : 개별 세포의 균일성 소실, 세포들의 정상 배열 소실, 다형태성, 진한 염색질이 특징이다. 심한 이형성(severe dysplasia)은 상피내암에 준용한다.
   (3) **경계성 종양**(borderline tumor, 행동양식 불명 또는 미상의 신생물) : 대부분의 종양은 양성 또는 악성이 명확히 구분되는데, 일부 종양에서는 임상 및 병리형태학적으로 한쪽으로 분류하기 어려운 경우가 있다. 경계성 종양은 아직 암은 아니지만 언제든지 악성종양으로 발전할 수 있고, 전이능력은 낮으나 성장 속도가 다양하며 재발성과 침윤성 특징을 갖기도 한다.
   (4) **상피내암**(carcinoma in situ, 0기암, 제자리암) : 상피조직에서 발생한 암세포가 표피의 최하층인 기저막까지는 아직 침범하지 못하고 상피 내에 머물러 있는 상태
   (5) **침윤암**(invasive carcinoma) : 암세포가 기저막을 넘어선 상태

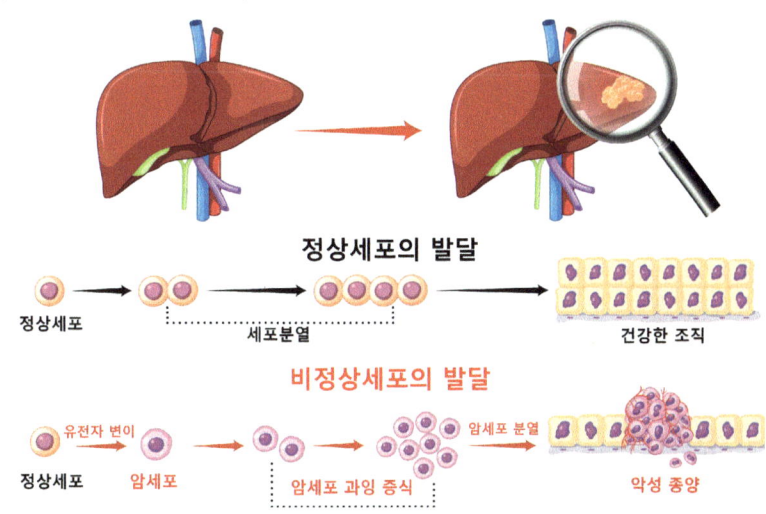

3) 종양 성장의 생물학

(1) **분화도** : 형태학적, 기능적으로 정상세포와 유사한 정도
  고분화(1등급, G1) 〉 중등도 분화(2등급, G2) 〉 미분화(3~4등급, G3~4)
(2) **역형성** : 악성으로의 전환 정도
  ① **다형태성** : 세포 크기와 모양이 다양함
  ② **비정상적 핵 모양과 크기** : DNA가 풍부한 진하고 정상보다 4~6배 큰 염색질
  ③ **비전형적 유사분열, 종양 거대세포의 형성, 극성의 소실로 정상 배열 파괴**
(3) 성장 속도 : 대부분 분화도가 좋을수록 느리다.
(4) 국소 침윤 : 침윤은 악성종양의 특징이다.
(5) **전이** : **파종**(체강 표면에 직접 전이), **확산**(림프절이나 혈관을 통한 전이)

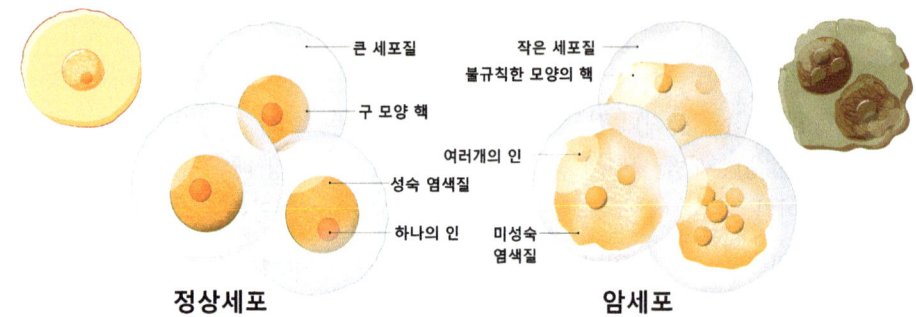

4) 상피세포

(1) 단층 편평세포, 중층 편평세포
(2) 단층 입방세포, 중층 입방세포
(3) 단층 원주세포, 중층 원주세포, 위 중층 원주세포
(4) 이행세포

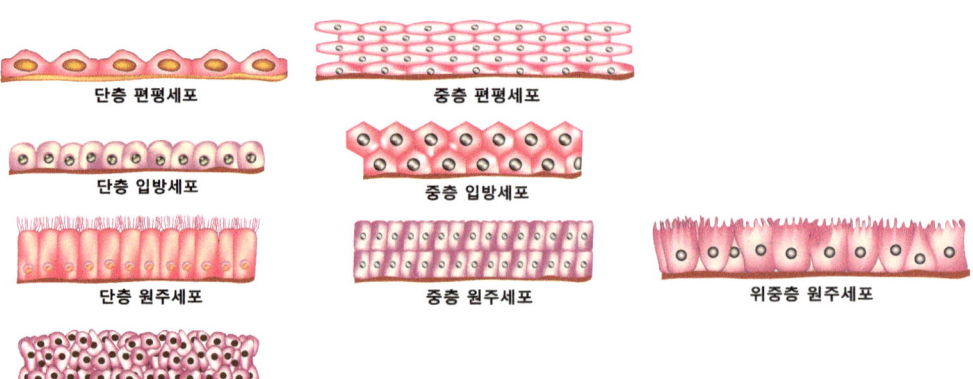

2 양성종양과 악성종양(benign Vs malignant) 기출 06년·20년

(1) **성장 속도**
  ① 양성 : 천천히 자라고, 성장이 멈추는 휴지기를 가질 수 있다.
  ② 악성 : 빠른 속도로 자라고, 저절로 없어지는 경우는 매우 드물다.

(2) **성장 양식**
  ① 양성 : 점점 커지면서 성장하지만, 범위가 한정되어 있다.
  ② 악성 : 주위 조직으로 파고들면서 성장한다.

(3) **피막 형성 여부**
  ① 양성 : 피막이 있어 종양이 주위 조직에의 침윤이 없고, 수술적 절제가 쉽다.
  ② 악성 : 피막이 없어 주위 조직으로의 침윤이 잘 일어나고, 수술적 제거가 힘들다.

(4) **세포의 특성**
  ① 양성 : 분화가 잘 되어 있고, 세포가 성숙하다.
  ② 악성 : 미분화, 비정상 분열상이 많으며 세포가 미성숙하다.

(5) **종양 효과**
  ① 양성 : 숙주에 거의 해가 없다. 단, 종양이 주요 기관을 압박하거나 폐쇄할 때는 문제가 되고, 내분비 종양은 호르몬을 분비하기도 한다.
  ② 악성 : 치료하지 않으면 사망하게 된다. 여러 기관의 기능장애, 영양장애를 유발하며 궤양, 출혈, 천공, 패혈증, 조직 괴사를 일으킨다.

(6) **예후**
  ① 양성 : 전이가 되지 않고, 수술로 제거하면 재발이 거의 없으며 예후가 좋다.
  ② 악성 : 타 장기로의 전이가 흔하다. 진단의 신속성, 종양의 크기, 분화의 정도, 림프절 침범 및 원격 전이 여부에 따라 예후가 결정된다.

기출문제

01 양성종양과 악성종양의 특성을 비교하여 설명하시오. (10점) 기출 06년
02 종양이란 우리 몸속에 새롭게 비정상적으로 자라난 덩어리라 볼 수 있다. 종양은 크게 양성종양과 악성종양으로 구분할 수 있다. 종양이 가지는 특성별로 양성종양과 악성종양의 차이점에 대해서 5가지 이상 서술하시오. (10점) 기출 20년

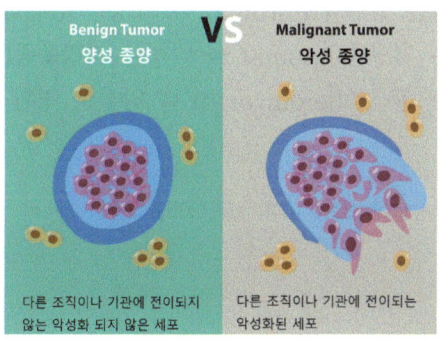

> 의학이론

3 암의 정의와 진단 확정 기출 05년

1) 암(cancer, malignant tumor)의 정의

종양 중에서 세포의 유전자에 변화가 일어나서 세포가 비정상적으로 변하여 불완전하게 성숙하고, 과다하게 증식하며 주위 조직으로 침윤하는 세포를 암세포라고 부르고, 암세포로 인해 유발되는 질환을 통칭해서 암이라고 정의한다.

2) 암 진단 확정

(1) 암의 진단 확정은 **해부병리 전문의사 또는 임상병리 전문의사 자격증**을 가진 자에 의하여 내려져야 한다.
(2) **조직검사, 미세침 흡인검사, 또는 혈액검사에 대한 현미경 소견**을 기초로 하여야 한다.
(3) 상기의 병리학적 진단이 가능하지 않을 때에만 암에 대한 임상학적 진단이 그 암의 증거로 인정되며, 이 경우에는 보험 대상자가 암으로 진단 또는 치료를 받고 있음을 증명할 만한 의사가 작성한 **문서화된 기록 또는 증거**가 있어야 한다.

> 용어해설 '병리학적 진단이 가능하지 않을 때'란 일반적으로 피보험자가 임상학적 진단을 받은 뒤 조직검사 등 병리학적 진단을 받을 겨를도 없이 십수일 만에 사망한 경우와 같이 병리학적 진단이 물리적으로 불가능한 경우라거나, 환자의 간에 종양이 발견되었더라도 치료 전에 간의 종양을 일부 떼어내 조직검사를 할 수 없어 임상적 진단을 한 후 수술을 통해 제거한 종양 조직을 검사하여 최종 병리학적 암 진단을 하게 되는 경우와 같이 실제 암의 발병 부위나 특성에 따라 암 치료 개시 전에 병리학적 진단이 가능하지 않은 경우 등을 가리킨다. (판결)

3) 병리보고서에 포함되어야 할 사항

- 환자의 성별, 나이, 생년월일, 조직의 채취 부위와 방법, 채취한 날짜, 종양의 종류
- 분화 정도, 크기, 침윤 정도, 절단면의 침윤 여부, 주위 장기, 혈관, 림프절의 침윤 여부

4) 명명법

원발 장기에 따른 분류와 암세포의 모양, 발생 기원에 따른 분류를 동시에 사용한다.
(1) 선 상피 기원 종양 : 양성은 **선종(adenoma)** ⇔ 악성은 **선암(adenocarcinoma)**
(2) 유두형 종양 : 양성은 유두종(papilloma) ⇔ 악성은 **유두암(papillary carcinoma)**
(3) 비늘형(squamous pattern) : 악성은 편평상피세포암(squamous cell carcinoma)
(4) 섬유아세포 기원 : 양성은 섬유종(fibroma) ⇔ 악성은 섬유육종(fibrosarcoma)
(5) 지방세포 기원 : 양성은 지방종(lipoma) ⇔ 악성은 지방육종(liposarcoma)
(6) 평활근 기원 : 양성은 평활근종(leiomyoma) ⇔ 악성은 평활근육종(leiomyosarcoma)

> 기출문제

암의 정의와 진단 확정에 대해 기술하시오. (10점) 기출 05년

4 발암기전

1) 학설

(1) **정상세포의 변화** : 정상세포가 **유전자 변이**를 일으키는 위험요인에 노출되었을 때 DNA의 구조가 변화하여 암세포로 변하게 되어 암이 발생한다는 견해

> 참고 발암물질 : 흡연, 발암성 식품 및 화학물질, 발암성 병원체 등

(2) **면역계 이상** : 인체의 정상적인 면역기능은 신체 내에서 생성되는 종양세포 1,000만 개까지는 파괴할 능력을 갖추고 있다. 그러나 임상적으로 암이 발견될 정도로 암세포의 분열과 증식이 커지는 경우는 일반적으로 최소한 10억 개의 종양세포를 포함하게 되므로 면역기능에 의하여 파괴될 수 있는 수준을 훨씬 넘어버리게 되어 암세포가 제거되지 못하고 암이 발생하게 된다는 견해

(3) **유전** : 10~20% 정도는 부모로부터 물려받은 유전자의 이상에 의해 발생한다는 견해

2) 전암병터

암으로 진행할 가능성이 큰 병변

- **바렛식도 - 식도암**
- **장상피화생, 위 이형성증, 만성 위축성 위염 - 위암**
- **대장 선종, 크론병, 궤양성 대장염 - 대장암**
- **자궁 경부 이형성증 - 자궁경부암**
- **간경변증 - 간암**
- **색소성 건피증 - 피부암**
- **전립선 상피내 종양 - 전립선암**
- **췌관내 유두 점액 종양, 췌장 상피내 종양, 점액 낭성 종양 - 췌장암**

3) 암의 증상

(1) 암 조직 자체의 영향 : 초기 단계에는 대부분 비특이적
(2) 주위 장기와 구조물에의 영향 : 변비, **황달(췌장암, 담도암)**, **기침(폐암)**
(3) 전이에 따른 증상 : **출혈(혈변, 객혈, 혈뇨)**, 뼈 통증
(4) 전신 증상 : 체중 감소, 발열, 피로, 전신 쇠약, 식욕 저하
(5) **부종양 증후군(폐암, 유방암, 난소암, 림프종)** : 종양에서 생성되는 물질에 의한 전신 증상이다. 종양에 의해 호르몬이 분비되면 칼슘, 인산염, 나트륨, 칼륨 등의 전해질 이상이 나타나고 식욕부진, 악액질, 체중 감소, 발열 같은 전신 증상이 나타난다.

> 의학이론

5 암 진단

1) 암 관련 검사의 구분
(1) **선별 검사** : 암이 의심되지 않을 때 하는 조기 검진
(2) **진단 검사** : 암이 의심될 때, 또는 암이 진단된 후에 진행 단계를 결정하기 위한 검사
(3) **추적 검사** : 치료 효과나 치료 후 재발 여부를 판명하기 위한 검사

하나의 검사로 암이 확진되고 병기를 결정하는 방법은 아직까지 없기 때문에 암의 진단은 여러 검사를 복합적으로 실시하여 종합적으로 판단한다.

2) 진찰
암 진단은 의사의 진찰을 통해 증상을 상담하고 신체 부위를 체계적으로 검진을 하는 것에서 시작한다. 예 유방 촉진, 직장수지검사 등

3) 혈액검사
(1) **말초혈액 도말검사** : 혈액암 진단에 특이적인 검사
(2) **종양표지자**(tumor marker) : 종양세포가 분비하는 항원이나 종양세포에서 탈락한 단백질을 측정하는 검사로 암의 조기 진단이나 보조수단으로 쓰기도 하고 암 조직 자체에 대한 반응으로 체액에서 정상보다 높은 양으로 나타난다.

4) 영상검사
(1) **단순 방사선검사** : 방사선이 인체를 통과할 때 조직과 뼈 등의 밀도 변화, 윤곽의 불규칙성, 표면의 침식 정도, 모양 변화, 체강의 액체 존재 여부 등 해부학적인 구조를 확인
(2) **투시 검사** : 조영제를 사용하여 장기의 모양과 위치 및 병변을 확인하여 암 진단과 수술 절제 범위를 결정하는데 유용하다.
예 상부위장조영술, 대장이중조영검사, 대장투시검사, 내시경적 역행성 담췌관조영술
(3) **초음파 검사** : 음파를 이용하여 비침습적으로 쉽게 할 수 있는 검사로 종양이 낭성 종괴인지 고형 종물인지를 구별하고 종양 내부의 구조를 확인할 때 사용된다. 주변 장기 침범 여부, 림프절 혹은 다른 장기로의 전이 여부를 검사할 때 유용하다.
예 복부 장기, 갑상선, 유방, 난소, 자궁, 전립선, 심장 등
(4) **자기공명영상** : 인체 내 특정 핵에서 기인한 자기장과 방사파 사이의 상호작용을 기반으로 하여 여러 방면의 단층 상을 제공하는 검사로 암과 장기 등의 조직의 여러 형태를 인식하여 정상, 양성종양, 악성종양을 구분하기에 좋고, 병기나 전이 여부를 확인하기에 좋다.
예 뇌, 척수, 유방, 근골격계, 복부 장기 등
(5) **컴퓨터단층촬영** : 방사선을 이용하여 조직의 해부학적 상태를 단층으로 찍어 컴퓨터를 이용해 사진의 모양으로 보여주는 검사로 병변이 악성인지 양성인지를 구별하며 병변의 특성과 정확한 부위를 확인할 수 있고, 인접 장기, 간, 폐, 림프절로의 전이 여부 등을 규명하는 데 사용한다. 예 중추신경계, 머리, 목, 폐, 복부 장기 등
(6) **양전자 방출 단층촬영술**(pet - CT) : 방사능 표지 물질을 정맥 주사 후 종양이 있거나 이상

이 있는 부위에 방사능물질이 농축되는 기전을 이용한 검사로 종양세포의 대사 변화를 단층 촬영 및 3차원의 이미지로 암의 유무 및 분포를 나타내는 진단 방법으로 타 장기로의 전이 여부를 판단하거나 재발을 진단할 때 유용하다.

5 조직 세포병리 검사

채취한 조직의 절편을 여러 과정을 거쳐 슬라이드에 부착한 다음 염색을 하고 **종양세포의 크기, 모양, 세포 구성 물질, 세포 분열 정도** 등을 현미경으로 관찰하여 판독한다.

(1) **절제 생검**(excision biopsy)
   내시경적 절제 생검, 피부 펀치 생검, 침 생검
   예 내시경적 점막하 절제술, 자궁 경부 원추 절제술, 담도, 대장, 기관지, 방광 등

(2) **비침윤성 세포검사** : 조직에서 탈락한 세포를 채취하여 염색 등의 처치를 한 뒤 현미경으로 관찰하는 방법
   예 자궁경부 세포진검사, 객담, 소변, 삼출물 등

(3) **세침흡인검사**(FNA, fine needle aspiration, FNAC, fine needle aspiration cytology, FNAB, fine needle aspiration biopsy) : 절제 생검의 단점을 보완하여 전신마취를 하지 않고 간편하게 가는 침을 이용하여 조직을 채취하는 검사법
   예 초음파 유도 갑상선, 유방, 림프절 등

(4) **동결절편검사**(FB, frozen biopsy) : 조직을 급속히 냉각시킨 후 조직절편을 만들고 염색하여 현미경으로 관찰하는 방법으로 수술 중 수술 범위 결정을 위해 신속한 검사가 필요한 경우에 사용한다. 악성 여부, 확산 또는 침윤 여부, 절제 면의 암 유무 등을 검사한다.

(5) **영구 조직검사**(PB, permanent biopsy) : 수술 후 절제된 장기를 대상으로 시행하는 확진을 위한 조직검사로 추가 수술 여부, 항암치료, 방사선치료 여부를 결정한다.

(6) **면역조직학적 검사**(IHC, immunohistochemistry) : 특이적인 항원-항체 결합을 기반으로 하는 면역반응을 이용하여 조직 또는 세포 내의 특정 항원의 존재 여부 및 위치 등을 알아내는 방법이다. 암종인지 육종인지 구분하는 미분화 세포의 기원, 전이성 종양의 원발 장기 추정, 혈액암 분류 등에 이용된다.

(7) **면역형광검사**(immunofluorescent test) : 암시야에서 형광현미경과 형광물질을 이용하여 항원-항체반응을 볼 수 있는 방법

(8) **분자유전검사** : 조직세포 내에 들어있는 DNA, RNA 등 핵산을 추출하여 특정 분자나 유전자 변이 등을 찾아내고 암과 관련된 유전자의 변화를 직접 분석하는 검사방법

(9) **염기서열분석, 돌연변이검사** : 암세포 부위에서 핵산을 추출하여 암세포에 발생한 유전자의 돌연변이를 발견하고 백혈병 등의 진단, 예후 추정, 치료 반응 결정에 이용한다.

> 의학이론

6 행동양식 분류 행태코드 기출 22년

1) 정의
종양의 행동 양상을 뜻하며 악성 정도를 나타낸다.

2) 행동양식 분류 행태코드
/0 : 양성 신생물
/1 : 양성인지 악성인지 불확실한 또는 알려지지 않은 성격의 신생물
/2 : 제자리 신생물
/3 : 일차성으로 기재 또는 추정된 악성 신생물
/6 : 이차성으로 기재 또는 추정된 악성 신생물
/9 : 악성 원발 부위 또는 속발 부위 여부 불확실

예 M8010/0 양성 상피성 종양, M8010/2 상피내 암종, M8010/3 암종
M8140/3 선암종, M8260/3 갑상선 유두암종

3) 등급
종양세포와 종양 조직이 현미경 검사에서 얼마나 비정상적으로 보이는가를 기준으로 기술한다.
Ⅰ - well differentiated : 잘 분화된, 정상세포와 유사한 성숙한 세포
Ⅱ - moderate differentiated : 중등도로 분화된, 어느 정도 미성숙한 세포
Ⅲ - poor differentiated : 분화가 잘 이루어지지 않은, 정상세포와 약간 닮은 미성숙 세포
Ⅳ - non differentiated : 분화가 되지 않은, 정상세포와 전혀 닮지 않은 세포

4) 한국표준질병사인분류(KCD, Korean Standard Classification of Diseases)
대한민국에서 의무 기록자료 및 사망 원인 통계조사 등 질병 이환 및 사망 자료를 그 성질의 유사성에 따라 체계적으로 유형화한 것
- D00~D09 : 제자리 신생물 예 D00.2 위의 제자리암종
- D10~D36 : 양성 신생물 예 D13.1 위의 양성 신생물
- D37~D48 : 행동양식 불명 또는 미상의 신생물 예 D37.1 위의 행동양식 불명의 신생물
- C00~C97 : 악성 신생물 예 C16 위의 악성 신생물

기출문제
국제 종양 분류에서는 신생물의 부위와 형태(Morphology)를 포함하고 있으며 형태는 5자리 분류 번호로 구성되어 있다. 이중 처음 4자리 수는 신생물의 조직학적 형태를 표시하고 사선 뒤의 5째 자리수는 행동양식을 표시하는 행태코드(biologig behavior code)로 6가지 숫자(/0, /1, /2, /3, /6, /9)를 사용하고 있다. 6가지 숫자와 그 숫자가 의미하는 행태를 쓰시오. (10점) 기출 22년

7 암 선별검사 및 국가 암 검진사업 기출 09년·14년·20년

1) 이상적인 암 선별검사의 조건
(1) **침습적이지 않을 것**
(2) **비용 부담이 적을 것**
(3) **암 조기진단에 적합한 검사일 것(민감도와 특이도)** : 무증상 시기에 암이 발견될 수 있을 정도로 민감도가 높아야 하고, 위양성이 최소화될 수 있도록 특이도가 높아야 한다.
(4) **가까운 검진 기관에서 쉽게 검진할 수 있을 것**
(5) **검사와 결과 확인에 소요되는 시간이 길지 않을 것**
(6) 검진 과정이 **힘들거나 까다롭지 않고 검진으로 인한 득이 실보다 클 것**

2) 국가 암 검진 사업(6개 항목)

	검진 대상	주기	검진 방법
위암	40세 이상 남녀	2년	위내시경검사
대장암	50세 이상 남녀	1년	분변잠혈검사 ⇒ 이상 시 대장내시경검사 또는 대장이중조영검사
유방암	40세 이상 여성	2년	유방촬영술
자궁경부암	20세 이상 여성	2년	자궁경부 세포검사
간암	40세 이상 남녀 중 간암 발생 고위험군 (간경변증, B형 간염항원 양성, C형 간염 항체 양성, B형 또는 C형 간염 바이러스에 의한 만성 간 질환 환자)	6개월	간초음파검사와 혈청 알파태아단백검사
폐암	54세~74세 남녀 중 30갑년 이상의 흡연력을 가진 흡연자	2년	저선량 흉부 CT

용어해설 저선량 CT : 1/5~1/10 정도의 방사선을 이용해 방사선 피폭 위험을 낮춘 CT

기출문제

01 우리나라 사망원인 1위인 암을 조기에 발견해서 암 치료율을 높이고 암 사망률을 감소시키기 위해서 국가 암 검진 사업을 하고 있다. 국가 암 검진에는 총 6개 항목이 제공되고 있는데 이들의 이름(최고 5점)과 검진 방법(최고 5점)에 대해서 서술하시오. 기출 09년 · 20년

02 암은 우리나라 국민의 사망원인 1위를 차지하는 질환으로 평균적으로 우리나라 국민 3명 중 1명은 암을 경험하게 된다고 한다. 전 세계적으로 암을 치료하기 위한 노력은 계속하고 있으나 전반적인 발생 및 암 사망률은 줄어들지 않고 있어, 현실적으로 관리에 가장 효율적인 방법으로 암 조기진단을 시행하고 있다. 이상적인 암 선별검사의 조건에 대하여 5가지 이상 약술하시오. (10점) 기출 14년

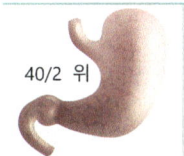
40/2 위

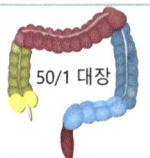
50/1 대장

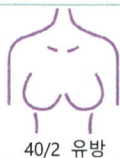
40/2 유방

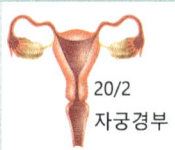
20/2 자궁경부

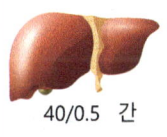
40/0.5 간

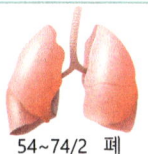
54~74/2 폐

> 의학이론

8 병기(stage) 기출 05년·08년·19년

1) 정의

현재 임상에서는 혈액계, 림프계의 종양을 제외한 대부분의 고형성 종양에 TNM병기 분류체계를 적용하고 있으며, 장기별로 적용하는 특정한 병기 분류체계와 TNM 분류체계를 호환하여 사용하고 있다. 암의 진행 단계를 1기, 2기, 3기, 4기의 시기(병기)로 구분하는 것은 시기에 따라 치료 방침이 달라지는 데 의미가 있다. 일반적으로 1, 2, 3기는 국소 질환으로 판단되기 때문에 수술이나 방사선치료와 같은 국소 치료법이 우선적으로 적용된다. 그러나, 4기인 경우 전신 질환으로 보아 국소 치료법보다는 전신 치료인 항암제 치료가 추천된다. 또한, 예후 예측에도 이용된다. 시기 별로 5년 생존율이 달라, 시기를 결정하는 것은 재발 위험 또는 장기 생존 가능성을 예측하는데 도움이 된다.

2) 분류

(1) **임상적 시기**(clinical staging) : 치료 전 병기로 **수술 전**에 시행한 CT, MRI, PET 같은 영상검사와 조직검사 등을 이용하여 병기를 결정하는 것으로 **cTNM**으로 표기한다.

(2) **병리학적 시기**(pathologic staging or surgical staging) : 수술이 가능한 환자에서 **수술 후** 절제된 검체를 병리학적으로 검사하여 판정하는 것으로 임상적 시기보다 정확하며 **pTNM**으로 표기한다.

(3) 평가 : 병리학적 시기가 임상적 시기보다 더 정확하지만, 전이가 있는 환자에게서는 수술이 불가능한 경우가 많아 임상적 시기로 결정하게 된다. 여러 검사 결과 TNM 법에 따른 암의 상태가 결정되면 1기, 2기, 3기, 4기로 진행 단계를 간단히 요약하며, 치료 결과의 개념을 포함하여 조기암, 진행암, 말기암이란 분류도 사용한다.

> 참고 가장 널리 사용되는 방법은 AJCC 기준이다. 종양 별로 TNM을 판정하는 기준이 있고, 세 가지 기준을 종합하여 병기(stage)가 결정된다. 위암에서 T2N2M0는 stage ⅡB에 속하지만, 폐암에서 T2N2M0는 stage ⅢA에 속한다.

3) TNM병기의 3요소

- **T**(Primary **T**umor) : **종양 요소, 원발 종양의 크기와 침윤 정도**
- **N**(Lymph **N**ode involvement) : **주위 림프절에 퍼진 정도**
- **M**(Distant **M**etastasis) : **전이 요소, 다른 장기로 암이 퍼졌는지 여부**

T(primary tumor)	N(lymph node involvement)	M(distant metastasis)
T0 원발성 종양의 증거가 없는 경우	N0 림프절 전이가 없는 경우	M0 원격 전이가 없는 경우
Tis 상피(上皮)내 암종		
T1~T4 종양의 크기와 침범 정도에 따라 평가	N1~N4 침범된 림프절의 수나 떨어진 위치에 따라 평가	M1 원격 전이가 있는 경우
Tx 원발성 종양의 침윤 정도를 판별할 수 없을 경우	Nx 림프절 전이 정도를 판별할 수 없는 경우	Mx 원격 전이 유무를 판별할 수 없는 경우

4) 병기(stage)가 적용되지 않는 악성종양

림프계 암 또는 혈액암은 원발 부위를 결정하기 어렵고, 상피암을 위해 개발된 TNM 체계의 병기 설정 방식을 사용하기에 적합하지 않다. 호지킨 림프종과 비호지킨 림프종의 경우 Ann Arbor 분류법을 공식적인 해부학적 병기 분류 방법으로 채택하고 있다.

5) 중추신경계 종양은 고형암이지만 병기가 적용되기 어려운 이유

(1) 종양 요소 : 종양의 크기보다 조직학이나 위치가 더 중요하기 때문이다.
(2) 림프절 요소 : 뇌와 척수는 림프관이나 림프절이 없다.
(3) 전이 요소 : 국소 재발을 잘하여 전이가 발생할 정도로 오래 생존하지 못하는 경우가 많다.

기출문제

01 암환자의 예후 예측 및 효과적인 치료방법을 선택하기 위하여 병기(stage)를 평가한다. 현재 CI보험 약관에서 채택하고 있는 TNM병기를 기술하시오. (10점) 기출 05년 · 08년

02 대부분의 암에서 병의 범위는 다양한 침습적 및 비침습적 진단 검사와 시술에 의해 평가되며 이러한 과정을 시기결정 혹은 병기결정(staging)이라고 한다. 이러한 병기의 결정은 암환자의 예후와 밀접한 관련이 있으며 치료방법을 결정하는 데 중요한 역할을 한다. 기출 19년

(1) 시기(병기) 결정에는 임상적 시기결정과 병리학적 시기결정의 두 가지가 있다. 임상적 시기와 병리학적 시기는 어떻게 결정되는지 기술하시오. (4점)
(2) 가장 널리 사용되는 시기(병기)분류 체계 중 하나는 TNM체계에 따른 시기(병기)이다. T, N, M은 각각 어떤 의미가 있는지 기술하시오. (6점)

9 종양 표지자(tumor marker) 기출 21년

1) 정의

종양 조직에서 생성되어 분비되거나 종양 조직에 대한 반응으로 정상 조직에서 생성되는 물질이나 유전자 변이를 혈액, 소변, 대변, 종양 등에서 측정하거나 검사하는 것

2) 의미

(1) **암의 선별검사**
(2) **고위험군의 추적 검사**
(3) **암 진단 보조**
(4) **원발 장기와 조직형의 감별**
(5) **병기와 예후의 추정**
(6) **치료 효과 판정과 재발 지표**

3) 검체

(1) 혈액
(2) 조직 추출액, 소변, 대변 등

4) 조건

(1) 혈액, 소변이나 체액에서 간단하고 **저렴**하게 검사할 수 있어야 한다.
(2) 알고자 하는 종양에 **특이적**이어야 한다.
(3) 종양 조직의 **크기와 혈중 수치와 상관성**이 있어야 한다.
(4) 임상적이나 방사선학적 등 다른 진단 방법으로 알 수 없는 **아주 작은 종양 조직의 존재를 혈액이나 소변에서 알아낼 수 있어야** 한다.
(5) 혈액이나 소변 내 수치가 사람마다 일정해야 하고, 정상인에게 존재하는 물질이라면 그 수치가 암 환자의 수치보다 월등히 낮아서 정상인과의 **감별에 도움**이 되어야 한다.

5) 종양 표지자의 종류

(1) 종양 관련 단백
 ① **CA 15-3** : 유방암
 ② **CA 19-9** : 췌장암, 담도암, 대장암, 위암
 ③ **CA 125** : 난소암, 자궁내막암, 췌장암, 위암, 대장암, 일부 림프종
 ④ **PSA**(전립선특이항원) : 전립선암
 ⑤ CD 25(백혈병, 림프종), CD 30(호지킨병)
 ⑥ MI(monoclonal immunoglobulin, 단클론감마글로불린) : 골수종
 ⑦ SCC : 식도암, 자궁경부편평세포암, 두경부암, 비소세포폐암

(2) 태아성 암항원
 [용어해설] 태아성 암항원 : 태아기의 어느 시기에 존재하던 항원이 정상인에게서는 소실 또는 극히 미량으로 존재하지만, 세포의 암화에 따라 재출현하는 물질
 ① αFP : 간암, 생식세포암종
 ② **CEA** : 대장암, 위암, 간암, 췌장암, 담도암, 폐암, 유방암, 방광암

(3) 효소 : LDH(림프종, 고환암), PAP(전립선암)
(4) 호르몬 : HCG(난소암, 고환암), **칼시토닌**(갑상선수질암), 카테콜아민(갈색세포종)

기출문제

종양 표지자(tumor marker)는 암의 성장에 반응해서 체내에서 또는 암조직 자체에서 생성되며 혈액, 소변, 조직검체에서 검출된다. 하지만 꼭 특정 암에서만 증가하는 것은 아니고 양성 질환 등 비 특이적인 상황에서도 상승할 수 있기 때문에 상승했다고 암을 진단할 수 있는 것은 아니다. 하지만 암 진단에 보조적 역할, 암치료 반응 정도 확인, 암 재발여부 확인, 암의 크기 반영 등에 이용할 수 있어 임상에서 흔히 사용하고 있다. 다음 제시된 암의 진단에 도움이 되는 가장 중요한 종양 표지자를 한 개씩만 쓰시오. (10점) 기출 21년

(1) 간세포암   (2) 갑상선 수질암
(3) 대장암, 폐암   (4) 전립선암
(5) 난소암

10 암 치료

1) 암 치료의 목적
(1) 주요 목적 : 암으로 인한 구조적, 기능적 손상을 회복시켜 환자 치유
(2) 치유가 불가능한 경우 : 더 이상의 암 진행을 막고 증상을 완화시킴으로써 수명을 연장하고 삶의 질을 높이는 것
(3) 치료 원칙 : 진단과 병기, 전반적인 건강 상태를 고려해서 치료방법 결정

2) 분류
(1) **적극 치료** : 암 덩어리를 없애거나 줄이고, 암세포를 죽이기 위한 치료
(2) **완화 치료** : 환자의 삶의 질을 높이고 증상을 조절하는 데 초점을 맞춘 치료
   예) 통증 치료, 피로 치료, 재활치료, 호스피스치료 등

3) 수술
(1) **근치적 수술** : 원발 병소인 종양과 종양 주위 림프절을 모두 절제하는 수술
(2) **예방적 수술** : 사마귀, 폴립, 노인성 각화와 같은 전암 상태의 병변이 암으로 진행되는 것을 예방하기 위해 절제하는 수술
(3) **완화적 수술** : 종양의 성장을 지연시키고, 종양의 크기를 감소시켜 통증과 암 덩어리로 인한 주위 조직의 압박 등 증상 완화를 목적으로 하는 수술

4) 방사선요법
(1) 정의 : 세포에 조사된 방사선이 DNA와 세포막에 직접 혹은 간접적으로 작용하여 세포를 죽이는 원리를 이용한 치료
(2) 일차적 기능 : 주위 조직에 해를 주지 않고 종양을 국소적으로 조절
(3) 보조적 기능 : 수술 전 종양 크기 감소, 수술 후 전이 예방 및 잔류종양 제거
(4) 고식적 역할 : 진행된 암에서 통증, 병적 골절, 주위 조직에 대한 압박 경감
(5) 특징적 방사선치료
  ① **감마나이프** : 두피나 두개골의 절개 없이 컴퓨터를 이용하여 감마선을 각각 다른 방향에서 병소에 조사함으로써 정상 뇌 조직에는 영향을 주지 않고 병소 부위에만 높은 에너지의 방사선을 조사하는 치료법
     예) 두개강 및 두경부 내의 3㎝ 이하의 작은 병변
  ② **사이버 나이프** : 위성 항법 장치인 내비게이션 시스템을 이용하여 로봇팔에 장착된 선형가속기에서 방사선을 조사하는 방법으로 감마나이프와 달리 뇌종양 외 다른 종양에도 적용이 가능하고 분할 치료가 용이하다. 단, 움직이는 장기에는 적용할 수 없고 통상적으로 6㎝ 이하의 종양만 치료가 가능하다.
     예) 화학색전술이나 고주파 소작술이 어려운 간세포암종, 폐암, 두경부 종양, 골전이, 뇌전이 종양
  ③ **세기조절 방사선 치료** : 방사선 조사량(세기)을 조절하여 암 조직에 선택적으로 방사선량을

전달하고, 주변 정상 조직에는 필요 이상으로 방사선이 도달하지 않도록 조절하는 치료법
  - 예 심부 위치 암(뇌, 뼈, 간), 주변에 방사선 노출에 취약한 중요 구조물이 있는 경우(식도, 두경부, 척수 주위 암)
④ **양성자 방사선치료** : 양전하 입자(양성자)를 이용하여 정상 조직을 보호하면서 종양에만 방사선을 집중하는 고정밀 방사선 치료법
  - 예 소아암, 뇌종양, 척수암, 재발암
⑤ **중입자 치료** : 탄소 입자를 빛에 가까운 속도로 돌려 에너지를 생성하여 암세포를 파괴하는 방법
  - 예 췌장암, 자궁경부암, 두경부함

5) 조혈모세포이식
백혈병과 같이 세포 분화 과정에서 이상이 생긴 경우나 재생불량성빈혈과 같이 조혈모세포의 숫자가 줄어들어 이상이 오는 경우에 이들 질환을 근본적으로 치료하기 위하여 조혈모세포를 이식해 주는 치료법

6) 기타 치료
(1) **종양괴사인자**(TNF, tumor necrosis factor) : T세포에서 분비되는 종양 괴사 물질로 종양세포에 대해 세포 독성 또는 세포 증식 억제 작용을 하고, 중성구 및 내피세포 활성화, 세포고사 촉진을 통해 항암 효과를 보인다.
(2) **TNF - α** : 단핵구와 대식세포에 의해 생성되는 대표적인 사이토카인으로 다양한 감염체와 암세포 등의 공격으로부터 숙주를 보호하는 면역 체계의 중간자이며, 암세포의 자연사를 유도

7) 평가
(1) **완전 관해** : 신체검진, 혈액검사, 방사선검사 등으로 평가했을 때 치료 전 인지되었던 암의 모든 증상과 징후가 완전히 소실되고 이 상태가 최소한 1개월 이상 지속되는 경우
(2) **부분 관해** : 신체검진, 혈액검사, 방사선검사 등으로 평가했을 때 치료 전 인지되었던 암의 크기가 50% 이상 감소하고, 이 상태가 최소한 1개월 이상 지속되며 새로운 병변의 출현이 없는 경우
(3) **안정 상태** : 신체검진, 혈액검사, 방사선검사 등으로 평가했을 때 치료 전 인지되었던 암의 크기가 50% 미만 감소하거나 25% 미만 증가한 것으로 이 상태가 최소한 1개월 이상 지속되며 새로운 병변의 출현이 없는 경우

11 **항암화학요법**(chemotherapy)

1) 세포 독성 항암제
   (1) 정의 : 악성 세포의 DNA를 손상시키거나 악성 세포의 성장과 분열을 억제하여 악성 세포를 사멸시킴으로써 다시 재발하지 못하게 완치를 목적으로 하는 치료방법
   (2) 부작용 : 정상세포 중에서도 **빨리 분열 증식하는 세포**가 영향을 많이 받게 된다.
      ① **오심, 구토, 구강 건조, 구내염, 설사, 변비, 피부발진, 손발톱 변화, 말초신경병증**
      ② **백혈구 감소**(저항력 감소), **혈소판 감소**(출혈 위험 증가), **적혈구 감소**(빈혈)
      ③ **탈모, 생식기능 저하, 심장과 신장의 기능 변화, 출혈성 방광염, 간 및 폐기능 변화**

2) 표적항암제
   (1) 정의 : 암세포의 특정 분자(표적)에 작용하여 암세포를 선택적으로 공격하는 약제로 정상세포의 손상을 비교적 최소화하면서 선택적으로 암세포만 공격하기 때문에 부작용을 최소화할 수 있다.
   (2) 원리
      ① 암세포 특정 분자 공격 : 암세포의 성장에 관여하는 특정 효소나 단백질을 억제한다.
      ② 신생 혈관 억제 : 암 조직으로의 혈액 공급을 막아 암세포를 굶겨 죽인다.
      ③ 유전자 분석 기반 맞춤 치료 : 개인의 종양 유전 정보를 분석하여 적합한 표적항암제를 선택하는 '개인별 맞춤 치료'가 가능하다.
   (3) 종류
      ① **키나아제 억제제**(Kinase Inhibitor) : 암세포 내부에 존재하는 효소(키나아제)의 활성을 억제하여 암세포의 증식 신호를 차단한다.
         예 만성 골수성 백혈병 - 글리벡
      ② **단일 클론 항체**(Monoclonal Antibody) : 암세포 표면에 있는 특정 항원에 결합하여 수용체의 기능을 차단하거나, 독성 물질을 암세포로 직접 전달하여 파괴하는 방식
         예 유방암 - 허셉틴

3) 면역항암제
   (1) 정의 : 인체의 면역 체계가 암세포를 더 잘 인식하고 공격하도록 돕는 약물
   (2) **카티(CAR - T) 항암약물치료** : 환자의 혈액에서 T세포 분리 후, 체외에서 유전자 변형 및 증폭하여 CAR - T 세포를 생성하고 다시 환자에게 주입하는 방법
      예 B세포 급성 림프구성 백혈병, 미만성 거대 B세포 림프종, 다발성 골수종

4) 표적항암제와 면역항암제 인정 기준
   '식품의약품안전처' 허가를 받거나, 또는 '암질환 심의위원회'를 거쳐 '건강보험심사평가원'이 승인한 경우

CHAPTER 10 종양 각론

1 위암(stomach cancer, C16)

1) 정의

위점막 세포가 발암물질에 지속적으로 노출되어 암 유발 유전자가 활성화되거나, 암 억제 유전자가 불활성화하면서 암세포로 변하는 것이다. 우리나라에서 위암은 OECD 국가 중 발병률 1위를 차지하고 있다.

2) 분류

(1) 위선암(adenocarcinoma) : 위점막의 선세포에서 발생, 위암의 85%를 차지
(2) 악성림프종(malignant lymphoma) : 림프조직에서 발생
(3) 육종(sarcoma) : 비상피세포에서 유래
(4) 간질성 종양(GIST, gastrointestinal tumor) : 간질세포에서 발생

3) 조기 위암과 진행성 위암

(1) **조기 위암**(EGC, early gastric cancer)
  ① 정의 : 림프절 전이 여부와 관계없이 암세포가 **점막층 또는 점막하층에 국한**된 경우
  ② 의의 : 내시경 또는 복강경 절제의 적응증이 된다. 최근 내시경 이용 정기검진으로 45% 이상에서 조기 위암이 진단되고 있다. 수술 후 5년 생존율이 90% 이상
(2) **진행성 위암**(AGC, advanced gastric cancer)
  ① 정의 : 암세포가 점막하층을 지나 고유**근육층 이상을 침범**한 경우
  ② 의의 : 개복 수술이 최선이다. 위점막 융기 궤양 등 고저와 침윤이라는 횡측 변화를 기준으로 Borrmann 분류에 따라 4가지로 나뉜다.

4) 증상

(1) 조기 위암 : 대체로 무증상, 속쓰림
(2) 진행된 위선암 : 식욕부진, 체중 감소, 상복부 동통, 불편감, 팽만감, 쇠약, 의욕 상실, 투약에 호전 없는 구역질
(3) 위 입구 암 : 삼킴장애, 식후 구토, 명치 통증, 가슴으로 방사되는 방사통
(4) 위 출구 암 : 위 내 음식물 저류, 상복부 중압감, 식후 일정 시간 경과 후 구토, 악취
(5) 진행된 위암 : 복부 종양 촉지, 흑색변, 토혈, 빈혈, 창백, 복막 전이 시 복수

5) 위험요인(위험인자)

암의 위험요인은 반드시 암을 유발하지는 않아도 암 발생 확률을 상대적으로 높이는 요인을 의미한다.

(1) **의학적 측면**
  ① **헬리코박터파일로리균**(6배)
   참고 WHO에서 헬리코박터파일로리균을 위암 발암물질로 분류하였다. 헬리코박터파일로리 감염은 위의 만성적 염증 유발 → 활성산소를 축적하여 DNA 손상 유발 → 만성 위축성 위염 → 장상피화생 → 세포 이형성증 → 위암으로 진행될 수 있다.
  ② **만성 위축성 위염** : 위점막의 주요 부분이 얇아진 상태에서 만성적으로 염증이 생기는 질환
  ③ **장상피화생**(intestinal metaplasia)
   참고 위축성 위염이 진행되어 위점막이 장점막과 비슷하게 바뀌는 현상으로 위 점막의 분비선이 없어지고 위 점막에 작은 돌기가 무수히 생기며 붉은 점막이 회백색으로 바뀐다. 일반적으로 만성 위축성 위염 환자의 10% 정도가 위암으로 진행된다.
  ④ **이형성**(dysplasia)
   참고 세포 하나하나는 암세포와 비슷하지만, 그것이 위점막 표층부에만 국한된 경우를 말하며, 정도가 심한 이형성증은 2년 이내 위암으로 발전할 수 있다.
  ⑤ 선종성 용종, 위 수술 과거력, 악성 빈혈
(2) **식생활** : 짠 음식, 질산염 화합물(가공된 햄, 소시지류), 탄 음식, 저 비타민 식이, 소금에 오래 절인 음식, 신선하지 않은 오래된 음식
(3) **환경인자** : 훈제 등의 조리 방법, 냉장 등 보관법의 미비, 우물 등의 식수 시설 미비
(4) **기타**: 직업(광부, 고무 처리직), 흡연, 음주, 가족력, 남자(여자보다 2배 위험), 50대 이후

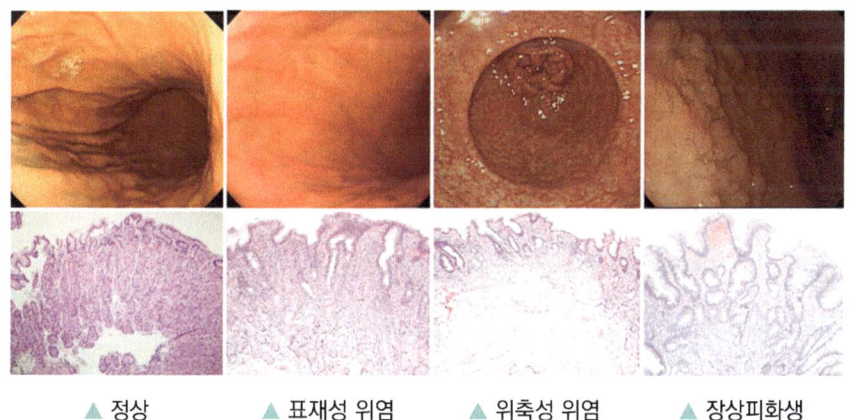

▲ 정상   ▲ 표재성 위염   ▲ 위축성 위염   ▲ 장상피화생

6) **진단**
(1) **위내시경 및 생검**
(2) **상부위장조영술**(UGI, upper gastrointestinal series)
  참고 조영제를 경구 투여한 후에 여러 번의 X-선 촬영을 통해 위점막 표면을 관찰하는 것
(3) **초음파 내시경**(종양의 침범 깊이를 판단), CT, pet-CT

7) 치료

(1) **내시경적 치료**: 점막이나 점막하층을 1㎜ 이내로 침범한 조기 위암에 적용
　① **내시경적 점막하 박리술**(ESD, endoscopic submucosal dissection)
　　참고　병변이 튀어나오지 않은 경우에 병변 주위의 정상 점막을 수직으로 점막하층까지 절개 후 절개된 병변을 중심으로 점막하층까지 벗겨내 병변을 제거하는 방법
　② **내시경적 점막절제술**(EMR, endoscopic mucosal resection)
　　참고　제거 범위가 점막층에 국한되고 용종처럼 튀어나온 병변을 갈고리로 제거하는 방법

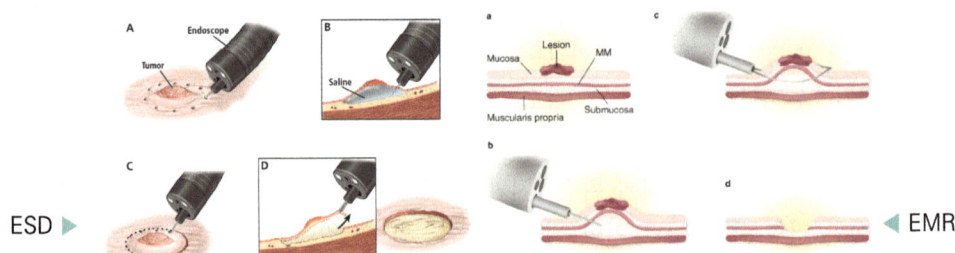

(2) **수술적 치료**
　① 위아전(亞全)절제술: 위 하부에 생긴 암은 아래쪽 ⅔ 정도를 절제
　② 위전절제술: 위 상부에 생긴 암은 위 전체를 절제

8) 위암 수술 후 합병증

(1) **덤핑증후군**
　용어해설　덤핑(dumping)이란 '한꺼번에 쏟아버린다'라는 뜻으로 말 그대로 다량의 위 내용물이 소장으로 급격히 이동하면서 발생하는 증상을 말한다.
(2) **식도 역류**
(3) **빈혈**: 비타민 B_{12} 결핍
(4) **출혈**
(5) **담즙 역류**

9) 위암의 전이

(1) **위벽을 통한 직접 침습(파종)**: 췌장, 대장, 간
(2) **복막 전이**
(3) **림프절 전이**
(4) **혈행성 전이**: 간

10) 위장관기질종양(GIST, gastro-intestinal stromal tumor)

일반적인 위암이나 대장암처럼 상피세포에 생기는 종양이 아니라 위장관 벽의 근육층에 위치하는 카할간질세포(interstitial cell of Cajal)에서 발생하는 종양이다. 점막층이 아니라 근육층에서 발생하기 때문에 대부분은 아무런 증상이 없다.
　용어해설　카할간질세포: 위장관의 연동운동을 가능하게 하는 페이스메이커 역할 세포

2 대장암(colon cancer, C18-C20) 기출 21년

1) 분류

(1) **선암**(adenocarcinoma) : 대장점막 샘세포에서 발생한 암으로 양성종양인 선종성 용종(polyp)에서 유래되며 대장암의 대부분이 선암이다.

(2) **림프종**(malignant lymphoma)

(3) **악성 유암종**(malignant carcinoid)

(4) **평활근육종**(leiomyosarcoma)

(5) **조기 대장암**(ECC, early colon cancer) : 림프절 전이 여부에 상관없이 암세포의 침윤이 점막 또는 점막하층에 국한된 경우

> 참고 대장점막내암은 점막고유층과 점막 근층까지 침범한 경우를 말한다.

2) 증상

(1) 혈변, 흑변, 장 출혈로 혈액 손실 시 빈혈, 식욕 부진, 체중 감소

(2) 암이 진행되었을 때 : 복통, 배변 습관의 변화(설사 또는 변비), 출혈, 복부 종양 촉지

3) 선종성 용종 위험인자

(1) 선종의 개수가 3개 이상인 경우

(2) 선종의 크기가 10㎜ 이상인 경우

(3) 관 융모선종 또는 융모선종

(4) 고도 이형성 선종

(5) 10㎜ 이상의 톱니 모양 선종

4) 대장암 위험요인

(1) **식이 요인** : 동물성 지방, 포화지방, 붉은 고기의 과도한 섭취, 섬유질 섭취 부족, 칼슘 비타민 D 부족, 굽거나 튀기는 조리 방법, 육가공품(소시지 햄 베이컨), 가공 정제된 저 잔여 식이

(2) **비만과 신체활동 부족**

(3) **유전적 요인** : 가족성 대장용종증, 포이츠예거증후군 등

(4) **선종성 용종, 전암성 병변**(대장암의 80%는 대장 용종에서 발생)

(5) **염증성 장 질환** : 궤양성 대장염, 크론병

(6) **음주**

(7) **50세 이상의 연령**

> **기출문제**
> 결장 직장의 용종에는 선종성 용종, 과형성 용종, 유년기 용종 등이 있다. 이중 선종성 용종의 경우 악성화 가능성을 가지고 있다. 선종성 용종(adenomatous polyp)에 있어 악성화 가능성이 높은 위험인자 5개를 쓰시오. (10점) 기출 21년

5) 진단

(1) **분변 잠혈 반응검사** : 양성일 때 추적 검사 실시

(2) **직장수지검사**

(3) **대장내시경** : 대장암, 대장 용종의 발견에 있어 진단율이 매우 높고 조직검사와 용종 제거가 동시에 가능하다.

(4) **에스결장경** : 대장내시경보다 길이가 짧아 항문으로부터 약 60㎝ 내외에 있는 하행결장까지만 관찰이 가능하다.

(5) **이중 바륨 대장조영술** : 항문을 통해 바륨 조영제를 넣고 대장 내부를 공기로 확장한 다음, X - 선 투시 장치를 이용하여 대장점막의 이상 여부를 검사하는 방법

(6) **대장조영 CT** : 항문에 튜브를 삽입하고 공기나 이산화탄소를 주입하여 장을 부풀려서 CT를 촬영하는 방법

(7) **복부 CT, MRI, pet - CT, 직장초음파검사**

(8) **암태아성 항원검사(CEA)**

> 참고 CEA : 태아 때 정상적으로 만들어지는 일종의 당단백질로 태어나면 생산이 중단된다. 폐암이나 흡연자에게서도 증가할 수 있어 대장암을 진단하기에는 부적합하고 대장암의 수술 전 병기 판정이나 암 치료의 효과를 검사하기 위해서 또는 암의 재발 확인을 위한 보조 검사로 쓰인다.

6) 치료

(1) 가장 기본적인 원칙은 암을 포함해 전이 가능성이 있는 림프절과 혈관을 모두 절제하는 것

(2) 항문괄약근 침범 시 장루 설치 필요

(3) 종양의 크기가 1㎝ 이하로 작고, 점막하층에 국한된 경우 : **국소 절제술만으로 치료 가능 - 내시경적 점막절제술, 점막하 박리술**

(4) 종양의 크기가 2㎝ 이상이거나 근육층을 침윤하거나 림프절 전이가 있는 경우에는 근치적 수술이 필요

7) 내시경적 치료의 적응증

(1) 저분화선암이 아니면서, 혈관 및 림프관과 절단면에 암세포 침범이 없는 경우

(2) 점막하 침윤 심달도가 1,000㎛ 이하인 경우

(3) 악성 변화가 의심되는 용종형 병변

(4) 침윤의 정도가 낮은 점막하층 이내의 암

8) 신경내분비종양(NET, neuroendocrine tumor = carcinoid tumor)

우리 몸의 내분비계를 구성하는 세포에서 발생하는 종양으로 위, 소장, 대장 같은 소화기관 뿐만 아니라 폐, 흉선, 췌장 등 다양한 장기에서 발생한다. 과거 유암종(carcinoid like - 암과 유사하나 양성의 임상 경과를 보인다는 의미)으로 불리었다.

3 간암(hepatoma, liver cancer, C22) 기출 16년

1) 분류

(1) **간세포암종**(HCC, hepatocellular carcinoma) : 일반적으로 간암은 간세포암종을 의미한다. 원발성 간암의 74.5%를 차지하고, 40~50대에 호발하며, 남자가 여자보다 4~6배 많이 발생한다.
(2) **전이암**(secondary liver cancer) : 뇌종양을 제외한 모든 종양이 간으로 전이될 가능성이 있다. 주로 문맥을 통해 위암, 대장암, 직장암이 전이된다.
(3) **특징** : 이미 만성 간염이나 간경변증 같은 지병이 있는 경우가 대부분이고, 간기능 저하, 복수, 식도정맥류 출혈 등 간경변증 합병증이 동반된 경우가 많다.

2) 증상

(1) 초기 : 3㎝ 이하인 경우 대부분 무증상
(2) 우상복부에 덩어리 촉지, 우상복부 통증
(3) 황달, 식욕 부진, 체중 감소, 피로감, 간 표면의 마찰이나 타박흔, 혈액성 복수

3) 위험요인

(1) **만성 B형, C형 간염, B형 간염 바이러스 보균자** : B형, C형 간염은 간암의 가장 흔한 원인이다. 간암 환자의 72%가 B형, 12%가 C형 간염의 영향을 받는다고 보고됨
(2) **간경변증** : 간암 환자의 80%에서 간경변증이 동반된다.
(3) **알코올성 간질환**
(4) **비만이나 당뇨와 관련된 지방간** : 비만과 관련된 인슐린 저항 상태가 발암 과정을 촉진하여 간암 발병률이 2배 높다.
(5) **아플라톡신 B1**(aflatoxin B1) : 부패한 땅콩이나 옥수수에 생기는 곰팡이에서 생성되는 발암 물질
(6) **흡연** : 담배의 유해 물질이 폐를 통해 간을 포함한 전신으로 퍼져 물질대사에 포함되기 때문에 간암의 위험이 커지는데, 흡연자가 음주도 하면 간암 발생 위험이 더욱 증가한다.
(7) **전이암** : 주로 간문맥을 통해 대장암, 직장암, 위암이 전이된다.

4) 간암의 고위험군

HBV 양성, HCV 양성, 간경변증

5) 진단

(1) 침 생검을 통한 병리적 조직검사
(2) 간암의 70~80%에서 알파태아단백(αFP)이 상승하기 때문에 다른 암과 달리 조직검사 없이 영상검사와 혈액검사로도 진단 가능하다.
(3) 영상검사 : 역동적 조영증강 CT, 역동적 조영증강 MRI, 간세포 특이 조영제 사용 MRI
   - 4가지 시간대 별로 영상을 관찰한다.
     - ① 조영제 주입 전, ② 조영제 주입 후 동맥기, ③ 정맥기, ④ 지연기
     - 간실질과 비교하여 동맥기 조영증강과 문맥기 또는 지연기 씻김 현상을 확인한다.

의학이론

6) 간암 고위험군에서 간암 진단기준
(1) 초음파상 크기 **1㎝ 이상**의 결절 : 역동적 조영증강 CT, 역동적 조영증강 MRI 또는 간세포 특이 조영제를 사용한 MRI 중 **하나 이상**에서 간암에 합당한 소견을 보이는 경우
(2) 크기 **1㎝ 미만의 결절**, 간염 활동성이 억제된 환자 : **혈청 αFP가 지속적으로 상승**하며 역동적 조영증강 CT, 역동적 조영증강 MRI 또는 간세포 특이 조영제를 이용한 MRI 중 **둘 이상**에서 간암에 합당한 소견을 보이는 경우

7) 간에 전이성 암이 잘 발생하는 해부학적 특징
(1) **간이 타 장기보다 크기 때문**
(2) **혈류속도가 빠르기 때문**
(3) **쿠퍼세포**(kupffer cell)의 식균 작용 : 간암을 촉진하는 염증 과정의 매개가 된다.
(4) 간동맥과 **문맥**으로부터의 이중관류 구조 : **대장암, 직장암, 위암**

8) 근치적 치료
> **용어해설** 근치적(根治的) 치료 : 근본적인 치료를 뜻하며, 질환을 완전히 고치는 것을 목표로 하는 치료이다. 대비되는 용어인 고식적 치료는 병을 근본적으로 치료하지 않고 증상을 누그러뜨리는 치료를 말하는데, 완치를 기대할 수 없을 때 암 진행의 속도를 늦춰 생명을 연장하고 삶의 질을 높이는 치료를 뜻한다.

(1) **간 절제술** : 완치를 목표로 할 때 근간이 되는 치료법이다. 종양의 절제가 가능하면서 간경변증이 없거나 그 정도가 심하지 않아 간기능이 충분하다고 판단될 때 우선적으로 고려되지만, 간암 환자의 20%만 수술이 가능하다.
(2) **간이식** : 이론적으로 가장 이상적인 치료법이다.
   ① 한 개의 종양만 있으면서 5㎝ 이하일 때
   ② 각 3㎝ 이하인 3개 이하의 종양이면서 혈관을 침범하지 않고 전이가 되지 않았을 때
(3) **고주파 열 치료술**(RFA, radio frequency ablation) : 초음파 등으로 종양의 위치를 파악한 후 전류가 흐르는 바늘을 찔러 넣고 조직에 열을 가해 종양을 괴사시키는 방법
(4) **경피적 에탄올 주입술**(PEIT, percutaneous ethanol injection therapy) : 전류 대신 에탄올을 넣어 종양을 괴사시키는 방법

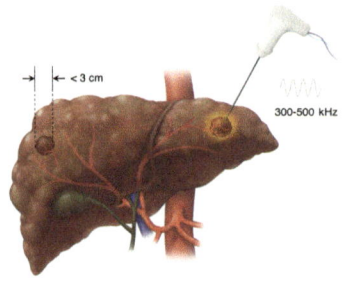

▲ RFA(고주파 열 치료술)

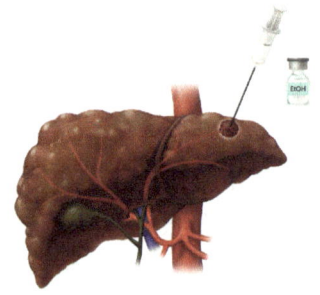

▲ PEIT(경피적 에탄올 주입술)

9) 비근치적 치료

(1) **경동맥 화학색전술**(TACE, trans-aterial chemo embolization) : 간암 종괴는 혈관이 잘 발달하였다는 점을 이용하여 종괴에 혈액을 공급하는 동맥을 찾아서 항암제와 혼합한 색전 물질(라피오돌)을 주입하여 혈관을 막는 방법으로 수술이나 국소 치료술이 우선적으로 고려될 수 없는 여러 개의 종양, 혈관을 침범한 진행된 종양, 간기능이 매우 저하된 경우 등에 시행한다.

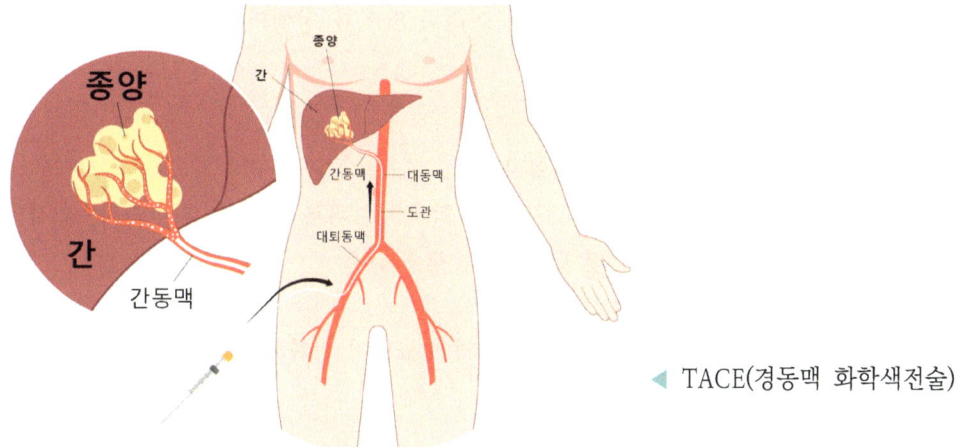

◀ TACE(경동맥 화학색전술)

(2) 방사선치료 : 종양의 절제가 불가능하고 국소 치료술이나 경동맥 화학색전술 등으로 효과를 보기도 어려운 환자에게 적용한다.
(3) 항암화학요법 : 림프절 전이, 폐나 뼈 등 다른 부위로의 전이가 있거나, 여러 치료법을 썼음에도 불구하고 암이 계속 진행할 때 고려하는 방법이다.

기출문제

간암은 우리나라에서 갑상선암을 제외하고 5번째로 호발하는 암이며, 사망률로는 폐암 다음으로 두 번째에 해당하는 질환이다. 이러한 간암의 대표적인 위험요인을 3가지 쓰시오. (10점)

기출 16년

4 췌장암(pancreatic cancer, C25)

1) 정의

   (1) 췌관선암(pancreatic ductal adenocarcinoma) : 췌관의 외분비 세포에서 발생하는 암으로 췌장암의 90% 이상

   (2) 선방세포암종(acinar cell carcinoma)

   (3) 신경내분비종양(neuroendocrine tumor)

   (4) 특징 : 진행이 매우 빠르며 조기 진단이 어려워 80%가 진행되어 발견되고, 5년 생존율이 8%로 생존율도 매우 낮은 암이다.

2) 증상

   (1) **복부 통증** : 흔히 명치의 통증, 허리의 통증

   (2) **황달** : 진한 갈색이나 붉은색 소변, 지방변, 회색 변, 피부 가려움, 피부와 눈 흰자의 황변

   (3) **체중 감소** : 뚜렷한 이유 없이 몇 달에 걸쳐 체중 감소

   (4) 소화장애, 구토, 오심

   (5) 당뇨병 : 당뇨병이 갑자기 발병하거나 기존의 당뇨병이 악화되기도 한다.

3) 위험인자

   (1) **유전적 요인** : 췌장암의 90% 이상에서 K - Ras 유전자 변형이 발견됨

   (2) **흡연** : 2~5배 증가

   (3) **2형 당뇨병** : 5년 이상 당뇨를 앓고 있는 환자의 발병률이 증가한다. 당뇨병은 췌장암의 원인이 될 수도 있지만, 당뇨병을 유발하기도 한다.

   (4) **만성 췌장염 및 음주** : 췌장의 만성 염증으로 인해 췌장세포의 손상과 증식이 반복됨으로써 비정상적인 췌장 세포 증식이 초래되는데, 급성 췌장염과 달리 호전되지 않는다.

   (5) **가족성 췌장암** : 직계 가족 중 50세 이전에 췌장암에 걸린 사람이 있거나, 발병 나이와 상관없이 직계 가족 가운데 췌장암 환자가 둘 이상 있다면 가족성 췌장암을 의심한다.

   (6) **나이** : 췌장암 발생의 평균 나이가 65세이고, 높은 연령대에서 발생률이 크게 증가한다.

   (7) **식이 및 비만** : 육류나 지방, 탄수화물의 과도한 섭취, 높은 체질량지수

   (8) **화학물질**(각종 용매제, 휘발유와 그 관련 물질, 살충제), **방사선 노출**

   (9) **점액성 낭성 종양, 특히 주췌담관, 췌관 내 유두상 점액 종양**(IPMN)

4) 진단

   (1) 혈액검사 : 빌리루빈, 알칼리 포스파타아제, γ - GTP, 리파아제 수치 상승

   (2) 혈청 종양 표지자 : **CA19 - 9, CEA**

   (3) 초음파 검사, 전산화단층촬영, 자기공명영상, PET

   (4) **내시경적 역행성 담췌관조영술** : 내시경을 통해 담도의 협착과 폐쇄 여부를 눈으로 확인하고 그 일대의 영상을 얻는 검사로 정확도가 높고, 담즙 배액술 같은 치료를 동시에 할 수 있다는 장점이 있다.

(5) **내시경 초음파 검사**(EUS, endoscopic ultrasonography) : 내시경 끝에 초음파 진동자를 부착해 위나 십이지장 안에서 초음파를 보내어 주위 장기를 관찰하는 방법으로 췌장암 진단 정확도가 매우 높으며 조직검사도 가능해 췌장 종양과 만성 췌장염의 감별, 2㎝ 이하의 작은 종양의 진단, 췌장암의 병기 결정 등에 CT보다 유용하다는 보고도 있다.
(6) **복강경 및 조직검사**

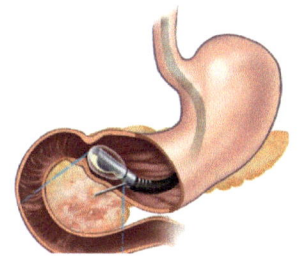 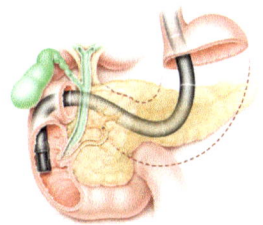

▲ EUS(내시경적초음파)　　▲ ERCP(내시경적 역행성 담췌관조영술)

5) **치료**
　(1) 수술
　　① **근치적 수술**이 가능한 환자는 20% 정도에 불과하다.
　　② **휘플씨 수술**(Whipple operation) : 췌장 두부암의 수술법 중 하나로 췌장의 머리, 십이지장, 소장 일부, 위의 하부, 총담관과 담낭을 절제한 뒤 남은 췌장과 담관 및 위의 상부에 소장을 연결하는 방법이다.
　　③ **체전 절제술**(total pancreatectomy) : 휘플씨 수술에서는 췌장의 일부를 남겨놓는 데 비해, 췌장을 전부 제거하는 수술을 말한다.
　(2) **항암화학요법, 방사선치료** : 췌장암 환자 중 수술적 절제가 불가능하지만 전이는 없는 사람이 40% 정도 되는데, 이들에게는 방사선치료를 시행할 수 있다.
　(3) 증상 치료
　　① **내시경적 역행성 담즙 배액술**(ERBD, endoscopic retrograde biliary drainage) : 내시경을 이용해 담관에 스텐트를 삽입하고 담즙을 배출시키는 방법
　　② **통증 완화 치료** : 마약성 진통제, 복강신경절 신경마취

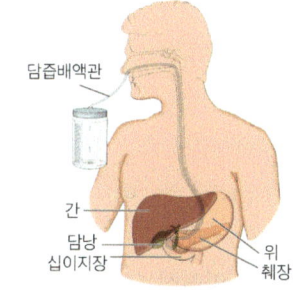 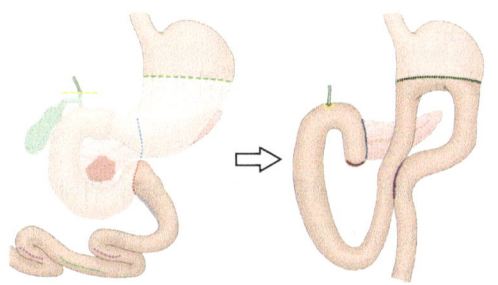

▲ ERBD - 내시경적 역행성 담즙 배액술　　▲ 휘플씨 수술(Whipple procedure)

의학이론

5 담낭암, 담관암(gallbladder cancer, cholangio carcinoma)

1) 증상
(1) **황달** : 체내 대사 과정에서 수명이 다한 적혈구가 파괴될 때 헤모글로빈이 분해되어 생기는 빌리루빈이 어떤 이유로 인해 제대로 배출되지 못하고 혈중에 과다해질 경우에 발생
(2) **비특이적 증상** : 체중 감소, 피곤함, 식욕부진, 오심, 구토, 우상복부 또는 심와부에 범위가 뚜렷하지 않은 통증, 십이지장이나 대장의 폐색

> **용어해설** 심와부 : 흉골 아래 한가운데에 오목하게 들어간 부분으로 흔히 '명치'라고 부른다.

2) 담낭암(C23) 위험요인
(1) **담낭 점막의 만성적 자극과 염증** : 상피세포 이형성을 초래하여 담낭암을 유발한다.
(2) **담석증** : 담석증이 있을 때 담낭암 발생 위험이 5~10배 정도 증가한다.
(3) **석회화 담낭, 도자기화 담낭, 담낭 용종**
(4) **췌담관 합류 이상** : 췌관과 담관이 정상 합류 장소인 십이지장 유두부에서가 아니라 십이지장 벽 바깥에서 합쳐져 공통관을 이루게 되어 췌액이 담도 내로 역류되는 기형
(5) **만성적인 장티푸스 보균 상태**
(6) **감염, 약물, 위 수술 병력**
(7) **높은 체질량 지수**
(8) **발암물질**

3) 담관암(C24) 위험요인
(1) **나이** : 50~70대 연령층에서 많이 발생
(2) **간디스토마 감염** : 민물고기를 날로 먹었을 때 감염될 수 있는 기생충으로 담도 벽에 붙어서 산다.
(3) **담석증**
(4) **궤양성 대장염**
(5) **선천성 기형** : 담관 낭종, 췌담관 합류 이상, 선천성 간섬유증

> **용어해설** 담관 낭종 : 담관이 원형 또는 타원형으로 풍선처럼 확장되는 선천성 질환

(6) **원발성 경화성 담도염** : 간 내외 담도에 염증과 섬유화 및 협착을 일으키면서 점진적으로 진행되는 병
(7) **직업 요인** : 고무, 항공기, 화학약품, 자동차 공장 종사자

4) 진단
(1) **초음파 검사** : 담석증 등과 감별하기 위해 일차적으로 시행
(2) **CT, MRI, pet-CT, 내시경적 역행성 담췌관조영술**
(3) **경피적 간담도 조영술(PTC)** : 담도 폐쇄가 의심되는 데 내시경적 역행성 담췌관조영술로 담도를 조영하는 데에 실패했거나, 간내 담도로 암이 침습한 경우 중 범위 확인이 잘 되지 않을 때 시행

(4) **내시경 초음파 검사**(EUS) : 내시경 끝에 초음파 진동자를 부착해 위나 십이지장 안에서 초음파를 보내어 주위 장기를 관찰하는 방법

(5) 혈청 종양표지자 : CA 19 - 9

5) 치료

(1) 근치적 절제술 : 일차적인 치료법
(2) 내시경 이용 스텐트 삽관술
(3) 경피 경간 담즙 배액술(PTBD, percutaneous trans hepatic biliary drainage) : 방사선 투시 영상을 이용하여 배액관을 체외에서 삽입하여 간내 담도에 위치시킴으로써 정상적으로 배출되지 못하는 담즙을 체외로 배출시키는 시술로 담도가 좁아져 정상적인 배출이 어려울 때 시술한다.
(4) 항암화학요법, 방사선치료

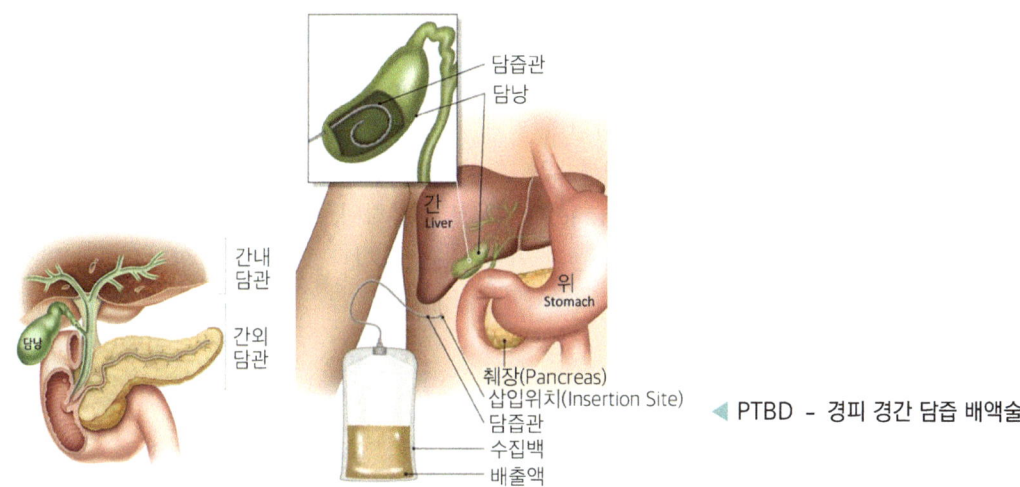

◀ PTBD - 경피 경간 담즙 배액술

6 폐암(lung cancer, C34)

1) 조직학적 분류

(1) **소세포 폐암**(SCLC, small cell lung cancer)
① 악성도가 높고 증식속도가 빨라 진단 당시 수술적 절제가 어려울 정도로 진행되어 있다.
② 대체로 종괴가 크며 회백색으로, 폐 중심부의 큰 기관지에서 발생하며, 기관지 벽을 따라 증식하며 조기에 전이가 잘 된다(뇌, 간, 전신 뼈, 폐, 부신, 신장 등).
③ 환자의 대부분은 흡연량이 많은 사람이다.
④ **병기** : two stage system
　a. **제한성 병기** : 한쪽 흉곽과 국소 림프절에 국한된 경우로 방사선치료 범위 내에 넣을 수 있다. 평균 생존 기간 18개월, 3년 이상 생존율 30~40%이다. 항암화학 & 방사선치료 병용 요법을 시행한다.
　b. **확장성 병기** : 제한성 병기를 벗어났거나 심낭 압전, 악성 흉막 삼출, 양측 폐 실질 침범이 있는 경우로 평균 생존 기간 9개월, 2년 이상 생존율 5% 미만. 항암화학요법을 시행함

(2) **비소세포 폐암**(NSCLC, non small cell lung cancer)
① 조기 진단하여 수술적 치료를 하면 완치가 가능하다. 폐암의 80~85%를 차지한다.
② 종류 : 편평상피세포암, 선암, 대세포암, 선편평세포암, 미분류암 등
③ 병기 : **TNM 병기**를 이용하여 stage Ⅰ~Ⅳ로 구분하여 절제 수술 여부를 결정
④ 치료 : **근치적 절제술**이 최선이다. 3기 이후는 항암요법과 수술, 또는 항암요법과 방사선치료를 병용한다.

2) 증상

(1) 초기 무증상, 감기 비슷한 기침과 객담
(2) 국소적으로 암종이 커져서 생기는 증상 : 기침, 객혈, 호흡곤란, 흉통 등
(3) 암세포에서 생성된 물질에 의해 생기는 증상 : 식욕부진, 발열, 이상 호르몬 생성
(4) 폐암이 주위 조직을 침범하여 생기는 증상
　① 후두신경 침범 시 쉰 목소리, 식도 침범 시 연하곤란
　② 상대정맥증후군 : 신체 상반부 정맥들의 피를 모아 심장의 우심방으로 보내는 큰 핏줄인 상대정맥 주위에 폐암이 생겨 압박할 때 나타나는 증상이다. 혈액 순환에 장애가 생겨 머리와 상지의 부종, 호흡곤란, 가슴 정맥 돌출 등의 증상이 오고, 몸을 앞으로 숙이거나 누우면 증상이 악화된다.
　③ 폐 첨부 침범 시 어깨 통증, 상지 제5수지로 뻗어가는 방사통
(5) 원격 전이에 의해 생기는 증상
　① 뇌 전이 : 의식 변화, 두통, 구토, 악액질
　② 뼈 전이 : 뼈의 통증, 척수 압박 증상

3) 위험요인

(1) **흡연, 간접흡연**

   참고 폐암의 약 90%가 흡연에 의해 발생한다. 폐암 발생은 흡연량 및 기간과 관련되며, 총 흡연량에 따라 폐암 사망률이 증가한다. 하루 2갑씩 20년간 피웠을 때 60~70배 위험이 증가한다.

(2) **공기 중 발암물질** : 포름알데히드, 라돈, 미세먼지, 대기오염

(3) **폐섬유증**

(4) **석면 등의 직업적 노출** : 결정형 유리 규산 분진, 중금속, 화기 물질, 특정 작업(알루미늄, 코크스 생산, 주물업, 도장공)

(5) **유전적 요인** : 대부분 후천적 유전자 이상이며, 가족력이 있는 경우 2~3배 위험하다.

(6) **HIV 감염**

4) 고위험군

(1) 하루에 1갑 이상 30년 흡연, 또는 하루에 2갑 이상 15년 흡연

(2) 금연 후 15년 이내

(3) 55세 이상

5) 진단

(1) 흉부 단순 X - 선 촬영 : 일반적으로 5㎜ 이상 되어야 확인 가능

(2) CT, 기관지 내시경, 경피적 미세침 흡인세포검사, 객담검사

(3) 전이 여부 및 병기 확인 : 전신 뼈 스캔, 뇌 MRI, PET, 종격동 내시경

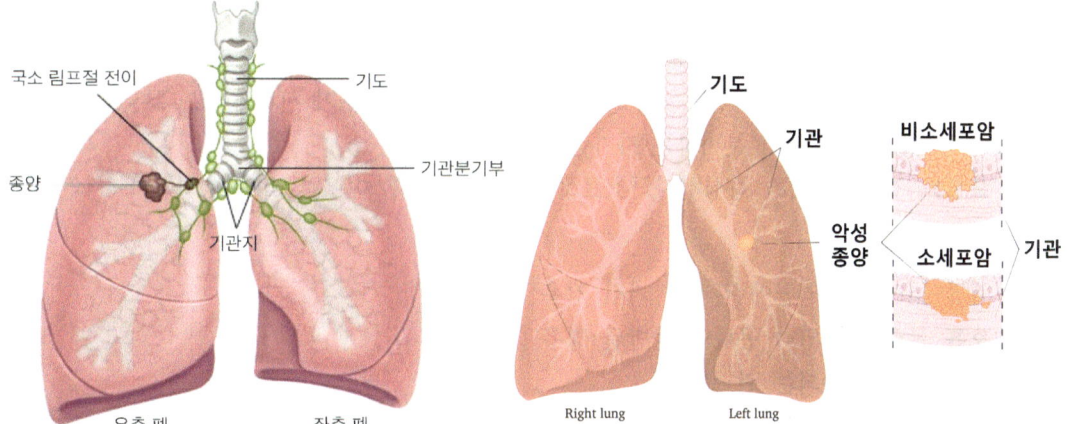

| 의학이론 |

7 갑상선암(thyroid cancer) 기출 24년

1) 분류

> 참고 예후 : 유두암 > 여포암 > 수질암 > 미분화암

(1) **유두암** : 우리나라 갑상선암의 97% 이상을 차지한다. 요오드 섭취량이 많은 나라에서 더 빈번하게 발생한다. 매우 천천히 자라며 갑상선암 중 예후가 가장 좋다.

(2) **여포암** : 유두암 다음으로 많이 발생하며 40~50대에 흔히 발생한다. 혈류를 통해 폐, 뼈, 뇌 등 다른 장기로 전이하는 경우가 많으며 유두암보다 예후가 좋지 않다.

(3) **수질암** : 칼시토닌을 분비하는 C세포에 발생하는 암으로 대부분의 수질암에서 칼시토닌 분비가 증가한다.

(4) **미분화암**(역형성암) : 60대에 발생 빈도가 가장 높다. 성장 속도가 빠르고 진단되었을 때 이미 수술할 수 없는 경우도 많다. 방사성요오드치료, 항암치료, 방사선치료 등에 효과가 거의 없어 예후가 가장 나쁘다.

(5) **허들세포암**(Hurthle cell cancer)

2) 위험요인

(1) **방사선 노출** : 치료적 노출 또는 환경 재해적 노출(95% 이상이 유두암)

(2) **유전적 요인** : 가족성 수질암 증후군, 가족성 대장용종증, 카우덴증후군, 가족력

> 용어해설 카우덴증후군 : PTEN 유전자의 돌연변이에 의한 상염색체 우성 유전성 질환

(3) **기존 갑상선 질환** : 갑상선종, 갑상선 결절, 만성 림프구성 갑상선염, 하시모토 갑상선염, 그레이브스병

> 용어해설 갑상선염 관련 : 주로 B세포에서 기원하는 악성 림프종으로 만성 림프구성 갑상선염이나 하시모토 갑상선염을 오래 앓는 환자의 갑상선이 갑자기 커졌을 때 발병 의심

> 용어해설 그레이브스병 : 갑상선을 필요 이상으로 자극하는 항체가 신체의 어느 부분에서 만들어져 갑상선호르몬을 과잉 분비하는 자가면역질환

(4) **요오드 결핍** : 장기간 갑상선자극호르몬이 작용할 경우 여포암 발생과 연관

3) 목 앞부분에 결절이 있을 때 갑상선암이 의심되는 경우

(1) 결절이 크거나 최근에 **갑자기 커진 경우**
(2) **호흡 곤란이나 연하 곤란**이 동반된 경우
(3) 이유 없이 **지속되는 쉰 목소리**
(4) **주위 조직과의 유착** 동반
(5) 결절이 매우 **딱딱하게 만져질 때**
(6) 결절과 **같은 쪽 경부 림프절의 비대** 동반
(7) **가족** 중에 갑상선암 환자가 있는 경우
(8) **20세 이전 또는 60세 이후에 나타나는 단일 혹**
(9) **두경부 방사선 조사 과거력, 전신 방사선 조사 과거력**

4) 진단

(1) **미세침흡인 조직검사 또는 세포검사** : 악성도 감별에 가장 유용한 검사방법이다. 조직검사에 비해 빠르고 안전하며, 가는 주사침을 쓰기 때문에 마취가 필요 없고 통증이 적다. 부작용도 거의 없으며, 검사비가 싸고 정확도는 90% 이상이다.

(2) **갑상선 초음파**, 경부 CT, pet - CT

(3) 갑상선기능 혈액검사 : **갑상선자극호르몬**(TSH), **갑상선 호르몬**(T3, T4)

(4) **갑상선 스캔** : 방사성요오드 투여 후 방사성 물질이 갑상선에 충분히 흡수될 때까지 기다렸다가 감마카메라 같은 특수 카메라로 촬영하여, 갑상선 기능과 갑상선 결절의 상태를 확인하는 검사방법이다.

(5) 종양 표지자 : **혈중 칼시토닌**(수질암), **CEA**

5) 갑상선 초음파에서 악성 결절을 시사하는 소견

(1) 결절 내부의 석회화
(2) 현저한 저음영의 결절
(3) 고형 결절
(4) 결절 내부의 혈류 증가
(5) 앞뒤가 긴 모양의 결절

6) 치료

(1) 지켜보면서 기다리기(watchful waiting) : 악성의 가능성이 높지 않은 경우
(2) 외과적 절제술 : 환자의 연령, 종양의 크기, 주위 조직의 침범 범위, 원격 전이 유무 등을 고려하여 절제 여부와 범위 결정
(3) **방사성 요오드 동위원소 치료** : 갑상선 호르몬의 원료로 이용되는 요오드 대신, 방사성 요오드 동위원소인 요오드$_{131}$을 주입하여 동위원소가 갑상선에 흡착하게 하고, 흡착된 동위원소에서 세포를 죽이는 방사성 에너지가 방출되어 갑상선 암세포를 사멸시키는 치료방법이다. 수술적 절제 후 잔여 조직이나 원격 전이 잔존 림프절의 파괴를 위해 이용된다.
(4) TSH 억제요법 : 갑상선 분화암은 TSH 수용체를 가지고 있어 TSH 자극에 반응하여 세포 성장이 증가하기 때문에 levothyroxine을 이용한 억제요법은 재발을 감소시킨다.

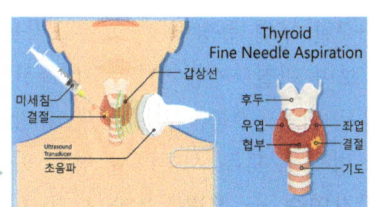
◀ 갑상선초음파 및 미세침흡인검사

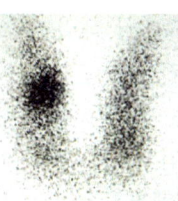
◀ 갑상선스캔

기출문제

경부 초음파를 시행하는 의료기관의 증가에 따라 갑상선암의 조기진단이 급격히 증가하였다. 갑상선암의 종류를 조직학적 형태에 따라 5가지 이상 열거하시오. (10점) 기출 24년

> 의학이론

8 유방암(breast cancer, C50) 기출 05년·15년·23년

1) 분류

(1) 관암(ductal carcinoma) : 유관세포(유즙이 이동하는 관)에서 유래한 암
(2) 소엽암(lobular carcinoma) : 소엽세포(유즙이 생성되는 세포)에서 유래한 암
(3) 유방파제트병(Paget's disease) : 유두와 유륜의 피부에 발생하는 특수한 형태의 유방암

2) 증상

(1) 통증 없는 종괴, 유두 분비물, 잘 낫지 않는 습진, 겨드랑이 림프절 증대
(2) 암 진행 시 : 유두 함몰, 피부의 변화(부종, 오렌지 껍질처럼 두꺼워진 피부, 홍조, 궤양), 양측 유방의 비대칭성

3) 위험요인

(1) **유전적 요인(BRCA gene 1, 2)** : 유방암의 5~10% 정도가 유방암 발생에 관여하는 유전자와 관련된다. 어머니나 자매 어느 한쪽에 유방암이 있는 경우 2~3배, 어머니와 자매 모두 유방암 환자인 경우 8~12배 위험하다.
(2) **호르몬 자극**을 오랫동안 받은 사람 : **이른 초경**(14세 이전), **늦은 폐경**(50세 이후), 폐경 후 장기적인 여성호르몬 투여, 경구 피임약 등 에스트로겐의 유관세포 증식을 촉진하는 효과와 관련된다.
(3) **연령 : 45세가 peak인 역 V자 형**
(4) **출산 및 수유 요인 : 자녀가 없거나 적은 여성, 첫 자녀를 35세 이후에 출산한 여성, 모유수유를 하지 않은 여성**
(5) **음주** : 매우 중요한 위험요인이다. 알코올은 여성의 에스트로겐과 안드로겐의 혈중농도를 높여 유방암 발생에 영향을 미친다.
(6) **체중이 63kg 이상 또는 비만지수가 25 이상, 동물성 지방 과잉 섭취** : 비만은 인슐린, 에스트로겐 같은 호르몬의 대사에 영향을 미치고 세포의 정상적인 사멸을 저해하여 발암 환경을 촉진한다. 특히 폐경 후 비만이 위험하다.
(8) **관련 질환 : 다른 쪽 유방암, 유방결절, 비정형 세포 이형성증, 난소암, 자궁내막증, 대장암**
(9) **방사선 노출**

4) 유방암 검진 방법

(1) 자가검진 - 매월 생리 후 2~7일 무렵 유방이 가장 부드러울 때 시행
  참고 자가검진 3단계 : 거울을 보며 관찰 → 앉거나 서서 촉진 → 누워서 촉진
   - 멍울, 통증, 유두 분비물, 유두 함몰, 주름, 유두 습진, 유방 피부, 크기, 위치 변화
(2) 임상 유방 검사 → 3대 진단 방법을 모두 시행하는 경우 확진율 95~98%
   ① **병력 & 신체검진 +** ② **유방촬영술 or 유방초음파 +** ③ **미세침 흡인 세포검사**
(3) **유방촬영술** : 유방을 압박한 후 유방의 상하측 및 내외측 방향으로 X - 선 사진을 찍는 검사로 석회화를 알 수 있어 유방암을 발견하는데 가장 기본적인 검사이다. 90~95%의 정확성과 5㎜ 안팎의 작은 종괴도 찾을 수 있다.

(4) **맘모톰 생검** : 초음파 영상 유도 하에 굵은 바늘을 병소에 넣고 진공 흡입기를 작동하여 바늘 안으로 조직을 끌어들인 후 바늘 내부의 회전 칼을 작동시켜 병변을 자르는 방법으로 작은 절개창으로 여러 개의 조직을 얻을 수가 있기 때문에 진단이 매우 정확하여 양성종양이거나 작은 병소일 때 진단과 동시에 치료가 가능하다. 단, 생검 병소가 악성일 때에는 정확한 병기 설정이 어렵고 맘모톰 바늘이 지나간 자리에 암세포가 확산되기도 한다.

(5) CT, MRI, pet-CT, 영상 유도 조직검사

5) BIRADS(breast imaging reporting and data system)

유방촬영, 유방초음파, 자기공명영상검사 결과를 표준화된 방식으로 판정하는 시스템

> Ⅱ : 양성
> Ⅲ : 중간 범주, 양성 또는 양성일 가능성이 크고 악성 위험 0.3~2%
> Ⅳ : 의심스러운 이상, 유방암의 특징적 형태는 아니지만 확률이 높아 생검 권유
> Ⅴ : 적절한 조치가 필요한 악성종양에 대한 의심이 큰 병변
> Ⅵ : 최초 치료 전에 생검으로 입증된 악성

6) 치료

(1) 수술이 가능하면 : 수술 → 보조 항암화학요법 → 방사선치료 및 항호르몬요법
(2) 수술이 불가능하면 : 항암화학요법, 항호르몬요법, 방사선치료 병용

> **용어해설** 항호르몬요법 : 유방암의 약 70%는 여성호르몬 수용체 양성으로 여성호르몬에 의하여 암세포의 성장이 촉진되기 때문에 여성호르몬의 생성을 억제하는 기전의 아로마타제 억제제나 선택적으로 에스트로겐 수용체를 차단하는 에스트로겐 수용체 조절제(타목시펜)를 사용한다. 항호르몬요법을 사용하면 반대편 유방암의 발생률을 50% 정도 낮춘다.

(3) 표적치료제 : HER-2 유전자를 표적으로 한 **허셉틴**(herceptin)이라는 약제 사용

7) 유방암의 예방

(1) 예방적 유방절제술, 예방적 난소절제술
(2) 예방적 화학요법 : 에스트로겐 수용체 양성인 산발성 유방암 환자에게 **타목시펜, AI**

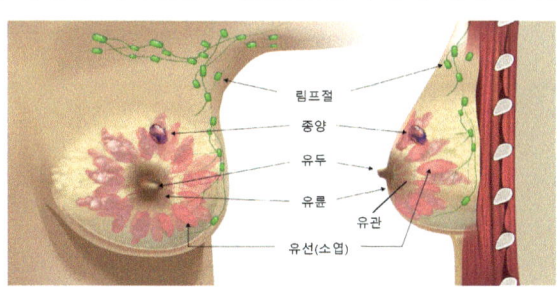

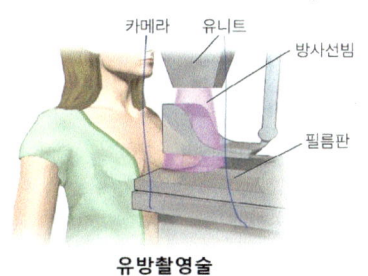

유방촬영술

의학이론

기출문제

01 60세 김갑순씨는 매달 유방자가검진을 시행하고 있었고, 정기유방검진을 받기 위해서 주치의를 찾았다. 신장 150cm, 체중 70kg, 혈압이 150/100mmHg이었다. 그녀는 10세 때 첫 월경을 시작하였고, 학교성적은 보통이었다. 그녀는 23세 때 일찍 결혼하였지만, 40세에 가서야 첫 임신을 한 후 건강한 사내아이를 얻었다. 그녀는 아이를 기를 때 모유 수유를 하지 않았다. 그녀는 58세까지 월경이 있었다. 그녀의 어머니도 10년 전에 유방암 수술을 받은 적이 있었다. 수술 당시 그녀의 어머니는 신장 160cm, 체중 80kg이었고, 당뇨병을 가지고 있었다. 그녀의 아버지는 초등학교 졸업 후 석면을 사용하는 공사를 자주 하셨고, 음주량이 많았다. 김갑순씨는 유방조영술을 받았고, 양성 석회화 소견이 관찰되었다. 위 김갑순씨가 가지고 있는 유방암 위험인자(위험요인)에 대하여 기술하시오. (10점) 기출 05년

02 우리나라의 유방암은 여성에서 2번째로 호발하는 암이다. 유방암의 경우 여러 가지 위험요인에 의해 복합적으로 영향을 받는데, 이러한 고위험군에 해당하는 경우를 3가지 약술하시오. (10점) 기출 15년

03 갑상선암과 함께 여성암 발생률 1, 2위를 다투는 질환인 '유방암의 고위험군'에 해당하는 경우를 5가지 이상 열거하시오. (10점) 기출 23년

여성암의 위험요인 비교

	난소암	유방암	자궁경부암
(1) 나이	⇑	⇑	50대 정점
(2) 비만	⇑	⇑	⇑
(3) 빠른 초경(일반적으로 12~13세)	⇑	⇑	-
(4) 늦은 폐경(일반적으로 48~51세)	⇑	⇑	-
(5) 빠른 초산	↓	↓	
(6) 다산	↓	↓	⇑
(7) 모유 수유	↓	↓	
(8) 인유두종바이러스 감염	-	-	⇑
(9) 이른 성관계	-	-	⇑ HPV 위험 증가
(10) 경구 피임약 장기 복용	↓	⇑	⇑
(11) 유방암 기왕력	⇑	⇑	-
(12) 유방암 가족력	⇑	⇑	-
(13) 폐경 후 호르몬요법	⇑	⇑	-
(14) 기타		고지방식이	흡연

9 자궁경부암(uterine cervical cancer, C53) 기출 15년

1) 정의

자궁 입구인 자궁 경부에 발생하는 여성생식기 암으로 전암 단계를 수년~수십 년에 걸쳐 서서히 진행된다.

자궁경부 정상 상피세포 → 상피내 이형성증 → 상피내암(0기) → 침윤성 자궁경부암

2) 증상

(1) 초기 : 불규칙 출혈, 지속되는 질 출혈, 붉은 질 분비물, 성교 후 출혈
(2) 중기 : 배뇨 후 출혈, 배뇨 곤란, 혈뇨
(3) 진행된 단계 : 체중 감소, 악취를 동반한 혈성 분비물, 심한 골반통, 요통(요관 폐쇄로 신장이 부어 요통이 발생하고, 좌골신경이 침범되어 하지 방사통이 발생한다.)
(4) 방광, 직장으로 전이된 경우 : 배뇨 곤란, 혈뇨, 직장 출혈, 변비

3) 위험요인

(1) **인유두종 바이러스(HPV) 감염** : 자궁경부암의 발생 위험도가 10배 이상 증가한다. 상피내 종양의 90%는 HPV(human papilloma virus)에 의한 것이다. 특히 16번, 18번
(2) **흡연** : 흡연 여성의 발병 위험 1.5~2.3배 증가
(3) **인간면역결핍 바이러스, 헤르페스 바이러스 감염**
(4) **성교 상대자의 특성**(고위험 남성 파트너) : 배우자의 불결한 성생활, 클라미디아 성병
(5) **장기간 경구 피임약의 사용**
(6) **성행위** : 16세 이전의 조기 성 경험자, 성교 대상자가 많은 여성
(7) **출산 수가 많은 경우**
(8) **낮은 사회경제 수준** : 비위생적 환경, 빈약한 의료시설, 무질서한 생활양식 등
(9) **연령** : 20세 이전에는 드물고, 30세 이후부터 발병률 증가, 50대에 정점 후 거의 일정
(10) **인종** : 서구에 비해 남미, 아프리카, 아시아 지역에서 발생 빈도가 높다.
(11) **비만, 비타민 A, 비타민 C, 엽산 등 일부 영양소 결핍**

4) 진단

(1) **자궁경부 세포검사**(pap smear) : 질경을 넣어 세포 채취용 솔로 자궁 경부와 질의 세포를 채취한 다음 유리 슬라이드에 펴 발라 현미경으로 검사하는 방법
(2) **인 유두종 바이러스 검사**(HPV test)
(3) **골반 내진 검사, 질 확대경 검사**(colposcopy), 조직검사, CT, MRI, pet-CT
(4) **원추 절제술** : 메스 등을 이용하여 자궁 경부를 원추 모양으로 절제하는 방법
(5) **환상 투열요법** : 출혈 등 부작용을 줄이기 위하여 전류가 흐르는 Loop를 이용하여 자궁경부암의 침윤 정도를 확인할 수 있으며, 진단과 함께 치료방법이 되기도 한다.
(6) **방광경 및 에스결장경 검사, 경정맥 신우조영술** : 방광, 직장, 요관, 방광 전이 확인

5) 이형성 병변 단계

(1) **자궁경부상피내종양 분류**(CIN, cervical intraepithelial neoplasia)
- **CIN 1단계** : 이형성 세포가 자궁 경부 상피층의 **1/3**까지 침범한 경우
- **CIN 2단계** : 이형성 세포가 자궁 경부 상피층의 **2/3**까지 침범한 경우
- **CIN 3단계** : 이형성 세포가 자궁 경부 상피층의 **전층**에 침범한 경우

(2) 상피세포 병변 분류(TBS, the Bethesda system)
- **LSIL**(low grade squamous intraepithelial lesion, 저등급 편평상피내 병변)
- **HSIL**(high grade squamous intraepithelial lesion, 고등급 편평상피내 병변) : CIN 2~3단계, 치료하지 않으면 20%는 침윤성 자궁경부암으로 발전하게 된다.

(3) **0기 암 = 자궁경부 상피내암(CIS) = CIN3 = HSIL = 중증 자궁경부 이형성증**

normal	LSIL CIN1	HSIL		침윤암
		CIN2	CIN3	
	저등급 이형성 mild dysplasia	중등도 이형성 moderate dysplasia	중증 이형성 severe dysplasia	상피내암 carcinoma in situ	invasive carcinoma

6) 치료

(1) 전암성 병변(자궁경부 이형성증, 자궁경부 상피내암) : 원추 절제술, 국소 파괴요법(동결요법, 고주파요법, 레이저 소작 술), 단순 자궁 적출술
(2) 침윤성 자궁경부암 1기, 2기 초 : 광범위 자궁 적출술 - 자궁, 나팔관, 난소뿐만 아니라 자궁 주위 조직, 질 상부, 골반 림프절까지 절제하는 수술
(3) 자궁경부암 2기 말 이후 : 항암화학요법과 방사선치료 병용 치료

기출문제

자궁경부암의 발생에는 (①) 감염이 중요한 요인이다. (①)은(는) 자궁경부의 편평세포암 환자의 99%에서 발견되며, 과정은 다를 것으로 보이지만 편평세포암과 선암 모두의 원인으로 밝혀져 있다. **기출 15년**

(1) ①에 들어갈 내용을 쓰시오. (4점)
(2) 자궁경부암의 발생 위험요인을 3가지 쓰시오. (6점)

10 난소암(ovarian cancer, C56)

1) 분류

   (1) 상피세포암(squamous cell carcinoma) : 난소 표면 상피세포에 발생(90% 이상)
   (2) 생식세포종양(germ cell tumor)
   (3) 성삭기질종양(sex cord stomal tumor)

2) 증상

   (1) 비특이적 증상 : 하복부나 복부의 불편감, 통증, 빈뇨, 변비
   (2) 불규칙한 월경, 폐경 이후 비정상적인 질 출혈
   (3) 복막과 림프절 전이 시 : 복수, 복부대동맥 주위와 골반 내의 림프절 부종

3) 위험요인

   (1) **배란 요인** : 일생에서 배란기가 많은 경우(빠른 초경, 늦은 폐경), 불임여성이거나 미혼여성, 아이를 적게 낳은 경우
   (2) **유전 요인** : BRCA1 또는 BRCA2 유전자의 변이(5~10%)
   (3) **유방암, 자궁내막암, 대장암 기왕력**
   (4) **나이** : 50~60대 최고
   (5) **비만**
   (6) **환경적 요인** : 석면, 활석, 방사성 동위원소에 노출
   (7) **감소 요인** : 경구 피임약 5년 이상 장기 복용(유방암, 자궁경부암과 반대), 임신, 수유

4) 진단

   (1) 골반 내진, 경질 초음파, 경항문 초음파, CT, MRI, PET
   (2) 종양표지자 혈액검사 : 상피세포암은 CA 125 | 생식세포종양은 AFP, HCG
   (3) 경정맥 신우 조영술 : 신장, 자궁, 방광 전이 확인
   (4) 바륨 관장(barium enema)이나 대장내시경 : 대장 전이 확인

5) 치료

   (1) 수술 : 난소 및 자궁의 절제, 대망 절제, 후복막 림프절 곽청술

   【용어해설】 대망(greater omentum) : 위장에 매달려 있으면서 대장과 소장을 덮고 있는 커다란 그물과 같은 지방조직으로 난소암이 가장 잘 전이하는 조직이다.

   (2) 항암화학요법(비교적 잘 반응), 방사선치료

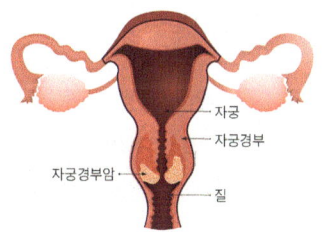
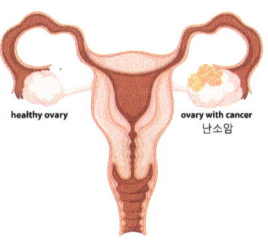

의학이론

11 전립선암(prostate cancer, C61)

1) 정의
전립선에서 발생하는 암의 대부분은 선세포에서 발생하는 선암이다.

2) 증상
초기 무증상, 진행 시 각종 배뇨 증상(잔뇨감, 급박뇨, 급성 요폐, 혈뇨, 혈정액증)과 전이에 의한 증상(요통, 좌골신경통)

3) 위험요인
(1) **나이** : 40세 이하에서는 드물다가 50세 이상에서 급격히 늘어나고, 특히 60세 이후 노인에게 많이 발생한다.
(2) **인종** : 미국, 캐나다, 스칸디나비아
(3) **남성호르몬** : 남성호르몬의 대부분은 고환에서 생성되는데 고환을 제거한 남자에서 전립선암이 발생하지 않으며, 전립선암 환자도 약물이나 수술로 고환을 제거하면 전립선암이 퇴화된다고 알려졌다.
(4) **가족력** : 형제 중에 전립선암 환자가 있으면 3배, 일란성 쌍둥이의 경우 4배 이상, 가족력이 있는 경우 8배 증가
(5) **육류 및 동물성 지방 식이** : 동물성 지방을 섭취하면 남성호르몬이 많이 만들어져 전립선암이 증가할 수 있다.
(6) **기타** : **제초제류, 흡연, 건전지, 카드뮴 등**
(7) 당뇨병 발병 시 남성호르몬 농도가 낮아져 **위험도가 감소한다.**

4) 진단
(1) **직장 수지 검사**(DRE, digital rectal examination)
(2) **혈중 전립선 특이항원**(PSA)검사 : 4ng/mL 이상으로 증가된다. 일반적으로 55세부터 PSA 측정이 권유된다.
(3) 골반 림프절 조직검사
(4) 경직장 초음파 검사(TRUS, trans rectal ultrasound)
(5) 전립선 생검 : 악성도 분류체계 지표 - **글리슨점수**(GS, Gleason score)

5) 글리슨점수(GS, Gleason score)
조직검사 검체를 판독하는 병리의사가 매기는 점수로 떼어낸 전립선에서 암이 가장 많은 부분을 차지하는 두 군데에 점수를 각각 1~5점으로 등급화한 다음 합한 점수

점수	분화도	역형성	악성도
1~6점	잘 분화됨	약간 역형성	낮은 악성도
7점	중등도 분화됨	중등도 역형성	중간 악성도
8~10점	미분화	현저한 역형성	높은 악성도

6) 치료

(1) **적극적 관찰요법**(대기요법) : 나이가 많고 종양 분화도가 저위험군에 속하는 환자에게 적용한다. 기대 여명이 10년 이상이거나 중등도 이상의 위험군에게는 부적합하다.

(2) **근치적 수술** : 전립선과 정낭, 정관 등 주변 조직, 골반 림프절까지 함께 제거한다. **중등도 이상의 위험군**에 속하거나 **10년 이상 생존** 기간 예상 시 시행

(3) 방사선치료, 항암화학요법

(4) 호르몬치료 : 고환 적출술, 약물로 고환 적출과 같은 효과를 얻는 황체형성호르몬 방출호르몬 촉진제, 에스트로겐 제제, 항남성호르몬 등

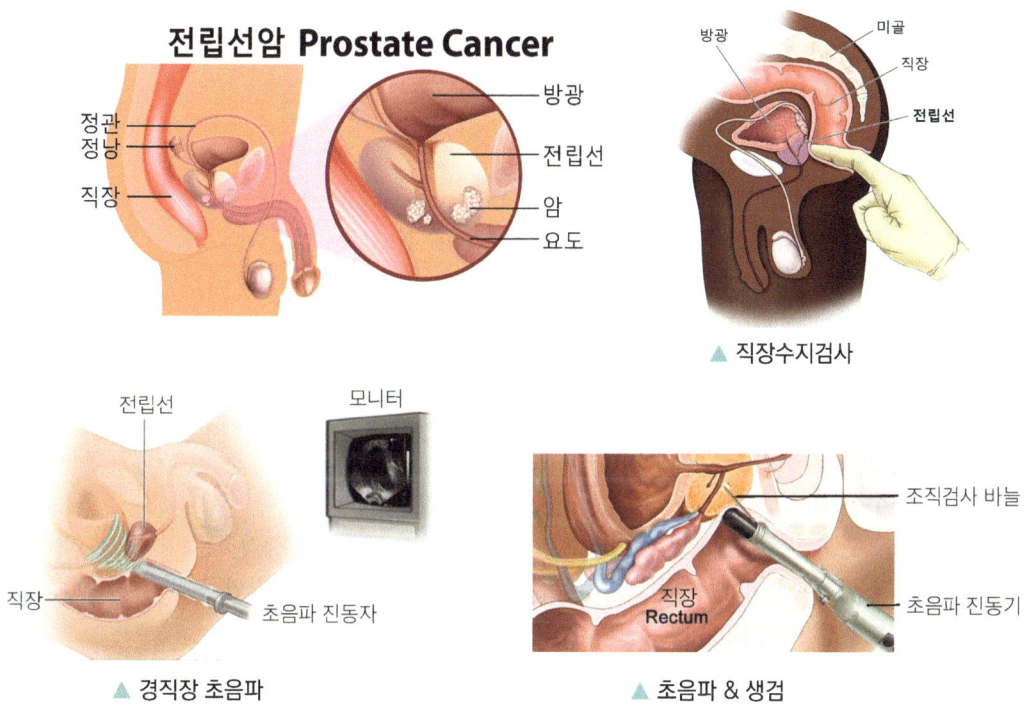

12 혈액암(hematologic malignancy)

1) 정의

혈액, 골수 및 림프절에 영향을 미치는 악성종양

2) 골수성 혈액암

(1) **급성 골수성 백혈병**(AML, acute myeloid leukemia)

정상적인 골수 기능의 마비로 심각한 면역기능 저하 및 출혈이 발생하고 치료받지 않는 경우 수 개월 이내에 사망한다. 성인 급성 백혈병 중 가장 흔한 형태로 급성 백혈병의 65%를 차지한다. 골수천자 및 골수조직검사에서 **골수아세포**(myeloblast)**가 20% 이상**이면 급성 백혈병으로 진단한다(정상은 3% 미만).

(2) **골수 이형성증후군**(MDS, myelodysplastic syndrome)
(3) **만성 골수성 백혈병**(CML, chronic myeloid leukemia)
　　필라델피아 염색체를 지닌 조혈모세포의 클론이 비정상적으로 확장되면서 골수 내에 비정상적인 세포가 과도하게 증식하여 생기는 질환이다. 전체 성인 백혈병의 약 25%를 차지하고, 30~50세 및 노년층에 자주 발생하여 성인형 백혈병이라고 부른다.

　　　용어해설　필라델피아 염색체 : 9번 염색체와 22번 염색체의 각각에서 일정 부분이 절단된 후 두 조각이 서로 위치를 바꾸어 이동하여 생긴 이상 염색체

(4) **골수 증식성 종양**(MPN, myleoproliferative neoplasms)
　① **진성 적혈구 증가증**(PV, polycythemia vera)
　② **본태성 혈소판 증가증**(ET, essential thrombocythemia)
　③ **골수 섬유화증**(MF, myelofibrosis)

3) 림프구성 혈액암

(1) **급성 림프구성 백혈병**(ALL, acute lymphocytic leukemia)
　　림프구 계통 세포의 증식, 분화, 성숙 및 파괴 과정에 관여하는 여러 가지 유전자의 변이(다운증후군 등의 염색체 이상, 엡스타인 - 바 바이러스)에 의해 발병한다. 남아가 여아보다 호발하고, 4세 전후에서 가장 많이 발생한다.

(2) **림프종**(lymphomas)
　① 호지킨 림프종(Hodgkin lymphoma)
　② 비호지킨 림프종(non - Hodgkin lymphoma)

(3) **다발 골수종**(MM, multiple myeloma)
　　면역항체를 만드는 형질세포가 혈액암으로 변하여 주로 골수에서 증식하는 질환으로 비정상 단클론단백질을 분비하여 뼈 병변, 통증, 빈혈, 신부전, 고칼슘혈증, 감염 등을 유발한다.

(4) **만성 림프구성 백혈병**(CLL, chronic lymphocytic leukemia)
　　림프구가 성장하면서 종양으로 변하고, 그에 따라 골수 내에 과도하게 증식되어 정상적인 혈액세포의 생산을 방해하는 질환으로 대개 60세 이후에 발생하고, 서구에서 흔한 백혈병 중의 하나이다.

4) 증상

(1) **혈액학적 양상** : 정상 백혈구 감소, 이상 백혈구 증가, 아세포 순환 증가
　① **골수 부전 증상** : 빈혈, 과립구 감소증
　② **혈소판 감소 증상** : 혈액응고장애로 인한 출혈 경향
　③ **정상 백혈구 감소 증상** : 면역 저하, 세균 감염에 의한 패혈증
　④ **적혈구 감소 증상** : 빈혈, 어지러움, 두통, 호흡 곤란
(2) **대사율 증가에 의한 증상** : 열, 체중 감소, 허약, 피로, 악액질
(3) **골수 이외 침범 증상** : 비장 비대, 간 비대, 림프선 병변, 잇몸 비대, 늑막 삼출, 뼈 관절통, 압통, 중추신경 침범 시 경련, 뇌신경 장애, 순환 이상, 신장 이상

5) 위험요인

(1) **유전적 요인** : 일란성 쌍생아에서 높은 질병 일치율, 다운증후군
(2) **이온화하는 방사선**
(3) 화학 약물, **벤젠, 흡연, 페인트, 방부제, 제초제, 살충제**
(4) **엡스타인 - 바 바이러스** : 헤르페스 군에 속하는 바이러스. 전염성 단핵구증을 유발한다. 에이즈 환자, 골수이식 환자 등 면역력이 현저히 떨어져 있는 환자가 이 바이러스에 만성적으로 감염되어 있는 경우 림프증식성 질환이나 암 유발 가능
(5) **항암화학요법** : 알킬화제, 토포아이소머라제Ⅱ 억제제

6) 진단

(1) **혈액검사** : **전혈구검사**(CBC)에서 백혈구 수가 크게 증가, 적혈구와 혈소판 수는 감소
(2) **말초혈액 도말검사** : 현미경을 통해 육안으로 혈액세포의 모양과 수, 분포를 파악
(3) **골수검사** : 골수 채취 및 조직검사
(4) **면역표현형검사** : 백혈병세포 표면의 항원을 분석하여 백혈병 아형 분류 및 예후 판정
(5) **세포유전학검사** : 염색체의 구조 이상을 확인
(6) **다발 골수종 진단기준**(출처 Lancet oncology, 2014)

골수 내 클론성 형질세포가 **10% 이상** 또는 조직 검사상 확인된 형질세포종
그리고 다발 골수종을 정의하는 아래 한 가지 이상의 증상

① **형질세포질환으로 인한 장기 손상의 증상**
    a. 고칼슘혈증 : 혈청 칼슘이 정상 상한치보다 1.0mg/dL 이상 상승 또는 11mg/dL 이상
    b. 신부전 : 크레아티닌 청소율 40mL/분 미만 또는 혈청 크레아티닌 2.0mg/dL 이상
    c. 빈혈 : 혈색소 10.0g/dL 미만 또는 정상 하한치보다 2.0g/dL 이상 감소
    d. 영상 검사상 발견된 골 용해 병변
② **종양 관련 지표**
    a. 골수 내 클론성 형질세포 60% 이상
    b. 비정상 혈청 유리 경쇄 비율 100 이상
    c. MRI 검사상 5㎜ 이상 크기의 국소 병변이 두 개 이상

7) 치료

(1) **일차적 치료 목표** : 완전 관해 - 환자가 느끼는 증상이 없어지고, 혈액검사 및 골수검사에서 백혈병세포가 관찰되지 않는 단계까지 백혈병 세포를 줄이는 것
(2) 조혈모세포 이식술, 항암화학요법, 방사선치료
(3) **공고요법** : 저용량 항생제를 수년간 투여
(4) 면역요법(감마 글로부린), 감염 및 출혈에 대한 치료, 중추신경계 예방치료
(5) 부신피질 호르몬제, 비장절제술

> 의학이론

13 악성 림프종(malignant lymphoma)

1) 정의
(1) **악성 림프종** : 림프 조직 세포들이 악성 전환되어 과다 증식하며 생기는 종양
(2) **호지킨 림프종** : B림프구에서 유래되는 악성 림프종으로 몸의 한정된 림프절(주로 경부 림프절과 쇄골상완림프절)을 침범하고 종양이 퍼지는 방향을 예측할 수 있다.
(3) **비호지킨 림프종** : 호지킨 림프종 이외의 모든 림프종으로 다발성으로 나타나고 골수 침범이 흔하며 50% 이상에서 급성 백혈병으로 전환한다.

2) 앤아버 병기
일반적으로 **앤아버 병기법**(Ann Arbor)에 따라 림프절과 장기 침범에 근거하여 1, 2, 3, 4기로 분류하고, 체중 감소, 고열, 발한 등의 유무에 따라 A, B로 세분한다.

3) 증상
(1) **림프절 종대** : 주로 머리나 목 부위, 서혜부, 액와부의 림프절 종대
(2) **기관지 압박** : 기침, 통증, 코막힘, 코피
(3) **소화기계 침범** : 장폐색, 출혈, 천공
(4) **B증상** : 체중 감소, 발열, 야간 발한
  ① 진단 6개월 전 동안 특별한 이유 없이 **10% 이상 체중이 감소**한 경우
  ② 특별한 원인 없이 **38.6°C 이상의 열이 지속**될 경우
  ③ 잠잘 때 옷이 흠뻑 젖을 정도의 **야간 발한**이 있는 경우

4) 위험요인
(1) **바이러스 연관성** : 사람 T세포 바이러스, 후천성 면역 결핍 바이러스, 만성 C형 간염, 엡스타인 - 바 바이러스(EBV), 헬리코박터 파일로리
(2) **비정상 면역조절** : 장기 이식, 선천성 또는 후천성 면역결핍증, 자가면역질환(쇼그렌증후군, 루푸스, 류마티스관절염) 등 면역 결핍 상태
(3) **항암화학요법이나 방사선치료 후, 발암물질 접촉**
(4) **만성 염증**

5) 치료
방사선치료와 암화학요법에 예민하여 완치율이 높다. 조혈모세포 이식술

6) 국제 예후 인자(IPI, international prognostic index)
(1) **나이**(60세 초과)
(2) **혈청 LDH 수치**(젖산 탈수소효소 정상 상한치 초과)
(3) **전신 수행 능력**(ECOG 2점 이상)
(4) **림프절 외 침범 부위 수**(1개 초과 - 골수, 위장관, 간, 폐 등)
(5) **병기**(3기 또는 4기)

14 조혈모세포 이식술(HSCT, hematopoietic stem cell transplantation)

1) 조혈모세포의 특징
(1) **자기복제 능력** : 자기와 같은 세포를 만들 수 있는 능력
(2) **혈구 분화 능력** : 말초혈액에서 보이는 혈구들로 분화할 수 있는 능력
(3) 평생 지속적인 조혈이 가능하다.

2) 조혈모세포 이식술의 종류
(1) 채취 방법에 따른 분류
  ① **말초혈액 이식** : 말초혈액에는 0.1% 미만의 조혈모세포가 존재하여 이식하기에 충분하지만, 화학요법 후 회복기나 백혈구조혈성장인자 투여 후에는 다량이 얻어진다. 말초혈액 조혈모세포의 양은 골수에 비하여 약 10배가량 많아서 골수이식보다 이식 후 혈구의 회복 속도가 약 1주가량 빠르다. 만성 이식편대숙주병 발병이 높다.
  ② **제대혈 이식** : 분만 후 태반이 박리되기 전에 제대나 태반에서 채취한 제대혈을 이용한다. 제대혈은 고농도의 조혈모세포를 함유하고 있지만 성인에 이식하기에는 양이 적다.
  ③ 골수 이식
(2) 이식 방법에 따른 분류
  ① **자가 이식**(autologous) : 환자 자신의 골수나 말초혈액을 이용하는 방법
  ② **동계 이식**(syngenic) : 일란성 쌍생아의 조혈모세포를 이용하는 방법
  ③ **동종 이식**(allogenic) : 혈연 간이나 타인 간에서 시행하는 방법

3) 특징
(1) 기증자에게 손실이 없이 주사만 해주면 된다.
(2) **자가 이식도 가능**하다.
(3) ABO 혈액형은 맞지 않아도 되고, **조직적합성항원**(HLA)이 모두 맞아야 한다.
(4) 거부반응보다 **이식편대숙주병**이 문제다.
(5) 면역학적 내성이 유도되기 때문에 면역억제제를 장기간 줄 필요가 없다.(6~12개월 투여)

4) 대표적인 대상 질병 4가지
(1) **백혈병** : 급성 골수성 백혈병, 급성 림프구성 백혈병, 만성 골수성 백혈병
(2) **중증 재생불량성 빈혈**
(3) **악성 림프종**
(4) **다발성 골수종**

5) 합병증
(1) 이식편 대 숙주병
(2) 간정맥 폐쇄 질환
(3) 출혈성 방광염
(4) **패혈증**(sepsis)

6) 이식편 대 숙주병(GVHD, graft versus host disease)

수혈된 림프구가 면역기능이 저하된 숙주를 공격하여 나타나는 질환이다.
(1) 이식 후 100일을 기준으로 급성과 만성으로 구분한다.
(2) 급성 : 피부, 간, 장 등에 손상(피부 발진, 물집, 괴사, 설사, 혈변, 황달)
(3) **만성 : 공여자의 T세포가 관여**하여 생기며 **자가면역질환의 형태**로 피부, 간, 눈, 구강, 폐, 소화기, 신경근육계 등 전신에 발병
(4) 증상 : 피부 태선화 현상과 각화 현상, 간 담즙 정체 현상과 황달, 눈 건조증과 결막염 및 백내장, 구강 건조 증상과 태선화로 통증 유발 및 자극적인 음식에 상당히 예민해진다. 폐에는 주로 폐쇄성 폐질환으로 나타나고 폐쇄성 세기관지염 및 기질화 폐렴, 특발성 폐렴증후군 형태로 나타난다.

15 뇌종양(brain tumor)

1) 분류
(1) 축내 종양 : 뇌실질 자체나 뇌실질 내의 조직에서 발생한 종양
(2) 축외 종양 : 뇌를 둘러싸고 있는 막이나 지주막하 공간에서 발생한 종양

2) 특징
(1) 종양이 제한된 용적 내에서 자라기 때문에 **증상이 비교적 초기에 나타난다.**
(2) **신경학적 증상, 징후를 통하여 종양의 존재를 추정한다.**
(3) 조직학적 진단이 같다고 하더라도 **발생 위치에 따라 예후가 달라진다.**
(4) 조직학적으로는 양성이지만 **임상적으로 악성인 경우가 많다.**
(5) **조직학적으로 악성일 때에는 재발 위험이 다른 종양에 비해 높다.**
(6) 악성종양이 다른 장기에서 두개강내로 전이되는 경우는 흔하지만, **수모세포종을 제외한 대부분의 뇌종양은 신체의 다른 부위로 전이되는 경우가 드물다.**
(7) 나이 : 소아기에 정점 → 이후 감소 → 20대 이후에는 나이에 따라 증가

3) 증상
(1) **두통** : 밤에 잠이 깰 정도의 두통, 낮보다 밤에 더 심해지며, 구역 구토 동반
(2) **유두 부종** : 뇌압 증가에 따른 시신경 손상
(3) **경련**(convulsion) : 50%는 부분발작, 50%는 전신발작
(4) **의식 변화** : 집중력 장애, 기억력 장애, 성격 변화, 인지기능 장애, 정신 착란
(5) **뇌신경 증상** : 무취증, 한쪽 시력 소실, 반맹, 안구운동장애, 안면신경 마비, 청력 소실
(6) **위 국소적 징후** : 뇌부종 영향이나 뇌 일부 탈출로 먼 부위의 조직이 압박받는 경우 종양 발생 부위보다 훨씬 떨어진 뇌 조직이 침범되고 있는 것처럼 보이는 징후
(7) 국소 신경학적 장애

4) 위험요인
   (1) **유전**
   (2) **화학물질**
   (3) **방사선 조사**
   (4) **바이러스**

5) 진단
   (1) 신경학적 진단
   (2) 뇌 CT, 뇌 MRI, 초음파, 동위원소 이용 뇌스캔
   (3) 뇌파검사

6) 치료
   (1) 양성 뇌종양 : 전적출이 어려우면 아전적출 + 방사선수술이나 화학요법 병행
   (2) 악성 뇌종양 : 수술, 방사선치료, 화학요법. 5년 생존율이 2~5%에 불과
   (3) **감마나이프**(gamma knife) : 방사성 코발트에서 나오는 고에너지 방사선인 감마선을 이용하여 해당 부위에만 조사하는 정위적 방사선 수술법

7) 감마나이프 수술 적응증
   (1) **뇌혈관 이상** : 뇌동정맥 기형. 해면상 혈관종
   (2) **양성 종양** : 청신경초종, 수막종, 뇌하수체 종양, 두개인두종, 송과체종양 등
   (3) **악성 종양** : 전이성 종양, 교종 등
   (4) **기능적 질환** : 삼차신경통, 파킨슨병, 간질, 운동장애. 약물로 조절되지 않는 통증, 강박신경증, 우울증 등

▲ 감마나이프

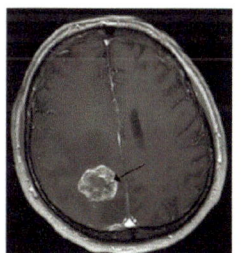 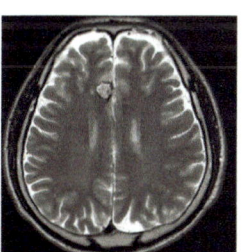

▲ 뇌종양

> 의학이론

16 피부암(skin cancer)

1) 분류

(1) **흑색종**(MSC, melanoma skin cancer, C43) : 멜라닌 색소의 악성종양, 피부암 중에서 악성도가 가장 높다.

(2) **비흑색종 피부암**(NMSC, non melanoma skin cancer, C44)

2) 위험요인

(1) **인간 유두종 바이러스**(HPV)

(2) **면역 억제** : 면역 억제제를 복용 중인 신장 이식 환자의 햇빛 노출 부위에 급격히 자라나는 편평세포암과 기저세포암

(3) **국소 질소머스터드** : 피부 편평세포암을 유발한다.

(4) **PUVA 광화학요법**

(5) **루푸스** : 드물다.

(6) **산업 발암물질** : 피치, 타르, 파라핀유, 연료유, 비소

(7) **자외선**(UV - ray B) : 흑색종 유발

3) 흑색종이 의심되어 피부 병리 검사가 필요한 경우(ABCDE)

- A(Asymmetry) : **비대칭성**
- B(Border) : **경계의 불규칙**
- C(Color) : **색조의 비균일**
- D(Diameter) : **0.6㎝ 이상의 크기**
- E(Evolution) : 성장이 멈춘 어른에서 **계속 커지는 점**

위 조건을 충족하는 경우 피부 병리 검사 후 최종 진단한다.

4) 치료

(1) 외과적 수술 : 1차적 치료법, 병변 주위 정상 조직을 포함하여 암조직을 제거

(2) 냉동치료, 전기소작술 : 전이 확률이 낮은 작은 병변

(3) 화학요법, 방사선치료 : 수술이 부적합하게 병변이 넓거나 전이된 경우

▲ 흑색종 위험신호

17 방광암(bladder cancer, C67)

1) 방광의 4개 층

   (1) 요로상피세포층(이행상피세포층) : 방광의 가장 안쪽, 소변과 맞닿는 세포층. 요로상피세포는 6~8층의 이행상피세포이다. 방광암의 90%는 소변과 직접 접촉하는 요로상피세포에 생기는 암이다.
   (2) 상피하 결합조직 : 결합조직과 혈관으로 구성된 고유층
   (3) 근육층
   (4) 장막층

2) 침윤 정도에 따른 분류

   (1) **비침습성 방광암(Ta, 요로상피세포암)** : 방광의 이행상피세포층에서 발생한 악성종양세포가 점막고유층까지는 침범하지 않은 상태
   (2) **침습성 방광암(T1 이상)** : 결합조직이나 근육층을 침범한 상태, 근치적 방광절제술의 적응증이 된다.

3) 증상

   (1) **무통 혈뇨**(hematuria) : 가장 흔한 증상
   (2) 방광 자극 증상 : 빈뇨, 절박뇨, 배뇨통
   (3) 체중 감소, 골 통증, 옆구리 통증, 하지 부종 등 : 진행된 병기에서 보임

4) 위험요인

   (1) **흡연** : 방광암의 **가장 중요한 단일 위험요인**이다. 흡연자가 방광암에 걸릴 확률은 비흡연자의 2~7배이다. 방광암 환자 중 남자의 경우 50~60%, 여자의 경우 20~30%가 흡연에 의한 것으로 알려져 있다.
   (2) **연령** : 60~70대에 주로 발생
   (3) **화학물질에의 노출** : 염료공장, 고무, 직물, 화학공장
   (4) **커피, 진통제, 인공감미료**
   (5) **만성적 재발성 하부 요로감염, 방광 결석, 요도카테터 장기간 유치**
   (6) **주혈흡충** : 중동이나 이집트 지역의 풍토병인 방광 내 기생충
   (7) **방사선치료 및 항암제**
   (8) **가족력**

5) 진단

   (1) 요 세포검사, 방광경 조직검사(cystoscopic biopsy), CT, MRI, 골주사, 흉부 촬영
   (2) 배설 요로조영술(excretory urography) : 방광 내에 불규칙한 음영 결손 확인, 상부요로암의 동반 여부, 신우에 소변이 정체하는 수신증 여부 확인
   (3) 초음파 : 신기능이 좋지 않거나 조영제 알레르기가 있는 경우

6) 치료

(1) 경요도 종양절제술(TURB) : 비침윤성 방광암에 적용
(2) 근치적 방광절제술 : 침윤성 방광암에 적용
(3) 방광 내 약물 주입법 : 재발과 진행을 억제하기 위한 예방적 치료법으로 항암제, BCG, 면역억제제 등을 희석하여 방광 안에 주입하는 방법
(4) 방사선치료, 항암화학요법

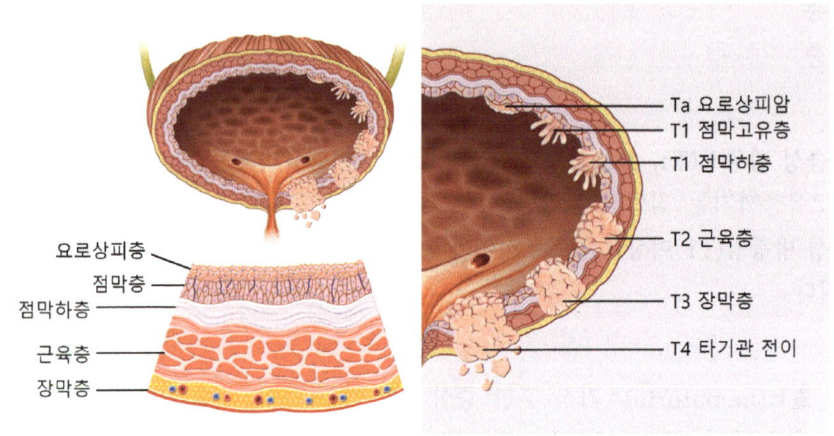

▲ 방광암의 병기

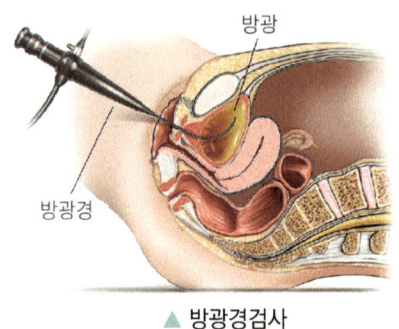

▲ 방광경검사 ▲ 요로조영술

18 5대 고액 치료비 암

(1) **식도**의 악성 신생물(C15)
(2) **췌장**의 악성 신생물(C25)
(3) **골 및 관절연골**의 악성 신생물(C40~C41)
(4) **수막, 뇌, 척수, 뇌신경 및 중추신경계통**의 기타 부분의 악성 신생물(C70~C72)
(5) **림프, 조혈 및 관련 조직**의 악성 신생물(C81~C96, D47.1, D47.5)
 - 호지킨림프종(C81)
 - 소포성 림프종(C82)
 - 비소포성 림프종(C83)
 - 성숙 T/NK-세포림프종(C84)
 - 기타 및 상세불명 유형의 비호지킨 림프종(C85)
 - T/NK-세포림프종의 기타 명시된 형태(C86)
 - 악성 면역증식질환(C88)
 - 다발 골수종 및 악성 형질세포 신생물(C90)
 - 림프성 백혈병(C91)
 - 골수성 백혈병(C92)
 - 단핵구성 백혈병(C93)
 - 명시된 세포형의 기타 백혈병(C94)
 - 상세불명 세포형의 백혈병(C95)
 - 림프, 조혈 및 관련 조직의 기타 및 상세불명의 악성신생물(C96)
 - 만성 골수증식 질환(D47.1)
 - 만성 호산구성 백혈병(과호산증후군)(D47.5)

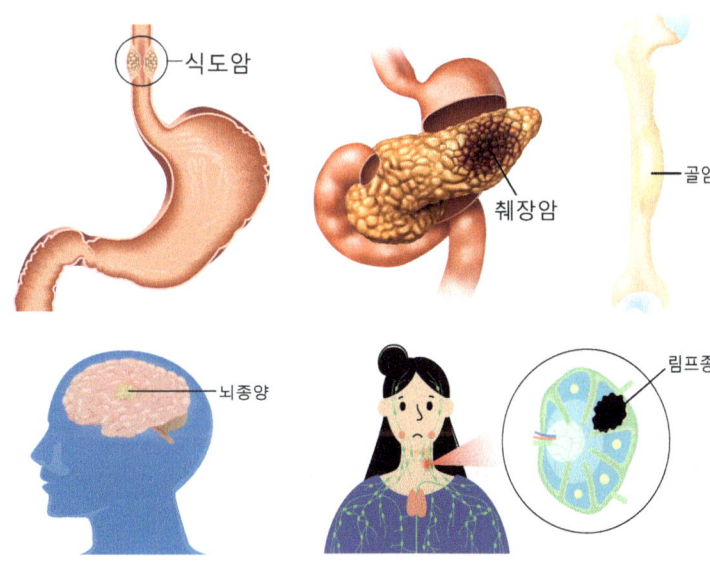

■ 자주 나오는 의학용어

【 기초 의학용어 】

Ant	anterior	앞
Post	posterior	뒤
Sup	superior	상
Inf	inferior	하
Lt	left	왼쪽
Rt	right	오른쪽
Med	medial	내측
Lat	lateral	외측
Fx	fracture	골절

laceration	열상
tear	파열
abrasion	찰과상
contusion	타박상, 좌상
strain	긴장
sprain	염좌
dislocation	탈구
joint	관절
ligament	인대
muscle	근육

shoulder joint	견관절(어깨관절)
elbow joint	주관절(팔꿈치관절)
wrist joint	수관절(손목관절)
hip joint	고관절(엉덩이관절)
knee joint	슬관절(무릎관절)
ankle joint	족관절(발목관절)

【 슬관절 관련 의학용어 】

ACL	anterior cruciate ligament	전방십자인대
PCL	posterior cruciate ligament	후방십자인대
MCL	medial collateral ligament	내측측부인대
LCL	lateral collateral ligament	외측측부인대
MM	medial meniscus	내측 반월상연골
LM	lateral meniscus	외측 반월상연골

【 두개골 관련 의학용어 】

cranial bone	뇌두개골
frontal bone	전두골
parietal bone	두정골
temporal bone	측두골
occipital bone	후두골
sphenoid bone	접형골
ethmoid bone	사골
facial bone	안면두개골
lacrimal bone	누골
nasal bone	비골
vomer bone	서골
zygomatic	관골
inferior nasal	하비갑개
plate bone	구개골
maxilla	상악골
mandible	하악골
hyoid bone	설골

【 체간골 및 골반 관련 의학용어 】

vertebral column	척주
cervical vertebra	경추
thoracic vertebra	흉추
lumbar vertebra	요추
sacrum	천추
coccyx	미추
sternum	흉골
ribs	늑골
scapula	견갑골
clavicle	쇄골
pelvis	관골(무명골)
ilium	장골(엉덩뼈)
ischium	좌골(궁둥뼈)
pubis	치골(두덩뼈)
acetabulum	비구(관골구)

【 사지골 관련 의학용어 】

humerus		상완골
radius		요골
ulna		척골
carpal bone		수근골
metacarpal bone		중수골
phalange		수지골, 족지골
femur		대퇴골
femur headsacrum		대퇴 골두
femur neck		대퇴 경부
intertrochanter		대퇴 전자간
subtrochanter		대퇴 전자하
patella		슬개골
tibia		경골
fibula		비골
tarsal bone		족근골
metatarsal bone		중족골

【 추간판 관련 의학용어 】

HIVD	herniated intervertebral disc	추간판 탈출증
IDD	internal disc disruption	추간판 내장증
SLRT	straight leg raising test	하지 직거상
	intervertebral disc	추간판
	bulging annulus	섬유륜 팽륜
	protrusion	돌출
	herniation(extrusion)	탈출
	intervertebral foramen	추간공
	sequestration	유리(부골화)

【 견관절 관련 의학용어 】

RC	rotator cuff	회전근개
SSP	supraspinatus muscle	극상근
ISP	infraspinatus muscle	극하근
SSC	subscapularis muscle	견갑하근
TM	teresminor muscle	소원근
AC lig	acromio - clavicular ligament	견봉쇄골인대
CC lig	coraco - clavicular ligament	오구쇄골인대
CA lig	coraco - acromial ligament	오구견봉인대

【 뇌손상 관련 의학용어 】

GCS	glasgow coma scale	글라스고우 혼수척도
DAI	diffuse axonal injury	미만성 축삭손상
EDH	epidural hematoma	경막상 혈종
SDH	subdural hematoma	경막하 혈종
ICH	intracerebral hematoma	뇌실질내 출혈
SAH	subarachnoid hemorrhage	지주막하출혈
IVH	intraventricular hemorrhage	뇌실내출혈
	alert	청명
	drowsy	기면
	stupor	혼미
	semicoma	반혼수
	coma	혼수
	basal skull Fx	두개저 골절
	pneumocephalus	기뇌증
	cerebral concussion	뇌진탕
	cerebral contusion	뇌좌상
	cerebral edema	뇌부종
	vegetable state	식물상태
	brain death	뇌사
	subdural hygroma	경막하 수종

【 종양 관련 의학용어 】

	dysplasia	이형성
CIS	carcinoma in situ	상피내암(제자리암)
	invasive carcinoma	침윤암
	adenoma	선종
	adenocarcinoma	선암
	papillary carcinoma	유두암
FB	frozen biopsy	동결절편검사
PB	permanent biopsy	영구 조직검사
EGC	early gastric cancer	조기 위암
AGC	advanced gastric cancer	진행성 위암
ECC	early colon cancer	조기 대장암
HCC	hepatocellular carcinoma	간세포암종
FNA	fine needle aspiration	세침흡인검사

의학이론

부록

기출문제

제37회 보험계리사 및 손해사정사 제2차 시험문제
(2014년도 시행)

01 피로 골절(fatigue fracture)에 대하여 설명하고(2점), 호발하는 대표적 부위 4곳을 기술하시오. (8점)

02 35세 남자 환자가 우측 경골(tibia) 간부 골절로 OO병원을 방문하여 부목 고정을 실시하고 입원하여 병실에서 안정을 취하던 중 부목을 시행했던 우측 하퇴부에 극심한 통증과 우측 발가락의 감각 저하 및 발가락의 움직임이 되지 않는다고 호소하였다. 붕대 속으로 발등의 맥박을 촉지해보니 촉지되지 않았다. (10점)

1) 상기 환자에서 가장 가능성이 높은 진단은? (3점)
2) 상기 진단의 발생기전에 대하여 설명하시오. (4점)
3) 상기 환자에게 취해야 할 조치에 대하여 기술하시오. (3점)

03 45세 남자 환자가 작업 중 좌측 하퇴부에 약 10cm 정도의 열상(laceration)을 당하여 OO병원에서 창상에 대하여 봉합술을 시행받고 입원하게 되었다. 수술 후 약 2일 정도가 지난 후에 창상 부위에 극심한 통증을 호소하였고 창상의 부종 및 피부 변색이 발생하였고 창상의 배출액이 증가하였으며 쥐가 부패하는 것 같은 악취가 났다. (10점)

1) 상기 환자에서 가장 가능성 높은 진단은? (3점)
2) 상기 합병증을 예방하기 위한 조치에 대하여 설명하시오. (3점)
3) 상기 환자의 치료에 대하여 설명하시오. (4점)

04 올림픽대로에서 3중 추돌 사고가 발생하여 가운데 차량에 탑승한 운전자가 좌측 하지에 부상을 당하였다. 부상 부위를 관찰하니 부종과 변형이 관찰되었으나 개방창은 없었다. 운전자는 심한 통증을 호소하고 있었다. 의식은 분명하였으며 사고 정황상 타부위의 손상은 없는 것으로 판단되었다. (10점)

1) 상기 운전자에 대한 응급조치 중 가장 중요하고 먼저 시행해야 할 것은 무엇인가? (2점)
2) 상기 응급조치가 필요한 이유에 대하여 설명하시오. (8점)

05 운동 마비의 정도를 평가하기 위한 근력 등급에 대하여 설명하시오. (10점)

06 전방 십자 인대의 손상은 대표적인 스포츠 손상으로 젊은 남자에서 호발한다고 한다. 이러한 전방 십자 인대 손상을 진단하기 위한 대표적인 신체 검진 소견에 대하여 기술하고(8점), 가장 대표적인 영상 진단방법에 대해 쓰시오. (2점)

07 암은 우리나라 국민의 사망원인 1위를 차지하는 질환으로 평균적으로 우리나라 국민 3명 중 1명은 암을 경험하게 된다고 한다. 전 세계적으로 암을 치료하기 위한 노력을 계속하고 있으나 전반적인 발생 및 암사망률은 줄어들지 않고 있어, 현실적으로 관리에 가장 효율적인 방법으로 암 조기진단을 시행하고 있다. 이상적인 암 선별검사의 조건에 대하여 5가지 이상 약술하시오. (10점)

08 당뇨병은 만성진행성질환으로 현대인의 식생활 습관의 변화와 비만의 증가에 따라 급증하고 있다. 최근 2형 당뇨병에 대한 많은 연구 결과에 따라 새로운 진료지침과 새로운 약제들이 개발되어 치료에 적용하고 있으나 아직까지도 당뇨병의 유병률은 줄어들지 않고 있어, 당뇨병은 현대인의 건강을 위협하는 중요한 질환 중 하나이다. 이러한 당뇨병의 진단기준을 모두 쓰시오. (10점)

09 두통은 머리 또는 목에 발생하는 통증을 의미하는 것으로 병원을 방문하게 하는 매우 흔한 증상 가운데 하나이다. 이렇게 흔하게 접하는 두통이라 하더라도 위험신호(red flag)들이 발견될 경우에는 위험한 결과를 야기할 수 있는 이차성 두통의 가능성이 높아지게 된다. 이러한 두통의 위험신호 (red flag)에 대하여 5가지 이상 약술하시오. (10점)

10 고혈압은 세계적으로 높은 유병률을 보이는 만성 질환으로 관상동맥질환, 심부전증, 뇌졸중, 신부전 등을 일으키는 심혈관계 질환의 위험인자이다. 우리나라에서도 27~28% 정도의 유병률을 보이고 있으며 남자 30~40대에서 인지, 치료, 조절율이 낮아 문제가 되고 있다. 이러한 고혈압의 치료에는 여러 가지 방법을 사용하고 있는데, 약물치료 이외의 생활 습관 개선에 대하여 4가지 이상 약술하시오. (10점)

제38회 보험계리사 및 손해사정사 제2차 시험문제
(2015년도 시행)

01 활막 관절에 대하여 설명하시오. (10점)

02 40세 남자 환자로 자동차에 우측 무릎이 부딪친 후 무릎에 부종이 생겼다. 일반 방사선 촬영상 골절의 소견이 보이지 않아 슬관절 무릎내 장애(슬내장)로 진단되었다. 손상이 의심되는 조직을 모두 쓰시오. (10점)

03 관절 강직의 원인은? (10점)

04 부정유합의 정의(5점)와 원인(5점)은? (10점)

05 40세 남자 환자로 5m 높이에서 떨어지면서 우측 족근관절에 골절이 있었다. 수술 후 3주가 지나서 발바닥 및 발가락 끝 부위에 약물치료에도 반응이 없는 통증과 저림을 호소하였고 족근관 부위에 압통이 나타났다. (10점)

1) 진단명은? (2점)
2) 압박되는 신경은? (3점)
3) 진단법을 모두 쓰시오. (3점)
4) 치료방법은? (2점)

06 75세 남자 환자로 자동차에 충돌 후 우측 대퇴경부 골절이 생겼으나 전신상태가 좋지 않아 수술이 늦어지고 심한 골다공증이 있는 상태이다. 예상되는 국소적 합병증(4가지)과 합당한 수술적 방법은? (10점)

07 골다공증은 폐경 또는 노화에 의해 발생하는 흔한 대사성 질환으로 뼈를 구성하는 미세구조가 약해지고 손상되어 쉽게 골절이 생기는 질환이다. (10점)

1) 주(major) 위험인자 3가지 약술하시오. (6점)
2) 예방을 위해서는 '이 시기'에 형성되는 최대 골량을 최고로 만드는 것이 중요하므로 '이 시기'의 영양이 매우 중요하다. '이 시기'는? (2점)
3) 고령자에서는 골절을 유발하는 가장 큰 요인이 '이것'이며 이를 예방하기 위해서는 근력강화와 유연성, 균형능력을 키우는 것이 중요하다. '이것'은? (2점)

08 65세 여자가 최근 식사량이 줄고 스트레스로 인하여 잠을 설치는 등 3~4일전부터 평소보다 힘들게 지내면서 몸통 왼쪽 가슴에서 등쪽에 걸쳐 가려움과 통증이 발생하였고, 금일 같은 부위에 수포가 관찰되었다. (10점)

1) 진단은? (4점)
2) 동반 가능한 합병증을 2가지 쓰시오. (6점)

09 우리나라의 유방암은 여성에서 2번째로 호발하는 암이다. 유방암의 경우 여러 가지 위험요인에 의해 복합적으로 영향을 받는데, 이러한 고위험군에 해당하는 경우를 3가지 약술하시오. (10점)

10 자궁경부암의 발생에는 (①) 감염이 중요한 요인이다. (①)은(는) 자궁경부의 편평세포암 환자의 99%에서 발견되며, 과정은 다를 것으로 보이지만 편평세포암과 선암 모두의 원인으로 밝혀져 있다. (10점)

1) ①에 들어갈 내용을 쓰시오. (4점)
2) 자궁경부암의 발생 위험요인을 3가지 쓰시오. (6점)

제39회 보험계리사 및 손해사정사 제2차 시험문제 (2016년도 시행)

01 병적 골절의 원인이 되는 전신적 병변 및 국소적 병변 5개 이상을 기술하시오. (10점)

02 골다공증성 골절이 많이 발생하는 곳 3곳 이상을 기술하시오. (10점)

03 29세 환자로 교통사고 후 우측 전완부의 요골 및 척골에 분쇄 골절이 발생하였다. 예상되는 합병증은? (5개 이상) (10점)

04 50세 환자로 교통사고 후 우측 고관절 비구부 골절 및 탈구가 발생하여 수술적 치료를 받았다. 예상되는 합병증은? (5개 이상) (10점)

05 발에서 중족부에 해당되는 골구조물을 쓰시오. (5개) (10점)

06 교통사고로 대퇴골 원위부 관절내 골절이 발생하였다. 관절내 골절편을 견고하게 고정시켜야 하는 이유를 설명하시오. (10점)

07 대표적인 우리나라 가을철 고열성 질환으로 제3군 법정전염병으로 지정되어 있어, 공중보건학적으로 지속적 감시가 필요한 질환 3가지를 쓰시오. (10점)

08 우리나라는 과거에 비하여 결핵 환자수가 많이 감소였으나, 여전히 가장 중요한 전염병이다. 일반적으로 결핵의 진단에 사용할 수 있는 검사를 3가지 쓰시오. (10점)

09 간암은 우리나라에서 갑상선암을 제외하고 5번째로 호발하는 암이며, 사망률로는 폐암 다음으로 두 번째에 해당하는 질환이다. 이러한 간암의 대표적인 위험요인을 3가지 쓰시오. (10점)

10 간경병증은 만성 간 손상에 대한 회복과정에서 발생하는 섬유화가 진행되어 불규칙한 재생결절이 생긴 상태이다. 대상성 간경변증 환자의 50%는 진단 후 10년 이내 합병증이 발생한다. 간경변증의 대표적인 합병증 3가지를 쓰시오. (10점)

제40회 보험계리사 및 손해사정사 제2차 시험문제
(2017년도 시행)

01 골절의 국소합병증 중 하나인 구획증후군(compartment syndrome)의 증상에 대하여 기술하고(5점), 진단방법에 대하여 기술하시오. (5점)

02 45세 남자 환자가 요통 및 우측 하지로의 방사통(radiating pain)을 호소하며 OO병원 응급실을 방문하였다. 요통은 3년 전부터 있었고 3주 전부터는 우측 종아리 외측으로의 통증이 있어 인근 병원에서 추간판탈출증이 의심된다고 들었다고 한다. 약물치료 등의 보존적 치료를 시행하였으나 1일 전부터는 보행 시 하지의 위약감을 호소하였고, 금일 아침부터는 소변을 보기가 어렵다고 한다. 신체 검진 상 좌측 하지의 위약이 관찰되었고 항문 주위의 감각이 저하되었다.

1) 상기 환자에서 가장 타당한 진단은? (5점)
2) 상기 환자의 가장 적절한 치료방법은? (5점)

03 25세 남자 환자가 축구하다가 회내전 상태로 손을 뻗힌 상태에서 땅을 짚고 넘어지면서 발생한 극심한 수근부 통증 및 부종을 주 증상으로 내원하였다. X-ray 상 요골 원위부의 골절과 원위 요척관절의 탈구가 동반된 소견을 보였다.

1) 상기 환자에서 가장 가능성 높은 진단은? (5점)
2) 상기 환자의 가장 적절한 치료방법은? (5점)

04 수근부를 이루는 8가지의 뼈를 기술하시오. (각 1점, 총 8점) 이 중 가장 흔하게 골절되는 뼈를 기술하시오. (2점)

05 견관절 탈구는 가능한 빨리 정복을 시행하여야 한다. 견관절 탈구에서 흔히 사용되는 정복술을 4가지 기술하고 (명칭만 기술할 것, 각 2점, 총 8점), 가장 안전하고 널리 사용되는 방법에 대해 기술하시오. (명칭만 기술할 것, 2점)

06 슬관절 후방 십자 인대 손상은 슬관절의 과신전이나 경골의 후방 전위로 인하여 발생한다. 이러한 후방 십자 인대 손상을 진단하기 위한 신체검진법에서 대표적인 방법 2가지만 기술하시오. (각 4점, 총 8점) 또한 가장 민감도가 높다고 알려진 영상 검사 방법에 대하여 기술하시오. (2점)

07 만성콩팥병의 정의는 KDIGO 2012 가이드라인에 따르면 사구체 여과율(GFR) 60mL/min/1.73㎡ 미만의 콩팥기능의 장애가 3개월 이상 있거나 콩팥기능의 장애가 없더라도 '콩팥손상의 증거'가 3개월 이상 있는 경우 진단을 내릴 수 있다고 알려져 있다. 여기에서 '콩팥 손상의 증거'에 해당하는 소견을 4개 쓰시오. (10점)

08 중증재생불량성빈혈의 일반적인 정의를 보면 골수검사에서 세포충실도가 통상 (①)% 미만으로 저하되어 있고, 이와 함께 "말초혈액검사에서 이상소견들"이 있는 경우이다. (10점)
   1) ①에 들어갈 적절한 내용을 쓰시오. (5점)
   2) '말초혈액검사에서 이상소견들'에 해당하는 3개의 기준 중 호중구 감소와 혈소판 감소에 대한 기준을 쓰시오. (5점)
      ① 호중구 (   )/mL 이하
      ② 혈소판 (   )/mL 이하

09 일반적으로 베체트병은 International Study Group(ISC) 진단기준에 따라 재발성구강궤양이 존재하고 '4가지 항목' 중 2가지 이상을 만족시킬 때 진단내릴 수 있다. 이 '4가지 항목'에 해당하는 기준들을 3가지 이상 쓰시오. (10점)

10 원발성 심근병증(primary cardiomyopathy)은 일반적으로 심장근육 자체의 질환을 말하는 것으로 다른 구조적인 심장질환(예를 들면 관상동맥질환, 판막질환)으로부터 이차적으로 유발된 심근의 기능부전은 제외한다고 알려져 있다. 이 원발성 심근병증의 대표적인 3가지 질환을 모두 쓰시오. (10점)

제41회 보험계리사 및 손해사정사 제2차 시험문제 (2018년도 시행)

01 다음 골절 또는 탈구 시 동반되는 신경 손상은? (10점)
    1) 상완골두 탈구
    2) 상완골 간부 골절
    3) 비골 근위부 골절
    4) 고관절 탈구

02 관절 내 골절에 의한 부정유합으로 진행되는 질환(5점)과 치료방법(5점)은?

03 무혈성 괴사의 정의(4점) 및 골절 후 무혈성 괴사가 흔히 발생하는 부위(3개이상, 6점)는?

04 개방성 골절에 대한 치료 원칙에 대해 기술하시오. (10점)

05 골절에 대한 부목고정의 장점은? (10점)

06 대부분의 쇄골골절은 보존적 치료로 골유합을 얻을 수 있다. 그러나 수술이 필요한 경우는? (10점)

07 유아 및 소아에서 발생하는 고관절(Hip Joint)의 이상은 일시적인 경우도 있으나 질병에 따라 후유증을 남기게 되는 경우도 있어 그 원인 파악이 중요하다. 유아 및 소아에서 발생하는 고관절 이상의 질병적 원인에 대하여 기술하시오. (10점)

08 허혈성 심질환은 사망과 장애를 초래하며 상당한 경제적 손실을 초래한다. 심근의 허혈은 심근으로 산소 전달이 원활하지 못하여 발생하는 것으로 심장의 관상동맥과 관련이 깊다.

1) 허혈성 심질환인 '협심증'의 종류를 쓰시오. (5점)
2) 허혈성 심질환인 심근경색증의 진단방법에 대해 기술하시오. (5점)

09 42세의 여성이 양측 유방에서 젖이 나와서 내원하였다.

1) 유방 검사에서 특별한 이상을 발견할 수 없는 경우 생각할 수 있는 유즙분비의 원인을 약술하시오. (6점)
2) 만약 이 환자가 유즙분비와 더불어 시야 장애 및 두통을 호소한다면 생각할 수 있는 질병을 쓰시오. (4점)

10 치매는 후천적으로 발생한 인지기능 손상에 의해 성공적인 일상생활 수행이 불가능해진 상태로 정의할 수 있으며 인구노령화와 관련하여 그 중요도가 크다. 치매의 원인 및 감별질환에 대해 약술하시오. (10점)

제42회 보험계리사 및 손해사정사 제2차 시험문제
(2019년도 시행)

01. 골관절계의 정상적인 관절에서는 능동적 운동 범위가 수동적 운동 범위와 일치하나 수동적 운동 범위가 능동적 운동 범위 보다 큰 경우는? (10점)

02. 6세 남아가 우측 경골 간부에 골절 후 부정 유합으로 7도 정도의 전방 각 변형이 형성되었다. 향후 치료(5점)와 그 이유(5점)는?

03. 외상성관절염이 있을 때 관절의 기능유지를 위한 수술법에 대해 열거하시오. (10점)

04. 말초신경의 손상 후 회복이 잘 되는 경우를 열거하시오. (10점)

05. 불안정성 골절이란 무엇인가? (10점)

06. 75세의 여자환자가 자동차 사고로 인해 우측 상완골 근위부에 사분 골절 및 탈구가 생겼다. 치료방법(5점)과 그 이유(5점)는?

07. 아프가점수(APGAR score)는 출생직후에 소생술이 필요한 신생아를 계통적으로 알아내는 실제적인 방법이라고 할 수 있다. 즉 1분 아프가점수(APGAR score)는 출생 직후 소생술의 필요성을 의미하며, 이후의 아프가점수(APGAR score)의 호전은 신생아가 성공적으로 소생될 가능성과 연관이 깊다. 아프가점수(APGAR score)를 구성하는 구성요소 5가지에 대해 기술하시오. (10점)

08 대부분의 암에서 병의 범위는 다양한 침습적 및 비침습적 진단 검사와 시술에 의해 평가되며 이러한 과정을 시기결정 혹은 병기 결정(staging)이라고 한다. 이러한 병기의 결정은 암환자의 예후와 밀접한 관련이 있으며 치료방법을 결정하는 데 중요한 역할을 한다.

1) 시기(병기) 결정에는 임상적 시기결정과 병리학적 시기결정의 두 가지가 있다. 임상적 시기와 병리학적 시기는 어떻게 결정되는지 기술하시오. (4점)
2) 가장 널리 사용되는 시기(병기)분류 체계 중 하나는 TNM체계에 따른 시기(병기)이다. T, N, M은 각각 어떤 의미가 있는지 기술하시오. (6점)

09 현훈(vertigo)은 사물이나 공간 혹은 자신이 빙빙 도는 증상을 뜻하며 다양한 원인에 의해 발생할 수 있다. 현훈의 원인을 찾을 때는 특히 내이(속귀)질환에 의한 말초성인지, 뇌졸중과 같은 중추성인지 감별이 매우 중요하다.

1) 귀의 구조는 크게 외이, 중이, 내이로 나뉘어지며 이 중 현훈은 내이와 관련이 깊다. 내이(속귀, inner ear)를 이루는 구조물을 쓰시오. (4점)
2) 내이와 관련된 말초신경성 현훈을 일으키는 질병(원인)을 쓰시오. (6점)

10 환자가 급성 흉통 혹은 흉부 불쾌감을 호소할 때 감별해야 할 질환 중 심근경색증은 급격한 사망 및 합병증을 초래할 수 있어 반드시 감별해야 할 중요한 질환이다. 그러나 급성 흉통 혹은 흉부 불쾌감을 일으키는 질환은 심근경색증 외에도 다양하다. 급성 흉통 혹은 흉부 불쾌감을 일으킬 수 있는 질환 중 심근경색을 제외한 다른 원인들에 대하여 기술하시오. (10점)

제43회 보험계리사 및 손해사정사 제2차 시험문제
(2020년도 시행)

01 체간골은 흉곽과 척추체로 이루어져 있다. 흉곽과 척추체를 구성하는 뼈의 이름을 서술하고(7점) 체간골의 기능을 서술하시오. (3점)

02 어깨 손상의 주요 부위인 회전근개 파열에 대해 아래의 물음에 답하시오.

  1) 회전근개를 이루는 근육은? (각 1점, 총 4점)
  2) 이 중 가장 손상이 많이 발생하는 근육은? (1점)
  3) 회전근개 파열의 진단시 가장 많이 사용하는 영상검사 2가지는? (각 1점, 총 2점)
  4) 회전근개 파열의 주요 치료 3가지는? (각 1점, 총 3점)

03 사지의 근력 평가는 마비환자와 신경 손상 환자에서 중요하다. 사지근력 평가와 관련하여 아래의 물음에 답하시오.

  1) 근력을 평가하는 도수근력평가의 단계를 각각 작성하시오. (6점) (숫자, 영어단어, 영어기호 모두 표시할 것)
  2) 이 중, 중력의 제거 유무로 구분되는 두 개의 단계를 작성하시오. (4점)

04 외상 후 발생할 수 있는 가동범위 감소나 근력약화와 관련된 아래의 물음에 답하시오.

  1) 외상 후 운동장해(장애)가 발생할 수 있는 원인을 나열하시오. (6점)
  2) 외상 후 관절염과 가장 관련이 높은 주요 손상을 나열하시오. (4점)

05 압박골절과 관련된 아래의 물음에 답하시오.

  1) 압박골절이 발생했을 때 일차적으로 가장 많이 진단에 사용하는 영상검사 2가지 (각 1점, 총 2점)
  2) 급성골절과 만성(진구성) 골절을 구분하는데 가장 유용한 영상검사 2가지 (각 1점, 총 2점)
  3) 압박골절이 가장 호발하는 부위 (3점)
  4) 3) 이외 압박골절이 많이 발생하는 부위 (3점)

06 25세 남자가 축구경기를 하던 중 점프 후 착지하며 '뚝'하는 파열음과 함께 슬관절의 통증이 발생하였다.

1) 손상 가능성이 가장 높은 부위의 이름은? (2점)
2) 상기 경우에서 가장 우선적으로 선택하는 치료방법은? (2점)
3) 상기 손상을 진단(치료후 장애 평가시에도 활용)하기 위한 신체 검사방법 2가지의 이름과 내용을 서술하시오. (6점)

07 당뇨병은 췌장에서 분비되는 인슐린의 기능에 문제가 발생해서 혈당이 비정상적으로 상승해 우리 몸에 많은 문제를 일으키는 대표적인 만성질환이다. 정상 혈당은 최소 8시간 이상 금식한 상태에서 공복 혈장 혈당이 100㎎/dL 미만, 75g 경구 당부하 후 2시간 혈장 혈당이 140㎎/dL 미만이다. 당뇨병 진단과 관련된 다음 빈칸을 채우시오. (각 1점, 총 10점)

1) 당뇨병 진단기준
    (1) 당화혈색소 (①)% 이상 또는
    (2) 8시간 이상 공복 혈장 혈당 (②)㎎/dL 이상 또는
    (3) 75g 경구 당부하 후 2시간 혈장 혈당 (③)㎎/dL 이상 또는
    (4) 당뇨병의 전형적인 증상 [(④), (⑤), (⑥)] 이 있으면서 무작위 혈장 혈당 검사에서 (⑦)㎎/dL 이상

2) 당뇨병 전단계(당뇨병 고위험군)
(1) 당화혈색소 (⑧~⑧)% 해당하는 경우 당뇨병 전단계로 정의한다.
(2) 8시간 이상 금식후 공복 혈장혈당 (⑨~⑨)㎎/dL인 경우 공복 혈당장애로 정의한다.
(3) 75g 경구 당부하 후 2시간 혈장혈당 (⑩~⑩)㎎/dL인 경우 내당능 장애로 정의한다.

08 자살은 2018년 기준 우리나라 사망원인 5위를 차지할 정도로 심각하고 중요한 문제이며, 10~30대 사망원인 1위이다. 최근 청소년 자살률도 지속적으로 증가하고 있으며, OECD 평균 10만명 당 11.5명인 것에 비해 우리나라는 24.7명으로 매우 높은 편이라 자살예방을 위해서 많은 노력을 하고 있다. 자살의 고위험군에 대해서 10개 이상 서술하시오. (10점)

09 종양이란 우리 몸속에 새롭게 비정상적으로 자라난 덩어리라 볼 수 있다. 종양은 크게 양성종양과 악성종양으로 구분할 수 있다. 종양이 가지는 특성별로 양성종양과 악성종양의 차이점에 대해서 5가지 이상 서술하시오. (10점)

10 우리나라 사망원인 1위인 암을 조기에 발견해서 암 치료율을 높이고 암 사망률을 감소시키기 위해서 국가 암 검진 사업을 하고 있다. 국가 암 검진에는 총 6개 항목이 제공되고 있는데 이들의 이름(최고 5점)과 검진 방법(최고 5점)에 대해서 서술하시오. (10점)

제44회 보험계리사 및 손해사정사 제2차 시험문제
(2021년도 시행)

01 다음은 상지의 구조를 표시한 그림이다. 아래의 질문에 답하시오. (10점)
(영문 및 국문의 의학용어 모두 작성 가능, 단 정확한 명칭을 작성해야 함)

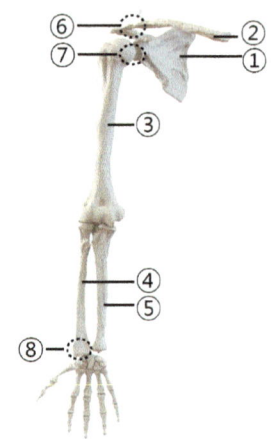

1) ①, ②, ③, ④, ⑤ 각 숫자에 해당하는 뼈의 이름을 작성하시오. (5점)
2) 점선으로 표시 된 각 숫자 ⑥, ⑦, ⑧에 해당하는 관절의 이름을 작성하시오. (견관절, 완관절이 아닌 구체적인 명칭을 쓰시오. (3점)
3) 상지의 주요 관절 중, 삼각 섬유연골 복합체 병변(TFCC, triangular fibro cartilage complex lesions)이 발생하는 관절을 어느 관절인가? (2점)

02 다음은 발목의 그림이다. 각 표시된 부분의 명칭을 작성하고 질문에 답하시오. (영문 및 국문 의학용어 모두 작성 가능, 단 정확한 명칭을 작성해야 함)(10점)

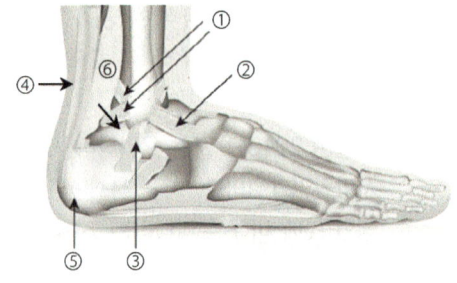

1) 외측 발목의 안정성과 관련이 높은 주요 인대 ①, ②, ③을 작성하시오. (3점)
2) ④의 명칭을 작성하시오. (1점)
3) ⑤, ⑥에 해당하는 뼈의 이름을 작성하시오. (2점)
4) 발목의 외상 발생 시 가장 많이 손상되는 동작(2점) 및 가장 많이 손상되는 인대의 이름(2점)을 쓰시오.

03 뇌실질내출혈에서 출혈의 외상성과 자발성을 감별하기 위한 고려사항들을 서술하시오. (10점)

04 관절운동의 제한 원인을 크게 두 가지로 나누어 서술하시오. (10점)

05 척추전방전위증(spondylolisthesis)에 관하여 아래의 질문에 답하시오. (10점)
   1) 척추전방전위증의 정의 (3점)
   2) 척추전방전위증의 가장 흔한 원인 두 가지 (2점)
   3) 척추전방전위증이 주로 발생하는 부위 (2점)
   4) 척추전방전위증에서 수술을 고려하는 경우 (3점)

06 척추의 변형각을 측정하는 방법은 크게 두 가지가 있다. 이 두 가지 방법에 대해 설명하시오. (10점)
   1) Cobb's angle(콥스각)을 측정하는 경우 및 임상적 의의를 서술하시오. (2점)
   2) 아래 그림에서 선을 그어 Cobb's angle(콥스각)을 측정하는 방법을 표시하시오. (아래 그림을 답안지에 그린 후 선을 그을 것) (3점)

   3) 국소 후만각(local kyphotic angle)의 임상적 의의를 서술하시오. (2점)
   4) 아래 그림에서 선을 그어 국소 후만각(local kyphotic angle)을 측정하는 방법을 표시하시오. (아래 그림을 답안지에 그린 후 선을 그을 것) (3점)

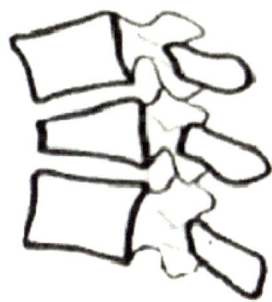

07 결장 직장의 용종에는 선종성 용종, 과형성 용종, 유년기 용종 등이 있다. 이중 선종성 용종의 경우 악성화 가능성을 가지고 있다. 선종성 용종(adenomatous polyp)에 있어 악성화 가능성이 높은 위험인자 5개를 쓰시오. (10점)

| 의학이론 |

08 수면 무호흡증은 수면 중에 호흡이 멈춤 또는 호흡이 얕아지는 문제가 발생해 수면에 지장이 발생하는 질환이다. 수면 무호흡증의 세 가지 유형과 밤 동안의 수면 기록을 분석하여 진단하는 검사 방법의 의료 행위명에 대해서 쓰시오. (10점)

  1) 수면 무호흡증의 세 가지 유형 (6점)
    ①
    ②
    ③

  2) 수면 무호흡증 진단을 위한 검사 의료 행위명 (4점)

09 종양 표지자(tumor marker)는 암의 성장에 반응해서 체내에서 또는 암조직 자체에서 생성되며 혈액, 소변, 조직검체에서 검출된다. 하지만 꼭 특정 암에서만 증가하는 것이 아니고 양성 질환 등 비특이적인 상황에서도 상승할 수 있기 때문에 상승했다고 암을 진단할 수 있는 것은 아니다. 하지만 암 진단에 보조적 역할, 암치료 반응 정도 확인, 암 재발여부 확인, 암의 크기 반영 등에 이용할 수 있어 임상에서 흔히 사용하고 있다. 다음 제시된 암의 진단에 도움이 되는 가장 중요한 종양 표지자를 한 개씩만 쓰시오. (10점)

  1) 간세포암 :
  2) 갑상선 수질암 :
  3) 대장암, 폐암 :
  4) 전립선암 :
  5) 난소암 :

10 만성 간질환의 중증도 판정에 사용하는 평가 방법으로 Child – Pugh 분류법을 사용하고 있다. 중증도 판정, 예후 판단, 치료법 결정에 사용되고 있는 Child – Pugh 분류법에는 5가지 항목에 대하여 점수를 평가하여 합산하여 A, B, C 등급을 산정한다. 5가지 평가 항목에 대해서 쓰시오. (10점)

제45회 보험계리사 및 손해사정사 제2차 시험문제 (2022년도 시행)

01 당뇨병의 합병증은 급성 합병증과 만성 합병증으로 구분하고 만성 합병증은 다시 미세혈관 합병증과 대혈관 합병증으로 구분한다. 미세혈관 합병증에는 크게 3가지 질환이 있으며, 그중 한 개가 당뇨병성 망막병증이다. 나머지 2개의 질환은 어떤 질환인지 쓰시오. (4점)

당뇨병성 망막병증은 다시 2가지로 구분이 되는데, 이 2가지 질환에 대하여 쓰고, 그 2가지 질환의 차이점에 대해서 쓰시오. (6점)

02 국제 종양 분류에서는 신생물의 부위와 형태(Morphology)를 포함하고 있으며 형태는 5자리 분류 번호로 구성되어 있다. 이중 처음 4자리 수는 신생물의 조직학적 형태를 표시하고 사선 뒤의 5째 자리수는 행동양식을 표시하는 행태코드(biologig behavior code)로 6가지 숫자(/0, /1, /2, /3, /6, /9)를 사용하고 있다. 6가지 숫자와 그 숫자가 의미하는 행태를 쓰시오. (10점)

03 가와사키병은 일반적으로 5일 이상 지속되는 발열과 5가지 주요 임상기준 중 4개 이상을 만족하면 진단할 수 있다. 또한 심장 관련 합병증은 가와사키병의 장기예후에 중요한 변수가 된다. 가와사키병에서 발열 외 5가지 임상기준을 쓰고(8점), 가와사키병의 심장 관련 합병증에 대하여 쓰시오. (2점)

04 치매 보험에서 보장하는 경도치매, 중등도 치매, 중증치매의 경우 CDR 척도 검사를 통해서 진단을 받은 경우에 통상적으로 인정해주고 있다. CDR 검사는 환자 및 보호자와 자세한 면담을 통해 6가지 세부 영역의 기능을 평가해 점수를 결정한다. 6가지 세부 영역을 쓰시오. (10점)

05 다음은 골반에 대한 기술 및 골반을 정면과 측면에서 그린 그림이다. 아래의 질문에 답하시오. (10점/ 영문 및 국문의 의학용어 모두 작성 가능하나 정확한 용어를 사용할 것)

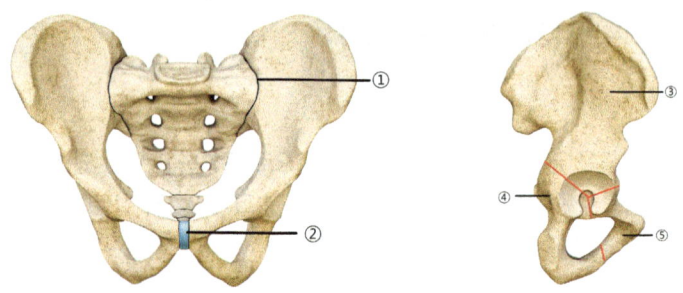

골반골은 두 개의 무명골, 천골과 미골로 이루어 졌으며, 후방에는 두개의 무명골이 천골과 (①)을 형성하고, 전방에는 양측의 무명골이 (②)을 형성한다. 무명골은 (③), (④), (⑤) 총 세 개의 뼈가 융합하여 이루어진다.

(1) ①, ② 각 숫자에 해당하는 관절의 이름을 쓰시오. (각 2점)
(2) ③, ④, ⑤ 각 숫자에 해당하는 뼈의 이름을 쓰시오. (각 2점)

06 60세 여성이 낙상 후 악화된 양측 무릎의 통증으로 병원에 방문하였다. 자세한 병력 청취 결과, 무릎 통증은 약 10년 전부터 별다른 이유 없이 발생하였고, 초기에는 휴식 후에는 호전되는 경향을 보였으나 근래에는 쉬어도 잘 호전되지 않았으며 낙상 후 악화되었다고 하였다. 양측 무릎 관절의 내반변형이 관찰되었고, 단순방사선 검사에서 양측 내측 및 슬개 대퇴구획의 관절 간격의 협소가 나타나며, 연골하골의 경화, 관절면 가장자리의 골극이 관찰되었다. 아래의 질문에 답하시오. (10점)

(1) 병력과 신체소견, 방사선소견을 종합하였을 때 가장 가능성이 높은 기저질환은 무엇인가? (2점)
(2) 위 (1)의 질환의 위험인자를 두 가지 쓰시오. (각 2점)
(3) 보존적 치료에 잘 듣지 않고 심한 통증이 지속되거나 관절의 불안정성 및 변형이 지속되면 수술 적응이 된다. 수술적 치료방법 두 가지를 쓰시오. (각 2점)

07 42세 남성이 2m 난간에서 발을 헛디뎌 발꿈치로 착지한 후 양측 발꿈치의 심한 부종과 통증이 발생하여 병원에 방문하였다. 단순방사선검사에서 양측 종골의 관절내 분쇄 골절이 의심되었다. 아래의 질문에 답하시오. (10점)

(1) 종골 골절에서 관절면의 전위와 손상 정도, 종골 체부의 방출된 정도 등 골절의 형태를 명확하게 파악하기 위해서 필요한 추가적 영상 검사는 무엇인가? (2점)

(2) 종골 골절 후 발생할 수 있는 급성합병증을 한 가지만 쓰시오. (2점)

(3) 종골 골절은 정확하게 관절면을 정복하더라도 관절내 분쇄 골절이 심한 경우 종골과 (①)이 이루는 관절인 (②)에 외상성 관절염이 남게 되는 경우가 많다. ①에 적합한 뼈의 이름과 ②에 적합한 관절의 이름을 쓰시오. (각 2점)

(4) 수상 후 6개월 내지 1년 정도 경과 후 발생한 외상성 관절염으로 증상이 심한 경우 시행해 볼 수 있는 수술 방법은? (2점)

08 51세 여성이 발을 헛디뎌 낙상 후 발생한 우측 발목의 심한 통증과 부종으로 병원에 방문하였다. 단순방사선검사 및 전산단층촬영에서 우측 발목의 삼과 골절(trimalleolar fracture)이 확인되었다. 아래의 질문에 답하시오. (10점)

(1) 다음은 발목관절을 그린 그림이다. '삼과 골절'에서 골절이 발생한 뼈의 번호 두 개를 그림에서 찾아 적고 그 이름을 함께 적으시오. (번호, 이름 각각 2점, 총 8점)

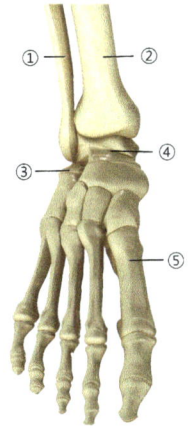

(2) 위 여성에서 발생한 삼과 골절에 가장 적합한 치료방법을 간단히 쓰시오. (2점)

09 다음은 경추의 해부학 및 구조에 대한 설명이다. 다음 빈칸을 순서에 맞게 채우시오. (각 2점, 총 10점)

경추는 굴곡, (①), 외측굴곡 그리고 (②) 운동이 가능한 총 (③)개의 경추골과 이들을 연결시키는 근육, 인대 및 추간판으로 구성된다. 이중 상부 2개의 경추는 하부의 경추와 형태 및 운동의 양상이 서로 사뭇 다르다. 제1경추인 (④)는 추체와 극돌기가 없는 환상구조로 짧은 전궁과 긴 후궁에 의해 연결된 두 개의 외측과로 구성된다. 제2경추인 (⑤)는 경추골 중 가장 큰 체부를 갖고 체부의 상부에는 발생학적으로 제1경추의 추체에 해당하는 치돌기가 존재한다.

10 50세 남자가 공사현장에서 머리 및 얼굴부위를 기계에 수상하여 응급실에 이송되었다. 아래의 질문에 답하시오. (10점)

(1) 외상성 뇌손상이 의심되어 응급실에서 평가와 예후판정을 위해 눈뜨기, 가장 좋은 운동반응, 가장 좋은 언어반응의 3가지 항목을 합산하여 평가한다. 이 평가방법이 무엇인지 쓰시오. (2점)

(2) 다음은 시행한 뇌 전산화단층촬영 결과지이다. 결과지에서 출혈과 관계된 두개강내 국소 손상을 두 가지만 찾아서 한글로 쓰시오. (각 2점)

> Traumatic SAH in suprapatellar cistern, both CPA cistern, prepontine cisten, and cisterna magna.
> Acute EDH in cerebellar region.
> Acute IVH in both lat. 3rd, 4th ventricles
> Pneumocephalus in supasellar area.

(3) 다음은 시행한 안면골 전산화단층촬영 결과지이다. 결과지에서 골절된 두개골을 이루는 뼈의 이름을 두 가지만 찾아서 한글로 쓰시오. (각 2점)

> Fracture of Lt. occipital bone, Rt. zygomatic bone, nasal bones, both maxillary bones.

제46회 보험계리사 및 손해사정사 제2차 시험문제 (2023년도 시행)

01 슬관절 내 구조물중 하나인 반월상연골판의 기능을 서술하시오. (5개) (10점)

02 대퇴 골두 괴사는 대퇴골 경부 골절의 합병증으로 일어날 수 있다. 그 밖에 비외상성으로 대퇴 골두 무혈성 괴사를 일으킬 수 있는 것은 무엇이 있는가? 5개 기술하시오. (10점)

03 다음 그림은 연부 조직에 손상 없이 제4중수골 골절 후 유합이 되었으나 손가락을 굽힐 때 손가락이 교차하게 되었다. 원인은 무엇인가? (10점)

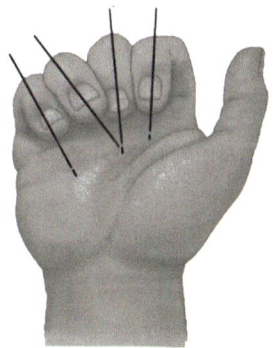

04 골절치유에 영향을 미치는 치유인자에 대해 설명하시오. (10개 이상) (10점)

05 외상으로 급성 구획증후군이 발생하였다. 전형적인 증상 5개를 기술하시오. (10점)

06 골다공증 골절은 작은 외상에 발생하는 골절을 의미한다. 흔히 발생하는 부위는 어디인가요? 4군데를 기술하시오. (각 2.5점)

의학이론

07　동맥의 죽상경화증(죽상동맥경화증)은 혈관의 내피세포의 손상과 지방세포 및 찌꺼기들의 축적으로 경화반(Plaque)이 형성/진행되어, 유의한 혈관 협착 또는 경화반의 파열을 초래하면서 허혈성 심질환, 뇌경색/뇌출혈, 말기 신질환 및 허혈성 사지질환 등을 유발시킨다. 동맥 죽상경화증 발생의 주요 위험인자를 5가지 이상 열거하시오. (5점)

08　대사증후군(metabolic syndrome)은 단일 질병이 아닌 유전적 소인과 환경적 인자가 결합하여 발생하는 포괄적 질병으로 정의된다. 현재 우리나라에서 사용되는 대사증후군 진단의 (1) 구성요소 5가지 및 (2) 각 구성요소별 진단기준을 서술하시오. (각 5점, 총 10점)

09　수정체의 혼탁으로 시력 이상이 발생하는 질환인 백내장은 크게 선천성과 후천성으로 나눌 수 있다. 1) 후천성(후발성)으로 발생하는 백내장의 종류를 열거하고 2) 안과에서의 가장 기본적인 검사이기도 하며 백내장 진단 – 수정체 혼탁의 정도 및 위치 파악 등 – 에 필요한 대표적인 검사 방법을 쓰시오. (5점)

10　만성 기관지염, 폐기종, 만성 천식 등의 기도 폐쇄로 인한 질환인 1) 만성폐쇄성 폐질환(COPD)의 3대 주요 증상을 쓰고 폐기능검사(PFT) 중 가장 핵심적인 검사인 2) FEV_1에 대해 설명하시오. (각 5점, 총 10점)

11　갑상선암과 함께 여성암 발생률 1, 2위를 다투는 질환인 '유방암의 고위험군'에 해당하는 경우를 5가지 이상 열거하시오. (10점)

제47회 보험계리사 및 손해사정사 제2차 시험문제
(2024년도 시행)

01 50세 성인 남자가 교통사고로 우측 대퇴골의 간부에 분쇄 골절이 있어 수술적 치료를 하였다. 치료가 적절하지 않아서 골 변형이 생겼다. 어떤 변형이 예상되는지 5가지를 기술하시오. (10점)

02 파행(limping gait)이란 비대칭적 보행을 말한다. 원인을 5가지 열거하시오. (10점)

03 퇴행성 관절염의 단순 방사선 소견을 5가지 기술하시오. (10점)

04 다음 질환이나 외상에 의해 흔히 손상되는 말초 신경은? (10점)
   (1) 상완골 간부 골절
   (2) 비골 경부 골절
   (3) 수근관증후군(carpal tunnel syndrome)
   (4) 주관증후군(cubital tunnel syndrome)
   (5) 지각이상대퇴신경통(meralgia paresthetica)

05 30세 남자 환자가 요통과 좌측 하지로 방사통을 호소하면서 내원하였다. 이학적 검사상 장족무지신근(extensor hallucis longus)의 근육 약화와 제1족지 배부에 감각 이상을 보였다. 일반적으로 어느 부위의 추간판 탈출이 의심되며, 압박된 신경근은 무엇인가요?
   (1) 이환된 부위 (5점)
   (2) 압박된 신경근 (5점)

06 정형외과적 손상 중 응급 처치 및 수술을 요하는 경우를 열거하시오. (10점)

07 경부 초음파를 시행하는 의료기관의 증가에 따라 갑상선암의 조기진단이 급격히 증가하였다. 갑상선암의 종류를 조직학적 형태에 따라 5가지 이상 열거하시오. (10점)

08 류마티스관절염의 많은 증상들은 활액막의 염증반응으로 생긴다. 1987년 미국 류마티스학회의 진단기준과 달리 2010년 미국 류마티스학회/유럽류마티스학회(ACR/EULAR)의 류마티스관절염 진단기준은 4가지 분류 항목의 점수를 합산하여 진단한다. 아래 질문에 답하시오.

(1) 4가지 분류 항목들을 열거하시오. (8점)
(2) 신규 환자에서 다른 질환으로 설명할 수 없는 임상적으로 명백한 1개 이상의 관절윤활막염을 가진 경우, 항목 합산 점수가 몇 점 이상인 경우에 류마티스관절염으로 진단할 수 있는지 쓰시오. (2점)

09 후천적으로 뇌의 기질적 장애에 의하여 사람의 정신능력과 사회적 활동을 할 수 있는 능력의 소실이 있어 일상생활의 장애를 가져올 정도로 심할 때 치매라고 한다. 치매의 대표적 원인질환들을 5가지 이상 열거하시오. (10점)

10 다음은 급성관동맥증후군에 대한 설명이다. 아래의 질문에 답하시오.

(1) 불안정형 협심증의 특징적인 흉통을 2가지 이상 나열하시오. (4점)
(2) 전형적인 Q파 심근경색의 특징적인 심전도 소견 3가지를 시간 순서대로 서술하시오. (6점)

제48회 보험계리사 및 손해사정사 제2차 시험문제
(2025년도 시행)

01 한 환자가 팔, 다리를 내리고 바른 자세로 누운 상태에서 팔꿈치를 구부려 양측 팔(상지)을 들어 올릴 수는 있으나 1kg 아령을 손에 쥔 상태에서는 팔을 들어올릴 수 없었다. 양측 다리(하지)는 힘을 주어도 근육의 수축만 약간 있을 뿐 능동적인 관절 운동은 불가한 상태였다. 위 환자의 근력 등급을 평가하시오. (10점)

(1) 상지 (5점)
(2) 하지 (5점)

02 두부 외상 환자가 어떠한 자극에도 눈을 뜨지 않으며, 언어에 대한 반응이 전혀 없고, 통증 자극을 주어도 전혀 움직이지 않는다. 이 환자의 의식상태를 무엇이라고 표현하며, Glasgow Coma Scale (GCS) 평가 척도로는 몇 점에 해당하는가? (10점)

(1) 의식상태 (   ) (5점)
(2) GCS (   )점 (5점)

03 신경학적 검사 중 건강한 성인에서는 나타나지 않고 병적인 경우에만 양성으로 나타나는 반사를 병적 반사라고 한다. 병적 반사의 종류를 2가지 이상 적고, 각각의 양성 소견에 대해 기술하시오. (10점)

04 뇌사의 판정 기준을 3가지 이상 기술하시오. (10점)

05 심부 정맥 혈전증의 증상, 진단, 치료 및 예방법 각각에 대해 1가지 이상 기술하시오. (10점)

06 성인에서 발생하는 골절과 차별되는 소아 골절의 특징적인 골절 형태를 2가지 이상 나열하시오. (10점)

07 53세 남성 환자가 수년간 지속된 만성 기침과 가래를 주소로 내원하였다. 과거력상 흡연력이 30갑년이며, 최근 활동 시 숨참 증상이 악화되었다. 환자는 폐쇄성 폐질환이 의심되어 기관지 확장제 투여 후 폐기능 검사를 시행하였고, 다음과 같은 결과를 보였다.

$$FEV_1 / FVC : 63\%$$
$$FEV_1 : 45\%$$

다음을 답하시오. (10점)

(1) 만성 폐쇄성 폐질환의 가장 흔한 원인을 기술하시오. (5점)
(2) 이 환자의 폐기능 검사 결과에 따른 copd 분류를 기술하시오. (5점)

08 2형 당뇨병의 위험인자 10가지를 기술하시오. (10점)

09 만성 신부전증은 신장 질환의 원인과는 상관없이, 신장 손상 또는 신장 기능 감소가 3개월 이상 지속되는 상태를 말한다. 다음을 답하시오. (10점)

(1) 만성 신부전증 환자에서 신장 기능 감소의 정도에 따른 5단계의 사구체여과율 (단위: ml/분/1.73㎡) 정의를 기술하시오. (5점)
(2) 신대체요법을 시작하는 단계를 기술하시오. (2점)
(3) 신대체요법 3가지 종류를 기술하시오. (3점)

10 심장은 총 4개의 판막으로 이루어진다. (10점)

(1) 판막의 역할을 설명하시오. (2점)
(2) 판막 4개의 명칭(4점)과 각 판막의 위치(4점)를 기술하시오. (8점)

저자소개

전진경

학력 및 약력
- 경북대학교 간호학 학사 & 석사
- (전)경북대학교병원 일반외과, 신경외과 근무
- (전)삼성화재 의료심사 담당
- (전)AXA손해보험 의료심사 담당
- (전)1TOP손해사정학원 의학이론 전임강사
- (현)로이즈학원 의학이론 전임강사
- (현)국민대학교 법무대학원 손해사정전공 강사
- (현)나우손해사정법인 이사

자격사항
- 3종대인손해사정사(2002년, 금융감독원)
- 4종손해사정사(2010년, 금융감독원)
- 신체손해사정사(2014년, 금융감독원)

저서 및 논문
- 저서 : 「의학이론」
- 논문 : 「마음수련이 스트레스와 직무만족에 미치는 영향」- 경북대학교 석사학위 논문

신체손해사정사 2차 시험대비

의학이론

발 행 일	2025년 10월 1일
저 자	전진경
펴 낸 이	한주희
펴 낸 곳	가온금융보험교육학원
등 록	제2024-000042호
주 소	서울시 동작구 노량진로4(3층, 대방빌딩)
대표전화	02-823-2211
홈페이지	gaonedu.net
이 메 일	gaonedu2211@gmail.com
I S B N	979-11-995083-2-3

정가 33,000원

ⓒ ㈜가온금융보험교육학원
이 책의 무단복제, 복사, 전재는 저작권법에 저촉됩니다.
잘못 만들어진 책은 바꾸어 드립니다.